4Edition

HOSPITALITY
& TRAVEL MARKETING
호텔·관광마케팅

| Alastair M. Morrison 저 / 김홍범 역 |

한올　CENGAGE Learning·

Andover • Melbourne • Mexico City • Stamford, CT • Toronto • Hong Kong • New Delhi • Seoul • Singapore • Tokyo

**Hospitality and Travel
Marketing,** 4th Edition

Alastair M. Morrison

© 2015 Cengage Learning Korea Ltd.

Original edition © 2010 Delmar, a part of Cengage Learning.
Hospitality and Travel Marketing, International Edition 4th Edition by Alastair M. Morrison.
ISBN: 978-1-4354-8686-7.

This edition is translated by license from Delmar, a part of Cengage Learning,
for sale in Korea only.

For permission to use material from this text or product, email to
asia.infokorea@cengage.com

ISBN-13: 979-11-5685-015-1

Cengage Learning Korea Ltd.
Suite 1801 Seokyo Tower Building
133 Yanghwa-Ro, Mapo-Gu
Seoul 121-837 Korea
Tel: (82) 2 322 4926
Fax: (82) 2 322 4927

Cengage Learning is a leading provider of customized learning solutions
with office locations around the globe, including Singapore, the United Kingdom,
Australia, Mexico, Brazil, and Japan. Locate your local office at:
www.cengage.com/global

Cengage Learning products are represented in Canada by Nelson Education, Ltd.

For product information, visit **www.cengageasia.com**

Printed in Korea
1 2 3 4   18 17 16 15

4 Edition

HOSPITALITY
& TRAVEL MARKETING
호텔·관광마케팅

저 자 서 문

　　Hospitality and Travel Marketing 한국어 판의 머리말을 쓰게 된 것에 대해 먼저 정말 기쁘게 생각합니다. 이 책은 제가 1985년 8월 퍼듀대에서 첫 강단에 나섰던 저의 교육 인생의 첫 단추와 함께 시작을 했습니다. 당시 호텔·관광 분야 교육의 다른 부문에서도 비슷한 경우가 있었겠지만, 저의 요구를 충족시키면서 학생들을 만족스럽게 가르칠만한 기본적인 마케팅관련 교재가 없었습니다. 기존의 교재들은 편협하게 주제를 다루고 있거나, 레스토랑이나 호텔, 아니면 여행사만을 대상으로 하기도 하고, 때로는 학문에 몰두하는 학생들을 위해서보다는 너무 업계 실무중심으로 내용을 다루고 있었다고 생각합니다. 따라서, 교육 목적이나 연구과제, 용어해설, 강사의 지침 등과 같은 많은 부수적인 것들을 포함한 종합적이고도 효율적인 대학교재를 위한 부분이 기존의 교재에서는 많이 빠져있었습니다. 또한, 경우에 따라서는 교재의 내용이 저자 자신의 관심 분야인 특정 방향으로 왜곡되는 경향이 있다보니 많은 중요한 요소들이 빠져 형평성을 잃는 결과를 낳았습니다. 본 서는 우리 호텔·관광 관련산업의 다양한 계층에서 나타날 수 있는 고정된 사고의 틀에서 벗어났기에 특별하다고 볼 수 있습니다. 지금의 21세기는 호텔, 식음료, 항공사 그리고 여행산업간의 협력적인 마케팅 노력이 요구되고 이를 통한 가치의 창출 또한 점점 늘어날 것입니다. 우리 학생들은 미래 호텔·관광의 다양한 분야에서 경영자나 관리자가 될 것이고, 이를 위해 그들은 단지 식음료, 숙박, 여행 등 관광산업의 일면 보다는 더 크고 넓은 관점으로 우리 업계를 보기를 원합니다. 분명히 마케팅은 많은 학생들이 그들이 선택한 전공과 업계에서 반드시 폭 넓게 그리고 장기적인 관점으로 학습되어야 할 과목 중 하나입니다.

이 책은 호텔 · 관광 학문분야에서 마케팅을 전공하는 대학 학부생과 대학원생, 그리고 마케팅의 기본적인 내용을 폭 넓게 이해하고자 하는 동 분야의 실무자들을 위해서 쓰여졌고, 이 들을 항상 염두에 두어 가며 학부 학생들과 대학원생, 대학의 교수들에 의해 여러차례 검토되었습니다.

이 책의 장점중 하나는 명확하고 뚜렷한 구조와 체계입니다. 마케팅을 처음 접한 학생들은 종종 마케팅을 구성하고 있는 다양한 하나하나의 요소들이 어떻게 체계적으로 맞추어질 수 있는지 이해하지 못하며 학문에서 어려움에 빠지곤 하는데, 이 책은 호텔 및 관광 마케팅 시스템 모델이라는 기본적인 골격하에 이를 기초로 구성되어졌습니다. 이 모델은 어떻게 많은 마케팅의 이론과 관련 기법, 기능 등이 상호 연관되어있는지를 이해하도록 해주는 도로의 지도와 같은 역할을 합니다. 또한 이 모델은 내용이 간단하고, 상식적인 접근으로도 독자들이 쉽게 따라가고 이해할 수 있도록 구성되고 반영되어 졌습니다. 아무쪼록 이 책이 호텔 · 관광분야에서 필요로 하는 마케팅관련 내용을 독자들에게 효과적으로 이해시키는데 기여할 수 있기를 바라면서 이 글을 마칩니다.

West Lafayette, Indiana 에서

Alastair M. Morrison

역 자 서 문

　관광산업은 세계 최대의 산업이자 고용 및 부가가치 창출효과가 크고 성장가능성 또한 무궁무진한 산업이라 할 수 있으며, 이러한 성장가도는 특히 호텔과 외식, 여행업 분야에서 분명하게 나타나고 있다. 본 서는 이러한 호텔 및 레스토랑, 여행업 등 관광의 핵심 분야에서 기업들이 담당하고 추구해야 할 마케팅 활동을 나름대로의 독특한 접근방식으로 파헤쳐 전 세계적으로 높은 지명도를 얻고 있는 Alastair M. Morrison (Purdue University, Department of Hospitality and Tourism Management) 교수의 원저 "Hospitality and Travel Marketing"을 번역한 책이다. 본 역자와 오랜 지기인 Morrison 교수는 미국 Purdue 대학 교수로 부임하기 전 11년간 호텔·여행·관광업계의 컨설팅 전문가로 활동하면서 업계의 문제해결 및 전략수립 등 핵심적인 마케팅 컨설팅 경험을 한 바 있으며, 미국의 CVB(Convention and Visitor's Bureau)는 물론 중국, 캐나다 등 세계 각 지역의 관광 관련 기업이나 기관을 대상으로 목적지마케팅에 관한 컨설팅업무를 해 오고 있다.

　10년 전쯤 Morrison 교수로부터 처음 번역서 제의를 받고, 한 동안 망설였던 기억이 분명하다. 개인적으로 그 동안 저서보다는 논문 연구에 더 몰두해 온 저자로서는 어찌 보면 당연한 일이라 할 수 있었지만, 당시 Morrison 교수의 강력한 권유가 이 역서 작업을 시작하게 된 계기가 되었다는 것은 부인할 수 없는 사실이다. 이런 시작의 어려움 못지않게 그 동안 본 역서 작업을 해 오면서 역자의 머리를 누르고 있었던 것은 관광분야의 마케팅 저서로서는 세계적인 명성을 가지고 있는 본서의 내용을 국내 독자들에게 생생히 전달하여 본서의 명성을 역서로서도 이어가야 한다는 부담이었다.

　당시 떨리는 마음과 부끄러움이 교차하는 심정으로 원저인 "Hospitality and Travel Marketing" 3판을 독자들에게 내 놓게 된 이후, 어느덧 시간이 흘러 이제 원저 4판에 대한 역서를 출간하게 되었다. 한 가지 분명한 것은 본서는 기존의 마케팅 교재와는 다른 독특한 접근 방식으로 호텔 및 여행업을 포함하는 관광분야의 마케팅을 파헤치고 있다는 것이다. 이는 물론 원 저자인 Morrison 교수의 업적으로 그는 이 책을 통하여 호텔 및 여행업 마케팅이 기본적으로는 사람을 대상으로 사람에 의하여 행해지는 서비스 활동을 기반으로 한다는 가정 하에 마케팅활동에 있어서 고객이나 종업원 등 사람들의 역할을 강조하고 있다. 또한, 관광의 여러 요소들이 어느 한 부분 독립적으로 시행되는 것보다는 이들의 결합된 역할과 상호작용이 중요하다는 가정 하에 기존의 마케팅 관련 서적에서는 보기 드물게 다양한 마케팅 요소간의 결합과 상호작용을 마케팅 믹스의 중요한 부분으로 제시하고 있다. 이 책에서는 각 장들이 독자적인 내용을 담고 있기 보다는 전체를 하나의 틀 속에서 계획하고 짜나가는 방식을 택하여, PRICE(계획, 조사, 실행, 통제, 평가)라는 틀 속에서 호텔 및 관광 마케팅 활동의 세부적인 내용들을 설명하고 있다. 이러한 본서의 독특하면서도 효과적인 접근은 독자들이 관광산업의 특성이 반영된 마케팅 활동을 이해하는데 많은 도움을 줄 수 있으리라 확신한다.

본 역서가 나오게 되기까지 편집 및 교정 작업을 비롯하여 많은 도움을 준 여러분들께 깊은 감사의 마음을 전하며, 마지막으로 본 역서가 우리나라 관광분야의 마케팅 난제들을 극복하고 관련 업체들이 효과적인 마케팅계획 및 전략을 수립하고 실행해 나가는데 기여할 수 있게 되기를 바라는 마음으로 본 역서의 서문을 마무리하고자 한다.

군자동 연구실에서
역자 씀

contents

contents

계획 : 조사와 분석   PART 02

Chapter 04   고객행동

Chapter 05   마케팅 기회 분석

contents

contents

Chapter 08 포지셔닝, 마케팅 목표

Chapter 09 마케팅 계획과 8P

HOSPITALITY AND TRAVEL MARKETING

contents

PART 04 마케팅 계획 실행

Chapter IO 제품 개발과 파트너십

contents

인적 요소 : 서비스와 서비스 품질

패키징과 프로그래밍

contents

Chapter 13 · 유통 믹스와 여행업

Chapter 14 · 커뮤니케이션과 촉진 믹스

contents

contents

Chapter 17 인적 판매와 판매관리

Chapter 18 PR과 홍보

contents

HOSPITALITY AND TRAVEL MARKETING

PART 01

INTRODUCTION TO MARKETING

마케팅의
소개

🔑 우리 기업은 지금 어느 수준에 와 있는가?

🔑 우리 기업은 어느 수준까지 도달하고 싶어 하는가?

🔑 우리는 그 수준까지 어떻게 도달할 것인가?

🔑 우리가 그 곳에 도달한다고 어떻게 확신할 수 있는가?

🔑 우리가 그 곳에 도달했는지 어떻게 알 수 있는가?

마케팅_의 정의

Chapter
01

마케팅이란 무엇인가?

이 장을 읽고 난 후

목표

» 마케팅을 정의하고, 마케팅의 6가지 원칙을 이해할 수 있다.

» PRICE 마케팅을 설명할 수 있다.

» 시대별 마케팅 발전단계에 따른 마케팅의 역할을 비교할 수 있고, 디지털 마케팅 시대를 설명할 수 있다.

» 제품지향성과 판매지향성을 비교·설명할 수 있다.

» 마케팅 근시안Marketing myopia의 의미를 설명할 수 있다.

» 마케팅 지향성의 특징과 이점을 설명할 수 있다.

» 마케팅의 핵심 원칙을 설명할 수 있다.

» 환대hospitality 및 여행 산업의 마케팅 환경을 설명할 수 있다.

» 마케팅의 중요성이 계속 커지는 이유를 설명할 수 있다.

개요

오늘날 급변하는 환대hospitality 및 여행 산업에서 마케팅이 큰 화제가 되는 이유와 기업들이 매년 마케팅 활동에 막대한 비용을 투자하는 이유는 무엇일까? 이 장에서는 마케팅을 정의하면서 이러한 의문들을 제기하고 있으며, 생산 및 판매지향성을 설명하고, 오늘날 경쟁적 환경에서 마케팅지향성이 가지는 의미와 중요성을 강조하고 있다. 마케팅의 핵심원칙을 규명하고, 환대 및 여행 산업에서 마케팅이 점차 중요해지는 이유를 보여준다.

마케팅이 기업이나 부서, 제품의 미래 목표를 달성하는 데 어떠한 도움을 줄 수 있을지 다소 의심을 가지는 분들도 있는가? 마케팅이 미래 환대 및 여행 산업에서 가장 중요한 경영활동이라면 이를 어떻게 이해하고 대처할 것인가? 마케팅의 기본 원칙은 무엇인가? 이를 위해서 우선 마케팅에 대한 정의를 해 보자.

마케팅의 정의

여러분은 마케팅을 어떻게 정의하겠는가? 아마도 광고, 판매, 촉진promotion과 같은 용어들을 나열할 수 있을 것이다. 그러나 이러한 것들은 마케팅의 일부분에 지나지 않는다.

마케팅의 정의는 다음 6가지 마케팅 원리를 토대로 하고 있다.

1. **고객의 욕구와 필요의 충족**　　마케팅의 주요 초점은 고객의 욕구(고객이 가지고 있는 것과 갖기를 원하는 것의 차이)와 필요(고객이 인지하고 있는 욕구)를 충족시키는 데 있다.

2. **마케팅의 지속성**　　마케팅은 한 번 내리는 결정이 아닌 지속적으로 행해지는 경영활동이다.

3. **마케팅의 순차적 단계**　　효과적인 마케팅은 체계적으로 순차적 단계를 밟는 과정이다.

4. **마케팅 조사과정**　　효과적인 마케팅 활동을 위해서는 고객의 욕구와 필요를 분석하고 예측하기 위한 마케팅 조사가 필수적이다.

5. **환대 및 여행 기업의 상호 의존성**　　마케팅을 수행하는 데 있어 기업 간 협력이 필요하다.

6. **전사적 및 부서 간 협력**　　마케팅은 어느 한 부서의 단독 책임이 아니며, 여러 부서 간 협력이 필요하다.

위의 6가지 마케팅 원리를 기반으로 마케팅을 정의하면 다음과 같다.

> 환대 및 여행 산업의 마케팅은 환대 및 여행 기업이 고객의 욕구와 필요 그리고 조직의 목표를 충족시키도록 고안된 활동을 계획, 조사, 실행, 통제, 평가하는 지속적이고 순차적인 과정이다. 마케팅을 효과적으로 수행하기 위해서는 기업 내 모든 구성원들의 노력이 필요하며, 관련 부서 및 조직 간 상호 보완적 활동도 요구된다.

마케팅은 계획, 조사, 실행, 통제, 평가의 5가지 임무를 포함하며, 각 단어의 영어 첫 알파벳을 따서 "마케팅의 PRICE"로 정의할 수 있다.

마케팅의 PRICE		
계획	P	Planning
조사	R	Research
실행	I	Implementation
통제	C	Control
평가	E	Evaluation

마케팅의 발전 단계

마케팅의 역사적 배경을 제조업과 서비스 산업에서 마케팅이 발전해 온 방식을 통해 살펴볼 수 있다.

제조업의 마케팅

제조업에서의 마케팅은 생산, 판매, 마케팅, 사회적 마케팅의 4단계를 통해 발전해 왔다. 4단계를 거치는 동안 기술의 진보, 생산성 향상, 경쟁의 심화, 시장 수요의 팽창, 경영방식의 정교화, 사회적 가치의 변화 등 여러 요인들로 인해서 마케팅에 대한 사고도 변화해 왔다.

1. 생산 지향기|Production-Orientation Era

생산 지향기는 마케팅 발전의 초기 단계로서 산업혁명으로부터 시작되어 1920년대까지 지속되었다. 이 기간 동안 공장의 생산 조업률은 수요를 따라가지 못했고, 수요가 공급을 초과하는 사태가 빚어졌다. 생산된 제품들은 전부 팔려 나갔고, 가능한 많은 제품을 생산하는 것이

제조업에서의 마케팅 발전	
1920~1930	생산 지향기
1930~1950	판매 지향기
1950~1960	부서단위 마케팅
	마케팅 지향기
1960~1970	기업단위 마케팅
1970~현재	사회적 마케팅 지향기
1995~현재	온라인 마케팅의 등장

제조업의 마케팅 발전
인용 (Perreault, William D. and E. Jerome McCarthy, Essentials of Marketing: A Global Managerial Approach, 10th ed. ©2006 by The McGraw-Hill Companies, Inc.)

그림 1-1

당시로는 가장 중요한 경영 목표가 되었으며, 고객의 욕구와 필요를 파악하는 것은 부차적인 문제가 되었다.

당시, Henry Ford는 "고객들이 원하는 어떠한 색상도 제공 가능하다. 단, 검은색에 한하여"라는 말로써 기업의 생산지향성Production orientation을 대변하였으며, 포드 자동차 회사는 이러한 기조를 오랜 기간 유지하였다.

2. 판매 지향기|Sales-Orientation Era

1930년대에 이르러서는 점차적으로 생산의 기술적 진보와 경쟁의 심화에 따라, 생산과 함께 시장 환경과 수요를 반영하고자 하는 마케팅 노력이 나타나기 시작하였다. 수요를 충족시킬 수 있는 제품을 생산할 수는 있었지만, 경쟁이 심화됨에 따라 생산보다는 판매의 중요성이 더 높아졌다. 하지만, 고객의 욕구와 필요는 여전히 부차적인 문제였고, 더 많은 제품을 팔아 경쟁에서 이기는 것이 우선시 되었다. 1950년대까지 지속된 이 시기를 판매 지향기라 한다.

3. 마케팅 지향기|Marketing-Orientation Era

마케팅 지향기는 더 심화된 경쟁과 기술 진보의 결과로 생겨난 것이다. 이 시기에는 공급이 수요를 초과하였으며, 경영방식이 더욱 정교해지고, 마케팅이 학문으로 진보한 시기였다. 기업들은

판매에 치중하는 정책만으로는 고객만족을 통한 더 많은 판매를 기대할 수 없다는 것을 깨닫게 되었다. 이제 고객은 이전보다 더 많은 선택권을 가지고, 자신들의 욕구에 가장 부합되는 제품과 서비스를 선택할 수 있게 되었다. 판매보다 고객의 욕구에 더 우선권을 부여할 수밖에 없는 환경이 도래하게 된 것이다. 이 기간 동안, 기업들은 마케팅 개념(고객의 욕구와 필요를 충족시키는 것이 가장 우선권을 가진다는 전제 아래 이루어지는 기업행위)을 채택하기 시작하였다.

이 시기는 부서단위-마케팅marketing department era과 기업단위-마케팅marketing-company era의 두 단계를 포함한다. 부서단위-마케팅 시기에는 마케팅 활동을 수행할 새로운 부서를 만들 필요가 있다고 인식하였다. 판매부서는 이름을 바꾸고 재정비되었으며, 그들의 책임도 광고, 고객 서비스, 그리고 기타 여러 마케팅 활동과 관련된 기능을 포함하게 되었다. 당시에는 여러 부서보다 한 부서가 마케팅에 대한 모든 책임을 지는 것이 더 효과적이라고 믿었고, 마케팅을 장기적인 기업활동으로 보지는 않았다. "그것은 우리 문제가 아닙니다. 마케팅 부서가 알아서 할 일입니다." 이것은 부서단위-마케팅 시기에 호텔의 주방장이나 프론트 데스크 책임자가 하는 전형적인 말 중 하나였다. 이는 고객의 욕구를 충족시키는 것은 마케팅 부서만의 책임이지 다른 부서가 상관할 바가 아니라는 당시의 상황을 단적으로 보여준다.

하지만 이러한 경향은 1960년대 기업단위-마케팅 시기가 시작되면서 변하기 시작하였다. "만약 우리 고객이 만족하지 못한다면, 그것은 우리 모두의 문제이다."라는 인식을 하게 되었다. 마케팅 부서가 마케팅과 관련된 일차적 책임을 가지고 있을 수는 있지만, 사실상 기업 내 모든 부서가 고객의 만족 수준에 의해 영향을 받을 수 있다. 마케팅은 장기적이고도 기업 전체의 조직적인 관심사이고, 기업이 치열한 경쟁에 살아남기 위해서는 장기적으로 고객의 욕구를 충족시킬 수 있어야 한다는 인식이 확고하게 자리잡게 되었다. 본 서에 인용된 마케팅 정의는 이러한 기업단위-마케팅 지향성marketing-company orientation에 그 기반을 두고 있다.

4. 사회적 마케팅 지향기|Societal-Marketing-Orientation Era

사회적마케팅 지향기는 현재까지도 지속되고 있다. 1970년대에 시작되었으며, 이 시기 기업들은 이익 창출, 고객 만족과 더불어 기업의 사회적 책임을 깨닫기 시작하였다. 환대 산업으로는, 음주운전, 알코올 중독, 미성년자의 음주 등을 반대하는 광고를 들

수 있고, "파도를 살리자Save the Waves"로 잘 알려진 환경관리 프로그램을 제시한 Royal Caribbean International社와 같이 환경보존과 관련된 메시지를 전하고 이를 실천하는 기업을 들 수 있다.

이러한 마케팅 발전단계를 따르다 보면, 오늘날 생산 혹은 판매를 지향하는 기업은 존재하지 않는다는 인상을 받을 수도 있는데, 이것은 분명 사실이 아니다. 모든 기업들이 마케팅의 발전단계를 비슷하게 거쳤을 것이라고 가정하기보다는, 이러한 마케팅의 발전단계가 하나의 전체적인 흐름을 나타내는 것으로 이해하는 것이 더 바람직하다.

5. 온라인 마케팅 시대Online Marketing Era   1990년대 들어 디지털, IT Information Technology 기술을 빠르게 받아들이면서 마케팅은 새로운 시기를 맞게 되었다. 1995년 이후 인터넷을 이용한 사업이 빠르게 성장하면서, 기업과 고객, 기업과 기업 간 거래에서 전자상거래e-Commerce가 급속도로 성장하게 되었다.

환대 및 여행 마케터들은 다양한 정보를 제공하고 또 예약을 받기 위해 World Wide Web-WWW을 이용하게 되었으며, 의사소통을 위해 이메일을 사용하는 것도 일반화되었다. 휴대전화는 마케팅이나 영업sales관련 직원들이 고객과 연락을 취할 때나, 집에서 업무를 볼 때 많은 도움을 주고 있으며, 전통적인 비디오테이프 대신 Powerpoint 파일, CD, DVD, Blu-ray 디스크 등이 널리 이용되고 있다. PDA-personal digital assistants 기기는 전통적인 비즈니스 달력과 시간 관리 시스템을 대신하고 있다. 이제 마케팅에서도 온라인 마케팅

환대 및 여행 기업에도 온라인 마케팅의 중요성이 부각되었다.
그림 1-2

시대가 도래하였고, 여행객들이 환대 및 여행 서비스에서 정보를 얻고, 예약하는 방식이 근본적으로 변화하고 있다. 항공사들은 유형의 티켓이 필요 없는 e-ticket 서비스를 제공하고 있으며, Expedia, Travelocity, Yahoo Travel과 같은 온라인상에서의 여행 서비스가 붐을 일으키고 있다.

마케터가 고객을 바라보는 시각은 컴퓨터 소프트웨어 프로그램에 의해 변하고 있으며, 이로 인해 매스Mass 마케팅에서 데이터베이스 마케팅Database Marketing으로의 전환이 나타나고 있다. 데이터베이스 관리 프로그램의 발달로 이제 마케터는 고객 개인의 정보를 획득하고 이를 이용하여 특정 고객과 좀 더 긴밀한 관계를 맺을 수 있게 되었다. 환대 및 여행 산업에서 고정고객들을 우대하는 고객우대제도는 정보 기술의 발달로 인해 다양하게 발전하고 있으며, 이로 인해 매스 마케팅에서 표적 또는 일대일 마케팅으로의 변화가 나타나고, "상용고객 우대 프로그램"은 데이터베이스 마케팅과 로열티loyalty 프로그램을 수행하는 데 있어 핵심 전략이 되었다.

온라인 마케팅 시대가 사회적 마케팅 지향기를 대신하고 있는 것은 물론 아니다. 대부분의 기업들은 디지털 기술을 많이 이용하면서도, 그들의 사회적 책임 역시 깨닫고 있으며, 사회적 마케팅 지향기와 온라인 마케팅 시대가 오늘날 공존하고 있다는 점은 눈여겨 볼 수 있는 사실이다.

서비스 산업의 마케팅

환대 및 여행 산업을 포함하는 서비스 산업은 마케팅을 적용하고 활용하는 데 있어 제조업에 비해 10~20년 정도 뒤쳐져 있었다 해도 과언이 아니다.

환대 및 여행 산업에서는 이 전에 주방장이나 요리사였던 사람들이 레스토랑을 경영하였고, 조종사 경력을 가진 사람이 항공사를 만들었으며, 프론트 데스크에 근무한 경험이 있는 직원이 호텔 사장이 되고, 여행 가이드 출신이 여행사 간부가 되었다. 이들은 경영활동에서 기술적인 부분을 상대적으로 더 강조하게 되었다. 제조업체의 마케팅 담당자 중 직접 생산공장의 현장에서 일해 본 경력을 가진 사람은 거의 찾아보기 힘들지만, "비즈니스를 하려면, 비즈니스의 모든 것에 대해 샅샅이 알고 있어야 한다."라는 말은 서비스 산업에서는 흔히 들을 수 있다. 이는 다시 말해 "레스토랑에서 요리를 할 줄 모르면, 레스토랑의 마케팅 부서에 있어서는 안 된다."라고 바꿔 말할 수도 있는 것이고, 이러한 개념이 서비스 산업의 마케

팅 활동을 제한하는 요인이 되었다.

제조업에 비해 서비스 산업의 마케팅이 뒤쳐진 다른 이유는 산업의 전반적인 기술 발전이 제조업보다 늦게 일어났기 때문이다. 널리 알려진 바와 같이 제조업에서는 1900년대 초 Henry Ford가 대량생산을 시작했던 반면, 환대 및 여행 산업에서는 이후 30~40년이 지나서야 이러한 대량생산과 표준화의 개념이 도입되기 시작하였다. Pan American 항공사는 1939년, 대서양을 횡단하는 여객기(날아다니는 보트) 서비스를 처음으로 제공하였다. 1946년 British Airway가 첫 항공 서비스를 시작하였고, 1952년 대중적인 숙박시설인 Holiday Inn이 등장하였으며, 1955년에는 황금색 아치모양으로 너무나 친숙한 McDonald's 레스토랑이 첫 고객을 맞았다. 같은 해, Walt Disney사가 미국에서 처음으로 Disneyland라는 테마파크를 개관함으로써 관광산업에 상업적 혁명을 일으켰고, 1970년에는 동체가 넓은 제트기Boeing 747가 처음으로 상용화되어 여객들을 대량 수송하게 되었다. 이렇듯 환대 및 여행 산업에서의 기술적인 발전이 제조업에 비해 늦어졌기 때문에, 이 분야의 경영자들이 마케팅 기술을 갖추고 활용하는 데는 30년 혹은 그보다 적은 시간이 걸렸지만, 제조업에서는 대략 60년에서 70년 정도의 오랜 시간 동안 마케팅 노하우를 축적할 수 있었다. 더구나, 환대 및 여행 산업에서는 이러한 기술발전이 일어난 30년의 기간 중 상당부분을 경영의 효율성과 수익률을 올리는 데 치중하였다.

마케팅 지향성의 발전

마케팅 지향성marketing orientation은 마케팅 분야의 핵심 내용을 담고 있고 마케팅 활동의 성공에 영향을 미치는 핵심요인이 된다.

마케팅 지향성은 가지고 태어나는 것이 아니라, 끊임없는 노력을 통해 습득되는 것이지만, 놀랍게도 몇몇 성공한 경영자들은 마케팅 지향성이라는 개념을 한 번도 들어본 적이 없지만, 마치 마케팅 지향성을 가진 것처럼 행동한다. 마케팅과 관련된 많은 개념은 오늘날의 비즈니스와 관련된 상식적인 것들이어서 굳이 경영 관련 전공자가 아니어도, 한두 권의 마케팅 책이나 경영자들의 경험, 지식, 직관 등을 통해 이해되고 적용될 수도 있다. 하지만 어떤 경영자들은 시장환경이 변해도 여전히 생산 혹은 판매지향적 성향을 보일 수도 있다.

생산 및 판매 지향성 Production and Sales Orientation

환대 및 여행 산업의 기업과 경영자들은 생산 지향성 production orientation 또는 판매 지향성 sales orientation을 보이기도 한다. 이러한 기업은 내부 중심적 성향을 강하게 가지고 있으며, 시장의 모든 환경은 자신들의 비즈니스 가정 안에서 움직인다고 이해한다. 생산지향적 조직은 가장 손쉽고, 효과적인 판매를 강조하며, 어떤 경우에는 이익보다 판매를 더 강조하는 경향을 보이기도 한다. 이러한 기업들은 경영자나 직원이 좋아하는 서비스를 고객들도 좋아할 것이라고 생각한다. 생산 및 판매 지향성을 보이는 기업은 다음과 같은 특성을 가진다.

1. 모든 계획은 단기적이어야 하며, 장기적인 계획은 거의 가치가 없다.

2. 심각한 문제가 발생하였을 경우에만 장기적인 의사결정을 하고, 별다른 문제가 없다고 판단될 경우에는 체계적인 의사결정 단계를 거치지 않는다.

3. 변화를 꺼린다.

4. 현재의 비즈니스 규모와 성장가도가 앞으로도 보장될 것으로 생각한다.

5. 최상의 품질을 제공하는 것이 성공으로 이어진다고 확신한다. 하지만 이는 마케팅에서 흔히 언급되는 "더 나은 쥐덫의 오류"라고 볼 수 있다.

6. 고객의 특성과 욕구에 대해 잘 알지 못하고, 고객의 욕구를 파악하기 위한 조사가 경영활동에서 우선권을 가지지 못한다. 경영자는 조사를 하지 않고도 시장 고객들의 욕구를 알 수 있다고 가정한다.

7. 광고, 홍보활동에 있어서 고객의 욕구충족보다는 서비스 혹은 제품의 기술적, 외형적 특징을 더 강조한다.

8. 고객들은 기업이 제공하는 것을 얻게 되며, 그 이상도 그 이하도 아니다.

9. 의사결정은 고객의 욕구보다는 주관적인 생산 및 판매 전망에 의해서 이루어진다.

10. 조직과 부서는 서로 고립되어 있다. 다른 부서와의 협력이나 조직 간 상호보완성은 별 가치가 없으며, 오직 긴급 상황이 발생할 경우에만 협력한다.

11. 부서끼리 마케팅에 관련된 활동이나 책임이 중복되어 있으며, 이러한 활동이나 책임에 관해 부서들 사이에 책임 회피나 갈등이 존재한다.

'Better Mousetrap Fallacy'를 의미하며, 기술적으로 더 나은 쥐덫을 개발했지만, 막상 시장에 판매되었을 때에는 이미 경제발전으로 환경이 깨끗해지고 정화되면서 쥐 자체가 적어져 결국 기술적으로는 우수한 제품이었지만 시장에서는 실패한 제품을 일컫는 말이 되었다.

12. 각 부서의 장들은 자신의 영역을 방어하고 보호하려 한다.

13. 회사 소유자가 좋아하는 방향으로 조직이 정비되고, 서비스가 제공된다.

근시안적 마케팅marketing myopia은 1960년대에 생산 및 판매 지향성을 설명하기 위해 만들어졌다. 근시안myopia의 사전적 의미는 "생각 혹은 계획에 있어서 근시 안적 인식 및 장기적 관점 부족"이다. 다르게 말하면, 좀 더 멀리 생각하거나 볼 수 없고, 하고자 하는 의지가 없는 것, 단기간을 바라보고 계획을 세우는 것이라 할 수 있다.

환대 및 여행 산업에서 근시안적 마케팅의 사례는 1970년대와 80년대 나타났 다. 1960년대와 1970년대 초, 세계 관광산업은 10% 이상의 성장률을 보이고 있었 고, 모두가 1980, 90년대에도 이런 성장이 계속될 것으로 생각했다. 관광은 성장 산업으로 여겨졌고, 누구도 관광산업이 침체될 것이라고 생각하지 못했다. 조세제 도가 유리하게 바뀌자 이에 자극받은 미국 호텔산업은 1980년대 초, 전례 없는 성 장을 이룩하였고, 새로운 브랜드의 호텔들이 속속 나타났으며, 장밋빛 미래가 보 이는 것 같았다.

하지만 에너지 위기와 미국 내 만연한 경제문제, 테러리즘, 세제의 변화, 전쟁으 로 인한 국방예산의 증가 등으로 1970년대 중반에서 1990년대 중반에 이르기까지 관광산업의 성장패턴이 바뀌기 시작하였다. 해가 갈수록 성장률이 떨어지고, 여 행 규모도 감소하였으며, 미국 내 호텔 객실점유율 또한 급격히 떨어졌다.

근시안적 마케팅 사례는 레스토랑 산업에서도 발생하였다. 새로운 레스토랑 브 랜드들이 나타나면서 놀라울 정도로 인기를 얻다가 인기가 갑자기 떨어지기도 하 였다. 특정한 외식개념에 대한 고객들의 요구가 나타나기 시작했을 때, 레스토랑 의 경영진들은 성장과 생산성만을 높이는 데 여념이 없었으며, 자신들에 대한 인 기가 떨어지는 것에 제대로 대비하지 못하였다. 쇠퇴하기 전에 고객의 욕구를 충 족시킬 수 있는 새로운 기회나 방법을 찾는 것이 중요한 대안이 될 수 있다는 것 을 직시하지 못하였다.

이렇듯, 국내외 여행과 이에 따른 관광산업이 항상 성장할 것이라는 생각은 착 오였다. 1960년 Levitt은 미래 가능한 변화를 받아들이고 이에 대비해서 적절한 계 획을 준비하지 못하면, 아무것도 보장받지 못한다고 역설했으며, 그의 말은 역사 를 통해 증명되었다. 한 때 엄청난 성장을 이룩하였던 Pan American, Eastern Air-

line, Chichi's 등은 쇠락의 길을 걷고 있다.

생산지향적인 조직은 그들의 산업을 매우 좁게 정의하고, 유리한 마케팅 기회를 놓치기 쉽다. 예를 들어, 만약 Walt Disney사가 엔터테인먼트 사업 대신 영화사업에만 치중했다면, 큰 이익을 가져오는 테마파크 분야에 입성할 수 있는 기회를 놓쳐 버렸을 것이다. 현재, InterContinental Hotels Group^{IHG}에 속한 Holiday Inn 브랜드가 스위트 호텔 개념이나 지금은 Hilton 소유인 Embassy Suites 브랜드를 놓쳤다면, 주요 도로변에 위치하면서 가족 단위 숙박을 제공한다는 원래의 개념에 국한되었을지도 모른다.

생산 지향성은 궁극적으로 조직의 실패를 초래할 만큼 위험하다. 고객의 욕구와 이러한 욕구의 변화를 이해하지 못한다는 것은 기업에게는 가장 심각한 위협이 될 수 있다. 생산 지향성은 시장점유율을 떨어뜨리고, 이로 인해 사업 규모가 떨어지며, 고객의 불만족이 늘어나고, 중요한 마케팅 기회를 놓칠 수 있다. 경영진과 직원들은 조직 내부에 먼저 치중하는 경향이 있으며, 이 경우 부서 간 또는 상호 보완적인 조직 간에 협력할 수 있는 기회가 무산되는 것을 가끔 목격하게 된다.

전문가들은 조직 또는 개인의 마케팅 견해를 설명하기 위해 지향성, 태도, 철학, 또는 시야와 같은 용어를 사용한다. 경영자나 조직이 취하는 태도는 직원들에게 영향을 미칠 수 있다. 만약 조직이 생산지향적이라면, 경영자들도 그것에 맞게 따라가려고 하고 경영자가 생산지향적이라면 직원들도 이를 따라 행동하게 되는 것이다.

마케팅 지향성Marketing Orientation

오늘날과 같은 치열한 경쟁환경에서 마케팅 지향성은 필수적이다. 마케팅 지향성marketing orientation은 고객의 욕구가 최우선이라는 마케팅 개념을 받아들이고 채택하는 것이며, 마케팅 지향적인 조직이나 경영자는 언제나 장기적인 안목으로 미래를 내다본다.

마케팅 지향적인 조직은 어떻게 구별할 수 있을까? 생산 및 판매 지향성에 해당하는 증상이 있듯, 마케팅 지향적 조직이 가지는 주요 특징들을 생각해 볼 수 있다[그림 1-3].

1. 고객의 욕구를 최우선으로 여기고, 이러한 욕구를 이해하는 데 지속적으로 관심을 기울인다.

2. 마케팅 조사는 기업의 모든 경영활동에서 최우선권을 가진다.

3. 고객의 인지도를 파악한다.

4. 경쟁자와 비교해서 강점과 약점을 자주 그리고 정확히 파악한다.

5. 장기적인 계획의 가치를 높게 평가한다.

6. 비즈니스의 영역과 활동이 광범위하며, 변화를 거듭한다.

7. 부서 간 협력을 가치 있게 보고, 장려한다.

8. 상호 보완적인 조직 간 협력을 가치 있게 생각한다.

9. 마케팅 활동에 대한 측정과 평가를 자주 한다.

마케팅 지향적 조직의 특성

그림 1-3

1. 고객욕구 만족을 최우선으로 여기고, 이러한 욕구를 이해하는 데 지속적인 관심을 기울인다.　　　　레스토랑의 출입문 가까이에 고객의견함을 설치하거나, 여행사가 10명에서 15명의 고객들과 정기적인 초점집단회의Focus Group Study를 가지는 것 등이 그 예가 된다. McDonald's사와 몇몇 패스트푸드 회사가 유기생물 분해가 가능한 포장을 그들 제품에 이용한 것은 환경에 대한 고객들의 관심을 반영한 사례라고 볼 수 있다. 고객의 욕구나 경험을 파악하는 데 초점을 맞춘다면, 고객을 더욱 만족시키는 결과를 얻을 수 있고, 만족한 고객은 그들의 경험을 친구들에게 전하게 된다(긍정적인 구전정보). 기업 내 모든 부서와 경영자, 직원이 고객 만족이라는 공통된 목적을 가지도록 하는 것이 중요하다.

2. 마케팅 조사는 기업의 모든 경영활동 중 높은 우선권을 가지고 진행되는 활동이다.
테마파크는 방문 고객들이 자신들이 지불한 돈에 해당하는 가치를 느끼는지

알아보기 위해 매주 수백 명의 방문객들에 대해 의견을 조사할 수 있다. Marriott의 Fairfield Inn은 고객의견을 체계적으로 청취하기 위하여 고객의 의견을 수렴하는 시스템을 전산화하였다. 지속적으로 마케팅 조사를 수행하면, 고객의 욕구와 기대에 빠르게 대처할 수 있으며, 기업이 고객의 욕구를 얼마나 잘 충족시키고 있는지에 대해서도 정확히 파악할 수 있다.

3. 고객의 인지도를 파악하고 있다.　　고객이 기업에 대해 어떤 이미지를 가지고 있는지 파악하는 것은 매우 중요한 일이다. Ramada Inn이나 Club Med와 같은 회사들은 고객조사를 통해 고객이 자사에 대해 가지는 이미지를 알아내고 있으며, 이들은 고객의 자사에 대한 이미지가 항상 호의적이지는 않을 수 있으며, 항상 같은 이미지를 가지지 않을 수도 있다는 사실을 인정한다. 만약, 호텔이나 레스토랑 기업들이 고객의 인지도나 이미지를 보다 정확하게 파악한다면, 편의시설이나 서비스, 촉진활동 등을 이에 맞게 설계할 수 있다.

4. 경쟁자와 비교해서 강점과 약점을 자주 파악한다.　　오늘날 비즈니스의 가장 큰 위험 중 하나가 자기만족이다. Holiday Inn의 사례를 통해서도 알 수 있듯이, 어제의 강점(표준화된 시설이나 교통요충지 입지)이 오늘의 약점(다양성의 부족, 높은 휘발유값)이 될 수 있다. Club Med의 다양한 레크리에이션 프로그램(강점)이 때로는 고객들에게 이러한 프로그램에 참여하도록 강요하는 것(약점)으로 비춰질 수도 있다. 그 시대 그 상황을 고려해서 강점을 더욱 부각시키고 약점을 제거해야 성공적인 마케팅을 수행할 수 있다.

5. 장기적인 계획의 가치를 높게 평가한다.　　환대 및 여행 산업에서 성공하기 위해서는 항상 '장기적'인 계획이 필요하다. 소위 관계 마케팅relationship marketing이라 불리는, 개인 고객과 유통 경로, 그리고 다른 파트너들과 지속적인 관계를 유지하는 것이 어느 한 순간의 판매나 거래보다 훨씬 더 중요할 수 있다. 여행사 직원이 비싼 패키지 상품의 수수료가 더 높다는 것을 알면서도, 고객들에게 가장 싼 크루즈 패키지 상품을 찾아주는 것은 장기적인 고객 만족을 위해 투자하는 것이다. 관계를 좋게 유지하는 것만 아니라, 마케팅 지향적 기업들은 항상 5년 이상의 미래를 내다보고, 그 변화에 어떻게 적응할 것

인지를 고민한다. 이를 통해, 고객욕구의 변화를 예측하고, 이에 적응하고자 행동하며, 새로운 마케팅 기회를 포착하려고 한다.

6. 비즈니스의 영역과 활동이 광범위하며, 변화를 거듭한다.   만약 전 세계의 철도여객 회사가 자신들의 비즈니스를 철도railways만이 아니라 수송transportation으로 규정했다면, 그들은 아마도 오늘날 가장 큰 항공사를 운영하고 있을지도 모른다. Disney는 영화가 아닌 엔터테인먼트 사업을 통해 미래의 동향과 기회에 매우 융통성 있게 적응할 수 있었다. 마케팅 지향적 조직은 변화에 저항하지 않으면서, 부드럽게 적응하고자 한다.

7. 부서 간 협력을 가치 있게 보고, 장려한다.   마케팅을 제대로 수행하기 위해서는 한 조직 내 모든 부서가 그 역할을 다 해야 한다. 조직이 모든 부서 간 혹은 커뮤니티를 통해 마케팅 계획을 공유하고 이를 실천하기 위한 노력을 기울인다면, 이는 마케팅 지향성의 특성을 보여주는 단적인 예이다. 예를 들어, 캐나다의 Nova Scotia Tourism Partnership Council은 그들의 마케팅 계획을 웹사이트를 통해 누구나 볼 수 있도록 만들었다.

8. 상호 보완적인 조직 간의 협력을 가치 있게 본다.   환대 및 여행 산업은 다른 회사들과의 마케팅 제휴 기회가 많은 산업이다. 각 회사는 대개 고객이 바라는 경험의 일부만을 제공하기 때문에 서로 협력하는 것이 더 바람직할 수 있고, 이러한 협력을 통해 고객은 더 많은 혜택을 누릴 수 있다. 알프스 산맥에 위치하는 유럽의 관광국들과 체코, 헝가리, 폴란드, 슬로바키아 등의 상호 협력마케팅이 좋은 예이다. 다양한 여행상품들이 생겨나면서 고객이 선택할 수 있는 폭이 커졌으며, 관련업체 간 협력이 증가되면서 고객들에게 보다 나은 서비스가 제공됨에 따라 높은 수준의 고객 만족 또한 가능하게 되었다.

9. 마케팅 활동을 자주 측정하고 평가한다.   마케팅 지향적 조직은 언제나 마케팅 활동의 성공이나 실패와 같은 성과 자료report를 준비하며, 효과적인 마케팅 활동을 규명하고, 이를 반복하거나 강화한다. 효과가 없는 활동은 재평가하거나 그만두게 된다. 이는 마케팅 활동에 드는 경비와 직원들을 가능한 효과적으로 이용하려는 노력의 일환이다.

그림 1-4
마케팅 지향성의 이점

- 고객의 욕구와 특징의 변화를 알 수 있다.
- 조직 부서 간의 협력이 증가한다.
- 서로 보완하는 조직 간 협력이 증가한다.
- 고객은 더욱 만족한다.
- 부서, 매니저와 직원은 공동의 목표를 공유한다.
- 마케팅 프로그램의 효과는 강화되고, 비효과적인 것은 감소한다.
- 마케팅 예산과 인적 자원이 효과적으로 사용된다.
- 더 많은 마케팅 기회가 실현된다.
- 서비스, 제품, 판매촉진은 조직에 대한 고객의 이미지와 부합된다.
- 강점은 강조되며, 약점에 대처한다.
- 새로운 서비스와 제품의 가능성이 확인된다.

마케팅의 핵심 원칙

마케팅의 7가지 핵심 원칙은 다음과 같다[그림 1.5].

1. **마케팅 지향성**　　마케팅 지향적인 경영자나 조직은 마케팅 개념을 받아들이고 그것에 따라 행동하려고 한다. 일례로, J. Willard Marriott 회장은 Marriott 호텔에서 머문 고객들이 작성한 고객의견카드를 매일 읽으려고 노력했다.

2. **마케팅 개념**　　환대 및 여행 산업에서 마케팅 개념에 입각하여 행동하는 경영자들은 고객의 욕구와 필요를 충족시키는 것이 최우선이라는 믿음에 따라 의사결정하고 행동한다. 끊임없이 고객의 입장에서 생각하고, 고객의 욕구와 필요 충족을 위해 노력을 아끼지 않는다. Walt Disney는 '고객의 입장이 되는 것'을 디즈니랜드의 마케팅 개념으로 삼았으며, 놀이 공원의 벤치에 앉아 두 딸이 놀이기구 타는 것을 지켜보면서 어린이들만이 아닌 가족 전체를 위한 놀이 공원이 필요함을 깨닫게 되었다.

3. **고객의 욕구 및 필요의 충족**　　환대 및 여행 조직들이 오늘날과 같은 경쟁 체제에서 살아남기 위해서는 고객의 욕구와 필요를 지속적으로 충족시켜야 한다. 마케팅 지향 시기에는 고객의 욕구와 필요를 판매로 전환할 수 있는 기

회를 놓치지 않도록 항상 주의하고 이에 대비해야 한다.

4. **시장 세분화**   시장 세분화market segmentation는 마케팅 전문가들이 '모든 고객은 똑같지 않다'라는 개념을 설명하기 위하여 제시한 용어이다. 특정 집단의 사람들 혹은 목표시장target market을 정하여 그들에게만 마케팅을 실시하는 것을 소총rifle식 접근이라고 하며, 이는 불특정 다수를 대상으로 하는 엽총shotgun식 접근과 비교될 수 있다. 만약 당신이 훌륭한 저격수라면, 소총으로 목표했던 특정 대상을 명중시킬 수 있을 것이다. 이 경우 엽총을 이용한다면, 목표대상을 명중시킬 수는 있겠지만, 이로 인하여 다른 대상들까지 영향을 미칠 수 있게 되어 비싼 총알을 낭비하게 될 것이다. 환대 및 여행 산업의 마케터들은 마케팅 비용과 자원이 제한되어 있기 때문에 이렇게 그들의 비싼 총알을 낭비할 여유가 없다. 가장 높은 이익을 얻기 위해서는 특정 시장을 목표로 삼아야 한다. 예를 들면, Contiki 여행사는 "Holidays for 18-35's"를 목표로 젊은 층만을 위한 여행 패키지 상품을 만들어 판매하고 있다.

5. **가치와 교환 과정**   가치value는 오늘날 비즈니스와 일상생활에서 자주 사용

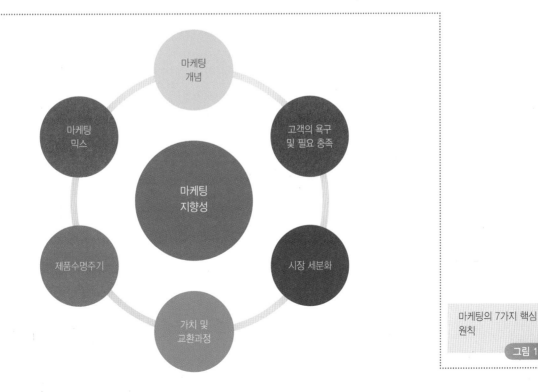

마케팅의 7가지 핵심 원칙

그림 1-5

되는 용어이시만, 이에 대한 정확한 정의를 내리는 것은 쉽지 않다. McDonald's를 큰 성공으로 이끈 경영철학인 "QSCV"에서 V가 바로 가치Value를 의미하고, 나머지는 품질Quality, 서비스Service, 청결Cleanliness을 의미한다. 여기서, McDonald's가 의미하는 가치는 구체적으로 고객들에게 제시되는 환대 및 여행서비스가 얼마나 고객들의 욕구와 필요를 충족시키는가를 말한다. 어떤 고객들은 가치를 가격price과 같은 것으로 간주하기도 하지만, 가격은 가치value를 나타내는 지표일 뿐이다.

마케팅은 교환과정exchange process에서 나타나는 일련의 활동들을 의미한다. 환대 및 여행서비스 역시 고객과 가치를 교환한다. 여기서는 집을 떠나 있는 고객에게 가치 있는 서비스와 경험을 제공하며, 고객은 이에 대한 보답으로 예약을 하고 돈을 지불함으로써 해당 서비스 산업의 재무적 목표를 충족시켜 준다.

6. 제품수명주기

모든 환대 및 여행 서비스업은 그들의 비즈니스 발전단계에서 (1) 도입기, (2) 성장기, (3) 성숙기, (4) 쇠퇴기의 4단계를 거치게 된다. 각 단계별로 적합한 마케팅 활동을 수행해야 하며, 장기적으로 시장에서 살아남기 위해서는 마지막 단계인 쇠퇴기를 어떻게든 피해가야만 한다. New Jersey의 Atlantic City는 최신 유행지에서부터 다소 한적한 바닷가 리조트에 이르는 수명주기를 거치고, 지금은 흥미로운 도박 여행지로 변한 훌륭한 예이다.

7. 마케팅 믹스

모든 마케팅 활동은 마케팅 믹스를 필요로 한다. 특정 고객 집단의 욕구를 충족시키는 데 이용될 수 있는 마케팅 전략 요인marketing strategy

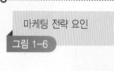
마케팅 전략 요인
그림 1-6

마케팅의 전통적 4P
제품
유통
촉진
가격

환대 및 관광 마케팅의 추가적인 4P
인적 요소
패키징
프로그래밍
파트너십

factors, 즉 마케팅의 'P'가 여기에 속한다. 전통적으로, 제품product, 유통place, 촉진promotion 그리고 가격price을 4P라 칭하고, 환대 및 여행 마케팅에서는 인적 요소people, 패키징packaging, 프로그래밍programming, 그리고 파트너십partnership이 또 다른 4P로 추가된다[그림 1-6].

환대 및 여행 마케팅 환경

마케팅 활동의 성공은 마케팅 전략 요소, 즉 마케팅 믹스와 마케팅 환경요인에 달려 있다 해도 과언이 아니다. 이러한 요인들이 마케팅 의사결정시 고려대상이 되며, 마케팅 믹스는 여러 방식으로 변화될 수 있다. 예를 들어, 잡지 광고에서 TV 광고로, 혹은 라디오 광고에서 쿠폰 촉진으로 바꿀 수 있는데, 이는 시간제약, 마케팅 비용, 고객의 반응 등에 따라 다르게 나타날 수 있다. 마케팅 환경요인marketing environment factors은 마케팅 관리자가 통제할 수 없는 것으로, 이를 외부 환경이라

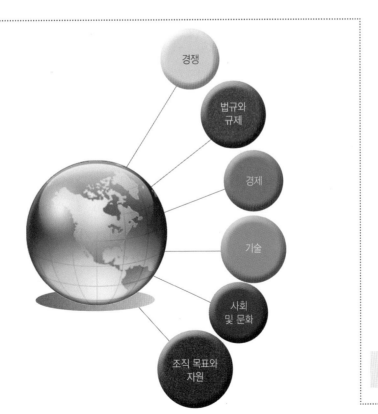

마케팅 환경 요인

그림 1-7

고도 한다. 6가지 마케팅 환경 요인은 다음과 같다[그림 1-7].

1. **경쟁**　　마케팅 관리자들은 경쟁조직의 행동에 직·간접적인 영향을 미칠 수는 있지만, 그것을 통제할 수는 없으며, 경쟁사의 수와 규모 역시 통제하기 힘들다. 환대 및 여행 산업에서 경쟁은 이미 급속도로 퍼져 있고, 숙박 및 레스토랑 체인, 항공사, 여행사, 관광목적지, 컨벤션센터, 카지노, 크루즈 등 관련 산업이 이전보다 더욱 늘어났으며, 이들은 많은 돈을 투자해서 여행객들을 유인하고자 노력하고 있다. 환대 및 여행업의 잠재적 성장가능성은 이러한 경쟁을 더욱 심화시키는 주 원인이 되었고, 특히 이 분야의 많은 기업들이 자국의 경계를 벗어나 외국으로 진출함에 따라 경쟁은 점차 세계적인 추세가 되어가고 있다.

경쟁은 동적인 과정이다. 한 회사가 마케팅 전략을 수행하면, 경쟁사가 이에 맞서는 전략으로 반응할 것이며, 이러한 과정은 지속적으로 반복될 수 있다. 어떤 항공사가 기내에서 Wi-Fi 서비스를 제공한다면 경쟁항공사 역시 동일한 서비스를 제공하고자 할 것이다. 한 호텔체인이 새로운 라이프스타일의 호텔 브랜드를 만들어 성공하면, 경쟁호텔도 그러한 브랜드를 만들고자 노력할 것이며, 이 경우 새로운 라이프스타일의 호텔 브랜드가 여럿 나타날 수 있다. 환대 및 여행 마케팅에서는 "만약 효과가 있다면, 우리는 모방할 것이다."라는 생각이 지배적이다.

우리 산업에서는 그 누구도 멈추어 있지 않다. 마케팅 관리자는 끊임없이 자사뿐 아니라 경쟁사의 마케팅 활동을 파악해야 하며, 경쟁사의 움직임에 따라 자사의 마케팅 프로그램을 융통성 있게 수정할 수 있어야 한다.

경쟁에는 (1) 직접 경쟁, (2) 대체 경쟁, (3) 간접 경쟁의 3단계가 있다. 지금까지는 가장 직접적인 형태의 경쟁, 즉 여러 기업들이 같은 고객 집단의 욕구를 충족시키기 위해 유사한 서비스를 제공하는 것에 대해 논하였다. 경쟁의 두 번째 단계는 특정 서비스나 재화를 대체하고자 하는 것이다. 예를 들어, 휴가를 가는 대신 가족들이 집에서 머물러 잔디를 깎고, 수영을 하거나 케이블 TV를 시청하고, 웹상에서 가상여행을 즐긴다. 한 자리에 모여 회의하는 대신에 웹세미나Webinar를 하고, 집에서 음식을 만들어 먹는 대신 패스트푸드 레스토랑에 간다. 이러한 대체적인 경쟁도 자사의 마케팅 환경을 구성하는 경쟁

환경 속에 포함될 수 있다. 세 번째 단계는 고객의 이익을 위해 우리 산업과 경쟁하는 조직이나 기업으로 구성된다. 고객 개인이 마음대로 쓸 수 있는 수입(세금을 제외한 나머지)을 대상으로 하는 기업들 간 경쟁인 융자금 반환, 식품비, 의료비, 보험비, 집 개조비용 등이 이러한 간접 경쟁의 일부이다. 마케팅 관리자는 그들 자신이 직접 경쟁과 간접 경쟁 모두에 직면하고 있다는 사실을 깨달아야 하며, 경쟁사보다 우위를 차지할 수 있도록 해야 하고, 변화가 필요할 때 융통성 있게 반응해야 한다.

2. 법규와 규제 마케팅은 직접적 혹은 간접적으로 법규와 정부규제의 영향을 받는다. 서비스와 상품을 어떻게 광고해야 하는지, 도박은 누가 할 수 있는지, 누가 술을 마실 수 있는지 등 많은 사실에 관해 존재하는 구체적인 법이 있다.

몇 가지 규제 혹은 특정 법은 환대 및 여행 산업에서도 큰 영향을 미치는 환경요인이 된다. 미국이 항공 산업에 대한 규제를 철폐하자 항공요금이 낮아지고, 보다 상업적인 저가 항공사LCC가 생겨났으며, 항공노선이 증가하는 등 많은 변화가 나타났다. 또한 여행과 오락에 대한 세금 공제법이 바뀌자, 음주법 조항에서 음주가능한 최소 나이가 바뀌는 등 변화가 나타났다. 호텔 투자와 관련한 세법은 1980년대 미국 호텔 산업의 팽창에 중요한 영향을 미쳤다. 법과 규제는 비즈니스가 어떻게 행해져야 하는지를 지시한다. 서비스와 상품이 시장에서 판매되는 방법에 직접적인 영향을 미치고, 이러한 과정은 끊임없이 변화한다. 조직과 마케팅 관리자는 그 변화에 따라 법규와 규제에 빠르게 적응해야 한다. 협회나 단체 등에 가입하면, 이러한 목적을 달성하는 데 도움을 받을 수 있지만, 이러한 적응을 위한 조직 내부의 감독과 노력이 함께 이루어질 때 더 효과적일 수 있다.

3. 경제 인플레이션과 실업, 그리고 불경기는 2008년 말 세계경제 위기 때처럼 주기적으로 각국의 경제를 괴롭히는 경제적 환경요인들이다. 비즈니스와 여행, 외식에 대한 지출이 훨씬 줄어들었고, 이러한 경제시기에 회사와 개인들은 다른 대체 서비스와 상품을 찾기 시작하였다. 콘퍼런스콜conference call과 웹콘퍼런스web conference가 직접 참석하는 회의를 대신하고, 국가적 회의가 지역적이 되고, 집에서 휴가를 보내는 기회가 많아지기 시작했다.

경제적 환경은 지역, 국가, 국세적 요소가 있다. 지역 경제의 변화는 환대 및 여행 조직에 직접적인 영향을 미칠 수 있다. 새로운 공장이 들어서면 매우 긍정적인 영향을 미치는 반면, 공장이 문을 닫게 되면 환대 및 여행 사업에도 치명적일 수 있다. 국제적인 경제 사건도 간접적인 영향을 미칠 수 있다. 비싼 기름 값으로 가족과 2~3주 자동차로 여행을 떠나는 일이 항공여행보다 더 나은 가치를 제공하지 못하게 되었다.

4. 기술　　　기술은 변화에 대처하기 위해 끊임없이 개척해 나가는 것이다. 환대 및 여행 마케터들은 기술적 환경의 두 가지 면을 살펴보아야 한다. 첫째, 신기술을 이용하여 자사의 경쟁력을 높이는 것이다. 무선 인터넷이나 Wi-Fi 서비스, 휴대폰과 PDA를 통한 여행정보전달, 온라인예약과 전자발권 등이 좋은 예가 된다. 둘째, 기술이 고객에게 미치는 영향이다. 모바일 기술, 가정용 엔터테인먼트 시스템, 온라인뱅킹, 스마트카드, 무선인터넷 등을 예로 들 수 있다. 한 편에서 위협이 되는 기술이 다른 편에서는 우호적이 되기도 한다. 가정용 설비 기술이 발전함에 따라 가사 일에 드는 시간을 줄이고, 집 밖의 오락 활동이나 여행 등에 더 많은 시간을 보낼 수 있게 되었다.

5. 사회와 문화　　　사회와 문화 환경에도 두 가지 측면이 있을 수 있다. 첫째로, 조직은 사회문화적 규범을 기반으로 하여 고객이 마케팅 활동에 어떻게 반응하는지를 신중히 고려해야 한다. 예를 들어, 성인용 영화를 비행기 내에서 상영한다면 성인들에게는 인기를 얻을 수도 있겠지만, 사회적으로 받아들여지지 않고, 해당 항공사의 이미지가 추락할 수 있을 것이다. 비록 개고기가 한국과 중국에서 인기가 있다 하더라도, 북미와 유럽 지역의 레스토랑에서는 아직은 찾아볼 수가 없다.

둘째로, 고객들은 사회나 문화적 변화의 영향을 받는다. 수십년 전만해도 카지노 도박이라면 눈살을 찌푸렸지만, 지금은 많은 곳에서 카지노를 볼 수 있다. 사람들이 여유시간에 하고 싶어 하는 일 또한 시간이 흐름에 따라 바뀌고 있다. 자원봉사를 하고자 하는 사람들이 늘어남에 따라 도움을 필요로 하는 곳으로 여행을 떠나기 시작했다.

6. 조직 목표와 자원　　　조직의 목표와 자원 역시 쉽게 통제할 수 없는 환경 요인이다. 마케팅은 기업의 장기적 성공과 생존의 열쇠이지만, 기업 내 모든 부

서들의 관심사는 아닐 수 있다. 제한된 마케팅 자원과 비교해 볼 때, 특정 마케팅 활동에 더 비중을 두어야 할 필요가 있을 수 있다. 새로운 팸플릿 개발이 보다 높은 판매력을 보이며, Web 사이트 개발과 그 우선순위를 다툴지도 모른다.

훌륭한 마케팅 아이디어는 조직의 목표나 정책과 반대되는 것일 수도 있다. 항공사는 경쟁사의 비행기 사고를 이용할 수 있다. 관광을 장려하는 국가는 경쟁을 하는 다른 여행지에서 발생한 테러나 내전을 그들의 마케팅 활동에 이용할 수 있다. 레스토랑과 호텔은 매체를 이용한 캠페인에서 구체적인 경쟁사를 비판할 수도 있다. 하지만 이러한 부정적인 방법은 거의 행해지지 않고 있는데, 그것은 대개의 경우 회사 전체의 방침과 목표에 어긋나기 때문이다.

마케팅의 중요성

환대 및 여행 산업은 급속한 변화를 경험하고 있으며, 이러한 변화는 불가피한 것이다. 마케팅은 이러한 변화에 대처하는 데 핵심적인 역할을 수행한다.

지금의 환대 및 여행 산업 현실에서 마케팅은 그 어느 때보다 중요하다. 경쟁이 심화되고, 시장이 세분화되며, 고객들이 다양한 경험을 원하고 있기 때문에 마케팅의 중요성은 더욱 커지고 있고, 환대 및 여행산업의 마케팅은 보다 전문적이고 공격적으로 변하고 있다.

호텔과 레스토랑, 바, 항공사, 놀이공원, 렌트카 회사, 크루즈 등에서는 심화된 경쟁의 결과로 더 많은 체인chain, 프랜차이즈franchise, 전략적 제휴strategic alliances, 리퍼럴referral, 콘소시엄consortium 등이 성장해 왔다. 이들은 필요한 자원을 구축하고, 마케팅을 보다 강화하며, 경쟁을 증가시키고, 합병과 인수를 통해 지속적으로 마케팅 활동을 강화하려는 경향이 있다.

상대적으로 예전의 시장은 설명하기가 쉬웠다. 휴가는 엄마, 아빠, 자녀, 그리고 자동차를 의미하였다. 비즈니스 여행객은 매번 Holiday Inn에 머무르고, New York 스트립 스테이크와 프렌치프라이를 먹는 40대 남성이었다. 이렇게 평범했던 세상이 1946년에서 1965년 사이에 태어난 베이비붐 세대로 인해 완전히 바뀌었다. 비즈니스 여행에서 여성이 차지하는 비중이 점차 커지고 있으며, 가족단위 여행객에서 커플이나 단독 여행의 행태가 나타나기 시작했다. 전체적으로, 시장이 더욱 세분화되었으며, 경제, 기술, 사회·문화적 변화와 라이프스타일의 변화 등이 나타나고 있다. 환대 및 여행 산업은 세분화된 시장에 새로운 서비스와 상품을 제공하기 시작하였고, 마케터는 고객 집단에 대해 보다 많은 정보를 가지고 있어야 했으며, 표적시장을 구체적으로 정해야 했다.

오늘날 여행객들의 욕구가 다양해지고, 외식인구가 늘어남에 따라 사람들은 여행이나 먹는 것에 대해 보다 복잡한 기호를 가지게 되었다. 이들은 환대 및 여행기업의 규모가 성장하는 데 많은 기여를 하였으며, 이 사람들의 욕구를 만족시키기 위해서는 보다 우수한 서비스와 상품, 그리고 정교한 마케팅이 필요하게 되었다.

마케팅이 중요해짐에 따라, 환대나 여행과는 상관없는 다른 산업에 속한 기업이 환대 및 여행기업들을 인수하기 시작하였다. 예를 들어, General Mills, PepsiCo, 그리고 Pillsbury 등과 같은 몇몇 회사는 레스토랑 사업의 성장에 매료되었고, 그

들은 오랜 마케팅 경험을 가진 모회사로서 그들의 마케팅 지향 철학과 접근법을 새로 인수한 자회사에게 빠르게 전해주었다. 예를 들어, Burger King과 Johnnie Walker 스카치 위스키, Tanqueray 진, Haagen-Daz 아이스크림의 공통점은 무엇인가? 이 회사들 모두가 큰 소비상품 회사인 Diageo의 소유라는 것이다.

이러한 모든 요인들은 마케팅이 환대 및 여행 산업에서 점점 더 중요해지고 있음을 의미한다. 특정 고객 집단의 욕구를 충족시키고, 이를 잘 수행해 나갔을 때만이 마케팅 성공을 이룰 수 있게 된다.

결론

환대 및 여행 산업은 더욱 성숙하고 복잡해지고 있으며, 궁극적인 성공을 위해 마케팅의 중요성을 크게 인식하고 있다. 비록 제조업에 비해서 마케팅의 시작은 뒤쳐졌지만, 이 산업에서는 마케팅의 7가지 원칙, 즉 마케팅 개념, 마케팅 지향성, 고객의 욕구와 필요의 충족, 시장 세분화, 가치, 제품수명주기, 마케팅 믹스를 빨리 채택하였다. 경쟁이 심화되고 마케팅 환경요인의 영향으로 여행 및 환대 산업에서 마케팅의 중요성은 더욱 강조되고 있다.

여행 및 환대 산업에 종사하는 경영자나 관리자들은 반드시 마케팅에 대한 지식을 갖추고, 오늘날 기업이 성공하기 위해서는 무엇이 필요한지를 알아야 한다. 비록 기술과 관련된 지식이 필요할지라도 그것만으로는 충분치 않다.

학습과제

CHAPTER ASSIGNMENTS

1. 당신이 호텔, 여행사, 레스토랑, 렌터카 회사, 혹은 여행과 관련하여 고객과 접촉하는 관련 비즈니스에 종사하는 관리자라고 가정하고, 최고경영자와 마케팅이 아닌 다른 부서 직원들을 마케팅 지향적으로 만들기 위해서 당신이 할 수 있는 일을 설명해 보시오.

2. 당신이 관심 있는 환대 및 여행 산업의 한 조직을 선택해서, 해당 조직의 마케팅을 정의하기 위해 한 사람 혹은 그 이상의 경영자와 면담을 가져 보시오. 마케팅 지향성 혹은 생산 및 판매 지향성을 가지고 있는지? 어떠한 증상이나 특징을 발견하였는지? 마케팅의 7

가지 핵심 원칙은 직용하였는지? 당신이 분석한 결론을 바탕으로 경영팀에게 의견을 준다면, 어떤 내용이 될 수 있는지?

3. 주요 항공사, 호텔, 레스토랑 체인, 렌터카 회사, 크루즈, 기타 다른 환대 및 여행 조직 중에서 3~5개 정도를 선택하여 이 기업들이 마케팅을 어떻게 적용하였는지 6가지 환경요인에 기반하여 분석해 보시오. 환대 및 여행 환경의 변화에 가장 잘 적응한 회사는 어느 회사인지 제시해 보시오.

4. 이 장에서 소개된 정보를 바탕으로 환대 및 여행 조직의 마케팅 활동을 평가하기 위한 표준화된 평가 목록을 만들어 보시오.

REFERENCES 참고문헌

1. Perreault, William D., and E. Jerome McCarthy. 2000. *Essentials of Marketing: A Global Managerial Approach*. 8th ed. Boston: lrwin McGraw-Hill

2. Levitt, Theodore. "Marketing myopia." *Harvard Business Review* 38(4):45-56 (1960).

3. McDonald's. 2007. 2006 *Worldwide Corporate Responsibility Report*, 16-25

4. Marriott International. 2007. "Spirit to Serve".

5. McKenna, Regis. 2006. *Relationship Marketing: Successful Strategies for the Age of the Customer*. New York, New York: Basic Books

MEMO

02

마케팅이란 무엇인가?

환대 및
여행서비스
마케팅

이 장을 읽고 난 후

» 서비스 마케팅의 의미를 설명할 수 있다.

» 서비스 마케팅이 다른 산업의 마케팅보다 뒤쳐진 4가지 이유를 이해할 수 있다.

» 서비스 마케팅과 (유형의) 제품 마케팅의 일반적인 차이점 6가지를 제시할 수 있다.

» 서비스 마케팅과 제품 마케팅의 구조적 차이점 6가지를 설명할 수 있다.

» 환대 및 여행서비스 마케팅의 8가지 구체적인 특징을 나열하고 설명할 수 있다.

» 환대 및 여행 마케팅에서 요구되는 5가지 독특한 접근법을 설명할 수 있다.

» 환대 및 여행 기업들 사이의 독특한 3가지 관계를 규명할 수 있다.

개요

　이 장은 서비스 마케팅에 대해 설명하고 있다. 제조업 마케팅과 서비스 마케팅이 여러 면에서 유사하기는 하지만 중요한 차이점이 있음을 강조하고 있으며, 이러한 차이점을 일반적 · 구조적인 측면에서 규명하고 기술하고 있다. 환대 및 여행 산업 마케팅의 구체적 특징과 서비스 산업에서 요구되는 독특한 마케팅 접근 방식들을 다루고 있다. 환대 및 여행 산업의 뚜렷한 특징 중의 하나는 기업과 기업들 사이에 존재하는 의존도이며, 마지막으로 이를 고찰해 본다.

성공적인 마케팅 매니저가 되기 위해서는 보다 넓은 시각과 안목을 가져야 한다. 산업을 넓게 바라볼 줄 알아야 하고, 그 산업에 속한 다양한 조직들에 대해서도 파악해야 한다. 우리 산업이 자동차 엔진산업이라고 가정해 보자. 차가 움직이기 위해서는 여러 부분이 함께 제대로 작동해야 한다. 시동을 걸고 아무런 문제가 생기지는 않았지만, 이후 단 하나의 작은 문제로 인해 차가 멈추는 듯한 느낌이 들 수도 있다. 우리 산업에서도 관련 업체들이 모여 있는 체인의 구성원들 중 어느 하나가 나쁜 서비스를 제공하게 되면 거기 포함되어 있는 모든 구성원들이 고통을 겪을 수 있다.

가까운 슈퍼마켓에서 판매하는 상품과 환대 및 여행 산업에서 제공하는 서비스 상품과의 차이점은 후자는 물건을 놓을 선반도 없고 종이봉투에 담을 제품도 없다. 이러한 차이점 때문에 환대 및 여행 산업에서는 슈퍼마켓이나 다른 생산업체들과는 다른 마케팅 접근방식을 이용해야 한다.

서비스 마케팅이란?

세계적으로 서비스 산업이 급격히 증가하고 있으며, 서비스의 경제적 중요성이 점점 커지는 두 가지 이유는 소득 증대와 여가시간의 확대이다.

환대 및 여행 산업(집을 떠난 고객들에게 개인적인 서비스를 제공하는 상호 연관된 조직들)은 서비스 산업(무형의 서비스를 제공하는 것과 관련된 조직들)의 한 부분이다. 금융업, 법률서비스, 회계, 경영컨설팅, 보험, 건강관리, 세탁, 교육, 그리고 오락업 등이 서비스업에 포함되는 예들이다. 국가, 주, 지방, 그리고 지역 정부 기관들 또한 서비스 제공자들이다. 서비스 마케팅services marketing이란 제공되는 모든 서비스가 유일무이하다는 인식을 토대로 한 것이며, 마케팅을 서비스 산업에 구체적으로 적용시킨 것이라 할 수 있다.

제1장에서 제조업의 마케팅 발전과정에 대해 설명했었다. 서비스 마케팅은 제조업에서의 마케팅과 같은 속도로 발전하지 못하고, 20년 이상 뒤쳐져 있었다. 첫째 이유는 마케팅 용어나 원칙들이 제조업을 기반으로 정의되었기 때문이다. 대부분의 마케팅 교과서들은 제조업을 대상으로 쓰여졌고, 여기서 서비스 마케팅은 그저 약간만 언급되는 정도였으며, 서비스업에 관한 마케팅 교과서조차 예전에는 거의 없었다.

두 번째 이유는, 서비스 산업과 경영이 가지는 특성과 관계가 있다. 전통적으로 환대 및 여행 산업의 일부는 매우 강력한 규제를 받아왔으며, 미국의 항공사들이 그 대표적인 예이다. 반세기 동안 미항공이사회CAB가 항공요금과 항공노선을 철저히 통제해 왔고, 이로 인해 항공 마케팅의 발전이 늦어지게 되었다. 각 나라의 정부들은 국적 항공사들을 경쟁으로부터 보호해 왔으나, 항공사가 민영화됨에 따라 지금은 더욱 경쟁이 심화되고 시장 중심적 체제로 변모하게 되었다.

세 번째 이유는 환대 산업과 여행 산업의 규모가 가지는 문제이다. 가족이 운영하는 소규모 레스토랑, 모텔, 리조트, 캠프 야영지, 여행사 등이 대다수였기에 소규모 사업이 지배적이었고, 구성원의 수가 큰 체인과 프랜차이즈 사업자는 최근 들어서야 나타났기에 수적으로도 열세였다. 대부분의 소규모 회사들은 마케팅 예산 부족으로 정규직 마케팅 관리자를 고용할 여유조차 없었으며, 그들 대부분이 마케팅은 오직 큰 규모의 회사만이 감당할 수 있는 사치로 여겼다.

1950년대, 서비스 산업에서는 다국적 회사가 없었으며, 큰 제조회사들만이 마케팅 개념을 사용하기 시작했다. McDonald's, Burger King, Wendy's, Holiday Inns, Marriott, Ramada, Howard Johnson, Travelodge, Best Western과 같은 이름들은 1950년 이후가 되어서야 나타나기 시작했으며, 심지어 Starbucks와 같은 이름은 그보다 훨씬 이후에 등장하였다. 대부분의 주요 항공사와 여행사, 렌터카 회사, 여행업, 테마파크 등이 시작된지는 지금으로부터 50년이 안 된 일이다. 국내 및 국제적으로 관광목적지의 마케팅 조직에 대한 역사는 40년 정도에 불과하다. 예를 들어, VisitBritain이후 영국관광청 Britain Tourist Authority의 경우도 1970년대가 되어서야 제대로 된 운영을 시작하였다. Pillsbury, Procter & Gamble, General Motor, Ford Motor Company 등과 비교했을 때, 서비스 산업의 리더들은 마케팅을 연습할 시간이 훨씬 적었다.

서비스 마케팅이 뒤쳐진 네 번째 이유는 기능적이고, 기술지향적operation-oriented인 사람들이 환대 및 여행 조직의 중추적 역할을 하고 운영해 온 역사적 성향 때문이다. 이들 중 마케팅에 관한 정규 훈련을 받거나 관련 경력을 가진 사람은 거의 없었다. 우리 산업의 발전 초기인 1950년대에 제조업자들은 이미 상당히 성숙한 의미에서의 마케팅 부서를 만들고 운영하기 시작했다.

서비스 마케팅의 이해가 중요한 이유는 기존의 제품 마케팅 접근방식을 서비스 산업의 특징에 맞도록 수정해 나가야 하기 때문이다. 예를 들어, 환대 및 여행 산

업에서의 패키징packaging은 시리얼의 패키징(포장)과는 다르다. 시리얼의 패키징은 상품을 용기(포장)에 담아 판매하는 것을 의미하며, 시각적인 상품판매 효과를 가진다. 반면, 환대 및 여행 서비스의 패키징은 관련 서비스들의 조합이다. 환대 및 여행 서비스의 유통시스템 또한 제조업자에서 소매업자로, 다시 고객에게로 가는 생산품의 물리적 운송과는 매우 다르다. 예를 들어, 온라인 여행회사는 호텔이나 항공여행을 고객에게 물리적으로 직접 전해주지 않는다. 고객이 웹상으로 여행을 예약한 다음, 해당 서비스를 이용하기 위해서는 호텔이나 공항으로 가야만 한다.

서비스 마케팅은 왜 다른가?

서비스 마케팅은 독특한 특징을 가지고 있다. 일부는 모든 서비스조직이 가지는 특징(일반적 특징)이고, 다른 일부는 서비스조직이 관리되고 규제되는 방식 때문에 존재한다(구조적 특징). 일반적 특징은 서비스 산업의 모든 조직들에게 해당하고, 이를 없애기는 힘들다. 구조적 특징은 매우 독특하며 법규나 정부규제의 변화를 통해 없어질 수도 있다. 일반적 특징은 모든 조직에게 공통된 것이라고 볼 수 있으나, 구조적 특징은 서비스조직의 형태에 따라 다르게 나타날 수 있다. 서비스 마케팅의 6가지 일반적 특징과 구조적 특징이 [그림 2-1]에 나타나 있다.

일반적 특징 : 서비스 마케팅에 항상 존재함	구조적 특징 : 서비스 마케팅에 영향을 미치며, 서비스조직의 특성에 따라 수정 가능함	환대 및 여행서비스 마케팅의 특징
1. 무형성 2. 생산과 소비의 동시성 3. 소멸성 4. 유통경로 5. 비용결정 6. 서비스와 공급자의 관계	1. 좁은 의미의 마케팅 2. 마케팅 기법의 인식 부족 3. 조직 구조상의 차이 4. 성과 자료의 결핍 5. 정부규제의 영향 6. 비영리 마케터들의 제약과 기회	1. 단시간에 서비스를 제공한다. 2. 소비자의 감정에 호소한다. 3. 경험적 단서Experience clues의 관리가 중요하다. 4. 이미지를 강조한다. 5. 다양한 유통경로를 가진다. 6. 관련 조직에 대한 의존성이 높다. 7. 서비스를 쉽게 모방할 수 있다. 8. 비수기 프로모션을 강조한다.

환대 및 여행 서비스 마케팅의 일반적 특징과 구조적 특징

그림 2-1

일반적 특징

서비스 마케팅의 6가지 일반적 특징은 다음과 같다.

1. **무형성**   유형의 상품은 구매하기 전에 다양한 방법으로 평가해 볼 수 있다. 식료품점에 가면 많은 상품을 집어 보고 느껴보고 흔들어 보며 냄새를 맡아 보기도 하고 때로는 맛을 보기도 한다. 포장과 내용물을 가까이에서 볼 수도 있다. 예를 들어, 옷가게에서 옷이 잘 어울리는지, 사이즈가 맞는지 입어볼 수 있고, 자동차와 PC와 같은 상품들은 구매하기 전에 시험해 볼 수도 있다. 상품은 유형적이기 때문에 사전 평가를 할 수 있는 반면, 서비스는 무형적이기 때문에 그것이 어떠한 것인지 알기 위해서는 직접 경험해 보아야 한다. 대부분의 서비스는 고객이 평가하고 시험해 볼 수 없기 때문에 다른 사람들의 경험에 의존하는 경우가 많다. 이것을 보통 구전word-of-mouth정보라 하고, 환대 및 여행 산업에서는 이러한 정보가 고객들의 의사결정에 매우 중요한 영향을 미칠 수 있다. 또한, 고객들은 여행목적지와 관광상품에 많은 경험을 가지고 있는 여행사 직원과 같은 환대 및 여행 산업 전문가들의 조언을 매우 가치 있게 여긴다. 또한, 웹상에서 블로그를 통해 여행지, 호텔 및 리조트에 대해 정보를 확인할 수도 있다.

2. **생산과 소비의 동시성**   유형의 제품은 생산, 제조되고 조립된 후, 물리적으로 운반되고, 판매된다. 하지만 대부분의 서비스는 생산, 즉 서비스가 제공되는 바로 그 위치에서 이를 구매하는 고객들에 의해 소비된다. 비행기를 이용하고자 하는 승객들이 해당 서비스를 구매하기 위해서는 해당 비행기에 타야 하고, 고객들은 호텔에 머물러야 하며, 레스토랑을 방문해야 한다. 물론, 당장 구매를 통해 경험하지 않고 미리 예약을 해야 하는 경우가 대부분이지만, 이는 해당 서비스의 구매를 위한 선 예약으로 볼 수 있고, 실제 서비스가 생산, 즉 제공되는 시점은 고객들이 해당 서비스를 경험하는 시점으로 볼 수 있다. 집이나 직장으로 배달이 가능한 패스트푸드점은 우리에게 한 단계 더 가까워졌고, 이러한 생산과 소비의 동시성이 더욱 활발하게 나타나고 있다. 대부분의 서비스가 대량 생산되지 않는 것도 바로 이런 이유에서이다.

유형 제품의 경우, 생산과 제조 공정은 정밀하고 엄격하게 통제되고 관리되

서비스가 어떤지 알기
위해서는 경험해 보아
야 한다.

그림 2-2

며, 품질기준에 맞추기 위해 검사관, 감독관, 심지어 로봇까지 배치되기도 한
다. 공장 직원들은 매번 동일한 품질과 양의 제품을 생산하도록 훈련받고 기
업은 이에 필요한 설비를 갖추게 된다. 때문에, 고객들은 제품의 표준성에 대
해 그다지 걱정할 필요가 없다. 반면, 서비스제품의 경우에는 이를 공급, 즉
제공하는 것과 관련된 상당부분이 인적 요소에 의해 이루어지기 때문에 서
비스 품질을 엄격히 통제하는 것은 매우 까다롭고 어려운 일이다. 서비스 기
업의 모든 직원들이 매번 같은 수준의 서비스를 일관성 있게 제공하기는 힘
들고, 이 때문에 서비스 수준이 변할 수 있다는 것은 받아들여야만 하는 사
실이다. 경우에 따라서는 서비스기업이 제공하는 서비스를 표준화하기 위한
노력이 비현실적인 일이 될 수도 있다.

서비스제품의 경우, 고객들은 서비스의 생산 공정production process에도 깊은 관
련이 있다. 유형의 제품을 판매하는 제조업자들은 고객의 안전이나 기타 이
유로 그들의 생산공장에서 고객들을 멀리하도록 하지만, 서비스기업들은 그
들이 제공하는 서비스업장으로부터 고객들을 멀리하도록 할 수 없다. 만약
그렇게 하면 대부분의 서비스기업은 오래 가지 못해 파산할 것이다. 호텔이

나 레스토랑, 항공사, 테마파크, 크루즈 등 환대기업들은 어떤 의미에서는 서비스 산업의 "공장"들이다. 이 서비스 공장에서는 특정 고객의 행동이 다른 고객들의 서비스 경험을 망칠 수도 있다. 비행기에서 안 좋은 행동을 보이는 승객들이나 호텔 옆방에서 밤새도록 시끄럽게 소음을 내는 투숙객, 호텔이나 레스토랑의 금연구역에서 담배를 피우는 고객[그림 2-3], 식당 옆 테이블에서 크게 소음을 내는 고객 등과 같은 상황은 고객들의 불만을 초래할 수 있다. 즉, 환대 산업에서 고객이 경우에 따라서는 기업의 마케팅 목표를 성취하는데 방해요인이 될 수도 있다는 것이다. 예를 들어, 어떤 쇼핑센터에 술취한 고객이 들어와 점원과 언쟁이 벌어졌다면, 이와 직접적인 관련이 없는 쇼핑객들은 레스토랑에서 특별한 날을 축하하는 때 해당 상황이 벌어진 만큼 그렇게 화가 나지는 않을 것이다. 그들은 시간은 소비했지만 돈을 쓰지는 않았기 때문이다. 하지만 환대 및 여행 산업에서 고객들은 서비스를 구매하기 위해 어느 정도의 재정적, 시간적 투자를 해야 하며, 일단 해당 서비스 경험이 시작되면 고객들은 그것을 끝까지 잘 마치고자 한다. 혹시라도, 그 경험을 하는 동안 다른 고객이나 서비스를 제공하는 직원 등에 의해 부정적인 영향을 받게 된다면 고객들은 그들의 시간적, 재정적, 특히 감정적 투자에 대해 제대

담배를 피우는 고객은 다른 고객들의 기분을 상하게 할 수 있다.

그림 2-3

로 보상받을 수 없게 된다.

또한, 우리 산업에서는 샐러드 바, 뷔페, 카페테리아, 탑승권 및 전자항공권 발권기 등과 같이 고객들에게 셀프 서비스에 대한 선택권이 주어진다. 이 경우, 얼마나 그들 스스로가 그러한 서비스를 잘 다룰 수 있는지가 해당 서비스에 대한 그들의 만족감에 영향을 미치게 된다. 고객들이 좋은 시간을 가지게 되면, 이는 해당 업장이나 시설을 사용하는 다른 고객에게도 긍정적 분위기로 전해질 수 있다. 즉, 스스로 만족한 고객들이 다른 고객들을 유인할 수 있는 분위기가 형성될 수 있다는 것이다. 주차장이 텅빈 레스토랑, 한 사람도 타지 않고 있는 놀이기구가 있는 테마파크 등을 보는 고객들은 해당 시설이나 서비스에 대해 거의 매력을 느낄 수 없을 것이다.

서비스상품의 경우에는 직원의 행동, 다른 고객들, 그리고 고객 자신들에 의해 상품구매에 따른 다양한 경험이 이루어질 수 있다.

3. 소멸성　　유형의 생산품은 다음에 다시 판매하기 위해서 저장, 보관해 놓을 수 있지만, 서비스상품은 그렇게 할 수 없다. 랩탑 컴퓨터와 같은 제품은 해당 제품이 가게에 비치되어 있고, 그 가게가 문을 여는 한 언제든 살 수가 있다. 하지만 서비스는 소멸성을 가진다. 마치 플러그 없는 싱크대의 수도꼭지와 같아서, 팔리지 않은 서비스 '재고'는 하수구로 흘러나가는 물과 같다. 시간을 저장할 수는 없기 때문이다. 호텔 객실, 항공 좌석, 크루즈선의 침실, 국제회의장 시설 등은 해당 일시에 판매되지 않으면 나중에 이를 소급해서 다시 판매할 수 없다[그림 2-4]. 고객들에게 중요한 경험을 위한 시간은 저장되어질 수 없다. 매년 여름휴가를 즐길 수 있는 기회는 단 한 번뿐이며, 기념일 혹은 생일 정찬은 오직 그 정해진 시간에만 가치를 지닌다. 서비스 경험을 저장할 수 있는 창고는 존재하지 않는다.

4. 유통경로　　트럭, 철도, 배, 그리고 비행기는 물리적으로 제조품을 창고에서 소매업자에게 또는 곧바로 고객들에게 운송한다. 제조업의 마케팅 매니저는 가장 효율적으로 제품을 이동시키기 위해 유통 전략을 짜야 한다. 우리 산업에는 아직 물리적 유통시스템이 없다. 피자 배달과 같은 몇 가지 예외를 제외하고는 사실상 고객들은 서비스를 구매하기 위해 소위 "서비스 제공시설"로 직접 찾아가야만 한다. 환대 및 여행 산업에는 온라인여행사, 소매여행사, 도

이 매력적인 호텔은 지금 판매되지 않으면 영원히 그 기회는 사라진다.

그림 2-4

매여행사, 기업여행 관리자, 인센티브 여행 기획자, 컨벤션/회의 기획자 등과 같은 많은 중재자들이 있다. 무형적 제품이기에 구매되기는 하지만, 물리적으로 생산자에서 중간 중재자를 거쳐 최종 고객에게로 운반되지는 않는다. 유형의 제품은 공장에서 창고를 통해 소매점, 그리고 최종 소비하는 장소로 이동하게 되지만, 환대 및 여행 산업에서는 한 위치에서 이러한 모든 것이 이루어질 수 있다. 일례로, 고객이 레스토랑에(공장)와서 그들이 선택한 음식과 음료를 소비한 후 떠난다(소비장소). 대부분의 제조업자들은 상품을 매매하는 소매점을 갖고 있지 않지만, 서비스 산업에서는 서비스를 제공하는 판매점에 대한 통제권을 가질 수 있다.

5. 비용결정   비용항목(고정비용과 변동비용)을 정확하게 추정할 수 있는 상품들은 대개 유형의 제품이다. 서비스 상품은 변하기 쉽고 무형적이며, 고객이 필요로 하는 서비스 요구 또한 언제나 똑같지는 않다. 공장의 생산량과 비용은 프로그램화하여 예측할 수 있지만, 서비스 산업은 그렇지 않은 경우가 대부분이다.

6. 서비스와 공급자 사이의 관계   어떤 서비스는 서비스를 제공하는 직원들로

부터 분리될 수 없는 경우가 있다. 예를 들어, 레스토랑은 주방장 혹은 서비스 직원을 통해 독특한 음식과 분위기를 만들어 낼 수 있다. 리조트에서 개최되는 유명 스타들이 주최하는 이벤트도 한 예가 될 수 있다.

구조적 차이점

제품과 서비스의 구조적 차이점은 조직의 경영철학과 관습, 외부환경으로부터의 영향에 의해 나타나며, 서비스 마케팅에 영향을 미치는 이러한 6가지 구조적 차이점을 살펴보면 다음과 같다.

1. 마케팅 범위의 협소　　　많은 서비스 기업들은 아직도 마케팅을 이해하는 데 있어 마케팅부서 지향적인 경향을 보이고 있다. 마케팅부서는 오직 프로모션(광고, 판매촉진, PR, 인적 판매, 인터넷 마케팅 등)에만 책임이 있고, 가격결정, 새로운 입지선정과 서비스 개념의 개발, 조사업무 등은 여전히 다른 부서나 관리자에 의해 시행된다. 이러한 경향은 최근에 들어와 변하고 있으며, 이제는 마케팅전문가가 서비스 조직의 최고 경영자 위치에 오르는 현상을 종종 볼 수

있다. 하지만 환대 및 여행 산업에 속한 많은 기업들이 아직도 마케팅 의사결정에 있어 마케팅 조사의 중요성을 제대로 이해하지 못하고 있다.

2. 마케팅 기법에 대한 인식 부족　환대 및 여행 산업에서는 제조업만큼 마케팅의 다양한 기법들을 높이 평가하지 않는 경향이 있다. 하지만 조리, 숙박업 관리, 관광목적지 지식, 그리고 항공티켓발급 등과 같은 전문적인 기술들은 여전히 높게 평가받고 있다. 마케터에게 필요한 기술을 모두가 가지고 있다고 생각하지만, 실제 내용에 있어서는 마케팅에 관한 이해가 부족한 경우가 많다.

3. 조직구조상의 차이　많은 환대 및 여행 조직들은 총지배인General Manager, GM에 의해 운영된다. 호텔을 비롯한 숙박시설뿐 아니라 여행사, 항공사, 레스토랑, 그리고 관광자원에도 이와 유사한 관리자가 있다. 만약, 한 기업의 비즈니스가 체인에 속해 있으면, 총지배인은 보통 본사headquarter에 경영활동에 대한 보고를 하게 된다. 총지배인은 가격책정, 새로운 서비스 개발, 직원 관리 등과 같은 일에 관여하며, 마케팅 활동과 관련해서는 세일즈매니저가 총지배인에게 보고를 한다. 호텔 비즈니스에서는 마케팅을 담당하는 매니저를 마케팅디렉터Director of Marketing라고 부르기보다는 세일즈디렉터Director of Sales라고 부르는 경향이 있다.

4. 성과관련 자료의 부족　소비재의 경우, 경쟁 브랜드에 관한 판매자료들을 쉽게 구할 수 있는 경우가 많다. 제조업자는 사내·외의 다양한 조사를 통해 경쟁상품의 판매기록을 알 수 있지만, 대부분의 환대 및 여행 산업에 있어서는 이러한 것이 쉽지 않다. 경쟁사의 판매실적은 항공사를 제외하고는 구하기 힘든 경우가 많다.

5. 정부규제의 영향　대개의 국가에 있어, 환대 및 여행 산업의 일부는 정부에 의해 규제되어 왔다. 이러한 정부의 규제는 항공사나 호텔, 여행사, 그리고 기타 관광관련 업자들에게 여러 가지 제약을 가했으며, 가격책정이나 노선 결정, 심지어 구체적인 서비스 활동에 있어서까지 정부의 승인을 필요로 하게 되었다. 이와는 달리, 대부분의 제조회사들은 이러한 통제에서 점차 자유롭게 되었다. 미국과 캐나다에서는 이러한 환대 및 여행 산업에 대한 규제철

폐 움직임이 1970년대부터 일어나기 시작했다.

6. **비영리 마케터들의 제약과 기회**   대부분의 관광목적지 마케팅조직Destination Marketing Organization, DMO을 포함하는 비영리조직들은 환대 및 여행 산업에서 아주 중요한 역할을 한다. 하지만 이들은 독특한 형태의 마케팅 제약을 받을 수 있으며, 정치는 이러한 비영리조직의 마케팅 의사결정에 영향을 미칠 수 있다. 일례로, 정부는 특정 DMO나 명소, 지역을 선전하는 것보다는 해당 국가에 속한 모든 지역과 명소들이 고루 선전되는 것이 바람직하다고 판단할 수 있다. 이와 달리, 영리조직에서는 승자는 밀어주고 패자는 낙오시키는 형태의 의사결정이 이루어진다.

환대 및 여행서비스 마케팅은 어떤 차이점이 있는가?

환대 및 여행서비스에서는 다른 서비스 산업에서는 찾아 볼 수 없는 특징들이 있다. 대량 생산되는 햄버거를 제공하는 회사에서부터 외국 여행상품을 판매하는 기업에 이르기까지 관련상품을 판매하는 기업도 다양하다. 환대 및 여행서비스 마케팅의 8가지 구체적인 특징을 들면 다음과 같다.

1. **단시간에 서비스를 제공한다.**   일반적인 상품의 경우, 고객은 몇 주 혹은 몇 달, 몇 년 동안 제품을 사용할 수 있기에, 냉장고, 스테레오, 자동차 등을 구매할 때, 장기적으로 미래를 내다보고 구매할 수 있다. 하지만 고객이 환대 및 여행서비스에 노출되는 시간은 상대적으로 짧다. 패스트푸드점, 근거리비행, 여행사 방문 등은 대개 한 시간 이내에 끝나고, 고객에게 좋은 혹은 나쁜 인상을 심어주는 데는 이보다 더 짧은 시간이 걸릴 수도 있다. 제조업자들은 보통 몇 년에 걸쳐 보증제도를 실시하지만, 환대 및 여행서비스에서는 이러한 유사 품질보증제도를 적용하기 힘들다. 잘못 요리된 음식은 다시 주방으로 보내면 되지만, 대개의 환대 및 여행서비스는 잘못 시행된 경우, 무형이기 때문에 다시 되돌릴 수도, 비슷한 것으로 교환될 수도 없다.

2. **소비자의 감정에 호소한다.**   상품을 구입할 때는 그 상품이 구체적으로 어

떤 기능을 수행할 것인지를 파악하고, 사실에 기반한 이성적 이유를 바탕으로 구매하게 되는 경우가 많다. 또한, 어떤 사람들은 특정한 제품이나 브랜드에 대해서 친밀한 감정적 유대감을 형성하기도 한다. Harley Davison 모터사이클이 한 예가 될 수 있으며, Haley 소유자들은 동호회 회원HOG을 형성하여 매우 강한 유대감을 보이고 있다. 환대 및 여행서비스에서는 이러한 감정적 이유로 구매하는 경우가 많은데, 그 이유는 이 산업이 사람people을 기반으로 하고 있기 때문이다. 사람들이 서비스를 제공하기도 하고 서비스를 받기도 하며, 이 과정에서 개인과 개인 간의 접촉이 빈번히 발생한다. 감정적이고 개인적인 느낌은 이러한 서비스 접촉service encounters에 의해 야기되며, 이는 이후의 구매행동에도 영향을 미칠 수 있다. 환대 및 여행 산업에서는 단 한 명의 직원에 의해 고객의 서비스 재이용 여부가 결정될 수도 있다.

한편, 사람들은 자기 이미지에 맞는다고 생각하는 환대 및 여행서비스를 구매하기도 한다. 성공한 자신의 모습과 어울린다는 이유로, 1등석을 타고, Ritz-Carlton, Shangri-La, Four Season호텔에 투숙하기도 한다.

3. **경험적 단서Experience Clues가 중요하다.** 제품이 기본적으로 유형적이라면 서비스는 본질적으로 무형의 행위과정이다. 서비스가 무형적이기 때문에 고객들은 볼 수도, 만질 수도, 스스로 평가해 볼 수도 없지만, 이러한 서비스와 연관된 여러 가지 유형적 요인들을 경험할 수 있다. 고객들은 서비스를 구매할 때 경험적인 단서Experience Clues에 많이 의존한다. 이러한 단서들을 통해 서비스 품질을 평가하고, 그것이 그들의 욕구를 얼마나 잘 충족시켜 줄 수 있을지를 결정하게 된다. 환대 및 여행 고객들이 무엇을 구매할지를 결정할 때, 이용 가능한 경험적 단서는 다음의 4개를 생각해 볼 수 있다.

❶ 물리적 환경
❷ 가격
❸ 의사소통
❹ 고객

물리적 환경으로는 호텔이나 레스토랑의 가구, 양탄자, 벽지, 직원 유니폼, 간판 등을 들 수 있다. 눈부신 호텔 로비 바닥의 오리엔탈 융단 위로 드리워

진 호화로운 크리스탈 샹들리에는 최고 수준의 호텔임을 보여주는 단서가 될 수 있다. 서비스 가격 역시 고객의 품질에 대한 인지도에 영향을 미친다. 높은 가격은 호화로운 최상의 질을 나타내는 반면, 낮은 가격은 덜 호화스럽고 낮은 질을 반영하기도 한다. 기업의 서비스는 구전 정보나 여행사 직원과 같은 전문가의 조언을 통해 커뮤니케이션될 수 있다. 고객이 기대하는 것을 보여주는 Web사이트와 팸플릿, 지면광고 등을 통해 고객들에게 유형의 단서를 제시할 수도 있다. 현재 고객 형태도 새로운 잠재 고객에 영향을 미칠 수 있다. 예를 들어, 18~25세 사이의 어떤 고객이 생각할 때 특정 레스토랑 고객들이 대부분 자신보다 나이가 많다고 느끼면, 이 고객은 해당 레스토랑을 친구들과 식사하기에 좋은 장소로 생각하지 않을 것이다. 서비스 마케터는 이 4가지 형태의 경험적 단서Experience Clues를 잘 관리해야 하며, 제공하는 모든 단서에 일관성이 있어야 하고, 제공되는 개인 서비스의 품질과도 일치해야 한다.

4. 이미지를 강조한다.　　환대 및 여행 기업의 이미지는 그들이 제시하는 서비스 수준과 밀접한 관련이 있다. 제공되는 서비스가 주로 무형이고, 고객들은 감정적인 이유로 서비스를 구매하기 때문에 기업은 고객이 바라는 것과 그들의 서비스가 유대관계를 가지도록 많은 노력을 기울여야 한다.

5. 다양한 유통경로를 가진다.　　환대 및 여행서비스에는 물리적인 유통경로가 없다. 대신, 소매여행사, 온라인여행사, 관광 패키지를 만드는 회사(도매여행사) 등과 같은 독특한 여행 중개자가 있다. 유형의 제품인 경우 중개자가 있기는 하지만, 고객의 구매 의사결정에 중요한 영향을 미치지는 못한다. 창고업이나 운송회사들은 고객이 소매점이나 온라인에서 상품을 선택하는 데 거의 영향을 미치지 못한다. 반대로 많은 여행 중개자들은 고객의 구매에 상당한 영향을 미친다. 여행 중개업자나 컨벤션 기획자들은 관광목적지와 호텔, 관광자원, 휴가 패키지, 관광 교통수단 등에 대해 조언해 줄 수 있다. 고객들은 이들을 전문가라고 생각하고, 진지하게 이들의 추천을 받아들인다.

6. 관련 조직에 대한 의존성이 높다.　　여행서비스는 고객이 특정 관광목적지에 대한 광고를 보았을 때부터 사실상의 구매과정이 시작된다고 볼 수 있다. 관광목적지 광고는 관광목적지 마케팅조직DMO이 수행하는 홍보용 캠페인의

일환일 수 있다. 고객은 여행사를 방문하거나 온라인을 통해 보다 상세한 정보와 조언을 구할 수 있다. 여행사 직원은 왕복 항공요금과 지상 교통수단, 호텔 숙박, 지역 관광, 오락, 관광자원, 그리고 식사 등으로 구성된 여행상품을 추천할 수 있다. 휴가를 보내는 동안 고객들은 쇼핑을 할 수도 있고, 레스토랑에서 식사를 하기도 하며, 차를 빌리고 기름을 사고 미용실에 갈 수도 있을 것이다. 여행서비스와 관련된 많은 조직들이 여행 서비스 경험을 고객들에게 제공하며, 이러한 경험 공급자들experience suppliers은 대개 상호 의존적이며 보완적이다. 여행객들은 여행과 관련된 모든 기업들에 대한 경험을 전체적으로 평가한다. 때문에 만약 여행객의 경험과 관련하여 한 기업이 다른 기업의 수준에 미치지 못한다면, 이는 다른 모든 기업에게도 부정적인 영향을 미칠 수 있다.

7. **쉽게 모방할 수 있다.**   대부분의 환대 및 여행서비스는 모방이 쉽다. 반면, 제품의 경우 생산 공정이나 재료 등에 대한 세밀한 지식 없이는 모방하기가 어렵다. 산업 비밀을 유지하게 위해서는 특허를 내거나 경쟁자들이 공장에 접근하지 못하게 해야 한다. 그러나 환대 및 여행서비스 산업의 경우, 서비스가 소비되는 장소에 누구나 자유롭게 방문할 수 있기 때문에 경쟁자들의 접근을 막는 것은 불가능하며, 제공하는 대부분의 서비스에 대해 특허를 낼 수도 없다. 서비스는 사람들에 의해 제공되고 다른 사람들에 의해 모방된다. 환대 및 여행 산업에서는 특수한 상황에서만 거래 비밀이 유지될 수 있다. KFC의 치킨 조리법은 이러한 비밀 중 하나이며, 다른 예로 Skyline Chili를 들 수 있다.

환대와 여행에서 영업 비밀 보호

KFC와 Skyline Chili
http://www.kfc.com & http://www.skylinechili.com

환대 및 여행서비스 상품은 모방하기 쉽게 때문에, 대개 그들만이 가지고 있는 '운영비법trade secret'을 수십년간 지속적으로 유지하기는 매우 어렵다. 경쟁사들은 호텔에 체크인하여 객실에 투숙한 뒤, 그 호텔의 서비스를 파악하고 이를 광범위하게 그대로 옮겨올 수 있다. 경쟁사가 레스토랑에서 음식을 먹고 포장해 가서 심지어 재료를 알아내기 위해 정교한 실험을 할 수도 있다. 따라서 환대 및 관광기업이 그 운영비법을 지켜나가는 것은 매우 어렵다. 환대 및 여행 산업에서 운

Skyline 식료품

It's Skyline Time. The story of Skyline Chili

영비법이 드물게 유지되어 온 예로, Colonel Harland Sanders의 유명한 프라이드 치킨 조리법과 'Skyline Chili'를 들 수 있다.

Kentucky Fried Chicken의 "비밀 레시피"

KFC의 '11가지 허브와 양념' 비밀조합은 70년간 보호되어 왔다. Colonel Sanders는 Kentucky Corbin에서 Sanders Court & Café Restaurant과 모텔을 운영하던 1930년에 이 양념조합을 발명했다. 이 레시피는 지금도 정교하게 보호되고 있다. KFC의 공급자가 레시피의 일부를 조합하고 또 다른 양념 회사가 나머지 부분을 조합한다. 다른 어떤 회사도 "11가지 허브와 양념"에 대한 완전한 레시피를 알지 못하도록 하고 있다.

지금은 전 세계 100개국 이상에 15,000개 이상의 KFC 매장이 있다. Colonel Sander의 비밀 레시피를 이용한 오리지날 레시피가 회사 성공의 주 이유였던 것은 의심할 여지가 없다. 현재 KFC는 Yum! Brands, Inc.의 일부이며, 자매 브랜드인 Pizza Hut, Taco Bell, A&W All American Food, Long John Silver's를 포함하고 있다.

Skyline Chili

Skyline Chili 의 창업자인 Nicholas Lambrinides가 1949년 그리스에서 미국으로 이 비밀 레시피를 가져왔으며, 이 "비밀 양념"은 지금은 Cincinnati 스타일 칠리로 알려진 독특한 메뉴를 만들어 내었다. 회사는 이 비법을 60년 이상 지켜왔으며, 이 레시피는 금고에 보관되어 있고, 오직 소수의 사람만이 이에 접근할 수 있다. 회사는 이 사람들이 같은 비행기에 함께 탑승하지 못하도록 하고 있으며, 이러한 극단적 조치는 나름대로 성공하였다.

8. 비수기 촉진을 강조한다.　　제품은 수요가 최고일 때 가장 공격적으로 홍보를 한다. 12월에는 크리스마스 카드와 장식물, 크리스마스 트리, 그리고 여름에는 정원 및 수영장 제품, 선텐 오일, 보트, 겨울에는 눈 청소기, 감기약, 따뜻한 옷 등에 대한 적극적인 홍보가 실시된다.

환대 및 여행 산업에서는 완전히 다른 형태의 촉진계획을 필요로 한다. 비수기에 집중적인 촉진을 하는 데에는 3가지 이유가 있다.

첫째, 서비스를 홍보하기 위해 가장 좋은 시간은 고객이 계획단계에 와 있을 때이며, 휴가 일자가 다가왔을 때 홍보를 하는 것은 너무 늦다.

둘째, 생산력이 고정되어 있어 줄이거나 확장하기가 어렵다. 때문에 비수기에도 서비스를 제공해야 하며, 이를 위한 홍보가 필요하다.

세 번째 이유는 비수기 동안에 남는 생산력을 사용하여 환대 및 여행서비스 재고 소비가 가능할 때 소비되도록 해야 한다.

환대 및 여행서비스에 필요한 마케팅 접근접

기본적으로 제품과 서비스는 같은 방법으로 판매하기 힘들다. 유형적 제품과 무형의 서비스 사이에 존재하는 구조적 차이점은 시간이 가면 바뀔 수 있지만, 다른 산업과 달리 환대 및 여행서비스에만 존재하는 특성은 시간이 지난다 해도 바뀌지 않을 것이다. 환대 및 여행 마케팅에서는 다음과 같은 5가지 독특한 접근법이 있다.

1. 기존 4P와는 다른 마케팅 믹스 요소의 사용
2. 구전 정보의 중요성
3. 감성에 호소하는 촉진활동의 중요성
4. 신개념 테스트new concept test의 어려움
5. 상호 보완적 조직의 중요성 증대

1. 기존 4P와는 다른 마케팅 믹스 요소　　일반적으로 마케팅 믹스는 제품product, 유통place, 촉진promotion, 가격price의 4P를 규정하고 있다. 본서에서는 이에 추

가하여 인적 요소People, 패키징Packaging, 프로그래밍Programming, 그리고 파트너십Partnership을 또 다른 4P로 도입한다.

❶ 인적 요소People

환대 및 여행 산업은 인적 산업이다. 즉, 사람(직원)이 사람(고객)에게 서비스를 제공하고, 서비스를 제공받은 사람(기존 고객)은 다른 사람(다른 고객)과 서비스 경험을 공유하는 산업이다. 이 산업에서 마케터들은 누구를 고용할지(특히 고객과 접촉하는 직원)와 목표로 삼고 있는 고객은 누구인지에 관해 매우 신중하게 고찰해야 한다. 어떤 직원들은 사람을 다루는 기술이 부족하기 때문에 서비스 제공자로서는 적절치 않을 수 있으며, 어떤 고객은 다른 서비스를 경험하고 여기에 이미 빠져 있기 때문에 우리 서비스를 제공받는 대상으로는 적절치 못할 수도 있다. 서비스를 제공하는 직원들은 환대 및 여행 조직에 의해 제공되는 서비스의 일부로 볼 수 있지만, 무생물인 제품과는 다르며, 마케팅에서 중요한 역할을 하기에 분리해서 고려해야 한다. 직원 모집, 선발, 오리엔테이션, 훈련, 감독, 그리고 동기부여 등과 같은 인적 자원 관리에 필요한 요소들은 우리 산업에서 매우 중요하다. 고객 믹스, 즉 이미 우리 서비스상품을 경험한 고객과 잠재고객 등 고객집단의 성격을 파악하고 이를 적절히 관리하는 것 역시 서비스 마케터들에게는 중요하다. 특정 고객이 우리 상품을 구매하는 데 따르는 경험에 다른 고객들이 영향을 미칠 수 있다. 고객들은 비행기, 레스토랑, 호텔, 관광자원, 크루즈, 카지노, 리조트 등을 구매하고 이용할 때, 그들 경험의 상당 부분을 다른 고객들과 공유하게 된다. 그들과 함께 하는 다른 고객들이 누군지, 어떻게 행동하는지 등이 그들 경험의 일부가 될 수 있다. 때문에 마케팅 관리자는 어떤 표적 고객시장이 그들에게 가장 큰 이익을 내는지 뿐 아니라, 이 고객들이 다른 어떤 고객층으로부터 영향을 받을 수 있는지에 대해서도 신중히 살펴보아야 한다.

❷ 패키징과 프로그래밍Packaging and Programming

이 두 요소는 상호 관련되어 있으며, 환대 및 여행 산업의 마케팅 활동에 매우 중요한 의미를 갖는다. 첫째, 이 두 요소는 고객지향적 개념이다. 환대 또는 여행과 관련된 요소들을 모두 포함하는 패키지, 예를 들어 호텔

패키지상품이나 여행 패키지상품은 고객이 편리하게 다양한 욕구를 충족시킬 수 있도록 해준다. 둘째, 비수기에 재고를 줄이는 방안이 될 수 있다. 아직 팔리지 않은 호텔 객실과 항공좌석, 사용되지 않고 있는 직원의 시간 등은 마치 진귀한 와인을 하수구에 쏟아버리는 것과 같이 이의 재소비를 위해 저장하거나 잡아둘 수 없다. 이러한 문제를 처리하는 방법은 수요를 변화시키거나 공급을 조절하는 것이다. 패키징과 프로그래밍은 수요를 변화시키는 데 도움을 줄 수 있다. 호텔의 주말 패키지상품이나 레스토랑의 노인, 유아, 가족고객 할인, 리조트의 스파운영, 테마파크의 특별할인행사 등이 좋은 예이다. 서비스의 소멸성은 우리 산업의 마케팅활동에 독창성을 요구한다.

❸ 파트너십Partnership

상호 보완적인 환대 및 여행 조직 사이의 협동적인 마케팅 노력을 파트너십이라 한다. 고객의 욕구와 필요를 충족시키는 데 있어 많은 조직들이 상호 의존적이기 때문에 본서가 제시하는 마케팅 믹스8P에 파트너십이 포함되었다. 고객 만족은 종종 우리가 직접적으로 통제하지 못하는 다른 조직의 행동에 의해 정해질 수도 있다. 이 때문에 상호 보완적인 조직들과의 관계를 항상 주의 깊게 관리하고 지켜보아야 한다. 공급자(호텔, 레스토랑, 식음료 서비스 시설, 크루즈, 렌터카 회사, 관광자원, 카지노)가 여행 중개자(소매여행사, 도매여행사, 기업 및 인센티브 여행기획자, 컨벤션/회의기획자, 온라인여행사 등)나 운송자(항공, 철도, 버스, 페리 회사)와 좋은 관계를 유지해야 하는 것은 언제든 각자 고객의 서비스 경험에 다른 기업들이 영향을 미칠 수 있다는 관심사 때문이다. 우리 산업에 속한 다양한 조직들이 서로 효과적으로 협력할 때 그들 고객을 더욱 만족시키는 결과를 기대할 수 있지만, 그렇지 못할 경우는 부정적 결과를 초래할 수 있다. 마케터는 관광목적지에서의 이러한 관련 조직들 간 협력과 상호의존성의 가치를 잘 이해할 필요가 있다. 여행 경험은 관광목적지의 많은 관련 조직들에 의해 형성된다. 이러한 조직들 모두가 스스로 한 배에 함께 타고 있다는 인식을 같이 할 때, 그들 고객을 더욱 만족시키는 결과를 얻을 수 있다.

2. 구전정보의 중요성

환대 및 여행 산업에서는 고객이 서비스를 구매하기 전에 이를 미리 시험해 볼 수 있는 기회가 제한되어 있다. 사람들은 그들이 구매하고자 하는 서비스가 그들의 욕구를 충족시킬 수 있는지 미리 알아보기 위해서는 호텔 객실을 사용하고, 비행기 티켓을 사고, 레스토랑에서 식사비용을 지불해야만 한다. 즉, "미리 시험해 보기 위해서는 이를 구매해야 한다." 이러한 상황

구전효과Word-of-mouth는 고객의 환대 및 여행서비스 선택에 중요한 영향을 준다.

그림 2-6

은 우리 환대 및 여행 산업에 있어 구전광고(기존 고객이 잠재 고객에게 전해주는 서비스 경험 정보)의 중요성을 강조하고 있다. 여기서 광고advertising라는 용어가 구전Word-of-mouth이라는 용어와 함께 사용되었지만, 정확하게 보면 이것은 광고가 아니다. 우리 산업에서는 구매 전에 그들이 구매하고자 하는 상품을 미리 시험하거나 테스트해 볼 기회가 거의 없기 때문에 사람들은 부분적으로 친구나 친척, 직장동료, 경우에 따라서는 여행사 직원 등과 같은 다른 사람들의 조언에 의지해야만 하는 경우가 많다[그림 2-6]. 긍정적인 구전정보는 대부분의 환대 및 여행 기업의 성공에 있어 결정적인 역할을 한다.

환대 및 여행 산업에서 긍정적인 구전효과를 얻기 위해서는 일관된 서비스와 관련 시설을 제공하는 것이 중요하고, 이것이 우리 산업 마케팅 활동의 기본 원칙이기도 하다. 우리 산업에서는 고객들에게 제공될 수 있는 경험적 단서를 관

리하는 것이 매우 중요하다. 일관되지 못한 경험적 단서는 고객 경험의 질을 떨어뜨릴 수 있다. 최고 수준의 레스토랑에서 더러운 유니폼을 입고 있는 직원들 혹은 고객편의시설을 제대로 갖추지 않은 소위 특급호텔 등이 그 좋은 예이다. 고객이 지각하는 경험적 단서의 일관성은 고객이 해당 기업의 품질에 대해 일관된 인상을 가지도록 해 준다.

이러한 일관성은, 고객들이 그들 개인의 경험을 바탕으로 전체 기업에 대한 이미지를 결정하는 데에도 영향을 미친다. 특정 Westin 호텔에서의 좋지 않은 경험은 다른 모든 Westin 체인 호텔에 부정적 영향을 미칠 수 있다. 이 때문에 브랜드에 대한 관리는 우리 환대 및 여행 산업에서 매우 중요하다.

3. **감성에 호소하는 촉진활동의 중요성**   서비스의 무형성으로 인해 고객들은 서비스상품을 구매할 때 더욱 감성적인 이유에 치중하려는 경향이 있다. 이것은 촉진 캠페인에 감성적인 호소를 이용하는 것이 더욱 효과적임을 의미하기도 한다. 호텔, 레스토랑, 항공사, 여행사, 여행지, 혹은 관광자원이 고객의 매력을 끌기 위해서는 그들만의 차별화된 개성이 있어야 한다. "Fun Ship"은 Carnival Cruise를, "Friendly Skies"라는 문구는 United Airline을 연상시킨다. 환대 및 여행 기업은 고객이 지각할 수 있는 개성personalities을 가질 수 있어야 한다.

4. **신개념 테스트**new concept test**의 어려움**   서비스상품은 다른 유형의 제품보다 모방이 쉬울 수 있기 때문에, 환대 및 여행 기업은 새롭고 혁신적인 고객 서비스를 위해 끊임없이 변화를 모색하여야 한다. 선두 기업은 이를 명심하고 마케팅 신개념을 지속적으로 테스트해야 한다. 전 세계가 역동적으로 변하는데 사업을 그대로 유지하는 것은 현명한 일이 아니다.

5. **상호 보완적 조직의 중요성**   환대 및 여행서비스 산업에서는 마케팅에 중요한 영향을 미치는 기업들 사이에 다음의 세 가지 독특한 조직적 관계가 존재한다.

❶ 공급자, 운송자, 여행업자, 그리고 관광목적지 마케팅 조직
   서비스 공급자는 관광목적지 내 혹은 관광목적지 간 편의시설과 관광자원, 이벤트, 교통수단, 관련 지원서비스 등을 운영하는 조직이다. 운송자는 관광목적지까지의 교통수단을 제공하는 회사들이며, 항공사와 기차, 버스, 페리 회사 등이 포함된다. 여행업travel trade은 공급자와 운송자가 그들의 서비스를 고객에게 제공할 수 있도록 중개자 내지는 유통업자의 역할을 한다. 관광

목적지의 마케팅 조직들DMOs은 그들이 가지고 있는 장소, 지역, 주, 국가의 매력성을 여행 중개업자나 개인 혹은 단체 여행객들에게 판매한다. 이 네 개의 서비스 산업 집단은 고객에게 보다 효과적으로 편리하게 서비스를 제공하기 위해 서로 연합하여 다양한 형태의 패키지 상품을 만들어 내고 있다. 이를 마케팅 관점에서 보면 서로 의존적이다. 만약, 항공사나 호텔의 예약률이 낮다면, 이는 여행업자들에게도 나쁜 영향을 미친다. 여행사 직원이 리조트 혹은 크루즈 패키지를 판매하는 데 있어 어떤 잘못을 했다면, 고객들은 그 리조트와 크루즈에 대해 부정적 인상을 가지게 될 것이다.

❷ 관광목적지 믹스

관광목적지 믹스는 관광자원과 이벤트, 편의시설, 기반시설, 교통수단, 환대hospitality 자원 등과 관련된 개념이다.

관광자원과 이벤트는 여행자를 유인하는 중추적 역할을 하며, 호텔, 레스토랑, 렌터카 회사 등은 그들의 서비스에 대한 수요가 관광자원에 대한 수요

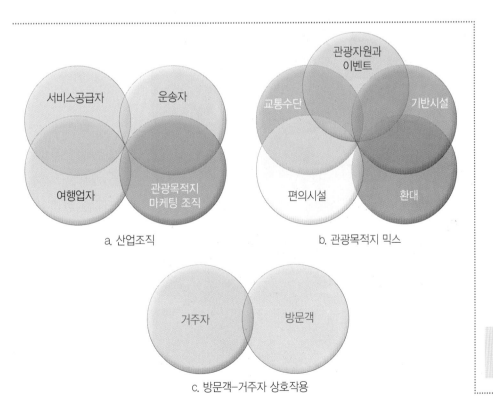

a. 산업조직

b. 관광목적지 믹스

c. 방문객-거주자 상호작용

환대 및 여행 산업의
3가지 독특한 관계성

그림 2-7

로부터 기인하고, 관광자원 없이는 사업의 상당부분이 사라질 수 있다는 것을 깨달아야 한다.

❸ 방문객과 지역주민

방문객과 해당 지역주민들은 서비스와 편의시설을 공유한다. 긍정적인 지역주민의 태도는 환대 및 여행 산업에 있어 중요한 이점이 될 수 있다. 이러한 태도는 해당 지역 환대 및 여행 산업 조직의 마케팅 노력을 강화할 수 있다. 지역주민들이 방문객들에게 불친절하고 적대적인 태도를 취한다면 그 반대 현상이 나타난다. 관광목적지 마케팅 조직DMOs은 이러한 중요한 관계를 파악하고, 필요한 대처를 해 나가야 한다.

관광객은 지역 거주 민들에게 위치 및 기타 정보를 요청한다.

그림 2-8

[그림 2-7]은 이 세 가지 유형의 관계성을 보여준다. 이 세 관계를 관리하는 것은 환대 및 여행 마케터들이 해야 하는 역할이다. 우리 조직이 제공하는 서비스도 중요하지만, 다른 파트너 조직이 제공하는 서비스도 중요하다는 것을 명심해야 한다. 관광목적지 지역주민과 방문객간 상호작용도 마케터가 관심을 가져야 하는 것이다. 불친절하고 야박한 지역주민들의 태도는 방문객의 경

험을 망칠 수 있다[그림 2-8]. 흔치는 않다 해도 방문객을 대상으로 한 테러나 절도 등 범죄행위 역시 관광산업에 큰 역효과를 가져온다는 것은 자명한 사실이다. 지역주민의 시각에서 볼 때, 과도한 방문객이 몰리는 것과 교통 혼잡, 자연상태의 훼손, 상업화 및 범죄율 증가로 인해 관광객에 대한 부정적 시각이 나타날 수 있으며, 이는 환대 및 여행 산업의 마케터들이 늘 주의해야 하는 부분이다.

결론

서비스 마케팅에서는 독특한 마케팅 접근법이 요구된다. 서비스업은 제조업과는 다른 특징들을 가지고 있다. 서비스는 무형이며, 쉽게 소멸되고, 공급자와 떨어질 수 없고, 원가 또는 비용을 계산하기 어려우며, 생산공정과 유통경로 역시 다른 성격을 가진다.

서비스 산업에서의 마케팅은 제조업보다 훨씬 느린 속도로 발전해 왔으며, 정부의 규제를 받기도 하였다. 서비스 산업의 경영자들은 마케팅의 핵심 원칙을 받아들이는 데 주저해 왔으며, 이는 우리 산업에 있어 마케팅 활동의 발전을 가로막는 요인이 되었다.

무엇보다 환대 및 여행 산업은 사람^{people}에 의한 사람을 위한 산업이다. 최고의 자리에 오른 조직들은 고객과 직원의 만족에 높은 관심을 보였던 기업들이라는 사실을 명심해야 할 것이다.

학습과제

1. 당신은 최근 리조트 체인을 인수한 어떤 자동차회사에 입사했다. 당신이 맡은 첫 임무 중 하나는 이 회사의 마케팅 간부와 만나 리조트기업의 마케팅활동과 자동차기업 마케팅의 차이점을 설명하는 것이다. 두 가지 형태의 마케팅이 공유하고 있는 부분과 리조트기업만의 독특한 마케팅 접근법에 대해 설명을 해 보시오.

2. 환대 및 여행 산업과 관련된 다양한 조직과 개인들 사이에 존재하는 관계를 강조하기 위한 워크숍을 수행하려고 한다. 워크숍에서 무엇을 강조할 것인가? 다양한 조직과 개인

사이의 협력과 상호 의존의 중요성을 효과적으로 보여주기 위해서는 어떻게 하겠는가?

3. 어떤 제조기업이 여행사 체인을 인수했다. 당신은 새로운 여행사 부서의 마케팅 부장으로 고용되었고, 제품과 서비스 유통시스템의 차이점을 설명하라는 요청을 받았다. 어떻게 효과적으로 당신의 견해를 말하겠는가?

REFERENCES 참고문헌

1. Central Intelligence Agency. 2008. *The World Factbook* 2008.

2. Lovelock, Christopher H., and Jochen Wirtz. 2007. *Services Marketing : people, Technology, Strategy*. 6th. Pearson International Edition. Upper Saddle River, N.J.: Pearson Education International, 16-21

3. Lovelock, Christopher H., and Jochen Wirtz. 2007. *Services Marketing : people, Technology, Strategy*. 6th. Pearson International Edition. Upper Saddle River, N.J.: Pearson Education International, 19-20

4. Lovelock, Christopher H., and Jochen Wirtz. 2007. *Services Marketing : people, Technology, Strategy*. 6th. Pearson International Edition. Upper Saddle River, N.J.: Pearson Education International, 16.

5. Berry, Leonard L., Lewis P. Carbone, and Stephan H. Haekel. 2002. "Managing the Total Customer Experience." *MIT Sloan Management Review*, 43(3), 85-89.

6. Lovelock, Christopher H., and Jochen Wirtz. 2007. *Services Marketing : people, Technology, Strategy*. 6th. Pearson International Edition. Upper Saddle River, N.J.: Pearson Education International, 20.

7. Mill, Robert Christie, and Alastair M. Morrison. 2009. *The Tourism System*. 6th ed. Dubuque, Iowa: Kendall Hunt Publishing Company.

8. Mill, Robert Christie, and Alastair M. Morrison. 2009. *The Tourism System*. 6th ed. Dubuque, Iowa: Kendall Hunt Publishing Company.

MEMO

03

마케팅이란 무엇인가?

환대 및
여행 마케팅
시스템

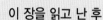

이 장을 읽고 난 후

>> 마케팅 시스템에 대해 이해할 수 있다.

>> 환대 및 여행 마케팅 시스템을 설명할 수 있다.

>> 환대 및 여행 마케팅 시스템의 네 가지 원리를 제시할 수 있다.

>> 환대 및 여행 마케팅의 시스템적 접근이 가지는 이점을 제시할 수 있다.

>> 환대 및 여행 마케팅에 관한 5가지 핵심과제를 제시할 수 있다.

>> 장·단기 마케팅 계획을 정의할 수 있다.

>> 전략적 시장계획과 마케팅 계획을 구별할 수 있다.

개요

환대 및 여행 산업의 다양한 조직들이 실행하는 일반적인 마케팅 방법이 있는 가? 이 장에서는 환대 및 여행 시스템의 일반적 특징을 설명하고 있으며, 마케팅의 시스템적 접근이 갖는 장점을 제시하고 있다. 장·단기 계획 모두가 필요하다는 것을 강조하고 있으며, 환대 및 여행 마케팅 시스템의 5단계를 기술하고 있다.

환대 및 여행 산업은 매우 다양한 특성을 가지고 있다. 예를 들면, 숙박업은 아주 작고 영세한 모텔에서부터 수천 개의 방을 가진 매우 거대한 호텔에 이르기까지 다양하다. 외식업 또한 우아하고 품위 있는 테이블서비스를 제공하는 레스토랑에서부터 길거리의 햄버거 노점상까지 그 범위가 다양하다. American Express, Carlson Wagnolit Travel 같은 세계적으로 지명도가 있는 여행사 브랜드뿐 아니라 3~4명의 직원을 거느린 적은 규모의 지역여행사도 있다. 항공 서비스도 Lufthansa, KLM, British Airways, American, United, Northwest, Air Canada, Qantas, Cathay Pacific과 같은 세계적 항공사에서부터 한 명의 지방노선 조종사^{bush pilot}를 가지고 있는 회사에 이르기까지 다양하다. 관광자원 역시 미국 플로리다주 Disney World 와 Universal Studio 같은 거대한 테마파크부터 한 해 몇 백 명의 관람객 밖에 오지 않는 작은 박물관도 있다.

1장에서는 모든 영리 집단과 비영리 집단에게 적용될 수 있는 공통된 핵심 마케팅 원리를 살펴보았고, 2장에서는 환대 및 여행 산업 조직들이 공유하는 특징들을 설명하였다. 이러한 공통적인 기반에도 불구하고, 여전히 환대 및 여행 산업에는 해당 기업의 특성에 따라 전적으로 다른 마케팅 접근방법이 필요하다고 생각할 수 있다. 호텔과 여행사가 서로 다른 만큼 고객들을 만족시키기 위해 서비스, 가격, 유통시스템, 그리고 촉진활동의 내용도 달라져야 한다는 것은 옳은 생각이다. 그러나 마케팅에는 모든 환대 및 여행 조직이 이용할 수 있는 체계적인 과정, 즉 환대 및 여행 마케팅 시스템이 있다.

환대 및 여행 산업을 정의하는 여러 접근법

환대 및 여행 산업에 대한 정의는 매우 다양하며, 이 중 몇 개의 정의를 살펴보면 다음과 같다.

레스토랑^{Restaurant} 외식^{Food Service}산업

음식과 음료 제공을 주로 하는 산업을 외식산업이라 한다. 미국레스토랑협회 The National Restaurant Association: NRA는 외식산업을 상업적 레스토랑, 단체급식, 군대급

공급 부문	운송 부문
● 숙박 ● 레스토랑 및 외식사업 ● 크루즈 ● 렌터카 ● 테마파크 및 이벤트 ● 카지노 및 게이밍	● 항공사 ● 철도 ● 페리 ● 버스 및 지상교통 ● 운하
여행중개업 부문	관광목적지 마케팅 조직 부문
● 소매여행업 ● 투어 오퍼레이터 및 도매업 ● 기업 여행 ● 인센티브 투어 기획 ● 컨벤션 및 회의기획 ● 온라인 여행기업 ● 글로벌 유통시스템(GDS)	● 국가/지역단위 DMO

환대 및 여행 산업의 구성요소

그림 3-1

식의 세 부분으로 나눈다. 국제외식업협회The International Foodservice Manufacturers Association는 집에서 멀리 떠나 음식, 식사, 간식 그리고 음료 등을 준비하고 대접하는 모든 과정을 포함하는 것을 외식산업으로 정의하고 있다.

숙박Lodging산업

숙박산업은 호텔, 모텔, 스위트suite, 리조트, bed & breakfast, 그리고 콘도와 같은 시간제 예약time sharing 숙박업체 등으로 이루어지고, 범위를 더 좁히면 호텔 산업, 리조트 산업, 그리고 옥외 야영지 산업 등을 칭하기도 한다.

그것은 산업이 아니다!

대다수 경제학자와 통계학자들은 상업적 레스토랑을 소매점이나 식품점과 같은 유형으로 간주한다. 비영리 외식사업시설들은 병원, 대학교, 사회복지시설 등으로 흩어져 있다. 숙박시설은 건강관리, 법률서비스, 보험서비스 등과 함께 분류되기도 한다. 여행사는 항공사, 장거리버스, 크루즈, 유람선, 철도 등과 함께 교통

수단으로 일괄적으로 포함된다. Standard Industrial Classification[SIC]으로 알려진 이러한 분류방법은 한 국가의 산업구조를 살펴보는 데에는 편리할 수 있지만, 환대 및 여행 조직들 사이에 존재하는 강한 유대관계는 제대로 반영하지 못하고, 한 조직이 하나 이상의 범주에 해당될 수 있다는 가능성도 무시하고 있다. 레스토랑, 바, 호텔 등을 서비스 산업으로 볼 것인가, 아니면 소매업의 한 범주로 간주할 것인가? 항공회사를 운송산업으로 간주해야 하는가? 아니면 서비스 산업의 일종으로 보아야 하는가?

미국표준산업분류시스템The United States Standard Industrial Classification System에서는 환대 및 여행 조직이 16개 SIC 코드와 35개 SIC 코드 사이에 산재해 있다.

산업이라는 단어는 경우에 따라서 매우 막연한 의미를 지닌다. 법규와 정부 정책에 따라서 공통된 특징을 가진 집단으로 나누어 볼 수도 있다. 항공사는 미국항공운송협회 소속이고, 여행사는 미국여행협회에, 숙박시설은 미국호텔·숙박협회에, 레스토랑은 미국레스토랑협회에, 그리고 테마파크는 미국놀이공원amusement park협회에 속한다.

시스템적 접근

시스템적 접근은 산업과 조직을 총체적으로 바라볼 수 있는 대안책이 될 수 있다. 시스템은 공통된 목표를 달성하기 위해 함께 작용하는 상호 관련된 부분들의 집합이다. 우리 산업은 공통된 목표를 가진 상호 관련을 맺고 있는 집단들로 구성되어 있다. 개별 조직은 동일한 목표를 가진 상호 관련된 부서나 활동의 집합을 나타내는 하나의 시스템이라 할 수 있다. 우리 산업 내 조직들의 공통점은 고객이 집을 떠나 있는 동안 나타날 수 있는 다양한 욕구를 만족시킨다는 데 있다.

환대 및 여행 산업에는 거시적 시스템과 미시적 시스템이 있으며, 미시적 시스템은 산업 수준에서 바라본 것이다. 환대 및 여행 산업의 거시적 시스템을 자동차와 비교해서 생각한다면 관광자원은 자동차의 엔진과도 같다. 그러나 엔진 하나만으로 차가 완성될 수는 없으며, 차대, 차축, 바퀴, 본체, 의자, 기타 여러 다른 많은 부분들이 있어야 한다. 환대 산업과 관광목적지가 최대의 효과를 얻기 위해서는 호텔, 레스토랑, 쇼핑몰과 같은 편의시설과 교통수단, 기반시설, 환대자원 등이

필요하다. 이러한 관광자원과 이벤트를 운영하는 사람들은 고객의 욕구를 충족시키기 위해서 공급자나 운송업자, 여행중개업자들의 도움을 필요로 한다.

미시적 시스템은 개별 조직 수준에서 바라본 것으로 개개 환대 및 여행 조직이 그들의 서비스를 어떻게 판매할 것인가와 관련이 있다. 환대 및 여행 마케팅 시스템은 미시적 시스템, 즉 환대 및 여행 조직에 종사하는 모든 이들과 관련된 조직의 마케팅 과정을 나타낸다.

환대 및 여행 산업의 시스템적 특성

환대 및 여행 산업 시스템은 다음과 같은 6가지 특성이 있다.

1. 개방성
2. 복잡성과 다양성
3. 반응성
4. 경쟁성
5. 상호 의존성
6. 상충과 부조화

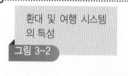

환대 및 여행 시스템의 특성

그림 3-2

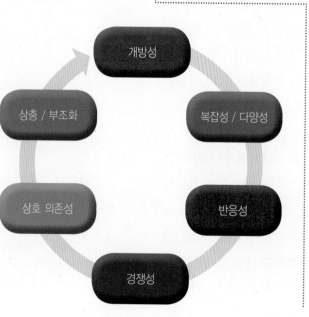

1. 개방성　환대 및 여행 산업과 산업 내 조직들은 개방적 시스템이다. 시스템의 각 부분들이 일정한 방법으로 정확히 조직되어 있지 않고, 동적이며, 끊임없이 변화를 겪는다. 환대 및 여행 서비스는 항상 새롭고 창조적인 방법으로 마케팅을 실시해 왔다. 1980년대에는 항공사와 호텔에서 고객우대 프로그램을 실시하였으며, 1990년대에는 항공사와 호텔, 여행사, 관광상품 개발자, 관광목적지 마케팅 조직들이 전 세계적으로 협력하여 전략적 제휴를 맺었다. 그 후 1990년대 중반에 인터넷과 전자상거래가 우리의 생활양식이 되기 시작하였으며, 2000년

이후, 환대 및 여행 산업은 9·11테러와 같은 테러공격, SARS, 쓰나미, 허리케인(2008년 하반기 경제위기를 뜻하는 소위 "파이낸셜쓰나미"를 포함) 등과 같은 통제하기 어려운 사건들로 어려움을 겪어왔다. 이러한 외부적·전략적 환경은 계속해서 우리 시스템에 영향을 미치고 있으며, 새로운 사업방식을 만들어 냈다. 예를 들면, 더욱 편리하고 시간을 절약하고자 하는 사람들의 욕구로 인해 전자항공권이 생겨났다.

2. 복잡성과 다양성 세상에는 다양한 환대 및 여행 조직들이 존재하며, 아주 소규모의 사업부터 다국적 기업에 이르기까지 매우 다양하다. 서로 다른 조직들이 상호 복잡한 관계를 맺고 있고, 다양한 유통경로가 존재한다. 예를 들어, 리조트는 고객들에게 직접 마케팅을 하거나, 전통적인 여행사, 온라인 여행사, 관광 도매업자, 인센티브 여행기획자 등 다양한 중간매개자를 선택할 수 있다. 환대 및 여행서비스를 촉진, 판매하고 가격을 결정하는 데에는 다양한 방법이 존재하고, 고정된 성공의 공식은 존재하지 않는다.

3. 반응성 시장은 끊임없이 변화하며, 우리 산업과 조직들은 이러한 변화에 민감하지 않으면 살아남을 수 없다. 고객의 욕구와 경쟁의 변화를 파악하기 위해 고객들이나 다른 그 무엇으로부터도 필요한 정보를 얻어야만 한다. 그냥 현상을 유지하는 정도로는 살아남기 힘들다. 이러한 상황에서 마케팅 조사는 기업이 변화에 적응하고 살아남는 데 유용한 정보를 제공해 준다.

Ramada Inn이 그 좋은 예가 된다. 1970년대 마케팅 조사에 의하면, 이 체인은 고객들에게 그다지 좋은 이미지로 비추어지지 못했다. 이로 인하여, 회사 경영진들은 Ramada 호텔 건물의 외부를 바꾸고, 3가지로 구분된 별도의 브랜드로 나누는 결정을 하게 되었다. 마찬가지로, Club Med는 독신층 고객들과 오랜 고객 관계를 유지해 오다가 미래 인구 예측에 관한 조사와 연구를 실시한 후, 1980년대부터는 가족고객과 커플고객들 대상으로 눈을 돌렸다.

4. 경쟁성 우리 산업은 경쟁이 치열한 산업이다. 매일 새로운 기업들이 생겨나며, 관련 기업과의 협력 정도가 클수록 그 경쟁력도 증가한다. 상대적으로 작은 규모의 조직들은 그들의 경쟁적 위치를 확실히 하기 위해서 서로 협력한다. 콘소시엄이나 리퍼럴referral 그룹을 결성하고 시장에서 더 많은 영향력을 얻기 위해 공동의 노력을 기울인다. 1980년대 항공사, 호텔, 렌터카 회

사 등이 서로 협력하여 고객우대제도frequent traveler awards를 실시하였으며, 많은 항공사들이 합병을 하였다. 1990년대는 환대 및 여행 산업의 본격적인 글로벌 경쟁이 시작되었으며, 많은 조직들이 대내외적으로 다른 조직들과 전략적 마케팅 동맹과 파트너십을 형성하면서 국가적 경계는 그 중요성을 잃어갔다. Star Alliance, One World, Sky Team 등 항공사 제휴는 글로벌 마케팅 시대에서 앞서가는 협력관계의 좋은 예가 되고 있다.

5. 상호 의존성   우리 산업에서는 집을 떠난 고객들의 욕구에 맞는 서비스를 제공하는 다양한 관련 사업과 조직들이 상호 의존적이며, 서로 유기적인 관련을 맺고 있다. 숙박, 레스토랑, 운송수단, 관광목적지, 소매쇼핑업 등이 우리 산업에 속하며, 다른 관련 조직으로는 국가적 홍보기관, 컨벤션과 방문객 안내소, 상공회의소, 관광청 등 여러 관광마케팅 단체가 있다.

많은 사람들이 우리 산업의 범위에 대해 근시안적 견해를 가지고 있는데, 좀 더 넓은 시각이 필요하다. 많은 사업과 조직, 심지어 국가까지도 상호 의존적이며, 그들은 개별 노력으로 얻은 결과보다 더 큰 결과를 얻기 위해 함께 유기적으로 일하면서 서로를 보완해 준다. 관계마케팅relationship marketing은 기업 또는 여러 기업들이 한데 모인 관련 조직들과 고객과의 장기적인 관계 구축을 나타내는 용어이다.

상호 의존성은 개별 조직 수준에서도 존재한다. 마케팅은 운영, 재무 및 회계, 인적 관리, 유지활동 등 관련 분야들과 조화를 이루어야 하며, 이것이 마케팅 성공의 열쇠이다.

6. 상충과 부조화   우리 산업과 개인 조직 내에는 많은 충돌과 스트레스, 긴장이 존재한다. 항상 조화로운 완벽한 시스템이란 없으며, 시스템은 우리가 생각하는 대로 정확하게 수행하지 못하는 경우도 종종 있다. 미국에서 항공사가 여행사를 무시하고 법인 고객들에게 직접 마케팅을 실시하는 것은 여행사와 항공사 간 긴장감을 야기시키는 원인이 되기도 한다. 호텔과 리조트의 요구를 종종 여행사가 마지못해 따르는 경우가 있는데, 이는 여행사와 숙박기업 간 긴장의 원인이 되기도 한다. 관광목적지와 관광사업자들은 경우에 따라 경쟁목적지에 대항하기 위해 서로 협력해야만 한다.

환대 및 여행이라는 불완전한 세계는 불건전한 내부 경쟁, 개인 간 충돌, 그

리고 의사소통 문제들로 인해 시스템이 원래 기능과는 다른 기능을 수행하게 될 수 있다. 마케팅은 이러한 형태의 내부적 문제 때문에 실행할 수 없는 것들을 고객에게 보증해 줄 수 있다.

환대 및 여행 마케팅 시스템

호텔, 레스토랑, 여행사, 항공사를 불문하고, 마케팅을 효과적으로 수행하기 위해서는 다음의 5가지 핵심 질문을 고려해야 한다.

1. 지금 우리는 어디에 있는가?
2. 우리는 어디에 있고 싶어 하는가?
3. 우리는 그 곳에 어떻게 도달할 것인가?
4. 우리가 그 곳에 도달한다고 어떻게 확신할 수 있는가?
5. 우리가 그 곳에 도달했는지 어떻게 알 수 있는가?

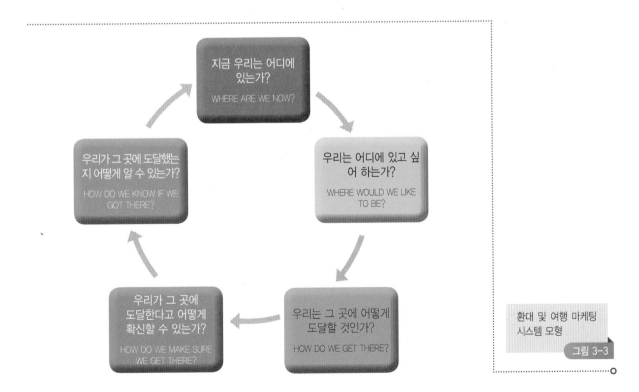

환대 및 여행 마케팅
시스템 모형

그림 3-3

시스템 사용의 이점

환대 및 여행 마케팅 시스템을 이용하는 조직에는 다음과 같은 세 가지 주요 이점이 있다.

1. 효과적 계획 수립
2. 논리적이고 체계적인 노력
3. 균형 잡힌 마케팅 활동

1. **효과적 계획 수립**　　계획은 오늘날의 비즈니스 환경에서 꼭 필요한 것이다. 환대 및 여행 마케팅 시스템을 이용하는 조직들은 계획을 먼저 세우고 나서 미래 사건을 예측한다. 우리가 확신할 수 있는 단 한 가지는 내일이 오늘과 같지 않을 것이라는 사실뿐이다. 1년의 계획보다는 다년간의 전략적 마케팅 계획이 필요하다.

단기(2년 이내)계획이든 혹은 장기(2년 이상)계획이든 최소한 다음의 6가지 기본 목적을 가지고 있다.

❶ 마케팅의 가능한 대안을 규명한다.
❷ 독창성을 유지한다.
❸ 바람직한 상황을 창조한다.
❹ 바람직하지 못한 상황은 피한다.
❺ 예기치 못한 일에 적응한다.
❻ 측정, 모니터링, 결과 평가를 용이하게 한다.

첫째는, 마케팅의 모든 가능한 대안들을 규명하는 것이다. 언제나 목표를 성취하는 데에는 한 가지 이상의 방법이 있을 수 있다. 그 모든 대안들을 검토해 보고 난 후, 가장 효과적인 접근법을 선택해야 한다.

둘째는, 조직의 독창성을 유지하는 것이다. 마케팅 성공의 비밀은 고객이 우리 조직은 무엇인가 다른 것을 계속 제공한다고 인식하도록 하는 것이다. 이러한 이미지를 만들고 유지하는 데에는 많은 노력이 들 수 있다.

셋째는, 여러 개의 바람직한 조건을 만드는 것이다. 잠재 고객들 사이에서 자

사 서비스에 대한 높은 인지도를 유지하도록 하고, 마케팅 자원과 기술을 효과적이고 균형 있게 이용하며, 새로운 마케팅 기회를 이용하고, 시장점유율(전체 수요 중 이용 가능한 부분)을 높일 수 있는 서비스를 확대하며, 협력적인 마케팅 활동의 모든 이점을 활용하는 것 등이 여기에 속한다.

바람직하지 못한 상황을 피하는 것은 네 번째 목적이다. 시장점유율이 낮아지거나 수익성 낮은 서비스를 계속해야 한다든지, 상호 관련된 조직이나 경쟁사 간 갈등과 같은 것들은 조직이 피하고 싶어 하는 전형적인 상황이다.

다섯 번째 목적은 예기치 못한 일에 적응하여 보다 나은 위치를 확보하는 것이다. 환대 및 여행 시스템은 개방형 시스템이고, 경제적, 사회적, 문화적, 정치·법적, 기술적, 경쟁 환경의 급작스런 변화와 사건에 의해 극적으로 영향을 받을 수 있다. 조직은 예상치 못한 상황에 대해 항상 준비하고 계획이 순조롭게 진행될 수 있도록 해야 한다.

여섯째로, 훌륭한 계획은 측정 가능한 목표들을 구체화하기 때문에 측정, 모니터링, 그리고 결과에 대한 평가 등을 용이하게 한다.

2. **논리적이고 체계적인 노력**   시스템적 사고의 두 번째 이점은 모든 노력을 논리적이고 체계적으로 가져갈 수 있다는 것이다. 적정 시기에 적절한 요청을 받기 때문에 마케팅 비용과 인적 자원은 더욱 효과적으로 이용될 수 있다.

3. **균형 잡힌 마케팅 활동**   시스템적 접근은 균형적인 마케팅 활동을 가능하게 해 준다. 모든 가능한 마케팅 기법을 신중하게 고려하며, 과거의 노력을 지속적으로 반복하기보다는 새로운 활동을 끊임없이 재평가한다.

효과적인 마케팅 의사결정은 체계적인 조사 연구를 기반으로 한다. 조사는 새로운 마케팅 기회를 정확히 잡아내고, 새로운 서비스와 고객 집단을 규명하는 데 도움을 준다. 경쟁자들과 관련해 우리의 위치가 어디인지 알게 해주며, 잘된 것과 그렇지 못한 것들을 알게 해 준다. 조사는 가장 효과적인 것이 무엇인지 이해하도록 도와주며, 우리의 실수를 지적해 준다. 우리는 고객이 우리를 어떻게 바라보는지를 배우게 되며, 고객 만족을 높이는 여러 다른 방법들을 발견하게 되고, 지속적으로 환대 및 여행 시스템이 성장할 수 있는 원천을 제공받게 된다.

시스템 단계

환대 및 여행 마케팅 시스템은 다음과 같은 보다 명확하고 실용적인 접근법을 통하여 이용될 수 있다.

시스템을 항공 비행에 비유하여 살펴보면 다음과 같다.

1. 항공기 승무원은 현재 비행기가 착륙해 있는 지점이 어딘지 알고 있는가?
2. 승무원은 비행기가 이륙할 때 어디로 가는지 알고 있는가?
3. 승무원은 비행이 있을 때마다 구체적인 비행 계획을 가지고 있는가?
4. 조종사와 부조종사는 비행을 관리, 통제하고, 조정할 수 있는가?
5. 조종사는 비행을 평가하고, 이와 관련한 항공 일지를 적는가?

왜 위에 제시한 상업적 항공비행이 환대 및 여행 조직의 마케팅과 같을 수 있는 가? 안전하고 성공적인 비행을 위한 핵심 질문은 효과적인 마케팅에도 필요한 것들이다.

환대 및 여행 마케팅 시스템은 조직활동을 계획, 조사, 실행, 통제, 평가하는 체계적인 과정이다. [그림 3-4]는 시스템의 마케팅 과업을 시스템의 단계 혹은 질문들과 연관시켜 제시해 본 것이다.

1. **우리는 지금 어디에 있는가?** 모든 비행기 조종사와 승무원들은 그들의 현재 위치와 진행방향을 알고 있고, 그래야만 한다. 조직도 어디에 있는지, 어

단계	환대 및 여행 마케팅	항공기
1. 우리는 지금 어디에 있는가?	현재 위치	항공기의 현재 위치
2. 우리는 어디에 있고 싶어하는가?	미래의 바라는 위치	목적지
3. 우리는 그 곳에 어떻게 도달할 것인가?	마케팅 계획	비행 계획
4. 우리가 그 곳에 도달한다고 어떻게 확신하는가?	마케팅 계획의 통제와 조정	통제와 비행 계획 조정
5. 우리가 그 곳에 도달했는지 어떻게 알 수 있는가?	마케팅 계획의 결과 평가와 측정	비행 평가와 항공일지 기입

환대 및 여행 마케팅 시스템과 항공 비행과의 유사성

그림 3-4

과업/기능		단계 / 문제
계획PLAN	P	우리는 지금 어디에 있는가?
조사RESEARCH	R	우리는 어디에 있고 싶어 하는가?
실행IMPLEMENTATION	I	우리는 그 곳에 어떻게 도달할 것인가?
통제CONTROL	C	우리가 그 곳에 도달한다고 어떻게 확신하는가?
평가EVALUATION	E	우리가 그 곳에 도달했는지 어떻게 알 수 있는가?

환대 및 여행 마케팅
시스템 과업과 단계
(PRICE 모델)

그림 3-5

디에 있었는지를 평가받아야만 한다. 조직이 장기적으로 성공하기를 원한다면 강점과 약점을 평가받아야 한다. 현재 및 잠재 고객, 그리고 경쟁자들을 아는 것은 매우 중요하며, 그것은 조직을 현미경 아래에 놓고 보는 것과 유사하다. 이를 매일 매일 관찰하고, 확대하여 주의 깊게 검사해야 한다. 이를 위해서는 상황분석 같은 기법과 여러 가지 다양한 마케팅조사 도구들이 이용될 수 있다.

2. 우리는 어디에 있고 싶어 하는가?   조직이 어디로 가고 있는지 모른다면, 아무 길이나 접어들게 될 것이다. 성취하고자 하는 것이 무엇인지 모르는 조직은 목적지를 모른 체 이륙한 비행기와 같다. 조직이 이행할 수 있는 마케팅 대안책은 늘 있게 마련이다. 핵심은 어느 것이 가장 효과적인가 하는 것이다. 모든 조직은 마케팅 활동의 결과로써 어디에 있기를 원하는지 규명하기 위해 노력해야 한다. 시장 세분화, 표적 마케팅, 포지셔닝, 마케팅 믹스, 마케팅 목표와 같은 기법들은 이러한 목적을 이루기 위해 이용될 수 있다.

3. 우리는 그 곳에 어떻게 도달할 것인가?   조직이 어디에 도달하고자 하는지를 결정했다면, 어떻게 그 곳에 도달할 것인지에 대한 질문해야 한다. 이를 위해서는 마케팅 계획이 핵심 수단이 되며, 마치 청사진과 같은 작용을 한다. 마케팅 계획은 조직이 마케팅 목표를 달성하기 위해 4Pproduct, place, price, promotion와 환대 및 여행 마케팅의 또 다른 4Ppackaging, programming, partnership, people를 어떻게 이용할 것인지 결정한다. 마케팅 계획을 수립하지 못한 조직은 비행계획 없이 이륙하는 비행기와 같아 어떻게 그들이 원하는 곳에 도달할 것인지 정확히 알지 못한다.

4. 우리가 그 곳에 도달한다고 어떻게 확신하는가?   마케팅 계획 수립이 조직의 성공을 보장하는 것은 아니다. 마케팅 활동이 계획대로 잘 수행되고 있는지 확인하고 통제하는 것이 필요하다. 이륙하는 비행기는 사전점검과 비행 중 점검절차를 통해 날씨에 변화가 생기면 항공교통관제의 허가를 받고, 노선, 속도, 고도 등을 바꿀 수 있다. 만약, 마케팅 계획의 일부가 제대로 시행되고 있지 않다면, 원래의 목적에 맞도록 효과적인 수정이 필요하다.

5. 우리가 그 곳에 도달했는지 어떻게 알 수 있는가?   기업들은 마케팅 계획을 개발하는 데 많은 노력을 기울이는 반면, 계획의 수행 결과를 측정하고 평가하는 데에는 그만한 노력을 기울이지 않는 경향이 있다. 이것은 불행한 일이다. 실수와 성공 모두로부터 배울 것들이 많기 때문이다. 마케팅 계획을 제대로 수행했는지 결과 평가를 통해 더 많은 효과를 보는 경우가 있는데, 이것은 행운이 아니라 성공과 실패 모두로부터 많은 것을 배울 수 있기 때문이다.

시스템과 전략 및 전술적 마케팅 계획 간 관계

효과적인 마케팅에 요구되는 두 가지 종류의 계획을 언급할 때, 전략적strategic과 전술적tactical이라는 용어를 사용하기도 하지만, 여기서는 단기short-term와 장기long-term라는 용어를 사용하고자 한다. 단기계획short-term planning은 2년 이하의 시간적 틀을 가지고 이루어지는 계획 과정을 의미한다.

마케팅이 효과적이기 위해서는 이를 장기 경영활동으로 보고 3년 혹은 그 이상을 내다보는 계획을 세우는 것이 바람직하다. 장기적 전략 마케팅 계획이 필요한 이유는 단기적 전술 계획tactical planning이 급속도로 이루어지는 변화를 반영하는 반면, 장기적 관점에서도 충분한 시간적 틀을 가지고 다양한 마케팅 대안들을 고찰할 필요가 있기 때문이다. 계획은 목표를 달성하기 위해 미리 수행되는 절차이며, 미래를 내다보는 경영 활동이고, 목표를 성취하기 위해 미리 절차를 개발하는 것이다.

마케팅 계획은 미래 사건을 예측하고, 마케팅 목표를 달성하기 위한 절차를 개발하고자 하는 마케팅 관리자의 활동이다. 일반적으로 마케팅 계획marketing plan은

2년 혹은 그 이하의 단기 계획을 의미하지만, 전략적 시장 계획strategic market plan은 3년 혹은 그 이상을 내다본다.

전략적 마케팅 계획strategic marketing planning은 마케팅 활동 자체보다 해당 조직의 성공에 더 큰 비중을 두고자 하며, 마케팅은 단지 여러 경영 기능들 중 하나이다.

모든 조직의 목표와 계획에는 계층이 존재하며, 계층의 가장 하부는 조직의 비전이다. 비전vision과 비전선언vision statement은 조직이 미래 어디에 도달하고자 하는 지를 설명해 준다. 사명mission은 조직의 사업, 범위, 서비스 혹은 생산품, 시장 그리고 전반적인 기업철학의 내용을 담은 광범위한 선언문이다. 총체적인 조직의 목표 혹은 목적이 그 다음 단계이고, 조직은 대개 이를 수익성, 시장점유율, 판매 규모 등으로 정해 놓는다. 다음으로, 마케팅 목적을 포함하는 장기(전략적) 목적이 나온다. 마지막 단계는 경영 기능별 단기(전술적) 목적이 위치하며, 이것이 단기 마케팅 목표이다.

목표를 달성하기 위해서는 계획이 필요하며, 각 단계의 목표에는 이와 일치하는 계획이 있다. 이것은 계획에도 계층이 존재한다는 것을 의미하며, [그림 3-6]은 이를 보여주고 있다.

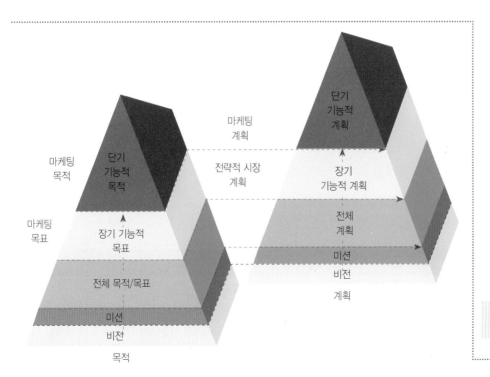

목표 및 계획 단계

그림 3-6

전략적(장기) 마케팅 계획 수립은 장기 마케팅 목표와 이것을 달성하기 위한 (전략적)계획을 수립하는 것과 관련이 있다. 환대 및 여행 마케팅 시스템이 전략적 마케팅계획을 수립하기 위해서는, 첫째, 시스템 과정을 이용하고, 보다 장기적 전망을 가지는 것이고, 둘째, 시스템적 마케팅 접근을 여러 번 반복하는 것이다.

계획이 효과적이기 위해서는 지속적이어야 한다. 전략적 시장과 마케팅 계획을 재평가해야 하며, 지속적으로 조정해 나가야 한다. 마케팅 계획을 1월 1일부터 시작해야 하고 중도에 바꿀 필요가 없다고 가정하는 것은 잘못된 것이다. 왜냐하면, 변화는 대개 한 순간에 일어날 수 있으며, 이를 반영하기 위한 전략적 시장 및 마케팅 계획은 언제나 수정 가능해야 하기 때문이다.

결론

환대 및 여행 조직 마케팅에 이용되는 일반적인 접근법은 환대 및 여행 마케팅 시스템이라 불리는 5단계 과정이다. 이 체계적인 과정은 "우리는 지금 어디에 있는가?", "우리는 어디에 있고 싶어 하는가?", "우리는 그 곳에 어떻게 도달할 것인가?", "우리가 그 곳에 도달한다고 어떻게 확신하는가?", "우리가 그 곳에 도달했는지 어떻게 알 수 있는가?"의 5가지 질문에 대한 해답을 찾는 것과 관련이 있다.

마케팅을 효과적으로 수행하기 위해서는 주의 깊게 장·단기 계획을 수립하여야 한다. 계획은 조직이 마케팅 접근법의 대안을 규명하고, 독창성을 유지하며, 바람직한 상황을 만들어 내고 바람직하지 못한 상황을 피하고, 예기치 못한 상황에 적응하며, 성과를 평가하고 측정하는 것을 돕는다. 환대 및 여행 마케팅 시스템은 계획과정을 매우 중요시 한다.

CHAPTER
ASSIGNMENTS

학습과제

1. 당신은 환대 및 여행 조직의 마케팅관리자로 지금 고용되었다. 그 회사는 한 번도 마케팅에 시스템적 접근법을 이용한 적이 없다. 당신은 이러한 상황에서 환대 및 여행 마케팅 시스템을 사용하면서 그 상황을 어떻게 변화시킬 것인가? 어떤 부서와 직원들이 이 과정에 연관

이 있겠는가? 상급자들에게는 이를 어떻게 설득할 것인가?

2. 환대 및 여행 조직 중 하나를 선택하여 그 조직의 마케팅 절차와 실제 마케팅 활동을 조사한다. 환대 및 여행 마케팅 시스템이 사용되었는가? 그렇지 않다면, 어떤 문제가 존재하며, 어떤 기회들을 놓쳤는가? 시스템적 접근이 사용되었다면, 어떤 수정 혹은 단계 추가가 있을 수 있는가?

3. 환대 및 여행 산업의 특성, 즉 개방성, 복잡성, 다양성, 반응성, 경쟁성, 상호 의존성, 그리고 갈등 및 부조화를 나타내는 실제 예를 세 가지 들어보시오.

4. "경쟁을 위한 시간은 있다. 하지만 협력할 시간 또한 있다."는 말을 환대 및 여행 산업의 맥락에서 논의해 보시오. 조직이 서로 협력한다는 것은 언제 적절히 사용될 수 있는가? 우리 산업에서 잠재적으로 경쟁적인 조직들이 협력적인 마케팅을 위해 함께 참여한 예를 세 가지 이상 들어보시오. 왜 그들이 협력하였다고 생각하는가?

참고문헌 REFERENCES

1. The Intrepid Traveler. 2009. *The Travel Industry Dictionary*. http://www.hometravelagency.com/index.html, accessed February 14, 2009.

2. British Hospitality Association. 2009. *Welcome to the British Hospitality Association*, http://www.bha.org.uk/ , accessed February 14, 2009

3. Cruise Lines International Association. 2009. *About CLIA*, http://www.cruising.org/, accessed February 14, 2009.

4. United Nations World Tourism Organization. 2009. *About UNWTO. Why Tourism?* http://www.unwto.org/, accessed February 14, 2009,ⓒUNTWO, 9284404908

5. World Travel & Tourism Council. 2006. *Progress and Priorities* 2006/07.

6. U.S. Travel Association. 2009. *About TIA. What We Do*, http://www.tia.org/, accessed February 14, 2009.

7. *Travel Weekly*. 2009. Secaucus, N.J.: Northstar Travel Media

8. National Restaurant Association. 2007. *About the National Restaurant Association*, http://www.restaurant.org/, accessed February 15, 2009

9. Canadian Restaurant and Foodservices Association. 2009. *About CRFA*, http://www.crfa.ca/, accessed February 15, 2009

10. Bureau of Labor Statistics. 2008. *Food Services and Drinking Places: NAICS 722*, http://www.bls.gov/iag/tgs/iag722.htm, accessed August 22, 2008

11. U.S. Census Bureau. 2009. *2007 NAICS Codes and Titles*, http://www.census.gov/, accessed February 15, 2009.

12. Levitt, Theodore. 1960."Marketing myopia." *Harvard Business Revies* 38(4), 56.

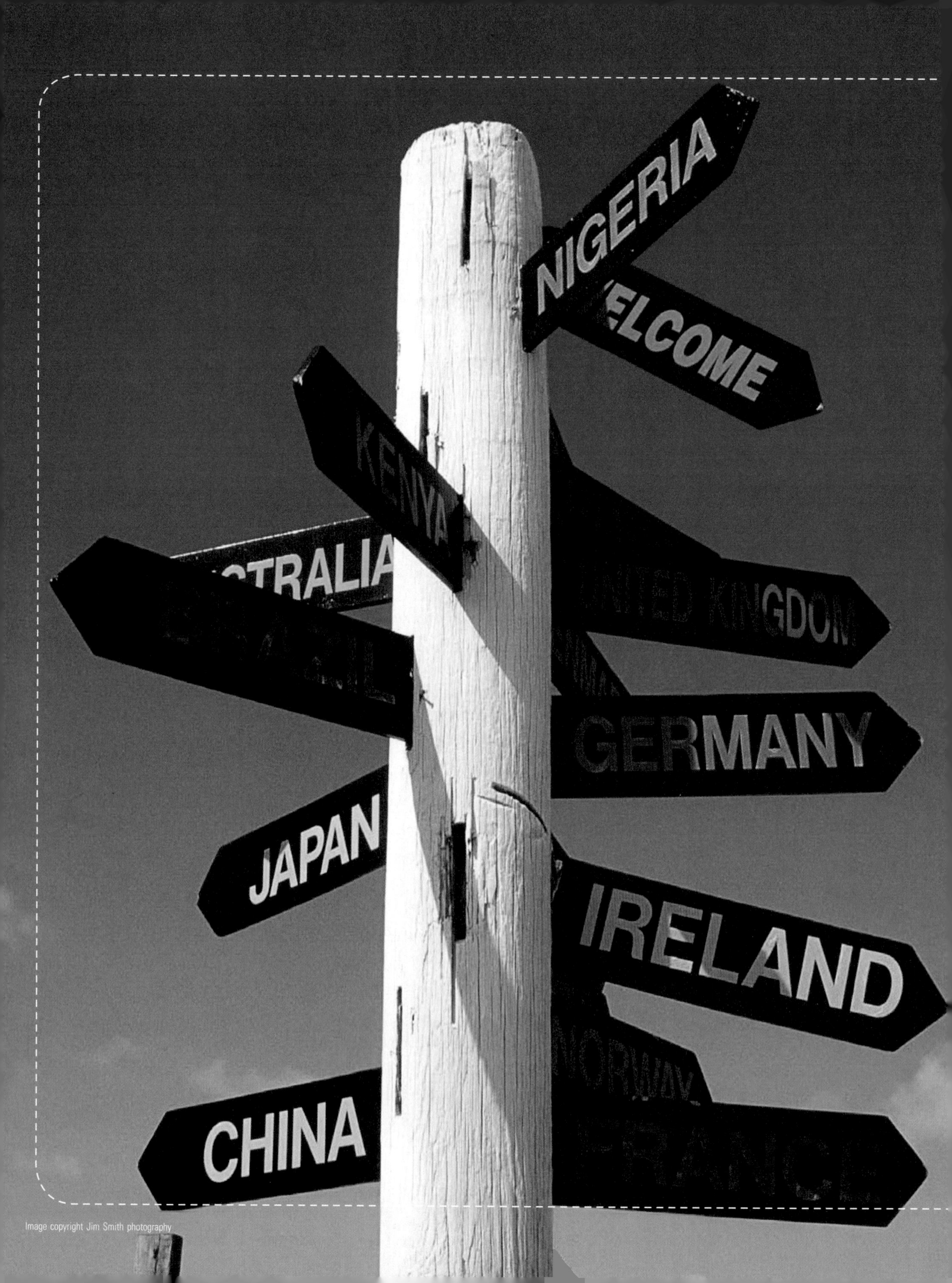
NIGERIA
KENYA
GERMANY
JAPAN
IRELAND
CHINA

계획 :
조사와 분석

- 우리는 지금 어디에 있는가?
- 우리는 어디에 있고 싶어 하는가?
- 우리는 어떻게 그 곳에 도달할 것인가?
- 우리가 그 곳에 도달한다고 어떻게 확신할 수 있는가?
- 우리가 그 곳에 도달했는지 어떻게 알 수 있는가?

Chapter 04

우리는 지금 어디에 있는가?

고객행동

이 장을 읽고 난 후

목표

» 고객행동에 영향을 미치는 6가지 요인들을 기술할 수 있다.

» 환대 및 여행서비스에 대한 소비자인식에 영향을 미치는 4가지 요인을 기술할 수 있다.

» 고객인식에 영향을 미치는 자극요인의 역할에 대해 설명할 수 있다.

» 고객행동에 영향을 미치는 5가지 개인 상호 간 요인에 대해 기술할 수 있다.

» 고객구매과정의 7단계에 대해 기술할 수 있다.

» 3가지 범주의 고객의사결정과정에 대해 설명할 수 있다.

» 조직적 구매자의 구매과정에 대해 설명할 수 있다.

개요

왜 고객들은 자신들만의 방식대로 행동하는가? 이것은 마케팅과 관련있는 모든 사람들이 답해야 하는 질문이다. 만약, 우리가 고객의 행동을 이해할 수 있다면, 보다 나은 서비스, 가격, 촉진을 제공할 수 있을 뿐 아니라, 고객의 욕구에 맞는 적절한 유통경로를 가지게 될 것이다.

사람들의 행동은 개인적 요인과 개인 상호 간 요인에 의해 영향받는다.

모든 고객들은 환대 및 여행서비스를 구매할 때, 일련의 단계를 거치게 되며, 마케터들은 고객이 이용하는 의사결정과정을 이해할 필요가 있다.

당신은 자동차나 스마트폰 같은 상품을 구매할 때, 혼자서 구매결정을 하는가? 아니면 친구에게 조언을 구한 적은 있는가? 당신은 이런 결정을 할 때, 패스트푸드점을 선택하는 것보다 더 많은 시간이 걸리는가? 당신은 당신의 친구가 찬성했기 때문에 어떤 물건을 구입한 적이 있는가?

이런 질문을 하는 이유는 당신이 얼마나 복잡한 의사결정을 하는 개체인지 알기 위해서이다. 여기서는 왜 사람들이 그들만의 방식으로 이해하고, 행동하는지에 대해 살펴보고자 한다.

마케팅관리자는 고객의 행동패턴과 왜 그러한 패턴이 생기는지에 대해 이해할 수 있어야 한다. 이를 통해, 고객들이 서비스를 받을 때, 그들이 어떻게 행동하는지에 대해서뿐 아니라, 그들이 서비스를 받기 전과 받은 후의 행동에 대해서도 이해할 수 있다.

고객 개인의 행동

여기서 고객행동이란 고객들이 환대 및 여행서비스를 선택, 이용하는 행동 방식이며, 두 가지 형태의 요인, 즉 개인적인 것과 개인 상호적인 것이 영향을 미칠 수 있다. 개인적 요인은 개개인의 심리적 특성이며, 다음과 같은 내용을 포함한다.

1. 욕구needs/필요wants/동기부여motivation
2. 인지/지각perception
3. 학습learning
4. 개성personality
5. 라이프스타일lifestyle
6. 자아개념self-concept

개인적 요인

1. 욕구/필요/동기부여   고객 욕구는 마케팅의 기초이며, 고객을 만족시키는

고객행동에 영향을
미치는 개인 및 개인
간 요인들

그림 4-1

개인적 요인

- 욕구, 필요, 동기
- 인지
- 학습
- 개성
- 라이프스타일
- 자아개념

개인 간 요인

- 문화, 하위문화
- 준거집단
- 사회계층
- 의견선도자
- 가족

것은 마케팅 성공의 열쇠가 된다. 욕구는 고객이 가지고 있는 것과 가지고 싶어 하는 것 사이에 격차가 있을 때 존재하며, 이러한 격차를 욕구부족need deficiencies이라고 한다. 욕구는 고객의 생리적, 심리적인 인격의 결과로써 나타나게 된다.

비행기 1등석을 타고, 가장 비싼 호텔의 스위트룸에 머물며, 레스토랑 메뉴에서 가장 비싼 음식을 주문하는 것은 자신의 중요성을 타인에게 보여주고 이를 통해 존중받고자 하는 욕구(정신적 욕구)에서 비롯되었을 가능성이 크다. 이와는 달리, 어떤 사람들은 배가 고프고 갈증(생리적 욕구)이 생겨서 패스트푸드점과 같은 음식점을 찾아갈 수도 있다.

필요wants란 욕구를 충족시켜 줄 수 있는 구체적인 것들에 대한 욕망이다. 욕구는 필요보다 상대적으로 적을 수 있으며, 하나의 욕구 충족을 위해 여러 개의 필요가 있을 수 있다.

사람들이 여행을 가거나 외식을 하는 행동에 대한 이유는 때로는 애매모호할 수 있다. 고객들은 그들이 만족하고자 하는 욕구에 대해 말하지 않을 수 있는데, 이것은 아마도 그들이 진짜 이유에 대해 모르고 있든지, 아니면 그러

한 이유를 밝히는 것을 원치 않아서 일 것이다. 고객들은 자신들이 1등석 비행기를 타는 이유에 대해, 자신이 남들로부터 존경받고자 함이 아닌, 보다 질 좋은 서비스 혜택을 받기 위함이라고 말할 수 있다. 사람들에게 그들이 왜 특정 호텔, 음식점, 항공사, 여행사 서비스를 선택했느냐고 물어보면, 경우에 따라 부정확한 답이 나올 수 있다. 고객들은 비이성적(감성적)인 이유보다 이성적 이유(가격, 청결, 부대시설, 서비스)에 대해 더 이야기하고 싶어할 수 있다. 마케팅 관리자가 대고객 서비스를 개선하고 이를 촉진하기 위해서는 이러한 두 가지 이유 모두에 대해 충분히 이해해야만 한다. 고객의 욕구를 정확히 파악하기 위해서는 인간의 동기부여를 이해해야 한다.

모든 사람은 생리적, 정신적 욕구 모두를 가질 수 있지만, 사람들은 그것을 알고 있을 수도 있고, 모르고 있을 수도 있다. 마케터는 고객들이 자신들의 욕구가 충족되지 않는 부분이 있다는 것을 알 수 있도록 해야 하며, 이러한 채워지지 않은 욕구를 충족시키기 위한 수단을 제공해야 한다. 고객들은 그들의 욕구를 충족시키기 전에, 이러한 욕구 부족을 인식해야만 한다. 욕구라는 것은 생리적, 정신적 측면에서 현재 상태와 열망하는 상태 사이의 의식적 혹은 무의식적 불일치 정도를 의미한다. 마케터는 고객들이 그들의 욕구를 상기하고 인식할 수 있도록 해야 한다.

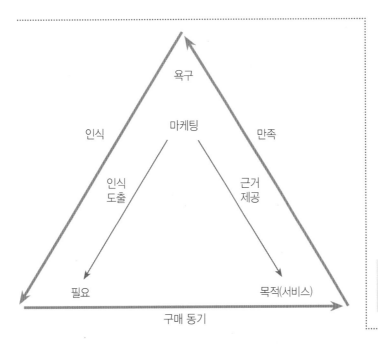

욕구, 필요, 동기부여, 목표와의 관계

그림 4-2

마케터는 고객들이 그들의 필요를 충족시키기 위해 행동하도록 동기를 부여해 주어야 하며, 그렇게 하기 위해 필요한 대상과 잠재적 동기를 제공해 주어야 한다. 대상은 환대 및 여행 산업이 제공하는 서비스, 즉 호텔 숙박, 레스토랑 식사, 크루즈, 항공 여행, 여행 상담 등이다. 동기는 그들의 필요를 충족시키고자 하는 고객들의 개인적 열망, 혹은 본능적 욕구이다.

맥도날드의 "당신은 오늘 충분한 휴식을 취하셨나요?"라는 광고는 욕구를 인식하도록 하는 것(당신은 휴식을 취할 자격이 있다)과 대상을 제공하는 것(맥도날드에서 식사), 그리고 동기를 부여(테이블 위에 놓여 있는 샌드위치와 감자튀김을 먹는 것)하는 좋은 예이다. [그림 4-2]는 욕구, 필요, 동기부여와 대상(서비스) 간 관계를 보여준다(즉, 인식을 통해 욕구가 생기고, 이는 대상을 구매하도록 동기를 부여하는 필요가 되며, 이를 통하여 욕구를 충족시키게 된다). 매슬로우Maslow와 허즈버그Herzberg는 두 개의 잘 알려진 동기부여 이론을 제시하였다. 이들 이론은 어떻게 고객 개개인이 구매의사결정을 하도록 동기부여되는지에 대해 설명해 준다. 매슬로우의 '욕구단계이론'은 인간 동기부여의 인식이론 중 하나이며, 고객이 합리적인 결정과정을 통하여 행동으로 옮기는 데에는 다음과 같은 5가지 욕구단계가 영향을 미칠 수 있다고 제시하였다.

❶ 생리적 욕구physiological need
❷ 안전 욕구safety need
❸ 사회적 욕구belonging, social need
❹ 존경 욕구esteem need
❺ 자아실현 욕구self-actualization need

생리적 욕구는 먹고, 마시는 것, 주거, 의복, 휴식, 육체적 운동 등을 포함하는 인간의 가장 기본적인 욕구를 나타낸다. 그것은 개인이 다른 욕구를 생각하기 이전에 충족되어져야 한다. 대부분의 사람들은 안전하고, 예상치 못한 일에 대해서 자유롭기를 강하게 원하고 있는데, 이것이 안전 욕구이다. 다양한 사회 집단에 의해 자신이 받아들여지고자 하는 열망은 소속 혹은 사회적 욕구로 대표된다. 존경 욕구는 자신과 남의 눈에 비친 자기를 의식하는 것을 의미하며, 존경, 성취와 성공에 대한 욕망을 대표한다. 마지막으로, 자기 자신의 성장과 자기 자신을 발견하고자 하는 것이 자아실현 욕구이다.

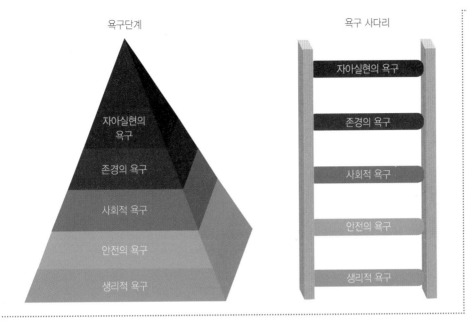

욕구단계

욕구 사다리

자아실현의 욕구

존경의 욕구

사회적 욕구

안전의 욕구

생리적 욕구

매슬로우Maslow의 수직적 욕구단계

그림 4-3

매슬로우의 욕구단계는 [그림 4-3]의 왼쪽과 같이 피라미드 모양으로 나타난다. 고객은 소속, 존경, 자아실현과 같은 보다 높은 정신적 욕구 단계로 나아가기 위해서, 생리적·안전 욕구와 같은 상대적으로 낮은 단계의 욕구를 충족시켜야만 한다.

매슬로우의 욕구단계이론을 이해하는 또 다른 방법은 [그림 4-3]의 오른쪽에서 보여지듯 욕구를 사다리 형태로 비유해 보는 것이다. [그림 4-4]에서는 환대 및 여행과 관련된 욕구와 구체적인 동기가 제시되었다. 생리적 욕구는 가장 아래쪽에 위치하며, 다른 욕구 이전에 먼저 충족되어야 한다. 각 단계의 욕구가 모두 충족되면, 사다리에서 가장 높은 단계의 욕구로 이동하게 된다. 매슬로우는 일단 한 단계의 욕구가 충족되어지면, 더 이상 그 욕구는 사람들에게 동기를 부여하지 못한다고 가정하였다. 예를 들어, 고객이 대부분의 호텔로부터 음식과 잠자리, 안전을 충분히 보장받을 수 있다고 생각한다면, 생리적 욕구와 안전 욕구는 그들에게 더 이상 중요하지 않고, 보다 높은 단계의 욕구에 호소하는 것이 더욱 효과적임을 의미한다. 대부분의 선진 사회는 생리적 욕구와 안전 욕구에 대해 우려할 필요가 없을 정도로 발전하였기에, 다른 단계의 욕구에 초점을 맞추는 것이 더 바람직할 수 있다.

환대 및 여행 관련
Maslow의 욕구와 동기

그림 4-4

욕구	동기	환대 및 여행
생리적 욕구	기분전환	자유로움 휴식 신체적/정신적 긴장완화 건강 레크리에이션
안전 욕구	안전	건강유지 가족연대감 유대관계
사회적 욕구	사랑	교우관계 사회 상호작용 개인/대인관계 가족구성원에 대한 애정 사회접촉지수
존경 욕구	성취 지위	자신의 성취에 대한 확신 자신의 중요성 인식 사회적 인식 전문성 개인적 성장 명성과 지위
자아실현 욕구	자기 자신의 본성에 충실	자아 탐색 및 평가 자아발견 내면욕구의 만족

사다리는 오르기 위한 것뿐 아니라 내려오기 위한 것이기도 하다. 우리는 끊임없이 사다리를 오르려고 하지만, 낮은 단계에서 발생하는 문제들로 인해 다시 내려오게 될 수도 있다. 9·11테러와 SARS전염의 여파로 여행의 안전에 대한 인식이 급작스럽게 중요하게 되었으며, 많은 사람들은 이로 인해 사다리의 두 번째 단계인 안전 욕구 단계로 내려오는 경험을 하게 되었다.

비행기 추락, 자연재해, 범죄, 화재, 식중독 등은 사람들에게 낮은 단계의 욕구에 관심을 갖도록 한다.

허츠버그의 '2요인 이론'은 고객의 동기부여가 만족요인(만족에 영향을 미치는 것)과

불만족요인(불만족에 영향을 미치는 것)으로 구성되어 있다고 제시하였다. 일례로 호텔 수영장을 이용할 수 있는지가 고객이 호텔을 방문하는 주 동기가 되지는 않을 것이다. 또한 그들의 욕구를 만족시키는 만족요인도 아닐 것이다. 하지만 호텔에 수영장이 없다면, 고객들이 수영장 없는 호텔을 선택하지 않도록 하는 불만족요인이 될 수 있다. 다른 예로, 비록 승객들이 음료를 무료로 제공해 주느냐에 따라 항공사를 선택하지는 않지만, 만약 무료로 제공해 주지 않을 경우, 고객들은 항공사와 마찰을 일으킬지도 모른다.

허츠버그 이론은 마케터가 고객들의 가장 중요한 욕구를 충족시킬 수 있는 서비스와 시설 같은 만족요인에 대해 파악하고 있어야 한다는 것을 함축하고 있다. 하지만 그것만으로는 충분하지 않고, 고객들이 가까이 오지 못하도록 하는 요인들, 즉 상식적으로 고객이 흥미를 잃도록 만드는 불만족요인들

어떤 사람들은 단순히 모든 것들로부터 떠나기 위해 여행을 하기도 한다.(자기발견을 위한 여행)

그림 4-5

에 대해서도 규명해야 한다는 것을 제시하고 있다.

2. 인지 또는 지각 고객들은 오감(시각, 청각, 미각, 촉각, 후각)을 사용하여 환대 및 여행 기업들이 제공하는 촉진 메시지를 판단한다. 이러한 판단과정을 인지 또는 지각perception이라 한다. "인지가 실제보다 중요하다.perception counts more than reality" 는 문구는 고객행동에 있어 중요한 의미를 던져주고 있다. 고객의 결정은 의사결정 자체보다 고객이 그들에게 주어지는 메시지를 어떻게 인지하느냐에 달려 있다. 고객은 구매하도록 동기화되어야 할 뿐 아니라, 서비스가 그들의 욕구와 필요를 만족시킬 것이라고 인지해야 한다.

인지란 "의미 있는 세계를 만들기 위해 개인이 정보를 수집, 정리하고, 해석하는 과정이다." 두 사람이 똑같은 견해로 세상을 바라본다는 것은 거의 불가능하며, 이러한 차이를 만드는 인지 과정은 다음의 4가지로 이해될 수 있다.

❶ 인지/지각창perceptual screen or filters

❷ 지각적 편견perceptual biases

❸ 선택적 보유selective retention

❹ 종결closure

❶ 인지/지각창

사람들은 매일 수많은 상업적 자극들을 접하고 있다. TV는 광고로 가득하며, 아이들은 자신들이 좋아하는 옷을 입고, 음료를 마시고, 아침 식사를 한다. 출퇴근길 운전 중에도 광고는 끊임없이 곁에 있다. 라디오, TV, 간판, 버스, 기차, 트럭, 밴, 건물 내·외부까지 상업적인 메시지들로 수놓아져 있다. 웹 또한 광고로 얼룩져 있다. 사람은 보통 하루에 1,500개에서 2,000여개 광고에 노출된다고 알려져 있다. 인간의 두뇌가 이 모두를 기록하고 기억하는 것은 불가능하다. 고객들은 그들에게 노출된 대부분의 자극과 메시지를 걸러낸다. 고객들은 이 메시지 중 아주 낮은 비율의 정보를 인지하고, 보유한다. 이것을 선택적 노출이라 부르며, 인지/지각창이라고도 한다. 마케터는 소비자가 인지하는 몇 안 되는 선택 중에 그들의 서비스가 포함되도록 모든 노력을 기울여야 한다.

❷ 지각적 편견

고객은 그들만의 인지에 의한 편견을 가지고, 그들이 그리는 세계에 맞게끔 정보를 변화시킨다. 비록 광고메시지가 사람들의 인지/지각창을 통과했더라도, 그들이 나름대로 그것을 많이 변화시켜 원래 의도했던 것과는 전혀 다른 내용으로 바뀔 수도 있다. 이렇게 다시 형성된 정보는 광고주의 목적과는 다르게 흘러갈 수도 있다.

❸ 선택적 보유

비록 메시지가 인지/지각창과 편견을 큰 변화 없이 통과했을지라도, 해당 메시지가 오랫동안 기억되는 것은 아니다. 고객들은 선택적 보유에 의해 기억하며, 그들이 가지고 있는 성향과 신념, 태도를 뒷받침해 주는 정보를 더욱 오래 기억한다.

❹ 종결

고객은 그들이 원하는 것만을 보고자 하는 경향이 있다. 인간두뇌는 불완전한 물체, 사람, 조직의 형상을 다루는 것을 꺼린다. 완전한 형상을 만들수 있는 정보가 부족하다면, 사람들은 정보의 옳고 그름을 떠나 마음속으로부터 부족한 정보를 채우고자 하는 욕구가 있다. 심리적 긴장은 이러한 부족한 정보가 채워질 때까지 존재한다. 긴장은 관심을 유발하며, 마케터는 일시적으로 잃어버린 이러한 정보를 이용할 수 있다. 유나이티드 에어라인UA의 "유나이티드의 친절한 하늘을 날아보세요.", 아메리칸 익스프레스의 "그것 없이는 집을 떠나지 마세요.", 맥도날드의 "당신은 오늘 편히 쉴 충분한 자격이 있습니다."라는 슬로건은 고전적인 좋은 예들이다. 이러한 슬로건들은 "포지셔닝 문안positioning statements"으로 사용되기도 한다. 기업명과 함께 나타나는 이러한 문안들을 광고로 끊임없이 반복함으로써 대부분의 사람들 마음속에는 이러한 내용이 깊숙이 뿌리박히게 된다. 이러한 문안들에 너무 친숙해지면 메시지에 구체적으로 기업명을 언급했든 안 했든 사람들은 자동적으로 관련 기업명을 떠올리게 된다. 사람들은 광고를 통해 해당 광고가 나타내는 기업의 이미지를 가지게 된다. 마케팅에서 포지셔닝은 고객들의 마음 속에 고객들이 원하는 이미지를 창조해 내는 것과 관련이 있다. 효율적인 포지셔닝은 이러한 종결 개

넘을 어떻게 효과적으로 활용하느냐에 달려 있다 해도 과언이 아니다.

고객 인지에 관한 연구들은 고객들이 다음과 같은 행동을 하는 경향이 있다고 제시하고 있다.

- 그들에게 친숙한 정보를 걸러낸다.
- 그들이 인식하고 있는 욕구나 충족하고자 하는 것과 관련된 정보를 인지하고 보유한다.
- 자신들이 지각하는 자신들의 이미지에 맞는 서비스를 구매한다.
- 일반적인 또는 보통수준 이상의 것(예 : 보통보다 훨씬 더 큰 광고)에 더 관심을 기울인다.
- 그들이 보고자 기대하는 것에 더 관심을 기울인다.
- 이전에 성공적으로 이용해 본 경험이 있는 정보에 더 친밀하게 다가간다.
- 상업적 정보보다는 인간 상호 간 신용을 더 추구한다.

반면, 고객들은 다음과 같은 일들은 하지 않는 경향이 있다.
- 인간 상호 간(가족, 친구, 동료, 추천인, 사회그룹)으로부터 얻은 정보를 인지적 편견을 이용하여 왜곡한다.
- 너무 복잡하거나 이해하는 데 많은 노력이 드는 정보를 받아들인다.
- 소비자가 만족한 특정 브랜드와 다른 브랜드에 관한 정보를 인지하고 보유하려고 한다.

마케팅관리자는 이러한 인지 장벽을 넘어설 수 있는 다양한 도구와 방법을 사용할 수 있다. 그들은 고객 인지에 영향을 미치는 두 가지 요인(개인 요인과 자극 요인)에 대해 알아야 한다. 개인 요인은 욕구, 필요, 동기, 학습, 라이프스타일, 자아개념, 성격 등 고객 개인의 전반적인 기질과 특성을 포함한다. 자극 요인은 제공되는 서비스 자체와 그것이 촉진되어지는 방식과 관련이 있다.

자극 요인은 증거(단서)와도 상호 관련이 있다. 고객들은 우리가 제공하는 품질, 가격, 서비스와 시설에 대한 단서를 토대로 결론을 내린다. 그들은 그들에게 주어진 이러한 증거를 평가하기 위해 오각(시각, 청각, 미각, 촉각, 후각)을 사용한다. 자극 요인은 고객들이 관찰하는 이러한 증거의 주요 부분을 차지한다. 자극 요인들은 서비스 그 자체와 그것을 뒷받침하는 시설 또는 광고, 선전에

나타나는 단어나 그림을 통한 상징적인 방법으로도 표현될 수 있다. 자극 요인은 경험적 단서의 일부분이라고도 할 수 있으며, 환대 및 여행 산업에서 서비스와 시설이 실제 고객들에게 어떻게 보여지는지를 포함한다.

마케팅관리자가 고객 인지 측면에서 최대 효과를 거두기 위해서는 위 두 가지 접근방법을 모두 고려해야 하며, 무엇보다 고객들에게 일관된 인상을 심어주는 것이 중요하다. 예를 들어, 비즈니스 센터, 수영장, 테니스 코트, 헬스클럽, 국제 수준의 레스토랑 등을 제공하는 비즈니스 호텔은 호화로우면서도 고급호텔이라는 점을 인지시킬 수 있다. 고객들은 환대 및 여행 조직이 가져다주는 품질, 가격, 서비스의 독창성, 시설에 대한 모든 단서를 이용하여 그들이 구매하고자 하는 서비스와 이를 제공하는 기업에 대한 추론을 하게 된다. 크기, 색깔, 강도, 움직임, 위치, 대조, 분리, 재질, 모양, 주위환경 등은 고객들의 관심과 주의를 유발하고, 고객의 인지막을 통과하는 데 효과적으로 사용될 수 있다.

❶ 크기

많은 고객들은 크기와 품질을 동일시하는 경향이 있다. 일반적으로, 규모가 큰 여행사, 호텔, 레스토랑 체인, 항공사, 관광지일수록 더 나은 서비스를 제공한다고 생각한다. 지면 광고에서

방문객들의 관심을 유발하기 위해 매우 큰 사이즈의 광고를 활용한 콜로라도 관광청 광고

그림 4-6

크기가 크다는 것은 더 관심을 끌 수 있다는 것을 의미한다[그림 4.6].

❷ 색깔

색깔 또한 인지적인 함축성을 가지고 있다. 여러 가지 색을 광고에 사용하는 것은 검정색과 흰색만을 사용한 것보다 고객의 관심을 끄는 데 효과적일 수 있다. 다채로운 색깔의 비행기와 로고는 그 항공사가 역동적이고 진보적이라는 인상을 줄 수 있다. 렌터카 회사들은 그들의 서비스와 광고를 돋보이게 하기 위해 여러 다양한 색깔을 이용한다(Hertz 노란색, Avis 빨간색, National 녹색).

❸ 강도

광고 메시지의 강도는 관심을 유발하는 정도에 비례할 수 있다. 마약, AIDS, 음주운전, 안전벨트 착용, 불우이웃돕기, 사람과 동물에 대한 범죄 등과 관련해서 TV에서 방영되는 많은 공익광고들은 대개 강도가 아주 크며, 광고에 두려움을 이용한다. American Express사의 한 부부가 여행시 여행자수표를 분실한 상황을 묘사하는 것은 두려움에 호소하는 좋은 예이다. 낯선 외국에서 돈 한 푼 없이 묶여 있다는 것은 많은 여행자들이 원치 않는 일이기 때문이다.

❹ 움직임

움직이는 대상은 고정되어 있는 대상보다 자극 측면에서 더 많은 관심을 끌 수 있다. 이것이 TV와 Web이 인기 있는 광고매체가 되는 이유 중 하나이다. 이들은 인쇄지면이나 라디오 광고가 할 수 없는 시각적인 움직임을 보여줄 수 있다. 부분적으로 움직임이 있는 간판이나 판매시점 전시물 또한 고정되어 있는 것보다 더 눈에 띄게 된다.

❺ 위치

광고, 판매시점POP 전시물, 간판 등의 위치도 고객 인지에 영향을 미칠 수 있다. 신문, 잡지, 레스토랑의 메뉴판에서 특정 면이나 특정 부분이 다른 면보다 고객들에게 더 많이 읽혀질 수 있다.

❻ 대조

촉진 메시지나 서비스, 시설 등을 경쟁사에 비해 두드러지게 하는 대조

또한 고객들의 관심을 얻는 데 효과적으로 사용되어질 수 있다. 지면광고에 예외적으로 매우 큰 헤드라인을 사용하거나, 남의 이목을 끄는 사진 혹은 독특한 색깔을 사용하는 것 등을 들 수 있다.

❼ 분리

지면광고를 다른 경쟁사의 메시지와 분리시키기 위해 공간을 이용하는 것도 효과적인 인지 기술에 속할 수 있다. 이러한 아이디어는 눈에 보이는 경계를 만들어 지면에서 자사 광고를 타 광고와 분리시킴으로써 해당 광고가 눈에 더 띄도록 만든다.

❽ 재질

재질도 고객 인지에 영향을 미치는 요인이 될 수 있다. 의자와 벽지, 직물, 종이, 문구류, 팸플릿, 우편광고 재료, 메뉴판의 재질 등은 고객들에게 느낌을 창조할 수 있는 품목들이다.

❾ 모양

서비스 시설이나 선전물 등을 돋보이거나 일상적이지 않은 모양으로 고안하면 경쟁사의 것보다 눈에 띌 가능성이 높다. 예를 들면, 많은 음식점들이 그들의 독특성을 알리기 위해 보통과는 다른 모양의 메뉴판을 사용하기도 한다.

❿ 주위환경

자극 요소로써 주위환경이란 시설이나 판촉물 등의 물리적인 위치를 의미한다. 예를 들면, 고급 지역에 레스토랑이나 호텔이 위치하거나, 고품격 잡지에 광고를 싣는 것은 높은 가격과 품질을 나타낼 수 있다.

3. **학습**   우리는 우리가 하는 모든 것으로부터 배우려는 경향이 있다. 이러한 학습경험은 후에 우리의 행동패턴을 조정해 나간다. 환대 및 여행서비스를 구매하면 경험을 통해 배우게 된다. 학습이란 욕구, 동기, 목적, 암시, 반응, 강화 등 여러 요인들의 결합을 통해서 이루어질 수 있으며, 다음은 이러한 예이다. Susan Jones는 한 전자회사의 간부이다. 사업상 무리한 여행으로 매우 피곤한 상태에 있던 중, Club Med 휴양지에서 휴식의 질을 강조하는 TV광고를 보게 된다. 이 광고는 좀 쉬고 싶은 그녀의 욕구(생리적 욕구)를 위한 동기(휴식)

를 제시했다. 하지만 그녀는 바로 여행사 직원에게 전화할 준비가 되어 있지 않았다. 이후 몇 주 동안, 그녀는 언제, 어디서, 그리고 어떻게 반응할 것인가를 결정짓는 암시를 받게 된다. 비즈니스 회의에서 그녀가 두 명의 젊은 간부들과 얘기하는 도중, 휴가에 관한 이야기가 나왔다. 그 두 명의 젊은 간부는 Club Med Villages를 가 본 적이 있으며, 그 곳에 매우 만족해 한다는 이야기를 건넨다. 이후 Susan은 Club Med의 티셔츠를 입고, 햇볕에 그을린 황갈색 피부를 자랑하는 그녀의 동창생을 만났다. 암시는 축적되는 효과를 가지며, Susan은 이러한 암시에 대한 반응으로 여행사 직원을 만나 일주일간 멕시코에 있는 Club Med Villages로 여행을 가는 예약을 하게 된다.

Susan은 휴가기간 동안 아주 즐거운 시간을 보냈으며, 휴식을 취하고, 편안한 상태로 돌아왔다. 기업에서의 힘들고 바쁜 생활 중 그녀는 다시 캐리비언 아일랜드에 있는 Club Med Villages로 날아간다. 그녀는 또 한 번의 멋진 시간을 보내고, Club Med 리조트에 대해 좋은 감정을 지니게 된다. 학습의 순환이 다시 한 번 종결된 것이다.

4. 개성 고객의 개성은 동기부여, 인지, 학습, 감정의 결합이다. 본질적으로, 이것은 한 개인을 독창적으로 만들고, 모든 사람이 다르게 생각하고 행동하도록 한다.

개성을 묘사하는 두 가지 요소는 특성과 타입이다. 각 개인은 그들에게 일어나는 일이나 자극에 대해 비슷한 방법으로 대처하려는 경향이 있다. 그들은 특성, 또는 그들만의 행동과 품행을 가지고 있다. 우리는 어떤 사람의 개성 타입을 분류할 때, "활발한, 자신감 있는, 조용한, 우월적인, 사회적인, 행복한, 방어적인, 융통성 있는" 등과 같이 여러 가지로 표현할 수 있다.

정신분석학자들은 개성과 구매행동 사이에 강한 연관성이 있다는 데 동의하지만, 이에 관한 연구결과가 이론으로 확정된 것은 아니다. 개성의 특성과 유형을 고객의 구매행동을 예측하는데 이용하는 것은 아직까지는 시험적으로 시도되고 있다.

5. 라이프스타일 1980년대 이전에 나온 사전에서는 라이프스타일이라는 단어를 찾을 수 없다. 하지만 1980년대 이후 1990년대를 거치면서 많은 사람들이 이 단어를 잘 알게 되었다. 사람들은 "저것은 내 라이프스타일에 맞지 않

아", "나는 좀 더 나은 라이프스타일을 갖고 싶어", "내 라이프스타일은 좀 다른데", 또는 "나는 그들의 라이프스타일을 원치 않아"라는 말을 하기 시작했다. 라이프스타일은 우리가 사는 방식이라고 볼 수 있고, 우리의 태도attitudes, 관심interests, 의견opinions이 상호작용하는 것이다. 태도란 "어떠한 상징, 대상, 또는 세계관을 호의적/비호의적으로 평가하는 경향"이다. 우리는 가족, 집, 일, 취미, 오락, 커뮤니티, 옷, 음식, 음료와 같은 것들에 시간을 투자하고 관심을 가진다. 의견이

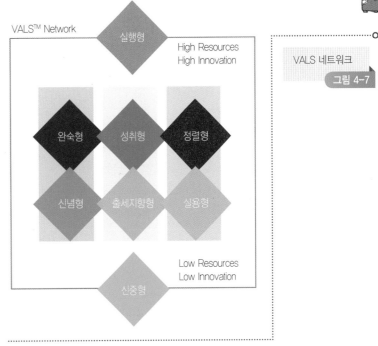

VALS 네트워크
그림 4-7

란 정확하든 부정확하든 여러 가지 주제에 대하여 가지고 있는 신념이며, 정치, 경제, 교육, 생산, 미래, 국가 등이 이 주제에 속한다. 태도, 관심, 의견Attitudes, Interests, Opinions: AIOs의 상호작용을 통해 우리가 어떻게 사는지가 결정될 수 있다.

마케터들은 고객의 라이프스타일이나 사이코그래픽스가 지리적 특성이나 인구통계특성(연령, 수입, 직업 등)보다 고객의 구매행동을 예측하는 더 정확한 요인이라고 믿게 되었다. 1960년대, 1970년대에는 시장을 라이프스타일이나 사이코그래픽스를 기준으로 나누는 것이 보편화되었고, 사이코그래픽스와 인구통계 특성을 함께 사용하는 것이 더 효과적이라는 경향도 나타났다. 사람들을 단지 라이프스타일에 따라서 구분하는 것은 쉽지 않은 일이었는데, SRI International은 이를 결합요인 접근법을 통해 처음으로 시도하였다.

SRI International은 1978부터 2년간에 걸친 방대한 조사를 바탕으로 VALS(가치와 라이프스타일) 네트워크를 창안해 냈다. 소비자 분할은 구매행동과 상호 연관된 심리적 특성을 사용하여 규정하였다. 이후 보완된 VALS 시스템은 8개 부분으로 세분화되었으며, 자질(연령, 수입, 교육, 자신감, 건강, 에너지 등)과 자기지향(원칙지

VALS 사이코그래픽 세분화

(1) 실행형Actualizers : 정교하고, 활발하고, 솔선수범하는 성공한 사람. 상대적으로 여유 있는 고객들이 여기에 속하며 세련된 고품격 상품을 선호한다.

원칙지향적Principle oriented

(2) 완숙형Fulfilleds : 성숙하고, 만족하고, 안정적이고, 반성적이다. 상품의 내구성, 기능성과 가치를 선호한다.

(3) 신념형Believers : 보수적이고, 관습적이며, 전통적이다. 친숙한 상품과 기존 소비 상표를 선호한다.

신분지향적Status oriented

(4) 성취형Achievers : 성공지향적, 출세지향적, 가족지향적이다. 그들의 동료에게 성공을 과시할 수 있는 상품을 선호한다.

(5) 출세지향형Strivers : 유행에 민감하고, 남에게 자신을 확인받으려 하고, 이 때문에 종종 자질을 억압한다. 더 많은 부를 가진 사람들의 구매를 모방하며, 유행상품을 선호한다.

행동지향적Action oriented

(6) 정렬형Experiencers : 젊고, 생기 넘치고, 열정적이고, 충동적이고, 매사에 열심이다. 의복, 패스트푸드, 음악, 영화, 비디오 등에 자기 수입의 상당 부분을 사용한다.

(7) 실용형Makers : 실용적인 자급자족형이고, 전통적이며, 가족지향적이다. 각종 도구, 다용도차, 낚시도구와 같은 실용적이거나 기능적 목적을 지닌 제품을 선호한다.

(8) 신중형Strugglers : 중년이 지나 시대에 뒤쳐지고, 수동적이며, 위험을 싫어하고, 때문에 자신의 자질을 종종 억압한다. 선호하는 브랜드에 충성하는 신중한 소비자이다.

향, 신분지향, 행동지향 등)의 기준을 사용하였다. 자기지향 개념은 소비자의 내적 욕망이 어떻게 외부적 만족으로 나타나는지를 보여준다. 자기지향 개념은 실행형Actualizer, 신중형Struggler 사이에 존재하고, 실행형은 풍부한 자질을 가지고 있기 때문에 자기지향 개념을 넘어서서 행동하며, 신중형은 적극적인 소비자가 되지 못하고 무엇을 지향하는지 잘 표현하지 않는다.

6. **자아개념** 고객은 그들 자신의 이미지에 어울린다고 생각하는 것들을 구매한다. 두 개의 심리적 과정, 즉 인지conception와 자아개념self-concept은 서로 동떨어진 개념이 아니고 동시에 작용할 수 있다. 고객의 자아개념은 4가지 요소, 즉 실제 자아real self, 이상적 자아ideal self, 준거집단 자아reference-group or looking glass, 자아 이미지self-image 등으로 이루어진 정신 상태로 볼 수 있으며, 다음과 같이 정의내릴 수 있다.

❶ 우리가 실제 그러한 것(실제 자아)

❷ 우리가 되고자 하는 것(이상적 자아)

❸ 다른 사람이 우리를 바라보는 것(준거집단 자아)

❹ 우리가 우리 자신을 바라보는 것(자아 이미지)

실제 자아를 깨닫는 사람은 거의 없다고 볼 수 있으며, 많은 이들은 이를 알고 싶어 하지도 않는다. 심지어 다른 사람들에게 그들의 실제 자아에 관해 얘기하는 것을 꺼리기도 한다. 반면 고객들은 그들의 이상적 자아에 관해 생각하고 말하고 싶어 한다. 이상적 자아는 강하게 동기를 부여한다. 우리는 끊임없이 환상 속의 자아와 가까워지려고 노력한다. 남이 우리를 어떻게 바라보는지가 준거집단 자아인데, 본인이 소속되어 있거나, 소속되고자 열망하는 집단이다.

자아 이미지는 자아개념 중 마케팅과 관련된 중요한 요소이다. 자아개념은 실제 자아와 이상적 자아, 그리고, 준거집단 자아가 결합된 개념이다. 사람들은 종종 준거집단에 긍정적인 인상을 주기 위해 물건을 구매하기도 하며, 이웃에게 뒤지지 않으려고 허세를 부리는 일을 하기도 한다. 두바이의 7성 호텔인 Burj Al Arab호텔에서 투숙하거나 식사를 하면, 주위 동료나 친구들에게 보다 높은 평판을 받을 것이라고 생각하게 될 수 있다. 사람들은 이상적 자아에 가까워지기 위해 구매를 하기도 하고, 때로는 솔직하게 실제 자아를 따라 행동하기도 한다.

개인 간 요인Interpersonal Factors

개인 간 요인은 다른 사람으로부터의 외부적 영향을 나타낸다. 개인personal 또는 개인 간interpersonal 영향은 동시에 작용할 수도 있으며, 여기서 개인 간 요인은 다음을 포함한다.

1. 문화와 하위문화culture and subculture

2. 준거집단reference groups

3. 사회계층social classes

4. 의견선도자^{opinion leader}

5. 가족^{family}

1. **문화와 하위문화**　　문화는 신념, 가치, 태도, 습관, 전통, 관습, 그리고 집단에 의해 공유되는 행동양식의 결합이다. 우리는 태어날 때부터 문화를 접하지만 문화의 요소를 가지고 태어나지는 않고, 대개는 이전 세대인 부모님이나 다른 사람들로부터 문화를 배운다. 우리가 흡수하는 이러한 문화적 교육은 환대 및 여행서비스 구매의사결정에도 영향을 미칠 수 있다. 그것은 동기부여^{motivations}, 인지^{perceptions}, 라이프스타일^{life-styles}, 개성^{personalities} 등의 개인적 요인과도 관계가 있다.

문화는 고객들이 소속된 가장 광범위한 사회집단의 형태라고도 볼 수 있다. 예를 들어, 미국에는 많은 다른 사회집단들이 있지만, 모두가 공유하는 미국 문화는 단 하나이다. 문화는 일반적으로 사회에 영향을 미치고, 그 사회의 여러 집단들과 개인 고객들에게도 영향을 미친다. 문화는 어떠한 행동과 동기가 사회적으로 받아들여지는지와, 우리가 채택한 제도와 관습, 그리고 언어와 몸짓을 통해 어떻게 의사소통을 하는지에 대해서도 알려준다. 모두에게 주어지는 동등한 기회와 개인의 독창성은 미국의 문화로부터 비롯된다고 할 수 있다.

사회적 관습은 가족과 친구들에게 생일카드를 보내는 것, 특정 동물의 고기를 먹지 않는 것, 파티에 선물을 가지고 가는 것 등과 같이 한 문화 안에 속한 사람들에 의해 널리 행해지는 것들이다. 환대 및 여행 사업자들은 이슬람교도에게 돼지고기를 주면 안 되는 것을 알아야 하는 것처럼, 여행객들이 속한 문화에서 행하는 관습에 민감해야만 한다.

각 개인 고객은 이러한 문화에 의해 영향을 받으며, 이것을 통해 무엇이 정상적으로 받아들여지는 것이고, 그렇지 못한 것인가를 이해하게 된다. 빠르고 열광적인 생활 속도가 대도시에서는 꽤 참을 만하고 정상적인 데 반해, 시골이나 지방 사회에 익숙한 사람들에게는 받아들여지기 힘들 수 있다. 문화는 우리가 기분을 표현하는 방식에도 영향을 미친다. 예를 들어, 영국인들은 "윗 입술을 꼭 다무는 것"으로 표현되듯 속 기분을 숨기는 반면, 미국인들은 "내 모든 것을 보여준다"와 같이 자유롭고 솔직하게 자기 감정을 보여주는

경향이 있다.

문화는 고정되어 있지 않다. 경제적, 기술적, 환경적, 정치적, 사회적 변화뿐 아니라 새로운 세대의 영향을 지속적으로 받게 된다. 그러나 변화시키려는 압박이 아무리 심하더라도, 이에 반하여 계속 지속하려는 특정한 문화 맥락이 있다. 예를 들어, 물질의 소유와 개인적 성취를 끊임없이 추구하는 청교도와 신교도의 노동 윤리는 미국과 캐나다 사회에 뿌리 깊게 박혀 있다. 비록 이에 반하는 추세도 있고, 모든 사람들이 동의하는 것은 아니라 해도, 여전히 이 두 개의 가치는 북미의 문화에 조금도 변함없이 남아 있다. 미국과 캐나다 국민들이 모두 똑같은 신념, 가치, 태도, 습관, 행동패턴을 공유하지는 않지만, 그들 모두는 그들만의 뚜렷한 문화를 가지고 있다. 두 나라 모두 독특한 하위문화subculture, culture within culture의 집합으로 이루어진 여러 인종, 문화가 다양하게 융합된 사회이다. 미국의 하위문화는 흑인계, 히스패닉계, 아시안계, 특정 종교를 기반으로 한 집단(모르몬교도, 유대교, 침례교 등)을 포함한다. 캐나다의 경우에도 프랑스와 영국의 하위문화, 흑인계, 다양한 종교집단 등이 있다.

하나의 하위문화에 속하는 모든 사람들이 똑같은 방식으로 행동한다고 추정하는 것은 위험성을 내포하고 있지만, 하위문화권 내의 상당수가 서로 다른 하위문화권과는 다른 특정한 행동패턴을 가진다. 예를 들어, 흑인계 아메리칸과 히스패닉계 아메리칸은 미국의 다른 인종 문화권보다 제조업브랜드 충성도가 높은 것으로 나타났다. 이는 우리 환대 및 여행서비스에서도 이들 문화권을 대상으로 할 때는 재구매를 목표로 하는 것이 더 효과적일 수 있다는 것을 보여준다.

2. 준거집단　　고객들은 대개 그들이 소속되어 있는 여러 개의 준거집단들이 있으며, 여기에는 1차 집단과 2차 집단의 두 가지 형태가 있다. 가족과 친구들이 1차 집단에 속하며, 교회와 직장, 지역 클럽, 취미 클럽, 사교 모임 등은 2차 집단에 속한다. 우리들 대부분은 우리 자신이 속하기를 열망하는 집단과 속하기를 원치 않는 집단에 의해서 영향을 받는다. 많은 사람들은 자신이 프로 운동선수나 연예인이기를 바라며, 그들의 우상과 관련된 서비스와 상품을 구매할 것이다(열망집단의 예). 속하기를 원치 않는 집단과는 우리가 아무런

관련이 없기를 원하고, 이 집단이 구매하는 서비스와 상품은 기피하게 된다. 이러한 사회적 단위를 준거집단이라 부르는데, 이는 여기에 소속된 구성원들이 고수하는 특정한 행동 형태가 있기 때문이다. 준거집단은 다양하고 광범위하며, 어떤 준거집단이 다른 준거집단들보다 더 많은 영향력을 발휘할 수 있으며, 환대 및 여행서비스 구매 시에도 이러한 준거집단의 영향이 나타난다. 사람들은 다른 사람들에게 자랑하기 위해 햇볕에 그을린 피부, 기념품, 옷, 슬라이드, 비디오, 예술, 그리고 잡다한 물품들을 가지고 여행에서 돌아온다. 그들은 다른 사람들이 이러한 것을 볼 때나, 남들이 가보지 못한 곳을 가본 적이 있거나, 해보지 못한 것을 해 봄으로써, 다른 이들로부터 선망의 대상이 된다고 느낄지도 모른다. 비록 여행은 무형의 서비스이지만 우리가 가깝게 느끼고 동일시하는 준거집단의 눈에 확연하게 띄게 할 수 있는 상품이기도 하다.

3. **사회계층**   오늘날의 사람들은 이전 세대만큼 사회계층을 의식하지는 않지만, 대부분의 국가에서는 명확한 계층이 존재하는 것이 사실이다. 사회계층은 직업, 수입, 축적된 부, 학력, 거주지, 출신가문 등과 같은 것에 의해 결정될 수 있다. 의복, 가구, 자동차, 레저 활동 등은 이러한 계층을 구분짓는데 사용되기도 하기에, 이러한 제품들이나 브랜드 선호도에도 사회계층은 영향을 미칠 수 있다. 이러한 사회계층은 레저 활동에도 관련이 있기 때문에, 환대 및 여행 산업에서 의미하는 바가 크다. 사회계층은 서로 다른 매체선호도와 습관, 그리고 서로 다른 의사소통 방식을 가진다.

4. **의견선도자**   대부분의 사회집단에는 모든 구성원들을 위해 정보전달 역할을 하는 의견선도자가 있다. 그들은 다른 사람들보다 먼저 정보를 찾거나 서비스와 상품을 구매함으로써, 유행을 이끌고 만들어낸다. 전체를 대표하는 한 사람의 의견선도자보다는 대부분의 사회집단에는 여러 명의 의견선도자들이 있으며, 이들 각자는 환대 및 여행서비스에 대해서도 서로 다른 전문적인 지식과 정보를 가지고 있을 수 있다. 예를 들어, 낚시광들의 모임에는 송어, 농어 등을 낚기 위해서는 어디로 가야하는지에 대한 지식을 가진 의견선도자가 있을 수 있다. 요트 클럽에서는 파워보팅, 레이싱 요트, 크루저 요트별로 의견선도자가 여러 명 있을 수 있다. 의견선도자는 그들의 전문 분야에

서 더 많은 정보를 찾아내고 이를 전파한다. 미국의 경우, 인구의 약 10% 정
도가 의견선도자라고 추정된 바 있는데, 이 사람들은 대개 평균 이상의 소득
을 올리며, 대학졸업 이상의 학력을 가졌을 가능성이 높다.

상업적, 사회적 원천은 환대 및 여행서비스에 관한 정보를 얻을 수 있는 두
가지 주요 원천이다. 상업적 정보원천commercial information sources은 광고나 선
전물 등으로부터 정보를 얻는 것을 의미한다. 사회적 정보원천social information
sources은 의견선도자를 포함하는 개인 간 정보전달경로를 기반으로 한다. 상
업적 원천으로부터 나오는 정보는 여러 방법으로 목표 고객들에게 전달되며,
때로는 의견선도자를 거치지 않고 곧바로 전달되기도 하고, 의견선도자에게
전달된 다음 고개들에게 전달되기도 한다. 이것을 2단계 의사소통이라고 한
다. 다단계 의사소통은 정보가 두 개 혹은 그 이상 집단의 의견선도자를 거쳐
갈 때 발생한다.

제품수용곡선product adoption curve은 의견선도자와 개인 간 의사소통흐름과 밀
접하게 연관되어 있는 개념이다. 이 곡선은 사람을 혁신자innovator, 2.5%, 초기
수용자early adopters, 13.5%, 초기다수early majority, 34%, 후기다수late majority, 34%와 낙
후자laggards, 16%로 세분화한다. 의견선도자는 주로 혁신자와 초기수용자 가
운데 있으며, 그것은 그들이 다른 사람들보다 새로운 제품과 서비스를 시험
해 볼 준비가 되어 있기 때문이다. 의견선도자는 그들이 다른 사람의 행동에
영향을 미칠 수 있기 때문에 마케터에게 매우 중요하다.

5. 가족　　가족은 고객행동에 가장 강하게 영향을 미치는 요인 중 하나이다. 아
내, 남편, 자식들이라는 전통적인 가족 단위는 최근 수십 년간 많은 진통을
겪었고, 이제는 전통적 가족 단위가 가족 유형에서 차지하는 비중이 낮아졌
다. 결혼은 했지만 자녀가 없는 부부도 늘어나고 있지만, 전통적인 가족 단위
는 여전히 중요한 시장을 대표한다.

가족은 시간에 걸쳐 어느 정도 예측할 수 있는 단계를 지나가며, 이것을 가
족생활주기family life cycle라고 한다. 구매행동은 가족생활주기 단계에 따라 다를
수 있고, 가족생활주기는 대개 다음과 같은 11단계로 이해될 수 있다.Blackwell,
Miniard, & Engel

❶ 미혼

❷ 신혼

❸ 둥지 I (가장 어린 자녀가 미취학 연령인 경우)

❹ 둥지 II (가장 어린 자녀가 취학 연령인 경우)

❺ 둥지 III (부모가 40대 중반)

❻ 결혼(자녀 없음)

❼ 독신

❽ 빈둥지 I (자녀들 떠남)

❾ 빈둥지 II (가장이 은퇴함)

❿ 독거인

⓫ 은퇴 독거인

자녀 양육의 책임으로부터 자유로운 미혼이나 신혼, 빈둥지I 집단 등은 휴가를 선택할 때 제한을 덜 받고, 휴가 때도 더 많은 시간과 돈을 쓴다.

사회적 정보와 상업적 정보

고객행동에 영향을 미치는 다섯 가지 개인 간 요인은 문화/하위문화, 준거집단, 사회계층, 의견선도자, 가족 등이다. 이들은 서비스와 상품에 관한 정보의 사회적 원천이며, 상업적 정보와 비교될 수 있다.

사회적 원천으로부터 얻은 정보는 더 객관적이고 믿을 만하다고 생각될 수 있기 때문에 개인의 인지적 편견에 의해 왜곡될 소지가 적다. 중요한 구매일수록 고객들은 그 구매와 관련된 개인 간 정보에 더 의존할 수 있다. 고객이 처음으로 서비스를 시험 구매하거나, 대체 서비스의 혜택에 대한 확신이 적을 경우에도 마찬가지이다.

서비스는 생산과 함께 소비가 이루어지는 속성상, 구매 전에 서비스를 평가하는 것은 유형의 제품보다 더 어렵다. 그러므로 고객들은 유형의 제품을 구매할 때보다 서비스를 구매할 때 사회적 원천에 의한 정보를 더 중시 여기며, 이를 구전정보라고도 한다. 구매의사결정에 영향을 미치는 사회적 정보는 구두로 구매자에게 전달된다. 환대 및 여행 산업은 구전정보(입소문)에 많이 의존하는 산업 중 하나이다.

개인고객의 구매과정

　고객의 구매 혹은 의사결정과정은 구매가 이루어질 때 고객이 경험하게 되는 단계를 말한다. 광고와 촉진활동의 효과는 이러한 구매과정의 단계에 따라 달라질 수 있기 때문에, 이 과정을 이해하는 것은 마케터들에게 매우 중요하다. 일반적으로, 소비자의사결정 과정모델Consumer Decision Process Model로 알려진 7단계 모형에서 마지막 단계를 제외하고는 환대 및 여행 분야에서도 적용 가능하다.

1. 욕구 인식　고객의 구매의사결정 과정이 시작되기 위해서는 고객이 행동하도록 유도하는 자극이 있어야만 하며, 고객이 욕구부족을 인식해야 한다. 기업은 잠재 고객들이 그들의 욕구 부족을 인지할 수 있도록 적절한 촉진활동을 이용할 수 있다. 욕구 부족을 느끼도록 하는 자극은 의견선도자, 친구, 친척, 동료와 같은 개인 간 원천으로부터 오기도 한다. 이외에 배고픔, 갈증과 같은 내부적 생리적 동기에 의해서도 욕구 부족을 인식할 수 있다.

2. 정보 탐색　고객이 그들의 욕구를 인식할 때, 그 욕구는 필요가 된다. 필요가 존재하면, 고객은 이를 충족시키기 위해 먼저 정보 탐색을 시작하며, 이러한 정보의 원천은 자극적marketer-dominated, 비자극적nonmarketer-dominated, 내부적 원천으로 나뉘어진다. 여기서 자극적 정보원천은 환대 및 여행 기업이 제공하는 웹사이트, 촉진, 경험적 단서들을 포함하며, 특히, 오늘날의 인터넷은 우리 산업에 있어 정보검색의 주요 원천이다.

비자극적 원천은 객관적인 평가, 즉 미국자동차협회AAA: American Automobile Association, 소비자보고서Consumer Reports, 미쉘린 레스토랑 가이드북뿐 아니라, 앞서 제시된 개인 간 정보를 포함한다. 여행객 블로그 역시 비자극적 정보원천에 포함된다. 마지막으로, 내부적 원천은 고객의 기억 속에 저장된 과거의 경험을 의미한다.

고객들은 정보를 탐색하는 동안 그들의 욕구를 충족시켜 줄 수 있는 서비스 대안들에 대해 알게 되며, 여기에는 휴가목적지, 호텔, 리조트, 항공사,

1	욕구 인식(문제 인식)
2	정보 탐색
3	사전 대안평가
4	구매
5	소비
6	사후 평가
7	처분

소비자의사결정
과정모델

그림 4-8

관광매력물, 레스토랑, 렌터카 회사, 여행패키지 등이 포함된다. 이때 항상 모든 가능한 대안들이 고려되는 것은 아니며, 인식 부족, 이전의 좋지 못했던 기억, 부정적 구전정보들로 인해 일부 대안들은 고객의 최종의사결정에 포함되지 않을 수 있다. 이러한 최종 구매대안을 고객의 대안집합evoked set이라 부르는데, 이는 고객들이 의사결정을 위해 고려되는 대안들이다.

3. **구매 전 대안평가** 고객이 나름대로의 기준을 가지고 구매 전에 대안을 평가하는 단계이다. 그들의 기준은 객관적일 수도 있고, 주관적일 수도 있다. 객관적 기준에는 가격, 위치, 물리적 시설(호텔의 경우, 객실수, 부대시설, 레스토랑 등)이 있으며, 주관적 기준으로는 서비스 기업의 이미지와 같은 무형의 요인들을 들 수 있다. 고객들은 그들 나름대로의 평가기준을 사용하여 결정을 내리며, 각 대안에 대한 태도와 선호도를 가지고, 경우에 따라서는 여러 서비스 대안을 첫 번째부터 마지막까지 순위를 정하기도 한다. 이러한 과정을 통해 특정 서비스가 다른 서비스들보다 선호되게 된다.

4. **구매** 이 단계에서 고객은 어떤 환대 및 여행서비스가 욕구를 잘 충족시켜 준다는 것을 안다. 그들은 이러한 서비스를 구매하고자 하는 의지를 보이지만, 그러한 구매결정과정이 완전하지 않을 수도 있다. 구매를 하든 안 하든 고객들은 계속적으로 다른 요인들에 의해 영향을 받을 수 있다. 고객은 가족이나 동료, 친구들과 구매의사 관련 논의를 할 수 있는데, 이들 중에서는 고객의 선택에 동의하지 않는 사람들도 있을 수 있고, 고객은 이 때문에 구매를 연기하거나 원래 생각을 재고하기도 한다. 고객의 개인적, 직업적, 재정적 상황은 항상 변할 수 있고, 경우에 따라서는 고객이 갑자기 재정상태가 악화될 수도 있는데, 이러한 경우 원래 구매의사결정은 연기될 것이다.

고객들의 구매를 늦추는 또 다른 요인은 인지된 위험이다. 모든 구매에는 위험이 따른다. 위험에는 재정적 위험(내 돈이 제대로 잘 쓰일 수 있는가?), 심리적 위험(나의 자아 이미지를 개선시켜 줄 수 있을까?), 혹은 사회적 위험(내 친구나 동료가 괜찮게 생각할까?) 등과 같은 것들이 있다. 위험이 너무 크다고 생각되면, 고객들은 대개 이러한 위험을 줄이기 위해 무언가를 행한다. 구매를 연기하거나, 계속해서 더 많은 정보를 탐색하기도 하며, 전국적인 이미지와 명성을 가진 기업을 선택하기도 한다. 예전에 이용해 본 적이 있는 기업이나 관광목적지를 계속 이용하는 것

도 위험을 줄일 수 있는 방법이다. 마케터는 고객들의 이러한 인지된 위험을 줄이기 위해 가능한 촉진을 통해 할 수 있는 것들은 모두 고려해 보는 것이 바람직하다.

5. **소비**　이 단계는 여행 및 환대서비스의 경험 그 자체를 의미한다. 물론 여기서 경험적 단서와 함께 서비스 수준이 고객 만족에 영향을 미친다.

6. **구매 후 평가**　인지불일치는 많은 고객들이 구매 후 경험하게 되는 마음의 상태이다. 고객은 그들이 올바른 결정을 했는지에 대한 확신이 없을 수 있다. 이러한 구매 후 인지불일치의 정도는 구매의 중요성과 구매 시 지불한 금액 수준에 따라 증가한다. 고객은 결혼 25번째 기념일 만찬을 위해 레스토랑을 선택할 때보다는, McDonald's나 Burger King을 선택할 때 더 적은 수준의 인지불일치를 경험할 것이다. 인지불일치는 고객들이 구매한 서비스에서 선택하지 않은 대안들이 가지는 특징들이 부족할 경우 더 크게 나타날 수 있다. 클럽메드를 선택한 고객은, 다른 리조트들에서는 칵테일 값을 지불해야 하지만 클럽메드에서는 이를 무료로 마실 수 있다는 것을 알고, 클럽메드를 선택했을 수 있다. 고객이 현명하게 구매했다고 확신할 수 있는 정보를 제공함으로써, 구매 후 인지불일치를 가능한 줄이도록 하는 것이 마케터가 해야 할 일이다.

고객들이 서비스를 이용할 때, 그들이 기대했던 바와 비교해서 구매에 대한 평가를 내릴 수 있다. 사전적 기대는 상업적(광고와 촉진), 사회적(가족, 친구, 동료) 원천으로부터 얻는 정보를 기반으로 한다. 구매를 통해 사전에 가졌던 기대가 충족되었다면, 고객은 만족하지만, 그렇지 못할 경우 불만족하게 될 것이다. 때문에, 서비스 기업은 자기들이 제공할 수 있는 것 이상의 것을 고객들에게 약속하지 않는 것이 바람직하다. 더 바람직한 방법은 아마도 고객의 기대를 충분히 충족시킬 수 있다는 것을 알면서도, 이보다 적은 것을 고객들에게 약속하는 것일 수 있다. 고객들이 구매한 서비스에 만족할 때, 이러한 서비스를 제공한 기업들에게 돌아가는 수익은 결과적으로 크게 나타날 것이다. 만족한 고객들은 해당 서비스에 대한 재구매자가 될 가능성이 높으며, 만족한 고객들은 친구들과 친척들, 지인들에게 자신들의 긍정적인 경험을 추천해 주기 때문에, 이는 다른 사람들이 구매하는 데 영향을 미치게 된다. 반대로 불만족

한 고객은 재구매 고객이 될 가능성이 적고, 다른 사람들에게 그들의 불만족한 경험을 말하고, 그들의 구매를 단념시키기도 한다.

사회적 원천으로부터 얻은 정보는 때로는 상업적 원천으로부터 얻은 정보보다 고객의 의사결정에 미치는 영향이 더 클 수 있다. 우리 산업에서는 무형의 서비스를 제공하기 때문에, 마케터들은 특히 불만족한 고객들에 대해 관심을 가져야 한다. 서비스 산업에서는 품질을 통제하고 관리하는 것이 제조업이나 유형의 제품 산업에서보다 훨씬 어렵다. 우리 산업은 사람을 통한 사람을 위한 사업이라고 볼 수 있고, 사람들과 그들의 행동은 쉽게 표준화시킬 수 없기에, 고객 만족을 정확히 이해하고 판단하는 것이 매우 중요하다.

7. **종료**Divestment   환대 및 여행서비스는 주로 무형의 특성을 가지고 있기 때문에, 다른 제조품에서 구매 후에도 계속 구매한 제품을 오랫동안 사용하는 경우와는 다를 수 있다. 하지만 고객이 레스토랑에서 가져온 포장용기, 혹은 여행지에서 산 기념품 등을 고객들이 어떻게 할지를 고려하여, 필요한 마케팅 활동을 수행할 수도 있을 것이다.

구매의사결정 과정

고객들의 모든 구매의사결정이 같다고는 볼 수 없으며, 대개 다음 3가지로 범주화될 수 있다.

1. 일상적/습관적 결정routine decisions
2. 제한적 경험에 의한 결정limited decisions
3. 새로운 결정extensive decisions

1. **일상적/습관적 결정**   일상적인 구매결정은 고객들이 자주 하는, 때문에 거의 노력을 들이지 않고 하는 것이다. 고객들은 계속 해오던 대로 능숙하게 습관적으로 구매하며, 구매의사결정 과정의 한두 단계를 건너뛰기도 한다. 위험은 거의 인지되지 않고, 추가적인 정보도 거의 필요치 않다. 고객들은 구매와 관련된 모든 대안에 관해서 알고 있고, 그것을 평가하기 위한 기준도 정해 놓았다. 햄버거를 먹기 위해 패스트푸드점을 선택하는 것은 많은 사람들

이 하는 일상적인 결정이다. 대부분의 고객들은 McDonald's와 Burger King, Wendy's, Jack-in-the-Box, Carl's Junior, In-and-Out 등에서 햄버거를 구매할 때, 그들이 무엇을 얻을 수 있는지에 대해 나름대로의 생각을 가지고 있다. 정보를 얻기 위해 다른 사람에게 물어볼 필요가 없으며, 고객들은 자기들의 기준을 가지고 자기들이 가던 곳을 찾게 된다.

2. **제한적 경험에 의한 결정**　　제한된 경험에 근거한 결정은 대개 고객들이 구매할 때 의사결정과정의 모든 단계를 경험하기 때문에 일상적 결정에 비해 상대적으로 시간과 노력이 더 든다. 고객들은 이러한 또는 이와 유사한 서비스를 이전에 경험해 본 적이 있다 해도, 자주 구매하지는 않기에, 구매에 따르는 인지된 위험 수준은 일상적 구매보다 높다. 고객들은 구매의사결정과 관련된 평가기준과 최적의 서비스 대안에 대해서도 알고 있으며, 주위 사람들에게 몇몇 대안들에 대한 정보를 요구할 수도 있다. 고급 레스토랑에서 외식하는 것도 종종 제한된 결정을 수반한다. 왜냐하면, 고객들은 그들이 어떤 종류의 음식과 서비스, 그리고 분위기를 좋아하는지 알고는 있지만, 고급레스토랑을 빈번히 찾지는 않고, 그것에 대한 정보도 적게 가지고 있을 수 있기 때문이다. 이러한 제한된 결정은 고객이 서비스를 처음 구매하고자 할 때에도 이용되어질 수 있다.

3. **새로운 결정**　　이제까지 경험이 없는 새로운 서비스에 대한 구매의사결정을 하는 데는 많은 시간과 노력이 들 수 있다. 고객들은 신중히 의사결정을 하게 되고, 대개 이와 관련된 서비스는 고가이고 내용이 복잡하며, 인지된 위험도 높다. 고객들은 이전의 정보나 경험 없이 구매의사결정 단계를 시작하고, 구매대안에 대한 적절한 평가기준도 없을 수 있다. 이 경우, 구매의사결정 과정은 모든 단계를 거치고, 고객들은 가능한 상업적, 사회적 원천을 통해서 정보를 탐색하게 된다. 고객들은 그들의 구매의사결정을 미루거나, 재평가하고 싶어 하기도 한다. 처음 경험해 보는 크루즈 여행, 유럽휴가, 신혼여행, 아프리카 사파리, 세계일주 등이 이러한 새로운 의사결정의 예라고 볼 수 있다. 이 경우, 고객들은 여행사 직원이나 관광청 직원, 여행전문가 등이 제공하는 정보를 이용할 것이고, 인터넷상에서 제공되는 각종 정보를 찾을 수도 있을 것이다.

조직구매행동

조직구매행동organizational buying behavior은 개인의 구매가 아닌 조직 또는 기업이 구매의 주체가 되기에, 더 많은 사람들이 구매의사결정에 참여하고, 경쟁 입찰을 필요로 할 수도 있으며, 비용과 품질, 시설과 같은 객관적인 요인들이 감성적 요인들보다 더 큰 비중을 차지할 수 있다.

시장은 개인과 조직으로 분류할 수 있으며, 제조품의 경우에는 대개 장치, 장비, 원재료와 같은 산업재 제품들에 있어 이러한 조직구매가 나타나게 된다. 우리 환대 및 여행 산업의 경우 조직구매 시장은 사기업, 정부기관, 비영리조직(병원, 대학, 학교, 협회 등)을 포함한다. 이러한 조직구매는 개인구매와는 다른 제약과 영향 때문에 구매의사결정도 달리 나타날 수 있다. 예를 들어, 개인여행객은 여행지를 자기가 원하는 대로 마음대로 정할 수 있다 해도, 행사를 개최하는 협회나 행사를 기획하는 컨벤션 기획사의 경우에는 의사결정과 관련된 당사자들이 다수일 수 있기에, 어느 개인이 마음대로 개최장소를 정할 수는 없다.

결론

개인과 조직 고객이 어떻게 구매행동을 하는지 이해하는 것은 효과적인 마케팅을 위한 필수조건이다. 고객이 환대 및 여행서비스를 선택하는 데 있어 개인 및 개인 간 요인이 영향을 미칠 수 있다. 개인적 요인에는 욕구, 필요, 동기부여, 인지 학습, 개성, 라이프스타일, 자아개념 등이 있으며, 개인 간 요인으로는 문화, 하위문화, 준거집단, 사회계층, 의견선도자, 가족, 친구/동료 등을 들 수 있다. 고객들은 환대 및 여행기업으로부터 얻는 정보보다 친구들과 동료들이 추천해 주는 정보에 더 큰 비중을 둘 수 있으므로, 구전정보는 우리 산업에서 고객의 구매의사결정에 영향을 미치는 강력한 힘이 될 수 있다.

고객들은 구매결정을 내릴 때 여러 단계를 경험할 수 있으며, 이는 구매 유형과 구매 시 인지된 대안들의 차이 정도에 따라 다르게 나타날 수 있다. 성공적인 마케팅을 수행하기 위해서는 마케터들은 고객들의 의사결정과정을 정확히 이해해야 한다.

학습과제

1. 당신 자신과 당신의 가족을 살펴보라. 어떤 개인 간 요인이 가족 구성원의 구매결정에 영향을 미치는가? 어떤 개인적 요인이 이러한 선택에 영향을 주는가? 어떻게 환대 및 여행 산업에서 나타나는 구매 영향요인을 당신과 당신 가족들에게 적용해 볼 수 있는가?

2. 환대 및 여행 산업 중 하나를 선택하여, 해당 산업에서의 고객행동 패턴의 특징이 무엇인지 살펴보시오. 고객들은 어떤 의사결정단계를 거치는가? 그들의 인구통계적 특성과 라이프스타일, 문화적 배경, 사회계층, 가족생활주기 단계는 무엇인가? 이러한 고객 집단에게 가장 잘 적용될 수 있는 마케팅 활동은 어떤 것인가?

3. 환대 및 여행 기업의 광고를 살펴보시오. 고객의 관심을 끌기 위해 어떤 자극 요인이 광고에 사용되었고, 어떻게 효과적으로 사용되었는가? 이 광고들은 고객 인지를 높이기 위해 무엇을 하였는가?

4. 과거에 했던 구매 중, 중요한 것과 그렇지 않은 것에 대해 생각해 보시오. 3가지 결정(일상적/습관적 결정, 제한적 경험에 의한 결정, 새로운 결정) 중 어느 것을 이용하였는가? 당신이 결정을 내리는 데 있어 사회적 정보원천이 얼마나 중요하였는가? 상업적 정보원천은 얼마나 중요하였나? 이를 환대 및 여행서비스 산업에 어떻게 적용할 수 있는가?

참고문헌

1. Central Intelligence Agency. 2008. *CIA World Factbook 2008*.

2. Blackwell, Roger D., Paul W. Miniard, and James F. Engel. 2006. *Consumer Behavior*, 10th ed. Mason, Ohio: Thomson South-Western, 740.

3. Solomon, Michael. 2007. *Consumer Behavior*. 7th ed. Upper Saddle River, New Jersey: Pearson Prentice Hall, 630.

4. Mill, Robert Christie, and Alastair M. Morrison. 2009. *The Tourism System*. 6th ed. Dubuque, Iowa: Kendall/Hunt Publishing.

5. Mill, Robert Christie, and Alastair M. Morrison. 2009. *The Tourism System*. 6th ed. Dubuque, Iowa: Kendall/Hunt Publishing.

6. Blackwell, Roger D., Paul W. Miniard, and James F. Engel. 2006. *Consumer Behavior*, 10th ed. Mason, Ohio: Thomson South-Western, 311.

7. Bassett-Jones, Nigel, and Geoffrey C. Lloyd. 2005. "Does Herzberg's motivation theory have staying power?" *The Journal of Management Development*, 24(10), 929~943.

8. American Marketing Association. 2009. *Dictionary of Marketing Terms*, http://www.marketingpower.com/, accessed February 15, 2009.

9. Kotler, Philip, and Kevin Lane Keller. 2006. *Marketing Management*. 12th ed. Pearson Prentice Hall, 176.

10. Mill, Robert Christie, and Alastair M. Morrison. 2009. *The Tourism System*. 6th ed. Dubuque, Iowa: Kendall/Hunt Publishing.

11. Blackwell, Roger D., Paul W. Miniard, and James F. Engel. 2006. *Consumer Behavior*, 10th ed. Mason, Ohio: Thomson South-Western, 74~79.

12. Blackwell, Roger D., Paul W. Miniard, and James F. Engel. 2006. *Consumer Behavior*, 10th ed. Mason, Ohio: Thomson South-Western, 88.

13. Blackwell, Roger D., Paul W. Miniard, and James F. Engel. 2006. *Consumer Behavior*, 10th ed. Mason, Ohio: Thomson South-Western, 271.

14. Blackwell, Roger D., Paul W. Miniard, and James F. Engel. 2006. *Consumer Behavior*, 10th ed. Mason, Ohio: Thomson South-Western, 278.

15. SRI Consulting Business Intelligence (SRIC-BI). 2007. *Innovators*, http://www.sric-bi.com/VALS/, accessed May 22, 2007.

16. Claritas, PRIZM® NE, http://www.claritas.com/; CACI Ltd., *Welcome to the New ACORN*, http://www.caci.co.uk/acorn/

17. Mill, Robert Christie, and Alastair M. Morrison. 2009. *The Tourism System*. 6th ed. Dubuque, Iowa: Kendall/Hunt Publishing.

18. Central Intelligence Agency. 2009. *CIA World Factbook 2008*; U.S. Census Bureau. 2007. *Minority Population Tops 100 Million*, http://www.census.gov/Press-Release/www/releases/, accessed February 15, 2009.

19. Looking Glass Inc. 2009. *Hispanic Cohorts*, http://www.cohorts.com/hispanic.html, accessed February 15, 2009.

20. Blackwell, Roger D., Paul W. Miniard, and James F. Engel. 2006. *Consumer Behavior,* 10th ed. Mason, Ohio: Thomson South-Western, 523.

21. White, Katherine, and Darren W. Dahl. 2006. "To Be or Not to Be? The Influence of Dissociative Reference Groups on Consumer." *Journal of Consumer Psychology*, 16(4), 404~414.

22. Blackwell, Roger D., Paul W. Miniard, and James F. Engel. 2006. *Consumer Behavior*, 10th ed. Mason, Ohio: Thomson South-Western, 468.

23. The New York Times. 2005. *Class Matters*. A Special Section.

24. Rogers, Everett M. 2003. *Diffusion of Innovations*. 5th ed. New York: Free Press.

25. Blackwell, Roger D., Paul W. Miniard, and James F. Engel. 2006. *Consumer Behavior,* 10th ed. Mason, Ohio: Thomson South-Western, 490~493.

26. Blackwell, Roger D., Paul W. Miniard, and James F. Engel. 2006. *Consumer Behavior*, 10th ed. Mason, Ohio: Thomson South-Western, 70~86.

27. Kotler, Philip, and Kevin Lane Keller. 2006. *Marketing Management*. 12th ed. Pearson Prentice Hall, 203~213.

MEMO

이 장을 읽고 난 후

≫ 상황분석, 시장분석, 타당성분석에 대해 정의할 수 있다.

≫ 상황분석, 시장분석, 타당성분석 간 관계와 차이점에 대해 설명할 수 있다.

≫ 상황분석의 5가지 이점에 대해 설명할 수 있다.

≫ 상황분석 단계를 제시하고 설명할 수 있다.

≫ 시장분석의 주요 단계(6)를 제시하고 설명할 수 있다.

≫ 타당성분석의 단계(4)를 제시하고 설명할 수 있다.

목표

개요

이 장에서는 마케팅 의사결정의 토대인 조사와 분석의 중요성을 강조하고, 상황분석, 시장분석, 타당성분석의 세 가지 분석기법에 대해 살펴본다. 상황 분석은 환대 및 여행 마케팅 시스템의 5단계 중 첫 단계에 해당하는 중요한 요소로, 이러한 상황분석의 이점과 결과에 대해 규명하였다. 상황분석 결과 가 장단기 마케팅 계획의 기반이 된다는 사실을 강조하고, 상황분석을 위한 표준워크시트를 제시하였다. 현재 상황을 파악하고 이해하기 위해서는 상황 분석을 이용하고, 새로운 사업을 제안하는 경우에는 시장 및 타당성 분석을 이용해야 하며, 이 세 가지 분석기법 간 관계를 설명하였다.

마케팅 기회 분석

마케팅 기회 및 문제 분석은 사업을 성공으로 이끄는 기반이 된다. 기업이 시장 혹은 타당성 분석을 하지 않고서는 새로운 사업을 시작할 수가 없다.

시장분석과 타당성분석은 무엇이며, 상황분석과는 어떻게 다른가? 상황분석 situation analysis은 시장분석과 비슷하지만, 현재의 사업과 상황을 분석하며, 마케팅의 강점과 약점, 기회, 그리고 사업 및 다른 기업들로부터의 위협 등에 대해 조사하는 것이다. 시장분석market analysis은 새로운 환대 및 여행 사업에 대한 잠재수요를 조사하는 것이며, 이를 통해 시장수요가 충분히 큰지를 파악하게 된다. 타당성분석feasibility analysis은 사업의 경제적 타당성과 그에 대한 잠재수요를 조사하는 것이고, 사업을 시작할 때 필요한 총투자와 기대수익에 대한 분석을 포함한다. 대개 새로운 사업을 시작하려고 할 때, 이러한 시장분석과 타당성분석을 하게 된다.

장기 마케팅 계획은 환대 및 여행 마케팅 시스템의 기초이며, 이러한 분석기법과도 긴밀하게 연결되어 있다. 시장분석은 전략적(장기) 시장계획을 위한 기초가 되어야 하며, 상황분석에서는 "우리는 지금 어디에 있는가?"와 같은 질문을 해결하고자 한다.

상황분석

상황분석은 기업의 마케팅 강점, 약점, 기회, 위협에 대한 조사이고, 이 분석을 통해 "(현재) 우리는 어디에 있는가?"라는 질문에 대한 해답을 얻을 수 있다. 때로는 마케팅 감사marketing audit나 SWOT 분석 대신 상황분석이란 용어를 사용하기도 하며, 다음과 같은 이점이 있다.

1. **기업의 강점과 약점 모두에 관심을 가진다.** 상황분석을 통해 얻을 수 있는 가장 큰 이점은 지속적으로 기업의 강점과 약점에 대해 관심을 기울일 수 있다는 것이다. 바삐 움직이는 기업은 중요한 핵심문제에서 벗어나 매일 매일의 작업에만 치중하기 쉽다. 현상유지를 받아들이고, 변화가 일어나지 않는다고 믿는 것이 편할 수는 있다. 하지만 성장을 위해서는 현실에서 나타난 문제점을 해결하고, 이를 극복해야만 한다. 이는 외과의사나 치과의사에게 검

진을 받으러 가는 것과 비슷하다. 두 의사는 검진 후, 기존의 습관을 바꿀 것을 말할지도 모른다. 비록 그러한 충고가 마음에 들지 않는다 해도 본인에게 좋을 수 있다는 것은 알 수 있다. 기업은 정기적인 점검을 통해 지속적으로 안정을 유지할 수 있다.

2. 장기계획을 지원한다.　상황분석은 전략적 마케팅 계획에 기여할 수 있다. 상황분석은 마케팅 환경의 최근 동향을 상세히 살핌으로써 장기계획과정이 현실 상황을 적절히 반영할 수 있도록 해준다.

3. 마케팅 계획 수립을 돕는다.　상황분석은 마케팅 계획을 수립하는 데 중요한 역할을 한다. 상황분석 결과는 계획을 세우는 데 기초가 된다. 상황분석을 먼저 하지 않고 계획을 준비하는 것은 집을 지을 때 외벽 없이 지붕을 놓는 것과 비슷하다. 마케팅 계획은 기업의 강점과 기회를 나타내야 하며, 이는 상황분석을 통하여 규명될 수 있다.

4. 마케팅 조사에 우선권을 부여한다.　상황분석은 조사에 많이 의존하며, 마케팅 조사 결과를 중시한다. 조사는 새로운 마케팅 기회를 파악하고, 고객만족 수준을 측정하며, 경쟁사의 강점과 약점을 평가하고, 과거에 수립된 마케팅 계획의 효율성을 측정하는 데에도 필요하다. 인간의 몸은 지속적으로 음식과 수분을 공급받아야 제 기능을 할 수 있다. 마케팅 조사도 기업에서 이와 같은 역할을 한다.

5. 개선할 사항들을 제시한다.　상황분석은 기업의 경영 및 서비스에 있어 필요한 개선사항들을 제시한다. 상황분석의 결과는 다음과 같다.

> ❶ 강점, 약점, 기회, 위협의 확인
> ❷ 주요 경쟁사의 강점과 약점 확인
> ❸ 지역환경 분석을 통한 기회와 문제점 확인
> ❹ 마케팅 환경요인의 영향 평가
> ❺ 마케팅 활동, 성공, 실패의 기록

상황분석의 단계

상황분석은 일반적으로 6단계로 이루어지고, 마치 사진을 찍듯이 큰 배경(마케팅 환경 분석)에서 시작하여, 다음 단계(입지 및 지역사회 분석)에 초점을 맞추

상황분석단계	시장분석단계
1. 마케팅 환경 분석 2. 입지 및 지역사회 분석 3. 주요 경쟁사 분석 4. 시장잠재력 분석 5. 서비스 분석 6. 마케팅 포지션 및 계획 분석	1. 마케팅 환경 분석 2. 시장잠재력 분석 3. 주요 경쟁사 분석 4. 입지 및 지역사회 분석 5. 서비스 분석 6. 마케팅 포지션 및 계획 분석

시장 및 상황 분석 간 관계

그림 5-1

고 난 후, 기업의 마케팅 포지션과 계획으로 서서히 확대시킨다.

상황분석은 종종 강점, 약점, 기회, 위협 분석을 의미하는 'SWOT 분석'으로 불리기도 한다. [그림 5-1]에서도 볼 수 있듯이, 상황분석의 단계는 시장분석 단계와는 약간 다른 순서를 가지며, 두 분석에서 입지 및 지역사회 분석과 시장잠재력 분석의 순서가 바뀌어 있는 것을 알 수 있다. 상황분석에서는 사업 입지가 정해진 후, 과거 고객에 대한 정보를 얻을 수 있고, 시장분석은 새로운 사업을 위한 것이기 때문에 고객의 정확한 특성을 분석하고, 입지를 정할 수 있다.

상황분석이 어떻게 행해지는지 단계적으로 살펴보기 전에, 환대 및 여행 기업이 매우 다양하다는 것을 알아야 한다. 예를 들어, 호텔에는 서비스 분석을 할 수 있는 수백 개의 객실과 다른 편의시설 등이 있을 수 있지만, 여행사는 오직 작은 사무실 하나만 있을 수 있다. 크루즈회사는 수천 개의 침대를 가진 여러 척의 배를 가지고 있는 반면, 관광청은 사무실이나 정보센터를 제외하고는 일반 대중에게 직접적으로 서비스를 제공하는 물리적 편의시설을 갖추고 있지 않을 수 있다. 이러한 차이점에도 불구하고, 환대 및 여행 기업들은 일반적으로 다음과 같은 6단계의 상황분석을 따른다.

1. 마케팅 환경 분석　　마케팅은 지속적인 계획과 갱신을 필요로 하는 장기적인 활동이다. 마케터는 우선적으로 마케팅 환경을 신중히 고려해야 하며, 마케팅환경 요인에는 경쟁·경제적 요인, 정치적 요인, 법적(정부) 요인, 사회·문화 요인, 기술적 요인, 기업의 목표·자원이라는 6가지 요인들이 있다. 기업은 이러한 요인들을 분석함으로써 장기적으로 기업에 영향을 미치는 마케팅 기회 및 위협 요인들을 파악하게 된다. 기업이 미래 사업이 나아갈 방향을

환대 및 여행 마케팅 환경

그림 5-2

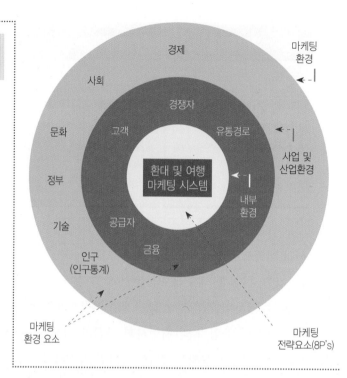

제시해 주는 마케팅 환경을 제대로 보지 못한다는 것은 치명적이다. 상황분석을 하는 동안 각 마케팅환경 요인들을 확인하고 또 재확인하는 것만이 미래에 일어날 중요한 일들을 예측하는 가장 효과적인 방법이다.

마케팅의 성공과 미래 방향에 영향을 미치는 요인들은 통제가능 요인과 마케팅환경 요인으로 나눌 수 있다. 통제가능 요인은 기업이 통제 가능한 요인이며, 마케팅환경 요인은 기업의 통제범위 밖에 있는 요인들이다. 경제, 사회, 문화, 정부, 기술, 인구통계 특성 등이 미치는 영향은 기업이 확실히 통제하기는 힘들다. 경쟁사와 고객들의 행동패턴도 완전히 통제하기는 힘들다. 환대 및 여행 산업, 공급자, 금융, 유통경로, 일반 대중의 경우도 통제하기 어려운 것은 마찬가지이다. 마케팅 믹스와 환대 및 여행 시스템의 다른 요소들은 통제될 수 있는 요인들이다.

마케팅 환경은 3단계로 이루어지며, 첫 번째는 통제할 수 있는 내부환경(환대 및 여행 마케팅 시스템)이다. 두 번째는 사업 및 산업 환경으로 이에 영향을 받을 수는 있으나 이를 통제하기는 힘들다. 세 번째는 마케팅 환경으로 역시 통제하기 어렵다.

기업의 현재 처한 상황분석을 하기 위해서는 조사, 예측, 판단을 적절하게 결합하는 것이 바람직하다. 미리 조사할 항목들을 정리한 워크시트 같은 도구를 사용하면 상황분석이 효과적으로 이루어질 수 있으며, 이는 기업이 원하는 질문들에 대한 예측을 하는 것을 의미한다.

미국여행산업협회TIA, Travel Industry Association of America 같은 전문기관에서는 미국 환대 및 여행 산업의 주요 동향에 관한 정기보고서를 발행하며, 이를 참고하면 많은 정보를 2차 자료를 통한 조사로 대체할 수 있다.

2. 입지 및 지역사회 분석   일반적으로 입지분석은 시장분석 혹은 타당성분석의 일부로 받아들여지고 있지만, 상황분석의 요소로는 거의 언급되지 않는다. 하지만 입지가 가지는 이점이 영원히 지속될 것이라는 생각은 위험한 발상이 될 수 있으며, 고속도로 건설, 빌딩신축, 새로운 주 경쟁자의 출현 등의 요인들로 인해 해당 장소가 가지는 매력도가 변할 수 있다. 특정 장소가 환대 및 여행 사업을 성공으로 이끌 수도 있지만, 실패하게 할 수도 있기에, 장소 관련 특징과 환경 동향을 지속적으로 평가해야 하며, 이때 잠재 고객에 대한 접근성과 서비스 제공 가능성 등도 중요하게 고려하여야 한다.

입지 및 지역사회 분석은 두 부분으로 이루어진다. 첫 번째는 지역사회의 다양한 자원을 조사하는 것이다. 두 번째는 지역사회의 특징과 그것이 미치는 영향에 대한 평가이다. 입지 및 지역사회 분석을 위해 고려되는 요인들은 지역사회의 산업기반과 고용기반, 인구특성, 거주민, 교통수단체계와 편의시설, 관광자원 및 위락시설, 이벤트, 건강시설, 교육시설, 지역매체 등이다.

상황분석을 위해서는 "입지 및 지역사회 프로필Location and Community Profile"을 고려할 수 있는데, 이를 위한 정보는 지역경제단체, 상공회의소, 관광청 등과 같은 곳에서 얻을 수 있다. 예를 들어, 새로운 공장이 들어서거나, 새로운 관광자원이 나타나는 것 등을 고려해야 하며, 그 지역의 공장에서 직원이 해고당하는 것은 잠재적인 부정적 효과인 반면, 새로운 주거단지 건설은 긍정적인 영향을 미치는 것으로 간주될 수 있다.

3. 주요 경쟁사 분석   경쟁은 대체적으로 마케팅 환경 분석에서 고려된다. 주요 경쟁사들에 대한 세부적 고찰은 중요하며, 주요 경쟁사들의 강, 약점을 알아내기 위해서는 가능한 상세히 평가하는 것이 바람직하고, 여러 다른 출처

시장잠재력 분석을
위한 단계와 주요
조사과제

그림 5-3

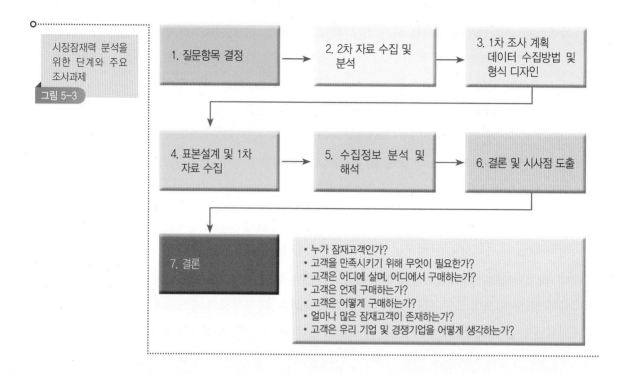

1. 질문항목 결정 → 2. 2차 자료 수집 및 분석 → 3. 1차 조사 계획 데이터 수집방법 및 형식 디자인

4. 표본설계 및 1차 자료 수집 → 5. 수집정보 분석 및 해석 → 6. 결론 및 시사점 도출

7. 결론

- 누가 잠재고객인가?
- 고객을 만족시키기 위해 무엇이 필요한가?
- 고객은 어디에 살며, 어디에서 구매하는가?
- 고객은 언제 구매하는가?
- 고객은 어떻게 구매하는가?
- 얼마나 많은 잠재고객이 존재하는가?
- 고객은 우리 기업 및 경쟁기업을 어떻게 생각하는가?

의 정보를 이용하는 것이 좋다. 경쟁사의 광고, 웹사이트, 촉진물 등이 이러한 정보를 얻기에 적합하고, 그들이 어떠한 서비스와 이점을 강력하게 촉진하는지, 어떤 마케팅 활동이 효과적인지 등에 대해서도 조사할 수 있다. 다음으로, 실제 관찰이나 표본 조사를 수행할 수도 있다. 상당수 호텔, 레스토랑에서는 경쟁사의 운영을 실제로 면밀히 살펴보기 위하여 표준화된 체크리스트를 이용하고, 사업 패턴이나 고객을 관찰하는 방법을 이용하기도 한다. 경쟁 레스토랑으로 들어가는 자동차를 관찰하거나, 레스토랑 안으로 들어가는 사람들의 수를 셀 수도 있다. 경쟁사의 서비스를 관찰하는 것도 이러한 평가를 하기 위한 좋은 방법이다.

주 경쟁사들 각각에 대해서 별도의 분석 워크시트를 준비하는 것이 바람직하며, 주 경쟁사의 입지, 표적시장, 마케팅 활동에 관한 정보를 조사해야 한다. 정보를 알아내는 것이 중요하기는 하지만, 그보다 더 중요한 것은 이러한 정보를 어떻게 해석하는가이다. 경쟁사들의 주요 강점은 무엇인가? 약점은 무엇이며, 이 요인들은 어떻게 비교될 수 있는가? 경쟁분석 워크시트에서는 주 경쟁사 각각에 대한 이러한 핵심질문들을 구체화해야 한다.

4. 시장잠재력 분석   시장잠재력 분석은 환대 및 여행 기업의 과거 고객과 잠재 고객 모두를 고려하며, 1차 조사와 2차 조사를 모두 이용할 수 있다. 2차 조사는 이미 내부에서 가지고 있는 자료(호텔의 매출자료, 고객등록자료 등)나 외부에서 이미 발행된 정보를 활용하는 것을 말한다. 1차 조사는 특정 조사과제를 위해 직접 수집한 자료로써 이를 위한 조사 단계를 거쳐야 한다.

상황분석을 위한 시장잠재력 분석을 위해서는 다음의 6단계가 이용될 수 있다.

❶ 조사질문 결정
❷ 2차 조사를 통한 정보 수집 · 분석
❸ 1차 조사 계획(자료수집방법, 설문지)
❹ 표본설계, 1차 자료 수집
❺ 수집된 정보의 분석, 해석
❻ 결론 도출 및 시사점 제시

조사과정을 논리적으로 시작하기 위해서는 먼저 대답해야 하는 핵심 질문들을 생각해야 한다. 시장잠재력 분석시 고려해야 하는 기존, 잠재 고객에 대한 7가지 핵심 질문들은 다음과 같고, 이와 관련된 세부 질문들은 [그림 5-4]에 제시되어 있다.

❶ *WHO?* 고객은 누구인가?
❷ *WHAT?* 그들의 어떤 욕구를 충족시키고자 하는가?
❸ *WHERE?* 고객들은 어디에 있고 어디서 구매를 하는가?
❹ *WHEN?* 언제 구매를 하는가?
❺ *HOW?* 어떻게 구매하는가?
❻ *HOW MANY?* 얼마나 많은 고객들이 있는가?
❼ *HOW DO?* 고객들은 우리 기업과 주요 경쟁사에 대해 어떻게 느끼는가?

이제 우리가 필요로 하는 정보를 알고 난 다음에는 조사를 위한 선택을 해야 한다. 2차 조사 또는 1차 조사 중 어느 것을 이용해야 하는가? 아니면 둘 다를 이용해야 하는가? 물론, 가장 좋은 답은 항상 두 가지 방법을 모두 이용하는

시장잠재력(기존 및
잠재 고객) 분석

그림 5-4

단계 1.   조사질문 결정

[   ]   고객은 누구인가?
[   ]   그들의 어떤 욕구를 충족시키고자 하는가?
[   ]   고객들은 어디에 있고, 어디서 구매를 하는가?
[   ]   언제 구매하는가?
[   ]   어떻게 구매하는가?
[   ]   얼마나 많은 고객들이 있는가?
[   ]   고객들은 우리 기업과 주요 경쟁사에 대해 어떻게 느끼는가?

단계 2.   2차 조사를 통한 정보 수집·분석

[   ]   우리는 고객의 어떠한 정보를 가지고 있는가?
[   ]   다른 기업들은 이 고객들에 대해 어떤 정보를 가지고 있는가?
[   ]   우리는 좀 더 새로운 정보가 필요한가?

단계 3.   1차 조사 계획(자료수집방법, 설문지)

[   ]   자료를 수집하기 위해 어떤 조사방법이 사용되어야 하는가?
         (실험, 관찰, 설문조사, 초점집단면접 등)
[   ]   조사방법의 특정 기법은 어떤 방법을 사용할 것인가?
         (우편조사, 전화조사, 개인면담조사, 온라인인터넷조사, 방문조사 등)
[   ]   자료수집에는 어떤 질문을 포함할 것인가?
[   ]   자료수집은 어떻게 관리되고 분석되어야 할 것인가?

단계 4.   표본설계, 1차 자료 수집

[   ]   조사대상자는 누구인가? (고객, 내부고객, 협력사직원 등)
[   ]   조사단위는 무엇인가?
[   ]   어떤 표본추출방법이 사용되고, 표본크기는 어떻게 정할 것인가?

단계 5.   수집된 정보의 분석, 해석

[   ]   자료를 입력·편집·기록하고, 표, 그림 등으로 정리하기 위해 어떤 과정이 사용되어야 하는가?
[   ]   자료분석을 위해 어떤 통계분석방법을 사용할 것인가?
[   ]   결과를 어떻게 해석할 것인가?

단계 6.   결론 도출 및 시사점 제시

[   ]   어떠한 결론이 분석결과로부터 도출될 수 있는가?
[   ]   어떠한 시사점을 제시할 수 있는가?
[   ]   보고서는 어떻게 정리, 제시할 것인가?

것이다. 2차 정보는 비용이 적게 들고, 빨리 수집하고 이용하는 것이 가능하다. 1차 조사는 2차 조사에 비해 많은 비용과 시간이 들고, 노력도 더 많이 들지만, 보다 구체적이고 신뢰할 수 있는 정보를 수집할 수 있는 장점이 있다.

2차 정보를 수집하여 잠재시장 분석을 먼저 시작하는 것이 바람직하다. 만

약, 누군가가 이미 우리가 필요로 하는 자료를 수집해 놓았고, 또 그 자료를 이용할 수도 있다면, 1차 조사는 필요하지 않을 수 있다. 2차 정보는 이후의 1차 조사를 계획하는 데에도 도움이 되며, 평균적인 시장 및 고객 정보를 통해 1차 조사를 위한 질문을 구조화하는 것을 돕는다. '유용한 정보를 빨리 수집하라Get smart quick'는 2차 정보를 효과적으로 이용하기 위한 핵심 원칙이다. 다음으로, 기존고객과 잠재고객 분석에 대해 좀 더 살펴보고자 한다.

❶ 기존 고객 분석

모든 환대 및 여행 기업은 고객의 규모와 특성을 파악하기 위한 프로그램을 가지고 있어야 한다. 이것은 성공을 측정하고, 미래 마케팅 활동을 기획하는 데 있어 필수적이다. 새로운 사업을 하는 데 있어 기존 고객들로부터도 충분한 정보를 얻을 수 있으며, 이들 중 상당수는 재방문 고객이나 새로운 고객에도 영향을 미친다. 따라서 기업은 기존 고객에 대해 가능한 많은 정보를 얻기 위해 시간과 돈을 투자해야 한다. 최근 들어 관계 마케팅relationship marketing과 데이터베이스 마케팅database marketing이 강조됨에 따라 기업이 기존고객에 대해 보다 심층적으로 이해하는 것이 매우 중요하게 되었다.

❷ 잠재 고객 분석

기업은 새로운 고객을 위해 지속적으로 변화해야 하며, 상황분석은 이러한 변화를 위해 활용될 수 있다. 입지 및 지역사회 분석은 상호 보완적 관계인 기업들과의 협력을 통한 새로운 시장기회를 알려주기도 한다.

1차 경쟁자 분석을 통해 경쟁사의 표적시장과 마케팅 활동에 대해 알 수 있으며, 필요하다면 그대로 모방할 수도 있다. 서비스 분석을 통해서 강점과 기회 요인을 파악할 수 있으며, 기존 고객 분석을 통해서 고객의 재방문과 소비를 높일 수 있는 방법에 대해 파악할 수 있다. 그리고 마케팅 환경 분석을 통해 새로운 잠재시장을 파악할 수 있게 된다.

일단 잠재시장이 규명되면 이에 대한 조사를 해야 한다. 새로운 시장을 조사하는 것은 마케팅 지향적인 기업이 추구해야 할 지속적 활동이며, 상황분석은 이러한 조사 프로그램을 위한 최상의 아이디어를 제공해 준다.

WHO?	1. 우리의 기존 고객은 누구인가?

[ ] 표적시장
[ ] 인구통계적 특성
[ ] 여행목적
[ ] 라이프스타일
[ ] 심리적 특성
[ ] 방문횟수 및 행동특성

WHAT?	2. 기존 고객은 어떤 욕구를 충족하고자 했는가?

[ ] 욕구
[ ] 혜택추구
[ ] 구매시 서비스
[ ] 구매금액

WHERE?	3. 기존 고객은 어디에 살고 일했는가?

[ ] 거주장소
[ ] 일하는 장소
[ ] 이용 전 위치
[ ] 이용 후 위치

WHEN?	4. 기존 고객은 언제 구매했었는가?

[ ] 하루 중 한 시점, 매일, 매주, 매달
[ ] 주중/주말
[ ] 방문 및 체류기간

HOW?	5. 기존 고객은 어떻게 구매했는가?

[ ] 여행사 또는 다른 중간 경로 이용
[ ] 정보 원천
[ ] 인터넷 활용
[ ] 의사결정자와 영향자
[ ] 예약방법

HOW MANY?	6. 우리 기존 고객은 얼마나 되었나?

[ ] 고객 수
[ ] 세분시장별 고객 수
[ ] 재방문 고객 수
[ ] 시간, 일, 주, 달, 연별 고객 수

HOW DO?	7. 기존 고객은 우리 기업과 우리의 주 경쟁사에 대해 어떻게 느꼈는가?

[ ] 우리는 그들의 욕구를 충족시켰는가?
[ ] 우리는 그들의 욕구를 충족시키기 위해 어떻게 했는가?
[ ] 그들은 다른 사람들에게 우리를 추천할 것인가?
[ ] 우리와 경쟁사가 고객이 좋아할 만한 사업을 하는 방법의 차이점은 무엇인가?
[ ] 고객들은 우리에 대해 어떤 이미지를 가지고 있는가?
[ ] 그들은 경쟁사들에 대해 어떤 문제를 가졌었는가?
[ ] 그들은 다른 사람들에게 경쟁사를 추천할 것인가?
[ ] 경쟁사는 우리와 어떻게 다른가?

시장잠재력 분석:
기존 고객

그림 5-5

잠재고객은 누구인가? 잠재고객은 대개 사업 가능성이 있다고 판단되는 시장을 세분화함으로써 선택하게 된다. 일반적으로 시장을 세분하는 방법에는 여러 가지가 있으며, 우리 산업의 경우 고객을 여행목적에 따라 나눌 수도 있다. 여행목적에 따른 세분화는 항공사, 여행사, 레스토랑, 그리고 관광 분야에서 자주 사용된다. 여행목적에 의한 시장세분화는, 먼저 고객을 비즈니스 여행객과 휴가 여행객으로 나누고, 다시 이를 가격이나 집단 크기와 같은 2차적 요인들을 이용하여 나누기도 한다. 이외에도 라이프스타일이나 혜택에 의한 세분화가 있는데, 이 방법들은 보다 정교하면서도 고객의 구매행동을 반영하여 시장을 나눌 수 있어 점차 많이 사용되고 있다.

잠재 고객은 어떤 욕구를 충족하고자 하는가? 이 질문에 대한 답은 대개의 경우 쉽지 않다. 마케팅은 고객의 욕구와 필요를 충족시키는 것을 주 목적으로 하므로, 이러한 욕구가 무엇인지 모를 경우 기업이 마케팅 활동을 제대로 수행하기는 힘들 것이다. 모든 환대 및 여행 사업(호텔, 레스토랑, 여행사, 테마파크 등)이 대체로 비슷하기 때문에 고객들 역시 원하는 바가 비슷할 것이라는 함정에 빠지기 쉽다. 잠재고객에 대한 유용한 정보를 얻기 위한 가장 확실한 방법은 직접 고객에게 다가가는 것이고, 이를 위해서는 1차 조사방법을 사용하여 잠재 고객에게 그들이 원하는 욕구와 혜택이 무엇인지 물어볼 수 있다.

잠재 고객들은 어디에 살고, 일하고 있는가? 잠재 고객들이 어디에 살고, 어떤 일을 하고 있는지 알기 위해서는 먼저 2차 정보를 이용해야 한다. 일례로, '숙박시장분석LMA: Lodging Market Analysis', '상권분석Trade-area', '지역·인구통계분석Zip-code demographics analysis' 등 2차 조사원천을 통해 잠재 고객들이 어디에 살고 일하는지에 대한 정보를 얻을 수 있다. 아메리칸익스프레스社는 자사 신용카드를 취급하는 호텔에 LMA숙박시장분석 서비스를 제공한다. LMA 보고서는 고객이 아메리칸익스프레스를 통해 호텔에 지불하는 요금뿐 아니라, 고객의 기존 시장(고객이 살거나 일하는 곳)에 대한 정보와 주위 호텔들에 관한 자료, 어느 지역이 호텔사업의 비중이 큰지 등에 관한 자료를 제공한다.

상권분석과 인구통계 분석은 고객의 인구통계 정보를 고려하고, 인구조사 자료에 기반을 두고 있으며, 개별적으로 혹은 함께 사용할 수 있다. 이 분석방법들은 레스토랑, 여행사, 쇼핑시설, 관광자원과 같은 지역 시장과 밀접한 사업에 유용하게 쓰일 수 있다. 어떤 레스토랑 전문가는 고객들의

75~80% 정도가 반경 3~5마일 이내(차로 약 10분 거리)에서 온다고 이야기 한다. 보통의 레스토랑들은 그들의 잠재 고객에 대해 그다지 멀리 내다보지 않으며, 고객들은 가까운 곳에 있다고 생각한다. 상권분석은 상당수 고객들이 존재하는 사업지역의 범위를 구체화해준다. 미국의 지역번호 또는 우편번호 Zip-code를 통한 분석은 특정 우편번호에 관한 인구통계 정보를 제공해 주며, 상권분석을 통해 하나 또는 여러 개의 우편번호에 대한 자료를 얻을 수도 있고, 조사전문기업은 조사를 원하는 고객(기업)에게 맞춤화된 상권분석 서비스를 제공해 주기도 한다.

언제, 어디서, 어떻게 구매하는가? 이 질문에 대한 답은 2차 조사를 통해 얻을 수도 있지만, 보다 정확한 답은 1차 조사를 통해 얻을 수 있다. 1차 조사는 자료를 수집하기도 어렵고, 비용, 시간도 더 많이 들기 때문에 신중히 계획하여야 한다. 1차 조사의 수단은 서베이조사survey, 관찰조사observation, 실험조사experiment, 모의실험조사simulation 등이 있으며, 이 중에서 가장 적합한 수단을 고르는 것이 중요하다. 이 중 서베이조사는 잠재고객을 분석할 때 쓰이는 방법이며, 개별면접조사, 전화조사, 우편조사, 인터넷을 통한 조사 등이 많이 쓰이고 있다. 1차 조사가 어떻게 계획될 수 있는지 숙박과 레스토랑의 예를 통해 살펴볼 수 있다. 숙박시설에 대한 잠재 고객 분석을 위해서는 다음과 같은 질문들을 포함할 수 있다.

ⅰ. 어디에서 구매하는가?
- 여행 목적지는 어디인가?
- 어떤 숙박 형태를 선호하는가? (특급, 중가, 장기투숙, 저가)
- 어느 지역을 선호하는가? (시내, 공항, 리조트)
- 어떤 숙박업소를 자주 이용하는가?
- 특정 숙박업소에 대해 여행객들이 가장 좋아하는 것은 무엇인가?
- 특정 숙박업소에서 여행객들이 경험한 주요 문제점과 이들 업소의 약점은 무엇인가?

ⅱ. 언제 구매하는가?
- 중요한 예약 결정은 언제 하는가?
- 언제 여행을 가는가?

WHO?	1. 잠재 고객은 누구인가?

[　]　시장세분화
[　]　인구통계 프로필
[　]　라이프스타일
[　]　심리적 특성
[　]　방문횟수/이용횟수

WHAT?	2. 잠재 고객은 어떤 욕구를 충족시키고자 하는가?

[　]　욕구
[　]　추구혜택
[　]　추구 서비스
[　]　지출액

WHERE?	3. 잠재 고객은 어디에 살고 일하는가?

[　]　거주장소
[　]　일하는 장소
[　]　이용 전 위치
[　]　이용 후 위치

WHEN?	4. 잠재 고객은 언제 구매하는가?

[　]　하루 중 특정시간, 매일, 매주, 매달
[　]　주중/주말
[　]　방문기간

HOW?	5. 잠개 고객은 어떻게 구매하는가?

[　]　여행사, 다른 중간 경로
[　]　정보의 원천
[　]　인터넷
[　]　의사결정자와 영향자
[　]　예약방법
[　]　교통수단

HOW MANY? 6. 몇 명의 잠재 고객이 있는가?

[　]　잠재 고객 수
[　]　세분시장으로 나누어진 잠재 고객 수

HOW DO? 7. 잠재 고객은 우리 기업과 우선 경쟁상대에 대해 어떻게 느끼고 있는가?

[　]　우리는 잠재 고객의 욕구를 얼마나 충족시킬 수 있는가?
[　]　잠재 고객에 대한 우리와 경쟁사의 차이점은 무엇인가?
[　]　잠재 고객은 우리에 대해 어떤 이미지를 가지고 있는가?
[　]　경쟁자는 잠재 고객의 욕구를 얼마나 잘 충족시키는가?
[　]　잠재 고객이 경쟁사와 어떤 문제가 있었는가?
[　]　잠재 고객은 경쟁사를 다른 사람에게 추천할 것인가?
[　]　경쟁사와 잠재 고객 간 선호하는 사업방법의 차이는 무엇인가?
[　]　경쟁사는 우리와 어떻게 다른가?

시장잠재력 분석:
잠재 고객

그림 5-6

iii. 어떻게 구매하는가?

- 여행 목적지와 특정 숙박업소를 선택할 때 누가 결정을 내리는가?
- 고객우대제도^(마일리지프로그램)는 얼마나 중요한가?
- 여행사를 이용하는가?
- 여행사 이외 다른 형태의 여행 중개자를 이용하는가?

[그림 5-6]은 잠재고객에 대한 시장분석 워크시트의 예이다.

얼마나 많은 잠재 고객들을 유인할 수 있는가?　모든 2차, 1차 조사가 끝나면, 결론을 도출하여 의견을 제시하게 된다. "누가, 무엇을, 어디에서, 언제, 어떻게, 얼마나 많이"와 관련된 질문은 조사에서 반드시 해야 하는 핵심 질문들이다. "얼마나 많이"라는 질문은 특히 중요한데, 이는 이 질문의 답이 잠재시장이 기업이 추구할 만큼 충분한 규모를 가지고 있는지에 대한 정보를 주기 때문이다. 하지만 이런 질문들에 대한 답은 단지 추정일 뿐이며, 조사 결과와 사업의 형태를 신중히 고려하여 올바른 판단을 내려야만 최상의 추정을 할 수 있다.

5. 서비스 분석　기업의 강점과 약점은 무엇인가? 현재 가지고 있는 기회와 문제점에는 어떠한 것이 있는가? 이 두 가지 질문은 서비스 분석에서 제시하는 가장 중요한 질문이다. 주 경쟁사 분석과 시장 분석 이후 이러한 분석은 매우 유익하다.

6. 마케팅 포지션 및 계획 분석　상황분석의 마지막 단계는 이전 단계에서 수집한 정보와 분석 과정의 완성단계이다. "우리는 기존 고객 및 잠재 고객의 마음속에 어떻게 자리 잡고 있는가?"와 "우리의 마케팅 노력이 얼마나 효과적인가?" 라는 두 가지 핵심 질문과 관련되어 필요한 정보와 결과에 대해 살펴보아야 한다.

시장분석

　모든 기업이 시장분석이나 타당성분석을 하는 것은 아니며, 어떤 최고경영자들은 이러한 분석을 할 가치가 없다는 생각을 가지고 있고, 어떤 관리자들은 이러한

분석들을 수행하기는 하지만, 마케팅 목적이 아닌 외부 주주의 요구를 충족시키기 위해 하기도 한다. 이렇게 중요한 마케팅 정보의 원천을 이용하지 않는 이유는 뚜렷하지 않지만 한 가지 분명한 사실은 그런 사람들이 좋은 기회를 낭비하고 있다는 것이다.

시장분석을 하는 이유는 여러 가지가 있다. 새로운 사업을 하고자 할 때, 개발자와 투자자를 포함하는 여러 관련 집단들은 투자액이 가능한 현명하게 쓰여지기를 원한다. 때로는, 우리 산업에서 개발자와 투자자들이 사업을 직접 경영하지 않는 경우가 있으며, 대신 전문경영인을 고용하기도 한다. 최근에는 여러 신설 호텔들이 경영계약management contract이라는 계약적 합의에 의해 운영되고 있다. 대부업자나 금융업자와 같은 주주들 역시 시장분석에 관심을 가지는 집단이며, 그들은 해당 사업체가 대부금을 제대로 갚을 수 있는지 확실히 검토하고 싶어 한다. 시장분석은 상황분석과 마찬가지로 다음의 6단계로 이루어진다.

1. 마케팅환경 분석   마케팅환경과 통제가능 요인(마케팅 믹스. 혹은. 8Ps)이 기업의 성공에 어떤 영향을 미치는가?

2. 시장잠재력 분석   잠재시장의 규모가 충분히 큰가?

3. 주 경쟁자 분석   주 경쟁사의 강점과 약점은 무엇인가?

4. 입지 및 지역사회 분석   입지와 지역사회가 우리 기업의 성공에 어떠한 공헌을 하는가?

5. 서비스 분석   잠재 고객의 욕구에 맞추기 위해서 우리는 어떤 서비스를 제공할 수 있는가?

6. 마케팅 포지션 및 계획 분석   새로운 사업이 잠재시장에서 어떻게 자리 잡을 수 있는가?

시장분석의 6단계를 수행하는 것은 앞서 논의한 상황분석의 과정을 수행하는 것과 매우 비슷하다. 그러나 두 가지 분석방법에서 마케팅환경 분석과 주 경쟁자 분석은 상황분석에서 이용되는 것과 거의 동일하지만, 다른 4가지 분석은 조금 다른 의미를 가지고 있다.

1. 시장잠재력 분석   시장잠재력 분석을 수행할 때, 주 경쟁자들의 역량과 시장수요의 크기에 대한 예측을 해야 한다. 신설 호텔의 경우, 경쟁사의 객실

수, 새로운 경쟁자가 미래에 얼마나 될 것인지 등에 대해 미리 예상해야 하며, 각 세분시장에 대한 성장률을 추정해 보아야 한다.

새로운 사업의 잠재시장 규모를 결정하기 위한 방법 중 하나는 공정점유율 fair share을 이용한 방법이다. 잠재시장의 5년 또는 10년 후의 총규모를 예측한 후, 새로운 사업의 총수용력(이용가능 객실수, 레스토랑 좌석수, 비행기 좌석수, 여행사 직원수 등)을 고려하여 새로운 사업에 해당하는 상대적인 비율(시장점유율)을 할당한다. 이러한 미래 잠재력에 영향을 미치는 구체적 정보는 불명확할 수 있기 때문에, 가능한 다양한 기준을 고려하여 상세히 추정하는 것이 중요하다. 각 세분시장별로 수요를 추정하고, 시장점유율을 예측해야 하며, 이를 위해서는 각 세분시장에 대한 1차 조사를 토대로 피면접자 혹은 응답자에게 새로운 사업에 대한 의견을 묻는 조사를 할 수 있다.

2. 입지 및 지역사회 분석   환대 및 여행 산업에서 성공하기 위해서는 올바른 입지 선정이 매우 중요하다. 주위 지역사회는 사업의 주요 원천이 되며, 지역사회 전망이 사업의 성공에 영향을 미친다. 시장분석은 이러한 두 가지 요인들을 매우 상세히 고려해야 한다. 입지 및 위치 분석은 숙박시설, 레스토랑, 여행사, 관광자원, 쇼핑시설, 기타 다른 형태의 환대 및 여행 사업을 위한 시장분석을 할 때 매우 중요하다. 기업의 마케팅 활동이 아무리 훌륭하다 해도, 입지 선정을 잘못하게 되면 실패한다는 사실이 과거 여러 사례를 통해 입증되었다. 입지를 평가하고 선정하는 기준은 사업의 종류에 따라 다양하다. 도심 호텔은 사무실과 상업지역 가까이에 위치해야 하며, 모텔은 쉽게 접근할 수 있는 고속도로나 주도로에 근접해 있어야 한다. 레스토랑은 위 두 가지 조건을 모두 갖추고, 주민 거주지와도 가까이 위치하고 있어야 한다. 리조트는 주요 위락시설과 관광자원에 가까이 위치하고 있어야 한다. 어떤 사업이든 입지를 선정하는 기준은 시장, 부지, 기타의 3가지로 나누어 볼 수 있다. 여기서 시장관련 요인들은 고객의 편리에 영향을 주는 것이며, 부지관련 기준은 그 지역의 위치적, 물리적 특성을 고려한다. 기타 다른 기준으로는 법적 고려사항이나 지가 등을 들 수 있다.

시장관련 기준은 마케팅에서 매우 중요하다. 많은 환대 및 여행 사업에서 성공한다는 것은 고객과 가능한 가까이 위치한다는 것을 의미한다.

성공가능성과 관련된 두 요인으로 "쉽게(편히) 갈 수 있는가?", "눈에 잘 띄는

가?"와 같은 접근성과 가시성이 있다. 대부분의 환대 및 여행 사업의 최적 입지는 고객에게 가장 가까운 곳일 뿐 아니라, 고객들이 쉽게 접근할 수 있으며, 고객의 눈에 잘 띄는 곳이다. 예를 들어, 많은 패스트푸드 레스토랑들이 그들의 입지를 선정할 때, 점포(혹은, 간판)의 가시성과 편리한 접근성을 중요하게 고려한다.

3. **서비스 분석**   잠재 고객들의 욕구를 충족시키기 위해서 어떤 서비스를 제공할 수 있는가? 이는 어떤 서비스가 고객의 요구를 가장 잘 충족시킬 수 있는지를 판단하는 것을 의미한다.

첫 번째 단계에서는 서비스의 전체적인 구성과 질을 결정해야 한다. 카페테리아 혹은 테이블서비스 레스토랑에 대한 수요가 있는가? 중저가호텔 혹은 장기투숙호텔이 고객의 욕구를 더 잘 충족시킬 수 있는가? 지역사회에 테마파크나 워터파크가 필요한가? 이러한 내용은 1차 조사를 통해 결정될 수 있다.

두 번째 단계에서는 시설의 규모를 정해야 한다. 잠재시장의 규모를 기반으로 어느 정도의 시설을 갖추어야 하는지 결정을 내려야 한다. 호텔의 경우, 고객 수, 레스토랑과 바의 좌석 수, 컨벤션 및 회의장의 수 등을 의미한다. 다음으로 로비와 리셉션 장소, 주방, 그리고 레크리에이션 시설 등과 같은 공간의 크기와 디자인을 결정해야 한다.

4. **마케팅 포지션 및 계획 분석**   새로운 기업이 전념해야 할 시장 영역과 마케팅 포지션은 무엇이며, 이러한 포지션을 어떻게 획득할 것인가? 이것이 시장 분석의 마지막 질문들이다. 이 두 질문에 대한 답을 통해 마케팅 포지셔닝을 할 때 이용될 수 있는 새로운 사업의 독특한 특성을 정의할 수 있다. 여기서 포지셔닝이란 표적시장 내 고객들에게 특정한 이미지를 심어주기 위해 서비스와 마케팅 믹스를 개발하는 것을 의미한다.

타당성분석

타당성분석에는 가격분석, 수입 및 지출 분석, 개발비용분석, 투자수익 및 경제적 타당성분석이라는 4가지 단계가 포함된다. [그림 5-7]은 마케팅 분석과 타당성

분석 간 관계를 보여주며, 시장분석이 타당성분석의 일부라는 것을 나타내고 있다.

1. **가격분석** 새로운 기업들은 가격과 요금을 어떻게 정할 것인가? 이는 잠재시장 분석에서 가격과 관련된 질문에 대한 잠재 고객들의 반응과 주 경쟁자들의 가격을 모두 신중히 고려하여 결정하게 된다. 이를 위해서는 각 표적시장을 독립적으로 분석해야 한다. 예를 들어, 호텔은 기업여행객, 국제회의 참가자, 단체여행객, 정부인사들에게는 종종 특별요금을 제공한다. 또한 가격은 주중 혹은 주말, 성수기/비수기 등과 같은 특정 시간대에 따라 달라진다.

   이런 형태의 가격에 관한 조사를 하기 위해서는 환대 및 여행 산업의 관련 부분에서 이용되는 가격시스템에 대해 잘 알아야 할 뿐만 아니라, 이에 관한 상당한 경험과 판단력이 필요하다.

2. **수입 및 지출 분석** 다음 단계는 새로운 사업의 운영비용, 수입, 이익을 추정하는 단계이다. 일반적으로, 5년에서 20년까지의 추정 손익계산서를 준비하게 된다. 표적시장에 대한 판매예측은 각 표적시장별로 기대되는 수요에 적용 가능한 요금 혹은 가격을 곱하고, 이 액수를 모두 합하면 총수입이 된다. 운영비용은 노동력, 음식, 재료, 에너지, 경영, 마케팅, 관리와 같이 회사를 운영하는 데 직접적으로 드는 비용이다.

   2차 정보는 가격, 판매량, 운영비용 등을 추정하는 데 유용할 수 있다. 여러 기업들은 환대 및 여행 산업의 평균 운영 통계치를 공시한다. 'Arthur Andersen', 'Ernst & Young', 'PKF Consulting', 'D.K. Shifflet & Associates', 'Smith Travel Research' 등은 미국의 숙박 산업에 대한 정기보고서와 통계자료를 발간하는 5대 회사이다. 'Smith Travel Research'의 "Lodging Outlook"은 지역단위 인구

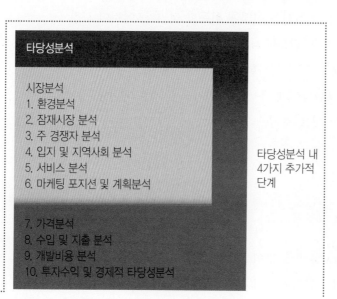

시장 및 타당성 분석의 관계

그림 5-7

타당성분석

시장분석
1. 환경분석
2. 잠재시장 분석
3. 주 경쟁자 분석
4. 입지 및 지역사회 분석
5. 서비스 분석
6. 마케팅 포지션 및 계획분석

타당성분석 내 4가지 추가적 단계

7. 가격분석
8. 수입 및 지출 분석
9. 개발비용 분석
10. 투자수익 및 경제적 타당성분석

조사, 호텔의 종류와 위치, 선택된 미국 도시들에 따른 객실점유율, 평균객실요금, 객실판매, 객실공급, 그리고 미국 전체의 객실수요 등에 대한 자료를 제공한다. 'D.K. Shifflet & Associates'의 "DIRECTIONS Travel Intelligence System"은 인구통계, 여행목적, 교통수단, 숙박시설 선택, 소비수준, 이용한 숙박시설에 대한 만족도 등 비즈니스 및 휴가 여행객에 대한 심층 정보를 제공해 준다. 'Travel Weekly'는 미국 여행사들의 이익, 수입 원천, 비용 등에 관한 정보를 주는 "Louis Harris and Associates United States Travel Agency Survey"를 제공한다.

3. 개발비용 분석   새로운 사업을 개발하는 데 드는 비용은 어느 정도일까? 이러한 예측을 자본예산capital budget이라 부른다. 우리 산업에서 개발비용은 보통 건물, 설비, 가구 및 비품, 전문가 비용(건축가 및 디자이너), 기반시설(도로, 전기, 하수설비), 임시비용 등을 포함한다. 여러 전문분야에 걸친 컨설턴트, 건축사, 엔지니어, 인테리어 디자이너, 조경설계사들을 한 팀으로 구성하는 것도 정확한 자본예산을 추정하는 한 가지 방법이다. 다음으로, 자본관련 지출은 장기적 재정과 세금, 감가상각, 고정자산에 대한 보험비용 등을 포함하여 측정한다. 자본관련 지출은 순수익과 현금흐름을 구하기 위해 운영수익에서 공제된다.

4. 투자수익 및 경제적 타당성분석   타당성분석의 마지막 단계는 투자수익과 이것을 기반으로 새로운 회사의 경제적 타당성을 예측하는 것이다. 이후 순수익, 현금흐름, 자본예산 등을 예측하여 비교한다. 이러한 형태의 분석을 위해서는 시간가치time-value와 순현재가치NPV: net present value, 내부수익률IRR: internal rate of return 등과 같은 재무분석 방법을 적용해 볼 수 있다. 이러한 분석기법들은 새로운 사업이 만들어 낼 수익률을 제시해준다. 만약 수익이 충분하다면, 그 사업은 경제적으로 타당성이 있는 것이다.

결론

훌륭한 마케팅 의사결정은 신중한 조사분석에서 나온다. 상황분석은 기존 사업을 위해 시행하는 것이며, 환대 및 여행 마케팅 시스템의 첫 번째 단계이다.

상황분석은 기업의 관심을 강점과 약점에 두고, 장기계획을 지원하며, 마케팅 계획을 개발하는 데 도움을 주고, 마케팅 조사에 우선권을 둔다. 분석을 위한 6단계에는 환경분석, 입지 및 지역사회 분석, 주 경쟁자 분석, 잠재시장 분석, 서비스 분석, 시장 포지션 및 계획 분석 등이 포함된다. 시장분석과 타당성분석은 제시된 새로운 사업에 대한 최적의사결정을 하는 데 도움을 줄 수 있는 방법이다.

CHAPTER
ASSIGNMENTS

학습과제

1. 환대 및 여행 기업을 하나 선택하여 상황분석을 어떻게 준비할 것인지 결정해 보시오. 필요한 조사정보를 어디에서 얻을 것인지? 상황분석을 준비하고, 기업의 주요 강점, 약점, 기회를 평가해 보시오.

2. 새로운 호텔, 레스토랑, 관광자원, 혹은 여행사를 위한 시장분석을 준비해 달라는 제의를 받았다. 시장분석을 할 때 거쳐야 하는 단계를 보여주는 제안서를 준비해 보시오. 어떠한 정보원천을 이용하겠는지, 어느 정도 시간이 걸리겠는지, 어떠한 의견을 제시할 것인지 작성해 보시오.

3. 시장분석, 타당성분석, 상황분석에는 많은 유사점이 있지만, 차이점도 있다. 환대 및 여행 산업에서 특정한 기업을 정하고, 이 기업을 중심으로 이러한 유사점과 차이점을 비교하는 리포트를 작성해 보시오.

4. 당신에게 새로운 레스토랑, 호텔, 여행사, 혹은 다른 환대 및 여행 사업에 대한 타당성 연구를 해 달라는 요청이 왔다. 각 타당성 연구 단계에서 이용할 수 있는 접근법에 대해서 가능한 구체적으로 제안서를 작성해 보시오.

마케팅 기회 분석 05

Analyzing Marketing Opportunities

Chapter

REFERENCES

참고문헌

1. Dramowicz, Ela. 2005. "Retail trade analysis using the Huff model." *Directions Magazine*, July 2, 2005.

2. Gonzalez-Benito, Oscar and Javier Gonzalez-Benito. 2005. " The role of geodemographic segmentation in retail location strategy." *International Journal of Market Research*, Vol. 47, No. 3, 295~316.

3. Allen, Emma. 2006. "How to market a new restaurant." *Caterer & Hotelkeeper*, May 25, 2006.

4. Smith Travel Research. 2009. *US Hotel Review*, http://www.strglobal.com/

5. D.K. Shifflet & Associates. 2009. DIRECTIONS®, http://www.dksa.com/

6. Travel Weekly. 2008. 2008 U.S. *Travel Industry Survey*, http://www.travelweekly.com/

이 장을 읽고 난 후

≫ 마케팅 조사에 대해 정의할 수 있다.

≫ 마케팅 조사를 하는 이유와 하지 않는 이유를 기술할 수 있다.

≫ 마케팅 조사가 환대 및 여행 마케팅 시스템의 각 단계에서 어떻게 적용되는지 설명할 수 있다.

≫ 유용한 조사 정보를 위한 5가지 핵심 필요조건을 기술할 수 있다.

≫ 마케팅 조사과정의 6단계를 순서대로 나열·설명하고, 각각의 장·단점을 설명할 수 있다.

≫ 2차 조사자료의 내부적·외부적 출처를 기술할 수 있다.

≫ 1차 조사와 2차 조사의 차이점을 설명하고, 각각의 장·단점을 설명할 수 있다.

≫ 1차 조사 방법을 나열·설명하고, 질적 조사와 양적 조사를 구별할 수 있다.

≫ 개별면접, 우편, 전화, 방문, 자기응답self-administered, 온라인 조사의 장·단점을 설명할 수 있다.

≫ 초점집단focus group면접법이 효과적인 마케팅 의사결정을 위해 어떻게 사용될 수 있는지 설명할 수 있다.

목표

개요

이 장은 마케팅 의사결정을 하는 데 있어 조사가 얼마나 중요한지 논의하면 서 시작되며, 마케팅 조사를 하는 이유와 하지 않는 이유를 다룬다. 다음으로 환대 및 여행 마케팅 시스템 각 단계에서 조사의 역할을 설명하고, 마케팅 조 사를 위한 6단계 절차를 제시하고 있다. 1차 조사와 2차 조사 정보를 구별하 고, 다양한 마케팅 조사방법에 대해 논의한다.

조사 : 마케팅의 활력소

유용한 마케팅 의사결정은 마케팅 조사에 기반을 두고 있다.

라스베이거스 관광청LCVA: Las Vegas Convention and Visitors Authority은 웹사이트를 통해 환대 및 여행 산업에 있어 궁금한 점들에 대해 문의/답변 형태FAQs: frequently asked questions의 정보를 제공하고 있는데, 이를 통해 라스베이거스 관광청은 유용한 마케팅 조사 프로그램을 구축하였다.

www.LVCVA.com

Vegas FAQ

Top 25 Frequently Asked Questions

Question	2006	2007
1 How many visitors come to Las Vegas?	38,914,889	39,196,761
2 What is tourism's economic impact?	$39.4 Billion	$41.6 Billion
3 How many convention delegates visit?	6,307,961	6,209,253
4 How many conventions are held per year?	23,825	23,847
5 Conventions' non-gaming economic impact?	$8.2 Billion	$8.4 Billion
6 What is Clark County's gaming revenue?	$10.6 Billion	$10.9 Billion
7 What is Las Vegas' gaming revenue?	$8.2 Billion	$8.4 Billion
8 What is the average gambling budget per trip?	$652	$556
9 What is Las Vegas' city-wide occupancy?	89.7%	90.4%
10 What is Las Vegas' hotel occupancy?	93.2%	94.0%
11 What is Las Vegas' motel occupancy?	65.2%	64.5%
12 What is Las Vegas' weekend occupancy?	94.6%	94.3%
13 What is Las Vegas' midweek occupancy?	87.4% r	88.7%
14 What is the US national avg. hotel occupancy? *	63.3% r	63.2%
15 Total enplaned/deplaned airline passengers?	46,304,376 r	47,728,414
16 Avg daily auto traffic: all major highways?	86,961	86,701
17 Avg daily auto traffic: I-15 at NV/CA Border?	40,383	39,808
18 What is the average nightly room rate?	$120	$132
19 How many hotel/motel rooms are in Las Vegas?	132,605	132,947
20 How long is the avg. visitor's trip (in nights)?	3.6	3.5
21 What % of visitors are under 21?	10%	8%
22 What is the average age of a visitor?	48.0	49.0
23 What % are first time visitors?	19%	19%
24 What % of visitors are from So. California?	27%	25%
25 What % of visitors are International?	13%	12%

*U.S. avg. hotel occupancy based on data from Smith Travel Research

LAST UPDATED: 3/08
r=revised

Compiled by the Las Vegas Convention and Visitors Authority, Research Department   Ph: (702) 892-0711

라스베이거스 관광청
사이트의 FAQs

그림 6-1

마케팅 조사의 정의

미국마케팅협회AMA: American Marketing Association에 따르면, 마케팅 조사는 "정보를 통해 소비자, 고객, 대중을 마케터와 연결하는 기능"을 한다. 이러한 마케팅조사는 다음과 같은 때 이용될 수 있다.

1. 마케팅 기회와 문제를 규명하고 정의한다.
2. 마케팅 활동을 시작하도록 하고, 이를 평가한다.
3. 마케팅 활동을 관리한다.
4. 마케팅을 한 과정으로써 이해하도록 한다.

미국마케팅협회AMA는, 또한 "마케팅 조사는 의사결정을 하는 데 필요한 정보의 구체화, 자료수집 방법의 설계, 자료수집 과정의 진행 및 실행, 결과분석, 조사결과의 해석과 시사점을 제시하는 것이다."라고 정의하고 있다.

마케팅 조사를 하는 이유

마케팅 조사의 목표는 기업이 보다 효과적으로 마케팅 의사결정을 하는 데 도움을 주는 것이다. 마케팅 의사결정은 보다 많은 정보를 필요로 하며, 조사는 이러한 정보를 제공해 준다. 마케팅 조사를 하는 주요 이유는 다음과 같은 5가지 측면에서 살펴볼 수 있다.

1. 고객Customers
2. 경쟁자Competitors
3. 확신Confidence
4. 신용Credibility
5. 변화Change

마케팅 조사를 하는 가장 중요한 이유는 기존 및 잠재 고객에 대한 상세한 정보를 얻는 데 도움이 되기 때문이다. 또한 조사를 통해 기업이 고객의 욕구를 얼마

나 잘 충족시키고 있는지, 시장에서의 포지션은 어떻게 되는지와 같은 중요한 정보도 얻을 수 있다. 새로운 표적시장도 조사를 통해 얻을 수 있다. 시장분석과 타당성분석, 테스트 마케팅, 그리고 기술적 테스트 등을 통해 새로운 서비스와 시설을 평가하고 검토할 수도 있다.

경쟁조사competitive research는 오늘날과 같이 경쟁이 치열한 환대 및 여행 산업에서 없어서는 안 되는 필수요소이다. 조사는 주 경쟁자들을 파악하고, 그들의 강점과 약점을 지적할 수 있도록 해준다.

잘 설계된 조사는 마케팅 의사결정을 할 때, 해당 기업뿐만 아니라 기업의 파트너에게도 확신을 가져다준다. 만약, 기업이 경쟁자의 강점과 약점뿐 아니라 고객의 욕구와 특성까지 상세히 파악하고 있다면 기업의 위험은 줄어들게 될 것이다.

조사는 광고 캠페인의 효과를 높일 수도 있다. 예를 들어, 기업이 직접 수행한 조사 혹은 다른 사람에 의해 수행된 조사를 이용함으로써 광고캠페인에서 메시지가 효과적으로 전달되도록 하고, 마케팅 프로그램을 성공적으로 이끌 수도 있다.

이제 환대 및 여행 산업은 국가 간 경계가 의미 없는 글로벌 산업으로 끊임없이 변모하고 있으며, 이에 맞추어 여행객의 욕구와 기대치 역시 급속도로 변화하고 있다. 기업은 이러한 변화에 적응해야 하며, 마케팅 조사는 이와 같은 일을 하는 데 있어 중요한 도구가 된다.

마케팅 조사를 하지 않은 이유

마케팅 조사를 하지 않는 기업이 살아남을 수 있을까? 현실적인 상황을 보면, 마케팅 의사결정이 조사에 기반을 두지 않는 경우도 있고, 그러면서도 효과적으로 마케팅 의사결정을 할 수도 있다. 의사결정자의 직감이나 판단이 어떤 경우에는 정확할 수도 있다. 하지만 이것이 마케팅 조사가 불필요하다는 이유가 될 수는 없다. 경영자의 직관이나 주관적 판단은 조사의 좋은 대안이 아니다. 반면, 조사 역시 직관이나 판단을 대신할 수 없다. 최고의 마케팅 의사결정은 조사와 직관, 그리고 판단의 조화에서 비롯된다. 유능한 마케팅관리자는 마케팅 조사의 이점과 이용방법에 대해 잘 알고 있다. 그리고 자신들의 직관과 판단이 가지는 한계와 문제점 또한 잘 인식하고 있다.

마케팅 조사를 부담스러워 하는 이유로는 다음과 같은 것들을 들 수 있다.

1. 시간Timing
2. 비용Cost
3. 신뢰성Reliability
4. 경쟁자에 노출Competitive intelligence
5. 경영의사결정Management decision

서베이survey와 같은 조사 프로젝트를 수행하는 데에는 수개월이 걸릴 수도 있지만, 필요한 조사정보를 위한 의사결정은 단지 몇 주 만에 이루어져야 하는 경우도 있다. 조사는 비용이 많이 들며, 경우에 따라서는 조사의 가치보다 더 큰 비용이 들 수도 있다. 특정한 조사를 위한 신뢰할 수 있는 방법이 존재하지 않을 수도 있다. 또는 적절한 답을 구할 수 없거나, 구한다 해도 이를 신뢰할 수 없는 경우도 있을 수 있다. 이와 같이 조사를 수행하기 힘든 합리적인 이유가 있을 때, 조사는 직관과 판단에 의해 대체되어질 수도 있다.

조사를 꺼리는 또 다른 이유도 있을 수 있다. 새로운 서비스나 상품을 고려하는 기업은 공개적으로 조사를 수행할 경우 경쟁 기업에게 중요한 정보를 내보낼 수 있다는 점을 매우 염려한다. 왜냐하면 경쟁사들이 새로이 시장에 내보내고자 하는 서비스나 상품을 모방할 수 있기 때문이다.

많은 경영자들은 마케팅 조사나 조사의 가치를 제대로 이해하는 것에 별로 관심이 없는 경우가 있다. 그들은 의사결정을 할 때, 과거 자신들의 경험에 기반한 직관과 판단력을 이용하여 단독으로 결정하는 것에 만족하기도 하지만, 대부분은 멀지 않아 낭패를 보게 된다. 미래는 과거와는 사뭇 다를 수 있다. 이런 경영자들은 문제 혹은 기회의 모든 측면을 보지 못하고, 고려할 수 있는 의사결정의 모든 가능한 대안들을 밝히는 데도 실패하게 된다. 결과적으로 그들이 하는 마케팅 의사결정은 조사를 수행한 의사결정만큼 효과적이지 못하게 될 것이다.

환대 및 여행 마케팅 시스템 단계와 조사

[그림 6-2]는 환대 및 여행 마케팅 시스템의 5단계에서 조사업무를 수행해야 한

다는 것을 보여주고 있다. 이는 마케팅 조사와 5가지 마케팅 업무^{PRICE-계획(Planning),} 조사(Research), 적용(Implementation), 통제(Control), 평가(Evaluation), 환대 및 여행 마케팅 시스템 5 단계 간 관계를 보여준다.

1. 우리는 지금 어디에 있는가?^{계획수립과 분석을 위한 조사}

환대 및 여행 마케팅 시스템의 첫 번째 단계에서는 마케팅 환경, 입지 및 지역사회, 주 경쟁자, 기존 및 잠재 고객, 서비스, 시장 포지션, 그리고 기존 마케팅 계획을 조사, 검토하고 분석하는 상황분석을 수행하기 위한 조사를 한다.

2. 우리는 어디에 있고 싶어 하는가?^{전략적 선택을 위한 조사}

마케팅 조사는 기업이 표적시장, 마케팅 믹스, 포지셔닝 접근법을 선택하는 데 도움을 주고, 또한, 마케팅 전략을 개발하는 데에도 필요하다. 여기에서 마케팅 조사는 여러 대안적 활동의 장·단점들을 고찰한다. 기업은 가능성 있는 새로운 마케팅 전략(새로운 표적시장과 고객을 끌어들이는 방법)을 고려할 때, 마케팅 조사를 이용한다. 레스토랑체인이 배달서비스를 추가하 는데 있어 조사를 수행할 수도 있고, 호텔체인은 새로운 브랜드를 만들기 위한 목적으로 조사를 수행할 수도 있다.

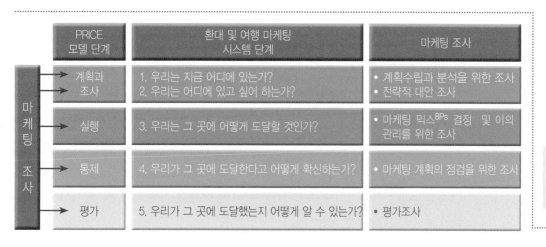

PRICE 모델 단계	환대 및 여행 마케팅 시스템 단계	마케팅 조사
계획과 조사	1. 우리는 지금 어디에 있는가? 2. 우리는 어디에 있고 싶어 하는가?	• 계획수립과 분석을 위한 조사 • 전략적 대안 조사
실행	3. 우리는 그 곳에 어떻게 도달할 것인가?	• 마케팅 믹스^{8Ps} 결정 및 이의 관리를 위한 조사
통제	4. 우리가 그 곳에 도달한다고 어떻게 확신하는가?	• 마케팅 계획의 점검을 위한 조사
평가	5. 우리가 그 곳에 도달했는지 어떻게 알 수 있는가?	• 평가조사

환대 및 여행 마케팅시스템과 마케팅조사의 관계

그림 6-2

3. 우리는 어떻게 도달할 것인가?^{마케팅 믹스 결정을 위한 조사}

마케팅 조사는 특정 촉진캠페인이나 마케팅믹스 활동들의 잠재적 효과를 평가함으로써 기업이 마케팅 계획을 발전시키는 데 도움을 준다. 이러한 조사는 가능한 대안들을 조사하고, 대안을 시험해 보고, 향후 마케팅 계획을 시행하는 데 있어 8PsProduct(제품), Price(가격), Place(유통), Promotion(촉진), Packaging(패키징), Programming(프로그래밍), Partnership(파트너십), People(인적 요소)를 어떻게 이용할 것인지를 결정하는 데 도움을 준다.

4. 우리가 그 곳에 도달한다고 어떻게 확신하는가?^{마케팅 계획 점검을 위한 조사}

일단 마케팅 계획이 시행되면 마케팅 조사를 중단해서는 안 된다. 마케팅 계획을 조사, 분석, 발전시키기 위해서는 많은 노력이 필요하다. 마케팅 목표가 잘 달성되고 있는지, 조정이 필요하지는 않은지를 결정하기 위해서는 지속적으로 마케팅 계획을 점검해야 한다. 조사는 마케팅 계획을 시행하는 동안 특정 활동의 진행과정을 확인하기 위해서도 이용될 수 있다.

5. 우리가 그 곳에 도달했는지 어떻게 알 수 있는가?^{평가를 위한 조사}

비록 이 단계가 종종 간과되기는 하지만, 이는 마케팅 조사의 중요한 부분을 차지한다. 마케팅 계획은 오직 정해진 목표를 달성했을 때만 효과적이다. 조사는 계획의 결과를 평가하는 데에도 도움을 준다. 이것을 평가조사evaluation research, 혹은 책임조사accountability research라고도 한다.

마케팅 계획을 끝마칠 때, "우리는 목표를 달성했는가?"라는 중요한 질문에 답해야 한다. 조사는 결과를 측정하고 평가하는 데 도움이 된다. 계획의 목표를 표적시장의 고객 수, 매출액 등 여러 가지로 표현할 수 있다. 마케팅 계획의 결과측정은 단순히 yes나 no로 나타낼 수 있는 과정은 아니며, 가능한 논리적으로 평가되는 것이 바람직하다. 미래 마케팅 계획의 결과는 무엇을 의미하는가? 마케팅 활동이 보다 효율적이기 위해서는 어떻게 조정되어야 하는가? 무엇을 했으며, 또 하지 않았는가?

[그림 6-3]은 지금까지 설명한 환대 및 여행 마케팅 시스템의 5단계에 대한 구체적인 조사 필요사항과 질문사항을 보여준다.

환대 및 여행 마케팅
시스템에서 요구되는
질문과 필수고려사항

그림 6-3

1. 우리는 지금 어디에 있는가? (계획수립과 분석을 위한 조사)

〈필수고려사항〉
1. 마케팅 환경의 추세
2. 시장과 지역사회 추세
3. 주요 경쟁상대의 장단점
4. 표적시장의 특성과 침투가능성
5. 잠재 표적시장의 성격과 크기
6. 시장의 흐름
7. 과거 마케팅 계획의 평가

〈조사에 관한 질문〉
- 마케팅 환경요소들은 기업의 목표와 성공가능성에 얼마나 영향을 미치나?
- 시장환경과 지역사회가 기업의 성공가능성에 얼마나 도움이 되나?
- 기업의 주요 경쟁상대는 누구이며, 그들의 장단점은 무엇인가?
- 기업의 고객은 누구이며, 그들은 어떤 특성을 갖고 있나?
- 기업은 새 표적시장을 추구해야만 하는가?
- 기업의 고객은 기업에 관해 어떤 이미지를 갖고 있나?
- 기업의 과거 마케팅 프로그램은 얼마나 효율적이었나?

2. 우리는 어디에 있고 싶어 하는가? (전략적 선택을 위한 조사)

〈필수고려사항〉
1. 시장의 욕구와 성격
2. 시장세분화
3. 혜택과 서비스에 따른 고객세분화
4. 표적시장의 잠재력
5. 포지셔닝을 위한 연구
6. 각 표적시장을 위한 마케팅 믹스

〈조사에 관한 질문〉
- 시장은 어떻게 세분화되었나?
- 최근의 추세는 시장을 어떻게 세분화시켰나?
- 어느 시장이 기업에게 더 가능성이 있는가?
- 어느 시장이 기업의 표적시장이 되어야 하는가?
- 포지셔닝 연구는 얼마나 효과적인가?
- 각 표적시장에서의 마케팅 믹스는 얼마나 효율적인가?

3. 우리는 그 곳에 어떻게 도달할 것인가? (마케팅 믹스 결정을 위한 조사)

〈필수고려사항〉
1. 판매촉진 활동의 성과
2. 유통믹스의 성과
3. 가격 효과
4. 패키징과 프로그래밍 효과
5. 협력 및 제휴의 효과
6. 서비스 질, 교육 프로그램의 효과

〈조사에 관한 질문〉
- 어떤 판촉활동이 사용할 만한 가치나 효력이 있나?
- 어떤 분배채널이 사용할 만한가?
- 어떤 가격이 효과적인가?
- 어떤 패키징과 프로그래밍이 기업적으로 사용할 만한가?
- 기업은 어떤 시장에서 다른 기업과 협력해야 하는가?
- 어떤 서비스 질, 교육 프로그램이 기업적으로 사용할 만한가?

4. 우리가 그 곳에 도달한다고 어떻게 확신하는가? (마케팅 계획 점검을 위한 조사)

〈필수고려사항〉
1. 마케팅 목표를 이루기 위한 과정
2. 포지셔닝 연구
3. 판촉과 다른 마케팅 믹스 활동
4. 고객만족의 변화

〈조사에 관한 질문〉
- 기업이 마케팅 목표를 성취할 수 있겠는가?
- 포지셔닝이 계획되고 실행되고 있는가?
- 판촉과 다른 마케팅 믹스 활동이 계획되고 실행되고 있는가?
- 서비스 향상 프로그램이 실행되었을 때, 고객만족은 어떻게 얼마나 변하였는가?

5. 우리가 그 곳에 도달했는지 어떻게 알 수 있는가? (평가를 위한 조사)

〈필수고려사항〉
1. 마케팅 성공의 수준
2. 마케팅 믹스의 달성
3. 고객만족의 변화

〈조사에 관한 질문〉
- 각 표적시장에서의 목표가 어느 정도까지 달성되었는가?
- 판촉과 다른 마케팅 믹스 활동이 목표를 성취하는 데 어느 정도 효율적이었는가?
- 고객만족은 마케팅 계획의 수행이래 얼마나 변하였는가?

유익한 조사정보의 요건

유익한 조사란 무엇인지 다음에 나타나 있다.

1. 유용성   마케팅 조사는 비용과 시간이 많이 들 수 있으므로, 가능한 이용할 수 있는 정보만 수집함으로써 돈과 인력, 시간을 절약할 수 있다. 조사활동은 꼭 알아야 하는 자료must-know data뿐만 아니라, 알면 좋은 자료nice-to-know도 수집하는 경향이 있다. 조사 목표는 여러 질문의 형태로 바뀔 수 있고, 이러한 질문들을 중심으로 구체적으로 서술할 수 있는 정보들을 수집해야 한다.

유익한 조사정보의
5가지 요건

그림 6-4

Utility
Timeliness
Cost-effectiveness
Accuracy
Reliability

2. 적시성   조사결과의 적시성은 의사결정에 필요할 때, 제공되어져야 한다는 것을 의미한다. 의사결정을 내리는 데는 한 달 정도가 걸릴 수 있지만, 조사를 수행하는 데에는 3개월이 걸릴 수도 있다. 이런 경우 의사결정자들은 즉시 이용가능한 2차 조사에 의존하기도 한다.

3. 비용·효과   엄청난 비용이 소모되는 조사 프로젝트는 이를 바탕으로 이루어지는 의사결정이 수백만 또는 수십억 달러의 가치를 가지기 때문에 정당화될 수도 있다. 하지만 만 달러 정도의 가치밖에 되지 않는 문제나 기회에 수십만 달러의 조사 프로젝트를 수행한다는 것은 문제가 있을 수 있다. 조사비용은 그만한 가치가 있는 기회를 조사하거나 문제를 해결하는 것과 직접적으로 연관되어야 한다.

4/5. 정확성과 신뢰성   조사정보는 정확하고 신뢰할 수 있어야 한다. 1차 조사와 2차 조사 모두 정확해야 하고, 의사결정자가 필요로 하는 내용을 정확하게 반영할 수 있도록 해야 한다. 1차 조사는 정확성을 달성하기 쉬운 반면, 객관적 자료조사를 주로 하는 2차 조사보다 신뢰성에서 떨어질 수 있다. 신뢰성

은 동일하거나 비슷한 조사를 다시 했을 경우, 그 결과가 이전 조사의 그것과 거의 같아야 한다는 것을 의미한다. 만약, 조사정보를 신뢰할 수 없다면, 기업이 문제나 기회에 직면했을 때, 실제 일어날 수 있는 일들을 예측하기가 매우 어렵게 된다.

마케팅 조사 과정

마케팅 조사 프로그램marketing research program은 기업이 여러 가지 기회나 문제를 조사하기 위해 개발한 전체적인 계획이다. 마케팅 조사 프로젝트marketing research project는 이와는 약간 다른 의미를 갖고 있다. 조사 프로그램은 무엇을 조사할 것인지 전체적인 윤곽을 잡고, 조사 프로젝트는 이 조사 프로그램 안에서 구체적인 기회와 문제를 어떻게 조사할 것인지를 다룬다. 예를 들어, 관광목적지 마케팅기관 DMO이 방문객의 특성과 방문만족 수준에 대한 정보를 수집하고자 한다면, 이것은 하나의 마케팅 조사 프로젝트이다.

마케팅 조사가 다음의 6가지 순차적 단계를 따른다면 매우 효과적일 수 있다.

1. **문제의 공식화**   마케팅 조사 과정의 첫 번째 단계는 조사해야 할 문제점을 정의하는 것이다. 예를 들어, Taco Bell社는 광고에 대한 고객인식을 토대로 매장 안에서 촉진활동이 필요하다는 의사결정을 내렸다. 이 경우, 조사문제는 광고에 대한 고객의 인식이다. 조사를 어떻게 할 것인지 결정하기 전에 문제제시로부터 보다 세부적인 조사목표를 도출해 낼 수 있다. 조사목표를 결정함으로써, 기업은 어떤 조사방법을 이용하고 어떤 질문을 할 것인지

마케팅 조사 과정
그림 6-5

1. 문제의 공식화	㉠ 조사문제의 정의 ㉡ 조사목표의 결정
2. 조사계획과 자료수집방법	㉠ 2차 자료의 수집, 분석 ㉡ 조사계획과 1차 자료 조사방법 결정
3. 표본설계와 자료수집	표본설계의 결정 및 자료 조사방법 결정
4. 자료의 분석과 해석	1차 자료의 분석과 해석
5. 보고서 준비	시사점 정리
6. 조사결과의 정리 · 제시	관련된 의사결정자들에게 조사결과 제공

결정할 수 있게 된다.

[그림 6-5]는 조사문제의 정의와 조사목표의 결정이라는 1단계의 두 가지 과정을 보여준다.

2. **조사설계 및 자료수집방법**　　　조사목표와 연관된 문제를 정확히 파악한 다음, 조사설계와 자료를 수집하는 방법을 선택해야 한다. 우선 1차 조사를 이용해야 할 지, 2차 조사를 이용할지, 아니면 둘 다 이용해야 할지를 결정해야 한다. 1차 조사는 구체적인 문제나 질문에 답하기 위해 직접적인 조사를 통해 자료를 수집하는 것이다. 2차 조사는 내부적 혹은 외부적 출처로부터 이용 가능한 자료들로부터 수집된 정보이다.

3. **표본설계**　　　세 번째 단계는 표본설계와 자료수집 단계이다. 표본설계는 다음과 같은 세 가지 내용으로 구성된다.

　❶ 표본프레임Sample frame
　❷ 표본선택과정Sample selection process
　❸ 표본크기Sample size

❶ 표본프레임

표본프레임은 조사를 위해 실제로 조사대상을 뽑는 목록을 의미한다. Walt Disney World社는 공원 방문객들을 표본프레임으로 이용한다. 호텔과 레스토랑도 투숙객이나 매장 방문객들에 대한 목록을 사용하여 조사를 할 수 있다.

❷ 표본선택과정

표본을 선택하는 방법에는 비확률적 표본추출과 확률적 표본추출방법이 있다. 비확률 표본추출방법은 조사자의 편의 혹은 판단을 토대로 하기에 확률표본보다 정확하지 못하다. 비확률 표본추출non-probability sampling은 모집단을 대변하는 표본추출목록(표본프레임) 내 모든 사람들이 뽑힐 확률을 알 수 없을 때, 사용할 수 있는 상당히 주관적인 표본 선택 방법이다. 이에 반해 확률표본추출은 보다 과학적이고 객관적인 접근방법을 이용하여, 표본이 실제 추출될 확률을 구할 수 있다. [그림 6-6]은 확률표본추출probability sampling 방법을 보여주고 있다.

❸ 표본크기

표본크기를 정하는 것은 얼마나 정확한 정보가 필요한지, 조사 예산은 어느
정도인지, 조사분석에 사용되는 분석방법에서 요하는 표본수는 어느 정
도인지 등 여러 가지 요인들을 토대로 결정될 수 있으며, 대개의 경우 적
정 표본수를 정하는 것은 조사자에게 있어 쉬운 일이 아니다. 경우에 따

1. 단순무작위 표본추출방법

모든 조사대상자는 조사에 선택될 수 있는 동일한 기회를 가진다. 표본 수만큼 선택하는 데는
난수표(random number table)를 사용할 수 있는데, 이때 난수표는 컴퓨터에 의해 무작위로
생성된 숫자로 이를 토대로 조사대상자를 선택하게 된다.

2. 체계적 표본추출방법

표본추출목록을 통해 첫 번째 표본을 무작위로 선택하고, 이후 필요한 표본 수만큼 일정한 간
격으로 표본을 선택한다. 이것은 전화서베이와 비슷하다. 무작위로 선택되어진 첫 번째 숫자
가 7이라고 가정하면, 전화번호부목록을 가지고 이후 일정한 간격(예 10)으로 17, 27, 37, -
- 등으로 표본을 선정하는 것이다. 테마파크에서 입장객들에 대한 조사를 시행하는 경우에
는 7번째 입장객을 먼저 조사하고 이후 17, 27, 37, - - 번째 입장객들에 대해 조사할 수
있다.

3. 층화 표본추출방법

전체 조사대상자들이 특정한 기준으로 서로 다른 집단으로 나뉘어지는 경우, 이들 각 집단(층)별
로 각각 표본을 추출하는 것이다. 이때 각 집단(층) 내에서의 표본추출은 무작위로 이루어진다.

4. 군집 표본추출방법

전체 조사대상자들이 다시 전체를 반영하는 소집단들로 나뉘어질 수 있는 경우, 이들 집단(군)
별로 각각 표본을 추출하는 것이다. 이때 각 집단(군) 내에서의 표본추출은 무작위로 이루어진
다. 이 군이 층화 표본추출의 층과 다른 것은 군은 서로 동질적인 반면, 층은 서로 이질적이다.

5. 지역 표본추출방법

전체 조사대상자를 반영하는 표본추출목록을 이용할 수 없을 때, 지역구분을 통해 표본을 추
출하는 군집 표본추출법의 한 유형이다. 지역(예 도시 안의 어느 한 구역)을 무작위로 선택하
여, 이 지역 안의 모든 거주자에게 또는 다시 여기서 무작위로 조사대상자를 선정하여 설문조
사를 하는 것이다.

확률표본추출방법

그림 6-6

라서는 비슷한 조사에서 과거 어느 정도의 표본수를 사용했는지를 참고한 다든지, 조사 상황을 고려해서 조사자의 주관에 의해 결정하는 경우도 있다.

4. **자료의 분석과 해석**   수집된 원자료raw data는 아직 완성된 자료라 볼 수 없으며, 다음의 4가지 과정을 거쳐 분석에 사용될 수 있는 보다 정확한 자료로 정리되어야 한다.

❶ **편집**editing

자료의 오류나 누락missing, 응답의 모호성 등을 검사한다.

❷ **코딩**coding

응답 자료, 특히 주관적 응답자료나 카테고리로 나뉘어지는 명목측정 자료에 대해 각 응답자료를 숫자의 형태로 다시 나타내는 작업을 포함한다.
(예 남자는 1로, 여자는 0으로 입력한다)

❸ **표 정리**tabulating

응답을 가능한 도표로 정리해서 응답의 기술적 특성을 보다 쉽게 파악하도록 하고, 응답의 형태에 대한 파악을 통해 자료의 편집에도 사용될 수 있다.

❹ **통계적 검정 절차의 적용**applying statistical tests and procedures
다양한 통계분석방법과 분석절차를 고려하여, 조사과제에 가장 적절한 분석방법(모수통계분석방법, 비모수통계분석방법)을 선택한다.

5. **조사보고서 준비**   분석결과를 해석하고, 조사문제를 해결하기 위해 이것이 의미하는 바가 무엇인지를 고려하여, 경영관리에 관한 시사점을 도출하고, 이를 보고서 형식으로 제시한다.

6. **조사 결과의 전달**   만약, 조사결과가 효과적으로 핵심 의사결정자들에게 올바르게 전달된다면, 마케팅 조사 과정이 성공적으로 수행되었다고 볼 수 있다. 분석결과를 그대로 제시하는 것으로는 충분하지 않고, 조사자는 핵심적인 조사결과를 분명히 강조하고, 이를 다른 사람들, 특히 의사결정을 내리는 관리자들이 충분히 쉽게 이해할 수 있는 방법으로 전달해야 한다.

2차 조사

2차 조사(이미 나와 있는 내부 혹은 외부적 출처로부터 이용 가능한 자료 조사)를 통해 자료를 수집할 수도 있다. [그림 6-7]은 환대 및 여행 기업이 이용할 수 있는 2차 조사 자료의 형태를 보여준다. 2차 자료는 크게 내부 자료(기업 내 보관 및 저장 자료)와 외부 자료(외부 기관에서 이미 발표, 발간된 자료)로 나눌 수 있다.

내부 자료Internal Data

내부(2차) 자료의 예로는 숙박객 수와 예약 기록, 판매와 고객믹스 정보, 기업 내 데이터베이스, 고객조회기록, 구매/재고 자료, 회계/재무자료 등이 있다. 호텔, 항공사, 렌터카 회사, 레스토랑, 여행업, 크루즈와 같은 대부분의 환대 및 여행 기업은 예약을 통해 판매가 이루어진다. 여행사 역시 고객을 위해 예약을 대행해 준다. 호텔과 같은 환대 및 여행 기업은 법적으로 모든 고객을 등록해야 하며, 고객 예약 정보는 2차 조사의 중요한 원천이 될 수 있다. 최근에 누가 당신에게 우편(지

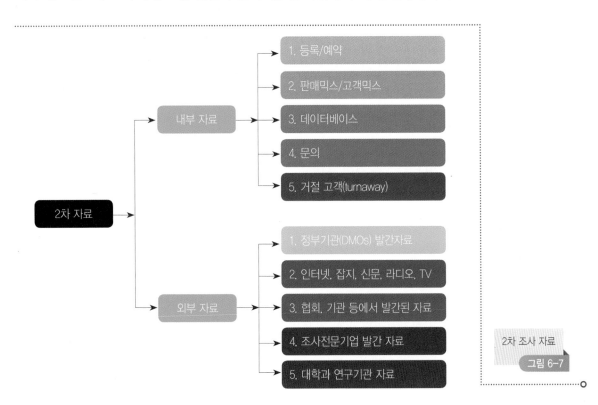

2차 조사 자료
그림 6-7

역)번호를 물어본 적이 있는가? 테마파크와 유원지들은 출입구에서 방문객들에게 우편번호 정보를 수집하고 있다. 이를 통해 고객들의 거주지뿐 아니라, 외부 기관의 우편(지역)번호 데이터베이스 자료를 이용하면, 고객들의 인구통계 및 라이프스타일에 관한 정보도 알 수 있다.

판매 및 고객믹스 기록은 사업경향과 마케팅 성공에 지침이 되기 때문에, 중요한 내부 2차 자료가 된다. 종종 마케팅 목표를 판매액이나 고객규모로 나타내기에, 이러한 판매 및 고객믹스 기록은 마케팅 활동을 통제하고 평가하는 중요한 도구가 될 수 있다. 판매믹스표는 수익을 창출하는 객실, 식음료매장, 전화, 잡화점, 임대점 등의 판매정보를 구분해서 제공해 준다. 고객믹스 분석을 위해서는 호텔 객실점유율과 레스토랑점유율, 승객 수, 관광지의 입장객 수와 같은 공급시설을 이용하는 고객 수를 측정할 수 있어야 한다. 고객믹스 분석은 표적시장의 매출과 고객 수가 포함된다.

카지노, 호텔, 항공사와 같은 환대 및 여행 기업들은 개별고객들에 대한 광범위한 내부 데이터베이스를 보유하고 있다. 이 기업들은 단골고객우대 프로그램을 만들어 개별고객 판매량, 고객의 인구통계 특성과 선호도 등에 관한 강력한 데이터베이스 정보를 축적하였다.

고객이나 관광 중개업자들은 환대 및 여행 기업에 직접적으로 문의를 할 수도 있다. 이런 문의는 전화, 우편, 팩스, 이메일, 또는 개인적 방문으로 이루어질 수 있는데, 이런 문의가 마케팅 성공의 좋은 지침이 될 수 있기에, 기업이 이러한 문의관련 기록을 유지하는 것은 중요하다. 오늘날 많은 환대 및 여행업 광고가 직접반응광고direct-response advertising로써, 광고에 명시된 전화번호로 잠재 고객이 전화하거나, 주소를 적어 보내고 기재 완성된 쿠폰을 고객이 사용하도록 하거나, 웹web 기반하에 고객정보를 보내도록 할 수 있다.

거절turnaway 고객은 호텔이나 레스토랑, 항공기 등의 수용력이 초과되어 받아들이지 못한 좌절된 수요frustrated demand나 예약을 말한다. 이러한 고객이 마케팅 성공의 척도가 될 수도 있기 때문에 거절 고객(예약 없이 방문하는 고객이나 초과예약으로 돌려보내는 고객들) 자료를 정확히 기록해 놓는 것은 중요하다. 이러한 통계는 기업이 수용력(공급규모)을 확장시키고자 할 경우 유용하게 사용될 수 있다.

외부 자료External Data

외부 2차 자료는 정부기관, 관광목적지 마케팅조직DMO, WWW, 잡지, 신문, 라디오, TV, 관광협회, 조사전문기업, 대학 및 연구기관 등을 통해 얻을 수 있다. 관광협회와 관광청을 포함한 정부기관과 목적지마케팅기업, 중앙 및 지방정부의 관광관련 부서 등은 환대 및 여행 산업 조사자료의 주 공급자이다.

잡지, 저널, 신문, 라디오, TV 등은 마케터에게 구독자, 독자, 청취자, 시청자 등에 대한 정보를 제공한다. 이러한 기업들은 산업의 현주소state-of-the-industry에 대한 연구뿐 아니라, 고객의 특성이나 선호도와 관련한 구체적인 조사나 연구를 수행할 수 있다. 매체와 관련된 정보는 A.C. Nielsen, Arbitron, Mediamark Research, Simmons Market Research Bureau, Roper Starch와 같은 민간조사기업을 통해 구입·이용할 수 있다.

관광협회는 환대 및 여행 산업과 관련된 조사를 후원하고 수행한다. CLIACruise Lines International Association는 크루즈 선박의 수용력, 승객 수, 고객만족도에 관한 조사연구를 정기적으로 수행한다.

미국 레스토랑협회NRA, National Restaurant Association는 미국 내 레스토랑의 운영현황에 대한 연간보고서를 발간하고 있다. 미국게임협회AGA, American Gaming Association는 미국 내 카지노를 포함한 게임 관련 총체적인 통계자료를 제공하고 있다.

조사전문업체와 개인 컨설턴트도 환대 및 여행 산업에 조사정보를 제공한다. 이들은 그들의 조사보고서를 판매하거나, 조사비용의 일부를 지불하는 후원자들에게만 자료를 제공하기도 한다. 이들 조사전문업체는 호텔이나 여행사 등 특정환대 및 여행 산업 부문만을 전문으로 하기도 하고, 어떤 경우에는 관광객 수와이들의 행동패턴 등 일반적이고 광범위한 통계치를 제공하기도 한다.

대학과 관련 연구소도 환대 및 여행 산업에 관한 조사를 수행한다. 이 중 상당수가 Cornell Hospitality Quarterly, Journal of Travel Research, Tourism Management, Annals of Tourism Research, International Journal of Hospitality Management와 같은 주요 학술지에 실리거나 학술회의에서 발표된다.

이처럼 환대 및 여행 산업에서 이용할 수 있는 2차 자료의 유형은 매우 다양하다. 2차 자료를 수집하고 분석하면, 이후의 조사 프로젝트를 시작하는 데 많은 도움이 될 수 있다. 2차 자료만을 통해 조사과제가 해결되는 경우도 있고, 그렇지 못

	2차 조사	1차 조사
장 점	1. 저비용 2. 수집이 편리함 3. 즉시 이용 가능	1. 응용성과 사용 편리성 2. 정확성과 신뢰도 3. 최신 자료 수집 가능
단 점	1. 응용성이 없음 2. 정확성, 신뢰성이 떨어짐 3. 오래된 자료	1. 고비용 2. 수집이 어려움 3. 즉시 이용할 수 없음

할 수도 있다. 하지만, 이러한 2차 자료를 수집하는 것은 기업이 조사비용면에서 가장 효율적인 조사를 한다는 것을 의미한다. 만약, 기업이 필요한 정보를 내부나 외부의 2차 자료를 통해 수집할 수 없는 경우에는 기업의 조사 예산이 허용하는 범위에서 1차 자료를 수집하게 된다. 자료조사 시 1, 2차 조사의 장단점을 충분히 고찰할 필요가 있다[그림 6-8].

1차 조사

1차 조사 자료는 2차 조사와는 달리 조사를 수행하는 기업이 조사과정을 거쳐 직접 수집한 자료이다. 대개는 2차 자료를 수집하고 분석한 이후에 필요에 따라 1차 조사를 수행하게 된다. 1차 조사의 장점과 단점은 [그림 6-9]에 나타나 있다.

1차 혹은 2차 조사 중 하나를 선택하는 경우도 있지만, 대개는 두 가지 방법을 모두 사용하여 자료를 수집하는 것이 바람직하다. 2차 자료만으로는 기업의 주요 의사결정을 하기에 충분치 않은 경우가 대부분이고, 2차 자료는 1차 자료를 수집하는 것을 돕거나 보완할 수는 있어도 대신할 수는 없다. 때문에, 기업이 1차 조사에 필요한 시간과 비용을 감당할 수 없을 때도 종종 있지만, 가능한 범위에서 1차 자료를 수집하는 것은 바람직하다.

1차 조사를 위한 조사설계에는 탐색조사exploratory research와 종결조사conclusive research의 두 가지 방법이 존재한다. 2차 자료조사도 탐색조사의 범주로 분류된다. 탐색조사는 문제점이나 기회를 파악하고 명확히 하는 데 사용될 수 있고, 종결조사는 문제를 해결하고 대안을 평가하는 데 사용된다.

1차 조사방법은 제공되는 자료의 형태에 따라 양적 자료(계량적)조사와 질적 자료(비계량적)조사로 나눌 수 있다. 일반적으로, 종결조사 방법은 양적 자료를 요하고 또

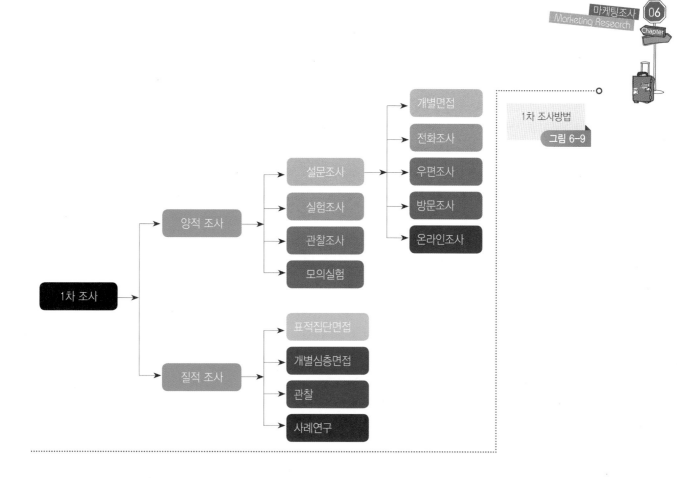

1차 조사방법
그림 6-9

제공하는 반면, 탐색조사 방법은 질적 자료를 제공하게 된다.

가장 적절한 조사방법을 선택하는 것은 여러 가지 요인에 의해 결정될 수 있다. 여기에는 기업이 이미 가지고 있고 알고 있는 정보가 얼마나 되는지, 조사의 결론을 어떻게 이용하려고 하는지와 같은 조사문제와 목표가 포함된다. [그림 6-9]에는 1차 조사방법들이 제시되어 있다. 실험조사, 관찰조사, 설문조사, 모의실험조사 등 4가지 방법은 양적 자료를 제시하고자 할 때 이용될 수 있고, 초점집단면접조사, 개별심층면접조사, 개인적 관찰조사, 사례조사 등은 질적 자료를 제공하는데 이용될 수 있다.

양적1차 조사방법

1. **실험조사**　우리 산업에서의 실험조사는 과학자들이 하는 실험실 실험과는 달리 새로운 서비스나 상품에 대한 고객의 반응이 어떠한지를 알아보기 위해 사용될 수 있다. 기업이 새로운 품목을 시장에 소개하고 만약 실패할 경우 엄

청난 비용을 낭비하게 되는데, 실험적 방법을 이용하면 이러한 시장에서의 실패 위험을 어느 정도 줄일 수도 있게 된다. 실험은 개념테스트 같이 간단한 조사의 형태가 될 수도 있고, 시험마케팅test marketing 같이 복잡하고 비용이 많이 드는 형태가 될 수도 있다.

2. 관찰조사   관찰조사에는 사람의 눈으로 직접 관찰하는 인적 관찰과 기계적 장치나 장비의 도움을 받아 관찰하는 기계적 관찰의 두 가지 형태가 있다. 기계적 관찰은 특정한 환대 및 여행 산업 분야에서 고객 수나 판매 정보를 파악하기 위해 이용된다. 테마파크의 회전식 개찰구나 유원지 출입구의 자동식 문 등이 좋은 예가 된다. 컴퓨터시스템(POS)에 의해 통제되는 금전 등록기는 고객의 구매행위를 관찰하는 데 매우 효과적이며, 바코드기술과 관련된 전자스캐너 장치는 오래 전부터 소매업에서 널리 사용되어 오고 있다.

기계적 관찰은 고객의 TV 시청내용을 추적하기도 하고, 광고나 기타 다른 촉진활동을 평가하는 데 이용되기도 한다. 안구추적장치eye-tracking monitors, 동공검사기pupilometers, 심리분석기psychogalvanometers, 음성분석기voice pitch analysis와 같은 다양한 장치를 이용해 광고와 촉진물 등에 대한 고객의 신체적, 심리적 반응을 평가할 수 있다.

이러한 장치는 매우 정확한 계량적 자료를 제공할 수 있지만, 인적 관찰이 제공하는 심층적이면서도 구체적인 정보를 제공하지는 못할 수 있다. 기계적 장치에 의한 관찰은 고객의 행동에 대한 이유를 설명하거나 동기, 태도, 의견, 지각 등에 대한 정보를 제공하기는 힘들고, 관찰의 결과로 나타난 내용을 기술하는 데 그칠 수 있기 때문이다.

3. 설문조사   아마도 당신은 쇼핑센터나 중심거리에서 조사를 위한 질문을 받아본 적이 있거나, 당신의 의견을 묻는 우편조사물을 받아본 적이 있을 수도 있다. 문의나 조사를 하는 전화를 받아 본 경험은 없는가? 레스토랑 테이블에서 볼 수 있는 의견카드나 호텔 프론트 또는 객실에 비치된 고객조사서를 보거나 답한 적은 있는가? 혹시 웹사이트로 조사를 하는 것에 접해 본 적은 있는가? 이러한 것들이 설문조사를 수행하는 방법들이다.

❶ 개별면접
❷ 우편조사

❸ 전화조사

❹ 방문조사

❺ 온라인조사

설문조사survey research는 빠른 시간에 표준화된 조사척도를 사용하여 여러 사람들에게 조사를 해서 답을 얻을 수 있다는 장점이 있으며, 척도를 운용함에 있어 융통성이 있고 이용하기도 쉽기 때문에 우리 산업에서도 가장 널리 사용되는 조사방법이다. 이렇게 많이 사용됨에도 불구하고 상당수 설문조사가 불완전한 설문지를 사용하거나 조사과정이 비효과적인 경우도 많은데, 이 때문에 유용한 설문조사를 수행하는 방법을 숙지하여 과학적이고 객관적인 조사로 수행하는 것이 바람직하다.

❶ 개별면접 Personal Interview

우편으로 받은 설문지는 무시되거나 쉽게 쓰레기통에 버려질 수도 있다. 또한, 조사자가 전화를 걸면, 상대방이 쉽게 끊어버릴 수도 있다. 그러나 일대일 대면조사 상황에서는, 답변을 거절하기 어려울 수 있다. 이와 같이 개별면접의 이점 중 하나는 상대적으로 높은 응답률(전체 조사대상자 중 조사자의 질문에 응답한 사람들의 비율)을 갖는다는 것이다.

또 다른 이점은 조사의 융통성이 뛰어나다는 것이다. 형태와 내용이 미리 정해져 있는 자기기입형self-administered questionnaire 설문조사와 같은 경우는 한 번 명시된 질문사항을 수정하기 힘들다. 전화조사의 경우 질문을 번복할 수도 있지만, 응답자의 행동이나 몸짓, 표정 같은 것으로부터 응답에 대한 시각적 단서를 얻기는 힘들다. 하지만 개별면접의 경우에는 직접 만나 대면해서 수행하기 때문에 조사자도 다양하게 질문할 수 있고, 응답자도 언어적 표현 이외에 표정이나 행동으로도 답을 줄 수 있다. 즉, 개별면접을 수행하는 면담자는 질문의 내용을 보다 확실하게 전달할 수 있으며, 상황에 따라서는 이미 준비된 질문내용을 수정함으로써 조사의 상황을 고려한 더욱 완벽한 답변을 얻을 수 있다.

개별면접은 전화조사나 설문조사와 같이 적시에 자료를 제공할 수 있다. 그러나 우편조사의 경우는 설문지를 우편으로 보내고 완성된 설문지를 다시 되돌려 받기까지 시간이 걸리게 된다. 그러므로 급하게 필요한 정보

라면 개별면접이나 전화조사가 더 효과적일 수 있다.

개별면접의 단점으로는 다음과 같은 것을 들 수 있다.

- 상대적으로 비용이 많이 든다.
- 질문 시 면담자의 편견이 개입될 수 있다.
- 응답자가 개인적인 질문에 답하기를 꺼려할 수 있다.
- 응답자가 편안하게 답하지 못할 수 있다.
- 면접시간 동안 응답자의 사생활에 불편을 줄 수 있다.

❷ 우편조사 Mail Survey

우편조사는 일대일 개별면접조사에 비해 조사자와 응답자 간 개인적 접촉 없이 수행됨에도 불구하고 여러 가지 이점이 있다.

- 응답률이 높을 경우, 상대적인 비용이 저렴해진다.
- 면담자의 편견이 개입될 소지가 적다.
- 표준화된 설문으로 질문과 응답에 일관성이 있다.
- 많은 응답자를 단시간에 조사할 수 있다.
- 응답자가 익명으로 답할 수 있어 응답자에게 부담이 적다.
- 응답자가 질문에 대답하기 위해 스스로 가장 편리한 시간대를 선택할 수 있다.

우편조사의 주요 단점 중의 하나는, 비인간적 조사라는 특성 이외에 상대적으로 낮은 응답률을 들 수 있다. 개별면접과 전화조사의 경우, 평균 응답률이 50% 이상인 반면, 우편조사는 30~40%의 응답률도 비교적 높은 편에 속하고, 그 이하의 응답률도 꽤 일반적이다. 정크메일신드롬junk mail syndrome은 기업이 다량으로 보내는 직접 광고성 메일이 제대로 읽히기도 전에 폐기처분되는 것을 의미하는데, 우편조사의 경우에도 비슷한 어려움을 겪을 수 있다. 하지만 다음과 같이 우편조사의 응답률을 높이는 데 도움이 되는 방법도 있다.

- 매우 개별적인 접근방법을 이용하고, 대량우편물이라는 느낌을 주지 않도록 한다. (예를 들어, 겉봉투에 일일이 주소를 쓰고, 인사말을 가능한 개인적으로 하고, 회신용 우표를 동봉한다)

- 응답자에게 질문지 작성에 관해서 전화나 이메일로 상기시킨다.
- 응답에 대한 보상을 한다. (금전적 혹은 비금전적 보상)
- 정확한 최신의 우편주소를 사용한다.
- 장황한 질문을 피한다.

이런 지침에 주의하면, 환대 및 여행 기업이 우편조사를 하는 경우, 응답률을 높이는 데 도움을 받을 수 있다.

❸ **전화조사**Telephone Survey

전화조사는 개인면접조사와 비슷한 장점을 가지고 있다. 조사자가 질문을 보다 명확하게 표현하거나 상황에 맞게 바꿀 수도 있고, 적절하지 않은 질문은 그냥 건너뛸 수도 있기 때문에 우편조사보다 융통성이 있다. 시내전화만 사용한다면 정보를 빠르게 비용을 많이 들이지 않고서도 얻을 수 있다. 가능하면 최근의 전화목록을 사용하도록 하고, 면담자를 잘 훈련하면 더 높은 응답률을 얻을 수 있다.

반면, 개인면접과 같이 전화조사는 우편조사보다 응답자에게 강제적인 느낌을 줄 수 있는 조사이다. 많은 사람들은 전화받기를 강요하거나 전화조사에 응답하는 것을 사생활 침해로 간주하고, 전화를 바로 끊어 버리는 경우가 있다. 전화로 처음부터 응답자와 호의적인 관계를 성립시킨다는 것은 개인면접보다 더욱 어려운 일일 수 있다. 전화조사는 장거리 전화를 해야 하는 경우, 많은 비용이 들 수 있고, 최소한의 질문만 하는 경우, 충분한 내용의 조사를 하지 못할 수 있다는 단점이 있다.

❹ **자기기입조사**in-house self-administered survey

이는 환대 및 여행 기업 내 방문고객을 대상으로 시행하는 조사이다. 호텔 객실이나 크루즈 선박 전용실에 놓여진 설문지, 레스토랑의 테이블에 놓여진 고객의견카드 등이 여기에 속하고, 이러한 조사는 고객들이 사용하는 서비스의 질, 시설, 장비 등에 대한 고객만족도를 조사하는 데 많은 도움이 된다[그림 6-10].

자기기입조사는 낮은 응답률을 보인다는 점에서 우편조사와 비슷한 단점을 가진다. 호텔 내 고객의견카드 이용에 관한 연구결과를 보면, 상당수

호텔 및 여행 산업에서 고객만족조사는 필수적이다.

그림 6-10

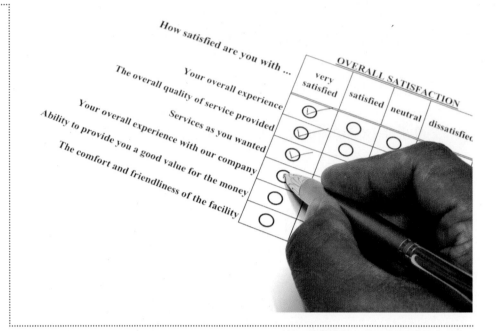

의 호텔에 있어 고객 응답률이 1% 미만으로 나타났다. 당신은 지난 몇 개월간 혹은 지난 몇 년간 호텔이나 레스토랑을 방문했을 때 과연 몇 장의 고객의견카드를 작성해 보았는가? 고객들은 이러한 것에 관심을 가지지 않고, 자신들이 의견을 제시하는 데 걸리는 시간이나 노력이 무의미하다고 생각할 수 있다. 하지만 미래 마케팅의 핵심자원을 현재 및 과거 고객이라고 간주하는 관계마케팅의 영역에서는 이러한 상황을 극복하고, 가능한 많은 고객으로부터의 응답을 받기를 원할 것이다. 이 경우, 기업은 가능한 모든 수단을 동원하여 고객이 사업장 내 또는 객실 내 비치된 질문지를 작성하도록 동기를 부여해야 한다. Marriott's Fairfield Inn은 고객이 체크아웃하는 시간에 프론트데스크에서 컴퓨터로 하는 조사에 응하도록 하고, 이 대가로 디저트 무료시식권과 같은 보상을 제공하였다.

❺ 온라인on-line조사

최근 들어 많이 사용되고 있는 인터넷을 통한 조사는, 질문지를 전달하고 받을 때, e-mail이나 World Wide Web을 이용한다. 예를 들면, 많은 환대 및 여행 기업들은 그들의 사이트를 방문하는 사람들의 정보를 수집하기

위해 웹사이트에 HTML^{hypertext markup language}형식의 질문지를 올려놓았다. 조사자들은 이러한 온라인조사를 더욱 많이 이용하고 있으며, 이를 효과적으로 이용하기 위한 방법을 배우기 위해 노력하고 있다. 이러한 온라인조사는 상대적으로 조사속도가 빠르고, 조사자와 응답자 간 상호 커뮤니케이션이 가능하므로 조사의 융통성도 보장할 수 있다는 이점을 지닌다. 온라인 사용자의 급속한 증가는 이러한 온라인조사의 잠재력을 보여준다. 하지만 온라인조사는 Web 환경에 기반한 질문지를 개발하는 데 기술과 시간이 소요된다는 단점도 있다.

설문지 설계

개별면접조사, 우편조사, 전화조사, 직접기입방식조사 등 4가지 설문조사기법은 보통 질문을 나열하고 대답을 적을 공간이 준비되어 있는 인쇄된 형식을 필요로 하는데, 이를 설문지^{questionnaires}라고 한다. 체계적으로 잘 준비된 설문지는 정확한 조사정보를 얻기 위해서는 매우 중요한 요소이다. 엉성하게 만들어진 설문지들을 보는 것은 이제 흔한 일이기에, 제대로 된 응답과 어느 정도의 응답률을 얻기 위해서는 효과적인 설문지 설계를 위한 지침을 따르는 것이 바람직하다[그림 6-11], [그림 6-12].

- 전문용어를 사용한 질문
- 너무 많은 질문
- 길고 장황한 질문
- 한 문장 안에 두 가지 질문이 존재하는 질문
- 막연하고 광범위한 질문
- 응답자가 답하기에 불충분한 질문
- 사생활을 침해하는 개인적인 질문
- 답변가능한 응답범위를 포함하지 않는 질문
- 너무 당연한 질문

설문작성 시 주의해야 할 요인

그림 6-11

4. 시뮬레이션^{simulation}조사　이 조사방법은 컴퓨터를 이용하여 실제의 마케팅 상황을 가상적 상황으로 구성·묘사하고, 이를 통해 모의실험을 하는 것이다. 실제 상황을 가상으로 만들기 위해 실제자료 대신 통계적으로 생성된 자

효과적인 설문지
작성지침

그림 6-12

길이

1. 최대한 짧게 하라.
2. 가능한 요점만 제시하라.

구성

3. 날짜를 표기하라.
4. 개인적이고 예민한 응답을 요하는 질문은 꼭 필요하다면 마지막에 하라.
5. 응답자가 어떻게 질문에 답해야 하는지에 관한 설명을 포함시켜라.
6. 가능하면, '모름'이나 '의견 없음'과 같은 회피문항을 응답에 포함시켜라.

질문유형

7. 각 질문에서는 한 가지 내용만 물어 보아라.
8. 되도록 명확하게 표현하라.
9. 전문용어는 피하라.
10. 뜻이 정확한 단어만 제시하라.
11. 겹치는 답이 없도록 하라.

료를 사용하고, 이를 분석하기 위해서는 수리적 모델이 많이 사용된다. 장치나 장비, 시설 등이 중요한 부분을 차지하고 있는 호텔 및 관광산업에서는 이러한 것들을 변경하면서 어떤 상황이 고객들에게 가장 선호되는지 조사하는 것이 거의 불가능한 경우가 많다. 왜냐하면 장치나 시설을 바꾸기 위해서는 너무나 큰 비용과 노력이 들 수 있기 때문이다. 우리 산업에서는 이 대신 통계적으로 생성된 자료를 사용하여 모의상황을 수리적으로 만든 다음 이 자료를 입력시켜 원하는 조사결과를 얻기 위해 이러한 시뮬레이션 조사를 사용하기도 한다. 이 경우 판매량이나 고객 수, 혹은 경영상의 주요 변수들을 예측할 수 있다.

질적[1차] 조사 방법

1. **초점집단**[Focus Group]**조사**   초점집단은 대개 8~20명 정도의 소규모 집단에 조사자가 사회자의 역할을 하면서 질문을 유도하는 방식이다. 초점[focus]이라는 말은 조사자가 특정 주제 혹은 질문에 대해 집단의 관심을 유도하고, 이를 통해 토론을 이끌어낸다는 것을 나타낸다. 조사자는 집단 내 조사대상자들의 답이나 행동, 표현을 주의 깊게 듣고, 지켜보며, 필요하면 토론을 시키면서

조사대상자들이 제기한 의견이나 응답을 요약, 정리한다.

초점집단조사의 강점은 고객의 의견, 태도, 인지도와 행동 등에 대해 심층적으로 조사하고 이해할 수 있다는 것이다. 조사자는 일대일 개별면접에서 조사할 수 있는 것 이상의 구체적이고 다양한 내용을 규명할 수 있다[그림6-13].
초점집단조사 방법은 환대 및 여행 산업에서 다음과 같은 목적으로 널리 사용되고 있다.

- TV 광고나 브로셔, 기타 다른 형태의 광고 평가
- 여행가이드에 대한 고객들의 인상 조사
- 새로운 콘셉트나 제품/서비스 테스트
- 관광목적지 혹은 기업의 이미지 조사
- 고객반응을 보다 심층적으로 탐구

초점집단조사는 환대 및 여행 산업에서 널리 사용되고 있는데, 다양한 목적으로 사용됨에도 불구하고 질적 자료 위주로 정보를 제공한다는 단점이 있다. 또한 소수의 집단이 대표성을 지니지 못하는 경우, 조사결과가 고객들의 의견, 태도, 인지도, 행동을 정확히 대변한다고 보기 힘들다. 만약 기존 고객

초점집단조사는 8~12명 정도의 응답자 집단으로부터 질적인 응답을 조사한다.

그림 6-13

과 잠재 고객들의 의견을 나타내는 계량 자료를 필요로 한다면 설문조사 방법이 더욱 유용하다고 할 수 있다.

2. **개별심층면접**Individual Depth Interview   개별심층면접은 초점집단조사와 조사 목표나 절차가 비슷하지만, 한 명의 조사자와 응답자(조사대상) 사이에 조사가 이루어진다. 이 일대일 조사는 조사자가 충분한 시간을 가지고 면접방식을 통해 심층적인 질문을 하게 되며, 답변을 들은 후 이와 연관된 더 심층적인 질문을 다시 할 수 있어 매우 융통성이 뛰어난 조사방법이다. 주제가 극히 개인적이고 예민한 문제일 경우, 이러한 개별심층면접조사가 선호된다.

3. **인적 관찰**Human Observation   인적 관찰을 이용하여 조사하는 것은 고객이 어떻게 행동하는지를 지켜보고 기록하는 것을 의미한다. 이 방법은 경쟁사를 평가하거나, 고객의 행동 자체를 직접적으로 조사하는 데 유용한 방법이다. 다음은 환대 및 여행 산업에서의 인적 관찰조사의 예이다.

- 사람들이 뷔페나 샐러드 코너에서 몇 번 리필하는지 관찰한다.
- 경쟁사의 주차장에 있는 자동차 수와 자동차 번호판의 지역번호를 조사한다.
- 선반에 있는 팸플릿을 몇 명이나 가지고 가는지 지켜본다.
- 하루 중 시간대별로 수영장을 이용하는 사람들의 수를 세어본다.
- 고객이 레스토랑에서 식사하는 평균 시간을 계산해 본다.

이렇게 조사와 관련된 몇 가지 아이디어를 생각해 보면, 인적 관찰방법이 매우 유용한 방법이라는 것을 알 수 있다. 우리 고객이나 경쟁사의 고객을 지켜볼 수 있는 관찰조사 방법은 마케팅 의사결정을 하는 데 상대적으로 저렴한 비용으로 귀중한 정보를 제공한다.

4. **사례조사**Case Studies   사례조사의 목적은 기업의 상황과 비슷한 하나 이상의 상황을 선정하고, 이 유사상황들에 대한 심층적인 조사를 통해 자기 기업의 문제를 해결할 수 있는 시사점을 도출하는 것이다. 여기서 상황situations이란 사례조사를 수행하는 기업과 비슷한 다른 기업 또는 조사 수행 기업이 가지고 있는 문제점과 비슷한 문제점 등을 의미한다. 환대 및 여행 산업에서 기업이 새로운 서비스 혹은 시설을 추가한다거나, 새로운 표적시장이나 마케팅 믹스를 평가할 때, 대개 이러한 사례조사를 하게 된다. 사례가 되는 조사대상

기업과 서로 협력할 때 보다 효과적인 사례조사가 가능하며, 조사대상 기업의 자료와 경험을 토대로 풍부하고 상세한 정보를 제공받을 수 있다.

결론

마케팅 조사는 환대 및 여행 기업이 효과적인 의사결정을 내리는 데 도움을 준다. 그것이 경영상의 경험과 판단을 대신할 수는 없겠지만, 적어도 정확한 조사 없이 의사결정을 내려 실패하는 위험을 줄일 수는 있다. 환대 및 여행 마케팅 시스템의 모든 단계에서 마케팅 조사를 실시하는 것이 바람직하다.

조사는 1차 조사와 2차 조사로 나뉠 수 있으며, 여러 가지 조사방법과 통계방법을 이용할 수 있다. 체계적인 마케팅 조사 과정의 단계는 문제의 공식화, 조사설계 및 자료수집방법의 선택, 표본설계, 자료수집, 현장조사, 자료분석 및 해석, 조사보고서 준비, 조사결과의 제시 등으로 이루어진다.

학습과제

1. 레스토랑을 하나 선택하여 소유주나 매니저를 인터뷰해 보시오. 어떤 종류의 시장조사를 수행하고 있는가? 1차 조사와 2차 조사 중 어느 것을 혹은 모두 다를 이용하고 있는가? 레스토랑의 시장조사 프로그램을 개선하고 확장시키기 위해 어떤 제안을 하겠는가?

2. 항공사, 호텔, 레스토랑, 여행사의 고객의견카드를 모아 보시오. 공통된 질문, 혹은 특이한 사항은 무엇인가? 혹, 비슷한 단점을 찾을 수 있는가? 어느 것이 가장 잘 작성되어 있으며, 그 이유는 무엇인가? 이러한 사내자기기입법을 개선시키기 위해 어떠한 의견을 제안하겠는가?

3. 어떤 환대 및 여행 기업이 조사를 수행하는 방법에 대해 알아보고, 서비스에 대한 고객불평은 점차 증가하는 데 반해, 그 구체적인 이유는 제대로 파악하지 못하고 있는 것을 발견하였다. 당신은 어떤 조사방법을 제안하겠는가? 그 이유는 무엇인가? 조사 절차를 어떻게 설계하겠는가? 당신이 사용할 설문지를 만들어 보시오. 당신의 조사정보를 경영진에게 어떻게 제안하겠는가?

4. 당신은 어떤 환대 및 여행 기업의 마케팅부서에서 일을 시작하였다. 놀랍게도, 당신의 상관은 마케팅 조사는 돈과 시간만 낭비한다고 생각하기 때문에 한 번도 조사를 수행하지 않았다. 당신의 상관에게 마케팅 조사를 어떻게 정당화시키고 어떤 조사 프로젝트를 제안할 것인가? 당신이 제안한 조사 프로그램 및 프로젝트가 비용을 절약하고 판매를 높일 수 있다는 것을 어떻게 증명하겠는가?

REFERENCES 참고문헌

1. Tourism Australia. 2006. *A Uniquely Australian Invitation*. The Experience Seeker. Tourism Australia.

2. Las Vegas Convention and Visitors Authority. 2007. *Survey Says: Vegas Is on a Roll!* http://www.lvcva.com/press/press-releases-2007.jsp?pressId=531,accessed February 13, 2009

3. American Marketing Association. 2007. *Dictionary of Marketing Terms*, http://www.marketingpower.com/mg-dictionary.php,accessed February 13,2009.

4. Malhotra, Naresh K. 2007. *Marketing Research. An Applied Orientation*. Pearson Prentice Hall : Upper Saddle River, New Jersey, 10-11

5. Dillman, Don. 2006. *Mail and Internet Surveys: The Tailored Design Method*. Wiley: New York.

6. Hotel Online Special Report. 2003. *Le Pavillon in New Orleans Reaps 800% Higher Response Rate with New Guest Online Comment Card*, http://www.hotel-online.com/News/PR2003_2nd/Jun03_LePavillon.html,accessed February 13,2009

7. Malhotra, Naresh K. 2007. *Marketing Research. An Applied Orientation*. Pearson Prentice Hall: Upper Saddle River, New Jersey, 152

8. Zikmund, William G. 2000. *Exploring Marketing Research*. 7th ed. Harcourt College Publishers: Fort Worth, Texas: Harcourt College Publishers.

MEMO
NIGERIA
KENYA
BRAZIL
GERMANY
JAPAN
IRELAND
CHINA
FRANCE

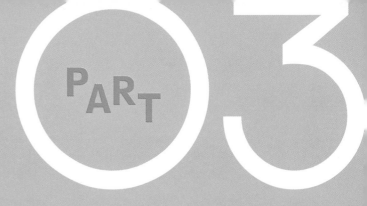

계획 : 마케팅 전략과 계획

- 🔑 우리는 지금 어디에 있는가?
- 🔑 우리는 어디에 있고 싶어 하는가?
- 🔑 우리는 어떻게 도달할 것인가?
- 🔑 우리는 그 곳에 도달한다고 어떻게 확신하는가?
- 🔑 우리는 그 곳에 도달했는지 어떻게 알 수 있는가?

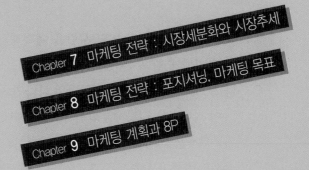

이 장을 읽고 난 후

목표

» 시장세분화를 정의할 수 있다.

» 효과적인 마케팅을 위한 세분화의 중요성을 설명할 수 있다.

» 시장세분화의 혜택과 한계점을 설명할 수 있다.

» 세분시장의 실행가능성을 결정하는 데 이용되는 8가지 기준을 제시할 수 있다.

» 환대 및 여행 시장의 세분화 근거를 제시할 수 있다.

» 오늘날 환대 및 여행 산업에 영향을 미치는 주요 수요 및 공급 추세를 기술할 수 있다.

» 환대 및 여행 산업의 세분화 실행의 최근 시장 추세를 기술할 수 있다.

개요

옛 현인이 이르길 몇몇 사람을 계속해서 기쁘게 하거나 모든 사람을 잠시 동안 기쁘게 할 수는 있어도 모든 사람을 항상 기쁘게 할 수는 없다고 하였다. 이것이 마케팅의 핵심 원리의 하나인 시장세분화의 근거가 된다.

이 장에서는 시장세분화의 역할과 혜택을 설명하고, 환대 및 여행 시장을 세분화하는 다양한 방법에 대해 살펴본다. 고객을 여러 집단으로 분류하는 전통적 방법과 최근에 주로 수행되는 세분화 방법에 대해 설명하고자 한다.

혹시 여러분과 여러분의 가족들이 속해 있는 집단이 몇 개나 되는지 생각해 본 적이 있는가? 이것을 알기 위해서는 우선 여러분과 다른 사람들의 공통적인 요소를 나열해 보아야 한다. 여러분의 가정은 어떠한가? 가족구성원들은 같은 집주소와 우편번호를 사용하고 있을 것이다. 수천 명의 사람들이 같은 마을, 도시에서 살고 있다. 여러분의 나이는 어떠한가? 많은 사람들이 같은 나이이고, 심지어 생일이 같은 경우도 있다. 수입, 학력, 가족사항, 종교와 같은 것들은 어떠한가? 비록 여러분들 스스로가 자신이 유일한 존재라고 생각하고 싶더라도 다른 사람들도 비슷한 특성을 가지고 있다는 것을 인정해야만 한다.

여러분이 속해 있는 문화와 하위문화, 심리적 특성, 라이프스타일 특성, 상품 및 서비스 이용특성과 패턴, 그리고 가장 좋아하는 활동 등에 있어 많은 다른 사람들이 같은 특성을 보일 수 있다.

비록 모든 인간, 심지어 일란성 쌍둥이조차 독특한 특성을 지니고 있다 하더라도 개개인은 다른 사람들과 유사한 특성을 가진 집단에 속하게 된다. 효과적인 마케팅을 위해서는 우리가 제공하는 서비스를 이용하지 않는 집단들을 제외하는 것뿐 아니라 우리 서비스에 매력을 느끼는 집단들을 올바로 규명하여야 한다.

시장세분화

마케팅 전략을 개발하는 첫 번째 단계는 세분시장을 분석하는 것이다. 이 장에서는 시장세분화의 개념 및 내용에 대해 살펴본다. 8장에서는 전략수립의 두 번째 단계인 마케팅 전략, 포지셔닝 접근법, 그리고 마케팅 목표 선정 등에 대해 논의한다.

시장세분화 분석

시장세분화는 전체 서비스 시장을 공통된 특성을 가진 사람들의 집단으로 나누는 것이다. 이를 보통 세분시장 혹은 표적시장이라고도 부른다. 세분시장(예 서울에 사는 비즈니스 여행객)은 전체 시장을 구성하는 부분집단이며, 이 부분집단의 구성원들은 나름대로의 공통점을 가진다. 표적시장target market이라는 용어는 마케

팅 활동의 수행을 위해 환대 및 여행 조직이 선정한 세분시장을 의미한다.

시장세분화의 2단계는 다음과 같다.

1. 전체 시장을 공통된 특성(특정한 세분화 근거를 이용)에 따라 세분시장으로 나눈다.
2. 조직이 서비스를 제공하기에 가장 적합한 세분시장(표적시장)을 선정한다.

시장세분화 분석(시장세분화와 표적시장 선정) 과정은 5장과 6장에서 논의한 유용한 조사자료와 이에 대한 분석을 필요로 한다. 이에 앞서 시장세분화의 한계점, 혜택, 그리고 중요성 등에 대해 논의하고자 한다.

시장세분화의 필요성

1장에서 시장세분화를 마케팅 핵심원리의 하나로 규명하였다. 시장세분화를 하는 기본적 이유는 모든 잠재 고객에게 상품 및 서비스에 대한 매력을 주고자 하는 것은 제거해야 할 낭비가 될 수 있기 때문이다. 즉, 우리가 제공하는 서비스를 구매하는 데 전혀 관심이 없는 고객 집단도 포함될 수 있기 때문이다.

성공적인 마케팅 활동의 필수요건은 특정 서비스에 가장 많은 관심을 가지고 있는 세분시장을 찾아내고, 그것을 마케팅 프로그램의 목표로 삼는 것이다. 마케팅은 카드를 교묘히 섞어 패를 나누는 것과 비슷하다. 여러 다른 사람들이 카드 패를 나누고, 카드게임을 하더라도 승자는 단 한 명뿐이다. 카드 게임을 하는 경우, 도박꾼들은 가장 이길 가능성이 높은 방법을 알아내어 카드를 선택하고 나눈다. 유능한 마케터의 경우도 마찬가지이다. 그러나 카드 게임을 하고 이기는 것은 도박인 반면, 마케팅은 도박이 아니다.

그러므로 시장을 세분화하는 근본적인 이유는 노력과 마케팅비용을 한 곳에 집중시키기 위해서이다. 이를 위해서는 누가who, 무엇을what, 어떻게how, 어디서where, 언제when라는 질문의 답을 구하는 것이 도움이 될 수 있다.

1. 누구를Who?　　어느 세분시장을 추구하는가?
2. 무엇을What?　　제공하는 서비스에서 고객들이 찾고자 하는 것은 무엇인가?

3. 어떻게How? 　　세분시장의 욕구와 필요를 가장 잘 충족시킬 수 있는 마케팅 프로그램은 어떻게 개발할 수 있는가?

4. 어디서Where? 　　우리가 제공하는 서비스를 어디서 광고, 홍보하고 판매를 촉진할 것인가?

5. 언제When? 　　언제 서비스를 제공할 것인가?

일단 표적시장을 선정하고 나면, 의사결정과 대안의 범위가 좁아진다. 조사를 통해 이 표적시장의 욕구와 필요를 규명할 수 있다. 다음은 카메라를 작동시키는 것과 유사하다. 일단 사진기사가 찍고자 하는 물체를 선정하면 빛, 속도, 포지션 등 환경을 설정하고, 초점을 맞춘다. 선명한 사진을 찍기 위해서는 좋은 물체와 적절한 장비 그리고 부속품과 환경을 갖추고, 주의 깊게 사전계획을 세우고, 타이밍을 정확히 맞춰야 한다. 효과적인 시장세분화는 이러한 사진술과 매우 비슷하다. 마케터는 선정한 표적시장에게 소구되는 매력을 언제, 어디서, 어떻게 제공할 수 있는지 알아야만 한다. 카메라 기사가 잘못된 장비 혹은 환경을 이용하거나 급하게 사진을 찍을 경우 흐린 사진이 나오는 것과 같이 잘못된 작동이나 오조준의 결과는 뻔하다. 이와 같이 마케터가 언제, 어디서, 어떻게 계획을 수립할 것인가의 적절한 시기를 놓치게 되면, 표적시장에게 가장 매력을 끌 수 있는 시점에서 벗어난 마케팅 프로그램을 시행하게 되며, 소중한 예산을 낭비하게 될 것이다.

시장세분화의 혜택

적절한 시장세분화가 가져다 주는 혜택은 다음과 같다.

1. 마케팅비용을 보다 효과적으로 사용할 수 있다.
2. 선정된 고객집단의 욕구와 필요를 보다 분명히 이해할 수 있다.
3. 보다 효과적으로 포지셔닝을 할 수 있다.(표적시장의 마음 속에 특정하게 자리 잡을 수 있는 서비스와 마케팅 믹스를 개발할 수 있다)
4. 촉진활동의 수단과 방법을 보다 정확하게 선정할 수 있다.(예를 들어 웹사이트 개발, 광고매체, 판매촉진 수단, 유통경로 등)

저가호텔budget hotel의 개념은 이러한 혜택을 설명하는 좋은 예가 된다. 여행객들

중 Holiday Inn과 같은 전형적인 호텔이 제공하는 토탈서비스를 원하지 않는 고객이 있다. 이 잠재 고객들은 보다 제한된 서비스를 제공한다 해도, 편리한 곳에 위치한 저렴하고 깨끗한 숙박시설을 원했으며, 이에 착안하여 개발업자들은 전형적인 호텔의 불필요한 내용들을 제거하고 표준화된 서비스를 저렴한 가격에 제공하는 새로운 형태의 숙박시설을 탄생시켰다. Days Inn, Super8, Motel6와 같은 기업들은 저렴한 비용으로 여행을 하고자 하는 여행객들을 선정하여 그들의 욕구를 충족시키고, 그들의 관심을 끌기 위한 최선의 방법을 선택하여 적절한 시간과 장소에서 판매촉진활동을 하였다. 다른 환대 및 여행 조직들도 이와 같이 서비스 내용에서 불필요한 것들을 제거한 저가의 상품을 제공한다는 개념을 이용하였다. 그 예로는 Rent-A-Wreck 렌터카 회사, Last-minute Travel Clubs, South West 항공사, Easy Jet^{U.K.}항공사, West Jet^{Western Canada}항공사 등이 있다.

시장세분화의 한계점

환대 및 여행 조직의 90% 이상이 시장세분화 활동을 하고 있으며, 대부분 세분화된 마케팅 전략(구체적인 표적시장에 대한 마케팅 믹스를 선정)이 가장 효과적임을 인지하고 있다. 호텔, 레스토랑, 항공사, 여행사 등은 다양한 욕구와 필요를 가진 고객집단이 원하는 사항을 잘 파악하여, 이들에게 맞는 구체적인 촉진활동을 적용시켜야 한다. 컨벤션/회의기획자들은 적절한 시청각시설을 갖춘 회의장소를 원하지만, 휴가형 여행객들은 Travel & Leisure와 같은 잡지 구독을 더 필요로 할 것이다. 반면, 컨벤션기획자들은 Meeting & Convention 잡지를 더 선호한다. 이는 고객 중심의 시장세분화를 바탕으로 한 마케팅 전략이 매우 필요함을 보여주고 있다.

패스트푸드업체 운영자에 대해 살펴보아도 비슷한 경우를 발견하게 된다. McDonald's사는 많은 사람들이 적어도 한 끼는 자신의 매장에서 먹는다고 주장한다. 이처럼 서비스가 광범위하게 제공되어야 할 때, 다양한 고객집단을 위해 다른 접근법을 사용하는 것이 좋은지 아니면 모두에게 적용될 수 있는 똑같은 방법을 사용해야 하는지에 대해 먼저 신중히 살펴보아야 한다.

시장세분화에는 다음과 같은 한계점이 있다.

1. 비세분화 접근법을 이용하는 것보다 비용이 많이 든다.

2. 시장을 세분화하기 위한 최적의 근거를 선정하기가 어렵다.

3. 시장을 얼마나 정교하게 또는 폭넓게 세분화해야 하는지를 알기 어렵다.

4. 비실용적인 세분시장에 주력하는 경향이 있다.

1. 높은 비용　　　시장세분화의 가장 분명한 한계점은 이에 소요되는 추가적 비용이다. 각각의 표적시장이 나타내는 독립적인 관심사항에 소구할 수 있어야 하며, 이는 보다 광범위한 서비스와 가격구조가 공급되어야 함을 의미한다. 세분시장별 선호도 및 취향에 맞추어 광고와 촉진활동을 해야 하며, 세분시장별로 다양한 유통경로를 이용할 수도 있다. 표적시장을 추가할 때마다 여분의 비용이 들기 때문에 그것을 충분히 가치 있는 것으로 보아야 하는지 결정하기 위해서는 각각의 표적시장이 가지는 잠재력과 가능성을 테스트해 보아야 한다.

2. 최적의 세분화 근거기준 선정의 어려움　　　마케터는 시장을 세분화하기 위해 지리적 위치, 여행목적, 인구통계적 특성, 라이프스타일, 추구하는 혜택, 이용횟수 등 많은 세분화 근거(시장을 세분화하는데 이용되는 기준)를 이용한다. 마케터의 딜레마는 가장 적절한 세분화 기준은 무엇이며, 이러한 기준은 하나만 존재하는지 아니면 여러 기준을 복합적으로 이용해야 하는지를 결정하는 것이다. 각 상황에 따라 사려 깊은 조사와 이에 따른 계획수립이 필요하다.

3. 세분시장을 얼마나 정교하게 또는 폭넓게 구분해야 하는지의 어려움　　　복수의 표적시장을 가지는 것은 표적시장이 거의 없는 것만큼 낭비요소가 될 수 있다. 특정한 표적시장에서는 새로운 사업을 시작하는 데 드는 비용이 이에 따라 발생되는 수익보다 더 큰 경우가 있다. 반면에 시장을 너무 광범위하게 나눈다면, 특정 세분시장을 효과적으로 이용할 수가 없다. 마케팅은 사금을 가려내는 것에 비유할 수 있다. 예를 들어 아주 미세한 그물로 된 채를 사용하면 매우 작은 모래를 걸러낼 수 있다. 채 또는 그물의 구멍이 큰 경우에는 큰 입자들만 가려낼 수 있다. 단지 몇 개의 표적시장을 대상으로 마케팅을 하는 것은 큰 그물로 된 채를 이용하는 것과 유사하다. 즉, 어떤 잠재 고객들은 마케터의 손을 빠져나가는 것과 같다. 많은 수의 표적시장을 선정하는 것은 미세한 그물로 된 채를 이용하는 것에 비유할 수 있다. 이 경우 거의 모

든 잠재 고객들이 그물에 잡히지만 각각의 표적시장의 가치를 구분해 내기는 어려울 수 있다. 마케터 역시 너무 지나치게 세분화된 시장을 원하지 않을 수 있을 것이다.

4. 비실용적인 세분시장   마케팅 활동의 실행이 불가능한 세분시장도 있다. 예를 들어, 그 세분시장에 접근할 구체적인 촉진이나 광고수단이 없을 수도 있다. 어떤 집단은 너무 작아서 투자의 정당성을 찾기 어려울 수도 있다. 이는 일시적 유행을 지향하는 경우일 수 있다. 대기업들의 지배를 받는 세분시장의 경우, 이 세분시장에 진입하려는 신규 기업들은 진입장벽이 높고 그에 따른 수익은 보장이 안 된다는 사실을 알게 될 것이다.

효과적인 시장세분화의 기준

시장세분화에는 함정도 내포하고 있음을 알 수 있을 것이다. 어떻게 이 함정을 피할 수 있겠는가? 그 대답은 다음의 8가지 기준을 충족시킬 수 있도록 잠재시장을 세심히 선택해야 한다.

1. 측정가능성
2. 잠재성
3. 접근가능성
4. 방어성
5. 지속성
6. 경쟁성
7. 동질성
8. 양립성

1. **측정가능성**Measurable   정확하게 측정할 수 없는 표적시장을 선정하는 것은 현명하지 못하다. 본서는 가능한 계량적인 지표를 사용하여 마케팅 목표를 세우고 마케팅 계획의 결과를 측정하는 데 대한 필요성을 강조한다. 마케터가 표적시장의 규모만을 생각하면, 적절한 투자 수준이나 투자의 가치를 파

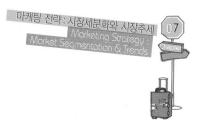

악하기 힘들다. 성과 또는 성공을 측정하는 근거가 불충분하면, 정확한 계획
수립 또한 어려울 수 있다.

2. **잠재성**Substantial   표적시장은 투자를 해도 괜찮을 만큼 충분한 규모를 가지
고 있어야 한다. 규모가 있어야 한다는 것은 그 표적시장에 투자한 비용보다
많은 수익을 올릴 수 있다는 것을 의미한다.

3. **접근가능성**Accessible   시장세분화의 본질은 특정 고객집단을 선정하고 이들
을 대상으로 한 시장진입이 가능하다는 것을 의미한다. 하지만 마케터가 정
확하게 도달할 수 없는 표적시장도 존재한다. 이런 경우에는 결과적으로 노
력과 비용을 낭비하게 된다.

4. **방어성**Defensible   두 개 이상의 표적시장에 대해 유사한 접근법이 적용되는
상황에서도, 마케터는 각각의 집단에 개별적인 관심을 두어야 한다는 것을
명심해야 한다. 또한 경쟁사와 표적시장을 공유하지 않도록 하는 것이 바람
직하고, 일단 결정된 표적시장에 대해서는 경쟁사의 어떤 행위에 대해서도
방어할 수 있어야 한다.

5. **지속성**Durable   중·단기 세분시장은 대개 수명이 5년 이내이다. 어떤 시장은
일시적 유행으로 짧은 기간 동안 인기를 얻는 시장이 있으며, 훌라후프, 디스코
텍, 롤러스케이트장 등이 이러한 일시적 유행의 예이다. 일부 벤처 사업은 단
기간에 투자한 것 이상의 큰 수익을 올리기도 하지만, 그렇지 못한 것이 대부분
이다. 현명한 마케터는 장기적인 잠재력을 가진 표적시장을 선정해야 한다.

6. **경쟁성**Competitive   여섯 번째 기준은 세분시장에 제공하는 자사의 서비스가
가지고 있는 경쟁력이다. 마케터들은 그들이 제공하는 것이 고객들에게 독
특하고 다른 무언가를 공급하는지 유심히 관찰해야 한다. 서비스가 특정 세
분시장의 욕구를 보다 정확히 충족시킬수록 성공할 가능성도 더욱 커진다.
반면, 제공되는 서비스가 그 세분시장의 욕구와 잘 맞지 않은 경우, 실패할
가능성은 매우 커지게 된다.

7. **동질성**Homegeneous   전체 시장을 구성하고 있는 세분시장을 나눌 때에는 가
능한 세분시장끼리는 서로 다르거나 이질적이 되어야 한다. 반면, 세분시장
내의 고객들의 욕구는 서로 동질적이어야 한다.

8. 양립성Compatible   기업이 표적시장을 선정할 때에는 이 시장이 이미 서비스 상품을 판매하고 있는 기존의 다른 시장과 어떤 방식으로든 상호 갈등을 일으켜서는 안 된다는 것을 명심해야 한다. 즉, 새로운 표적시장은 이미 존재하는 고객 믹스(기업이 이미 서비스를 제공하고 있는 표적시장들의 결합)와 양립할 수 있어야 한다.

마케팅 전략에 있어 세분화의 역할

앞서 논의된 시장세분화 전략과 3장에서 논의된 전략적 마케팅 계획 수립의 개념에서 전략strategy과 전략적strategic이라는 용어는 장기 계획 수립 또는 적어도 향후 3년 동안의 활동 대안을 선택하는 것을 포함한다. 8장에서도 마케팅 전략과 포지셔닝에 대해 상세히 살펴보겠지만, 전략 선택의 과정에 있어서 시장세분화의 기능을 올바로 파악하는 것은 중요하다.

시장세분화는 마케팅 전략을 선택하고 실행하는 데 핵심적인 역할을 한다. 사실, 전략을 결정하는 것은 하나의 표적시장의 선정, 또는 여러 표적시장의 결합을 선택하거나, 의식적으로 세분시장의 차이를 두지 않는(비차별화 마케팅) 것을 포함한다. 표적시장을 선정하는 것은 상황분석과 마케팅 조사를 이용하여 매년 재검토를 하며 수년에 걸쳐 이루어지는 의사결정이다.

세분화 근거

시장을 세분화할 때 어떤 특성 또는 근거를 사용해야 하는가? 이것은 모든 환대 및 여행 기업이 직면하고 있는 가장 어려운 질문 중의 하나이고, 마케팅 효과를 측정하는 측면에서도 매우 중요하다. 다음은 7가지 세분화 근거를 제시하고 있다.

1. 지리적
2. 인구통계적
3. 여행목적
4. 심리적
5. 구매행동
6. 상품관련
7. 유통경로

　이러한 7가지 각각의 기준은 시장을 세분화하기 위한 여러 대안적 특성들을 포함한다. 예를 들어, 지리적 세분화 기준을 이용하는 레스토랑은 잠재 고객을 우편번호, 전화번호의 앞 3자리, 거주지 등으로 나눌 수 있다. 7가지 세분화 기준 중, 예를 들어 지리, 여행목적, 인구통계 등의 기준을 모두 사용하여 또는 결합하여 시장을 세분화한다면, 서로 다른 세분시장이 100개 이상 나타날 수도 있다. 이러한 방대한 세분화 가능성 사이에서 가장 중요한 세분화 기준을 선택을 한다는 것은 시장세분화에서 매우 중요한 문제이다.

세분화 접근법

　각각의 세분화 기준에 대해 설명하기 전에 먼저 시장세분화에 대한 세 가지 서로 다른 접근법에 대해 이해해야 한다.

1. 단일단계 세분화Single-stage Segmentation　　7가지 세분화 기준 또는 근거 중, 하나의 기준만을 선택해서 시장을 세분화하는 것을 단일단계 세분화라고 한다. 예를 들어, 여행사는 잠재 고객 집단을 여행목적을 근거로 순수관광 고객과 비즈니스관광 고객으로 나눌 수 있다. 여행업체인 Contiki의 경우, 연령대 하나만으로(18~35세 사이의 고객만을 받는다) 고객을 세분화하고 있는 좋은 사례이다.

2. 이단계 세분화Two-stage Segmentation　　1차 세분화 기준(고객의 서비스 선택 결정에 있어 가장 중요한 기준)을 선택한 후, 시장은 다른 기준에 의해 보다 하위의 2차 세분화로 나뉘어질 수 있다. 전통적으로 숙박업체는 시장을 고객의 여행목적으로 나누고, 이후 표적시장을 보다 세밀하게 정의하기 위해 지리적 기준을 이용하는 이단계 세분화 방법을 사용하기도 한다.

3. 다단계 세분화Multi-stage Segmentation　　1차 세분화 기준을 선택한 이후, 2차 혹은 그 이상의 기준을 이용하여 세분화하는 것이 다단계 세분화이다. 예를 들어, 호텔은 여행목적에 따라 고객시장을 나눌 수 있으며, 이 경우, 컨벤션/회의시장이 하나의 세분시장이 될 수 있다. 호텔은 회의실 공간이 제한되어 있기 때문에 특정 인원수 이하의 회의를 가지는 협회나 기업을 유치함으로써 세분시장의 범위를 더 좁힐 수 있다. 마지막으로, 이러한 기업들이 위치하고 있는 장소를 기준으로 더 정확히 표적시장을 정의하기 위해 지리적 세분화

기준을 이용할 수 있다.

이 세 가지 접근방법 중 어느 것이 더 나은가에 대한 정답은 없다. 일반적으로 이단계 혹은 다단계 방법을 이용하는 것이 보다 효과적일 수는 있지만, 단일단계 시장세분화만으로도 표적시장을 정확히 정의할 수 있다. 적절한 세분화 기준의 선택은 이후 마케팅 전략 수립의 성공에 큰 영향을 미칠 수 있으며, 이는 다시 고객의 구매행동에 큰 영향을 미치게 된다.

개별 세분화 근거

1. **지리적 세분화**   환대 및 여행 산업에서 가장 널리 이용되는 세분화 기준 중의 하나이다. 지리적 세분화는 고객시장을 서로 같은 지리적 위치를 공유하는 고객집단으로 나누는 것을 의미한다. 지역은 여러 국가 또는 대륙과 같이 매우 크거나, 특정 거주지와 같이 매우 작은 규모일 수 있다. 캐나다관광위원회Canadian Tourist Commission, 호주관광청Tourism Australia, 영국 관광청Visit Britain, 홍콩관광청Hongkong Tourism Board 등 관광마케팅 조직은 1차 세분화 근거로써 종종 여행객의 국적을 이용한다. 반면 레스토랑의 경우, 도시나 지역의 우편번호와 같이 보다 세밀하고 지역적인 기준을 가지고 접근할 필요도 있다.

이처럼 지리적 세분화 기준을 사용하는 특별한 이유는, 첫째, 사용하기가 쉽기 때문이다. 대개 보편적으로 받아들여지는 지리적 영역이 있으며, 지리적 시장은 쉽게 측정할 수 있고, 이 시장에 대한 인구통계, 사회경제적 자료, 여행자료, 그리고, 다른 이용가능한 통계자료들이 충분히 있을 수 있다. 지리정보시스템GIS, Geographic Information System의 도입도 지리적 특성을 통해 고객정보를 조직화하고 그래픽으로 구현함으로써 지리적 세분화를 더 용이하게 해주었다. 또 다른 이유로는, 대부분의 매체(텔레비전, 라디오, 신문, 전화번호부, 잡지 등)가 특정 지역을 중심으로 서비스를 제공하고 있기 때문이다. 이 때문에 표적시장의 고객들에게 촉진활동을 통해 메시지를 전달하고자 할 때에는 불가피하게 지리적 세분화를 이용하기도 한다. 하나 이상의 국가에 고객시장을 갖고 있는 기업은 고객의 행동패턴이 그들의 소속 국가 혹은 거주지에 따라 다르게 나타날 수 있다고 느낀다. 당연하지만, 서로 다른 언어를 사용하는 표적시장 고객을 위해서 마케터는 고객들이 사용하는 다양한 국가의 언어로 번역,

제공되는 웹사이트나 홍보매체를 개발해야 한다.

지리적 기준을 실제로 선택할 때에는 상권(한 기업 혹은 유사 기업들이 다수의 고객집단을 유인하려고 하는 특정 지리적 영역)의 영향을 받는다. 호텔, 리조트, 관광지, 항공사, 크루즈, 여행목적지DMO 등은 여러 해외 국가를 포함하는 국제적인 상권을 가지고 있다. 패스트푸드나 숙박체인과 같은 조직들은 지배적인 몇몇 국가 혹은 국내 시장만을 그들의 상권으로 가지고 있을 수 있다. 독립레스토랑이나 소매여행사와 같이 보다 지역지향적인 사업의 경우 훨씬 좁은 상권을 가질 수 있고, 때로는 그 상권이 몇 블록의 지역으로 제한되기도 한다.

2. 인구통계 및 사회경제적 특성에 따른 세분화　　인구통계 및 사회경제적 기준에 따른 세분화는 시장을 인구통계적 자료나 사회경제적 특성을 나타내는 기준을 통해 나누는 것을 말한다. 주로 인구조사 정보를 통해 얻을 수 있는 통계자료로 나이, 성별, 가구, 수입, 가족구성, 직업, 교육수준, 종교, 인종, 주거형태 등을 포함한다.

인구통계 및 지리적 특성에 의한 세분화는 통계자료를 통해 관련 기준을 즉시 얻을 수 있고, 일률적으로 정의되고, 손쉽게 사용할 수 있다는 점에서 보편적으로 사용된다. 인구통계적 세분화를 지리적 세분화와 함께 이용하는 것이 일반적이며, 이로 인해 지리적 기준과 인구통계적 특성을 이용하는 이단계 세분화 접근법인 지리인구통계Geodemographic segmentation적 세분화라고 하는 방법도 등장했다.

3. 여행목적에 따른 세분화　　본서는 5장에서 이미 환대 및 여행 시장을 고객의 주요 여행목적에 따라 파악하는 여행목적에 따른 시장세분화의 개념을 소개한 바 있다. 이 세분화 기준은 쉽게 이용될 수 있으며, 숙박, 레스토랑, 여행사, 크루즈, 항공사, 여행목적지의 마케팅기업들이 전통적인 세분화 접근법의 일환으로 이 방법을 적용하였다.

1차 시장세분화 기준을 선택할 때 가장 중요하게 고려해야 할 사항은 고객의 행동에 직접적인 영향을 미치는 요인이어야 한다는 것이다. 예를 들어, 환대 및 여행 시장을 비즈니스 여행시장business travel market과 휴가 및 개인 여행시장pleasure and personal travel market이라는 두 개의 주요 집단으로 나누는 것은 여행객의 특성을 이해하는 데 매우 중요한 기준이 될 수 있다. 개인 여행시장

은 친지방문VFR-visiting friends and relatives이 큰 부분을 차지하며, 일반적으로 비즈니스 여행객과 휴가 및 개인 여행객들의 욕구와 필요는 매우 다르다. 예를 들어, 비즈니스 여행객은 그들의 사업장소와 가까운 곳을 선호하는 반면, 휴가차 온 여행객이라면 그들의 관광목적지와 가까운 숙박업소를 찾을 것이다. 휴가 여행객들은 개인적으로 비용을 쓰기 때문에 비즈니스 여행객에 비해서 가격에 민감하다. 환대 및 여행 산업의 고객시장을 세분화하는 경우, 1차 세분화 기준으로 여행목적을 사용하고, 추가적인 기준을 고려하여 이단계 또는 다단계 접근법을 사용할 수 있다.

4. **심리적psychographic 특성에 따른 세분화**   심리적 특성에 따른 세분화는 최근 환대산업과 관광산업에서 많이 고려되고 있는 세분화 방법이다. 여기서 심리적 특성이란 고객의 심리적 상태를 나타내는 것이며, 고객의 라이프스타일lifestyle에 대한 측정을 기반으로 한다. 라이프스타일은 AIO, 즉 시간을 소비하는 활동activities, 중요시 여기는 관심사interest, 자신들이 살고 있는 세상에 대해 느끼는 의견opinion 등에 의해 특징지워지는 생활방식이다. 이것은 라이프스타일에 따른 세분화에 이용되는 기준들이기도 하다.

평소, 사람들의 활동과 관심사, 의견은 다양하다. 잠시 동안이라도 자신에 대해 생각해 보면, 많은 관심사들이 있을 수 있으며, 어떤 것은 학교생활과 관련된 것이고, 또 어떤 것들은 좋아하는 취미, 스포츠, 레저시간을 보내는 등에 관한 관심사들이다. 또한, 자기 자신, 교육, 정치, 사회문제, 특정 상품이나 서비스, 외부 환경의 여러 요소들에 대해 다양한 믿음을 가지고 있다. 다음은 대부분의 사람들이 공유하는 활동, 관심사, 의견 등을 나열한 것이다.

A. 활동	I. 관심사	O. 의견
• 일	• 가족	• 자신의 의견
• 취미	• 가정	• 사회적 문제
• 사회 활동	• 직업	• 정치
• 휴가	• 지역사회	• 비즈니스
• 엔터테인먼트	• 레크리에이션	• 경제
• 회원제 클럽 활동	• 패션	• 교육
• 친목 활동	• 음식	• 상품
• 쇼핑	• 매체	• 미래
• 스포츠	• 업적	• 문화

4장에서는 라이프스타일을 고객행동에 영향을 미치는 개인적 요인으로 규명한 바 있다. 또한, 많은 마케터들이 관심을 가지고 있는 사이코그래픽 세분화 방법으로 전문적인 리서치회사에 의해 개발된 VALS(Values and Lifestyles: 가치와 라이프스타일)와 Claritas PRIZM NE 프로그램에 대해 설명하였다.

VALS 혹은 Claritas PRIZM NE 프로그램과 같은 방법을 이용하는 대신, 기업은 마케팅 조사를 기반으로 해당 기업의 사이코그래픽 세분화 기준과 방법을 직접 개발할 수도 있고, 고객의 활동, 관심사, 의견 등과 관련된 질문지를 개발할 수도 있다. 대부분의 조사자들은 여러 기준들을 사용한 질문에 대한 응답자 답변의 유사성을 기반으로 고객의 세분시장을 규명하기 위해 요인분석과 군집분석 같은 방법을 이용하기도 한다.

사이코그래픽 특성을 사용한 시장세분화가 지리적 특성이나 인구통계적 특성, 여행목적 등에 따른 세분화 방법보다 고객행동을 정확히 예측할 수도 있지만, 단점의 하나는 세분화에 대한 일관성 있는 접근법이 부족하다는 것이다. 또 다른 주의점으로는 이 세분화 기준 하나만 사용되기는 힘들고, 다른 기준을 함께 이단계 또는 다단계 세분화 방법의 일부로 이용되는 것이 바람직하다는 것이다. 즉, 사이코그래픽 기준이 1차 세분화의 근거가 될 수도 있지만, 표적시장을 보다 정확히 이해하기 위해서는 지리 및 인구통계적 특성과 같은 다른 기준들도 고려할 수 있어야 한다.

5. 고객의 구매행동 특성에 따른 세분화   행동특성에 따른 세분화는 고객들을 서비스 상품에 대한 이용상황, 이용객 상태, 혜택, 이용률, 충성도, 태도 등의 특성에 따라 나눈다. 즉, 특정 상품이나 서비스 범주(레스토랑, 호텔, 항공사, 여행사) 또는 특정 브랜드Carnival, Disney, Princess, Royal Caribbean에 대한 고객의 과거, 현재, 또는 미래 잠재 행동을 측정할 수 있는 척도를 이용한다.

❶ 이용 빈도Usage Frequency

이용 빈도에 따른 세분화는 서비스가 구매되어지는 빈도수나 전체 시장에 대한 각 세분시장의 점유율을 기반으로 전체 시장을 세분화하는 것이다. 이는 사이코그래픽 특성을 고려한 시장세분화와 마찬가지로 환대 및 여행 산업에서 많이 이용되고 있는 방법이다. 이용 빈도는 특정 서비스나 제품을 다른 사람들보다 자주 구매하는 경향을 보이는 고객집단이 있을

수 있다는 가정을 기반으로 한다. 이 세분시장은 일반적으로 기업의 수익에 최대로 기여하는 고객집단으로 구성되기 때문에 이들에게 마케팅 자원의 상당 부분을 투자하는 것은 마땅하다고 할 수 있다.

1970년대 중반까지 환대 및 여행 산업에서는 이러한 형태의 세분화가 거의 이용되지 않았다. 그러나 항공사에 대한 규제가 완화되고, 숙박업소가 늘어나며, 데이터베이스 마케팅이 점차 대중화되면서, 이러한 세분화 접근법의 사용이 활발해졌다. 기업은 기존 고객 및 재방문 고객의 중요성을 인식하기 시작하였으며, 조사를 통해 다른 고객들에 비해 여행횟수가 높은 고객들이 있다는 것을 알아냈다. 이 고객들을 단골 여행객frequent travelers으로 규정하고, 주요 항공사와 호텔은 이들 단골 이용고객에 대한 특별우대 프로그램을 제공하기 시작하였다. 이와 관련해서 미국에서 처음 시행된 프로그램은 1983년 처음 시작된 이래 약 4,000만명 정도의 회원을 보유하고 있는 Holiday Inn의 Priority Club이다. American Airlines는 항공사들 중에서 이러한 개념을 처음 도입한 항공사로 인정받고 있으며, 렌터카 회사도 이와 유사한 제도를 도입하였고, 카지노, 크루즈 업체, 관광목적지 등에서도 이러한 고객회원제도를 운영하고 있다. 이러한 회원제 시스템은 30년에 이르는 기간 동안 환대산업과 관광산업에서 성공적으로 정착하였다. 항공사는 회원제 보상시스템을 통해 무료항공권을 발권하고 있으며, 미국의 American Airlines는 6,300만, United 항공사는 5,200만에 이르는 회원을 보유하고 있다. 숙박업체 중에서는 가장 많은 회원을 보유한 Marriott이 운영하는 보상 프로그램에 약 3,000만명의 회원이 가입되어 있다. 이러한 보상시스템을 통한 빈번한 할인이나 무료티켓은 환대산업에 심각한 문제가 되기도 한다. 항공사의 경우, 이러한 프로그램을 통해 너무 많은 공짜 티켓을 발행하게 되어, 사후 이를 해결하는 데 어려움을 겪기도 한다.

이러한 프로그램의 목적은 간단하다. 단골 고객들의 재방문을 유도하여 항공사 및 호텔 체인에 대한 브랜드 충성도를 구축하기 위한 것이다. 이러한 단골 고객에 대한 고객우대 프로그램의 주요 대상은 비즈니스 여행객들이다. 최근 미국호텔업협회에 의해 수행된 Lodging Guest Survey는 호텔에 대한 단골 여행객들(지난 1년 동안 5차례 이상 여행한 사람들)의 중요성을 강

조하고 있다. 미국항공운송협회에 의해 수행된 한 조사결과에 의하면, 미국의 국내선 탑승객들 중 8%가 한 해 적어도 10번 이상 비행기를 탔고, 단골 탑승객들이 전체 항공 여행의 절반 가까이 차지하는 것으로 나타났다. 이러한 이용 빈도를 기준으로 한 세분화의 매력은 분명하다. 단골고객에게 투자하는 비용이 다른 표적시장에 드는 비용보다 훨씬 높은 투자수익을 올릴 수 있다는 것이다. 하지만 아직까지 단골 여행객들이 다른 여행객들과는 다른 어떤 특성을 가지고 있는지에 대해서는 명확히 알려지지 않았기에, 이 기준을 사용하여 최상의 효과를 얻기 위해서는 마케팅 조사와 함께 추가적인 기준을 사용한 세분화가 필요할 수 있다. 그러므로 사이코그래픽 기준을 사용한 세분화의 경우처럼 이단계 또는 다단계 세분화의 일부분으로 이용빈도 기준이 사용될 수 있다. 예를 들어, 환대 및 여행 기업이 이용 빈도, 여행 목적, 지리적 특성 등 세분화 기준을 모두 결합하여 이용하는 경우 보다 큰 효과를 얻을 수 있을 것이다. 그리고 이러한 세분화 작업을 해 나갈 때, 전산화된 고객 데이터베이스를 이용하면 체계적인 분석이 가능하고, 고객들을 정확히 선택하는 데 도움이 될 수 있다.

또 다른 고려사항은 단골 여행객에 대한 기업들의 경쟁이 심화되었다는 것이다. 이제 많은 기업들이 서비스 및 상품에 대한 고이용자heavy users에게만 많은 관심을 기울이고, 중간이용자medium users나 저이용자light users, 그리고 비이용자nonusers 등에게는 관심을 두지 않는다는 것이다. 하지만 반드시 고이용자가 아니더라도 다른 고객시장을 표적으로 하여 성공을 거둘 수도 있다.

❷ 이용상황 및 잠재력Usage Status and Potential

이 접근법은 고객들을 이용상황에 따라 나누는 것으로, 예를 들어, 비이용객, 이전 이용객, 정기 이용객, 잠재 이용객 등으로 나눌 수 있다. 또한, 고객이 기업의 서비스를 구매한 횟수(한 번 구매한 고객, 두 번 구매한 고객 등)로 고객을 나눌 수도 있다. 이러한 서로 다른 접근법은 서로 다른 마케팅 활동을 요구한다.

마케팅 조사를 할 때, 처음 방문하는 잠재 여행객과 그들의 여행목적지에 많은 관심을 둘 수 있는데, 이를 이용잠재력을 이용한 시장세분화usage potential segmentation라고도 한다. 마케팅 조사는 호텔 및 관광지를 방문한 적

이 없는 사람과 이전에 해당 서비스를 이용해 본 사람을 비교·분석하기 위해 이들 모두를 대상으로 시행될 수도 있다. 응답자들의 반응을 토대로 잠재력이 높은 이용객, 중간 이용객, 그리고 잠재력이 낮은 이용객 등으로 나뉘어질 수 있다. 기업은 잠재력이 높은 이용객 세분시장에 많은 관심을 가지게 된다.

이러한 접근법이 환대 및 여행 산업에서 이용될 때, 대개 이단계 또는 다단계 세분화 접근법의 일부로 사용될 수 있으며, 이 경우 지리적 특성이나 여행목적, 이용상태 및 이용잠재력에 따른 세분화 기준의 통합에 의해 분석이 수행되게 된다.

❸ 브랜드 충성도Brand Loyalty

브랜드 충성도는 최근 환대산업과 관광산업에서 매우 중요시되는 개념이다. 컴퓨터를 이용한 고객 및 시장정보의 데이터베이스에 대한 분석은 고객들의 브랜드 충성도를 측정하고, 이해하는 것에 도움이 된다. 환대 및 관광산업에서는 관광지나 관련 기업의 브랜드와 경쟁 브랜드에 대한 고객의 충성도에 따라 고객시장을 세분화할 수 있다.

브랜드 충성도에 따라 고객을 세분화하는 방법에는 몇 가지가 있는데, Cornell Center의 환대산업관련 연구소에서는 이러한 방법의 일환으로 고객들을 네 가지로 분류하였다. 만족한 비충성고객(satisfied swichers; 만족하였으나 경쟁사의 단골고객인 경우), 불만족한 비충성고객dissatisfied swichers, 만족한 충성고객 satisfied and loyal, 불만족한 충성고객loyal but dissatisfied의 구분은 고객충성도에 따른 시장세분화의 일례를 보여주고 있다.

브랜드 세분화brand segmentation라는 개념은, 특히 호텔체인, 레스토랑, 항공사, 크루즈와 같은 환대 및 여행 산업에서 그 중요성이 더욱 부각되고 있다. 인터넷 기반의 웹사이트를 통한 고객의 데이터베이스화와 이를 분석할 수 있는 더욱 발전된 통계적 시스템이 개발되면, 이러한 브랜드 충성도를 통한 시장세분화는 더욱 발전하게 될 것이다.

❹ 이용상황Usage Occasions

고객의 제품 또는 서비스에 대한 이용상황을 기반으로 한 시장세분화는 고객이 제품이나 서비스를 구매하는 시기와 구매목적 등에 따라 고객을

범주화하는 것이다. 앞서 논의한 여행목적에 따른 세분화는 이러한 이용
상황에 따른 세분화가 약간 변형된 것으로도 이해할 수 있다. 여행이 이
루어지는 주요 상황은 비즈니스, 휴가, 가족 및 개인적 이유 등에서 발생
할 수 있고, 대표적인 예로 허니문시장을 들 수 있다. 기념일, 생일, 퇴직
일, 휴일, 그리고 인센티브 등을 기회로 개최되는 특별 연회는 레스토랑
과 호텔의 이용상황 세분화의 또 다른 형태로 볼 수 있다. 다른 예로, 컨
벤션/회의나 MICE시장을 매년 열리는 컨벤션, 총회 회의, 중역 회의, 교육
세미나, 판매목적 회의 등에 따라 세분화할 수 있다.

Enterprise 렌터카는 틈새시장을 채우기 위해 이용상황을 기반으로 한 세
분화를 이용한 대표적 기업이다. Enterprise는 자신의 차가 사고를 당하
거나, 기계적 수리 및 도난 등에 의해 급작스럽게 차가 필요한 사람들에
게 자동차를 제공하는 데 초점을 맞추어 렌터카 사업을 하고 있다. 렌터
카 업계에서는 이를 대체replacement세분시장이라고 부르고 있다. 이 회사
는 1963년 Missouri의 St. Louis 사무실에서 17대의 자동차로 시작하여, 현
재 미국, 캐나다, 영국, 독일 등 6,900여개 지역에 70만대 이상의 자동차를
소유할 만큼 크게 성장하였다.

❺ 혜택Benefits

많은 마케팅 전문가들은 혜택에 의한 세분화를 최적의 시장세분화로 간
주하기도 한다. 이는 특정 상품 및 서비스에서 고객들이 원하는 혜택의
유사성을 기준으로 고객을 그룹화한다. 이러한 유형의 세분화가 왜 적절
할 수 있는가? 사람들은 제품이나 서비스를 아무 이유 없이 그냥 구매하
지는 않는다. 그 서비스를 구매했을 때, 얻을 수 있는 혜택을 중심으로 한
패키지를 구매한다. 마케팅 지향성의 본질은 고객이 원하고 필요로 하는
것을 제공하는 것이다.

혜택 세분화는 혜택이 고객에게 구매동기를 부여하고, 다른 세분화 기준
들은 이러한 시장을 기술하는 근거가 될 수 있다고 가정한다. 이는 혜택
이 표적시장을 정확하게 정의하는 데 이용되는 기준들(여행목적, 지리적 위치, 인
구통계적 특성 등)과 함께 1차적인 세분화의 근거가 될 수 있다는 것을 의미한다.

환대 및 여행 산업에서는 혜택, 속성 및 고객이 원하는 특징을 찾기 위한
많은 연구들이 있었음에도 불구하고, 혜택 세분화는 오늘날까지 비교적

제한적으로 이용되어 왔다. 예를 들어, 숙박고객이 중요시하는 숙박시설의 선택속성은 위치와 청결, 가격 등이 될 수 있고, 컨벤션/회의 기획자는 개최장소를 선정하는데 있어 가장 중요한 혜택요인의 하나로 음식의 질과 음식 서비스를 고려할 수 있다. 또한 편리한 스케줄, 저렴한 항공요금, 정확한 항공일정 준수 등은 비즈니스 항공 여행객들에게는 매우 중요한 항공사 선택요인이 될 수 있다. 이와 같은 정보가 존재한다 해도, 이를 토대로 구체적인 혜택 세분시장을 규명하고자 하는 연구는 상대적으로 적다. 특히 환대 및 여행 산업에서는 이러한 혜택 세분화에 대한 기준과 과정, 방법 등에 대한 연구가 그 중요성에 비해 상대적으로 부족한 편이며, 앞으로 이와 관련된 지속적인 연구가 필요한 실정이다.

6. **상품관련 세분화**Product-Related Segmentation 상품관련 세분화는 환대 및 여행 산업에서 주로 사용하는 접근법이다. 패스트푸드 고객, MICE 고객, 크루즈 고객, 스키 고객, 중저가호텔 고객, 장기투숙객, 가족단위 투숙객, 호화 여행객, 모터코치motorcoach 여행객, 카지노 고객 등은 특정 형태의 서비스가 고객들에게 주는 매력 정도에 따라 고객들을 분류한 예로 볼 수 있다.

Costa Rica와 Malaysia의 Sabah는 여행목적지DMO 마케팅 기업들이 상품관련 세분화를 이용하는 대표적인 여행목적지들이다. Costa Rica는 자연자원을 생태 관광목적지가 되도록 효과적인 마케팅을 실시하였고, Sabah의 경우도 이와 비슷하게 "높은 산과 깊은 바다의 생태 보물"과 같은 문구를 통한 홍보로 효과적인 마케팅 활동을 하였다.

상품 및 브랜드 세분화는 산업계에서 점점 인기를 얻고 있으며, 특히 세계적인 숙박체인들과 레스토랑 회사들, 크루즈 회사, 그리고 렌터카 업체들에서 나타나고 있다. Inter-Continental Hotels Group, Wyndham Worldwide, Marriott international, Hilton Hotel Corp., Choice International, Accor, Starwood Hotels & Resorts Worldwide, Carlson 등 세계적인 유수의 호텔 기업들이 한 기업을 모체로 하여 각기 다른 브랜드들을 소개하고 있다.

서비스 자체보다 고객의 욕구와 필요, 그리고 고객에게 전달되는 혜택이 더 중요할 수 있기에, 서비스 자체를 기준으로 상품관련 세분화를 하는 것은 추천하기 어렵다. 오히려, 고객 집단이 가지고 있는 욕구와 필요가 어떤 형태의

환대 및 여행서비스와 일치되는지를 설명하는 것이 더 바람직할 수 있다. 예를 들어, 장기투숙호텔extended-stay hotel 개념은 장기간 머무는 고객들, 특히 새로 배치되는 매니저와 경영자들의 편리한 체류욕구를 충족시키기 위해 만들어진 것이다. 패스트푸드레스토랑 개념은 저렴하면서 품질 좋고, 빨리 식사를 하고자 하는 욕구를 충족시키기 위해 나타났다.

상품관련 세분화는 이단계 혹은 다단계 시장세분화 접근의 일부로 사용되는 것이 바람직하다. 특히, 이 접근법은 서비스 이용객들이 비이용객과는 다른 특성을 지니고 있거나, 이들에게 특정한 촉진방법을 가지고 직접적으로 접촉할 수 있을 때 유용하다. 예를 들어, 와인이나 식도락, fitness와 건강, 골프, 테니스, 여행 등 특별한 주제에 관심을 갖는 고객들을 대상으로 하는 잡지나 웹사이트들이 이에 속한다.

7. 유통경로Channels-of-Distribution에 따른 세분화   유통경로에 따른 세분화는 고객이 아닌 여행중개자를 기준으로 나누는 방법이기 때문에 이전의 6가지 세분화 기준과는 다르다. 본서의 2장에서는 유통경로를 서비스와 제품 사이의 핵심 차이점으로 규명한 바 있다. 13장에서는 환대 및 여행 산업의 유통경로를 보다 상세히 살펴보게 된다. 2장과 13장에서는 환대 및 여행 기업이 (1) 고객에 대한 직접적인 마케팅, (2) 중개업자를 통한 마케팅, (3) (1)과 (2)의 결합이라는 선택권을 가진다는 것을 강조한다. 여기서, 고객과 중개업자는 서로 다른 마케팅 접근법을 필요로 한다.

유통경로 세분화는 여행중개업자와 여행업을 기능과 공통적 특성에 따라 나누는 것을 의미한다. 환대 및 여행서비스를 소매로 제공하고(여행사), 인센티브 투어를 준비하고(인센티브 투어기획자), 여행과 휴가 패키지를 개발하고 조정하는 것(여행 도매업자와 운영업자)과 같은 특정 기능을 수행하는 집단들이 있다. 각 집단 내에는 조직의 규모, 서비스를 제공하는 지리적 영역, 전문화 정도, 온라인 혹은 오프라인, 공급자를 다루는 방침, 운송업자 및 여행목적지DMO, 그리고 다른 요인 등에 있어 중요한 차이가 있다. 그들의 서비스를 이용하는 다른 환대 및 여행 기업들은 그들 표적시장의 프로필과 맞는 세분시장의 여러 유통경로를 결정해야 한다. 이는 고객 세분화를 먼저 한 후, 유통경로를 세분화할 수 있다는 것을 의미한다.

비록 여행중개를 독점적으로 다루는 일부 기업들이 있기는 하지만, 대부분 고객과 중개업자 모두에게 마케팅을 실시해야 한다. 유통경로 세분화도 이 단계 혹은 다단계 세분화 접근법의 일부로써 사용되는 것이 바람직하다.

고객과 산업 추세Trend : 시장세분화에 미치는 영향

환대 및 관광산업에서 마케터들은 타 산업에서와 마찬가지로 언제나 고객과 시장의 추세를 예의주시하며, 이러한 추세 변화는 시장세분화 분석과 전략 설정에 영향을 미친다. 5장에서 우리는 환대 및 관광산업 조직이 처한 상황과 이에 대한 분석에 대해서 공부했고, 6장에서는 시장과 산업관련 주요 이슈와 기회에 대한 마케팅적 사고와 접근방법에 대해 고찰했다. 이러한 내용들은 대부분 시장의 추세를 파악하는 방법과 이의 영향에 관계된 것이다.

제2차 세계대전 이후인 1946년에서 1960년대 초까지 소위 가족단위 시장이 대부분의 환대 및 관광산업의 마케터들에게 뚜렷한 표적이 되었다. 이 시기 동안 Holiday Inn, Disneyland, 그리고 McDonald's와 같은 잘 알려진 체인기업들이 등장하였으며, 이후 많은 것들이 변화하였다. 최근의 상황을 살펴보면 21세기 들어 환대 및 여행 시장이 이전보다 더욱 빠르게 변화하고 있다. 비록 가족단위 시장이 여전히 강세를 보이고 있지만, 성장가능한 다른 많은 표적시장들이 나타나서 기존의 시장을 추격하고 있다. 환대 및 관광산업은 계속 성장과 반등을 계속하고 있고, 예전보다 더 많은 경쟁자 및 브랜드를 양산하기에 이르렀다. 이러한 다이내믹한 환경에서, 정확하고 적절하게 목표시장을 선정하고, 이를 세분화하는 노력은 더욱 더 중요해질 것이다. 환대시장의 수요와 공급에는 어떠한 변화가 나타나고 있는지 알아보고자 한다.

1950년대 환대 및 여행 산업은 표준화 또는 동일성을 강조하였으며, 오늘날은 그 반대인 다양성과 고객 개인의 욕구와 필요에 맞춘 개별화에 초점을 맞추고 있다. 고객행동이 다양하게 변화하면서 이러한 움직임이 일어났으며, 기업은 이러한 고객의 새로운 욕구를 만족시키기 위해서 서비스, 시설, 패키지, 프로그램의 다양성 등에 초점을 맞추어 반응하고 있다. 환대 및 여행 산업에서도 이러한 고객의 요구와 만족을 충족시키기 위해 즉각적인 반응을 보여주고 있으며, 그에 맞추어

환대산업 시장에서 많은 변화와 추세들이 감지되고 있다. 이러한 추세에 대한 자세한 설명은 10장과 13장에서 다루기로 하고, 앞서 배운 고객 추세에 초점을 맞춘 7가지 시장세분화에 관해 설명하고자 한다.

고객 추세: 수요의 변화

고객의 추세는 그 예가 매우 다양하여 시작점을 찾기가 힘들다. 예를 들면, 90년대 중반 인터넷이 활성화되면서 고객들은 이를 이용하여 정보를 얻고 구매활동에 사용하는 것에 매우 능숙해졌다. 한 보고서에 따르면 인터넷에서 제공하는 정보는 여행사에서 제공하는 정보보다 정보탐색자들에게 두 배나 더 중요하게 여겨진다고 한다. 환대 및 관광산업 측면에서는 이러한 현상이 더욱 확실하게 나타나고 있으며, 현재 수많은 고객들이 여행정보를 얻기 위해 먼저 인터넷에 접속하고 있다. 최근, 세계 각국의 인구통계적, 사회경제적 변화는 놀라울 정도인데, 사람들의 생활방식이나 관심은 천차만별로 다각화되었고, 많은 사람들은 여행을 지금보다 더 즐기기에 충분한 돈을 갖고 있지만 역설적으로 이를 위한 시간은 상대적으로 더 부족해졌다.

다음에는 고객 트렌드에 관한 간단한 설명이 제시되어 있는데, 이들 외에도 많은 추세들이 존재하지만 이는 최근의 고객 추세가 가지는 특색을 잘 나타내 준다.

1. **인구통계적 · 사회경제적 추세**|Demographic and Socio-economic Trends 환대 및 관광산업에서는 인구통계적, 사회경제적 특징에 있어 변화가 눈에 띄게 나타났다. 이러한 변화들은 연령대의 변화, 소수민족의 중요성, 가족 경제구조와 구성의 변화, 결혼시기의 지연, 이혼율 증가 등으로 압축된다. 다음 두 사례는 이러한 추세를 대표적으로 설명하고 있다.

베이비 붐 세대: 연령대는 높아졌지만 매력적
세계적으로 가장 발전된 나라들이라 할 수 있는 북미지역이나 서유럽과 일본의 평균 연령은 빠르게 증가하고 있다. 베이비 붐 세대baby boomer라고 불리는 이 세대는 연령대가 이미 높아져 은퇴연령에 들어섰으나 다른 연령대에 비해 아직도 왕성히 활동할 수 있는 세대이기도 하다. 베이비 붐 세대는 2차 세계대전이 끝난 이후 1946년에서 1964년 사이의 기간에 태어난 사람들이

다. Deloitte Touche Tohmatsu社에 따르면 2020년에 들어서면 세계적으로 65세 이상의 인구가 7억명에 달할 것이라고 추산한 바 있다. 이러한 변화는 환대산업에 있어서 긍정적인데, 그 이유는 이들이 독립적인 성향이 강하면서 여행하거나 외식을 하는 데 충분할 만큼 경제적으로 여유가 있고, 교육수준이 높으며, 여행하고자 하는 욕망이 크기 때문이다.

시간 빈곤 세대 : 쉬고 싶지만 어려운 세대

최근 현대 사회에서는 금전적으로 풍요롭지만 여유시간은 부족한 사람들이 늘어나고 있다. 맞벌이 가정이 늘어나면서 적당한 시기에 서로 휴가기간을 맞추기가 더욱 어려워지고 있다. 환대 및 여행 산업에서는 이러한 추세를 반영해서 짧은 휴가기간에 맞춘 상품들을 기획, 제작하고 있다. 영국에서는 이러한 휴가를 'short-break holidays'라고 부르며, 북미지역에서는 'mini-vacation'이라고 부르고 있다. 2006년 실시한 The Lonely Planet의 여행자 동향 조사에 따르면 이러한 짧은 휴가가 전년대비 17% 증가한 것으로 나타났다. Indiana주 Bloomington은 이러한 트렌드를 간파하고 영화 'Breaking Away'의 이미지를 차용하여 짧은 여행의 최적지라는 광고를 하고 있다.

2. 지리적 추세|Geographic Trends

세계적으로 여행 지리적 추세도 새로운 목적지가 부상하고 여행지 선택이 다변화되면서 많은 변화를 맞고 있다. 세계관광기구The World Tourism Organization: UNWTO는 2007년 9억여 명이었던 관광객들이 2020년에는 16억명으로 증가할 것으로 예측하였고, 관광산업 1위를 오랫동안 고수했던 프랑스가 2010에서 2020년 사이 중국에게 그 자리를 내 줄 것으로 예상하였다.

BRICBrazil, Russia, India, China의 부상

골드만삭스는 브라질, 러시아, 인도, 중국을 가장 빠르게 발전하고 있는 국가들로 소개하면서 이들을 통칭하여 BRIC이라고 명명하면서, 2050년에는 이들 5개국이 지금보다 더 강력한 영향력을 행사할 것이라 전망하였다. 환대산업에서도 이들의 부상은 주목할 만하다. 이들 국가에서는 국내시장과 더불어 비즈니스 여행, MICE 산업과 관련한 관광이 크게 늘어날 것으로 전망된다.

3. 여행목적 추세|Purpose of Trip Trends   기존 환대 및 여행 산업에서는 여행객들의

여행목적을 관광, 비즈니스, 친지방문 등으로 단순하게 고려해 왔다. 하지만 최근의 경험으로 보면 관광객의 여행목적은 하나로 단정짓기 힘들 정도로 다각화, 세분화되고 있으며, 여행목적지도 특정한 몇몇 곳이 아닌 여러 곳으로 나누어지고 있다.

다목적 여행 Multi-purpose Travel

여행을 떠나기에 시간 제약이 많아진 요즘, 많은 여행객들이 여행을 떠나기 전 다양한 목적을 갖고 여행계획을 세우고 있다. 예를 들어, 2007년 조사에 따르면 미국인 56%가 레저와 휴양을 목적으로 해외여행을 간다고 답하였으며, 47%는 친지방문 목적으로, 24%는 비즈니스 여행을 간다고 답하였고, 학업6%, 컨벤션/콘퍼런스3%, 종교/순례3% 등의 목적으로도 여행하는 것으로 나타났다. 이 결과에서 보다시피 각 비율을 더하면 139%가 되는데, 이는 다중응답에 의한 것으로, 그 만큼 다목적으로 여행을 떠나는 비율이 늘어났다는 것을 알 수 있다.

4. 심리적 추세 Psychological Trends

사람들의 라이프스타일은 급격히 변화하고 다각화되고 있다. 흔히 라이프스타일을 행동, 관심, 의견을 포함하는 개념으로 나타내는데, 이는 라이프스타일을 너무 폭넓게 정의하는 측면이 있다. 고객의 관심과 행동은 그들이 여행을 하는 도중 어떤 것을 하고 싶어 하거나 보고 싶어하고, 먹고 싶어하는 데 영향을 미칠 수 있다.

건강의 유지

사람들은 그들의 건강에 점점 더 신경을 쓰기 시작한다. 전미식음료협회NRA: National Restaurant Association의 2006년도 조사에 따르면 미국인의 71%가 좀 더 건강에 유익한 음식을 먹고자 한다고 응답했다. 채식주의자들의 비율도 늘어나면서 식음료 시장에 큰 영향을 주고 있다. 선진국의 경우, 3~10% 정도가 고기를 먹지 않는 것으로 나타난 바 있다. 또한 많은 사람들은 일로부터 오는 압박과 스트레스에서 벗어나 건강하게 살고 싶어 한다. 이러한 추세는 사람들로 하여금 스트레스를 해소하고자 하는 욕구를 갖게 했다.

스트레스의 해소

국제스파협회International Spa Association에 따르면, 2007년 한해 3천 2백만명의 미

국인들이 스파를 방문했다. 2006년 캐나다에서 발표된 스파관련 연구에 따르면 이러한 스파 방문 행위가 일상 스트레스를 탈출해서 새로운 활력을 얻는 데 큰 효과를 나타내는 것으로 입증되었다.

자연을 통한 의미 추구

사람들의 자연에 대한 관심이 높아지면서 일명 녹색여행Green Travel에 대한 관심이 적지 않게 나타나고 있다. 이를 'eco-tourism'이라고도 부르는데 이는 목적지를 방문하는 데 있어 그곳의 자연을 즐기고 감상하며 현지의 문화와 라이프스타일을 체험하는 목적을 중시하는 관광을 의미한다. 이러한 '자연에서 의미를 찾는' 추세는 환대 및 관광산업뿐 아니라 환경과 자연에 영향을 주는 모든 산업으로부터 영향을 받을 수 있다. 예를 들어, 에너지를 낭비하고 쓰레기를 무단 투기하는 측면을 생각하면, 지구온난화, 기온의 급변화, 대체 에너지 등 환경에 관련한 전 세계적 관심에서 환대 및 관광산업 또한 자유로울 수 없다.

추억 남기기

고객들은 자신들의 여행경험을 바탕으로 저자나 비평가가 되고 있다. 많은 여행객들이 환대 및 관광산업에 대한 경험을 자신의 블로그를 통해 모두에게 보여주고 있다. 블로그를 운영하는 것은 이제 의사소통의 차원을 넘어 일종의 문화와 취미로 자리 잡게 되었으며, 이로 인해, 블로그는 환대 및 여행산업의 마케터들에게 좋은 연구자료가 된다. 블로거에 대한 정확한 통계자료는 없지만, 미국 Pew Internet & Life Project社의 연구에 따르면 1,200만명에 달하는 성인남녀가 블로그를 운영하며, 5,700만명이 이를 방문하고 있고, 이 중 54%가 18~29세 사이의 젊은 연령층이라고 밝힌 바 있다.

5. 행동적 추세Behavioral Trends

그간 고객들이 환대 및 관광산업을 이용하는 추세는 많이 변화되었으며, 크게 보면 다음 3가지를 들 수 있다.

단독 여행객의 증가

결혼시기가 늦어지고 이혼율이 증가하면서 홀로 여행을 떠나는 여행객들이 늘고 있다. 영국의 한 여행 추세 조사는 이러한 시장을 두 부류로 분류하였는데, 하나는 독립적이고 모험적이며 뭔가 색다른 즐길 거리를 찾는 부류와, 또

하나는 휴일에 자신의 반쪽을 찾고자 하는 부류이다. 이러한 여행객들은 확실히 그룹여행객들과는 차별화된 독립적인 여행 트렌드를 나타내며, 주로 30대 이전의 연령대를 갖고 있다.

마일리지 프로그램의 활성화

많은 사람들이 항공사에서 제공하는 마일리지 적립 프로그램에 가입되어 있으며, 이를 적립하는 데 큰 관심을 가지고 있다. 캐나다의 경우, 2/3에 해당하는 가정이 이러한 프로그램에 가입되어 있으며, 미국의 경우에는 주요 항공사에서 실시하는 FFPs frequent flyer programs에 1억명 가량이 등록되어 있고, 주요 항공사마다 평균적으로 2천만명 정도의 회원을 보유하고 있는 것으로 집계되었다. 하지만 이러한 집계는 고객 한 명의 다중 응답도 인정한 수치이기 때문에 단순 계상하기에는 어려운 점도 있다.

브랜드 충성도의 약화

환대 및 관광산업에서 고객들이 가지던 특정 브랜드에 대한 충성도는 점점 약화되는 추세이다. 업계 간 경쟁이 심화되었고, 이러한 경쟁시장에 뛰어든 기업들은 저마다 자신의 방식으로 고객을 창출하기에 여념이 없다. 위에서 한 고객이 여러 항공사의 마일리지를 적립하는 것을 언급한 것이 좋은 예가 될 수 있을 것이다. 미국에서 조사된 한 자료에 따르면, 일반적으로 한 회사가 보유하고 있는 고객의 절반을 잃는 데 5년이 걸리지 않을 수 있다고 설명했다.

6. **수요 측면** Demand side**에서의 상품관련 트렌드** Product-related Trends   당신은 상품과 관련한 추세를 왜 수요 측면 Demand side과 연관지어 설명하고자 하는 것인지 의문을 품을 것이다. 고객들이 원하고 필요로 하는 것이 변하면서 그들이 기대하는 것과 흥미를 갖는 것도 바뀌었다. 따라서 산업의 공급 측면에서도 이러한 요구에 맞춰야 할 필요성이 생긴 것이다. 현명한 기업가와 경영자들은 이러한 시장과 수요의 변화를 기회로 만든다. 예를 들면, 통신시설을 만들기 위해 지은 타워에 사람들이 즐기도록 하는 개념을 연관시키는 것을 들 수 있다. 뉴질랜드의 사업가인 A.J. Hackett은 이러한 기회를 발견하고 타워 꼭대기에 번지 점프대를 만들었다.

틈새시장을 공략하라

특별한 흥미를 추구하는 여행과 같은 틈새시장은 환대산업에서도 떠오르는 추세 중 하나다. 이러한 시장을 파악하기 위해 우리는 AIO의 I에 해당하는 'Interest'에 다시 주목할 필요가 있다. '틈새여행niche travel' 혹은 '틈새관광niche tourism'이라고도 불리는 이러한 추세는 관광객들에게 일상과 다른 그들만의 흥미와 취미를 추구하도록 하는 것이라 할 수 있다. 이제 사람들의 관심은 서점 가판대에 있는 잡지의 종류만큼이나 다양해졌다. 최근에는 인터넷 정보를 통해 이러한 일반인들의 특별한 관심사에 대한 정보를 쉽게 찾아 볼 수 있다.

전문가의 입맛에 맞춰라

많은 고객들은 음식, 와인, 예술, 건축물, 문화, 각종 사건 등 여행하면서 겪을 수 있는 다양한 것들에 대한 전문가이거나 혹은 전문가이고 싶어 한다. 이것은 어쩌면 틈새시장의 한 부분이라고 말할 수도 있으나, 환대 및 관광산업에서 특별히 주목해야 할 부분 중 하나이다. 와인에 대한 관심이 늘어나면서 와인산업으로 유명한 호주, 뉴질랜드, 미국, 캐나다, 프랑스, 독일, 이탈리아, 남아프리카 공화국, 스페인, 칠레 등 여러 나라가 와인관광으로 큰 수익을 얻고 있다.

7. 유통채널 추세|Distribution Channel Trends

"소비자들은 갇혀 있고, 여행 마케터들은 그들에게 다다르기 위해 발버둥친다." 2006년에 Travel Weekly에서 조사한 소비자 추세이다. 환대 및 관광산업에서의 최근 10년간의 기념비적인 변화는 고객들이 매우 편리하게 여행 정보를 얻고 예약을 하도록 만들었다. 이러한 변화의 중심에는 인터넷과 모바일 정보통신기기(휴대폰, PDA 등)의 획기적인 기술 혁신이 있었다고 할 수 있다.

정보 수집과 예약

전 세계적으로 약 15억명(2008년 기준)의 인구가 인터넷을 사용하는 것으로 추산되고 있으며, 아시아 지역은 유럽과 북미지역 다음으로 가장 인터넷을 많이 사용하는 지역으로 부상하고 있다. 사람들이 환대 및 관광산업과 관련된 정보를 얻고자 할 때, 가장 먼저 인터넷을 사용한다는 사실이 밝혀졌으며, 2007년 미국에서 조사된 자료에 따르면 개인적으로 여행을 계획할 때 79%

의 응답자가 3개월 전부터 인터넷을 이용하여 여행계획을 짤 것이라고 답하였다. 호주 관광청은 호주를 방문하는 58%의 관광객들이 인터넷을 사용하여 정보를 얻었다고 응답한 자료를 발표하였고, 국가별로는 미국(69%), 독일(68%), 한국(65%), 영국(62%) 등이 비교적 높은 비율로 인터넷을 통해 얻은 정보를 가지고 호주를 방문한 것으로 나타났다.

환대 및 여행 관련 전자상거래e-commerce는 온라인을 통한 여행관련 상품의 구매가 급증하면서, 크게 성장하고 있는 추세이다. 호텔예약은 이제 전화를 통한 직접 예약만큼 인터넷을 통한 예약 비율이 많아졌다. 미국의 e-marketer. com 사이트는 2008년 1천억 달러가 넘는 매출을 온라인 상거래를 통해 달성하였으며, 유럽에서도 500억 유로의 매출을 거둔 것으로 집계되었다. 유럽에서 이러한 전자상거래를 가장 활발히 하는 국가는 영국과 독일인 것으로 나타났다.

가상관광

2장에서 언급한 것처럼, 환대 및 관광산업 상품이 고객들에게 견본상품을 제시한다는 것은 매우 어려운 일이다. 무형성이라는 환대산업 상품의 특성상 고객들에게 견본상품을 경험하도록 하는 것은 매우 힘든 일인데, 최근에는 인터넷과 디지털 기술의 발전으로 비슷하게나마 이를 구현할 수는 있게 되었다. 가상관광은 인터넷 웹사이트를 통해 제공되는 것으로 고객들이 특정 관광지를 방문하지 않고도, 해당 관광지의 경치와 환경을 경험할 수 있도록 해 준다. 2006년 Pew Internet & American Life Project의 한 조사에 따르면 미국인의 51% 정도가 온라인을 통해 가상관광을 체험한 적이 있다고 응답한 것으로 나타났다.

환대 및 여행 산업의 추세 : 공급 측면에서의 변화

"테러리즘, 자연재해, 각종 전염병 및 다른 여러 가지 이유로 인해 더 이상 여행과 관광산업에서의 '일반적인' 한 해를 기대하기는 어려워졌다." 2006-07 세계 여행 추세보고서World Travel Trends Report 2006-07의 서두이다. 이제 더 이상 '일반적인 고객'을 찾기도 힘들어졌다. 최근 몇 년 동안 고객들의 욕구와 기호는 빠르게 변화

환대산업에서의 공급자와 운반자에 관한 추세

그림 7-1a

공급자(supplier sector)	운반자(carrier sector)
숙박산업	**항공산업**
• 체인(chain)의 시장지배 강화 • 브랜드 세분화와 확장의 증가 • 통합과 세계화의 성장 • 단골 및 재방문 고객의 중요성 • GDS, 제3 중개인의 성장 • 특성화된 숙박시설의 증대	• 안전과 보안에 대한 관심 증가 • 저비용 항공사들의 등장과 성장 • e-ticketing의 대중화 • 항공기의 크기 및 속도 증가 • Self-service check-in의 증가 • 고객 마일리지 프로그램의 확대 • 항공사들의 제휴(alliance) 확장
식음료산업	**철도산업**
• 세계적 체인 브랜드의 등장 • 식당 및 외식산업의 지속적 성장 • 식음료 안전성 여부에 대한 관심 증대 • 음식과 식단의 다양화 요구 증대 • 식음료 서비스 co-branding 증대 • 편리성 추구의 증대	• 고속철 개발 • 국영철도 기업의 민영화 • 서비스, 비품과 프로그램의 향상 • e-ticket과 온라인 예약의 증가
크루즈산업	**페리산업**
• 수요와 수용능력의 급속한 증대 • 표적시장의 개발 및 확장 • 여행사에 대한 의존 지속 • 고객 인구통계특성의 변화 • 리조트 회사들의 시장진출 • 크루즈 회사들의 연합 및 통합 • 창의적 시설 및 비품의 증가	• 크고 현대적인 페리의 등장 • 크루즈산업과의 연계 증가 • 서비스와 비품의 향상 • e-ticket과 온라인 예약의 증가
렌터카산업	**버스 및 관광버스(motor coach)산업**
• 주요 회사들의 글로벌화 • 주요 회사들의 통합과 판매집중화 • 고객 서비스 강화 및 확장 • 수익성 관리에 치중 • 브랜드 세분화 • 유통경로 다각화	• 관광버스업의 세련화 향상 • 서비스와 비품의 향상 • e-ticket과 온라인 예약의 증가
관광매력물 및 이벤트산업	**운하산업**
• 테마파크에 대한 수요 증가 • 엔터테인먼트 프로그램과 기술의 창조 • 관광지 개발 • 관광객의 참여 증대 • 산업 선도자의 시장 크기 및 지위 강화	• 운하산업에 대한 관심 증대 • 운하와 그 주변에 대한 역사적 재해석 • 관광지로서의 도시 운하 매력증가

카지노와 게임산업

- 세계적인 카지노 특화 지역의 증가
- 카지노 지역과 콘셉트의 범위 확장
- 카지노와 게임의 경제적 효과 증대
- 포커(poker)에 대한 고객의 관심 증가
- 카지노 및 게임의 대중적 용인 일반화
- 온라인 게임 산업의 성장

우주여행산업

- 부유층을 대상으로 한 우주여행 증가
- 가상의 우주환경에 대한 여행 제공

그림 7-1a

환대산업에서의 중개업
과 목적지마케팅조직
(DMO)에 관한 추세

그림 7-1b

중개업(Intermediary Sector)

소매 여행사

- 항공사 커미션 감소
- 온라인 회사 증가에 따른 경쟁 심화
- 전통적 여행사들의 인터넷 사용 증가
- 재택근무 여행사들의 증가
- 선도적 기업들의 시장지배력 증가
- 크루즈 전문 여행사 등 특성화 심화
- 수익구조의 다변화

도매 여행사 및 운영자

- 인터넷을 이용한 예약 증가
- 활동적인 패키지 증가
- 온라인 기반 여행사(OTCs)의 압력 증가

기업여행

- 인터넷을 사용한 정보검색 및 예약 증가
- 기업여행 특화 여행사의 합병 증가
- 기업의 여행비용에 대한 관심 증가
- 기업여행 규정의 일반화 및 체계화
- 선호 여행사 이용 증가

인센티브 여행(MICE)

- 개인 인센티브 여행에 대한 관심 증가
- 비즈니스 목적 및 미팅과 결합
- 여행기간의 축소

컨벤션/미팅(MICE)

- 인터넷을 이용한 정보검색 및 예약 증가
- web 콘퍼런스의 증가

목적지마케팅조직(DMO)

국가적 지원조직(NTO)
지역적 지원조직(RTO)
도시(컨벤션) 지원조직(CVB)

- 예산편성 증가
- 데이터베이스를 이용한 단골고객 관리
- MICE 시장의 성장
- 목적지의 브랜드화
- DMO의 온라인 패키지 등장
- 제휴 및 협력의 중요성 증가
- 특별한 관심을 가진 고객들을 대상으로 한
  여행시장의 성장
- 인터넷 마케팅의 중요성 증가

온라인 여행사

- 시장점유율 확대
- 경쟁 치열화

Global Distribution System(GDS)

- 항공산업에서 e-ticket 비중 커짐
- 국제적으로 사용범위 넓어짐
- 기능 확대
- 크루즈 예약에 이용됨

으며, 새로운 시장과 기회를 만들어냈다. 환대 및 여행 산업은 서비스, 시설, 패키지, 프로그램 측면에서 확장과 변화를 끊임없이 계속하고 있으며, 이를 특성화하고 맞춤화하여 목표시장의 고객들을 공략하고 있다. 10장과 13장에서는 환대 및 여행 산업 각각의 묶음들과 구성요소에 대해 언급하고 이와 관련한 최신 추세에 대해 설명하였다. [그림 7-1a, 7-1b]는 이러한 각 추세를 정리한 것이다. 10장에 나타난 전반적인 5개 추세는 (1) 수평적 통합(비슷한 사업으로의 진출 또는 확장) (2) 수직적 통합(유통채널의 up & down) (3) 새로운 서비스, 시설, 여행 및 관광 개념 변화와 관련 산업 소개 (4) 인터넷의 중요성 심화 (5) 경쟁 심화로 요약할 수 있다.

환대 및 여행 산업 추세의 주요 요소를 8P의 개념을 적용해 이해하고자 한다.

Product

- 환대 및 여행 산업의 각 분야에서 브랜드 세분화가 증가하고 있다.
- 주요 기업, 특히 체인호텔에서 고급 브랜드를 사용하는 전략이 늘고 있다.
- 특이성향의 여행special-interest travel: SIT이 늘고 있다.
- 특정 산업의 규모가 늘어나고 있다(예 크루즈 산업).

Partnership

- 환대 및 여행 산업에서 타 기업과 제휴를 맺는 것이 점차 확대되고 있다.
- 타 기업이나 브랜드와 제휴를 맺는 것은 이제 더 이상 색다른 일이 아니다.
- 인터넷을 통해 편리하게 '가상'의 제휴를 맺는 것도 가능해졌다.

People

- 시장세분화를 통해 글로벌하면서도 특징적인 목표시장을 설정하는 경향이 있다.
- 직원을 통한 서비스 품질의 향상이 중요시 되고 있다.
- 고객의 데이터베이스 활용이 중요해졌다.

Packaging

- 끊임없이 변화하는 시장에 맞춘 패키지와 같은 맞춤형 패키지의 중요성이 증대되었다.
- 산업 전반에 걸쳐 패키지의 관련성과 중요성이 증가했다.
- 짧은 휴가에 대한 욕구가 늘어나면서, 이러한 패키지 제공이 늘어났다.

Programming

- 환대 및 여행 산업 전반에서 오락적 요소가 가미된 새로운 시설들이 나타나고 있다(예 신개념의 테마파크).
- 관광객이 실제로 참여할 수 있는 시설과 활동의 제공이 늘어나고 있다.
- 여행과 함께 무엇인가를 배울 수 있는 교육적 프로그램이 증가하고 있다.

Place^{Distribution}

Place^{Distribution}

- 인터넷을 사용한 온라인 예약이 증가하고 있다.
- 온라인을 기반으로 한 여행사의 성장세가 뚜렷하다.
- GDS를 기반으로 한 회사들의 다각화와 활동영역이 넓어지고 있다.

Promotion

- 인터넷과 휴대폰을 사용한 전자상거래와 광고 및 홍보 활동이 활발히 이루어지고 있다.
- 의사소통 채널이 점점 늘어나고, 다각화되고 있다.
- 여러 국가 언어로 번역되어, 더욱 글로벌화되고 있다.

Pricing

- 실수익과 수익관리yield management 시스템에 더욱 주의를 기울이고 있다.
- 인터넷 쿠폰을 이용한 특별 할인가 제공이 늘고 있다.
- 지나친 과잉서비스, 중간거래상 등을 배제하고 저가격에 핵심 서비스만 제공하는 상품 및 회사(저비용 항공사)가 늘어나고 있다.

수많은 변화가 환대 및 여행 산업의 수요, 공급 측면에서 모두 나타나고 있다는 사실을 파악할 수 있을 것이다([그림 7-2]를 통해 정리). 사실 환대 및 여행 산업의 추세 변화가 매우 유동적이고 자주 변하기 때문에 이를 추적하여 연구한다는 것은 매우 어렵다. 환대 및 여행 산업의 마케터들에게 필요한 데이터베이스는 계속 업데이트되어야 하고, 시장을 분석하고 세분화한 자료들이 축적되어야 한다.

고객과 산업의 트렌
드 정리

그림 7-2

고객 추세(수요)	산업 추세(공급)

고객 추세(수요)

인구통계적 및 사회경제적 추세
- 베이비 붐 세대의 활동적 노화
- 시간 빈곤 세대

지리적 추세
- BRICs의 부상

여행의 목적
- 다목적 여행

심리적 추세
- 건강 유지
- 스트레스 해소
- 자연의 의미 부여
- 블로그를 이용한 기록

행동적 추세
- 단독 여행객의 증가
- 마일리지 프로그램의 활성화
- 브랜드 충성도 약화

상품관련 추세
- 틈새시장 공략
- 전문가시장 공략

유통채널 추세
- 정보검색 후 예약
- 가상관광

산업 추세(공급)

Product
- 환대 및 여행 산업의 각 분야에서 브랜드 세분화 증가
- 주요 기업, 특히 호텔체인에서 고급 브랜드 사용 증가
- 특정 산업의 성장

Partnership
- 타 기업과의 제휴
- 경쟁 기업이나 브랜드와 제휴
- 인터넷을 통한 '가상' 제휴

People
- 시장세분화를 통한 글로벌 타깃 설정
- 직원을 통한 서비스의 질 향상
- 고객 데이터베이스의 효과적 활용 중요성 증가

Packaging
- 변화하는 시장에 맞춘 패키지를 포함한 맞춤형 패키지 중요성 증가
- 산업의 여러 분야에서 패키지의 관련성과 중요성 증가
- 짧은 휴가에 대한 욕구가 늘어나면서 이러한 패키지의 제공 증가

Programming
- 환대 및 여행 산업 전반에서 오락적 요소가 가미된 시설 증가
- 관광객이 실제 참여할 수 있는 시설과 활동 제공 증가
- 여행과 교육을 동시에 경험할 수 있는 교육적 프로그램 증가

Place(Distribution)
- 인터넷을 사용한 온라인 예약 증가
- 온라인을 기반으로 한 여행사 성장
- GDS를 기반으로 한 회사들의 다각화와 활동 증가

Promotion
- 인터넷과 휴대폰을 사용한 전자상거래와 광고 및 홍보 활동 증가
- 의사소통 채널의 증가와 다각화
- 여러 국가 언어로 번역된 의사소통의 보편화

Pricing
- 실수익과 이윤관리 시스템의 중요성 증가
- 인터넷 쿠폰 등을 이용한 특별 할인가 제공
- 과잉서비스, 중간 마진 배제한 저렴한 가격의 상품 및 회사 증가

세분화 실행의 변화

환대 및 여행 산업에서 시장세분화는 보다 정교하게 이루어지고 있으며, 효과
적인 세분화의 이점과 이용가능한 세분화 근거에 대해 충분히 이해하고 있다. 인

구통계적, 지리적, 여행목적에 따른 세분화에 더하여 다른 세분화 근거를 추가하기 시작하고 있다. 예약 및 고객 데이터베이스를 위한 컴퓨터 활용이 증가함에 따라, 고객의 특성을 보다 쉽게 규명할 수 있게 되었다. 이 새로운 기술은 단골고객을 정확히 파악하고, 단골고객 보상 프로그램을 고안하고 촉진하는 데 많은 도움이 된다. 환대 및 여행 산업에서는 사이코그래픽, 라이프스타일, 혜택, 브랜드 충성도 세분화에 필요한 기술을 포함한 마케팅 조사방법의 활용이 증가하고 있다. 이러한 세분화의 특성을 이용하여 조직(기업)에서 원하는 경쟁력을 얻을 수 있게 될 것이다.

환대 및 여행 산업의 시장세분화 이용은 점차 성숙되고 있다. 특정 표적시장을 선정하고 이를 상대로 마케팅 프로그램을 시행해야 할 필요성에 대해 인식하고 있다. 시장은 점차 다양화되고 있으며, 환대 및 여행 마케터들을 위한 틈새시장이 생겨나고 있다. 21세기 최고의 승리자는 가장 정확히 표적시장을 이해하고 선정하는 조직이 될 것이다.

보다 효과적인 세분화를 위해서는 마케팅 조사가 향상되고, 컴퓨터 기술을 효율적으로 활용한다. 다단계 세분화 역시 효과적인 마케팅을 위해 중요한 잠재력을 지니고 있다.

학습과제

1. 환대 및 여행 기업 한 곳을 선정하여 그 조직의 시장세분화 분석을 해 보시오. 그 조직의 표적시장은 무엇인가? 어떤 세분화 근거를 이용하였는가? 다단계 세분화의 가능성이 있는가? 표적시장을 위한 새로운 서비스, 시설, 패키지 혹은 판매촉진 노력을 기울였는가? 조직의 시장세분화 관행을 어떻게 향상시킬 수 있겠는가?

2. 당신이 항공사, 호텔 또는 레스토랑 체인, 여행사, 관광청 등 환대 및 여행 기업의 마케팅 담당자로 고용되었다. 최고 경영자는 당신에게 주요한 고객 및 산업 동향에 대한 보고서를 작성하라고 요구했다. 또한 이러한 변화를 기업이 어떻게 이용할 수 있는지에 대해서도 질문을 받았다. 당신의 보고서에 어떤 구체적인 내용들을 언급할 것인가?

3. 환대 및 여행 기업의 한 분야를 선정해서 이 산업에서 회사가 단골고객을 유인하기 위해 무엇을 하는지 조사하시오. 프로그램의 수가 증가하는가 아니면 감소하는가? 회사가 표준된 접근법을 따르는가 아니면 다양한 접근법이 있는가? 프로그램을 어떻게 촉진하고, 어떠한 인센티브가 주어지는가? 그 프로그램이 브랜드 충성도를 증가시키는 데 효과적인가?

4. 환대 및 여행 기업의 한 분야를 선정하여 시장세분화 접근법에 대해 알아보기 위해 여러 명의 마케팅 혹은 총지배인과 인터뷰를 해 보시오. 어떤 세분화 근거를 이용하는가? 기업이 세분화 근거에 대해 같은 접근법을 이용하는 경향이 있는가? 다단계 세분화를 이용하고 있는가? 이용한다면 왜 그렇다고 생각하는가? 세분화 접근법이 최근 들어 변하였는가? 조직이 자주 쓰이지 않는 세분화 근거를 실험하고 있는가? (예) 사이코그래픽, 혜택, 구매행동)

REFERENCES 참고문헌

1. Mill, Robert Christie, and Alastair M. Morrison. 2006. *The Tourism System*. 5th ed. Dubuque, Iowa: Kendall/Hunt Publishing Company, 268.

2. American Marketing Association. 2008. *Dictionary of Marketing Terms*, http://www.marketingpower.com/_layouts/Dictionary.aspx, accessed December 13, 2008.

3. Vyncke, Peter. 2002. "Lifestyle Segmentation: From Attitudes, Interests and Opinions, to Values, Aesthetic Styles, Life Visions and Media Preferences." *European Journal of Communication*, 17(4), 448.

4. Claritas. 2008. *PRIZM® NE Lifestyle Segmentation System*, http://www.claritas.com/MyBestSegments/Default.jsp, accessed December 13, 2008.

5. Kotler, Philip, and Kevin Lane Keller. 2006. *Marketing Management*. 12th ed. Pearson Prentice Hall, 238~242.

6. InsideFlyer.com. 2008. *Frequent Flyer Facts & Stats*, http://www.webflyer.com/company/press_room/facts_and_stats/, accessed December 13, 2008.

7. Marriott. (2008). *Happy 25th Anniversary Marriott Rewards!*, http://www.blogs.marriott.com/default.asp?item=2289279, accessed December 13, 2008.

8. Skogland, Iselin, and Judy A. Siguaw. 2004. *Understanding Switchers and Stayers in the Lodging Industry*. The Center for Hospitality Research at Cornell University.

9. ITB Berlin & IPK International. 2007. *World Travel Trends Report* 2007-08, 16.

10. U.S. Census Bureau. 2006. *Oldest Baby Boomers Turn 60!*, http://www.census.gov/Press-Release/www/releases/archives/facts_for_features_special_editions/006105.html, accessed December 13, 2008.

11. Deloitte Touche Tohmatsu. 2007. *Wealth and Wisdom*, 50.

12. AARP. 2005. 2005 *Travel & Adventure Report. A Snapshot of Boomers Travel & Adventure Experiences*. Washington, DC: AARP, 1.

13. AARP. 2006. *Boomers Turning 60*. Washington, DC: AARP, 10.

14. ITB Berlin & IPK International. 2007. *World Travel Trends Report 2007-08*, 29.

15. Lonely Planet. 2006. *Lonely Planet Travellers' Pulse Survey* 2006, 4.

16. UN World Tourism Organization. 2008. *Facts & Figures: Tourism 2020 Vision*, http://www.unwto.org/facts/eng/vision.htm, accessed December 13, 2008.

17. Goldman Sachs. 2008. *BRICs*, http://www2.goldmansachs.com/ideas/brics/index.html, accessed December 13, 2008.

18. Office of Travel and Tourism Industries. 2008. *Profile of U.S. Resident Travelers Visiting Overseas Destinations: 2007 Outbound*, http://tinet.ita.doc.gov/outreachpages/download_data_table/2007_Outbound_Profile.pd, accessed December 13, 2008.

19. National Restaurant Association. 2006. *National Restaurant Association 2007 Restaurant Industry Forecast*. Washington, DC: National Restaurant Association, 26.

20. ITB Berlin & IPK International. 2006. *World Travel Trends Report 2006-07*, 26.

21. International Spa Association. 2008. *The U.S. Spa Industry-Fast Facts*, http://www.experienceispa.com/education-resources/facts-andfigures/industry-stats/, accessed December 13, 2008.

22. Canadian Tourism Commission. 2006. *2006 Canadian Spa Sector Profile*, Vancouver, British Columbia: Canadian Tourism Commission, iii.

23. TravelDailyNews.com. 2007. *Gay and lesbian Australians provide a lucrative market*, http://www.traveldailynews.com/new.asp?newid=35255&subcategory_id=99, accessed December 13, 2008.

24. Travel Industry Association. 2006. *Comprehensive Travel and Tourism Study of Gays and Lesbians Highlights Leisure Travel Insights*, http://www.tia.org/press-media/pressrec.asp?Item=739, accessed December 13, 2008.

25. Hewitt, Ed. 2007. Travel trends 2007. "What globe-trotters can expect over the next year." *The Independent Traveler*.

26. Lenhart, Amanda, and Susannah Fox. 2006. *Bloggers. A portrait of the Internet's new storytellers*. Washington, DC: Pew Internet & American Life Project, i.

27. Madden, Mary. 2008. *Podcast Downloading* 2008, http://www.pewinternet.org/PPF/r/261/report_display.asp, accessed December 13, 2008.

28. Tourism Australia. 2007. *How the Internet has supercharged word of mouth recommendation*, http://www.tourism.australia.com/Research. asp?sub=0297&al=2 424#TargetsMarkets, accessed December 13, 2008.

29. World Travel Market and Euromonitor International. 2006. *World Travel Market 2006 - Global Trends Report*. London, England, 4.

30. LoyaltyOne, Inc. 2008. *Company Facts*, http://www.loyalty.com/WhoWeAre/ CompanyFacts.aspx, accessed December 13, 2008.

31. FrequentFlier.com. 2007. *History of Loyalty Programs*, http://www.frequentflier. com/ffp-005.htm, accessed December 13, 2008.

32. Skogland, Iselin, and Judy A. Siguaw. 2004. *Understanding Switchers and Stayers in the Lodging Industry*. The Center for Hospitality Research at Cornell University, 5.

33. Hewitt, Ed. 2007. "Travel trends 2007. What globe-trotters can expect over the next year." *The Independent Traveler*.

34. MiniwattsMarketing Group. 2008. *World Internet Users and Population Statistics,* http://www.internetworldstats.com/stats.htm, accessed December 13, 2008.

35. Del Rosso, Laura. 2006. "Leisure travel study: Power in consumers' hands. Travel Weekly Special Report." *2006 Consumer Trends*, 6.

36. Burst Media Online Insights. 2007. *Online Travel*.

37. Tourism Australia. 2006. "Internet Usage." *Market Insight Facts*, December 2006.

38. Hotel Interactive. 2007. *E-commerce Continues as Sales Goliath*, http://www. hotelinteractive.com/index.asp?page_id=5000&article_id=7676, accessed December 13, 2008.

39. e-Marketer.com. 2008. *US Online Travel: Planning and Booking*, http://www. emarketer.com/Reports/All/Emarketer_2000502.aspx, accessed December 13, 2008.

40. Marcussen, Carl H. 2008. *Trends in European Internet Distribution of Travel and Tourism Services*. Bornholm, Denmark: Centre for Regional and Tourism Research.

41. Web-Tourismus. 2008. *Online tourism on a roll*, http://www.web-tourismus.de/ english/intro/intro_studie_wt2008.asp, accessed December 13, 2008.

42. Yuan, Xingpu and Mary Madden. 2006. *Virtual Space is the Place*, http://www. pewinternet.org/PPF/r/195/report display.asp, accessed December 13, 2008

43. ITB Berlin & IPK International. 2006. *World Travel Trends Report 2006-07*, 25.

MEMO

마케팅 전략 포지셔닝, 마케팅 목표

이 장을 읽고 난 후

≫ 마케팅 전략 개발의 6가지 구성요소를 규명할 수 있다.

≫ 마케팅 전략과 포지셔닝, 마케팅 목표를 정의할 수 있다.

≫ 세분화된 마케팅 전략의 개념에 대해 설명하고 시장 중심의 대안 전략을 설명할 수 있다.

≫ PLC(product life cycle) 단계를 가지고 대안 전략을 설명할 수 있다.

≫ 산업 포지션을 가지고 대안 전략을 설명할 수 있다.

≫ 관계 마케팅과 전략적 제휴의 개념을 설명할 수 있다.

≫ 오늘날 사업 위기에서, 포지셔닝이 필수적인 이유를 규정할 수 있다.

≫ 효과적인 포지셔닝을 위하여 필요한 단계를 나열하고 기술할 수 있다(5Ds).

≫ 6가지 포지셔닝 접근법을 나열하고 기술할 수 있다.

≫ 마케팅 목표 설정의 이점을 설명할 수 있고, 유용한 마케팅 목표를 위한 필요조건을 나열할 수 있다.

개 요

시장을 세분화하여 잠재 표적시장을 선정했다면 그 다음 단계는 특정 목적지 또는 접근하기 힘든 장소로 여행을 계획하는 것과 같다. 어떤 탐험가들은 지도, 선택한 루트, 공급품의 적절한 종류와 양, 목적지까지의 접근수단 또는 교통수단, 도와줄 몇몇의 사람들 그리고 일일 목표의 필요성을 중요하게 인식한다. 이 장의 서론에서는 성공수단으로서의 마케팅 전략을 설명한다.

환대 및 여행 산업에서 개인이 사용할 수 있는 전략대안을 살표보고, 다양한 제품 수명 단계에서 가장 효과적으로 작용하는 전략들을 보여준다. 환대산업의 선도자들과 그들을 따라가려는 이들을 위한 가장 효과적인 전략에 대해 설명한다.

이 장에서는 포지셔닝 방법을 조사하고, 보다 큰 이익을 얻기 위해서 이를 어떻게 이용하는지 보여준다. 마지막으로, 목표와 이익이 성공적인 마케팅 전략에 얼마나 중요한지에 대해 살펴본다.

여러분들 자신이 Columbus, Zheng He, Magellan, Raleigh, Scott, Hillary, Marco Polo, Lief Ericson, Livingstone, Baffin, Rasmussen, 심지어 Indiana Jones와 같은 위대한 탐험가들 중 한 명이라고 상상해 보라. 이러한 위대한 인물들은 미지의 세계로 나아가, 그 전에 누구도 해내지 못한 일을 시도하고, 성공 신화를 이루어냈다. 그들의 성공은 몇 달, 심지어 몇 년간의 신중한 계획 속에 이루어졌으며, 대부분의 경우 여행경비를 벌기 위한 심한 고생을 수반하였다. 목적지로 갈 수 있는 많은 방법들이 있었지만, 그들은 최소한의 노력으로 자원을 낭비하지 않는 행로를 선택했다. 살아 돌아온 이들은 다른 사람들이 그들의 발자취를 따르거나 더 나은 행로를 찾을 수 있도록 그들의 여행 일정을 신중히 기록하였다.

지금 여러분들은 마케팅을 어떻게 탐험해야 할지 궁금할 것이다. 항상 그런 것처럼 많은 답이 나올 수 있다. 첫째, 모든 탐험가들은 최종 목적지에 대한 정확한 계획을 세워야 한다. Edmund Hillary는 Everest 정복을, Robert Scott은 남극 정복을 최종 목표로 삼았다. 모든 마케터들은 "어디에 있고 싶어 하는가Where would like to be?"라는 질문을 기억하면서, 조직을 어디로 이끌어갈 것인지에 대해 알아야만 한다. 이들 모두는 가능한 대안들을 규명하고 나서, 그 중 최상의 것을 선택해야 한다. 이들은 긴 여정에 필요한 물자에 대한 예산을 짜고, 궁극적인 목적을 성취하는 데 가장 이익이 되는 물자를 선택한다. 탐험가와 마케터 모두 그들이 가지고 있는 자원 중 최상의 것과 이를 진행하는 과정을 감독하는 데 중점을 둔다. 물론, 그들은 요즘처럼 블로그를 운영하거나 Facebook을 이용할 수 없었지만, 우리는 그들이 이루어 놓은 것들을 잘 알고 있다.

마케팅 전략 및 계획 개발과정

마케터들은 그들이 있고 싶어 하는 위치에 어떻게 도달할 것인지에 대하여 계획을 세울 때, 마케팅 전략 대안들을 검토하여 이들 기업과 자원에 가장 적합한 대안을 선택한다. 가장 큰 수익, 또는 ROI투자수익률 Return On Investment를 창출할 수 있는 활동(마케팅 믹스)에 예산과 인적 자원을 투입한다. 탐험가가 성공하여 살아 돌아오는 것처럼, 모든 일들이 계획대로 진행된다면 마케터는 성공의 특권을 다시 누리게 될 것이다.

[그림 8-1]은 6장, 7장, 8장, 그리고 9장이 서로 어떻게 연결되어 있는지를 보여준다. 6장에서는 마케팅 분석방법에 대해 설명했고, 7장에서는 시장세분화와 표적시장 선정, 고객과 산업의 추세를 다루고 있으며, 8장에서는 성공적인 마케팅 전략이 어떻게 개발되는지에 대해 설명하면서, 마케팅 전략, 포지셔닝, 마케팅 목표라는 3가지 개념에 대해 논의하였다. 9장에서는 마케팅 믹스8P와 마케팅 계획에 대하여 논하였다.

다음은 본장에서 다루는 세 가지 개념에 대한 정의이다.

마케팅전략 요소	장	단 계	내 용
1. 시장세분화 분석	6	• 1차 조사(양적/질적 조사), 2차 조사(내부/외부 조사)	• 조사결과 및 결론
	7	• 고객과 산업동향 조사	• 주요 동향 및 영향요인
	7	• 세분화 기준(지리적, 인구통계적, 사회경제적, 여행목적, 심리적, 소비행동, 제품특성, 유통채널 등)에 따른 시장세분화	• 시장세분화 분석결과 • 표적시장 접근방법(단일단계, 이단계, 다단계)
	7	• 표적시장 선택방법과 결정	• 표적시장 선택기준
2. 마케팅 전략 수립	8	• 시장선택 • 산업위치 결정 • 제품수명주기	• 차별화, 비차별화 • 선도자, 도전자, 추종자, 틈새추구자 • 도입기, 성장기, 성숙기, 쇠퇴기
3. 포지셔닝	8	• 포지셔닝 접근방법(전체시장/표적시장 접근법)	• 선택적 포지셔닝 접근(제품특징, 혜택/문제해결/욕구, 사용상황, 사용자 범주, 경쟁제품과의 비교, 제품등급)
4. 마케팅 목표	8	• 각 선택된 시장에 대한 마케팅 목표	• 표적시장, 기대결과, 계량화, 기간
5. 마케팅 믹스 (8Ps)	9	• 선택된 각 표적시장의 마케팅 목표를 달성하기 위한 8Ps	• 제품, 파트너십, 인적 요소, 패키지, 프로그래밍, 유통, 촉진, 가격에 관한 구체적 활동
6. 마케팅 계획	9	• 마케팅 계획의 세 단계(계획의 근거, 실행계획, 실무요약) • 마케팅 예산 • 마케팅 계획의 실행에 대한 통제와 평가	• 마케팅 계획 • 마케팅 예산 • 절차, 효율성의 측정, 통제, 평가

마케팅 전략과 계획 개발 프로세스

그림 8-1

마케팅 전략Marketing Strategy

마케팅 전략은 특정한 고객집단과 커뮤니케이션 수단, 유통경로, 가격구조 등을 포함하는 몇 가지 대안 중에서 최적의 대안과 이의 실행 과정을 선정하는 것이다. 대부분의 전문가들은 마케팅 전략을 표적시장 선정과 마케팅 믹스의 결합이라고 말한다. 표적시장 내 고객들의 마음에 특정하게 자리잡기 위해서 서비스와 마케팅 믹스를 개발하게 된다. 이는 대개 독특한 서비스를 가지고 독특한 방법으로 커뮤니케이션하는 것을 의미한다.

마케팅 목표Marketing Objective

마케팅 목표는 환대 및 여행 기업이 특정 기간, 일반적으로 1년 혹은 2년 내에 표적시장을 대상으로 달성하고자 하는 측정가능한 목적이다.

이제 [그림 8-1]의 두 번째 구성요소인 마케팅 전략에 대해 논의한다.

마케팅 전략 수립

마케팅 전략을 수립하기 위해서는 먼저 전략적 대안들을 선택해야 한다.

1. 시장중심 전략 대안   환대 및 여행 기업이 이용가능한 시장중심 전략에는 다음 4가지가 있다.

❶ 여러 세분시장 중 단 하나의 표적시장을 선정하여 독점적으로 마케팅을 시행한다(단일표적시장 전략: single target market strategy or niching).

❷ 여러 세분시장에서 몇 개의 표적시장을 선정하여 이들에 대해 집중적으로 마케팅을 시행한다(집중 마케팅 전략: concentrated marketing strategy or segmenting).

❸ 전체 시장의 모든 세분시장에 대하여 각 세분시장에 적합한 접근법을 가지고 마케팅을 시행한다(전체 마케팅 전략: full-coverage marketing strategy or segmenting).

❹ 여러 다른 세분시장이 존재하지만, 각 세분시장의 차이점을 무시하고 공통의 마케팅을 시행한다(비차별적 마케팅 전략: undifferentiated marketing strategy or combining).

단일표적시장 접근법을 채택한 집단을 '틈새자nicher'라 하고, 집중 및 전체 전략을 채택한 기업을 '세분자segmenter'라 부른다. 마지막, 비차별적 전략을 이용하는 기업을 '결합자combiner'라 한다.

❶ 단일표적시장 전략

틈새niching로 알려진 이 전략은 소규모의 시장점유율, 즉 서비스에 대한 전체 수요가 낮은 기업에서 많이 이용된다. 환대 및 여행 산업에서는 캐나다의 여행사인 ElderTreks Adventure Travel Tours Inc.가 좋은 예가 된다. 이 여행사는 50세 이상 사람들을 위한 adventure travel trip을 제공하고 있다. 이제 이 연령층에 속하게 된 베이비 붐 세대들은 역동적인 여행 경험과 모험적인 것을 원한다. ElderTreks는 에베레스트, 남극, 파타고니아, 아프리카 같은 곳을 대상으로 하는 여행을 제공하여 이들의 욕구를 충족시키고 있다.

단일표적시장 접근의 필수요건은 해당 산업분야의 선두기업과의 경쟁을 피하는 것이다. 이러한 접근법을 택하는 기업은 하나의 세분시장을 선택하며, 경쟁기업보다 더 포괄적으로 그리고 그들만의 독특함을 가지고 고객들의 욕구를 충족시키고자 한다. 또한, 장기적으로는 탁월한 서비스에 대한 명성뿐 아니라, 표적시장과의 강한 유대관계를 형성하기를 원한다.

❷ 집중 마케팅 전략

이 전략은 여러 세분시장을 추구한다는 점을 제외하고는 단일표적시장 전략과 유사하다. 대부분의 독자적 호텔과 리조트는 이러한 접근법을 택하는 경향이 있다. 광범위한 체인망을 가지고 있는 호텔들과 맞서 비즈니스 및 휴가 여행객들을 유인하기 위해서 지역의 호텔과 리조트는 시설을 독특하게 설계하고, 독특하면서도 개별적인 서비스 등을 제공하여 차별화한다. 또한, 여러 숙박 세분시장의 욕구를 충족시키는 단일 상품을 제공하기도 한다. 이와는 달리, 선두를 달리고 있는 호텔체인들은 여러 세분시장에 매력을 제공하는 여러 서로 다른 브랜드의 호텔들을 소유하고 있다.

❸ 전체 마케팅 전략

위 네 가지 전략 중 가장 비용이 많이 드는 전략으로, 전국적인 체인호텔

과 같은 선도기업들이 주로 이용한다. 모든 표적시장에 서비스를 제공하며, 각 표적시장마다 독립적이고, 독특한 마케팅 믹스를 제시한다.

숙박 산업에서 브랜드 세분화brand segmentation라는 개념은 전체 마케팅 전략을 적용한 개념이다. Marriott International이 대표적인 예로, 이 숙박업계의 선도 기업들은 특급호텔인 J.W. Marriott, Ritz Carlton Hotel, 중저가 호텔인 Fairfield Inn 등 전 범위에 걸친 숙박 서비스를 여행객들에게 제공하고 있다. 이는 Choice Hotels International, Accor 등과 같이 하나의 Marriott 브랜드가 모든 고객들을 충족시키는 것은 불가능하다는 것을 깨닫고, 각 세분시장에 강하게 매력을 끌 수 있는 다양한 호텔을 통해 서비스를 제공하고 있다.

❹ 비차별적 마케팅 전략

앞의 세 가지 접근법 모두 표적시장 간 차이를 인정하고, 각각에 대해 독립적인 마케팅 믹스를 적용하는 세분된 마케팅segmented marketing 또는 차별적 마케팅 전략differentiated marketing strategies의 예이다.([그림 8-2]) 비차별적 마케팅 전략undifferentiated marketing strategy은 세분시장의 차이를 간과하고, 모든 표적시장에 동일한 마케팅 믹스를 적용하는 것이다. 이러한 비차별적 마케팅을 이용하는 기업이 시장세분화 개념을 인지하지 못하기 때문에,

시장초점전략	기업집단	단 계	내 용
단일표적시장	틈새자	• 소규모 기업 • 특정시장을 위한 전문화된 서비스 • 산업의 선두자와의 경쟁을 피한다.	• Conference center resorts • Contiki • Couples Resorts • Spa resorts
집중	세분자	• 지역시장에 서비스하는 기업	• Local hotels and restaurants • Four Seasons Hotel & Resorts
종합	세분자	• 산업의 리더, 도전자	• Accor • Choice International • Marriott International
비차별적	결합자	• 일반적으로 필요한 제품 소유	• Major quick service/fastfood chains

4가지 타깃시장에 초점된 전략의 특성 요약

그림 8-2

생산지향적이라고 생각할 수도 있다. 이 중 일부는 처음부터 모든 사람들에게 모든 것을 제공하기 위해 노력하다가 끝내는 아무것도 이루지 못한 채 끝을 맺는다. 반면, 일부 선도기업들은 비차별적 마케팅 전략을 매우 효과적으로 이용하기도 한다.

이 결합자combiners는 고객들 사이의 유사성에 초점을 맞추고 상품 선택의 폭을 넓힌다. 또한, 하나의 마케팅 믹스를 가지고 이를 촉진한다. 이들은 다양한 표적시장에서의 욕구의 차이를 알고 있으나, 표적시장이 공유하는 공통적인 욕구에만 집중한다. 이 표적시장들을 결합하여 하나의 거대한 표적시장super target market을 만들고, 이에 적합한 하나의 마케팅 믹스를 고안하여 실행한다.

비차별적 마케팅 전략의 이점은 무엇인가? 7장에서 언급하였듯이 시장세분화는 추가적으로 비용이 들고, 최적의 세분화 근거를 선택하는 데 어려움이 따르며, 얼마나 세밀하게 세분화할 것인지, 그리고 실행 불가능한 세분시장에 소구하는 등 단점이 있다. 결합자는 이러한 문제점을 줄일 수 있으며, 이는 하나의 마케팅 믹스를 가지고 표적시장을 겨냥하기 때문이다. McDonald's와 선도적인 몇몇 패스트푸드 체인들은 부분적으로 비차별적 마케팅 전략을 활용한다. 그들이 시행하는 전국적인 광고와 촉진은 여러 표적시장에 흥미를 끌도록 고안되었다. 외식을 하는 사람들에게 표준화된 메뉴를 제공하고, 모든 계층의 전형적인 고객들을 대상으로 하는 TV광고를 비중있게 이용한다. 부분적으로 비차별적이라는 점은 McDonald's와 그 경쟁사들이 종종 지역 마케팅 프로그램을 시행하기 때문이다. 분명한 지리적 표적시장을 가지고 이를 대상으로 한 지역광고와 홍보, 그리고 판매촉진을 위한 노력을 한다. 또한 McDonald's는 흑인, 히스패닉계와 같은 소수 시장에 초점을 맞춘 광고 프로그램도 시행하고 있다.

KFC, Burger King, 그리고 McDonald's가 각각의 세분시장에 진입하기 위해 각 세분시장에 맞는 서로 다른 내용으로 신문과 잡지, 라디오, TV방송국에 광고를 할 때, 그 엄청난 마케팅 비용을 상상할 수 있겠는가? 이들에게는 모든 세분시장에 해당할 수 있는 폭넓은 프로모션을 이용하는 것이 더욱 경제적이다. 또한 고객들이 다시 방문하도록 하기 위해 새로운 메뉴를 추가하거나 기존 품목을 수정하기도 한다.

2. 제품수명주기에 따른 전략 대안　앞의 1장에서 제품수명주기product life cycle를 마케팅의 7가지 핵심 원리 중 하나로 규명하였다. 모든 제품과 서비스가 같은 단계를 밟는다는 것이 PLC의 기본적 개념이다. 이는 사람이 태어나 유아기, 유년기, 청소년기를 거쳐 성년이 되어 노년기에 도달하는 것과 같다. 이와 비슷하게 서비스와 제품 역시 4단계의 수명주기를 거친다. PLC의 각 단계에 따라 마케팅 접근법의 효과가 달라질 수 있으므로, 각 단계의 특성에 맞는 마케팅 전략을 수립해야 한다([그림 8-3]).

❶ 도입기 전략

고객에게 새로운 서비스를 처음 제공하였을 때, 도입기가 시작된다. 이 시기는 전통적으로 높은 촉진활동과 시장에서 확고한 기반을 다지기 위해 사용하는 초기 비용으로 인해 수익이 낮을 수 있다. 이 시기의 서비스와 제품은 종종 높게 평가되어, 모험적인 고소득 고객과 혁신고객innovators들에게 매력을 준다. 우주관광이 좋은 예로, 이는 우주에서 우주 비행사와 접선이 가능할 정도의 돈을 가지고 있는 부자들을 겨냥하고 있다.

최근 환대 및 여행 산업에 도입된 혁신적인 서비스에는 어떤 것이 있는가? 물론, 우주관광은 좋은 예이다. 하지만 이는 아직 많은 사람들에게 접근하는 것이 용이하지 않다. 호텔, 레스토랑, 공항, 크루즈, 기차에 설치되어 있는 Wi-Fi는 온라인 이용이 보편화된 현 세계에 효과적으로 적용된

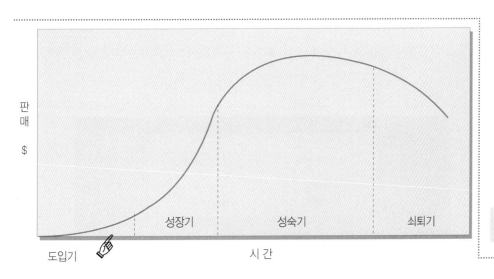

4단계 제품수명주기

그림 8-3

새로운 서비스이다. 인터넷상에서의 정보이용과 예약, 상품판매 등도 최근의 혁신 중 하나이다. 10장에서 다루게 될 새로운 라이프스타일과 부티크 호텔 등도 좋은 예들이다. 한 가지 주목할 점은 이 시기에 도입된 새로운 개념은 많은 경우 경쟁사가 빠른 시간 내에 쉽게 모방할 수 있다는 것이다. 2장에서 서비스는 제품보다 쉽게 모방할 수 있다고 한 것을 기억할 것이다. 서비스 산업에서의 도입기는 대체로 상당히 짧은 편이다.

다음 네 가지 전략은 도입기에 이용할 수 있는 전략들이다([그림 8-4]). 이 네 가지 모두 고가전략skimming strategy : 초기고가전략과 침투전략penetration strategy : 시장침투가격전략이라는 두 가지 서로 다른 가격 접근법을 기반으로 하고 있다.

고속고가 전략rapid-skimming strategy: 고가격, 높은 촉진

가능한 가장 높은 수익을 얻는 것이 목표이다. 고속고가 전략은 새로운 제품과 서비스를 처음 시장에 선보일 때 높은 촉진활동을 하는 것을 의미한다.

저속고가 전략slow-skimming strategy: 고가격, 낮은 촉진

저속고가와 고속고가의 차이점은 촉진에 소비하는 비용에 있다. 저속고가전략은 촉진비용을 적게 사용한다. 적은 수의 잠재 고객이 있지만 대부분이 새로운 제품과 서비스에 대해 이미 알고 있고, 상당 시간 동안 경쟁 서비스가 발생하지 않는다. 우주여행이 좋은 예이다.

고속침투 전략rapid-penetration strategy: 저가격, 높은 촉진

침투전략과 고가전략의 가장 큰 차이점은 가격 수준이다. 침투전략의 경우는 가능한 시장의 많은 부분을 차지하기 위해 처음부터 낮은 가격을 책

제품수명주기의 도입
단계를 위한 전략

그림 8-4

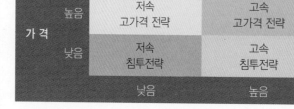

정한다. 새로운 제품과 서비스에 대한 시장은 크지만, 대부분의 고객들은 가격에 민감하다(높은 가격보다 낮은 가격을 더 좋아한다). 따라서 고속침투전략은 높은 수준의 촉진과 함께 낮은 가격을 제공하는 것을 의미한다. 대부분의 잠재 구매객들은 새로운 제품과 서비스를 잘 알지 못하며, 경쟁자들은 이를 빨리 모방하고자 하기에 이로부터 강한 위협을 받을 수 있다. 때문에 이 전략에서는 초기 홍보를 매우 강력하게 사용한다. 대부분의 저비용 항공사(LCC)들은 낮은 가격과 강한 홍보활동을 결합하여 사용해왔다.

저속침투 전략slow-penetration strategy : 저가격, 낮은 촉진

낮은 수준의 촉진활동과 함께 낮은 가격으로 새로운 제품과 서비스를 제공한다. 잠재 시장의 규모는 크고, 가격에 민감하다. 고속침투 전략과 달리 고객들은 새로운 제품과 서비스에 대해 잘 알고 있다. 몇몇 잠재 경쟁자들이 있으나, 경쟁 위협은 그다지 크지 않다. 몇몇 저비용 항공사들이 이 전략을 사용했는데, 홍보는 전적으로 그들의 홈페이지에 의존했다.

❷ 성장기 전략

성장기에는 판매가 급격히 많아지고 수익이 증가하며, 경쟁자들이 많이 나타난다. 새로운 제품과 서비스를 개발하는 기업은 다음 전략들을 이용할 수 있다.

● 제품과 서비스의 질을 높이고, 새로운 특징과 요소를 추가한다.
● 새로운 표적시장에 진입한다.
● 새로운 유통경로를 이용한다.
● 가격에 민감한 고객들을 유인하기 위해 가격을 낮춘다.
● 광고를 통해 인지된 상태를 실제 구매욕구와 행동으로 전환시킨다.

크루즈 산업은 성장기 마케팅 전략에 대한 좋은 예들을 가지고 있다. 크루즈 선박에서는 새로운 오락거리, 피트니스, 스파, 식사 서비스 등이 제공된다. 배 위에서 스케이트를 타고 바위타기를 한다는 것을 상상할 수 있겠는가? 카지노에서 사용하는 스마트카드도 제품수명주기의 성장기에서 볼 수 있는 마케팅 혁신의 예로 볼 수 있다.

❸ 성숙기 전략

숙박, 레스토랑, 항공, 렌터카 서비스를 포함한 대부분의 환대 및 여행 산업은 성숙기에 접어들었다고 볼 수 있다. 이 단계는 성장률이 둔화되고, 많은 공급이 적은 수요를 쫓는 과잉생산능력의 상황을 의미한다. 기업이 이 단계에서 판매율 성장을 유지하고자 한다면 다음 네 가지 전략을 이용할 수 있다.

시장수정전략market-modification strategy

기업은 경쟁사의 고객을 쫓고, 새로운 표적시장을 추가하거나, 비사용자를 사용자로 전환시키기 위해 노력한다. 이 외에도 구매빈도를 높이거나, 다양한 이용목적을 통해 구매를 촉진하는 활동을 할 수도 있다.

제품수정전략product-modification strategy

이 전략의 필수조건은 기업의 서비스 또는 제품을 수정하는 것이다. 항공사의 경우, 로고를 새롭게 하거나, 승무원의 유니폼을 지속적으로 바꾼다. 또한, 숙박, 레스토랑, 크루즈 회사들은 브랜드 세분화 전략을 통해 기존 제품이나 서비스를 수정한다.

마케팅믹스수정전략marketing-mix-modification strategy

마케팅 믹스를 수정하여, 판매를 촉진시킬 수 있다. 예를 들어, 시장성숙 단계에 직면한 호텔의 경우, 여행사와 인센티브 투어기획자, 또는 온라인과 같은 새로운 유통경로를 찾는 데 주력할 수 있다. 수익을 올리기 위해 레스토랑은 쿠폰이나 다른 판매촉진방법을 이용할 수 있으며, 여행사는 외부판매망을 확보할 수 있다.

브랜드확장전략brand extension strategy

이 전략은 이미 존재하는 제품 라인과는 다른 타입의 제품을 추가하는 것이다. 이 전략은 단일 상품 또는 잘 알려진 브랜드 이름을 가지는 기업들이 이러한 브랜드 지명도를 이용한 제품들을 소개해서 다양한 표적시장들의 관심을 끌게 한다. Hilton Hospitality, Inc.는 Hilton to Home®의 온라인스토어를 통해 고객들이 가전제품, 침구류, 마섬유제품 등을 구매할 수 있도록 하고 있다.

❹ 쇠퇴기 전략

서비스 판매가 쇠퇴기에 접어들면 어떻게 해야 하는가? 대부분의 마케팅 전문가들은 비용을 절감하고 기존의 제품 또는 서비스를 가능한 유리하게 이용해야 한다. 다른 기업에게 처분하는 것도 하나의 대안이다.

이 개념이 비판받고 있는 것 중의 하나가 모든 제품과 서비스 판매가 결국은 쇠퇴하여 도태되는 수준에 도달한다는 가정이다. 경험상 이것이 반드시 사실은 아닐 수 있으며, 몇몇 오래된 호텔과 리조트는 이전의 영광을 되찾기 위해 복구하고 새롭게 단장하여 다시 성장을 이룬 경우도 있다. Queen Mary호는 과거 대양의 멋진 정기선에서 지금은 California의 Long Beach에 위치한 관광매력물이자 컨벤션, 교역전 시설로 변모하였다. 한때 나타났다가 사라진 레스토랑의 콘셉트와 메뉴를 생각해 보면, 쇠퇴기 딜레마에 대한 최상의 답변은 새로운 용도와 고객을 찾고, 새로운 유통경로와 리포지셔닝을 통해 서비스를 다시 성장동력 상태로 되돌리는 것이다.

3. 산업 포지션에 따른 전략 대안　환대 및 여행 산업을 자세히 살펴보면 시장 내 선도기업들이 있으며, 그 예로는 패스트푸드 사업의 McDonald's, 테마파크 사업의 Walt Disney Company, 크루즈 사업의 Carnival, 여행목적지로는 파리, 라스베이거스, 렌터카 사업의 Hertz, 그리고, American Express 여행사와 온라인 여행사인 Expedia.com, Sabre^GDS 등이 있다. 이 외에도 크게 성공하지는 않았지만 여전히 사업의 큰 부분을 차지하는 도전자challengers와 추종자followers라 불리는 기업들이 있다. Burger King, Royal Caribbean, Avis, Universal Studios, Carlson Wagnolit Travel, Travelocity.com, Amadeus 등이 이 범주에 속한다. 마지막으로 규모가 더욱 작고, 소수 혹은 오직 하나의 특정 표적 시장을 목표로 하는 틈새자nichers라 불리는 집단이 있다. 이와 같이, 산업의 역할과 지위에 따른 범주는 다음 4가지로 분류한다.

❶ 시장 선도자market leaders

이기는 것은 습관적이다. 일단 기업이 특정 분야에서 선도자가 되면, 1위 자리를 좀처럼 포기하려 하지 않는다. 그러나 많은 경쟁자들 역시 1위의 자리를 차지하기 위해 시장을 점유하려고 한다. 때문에, 최고의 자리에

오르는 것이 마케팅의 가장 큰 도전이고, 일부 기업들은 그것에 있어 탁월한 능력을 발휘한다.

시장 선도자를 위한 전략에는 다음 세 가지가 있다.

- 전체 시장규모를 늘린다 (또는 1차적 수요를 증가시킨다).
- 시장점유율을 유지한다.
- 시장점유율을 높인다.

전체 시장규모를 늘린다.

전체 또는 1차 시장을 다음 세 가지 방법으로 늘린다.

ⅰ. 새로운 표적 시장을 찾는다.

ⅱ. 새로운 서비스 또는 시설의 용도를 개발한다.

ⅲ. 서비스 또는 시설에 대한 고객의 이용빈도를 높인다.

시장 선도자는 서비스에 대한 전체 수요가 성장할 때 가장 많은 것을 확보할 수 있으며, 서비스에 대한 저이용 집단과 비이용 집단을 규명할 수 있다. 1차 시장을 확립하는 또 다른 방법은 서비스의 새로운 이용자를 찾아 촉진을 실시하는 것이다. 환대 및 여행 산업의 예로, 몇몇 선도 크루즈 회사들은 기업 회의나 컨벤션이라는 새로운 용도를 촉진하여 성공을 거두었다. 전통적인 여름 리조트와 스키 리조트도 이와 같은 방법으로 가을 및 여름 행사 상품을 가지고 회의 기획자들을 대상으로 마케팅을 시행하였다.

세 번째 방법은 고객이 보다 자주 서비스를 이용하도록 하는 것이다. 이러한 접근법의 대표적 예가 1979년 선보인 McDonald's의 Happy Meal 개념이다. 이 메뉴에 포함된 장난감을 얻기 위해 어린이들은 부모와 함께 계속해서 황금아치Golden Arches를 찾게 되었다. 쿠폰을 미끼로 고객을 유인하거나, 상용고객우대 프로그램을 통해 고객을 유치하는 것도 이에 해당된다.

시장점유율을 지킨다.

시장 선도자가 이용할 수 있는 두 번째 방법은 시장점유율을 지키는 것이다. 선도자들은 모든 경쟁자들 속에서 어떻게 고객을 지킬 수 있는가? 가장 좋은 방법은 혁신적이고, 더욱 개선된 서비스를 지속적으로 개발하고 추가하는 것이다. McDonald's와 Holiday Inn은 이러한 점에서 가장 두각

을 나타낸 기업이라 할 수 있다. McDonald's 는 치킨 너겟이라는 신개념을 선보였고, 차를 타고 주문을 할 수 있는 서비스를 도입한 기업 중 하나이다. Holiday Inn은 상용고객우대 프로그램Priority Club을 개발했다. 선도자들에게 가장 추천할 만한 또 다른 방법은 지속적으로 다각화의 기회를 찾는 것이다.

바구니 하나에 모든 계란을 담아두는 것은 위험한 사업전략이다. Marriott International과 Starwood Hotels & Resorts Worldwide는 시장점유율을 유지하기 위해 다각화한 숙박 기업의 좋은 예이다. 이 두 회사 모두 2006년과 2007년에 여러 개의 새로운 브랜드와 이에 포함되는 새로운 형태의 서비스를 도입하였다.

시장점유율을 높인다.

선도자는 새로운 서비스를 도입하고, 서비스의 질을 개선시키며, 마케팅에 많은 투자를 하거나, 경쟁 조직을 인수하는 등, 시장점유율을 높이기 위한 다양한 노력을 시도한다. Carnival Corporation은 P&O Princess Cruises를 2003년에 인수하여 세계를 선도하는 크루즈 회사의 지위를 강화했다.

❷ 시장 도전자market challengers

시장 도전자들은 시장점유율을 높이기 위해 시장 선도자와 경쟁하고자 하는 기업들이다. 버거 전쟁에서 Burger King, Wendy's, 그리고 Hardee's, 모두 McDonald's의 지배적인 시장점유율에 대항한 비교광고 캠페인을 통해 선도자를 공격했다. Burger King은 굽는 방식broiled과 튀기는 방식fried이라는 광고 캠페인을 포함하여 McDonald's의 메뉴와 여러 번의 비교광고를 시도하였다. Wendy's는 '그런데, 쇠고기는 어디에 있는가?'라는 유명한 광고를 통해, Hardee's는 선두 경쟁자들에게 뒤지지 않기 위해 이 버거전쟁을 패러디한 캠페인을 실시하기도 하였다.

Hertz에 대항한 Avis의 포지셔닝은 가장 성공한 마케팅의 예 중 하나로 평가된다. Avis는 "2위 기업이었기에 고객을 만족시키기 위해 더욱 노력해야 한다."는 광고메시지를 내보냈으며, 중저가 항공사인 Virgin Atlantic은 British Airways에 대항해 고객들이 자항공사를 얼마나 더 선호하는지를 여행사들에게 보여주기 위해 소비자여행잡지의 조사결과를 인용하였다.

도전자의 위치에 있는 기업은 "정면돌파, 측면공격, 포위, 우회, 그리고 게릴라전법"이라는 5가지 형태로 선도 기업을 공격할 수 있다. Burger King은 굽는 방식과 튀기는 방식이라는 McDonald's와의 햄버거 조리법과 대결할 때 정면승부를 내는 공격적 방식을 이용하였다. 선도자의 측면을 공격한다는 것은 그들의 약점을 공격하는 것을 의미한다. 도전자는 선도자가 무시해버렸거나 우선시 하지 않는 부분이나 세분시장에 집중한다. 포위공격은 사방에서 공격하는 것을 의미하고, 우회공격은 시장 선도자와 직접적인 대립을 피하는 방법이다. 게릴라식 공격에서는 도전자가 시장 선도자를 소규모로, 그러면서도 정기적으로 급습하는 방식을 말한다.

❸ 시장 추종자market followers

시장 도전자와는 달리 추종하는 기업은 시장 선도자에 대해 직·간접적인 공격을 하지는 않는다. 최근까지, 숙박 산업은 이러한 경향을 보여 왔다. 예를 들어, 호텔 기업들 사이에는 비교광고가 거의 없고, 오히려 선도자를 모방하는 방식이 더 흔하게 나타났다. 이들은 선도 기업과 같은 표적시장을 쫓아가고, 동일한 광고매체를 선택하거나 비슷한 서비스를 시행하기도 한다.

이러한 따라가기me-too식 접근법은 호텔체인과 패스트푸드 레스토랑, 항공사, 렌터카 회사들 사이에서 더욱 확연히 나타난다. 선도자가 새로운 개념을 성공적으로 개척하면, 대부분의 경쟁사들은 이를 신속하게 따라가는 데 급급하였다. American Airlines는 상용고객우대 프로그램frequent-flyer program을 가장 먼저 도입하였다. 지금은 모든 주요 항공사들이 이러한 프로그램을 시행하고 있다. Holiday Inn도 숙박기업 중에서 이러한 상용고객우대 프로그램frequent-stay program을 처음 도입하였으며, 주요 숙박기업들 중 처음으로 장기투숙extended-stay호텔 사업에 뛰어들었다. 이후, Marriott, Hilton, Sheraton, Radisson, Choice Hotels International 등이 그 뒤를 따랐다. McDonald's가 치킨(맥)너겟을 선보인 이후, Burger King, KFC, 그리고 다른 패스트푸드 레스토랑들이 이를 모방하였다.

❹ 시장 틈새자market nichers

시장 틈새자 역시, 주요 기업들과의 직접적인 대립을 피하는 소규모 조직

이지만, 가능한 자신만의 독특한, 그리고 전문적인 틈새를 찾고자 한다. 지역항공 또는 통근위주의 단거리노선 항공사는 주 항공사들의 수익과 관계없는 자신들만의 노선을 운항한다. 대개 그들은 지리적 틈새를 가지며, 전문성 위주의 사업을 펼쳐, 도너츠 가게는 도너츠 만드는 것을 전문으로 하고, 패스트푸드와 같은 다른 사업으로의 확장을 시도하지 않는다.

관계 마케팅과 전략적 제휴

환대 및 여행 산업에서 관계 마케팅의 중요성이 부각되고 있으며, 마케팅 전략을 개발할 때, 모든 기업이 고객, 공급자, 여행중개인, 심지어 경쟁자와의 장기적인 관계를 구축하고, 유지하며, 강화해야 함을 강조한다. 항공사와 호텔의 상용고객우대 프로그램과 같이 기업이 고객들과 강한 유대관계 또는 충성도를 구축하고자 하는 예는 많이 있다. 다른 예로 유통업자와의 관계를 들 수 있다. 항공사, 호텔, 렌터카 회사, 크루즈 회사는 여행사와의 관계에서 시장점유율 확대를 위해 수수료율을 인상하거나 추가 포인트를 제공하기도 한다.

환대 및 여행 산업에서는 복수기업이 동시에 일시적인 또는 단기 파트너십 partnership 촉진활동도 종종 시행된다. 관계 마케팅은 고객, 유통경로, 그리고 관련 조직들 사이에 장기적인 관계를 구축하는 것과 관련 있다. Walt Disney World와 National Car Rental, 그리고 Walt Disney World와 Delta 사이의 장기적 관계가 여기에 속한다. 여러 다른 환대기업들 역시 특정 유형의 고객들과 장기적 관계를 구축하기 위해 노력한 바 있으며, Hyatt Hotels의 Camp Hyatt 개념이 좋은 예이다.

전략적 제휴는 환대 및 여행 기업들 간이나 다른 산업의 기업들과 형성되는 특별한 장기적 관계이다. 스타제휴, 스카이팀과 같은 국제적인 항공사들 간 제휴는 이러한 특별한 관계를 보여주는 좋은 예이다. 전략적 제휴는 혼자서는 도달할 수 없는 목표를 공동의 노력으로 이루기 위해 사업 파트너를 형성하는 강력한 도구이다. 이것은 다른 기업들의 최신 자원과 경쟁력 있는 기술과 접목할 수 있는 신속하고도 융통성 있는 방법이다. 10장에서는 이러한 파트너십과 전략적 제휴에 관해 더 논의할 것이며, 관계 마케팅 개념에 대해서도 더 논할 것이다.

포지셔닝 접근

포지셔닝은 마케팅 분야에서 비교적 최근에 개발된 개념으로, Al Ries와 Jack Trout라는 두 명의 광고기획자가 1972년 'Positioning: The battle for your mind'라는 제목의 책을 통해 소개한 이래, 마케팅 분야에서 급속도로 보급되기 시작하였다. 그들은 포지셔닝을 기업이 잠재 고객의 마음 속에 행하는 그 무엇이라고 소개하였으며, 다른 마케팅 전문가들도 그들의 생각을 뒷받침하는 이론과 실례들을 제시하였다.

포지셔닝은 표적시장 내 고객들의 마음 속에 특정위치로 자리 잡기 위해서 서비스와 마케팅 믹스를 개발하는 것이다. 다시 말해, 마케터는 독특하면서도 명확한 이미지를 창조하고, 이러한 이미지와 일치하는 서비스와 커뮤니케이션을 잠재 고객들에게 전달한다. 크루즈 산업의 Holland America Line은 수년 동안 보다 품격 있는 크루즈라는 포지셔닝을 이루기 위해 'A Signature of Excellence'라는 슬로건을 사용하였으며, 이를 위해 자사의 뛰어난 고품격의 서비스를 주제로 한 동영상을 온라인으로 홍보했다.

포지셔닝의 이유

마케팅에서 포지셔닝이 중요한 이유는 소비자의 지각과정에 대한 이해, 경쟁의 심화, 많은 사람들에게 대량으로 노출되는 다량의 상업적 광고 때문이다.

1. **인간의 지각 과정**Human Perceptual Process   지각이란 인간의 뇌가 주변에 대한 이미지를 걸러내고, 불필요한 정보를 버리기 위해 사용하는 방법이라고 설명할 수 있다. 마케터는 제작된 광고 메시지가 고객들에게 불명확하고 혼동스러운 이미지를 전달하는 경우, 이 메시지는 결국 쓰레기가 될 것이라는 것을 알고 있다. 사람들은 그들이 접한 상업적 광고의 상당부분을 기억하지 못하고 잊어버리게 된다. 이를 막기 위해서는 분명하고 간결하며 단순한 메시지를 이용해야 한다. 이는 포지셔닝의 필수요건이며, 성공적으로 포지셔닝된 서비스를 제공하기 위해서 반드시 해결해야 하는 문제이다.

2. **경쟁의 심화**Intensified Competition   환대 및 여행 산업의 경쟁력이 성장하고 경쟁이 심화되고 있다는 것은 이미 알려진 바와 같다. 포지셔닝은 이와 같은 경쟁환경에서 경쟁사와는 다른 독특한 서비스 이미지를 창출하기 위해서 사용되는 방법이다. Ries와 Trout가 인용한 대표적인 예가 Avis 렌터카이다. Hertz가 렌터카 업계의 선도자라는 것을 인정하면서, Avis는 업계 2위라는 위치를 성공적으로 포지셔닝했으며, 이로써 고객을 만족시키기 위해 더 열심히 노력하는 기업이라는 생각을 확고히 심어주게 되었다. 이로 인해, Avis는 2위 자리를 굳건히 지켰고, 1위 자리에도 위협을 가하게 되었다.

3. **다량의 상업적 광고**Volume of Commercial Messages   사람들은 하루에도 수백 개의 상업적 광고에 노출된다. 이 중 일부는 환대 및 여행 기업의 것이지만, 대부분은 다른 산업의 광고주들이 만든 것이다. 다량의 광고 메시지로 인해 사람들은 그들이 보고, 듣고, 읽는 모든 것들을 기억해 내지 못한다. 혼잡한 광고환경advertising clutter과 온라인 및 오프라인에서 쏟아지는 각종 촉진 메시지들로부터 사람들의 관심을 얻기 위해서는 효과적인 포지셔닝이 반드시 필요하다. 광고는 눈에 띄어야 하며, 차별화되어야 하지만, 동시에 고객들에게 명확한 의사를 전달하고, 혼란을 주지 말아야 한다.

효과적인 포지셔닝의 필수요건

시장을 세분화하고, 표적시장을 선정한 후, 서비스를 포지셔닝하게 된다. 다음은 효과적인 포지셔닝의 필수요건들이다.

1. 표적시장의 고객 욕구와 그들이 찾는 혜택에 대해 파악한다.
2. 해당 기업이 속한 산업의 특징과 여기에 속한 주 경쟁자들을 파악한다.
3. 자사의 경쟁우위, 즉 강점과 약점에 대해 숙지한다.
4. 경쟁사의 강점 및 약점을 파악한다.
5. 고객이 경쟁사와 관련해서 자사를 어떻게 인식하고 있는지 파악한다.

이러한 중요한 정보를 얻기 위해서는 마케팅 조사가 필요하며, 상황분석이나 전문적인 조사를 통해 얻을 수 있다.

표적시장에 속한 고개들과 그들이 추구하는 혜택요인을 이해하는 것은 효과적인 포지셔닝의 시작이라 할 수 있다. 따라서 환대 및 여행관련 기업들은 고객들에게 제공할 수 있는 제안이나 이들이 납득할 만한 구매이유를 우선적으로 찾고 이를 이해해야 한다. 포지셔닝의 다음 단계는, 선택된 표적시장 내 고객들의 마음속에 자리 잡을 수 있는 기업 또는 제품, 서비스의 이미지를 선택하는 것이다. 세 번째는, 이러한 이미지가 고객들의 관점에서 주요 경쟁사들로부터 차별화되어야 한다. 네 번째는, 선택된 이미지를 구현하는 서비스나 상품을 디자인하고, 이를 홍보하여 고객들과 의사소통하는 것이다. 마지막으로, 이러한 이미지 전달이 제대로 되고 있는지를 확인해야 한다. 만약, 기업이 구상하는 이미지가 고급스러움인데, 직원들이 낮은 수준의 서비스를 제공하고 있다면, 이는 성공하지 못할 것이다. 정시도착을 표방하는 항공사는 항공기가 정시에 도착하는지부터 항상 확인하여야 한다. 포지셔닝은 약속된 것이 전달되지 않을 경우 오히려 역효과를 낼 수도 있다.

포지셔닝의 5D

효과적인 포지셔닝을 위해서는 다음의 포지셔닝 5D가 필요하다.

1. 문서화Documenting   고객이 해당 서비스를 구매할 때 가장 중요한 혜택요인이 무엇인지 파악한다.
2. 결정Deciding   표적시장의 고객들에게 이를 구현해낼 수 있는 이미지를 결정한다.
3. 차별화Differentiating   경쟁사와 어떻게 차별화시킬 것인지 이해한다.
4. 설계Designing   제품 또는 서비스 차별화 마케팅 믹스8P를 통해 구현해낸다.
5. 실행Delivering   고객에게 약속한 것을 이행한다.

포지셔닝 접근법

고객의 마음 속에 독특한 이미지를 심어주기 위해서는 구체적 포지셔닝과 일반적 포지셔닝 방법들이 사용될 수 있다. 구체적 포지셔닝 접근specific positioning

approach은 하나의 혜택요인을 선정하여 이에 집중하는 방법으로, Belize 관광청은 자국의 이미지를 "원시적 자연의 최고 비밀"로 나타냈는데, 이는 구체적 포지셔닝 접근의 좋은 예가 된다. Dominica섬도 "자연의 섬, 도미니카"라는 이와 유사한 주제를 이용하였다. 이들 관광목적지는 자연을 기반으로 한 여행에 관심 있는 사람들을 위해 구체적으로 포지셔닝한 예이다. 숙박산업에서 Courtyard, Marriott는 구체적으로 "흥미로운 다양한 기능"이라는 제안을 통해 시장의 관심을 끌고자 하였다. 일반적 포지셔닝 접근general positioning approach은 하나 이상의 혜택을 직접적 방법이 아닌 방식으로 제안한다. 고객은 이용가능한 혜택을 발견하기 위해 제시된 광고와 서비스의 뜻을 나름대로 해석해야만 한다.

명확하고 사실적인 정보를 제공하여 고객들로 하여금 이를 인지할 수 있도록 함으로써 포지션을 창출할 수도 있다. Arizona의 Grand Canyon State라는 관광 포지셔닝에 있어서 아무도 Arizona 관광청에 대하여 의문을 제기할 수는 없을 것이다. 또한 포지셔닝 문구나 상징, 분위기, 이미지로 표현되는 무정형의 개념을 통해 감정적 수준에서 포지셔닝을 할 수도 있다. Hyatt Corporation은 'Hyatt Touch'로 표현되는 높은 수준의 고객 서비스와 지원을 통해 이러한 감성적 호소로 고객의 마음을 얻는 전략을 보여주었다.

포지셔닝 접근법으로는 다음의 6가지를 들 수 있다.

1. **제품의 구체적 특징을 통한 포지셔닝** 이는 앞서 논의한 구체적 포지셔닝과 같은 개념이다. 서비스 측면에서도 고객이 원하는 혜택 요인을 찾을 수 있다. 하나 이상의 제품 또는 서비스의 특징을 포지셔닝할 수도 있으며, 최근 들어 인기를 얻고 있는 리조트 스파가 이러한 포지셔닝 접근의 좋은 예가 된다.

2. **혜택, 문제해결, 또는 욕구에 소구하는 포지셔닝** 대부분의 포지셔닝 문안에는 고객의 욕구나 문제해결과 연관되어 있음을 보여주기 위해 대명사 'you'를 사용한다. 예로는, 캐나다 Ontario주의 "Yours to discover", 미국 California주의 "Find Yourself Here"라는 문구, New Hampshire주의 "You are going to love it here", 호주 수도관광청의 "See yourself in the Nation's Capital, Canberra" 등을 들 수 있다. 또한 Motels' 6의 홈페이지를 방문하면 "Goin'6"라는 문구를 볼 수 있는데, 이는 잠재고객들에게 경제적 혜택요인을 강조하는 포지션으로 볼 수 있다.

3. 이용 상황을 활용한 포지셔닝　　이러한 포지셔닝은 고객이 서비스를 이용하는 구체적인 상황을 기반으로 하고 있다. Sandals는 허니문 고객을 대상으로 "love is all you need"라는 제안을 채택하였는데, 이는 허니문 시장에 대한 Sandals Resorts의 포지셔닝 접근방법이다. Vermont주의 Smuggler's Notch에 있는 Discover America의 Reunion Resort는 각종 재회 및 상봉행사를 이용하여 참가자들을 모집하고 있다.

4. 이용자 범주를 활용한 포지셔닝　　이 접근법은 특정 고객집단을 규명하고, 이들을 대상으로 포지셔닝하는 것이다. Caribbean resort group은 연인들을 대상으로 여가여행의 기회를 제공하며, VisitScotland는 "The home of Golf"라는 주제로 골프마니아들에게 포지셔닝하고 있다.

5. 타 제품과의 비교 포지셔닝　　이러한 접근법을 비교 혹은 경쟁 광고라고도 한다. 이미 Burger King과 McDonald's, Avis와 Hertz라는 전통적인 경쟁광고에 대해 논한 바 있으며, 이는 타 제품과의 비교로 자사 제품을 포지셔닝하는 예이다. Burger King은 2004년도에 그들이 과거 사용했던 포지셔닝 문구인 "Have It Your Way"를 다시 사용했는데, 이는 고객들 각자가 자신들이 개별적으로 선호하는 햄버거를 주문한다는 것이다. 최근의 또 다른 선도기업들 간의 경쟁광고로는 Visa와 American Express의 예를 들 수 있다. Visa는 최근 American Express가 제공하지 못하는 이벤트와 매력을 보여주는 TV광고를 내보냈는데, 일례로, Visa는 2008년 베이징올림픽의 주스폰서였으며, "Visa is everywhere"라는 광고문안을 자주 사용했다.

6. 제품등급 구분에 의한 포지셔닝　　기업은 자사가 모든 경쟁사들과는 차별화된 서비스를 제공한다는 것을 보여주고자 한다. Windstar Cruise는 "With its 180 degrees from ordinary"라는 제안을 통해 경쟁 크루즈 회사들과는 다른 서비스를 제공한다고 스스로를 규정하고 있다.

마케팅 목표

마케팅 믹스를 개발하기 전 단계는 표적시장에 대한 마케팅 목표를 확립하는

것이다. 마케팅 목표는 환대 및 여행 기업이 표적시장에 대해 특정 기간에 걸쳐 시도하는 측정가능한 목적이라고 정의할 수 있다.

마케팅 목표의 이점

마케팅 목표가 없는 기업은 블랙박스나 조종사의 항공일지 없이 운항하는 비행기에 비유될 수 있다. 환대 및 여행 마케팅 시스템의 5가지 핵심 질문 중 "그곳에 도달한다고 어떻게 확신하는가?"와 "그곳에 도달했는지 어떻게 알 수 있는가?"라는 두 가지 질문을 기억하라. 마케팅 목표 없이는 이러한 근본적인 질문에 대답할 수 없다. 마케팅 목표를 설정하는 데 따르는 이점은 다음과 같다.

1. 마케팅관리자가 목표에 도달할 수 있는 과정을 생각하고, 이를 적시에 실행할 수 있도록 해준다.
2. 마케팅 활동의 성공 여부를 측정하는 척도를 제공한다.
3. 마케팅 믹스 활동의 대안들이 가지는 잠재 수익의 기준을 제시한다.
4. 마케팅 활동과 직접적으로 관련된 모든 것에 대한 기준을 제시한다.
5. 특정 기간에 필요한 마케팅 활동의 범위와 유형에 대한 지침을 제시한다.

마케팅 목표의 필수조건

마케팅 목표를 설정할 때 주의사항이 두 가지 있다. 첫째, 마케팅 목표를 이전 수행했었던 활동과 그 결과에 의존해서 정하면 안 된다는 것이다. 100% 확신할 수 있는 단 하나의 예측은 내일은 오늘과 똑같지 않다는 것이다. 둘째, 추측이나 희망사항, 직감 등에 의한 목표 수립은 지양해야 하며, 조사와 분석을 기반으로 하여, 마케팅 전략과 일치해야 한다.

마케팅 목표는 다음과 같은 특성을 가지고 있어야 한다.

1. **구체적인 표적시장이 있다.** 선정된 표적시장에 대해 목표를 정해야 한다. 이것은 개별 표적시장에 대한 투자의 정당성을 입증하기 위해서도 중요하다. 목표가 구체화되면 주어진 표적시장에 투입되는 비용을 결정할 수 있고,

수익 추정을 통해 각 표적시장의 투자수익률(ROI)을 비교해 볼 수 있다.

2. **결과 지향적이다.** 목표는 원하는 결과로 표현되어져야 한다. 마케팅에서 목표는 일반적으로 현재 상황(매출액, 수익, 시장점유율)을 개선시키는 방향을 고려한다. 따라서 결과를 나타내는 척도를 이용하여 목표를 정해야 하며, 마케팅 관리자는 마케팅계획의 성공을 통제하고, 측정하며, 평가하는 도구로써 이러한 결과를 이용한다.

3. **양적이다.** 목표는 과정과 결과를 측정하기 위해서 수치로 나타내어야 한다. 만약, 목표를 정할 때 질적 또는 비계량적인 용어나 지표를 사용한다면, 측정이 불가능해서 주관적 판단이 개입될 소지가 높다. 마케팅관리자는 목표를 수치화하여 실제 얻은 성과를 기대한 성과와 비교할 수 있을 때, 이정표를 설정할 수 있으며, 필요할 때 신속하고 정확한 측정을 할 수 있다. 마케팅 관리자는 마케팅 계획 수립의 마지막 단계에서 기대한 성과와 실제 성과로부터 얻은 변화량을 측정할 수 있다.

4. **구체적인 기간을 가진다.** 목표는 특정 기간을 기준으로 설정된다. 보통 1~2년, 또는 마케팅 계획에 해당하는 기간 동안 지속되지만, 시즌이나 주말, 또는, 주중, 하루 중 한 때나 몇 주, 혹은 몇 달에 걸친 목표를 정하기도 한다. 다음과 같이 구체적인 기간에 따른 마케팅 목표의 예를 통해서, 효과적인 마케팅 목표의 기준을 이해할 수 있다.

❶ 레스토랑

1월 1일부터 5월 31일(구체적인 시간) 사이의 점심(표적시장) 객단가(결과)를 10%(양적) 늘린다.

❷ 호텔

내년(구체적 시간)에 기업회의 시장(표적시장)에 대한 객실점유수(결과)를 5,000개(양적)까지 늘린다.

❸ 테마파크

올 겨울(구체적인 시간) 노인들(표적시장)의 입장권 판매(결과)를 1,000장(양적)까지 늘린다.

마케팅 목표를 정하는 것은 어디에 있고 싶어 하는가? 라는 질문에 대한 마지막 단계의 답이다. 기업은 일정 기간 동안 달성하고자 하는 것을 정확히 알고, 목표에 맞는 구체적인 계획을 짜야 한다.

결론

모든 조직은 미래에 원하는 것을 결정하지 않으면 안 된다. 시장세분화 분석 후, 마케팅 전략 대안, 포지셔닝, 그리고 마케팅 목표를 정해야 한다. 이러한 결정을 내리는 것은 계획 수립의 일부이다. 서비스의 제품수명주기단계와 기업의 경쟁적 포지션은 마케팅 전략 대안을 정하는 데 영향을 미친다. 마케팅 조사정보는 이러한 결정을 내리는 기반이 된다.

마케팅 전략을 수립한다는 것은 목적지에 갈 수 있도록 도움을 주는 지도를 가지고 있는 것과 유사하다. 좋은 지도를 가지고 있다 하더라도 어떤 사람들은 길을 잃는다. 최종 목적지에 효과적으로 도달하기 위해서는 보다 신중하고 세부적인 계획 수립이 필요하다.

학습과제

CHAPTER ASSIGNMENTS

1. 호텔 체인, 레스토랑 체인, 항공사, 크루즈 회사, 관광목적지, 여행사, 기타 환대 및 여행 기업 중 선도기업 3개를 선정하여, 이들의 최근 마케팅 전략을 살펴보아라. 어떤 종류의 마케팅 전략을 이용하고 있는가? 그들의 표적시장은 무엇인가? 어떠한 이미지를 만들고자 노력하며, 어떤 포지셔닝 접근법을 사용하였는가? 지난 5년간, 그들의 전략과 포지셔닝은 어떻게 변화하였는가? 당신의 요지를 뒷받침해 줄 광고나 다른 촉진의 예를 들어보시오.

2. 제품수명주기는 일반적으로 유용한 마케팅 지침서이지만, 언제나 현실을 반영하지는 않는다. 수명주기를 연장하였거나, PLC를 정확히 따르지 않았던 기업이나 관광목적지, 서비스 시설들을 참고하여, 이에 대해 논해 보시오.

3. 각 산업은 시장 선도자, 도전자, 추종자, 그리고 틈새자를 포함한다. 우리 산업의 한 부분을 선택하여, 이러한 각 역할을 하는 기업들을 규명하여 보시오. 각 기업은 경쟁적 포지션을 개선하거나 유지하기 위해 어떤 전략과 접근법을 이용하는가? 그리고 전국적 혹은 지역사회를 기반으로 한 이들 기업의 전략과 관련 접근법은 얼마나 성공적이었는가?

4. 소규모 환대 및 여행 기업 최고경영자가 당신에게 마케팅 목표를 개발하는 데 도움을 요청했다. 목표 설정을 위해 어떤 지침을 제안하겠는가? 목표를 개발하는 데 어떻게 도움을 줄 것인지 상세히 설명하고, 그 사업에 대한 가상 혹은 실제 목표를 개발해 보시오.

REFERENCES 참고문헌

1. Kotler, Philip, and Kevin Lane Keller. 2006. *Marketing Management*. 12th ed. Upper Saddle River, N.J.: Pearson Prentice Hall, 336~338.

2. Perreault, William D., and E. Jerome McCarthy. 2000. *Essentials of Marketing: A Global-Managerial Approach*. 8th ed. Boston: Irwin McGraw-Hill.

3. American Marketing Association. 2007. *Dictionary of Marketing Terms*, http://www.marketingpower.com/_layouts/Dictionary.aspx, accessed December 13, 2008.

4. Kotler, Philip, and Kevin Lane Keller. 2006. *Marketing Management*. 12th ed. Upper Saddle River, N.J.: Pearson Prentice Hall, 303~304.

5. Kotler, Philip, and Kevin Lane Keller. 2006. *Marketing Management*. 12th ed. Upper Saddle River, N.J.: Pearson Prentice Hall, 304~307.

6. Jiang, Weizhong, Chekitan S. Dev, and Vithala R. Rao. 2002. "Brand Extension and Customer Loyalty: Evidence from the Lodging Industry." *Cornell Hotel and Restaurant Administration Quarterly*, 43(4), 5~16.

7. Kotler, Philip, and Kevin Lane Keller. 2006. *Marketing Management*. 12th ed. Upper Saddle River, N.J.: Pearson Prentice Hall, 323.

8. Kotler, Philip, and Kevin Lane Keller. 2006. *Marketing Management*. 12th ed. Upper Saddle River, N.J.: Pearson Prentice Hall, 329~333.

9. McKenna, Regis. 1993. *Relationship Marketing: Successful Strategies for the Age of the Customer*. New York, N.Y.: Basic Books.

10. Foreign Affairs and International Trade Canada. 2002. *Strategic Alliances*, http://www.infoexport.gc.ca/en/DisplayDocument.jsp?did=5273&gid=538, accessed December 13, 2008.

11. Dyer, Jeffrey H., Prashant Kale, and Harbir Singh. 2001. "How to Make Strategic Alliances Work." *MIT Sloan Management Review*, Summer 2001, 37~43.

12. Ries, Al, and Jack Trout. 2001. *Positioning: The Battle for Your Mind*. 2nd ed. Boston: McGraw-Hill.

13. Kotler, Philip, and Kevin Lane Keller. 2006. *Marketing Management*. 12th ed. Upper Saddle River, N.J.: Pearson Prentice Hall, 289.

14. Kotler, Philip, and Kevin Lane Keller. 2006. *Marketing Management*. 12th ed. Upper Saddle River, N.J.: Pearson Prentice Hall, 288.

15. Assael, Henry. 2003. *Consumer Behavior: A Strategic Approach*. Boston, Massachusetts: Houghton Mifflin Company.

16. Hyatt Hotels Corporation. 2008. *About Hyatt Hotels*, http://www.hcareers.com/seeker/employer-profiles/hyatt-hotels-resorts/?feb=true, accessed December 13, 2008.

17. Mahajan, Vijay, and Yoram Wind. 2002. "Got Emotional Product Positioning." *Marketing Management*, May/June, 36~41.

18. Golden Door. 2008. *Women Only*, http://www.goldendoor.com/rates_and_reservations/women_only.cfm, accessed December 13, 2008.

19. Burger King Corporation. 2008. *Marketing and Advertising History*, http://www.bk.com/companyinfo/corporation/history.aspx, accessed December 12, 2008.

마케팅 계획과 8P

목표

이 장을 읽고 난 후

» 마케팅 계획을 정의할 수 있다.

» 전술적 계획과 전략적 계획 수립의 차이점을 설명할 수 있다.

» 효과적인 마케팅 계획을 위한 8가지 필요조건을 나열할 수 있다.

» 마케팅 계획의 이점에 대해 설명할 수 있다.

» 마케팅 계획의 내용을 기술할 수 있다.

» 마케팅 예산의 개발을 위한 4가지 접근법을 비교하고, 그 중 하나를 추천할 수 있다.

» 마케팅 계획을 준비하는 주요 3단계를 기술할 수 있다.

» 환대 및 여행 마케팅의 8P를 나열하고 설명할 수 있다.

개요

우리는 어디에 있고 싶어 하는가? 이 질문에 대한 대답은 마케팅 계획에서 자세히 설명될 수 있다. 3장에서는 마케팅 계획을 승객들을 최종 목적지까지 안전하게 안내하는 비행기의 항공계획에 비유하였다. 이 장에서는 먼저 마케팅 계획을 정의하고 전략적 계획 수립에 있어서 마케팅 계획의 역할이 무엇인지 설명할 것이다. 또한 계획의 내용을 나열하고 마케팅 계획이 주는 이점에 대해 기술하고 있다.

다음으로 마케팅 계획을 준비하는 단계별 과정을 제시하고 있으며 이는 앞에서 논의한 시장세분화, 마케팅 전략, 포지셔닝, 마케팅 목표 그리고 마케팅 믹스와 관련이 있다. 끝으로 환대 및 여행 마케팅의 8P에 대해 논의할 것이다.

만약, 어떤 조종사가 아무런 비행계획 없이 비행기를 운항한다는 사실을 알게 된다면, 당신은 그 비행기에 탑승하겠는가? 엄청난 위험을 감수하지 않는 한, 절대 탑승하지 않을 것이다.(마케팅 계획을 세우지 않은 기업은 운항계획을 세우지 않은 비행기와 같다) 이러한 항공기는 항로를 이탈할 수도 있으며, 연료를 너무 많이 소비하여 최종 목적지까지 도달하지 못할 수 있다. 이와 마찬가지로 계획을 제대로 세우지 못한 기업은 잘못된 길로 치닫게 되며, 목표를 달성하기도 전에 마케팅 예산을 다 사용해 버릴 수도 있다.

마케팅 계획의 정의

마케팅 계획이란 대개 2년 이하의 기간 동안 기업의 마케팅 활동을 관리하기 위해 기술된 계획을 말한다[그림 9-1]. 마케팅 계획은 매우 세부적이고 구체적이며, 조직은 이를 통해 마케팅의 여러 단계와 역할을 담당하고 있는 인적 자원들을 관리하게 된다.

전술적 계획과 전략적 계획 수립의 차이점

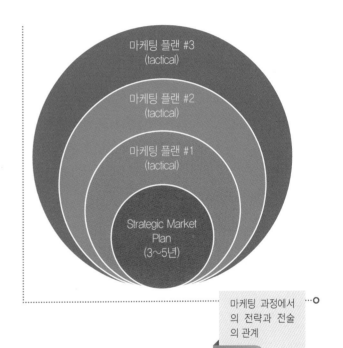

마케팅 과정에서의 전략과 전술의 관계

그림 9-1

흔히들 마케팅 계획은 전술적 혹은 단기적 계획이라고 말한다. 하지만 이것만으로 마케팅 계획을 설명하기는 부족하며, 전략적 혹은 장기적 계획도 필요하다. 보통 3년 이상의 계획을 의미하는 전략적 계획은 전술적 계획보다 세부적이지는 않으며, 장기적인 마케팅 목표를 가지고 있다. 마케팅 계획에서 전략과 목표, 전략적 시장계획에서의 전략 및 목표는 늘 일치해야 한다. 그리고 마케팅 계획은 장기적으로 조직의 비전을 지원해야 하고, 미션과도 일치해야 한다.

마케팅 계획에는 기업의 마케팅 믹스와 세부적인 예산 및 이의 실행계획이 포함되어 있다. 전략적 시장계획은 외부 마케팅 환경, 중·장기적인 기회와 밀접한 관련이 있다.

효과적인 마케팅 계획을 위한 필요조건

건물은 기초가 견고해야 하듯 마케팅 계획도 세밀한 조사와 분석이 먼저 뒷받침되어야 한다. 상황분석, 마케팅 조사, 시장세분화, 마케팅 전략 선정, 포지셔닝, 그리고 마케팅 목표는 경영자들의 행동에 청사진blueprint을 제시하고 있으며, 마케팅 계획은 이러한 것들을 기반으로 수립되어야 한다. 일반적으로 모든 청사진에는 몇 가지 보편적인 사실이 존재한다. 대부분의 건축가들은 초기의 청사진이 예기치 못한 상황으로 수정될 수도 있다는 사실을 잘 알고 있다. 또한 계획을 실제로 실행하기 위해서는 많은 인력이 필요하며, 시기를 잘 맞추어 신중히 실행하는 것도 중요하다. 건축 전문가들 역시 예산결정과 비상계획, 그리고 목표설정의 가치를 잘 인식하고 있으며, 이를 구체화하기 위해서는 장비와 인력, 기술이 함께 필요하다는 것을 이해하고 있다.

마케팅 계획의 필요조건은 건축의 경우 청사진과 비슷하며, 다음의 기준들을 충족시켜야 한다[그림 9-2].

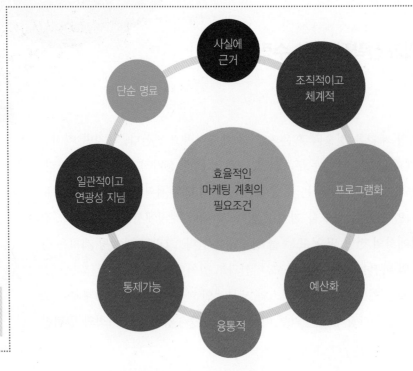

효율적인 마케팅 계획의 필요조건

그림 9-2

1. 사실에 근거해야 한다.   마케팅 계획 수립 전에 조사와 분석을 수행해야 한다. 관리자의 직감으로 수립된 계획은 카드로 만든 집과 같다. 핵심적인 가정 하나가 잘못되면 계획 전체가 실패로 돌아갈 수도 있으므로, 가정 설정에도 신중해야 한다.

2. 조직적이고 체계적이어야 한다.   마케팅 계획은 가능한 구체적이고 세부적이어야 한다. 또한 부서와 직원들의 직무를 명확히 규명해야 하며, 필요한 촉진활동에 대해서도 자세히 기술해야 한다. 관련된 모든 인력의 수행능력, 서비스의 질과 수준 등을 포함하는 역량을 명확히 밝혀야 한다.

3. 프로그램화되어야 한다.   마케팅 계획은 활동이 순차적으로 진행될 수 있도록 조정되어야 한다. 적시성timing은 마케팅에서 매우 중요하므로 단계별 계획을 가능한 상세히 수립해야 한다.

4. 예산계획이 포함되어야 한다.   모든 마케팅 계획은 신중하게 예산을 수립해야 하며, 최종 예산을 결정하기 전에 여러 대안을 준비하고, 이 중에서 최적의 대안을 결정하는 것이 좋다.

5. 융통성이 있어야 한다.   모든 계획에는 예기치 않은 일이 일어날 수 있기 때문에 언제든지 수정될 수 있어야 한다. 만약, 목표를 달성할 수 있는 가능성이 희박하거나 예상치 못한 경쟁자가 나타났을 경우, 이를 고려하여 마케팅 계획을 적절히 조정할 수 있어야 한다. 또한, 예기치 못한 일이 발생할 경우를 대비하여 항시 비상계획을 세워두어야 한다.

6. 통제가 가능해야 한다.   마케팅 계획을 처음 의도한 목적대로 실행하는 일은 그것을 계획하는 것보다 더 어려운 일이 될 수 있다. 모든 계획은 측정가능한 목표와 이에 도달하기 위해 적절한 과정을 거치는지 확인하는 단계를 포함하고 있어야 하며, 이러한 과정을 누가 측정해야 하는지에 대해서도 명시해야 한다.

7. 일관성과 연관성을 지녀야 한다.   마케팅 계획의 대부분은 서로 연관되어 있기 때문에 일관성이 있어야 한다. 예를 들어, 광고캠페인, 인터넷 마케팅과 판매촉진 방법이 고객에게 최대한의 영향력을 미치기 위해서는 통합적 마케팅의사소통IMC 차원에서 서로 연관성을 지니고 있어야 한다.

8. **단순 명료해야 한다.**　세부적인 것이 어렵다는 것을 의미하지는 않는다. 계획을 세운 사람만이 그것을 이해할 수 있는 유일한 사람이 되어서는 안 된다. 성공적인 마케팅 계획을 수립하기 위해서는 많은 사람들의 노력이 요구되므로, 목표와 이를 달성하기 위한 직무를 분명히 전달해야 하며, 혼란과 오해를 불러일으킬 소지가 있는 부분은 제거해야 한다.

마케팅 계획의 이점

마케팅 계획이 모든 기업의 가장 유용한 도구 중 하나라는 것은 의심할 여지가 없다. 마케팅 계획이 주는 핵심적 이점 다섯 가지는 다음과 같다.

1. **마케팅활동과 표적시장이 상호 조화를 이룰 수 있도록 해 준다.**　세분화된 마케팅 전략을 이용하는 경우, 모든 활동이 선정된 표적시장에 집중될 수 있도록 해 준다. 계획수립과 관련된 단계 중 하나가 시장별로 마케팅 믹스8P를 구체화하는 것이다. 수익이 없는 표적시장에는 더 이상 예산을 낭비하지 않도록 해야 한다.

2. **마케팅 목표와 표적시장의 우선순위가 일치할 수 있도록 해 준다.**　목표에 도달하기 위한 마케팅 계획은 어느 정도 수준이 되어야 하는가? 마케팅 계획은 표적시장의 상대적인 크기를 적절히 반영해야 한다. 일반적으로, 목표치가 높을수록 더 많은 노력이 필요하다. 기업이 판매나 수익의 20%를 차지하는 시장에 마케팅 예산의 80%를 지출한다는 것은 타당성이 없지만, 실제 이런 일은 종종 일어난다. 비록, 표적시장의 공헌정도와 해당 예산이 비례할 필요는 없지만 유사한 정도는 되어야 한다.

3. **일반적인 참고사항을 제시해 준다.**　마케팅 계획은 많은 사람들이 기업 내·외부에서 수행해야 할 활동을 세부적으로 보여준다. 훌륭한 계획에는 모두를 위한 일반적인 참고사항이 제시되어 있다. 이러한 참고사항들은 계획을 수행하는 사람들의 노력을 조정하게 되며, 마케팅을 담당하는 사람들 간의 의사소통을 원활히 해주고, 광고사 직원이나 웹 디자이너와 같이 외부 조언자들을 관리하는 데도 많은 도움을 준다.

4. 마케팅의 성공을 측정하는 데 도움이 된다.　마케팅 계획은 마케팅 활동을 통제하는 근거를 제공하기 때문에 마케팅 관리의 수단이 되며, 마케팅관리자가 마케팅의 성공 여부를 평가할 때 도움이 된다. 다시 말해, 마케팅 계획은 "우리는 목표에 도달한다고 어떻게 확신하는가(통제)?"와 "우리가 목표에 도달했는지 어떻게 알 수 있는가(평가)?"의 두 가지 핵심 질문에 대한 해답을 얻는 데 중요한 역할을 한다.

5. 장기적으로 지속성을 갖도록 해 준다.　마케팅 계획은 단기계획과 장기계획이 서로 연관성을 갖도록 해 준다. 또한 기업의 장기목표가 기업 내에서 유리되거나 중심을 잃지 않도록 해 준다. 마케팅 계획은 매우 합리적이고 세부적이기 때문에 해당 실무자가 조직을 떠날 경우에도 여전히 유용해야 한다.

마케팅 계획의 내용

　마케팅 계획은 요약서, 근거, 실행계획 등으로 이루어져 있다. 요약서는 마케팅 계획에서 강조하는 주요 부분을 간략히 요약해서 기업 경영자들이 빠른 시간 내에 이를 검토하기 위한 내용을 포함한다. 근거는 마케팅 계획이 토대로 하는 사실, 분석결과, 가정 등을 설명하고, 일정기간 동안 시행할 마케팅 전략과 표적시장, 포지셔닝 접근법, 그리고 마케팅 목표를 기술한 것이다. 마지막으로, 실행계획action plan은 마케팅 예산, 직무, 활동, 일정계획, 그리고 통제, 측정, 평가의 방법을 상세히 포함해야 한다. [그림 9-3]은 서면으로 작성된 계획의 내용서식을 나타낸 것이다. 제시된 마케팅 계획을 통해 환대 및 여행 마케팅 시스템에서 제기되는 다섯 가지 핵심 질문에 대해 알 수 있다.

실무적인 요약서

　요약서executive summary는 간단명료하고 읽기 쉬워야 한다. 경영자들이 내용을 빠르게 정독할 수 있어야 하며, 마케팅 계획, 비용, 주된 근거 등을 포함해야 한다. 이를 작성하기 가장 좋은 방법은 마케팅 계획에 나열된 순서대로 내용을 각 부분별로 요약하여 제시하는 것이다. 여기서 요약된 부분은 환대 및 여행 마케팅 시스

A. 실무적인 요약서

B. 마케팅 계획의 이론적 근거

1. 상황분석(우리는 지금 어디에 있는가?)
- 환경분석
- 입지 및 지역사회 분석
- 주요 경쟁자 분석
- 시장 잠재력 분석
- 서비스 분석
- 마케팅 포지션 및 계획 분석
- 주요 강점, 약점, 기회, 그리고 위협요소

2. 마케팅 전략 선택(우리는 어디에 있고 싶어 하는가?)
- 시장세분화와 표적시장
- 마케팅 전략
- 마케팅 믹스
- 포지셔닝 접근법
- 마케팅 목표

C. 실행계획

1. 활동계획(우리는 목표에 어떻게 도달할 것인가?)
- 각각의 마케팅 믹스 요소를 위한 표적시장에 따른 활동
- 활동에 대한 책임
- 시간표와 활동 스케줄

2. 마케팅 예산(우리는 목표에 어떻게 도달할 것인가?)
- 표적시장에 따른 예산
- 마케팅 믹스 요소에 따른 예산
- 비상자금

3. 통제절차(우리는 목표에 도달한다고 어떻게 확신하는가?)
- 각각 활동으로 인해 예상되는 결과
- 과정 보고 및 측정

4. 평가절차(우리는 목표에 도달했는지 어떻게 알 수 있는가?)
- 측정
- 성과기준
- 평가시간표

마케팅 계획 목록

그림 9-3

템의 다섯 가지 주요 질문들에 따라 계획이 잘 드러날 수 있도록 제시할 수 있어야 한다.

마케팅 계획 원리

대부분의 사람들은 자신들이 무슨 일을 했는지는 기억하지만, 왜 그 일을 했는지에 대해서는 쉽게 잊어버리는 경향이 있다. 마케팅 계획의 근거는 모든 조사분석 내용을 기록해 둔 것으로, 이는 차후의 마케팅 계획과 전략적 시장계획에 필요한 정보들을 모두 제공해 준다. 또한, 특정 업무만을 담당하는 광고주, 웹 디자이너와 같은 외부 조언자들에게도 많은 도움을 준다.

1. 상황분석(우리는 지금 어디에 있는가?) 상황분석은 조직의 강점 및 약점, 기회 요인에 대해 조사하는 것이며, 마케팅 계획을 수립하는 데 중요한 역할을 한다. 이는 마케팅 계획이 기업의 마케팅 강점을 반영하고, 주요 약점을 설명하며, 주어진 기회를 잘 이용할 수 있어야 하기 때문이다. 상황분석에서는 중요한 내용 위주로 기록하고, 이외의 세부적 사항들을 일일이 기록할 필요는 없다.

❶ 환경분석
최근 들어 환대 및 여행 기업에 긍정적 또는 부정적 영향을 미칠 수 있는 다양한 외부환경이 빠르게 변화하고 있다. 이는 산업 전반에 걸친 경쟁상황, 경제적, 정치적, 법률적, 사회·문화적, 기술적인 면을 모두 포함한다. 마케

팅계획은 주요 기회 및 위협 요인들을 제시하고, 계획기간 동안 발생할 수 있는 가능한 영향요인들에 대해서도 설명할 수 있어야 한다.

❷ 입지 및 지역사회 분석

계획기간 동안 지역사회와 그 주변에서 일어날 수 있는 주요 사건에는 어떤 것들이 있을 수 있는가? 새로운 기업의 출현, 사업 부진, 노동력 감소, 부동산 개발, 산업 확장, 인프라 건설 등은 마케팅 계획에 긍정적 또는 부정적 영향을 미칠 수 있는 요인들이다. 마케팅 계획은 이러한 사건들을 규명하고, 이러한 요인들이 미칠 수 있는 영향에 대해서도 면밀히 검토해 보아야 한다.

❸ 주 경쟁자 분석

앞으로 2년 정도 기업의 가장 직접적인 경쟁자들이 시행할 수 있는 새로운 전략은 무엇이겠는가? 그들이 새로운 서비스를 선보이거나 기존의 서비스를 개선할 여지가 있는가? 아니면 새로운 촉진전략을 이용할 가능성이 있는가? 마케팅 계획은 이러한 주요 질문들에 답할 수 있어야 하며, 경쟁자의 강점과 약점에 대해서도 파악해야 한다.

❹ 시장잠재력 분석

기존 고객과 잠재 고객에 대한 분석의 결론은 무엇인가? 기존 고객을 대상으로 새로운 마케팅 활동을 시행해야 할 필요가 있는가? 기존 고객의 서비스 이용도를 더 높이거나, 새로운 표적시장에 접근할 수 있는 방법은 무엇인가? 이러한 질문에 대한 답과 이에 대한 마케팅 조사가 포함되어야 한다. 표적시장에 대한 마케팅을 강조한 애리조나관광청의 마케팅 계획은 이러한 마케팅 계획 기본원리의 한 단면을 보여준다.

❺ 서비스 분석

앞으로 1~2년 동안 기업의 서비스를 개선 또는 증진시키기 위해 무엇을 해야 하는가? 이러한 변화의 필요성을 요구하는 조사결과는 어떤 것이 있는가? 마케팅 계획은 이러한 문제와 마케팅 믹스8P를 어떻게 통합시킬 것인가에 대해 논의되어야 한다.

❻ 포지셔닝 분석

낯선 도시에서 차를 운전하다가 길을 잃어버린 적이 있는가? 이때 다시

길을 찾아 제자리로 돌아올 수 있는 최선의 방법은 무엇인가? 물론, 경찰관이나 주유소 직원에게 물어보는 방법도 있다. 경우에 따라 더 쉬운 방법은 처음 잃어버렸던 그 길을 찾아 다시 되돌아가는 것이다. 마케팅 계획과 포지셔닝 분석이 이와 같다. 이전에 일어난 것들에 대한 분석을 통해 추후 계획 수립에 많은 도움을 받을 수 있다. 현재 표적시장 내에서의 포지셔닝 분석과 함께 이전 마케팅 활동이 얼마나 효과적이었는지에 대해서도 제시되어야 한다.

❼ 주요 강/약점, 기회/위협요인

마케팅 계획은 마케터가 모든 상황분석의 핵심결과들을 정리하고, 이의 상대적 중요도, 강점, 약점, 기회, 위협요인에 대한 우선순위를 포함하고 있어야 한다.

2. 마케팅 전략의 선택(우리는 어디에 있고 싶어 하는가?) 마케팅 계획 원리의 두 번째 부분은 기업이 다음 단계에서 실행해야 할 전략을 상세히 기록하고, 전략 선택에 영향을 미치는 사실, 가정, 그리고 이에 관한 의사결정에 대해 설명하는 것이다.

❶ 시장세분화와 표적시장

마케팅 계획은 시장을 나누는 데 이용하는 세분화 접근법(단일단계, 이단계, 다단계)과 그에 대한 근거(지리적 특성, 인구통계특성, 여행목적, 심리특성, 행동특성, 제품특성, 유통경로 등)를 검토해야 한다. 세분시장의 크기와 세분시장별 시장진입기업 및 각 세분시장의 점유율 등을 제시해야 하고, 세분시장 선정의 이유를 함께 논해야 한다. 왜 다른 세분 시장을 선정하지 않았고, 또 서로 상호작용하는 표적시장들을 어떻게 선정하는지 등에 대해서도 간략히 고찰해 볼 수 있다.

❷ 마케팅 전략

단일표적시장, 집중, 전체, 또는 비차별 전략 중 어떤 것을 활용할 것인가? 마케팅 전략을 선택할 때, 제품수명주기 단계와 기업의 포지셔닝 전략이 어떤 영향을 미쳤는가? 마케팅 계획은 전략을 선택하게 된 이유와 가정에 대해서 설명해야 한다.

❸ 마케팅 믹스

8P(product, people, packaging, programming, pricing, place, promotion, partnership: 제품, 사람, 패

키지, 프로그램, 가격, 유통, 촉진, 파트너십) 중 어느 것을 이용할 것인가? 그 이유는 무엇인가? 마케팅 계획은 각 표적시장에 대한 마케팅 믹스를 개별적으로 살펴보아야 하며, 보다 상세한 마케팅 활동을 제시해야 한다.

❹ 포지셔닝 접근법

기업이 각 표적시장을 대상으로 새로운 이미지를 심어주고자 하는가, 아니면 재포지셔닝Repositioning을 하려고 하는가? 여섯 가지 포지셔닝 접근법 (제품의 구체적 특징, 혜택/문제해결/필요, 특정한 이용상황, 이용자 범주, 타 제품과의 차별화, 제품등급) 중 어느 것을 이용할 것인가? 그리고 그 이유는 무엇인가? 마케팅 계획은 이러한 질문들을 검토해야 하며, 포지셔닝 접근법을 각 마케팅 믹스 요소에 어떻게 반영할 것인지에 대해서도 설명해야 한다.

❺ 마케팅 목표

각 표적시장의 목표에 대해 자세히 설명해야 한다. 목표는 결과 지향적이고 계량적 용어와 구체적인 시간기준을 나타내야 한다. 목표를 보다 구체적인 이정표로 세분해야 하며, 이는 각 목표를 완료시간을 기준으로 하위 목표로 나누는 것을 의미한다.

실행계획

성공적인 마케팅 계획을 수립하기 위해서는 많은 세부적인 준비과정과 단계를 거쳐야 한다. 계획의 기능은 필요한 모든 활동, 책임사항, 비용, 시간계획, 통제, 그리고, 평가절차를 구체화하는 것이고, 이는 때로 실행계획이라고도 한다. 실행계획의 내용을 기억하는 가장 좋은 방법은 무엇을what, 어디서where, 언제when, 누가who, 어떻게how라는 질문의 답을 생각해 보는 것이다.

1. 무엇을what

   어떤 활동과 업무를 수행할 것이며, 얼마나 지출할 것인가? (표적시장에 따른 활동과 마케팅 예산)

2. 어디서where

   그러한 활동을 어디서 수행할 것인가? (표적시장별 활동)

3. 언제 when

언제 활동을 시작하고, 언제 완수할 것인가? (활동스케줄과 시간표)

4. 누가 who

누가 각 활동을 책임지고 할 것인가? (활동에 대한 책임)

5. 어떻게 how

계획을 어떻게 통제하고 평가할 것인가? (통제와 평가절차)

1. 활동계획(우리는 목표에 어떻게 도달할 것인가?)   활동계획은 선택된 각 표적시장에 대한 마케팅 믹스8P와 각 믹스 요소에 필요한 상세한 업무를 제시하는 것이다.

❶ 표적시장에 따른 활동

각 표적시장에서 기대되는 모든 활동들을 제시해야 한다. 마케팅 믹스 요소8P에 대해 개별적으로 활동들을 설명하며, 시작시기를 기준으로 직무를 수행시간 순으로 제시하는 것이 좋다.

❷ 활동에 대한 책임

계획을 실행하는 데 있어서는 기업 내 여러 부서의 많은 직원들과 경우에 따라 외부기관이나 기업이 중요한 역할을 할 것이다. 따라서 이들 모두는 무엇을 해야 하는지 알아야만 한다. 가장 좋은 방법은 계획에 주요 책임을 기술하고, 시간표나 활동계획에서 책임을 맡은 각 부서를 규명해 놓는 것이다.

❸ 활동스케줄과 시간표

계획의 핵심부분으로 각 활동의 시작 및 완료 시간과 이를 어디서 수행할 것인지, 그리고 그 활동에 대한 책임자는 누구(예 내부, 또는 외부 기업)인지를 보여줘야 한다.

2. 마케팅 예산(우리는 목표에 어떻게 도달할 것인가?)   모든 마케팅 계획은 각 마케팅 믹스 요소에 얼마를 지출할 것인지를 나타내는 세부적 예산에 대한 내용을 포함하고 있어야 한다. 기업이 당면한 가장 어려운 의사결정 중 하나는 바로 각 마케팅 활동에 예산을 얼마나 할당해야 하는지이다. 적절한 마케팅 예산은

다음 네 가지 기준을 충족시켜야 한다.

- 포괄적이어야 한다. 모든 마케팅 활동을 포함하고, 이에 대해 설명하고 추정해야 한다.
- 조정 가능해야 한다. 예산항목 간 시너지 효과를 극대화시키기 위해, 불필요한 노력을 들이지 않고, 각 항목의 예산을 조정할 수 있어야 한다.
- 실용적이어야 한다. 예산은 마케팅 활동에 대한 비용과 인적 자원을 어디서 조달하는지 등을 구체화해야 한다.
- 실현가능해야 한다. 기업의 다른 관련활동들과 연계되지 못한 마케팅 예산은 실현이 어려울 수 있다. 예산은 기업의 자원과 산업 내에서의 위치 등과 연관되어야만 한다.

마케팅 예산을 수립하는 방법에는 과거기록이나 경험, 경쟁상황, 목표활동 등에 의한 다음의 네 가지 방법이 있다. 이 중 목표활동에 의한 방법은 영점기준예산Zero-based budgeting을 따르며, 이는 모든 예산이 매년 0에서 출발하고, 활동별로 필요예산을 점증적으로 수립해 나가는 것을 의미하고, 다단계 예산수립 과정을 이용한다. 네 가지 예산접근법의 장단점은 다음과 같다.

❶ 과거기록 또는 자유재량적 예산결정방법Historical or Arbitrary Budgeting

이것은 매우 단순하고 기계적인 접근법으로 과거 마케팅 예산에 추가적으로 소요되는 일정 비용을 더하는 것이다. 종종 예산의 증가분은 경제 물가상승률을 고려하여 책정하며, 이는 과거 예산을 기준으로 하는 것이기 때문에 영점기준예산법과는 다르다.

과거기록에 근거한 예산법historical budgeting은 쉽고, 시간과 노력이 적게 들기 때문에 환대 및 여행 산업에서 많이 쓰이는 방법이다. 이는 어느 정도의 위험성도 따르므로 마케팅 계획의 결과를 통제하고 평가할 필요성이 있다. 기업의 활동 과정은 끊임없이 마케팅 활동을 수정하고 개선해야 하는데, 과거기록에 근거한 접근법을 이용하는 경우, 변화하는 환경을 제대로 반영하지 못해, 비효율적인 마케팅 활동이 될 수도 있다.

환대 및 여행 산업은 매우 역동적이며 빠른 속도로 변화하고 있다. 모든 기업은 가능한 범위 내에서 융통성이 있어야 하며, 항상 변화의 여지를

남겨두어야 한다. 이 방법은 마케팅 활동과 지출의 과거기록을 유지, 활용하기에는 유용하지만, 과거 예산이 앞으로의 예산 수립을 위한 주요 근거로 사용되는 데에는 항상 위험요소가 따른다.

❷ 경험에 의한 예산결정방법Rule-of-Thumb Budgeting

이 방법은 판매비율방식percentage-of-sales method이라고도 알려져 있으며, 해당 기업이 속한 산업의 평균 매출대비 마케팅예산 비율을 이용하여 마케팅 예산을 산정한다.

과거기록이나 경험에 의한 예산결정방법은 기업이 그들이 속한 산업의 기준만큼 비용을 지출한다고 가정하는 면에서는 비슷하다고 볼 수 있으며, 영점기준예산 접근법과는 다르다. 과거기록에 의한 방법과 같이 경험에 의한 접근법 또한 시간이나 노력이 많이 들지 않기 때문에 선호되기도 한다. 하지만 이러한 방법들은 환대 및 여행 마케팅 시스템의 특징을 제대로 반영하지 못할 수 있다. 우리 산업에서는 모든 기업들의 마케팅 활동과 성과가 같게 나타나지 않을 수 있다. 어떤 기업도 같은 표적시장과 마케팅 믹스를 가지지는 않는다. 게다가 산업평균지수는 넓은 범위의 결과를 종합한 것이기 때문에 잘못된 방향으로 인도할 수도 있다. 보통 새로운 사업으로 시장점유율을 확보하고자 할 때에는 평균 이상의 예산을 산정해야 한다. 충성도가 높은 고객과 재방문 고객을 많이 확보한 기업은 훨씬 적은 예산이 필요할지도 모른다. 서로의 사업지역과 경쟁의 정도는 매우 다양하다. 결국, 각 기업이 각자의 상황에 맞는 적절한 예산결정방법이 필요할 수 있다.

이와 같이 경험에 의한 마케팅 예산결정방법은 위험요소를 내포하고 있으며, 가능하면 피하는 것도 바람직하다. 이는 과거 환대 및 여행 마케터들에 의해 전해 내려온 좋지 않은 관행으로 볼 수도 있으며, 산업이 평균적으로 지출하는 것에 대한 이해는 필요하지만, 이것이 기업의 마케팅 예산을 수립하는 주요 근거가 될 필요는 없는 것이다.

❸ 경쟁적 예산결정방법Competitive Budgeting

시장 추종자market followers 전략에서도 살펴보았듯이, 점유율이 낮은 기업이 산업 선도자를 흉내낼 수 있는 한 가지 방법은 마케팅 활동이나 예산

수준을 경쟁기업 또는 선도기업과 비슷하게 책정하는 것이다. 이것을 경쟁적 동질접근법competitive parity approach이라고 부르기도 하며, 이전 두 방법과 같이 쉽게 이용할 수 있다는 장점이 있다. 여기서 필요한 것은 경쟁사가 마케팅 예산을 얼마나 책정하고 있는지에 대한 정보이며, 이러한 정보는 경쟁사에 관한 자료집이나 경쟁사의 연간보고서 등을 통해 얻을 수 있다. 이러한 방법은 마케팅비용을 경쟁사의 수준에 맞추어 지출할 것을 가정하고 시작하기 때문에 역시 영점기준예산 접근법과는 다르다.

경쟁적 예산결정방법competitive budgeting의 단점은 개별 기업의 표적시장, 마케팅 믹스, 목표, 자원, 그리고 시장 포지션의 차이를 무시했다는 것이다. 경쟁사의 마케팅 프로그램을 참고하는 것은 필요하지만, 경쟁사의 예산 접근법을 그대로 답습하는 것은 위험이 따를 수 있다.

❹ 목표활동에 의한 예산결정방법Objective-and-Task Budgeting

이 방법은 마케팅 목표를 먼저 정해 놓은 다음, 해당 목표를 달성하기 위한 단계 및 직무활동을 구체화하고, 이를 위한 예산을 정하는 것이다. 예산은 0에서 시작하는 영점기준예산 접근법을 근거로 해서, "build-up"방식이라고 부르기도 한다. 이는 기업이 총마케팅 예산을 미리 정해놓고 이를 어떻게 사용할 것인지 결정하는 것이 아니라, 목표와 이를 위한 직무활동을 시작점으로 해서 축차적으로 예산을 설정하는 것이다.

목표활동에 근거한 마케팅 예산결정방법은 과거기록, 경험, 그리고, 경쟁적 접근법을 이용하는 것보다 훨씬 많은 시간과 노력이 들 수 있다. 이를 위해서는 이전 마케팅 계획의 모든 활동들을 먼저 신중히 평가해야 하며, 각 표적시장의 마케팅 목표를 달성하는 데 필요한 활동들을 기준으로 예산을 책정하게 된다. 마케팅 예산을 구성할 때, 가장 적절한 방법은 각 표적시장에 적용할 마케팅 믹스 요소별로 지출할 비용을 보여주는 것이다.

표적시장에 따른 예산 Budget by Target Market

각 표적시장에 대해 예산을 얼마나 책정해야 하는가? 이것은 마케팅 계획에서 종종 간과되는 질문일 수 있지만, 실제로는 매우 중요하다. 마케팅예산은 각 표적시장의 현재 및 잠재 수익의 비율에 따라 배분하는 것이 바람직함에도 불구하고, 많은 기업들은 규모가 작은 표적시장에 과도한 지출을 하는 실수를 범하기도 한다.

마케팅 믹스 요소에 따른 예산 Budget by Marketing-Mix Element

마케팅관리자는 8P 활동 각각에 얼마만큼의 비용을 지출했는지에 대해서 파악하고 있어야 한다. 그렇지 않으면, 마케팅 믹스의 각 요소가 가지는 효율성을 측정할 수 없으며, 앞으로 예산을 어떻게 할당할 것인가에 대한 결정을 내리기 힘들 수 있다.

예비자금 Contingency Funds

기업은 언제나 예기치 않은 일로 인해 미리 정해진 예산의 상당부분을 초과 지출할 수도 있다. 이것은 예산을 초과하는 것이 정당화될 수 있다는 것을 의미하는 것은 아니며, 예기치 않게 경쟁사가 다른 전략을 수행하거나 예상 외로 매체 제작비용이 초과할 경우 등 마케팅비용이 원래 예상보다 증가하는 것에 대비하여, 처음부터 이용가능한 자금을 확보해 놓는 것을 말한다. 대개 총예산의 10~15% 정도를 예비자금으로 확보해 두기도 한다.

3. **통제**(우리가 목표에 도달한다고 어떻게 확신하는가?)　　계획을 통제하는 것은 마케팅 관리 기능이다. 효과적인 통제를 위해 마케팅관리자는 무엇을(원하는 결과), 언제(진행 시점 혹은 이정표), 누가(책임자), 어떻게 측정할 것인지 알아야 한다. 예산을 실제 지출과 비교함으로써 마케팅 예산의 집행을 통제할 수 있으며, 판매규모와 수익을 측정함으로써 목표도달 과정을 관리하기도 하고, 때로는 이를 위해 전문적인 마케팅 조사연구를 수행하기도 한다.

❶ **활동에 대한 예상 결과**

각 마케팅 활동이 마케팅 목표에 얼마만큼의 공헌을 하기를 기대하는가? 예를 들어, 잡지광고magazine advertising를 10% 늘려, 전체 기업회의 시장의 25%를 차지할 수 있을까? 활동별 예상 결과에 관한 이런 유형의 질문들을 고려해 볼 수 있다.

❷ **과정 측정**

이정표milestone는 여행객들이 그들의 여행목적지에서 얼마나 떨어져 있는지를 보여주듯이, 마케팅 이정표는 마케팅 목표를 달성하기 위한 중간 점

검의 방법이다. 원래 계획과 비교해서 마케팅 활동이 어느 정도 수준에 와 있는지를 어떻게(계량적으로) 측정하고, 언제 확인할 것인지, 그리고 이를 어떻게 보고할 것인지를 결정해야 한다.

4. 평가(목표에 도달했는지 어떻게 알 수 있는가?)　　마케팅 목표를 달성했는지 확인함으로써 마케팅 계획의 성공 여부를 최종적으로 확인하게 된다. '마케팅포지션과 분석 워크시트'는 마케팅 믹스 각 요소의 효율성을 어떻게 평가할 것인지를 보여준다. 이러한 형태의 분석 외에도 목표별 달성도를 신중히 검토하는 것이 바람직하다. 효과적인 평가를 위해서는 계획, 결과의 계량적 측정방법, 성과기준, 평가를 위한 일정계획 등이 필요하다.

❶ (계량적) 측정

성과를 어떻게 측정할 것인가? 금액, 고객수, 또는 인지율로 평가할 것인가? 분명한 것은 계량적인 마케팅 목표를 정하는 것이 계량적 측정을 통한 평가를 가능하게 한다는 것이다.

❷ 성과기준

이것은 여러 마케팅 계획에서 흔히 간과되는 부분 중 하나이다. 원래 정해진 목표와의 편차에서 수용할 수 있는 정도는 어느 정도인가? 기업이 실제 결과의 수용정도를 판단할 수 있기 위해서는 마케팅 계획에서 성과기준이 구체적으로 제시되어야 한다.

❸ 평가일정표

마케팅 계획을 보다 효과적으로 평가하기 위해서는, 다음 기의 상황분석과 마케팅 계획에 대한 정보를 제공할 수 있도록, 계획기간이 끝나기 전에 평가를 시작하는 것이 바람직하다.

마케팅 계획의 준비 단계

지금까지 마케팅 계획이 어떤 내용을 포함하고 있어야 하는지에 대해 살펴보았다. 성공적인 마케팅 계획은 환대 및 여행 마케팅 시스템에서 살펴 본 다섯 가지 핵심 질문들을 모두 포함한다는 것을 알 수 있으며, 이러한 마케팅 계획을 준비하는 단계를 요약하면 다음과 같다.

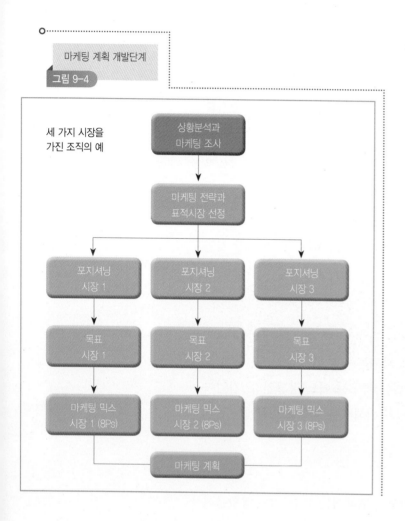

마케팅 계획 개발단계
그림 9-4

1. **마케팅 계획의 근거**(검토 및 요약)
   - 상황분석
   - 마케팅 조사
   - 시장세분화
   - 세분화 접근법 및 근거
   - 표적시장 선정
   - 마케팅 전략
   - 포지셔닝 접근법
   - 마케팅 믹스8Ps
   - 마케팅 목표

2. **실행 계획**(설계 및 구체화)
   - 표적시장에 대한 마케팅 믹스 요소별8Ps 활동
   - 책임자(내부 · 외부)
   - 일정표와 활동 스케줄
   - 예산과 예비자금
   - 예상 결과
   - 측정의 계량화
   - 과정 및 절차 평가
   - 성과기준
   - 평가일정표

3. **실무 요약**(주요 내용 정리)
   - 마케팅 계획의 근거(지금 어디에 있는가?)
   - 실행계획(어떻게 달성할 것인가? 달성한 것인지 어떻게 확신할 수 있는가? 달성했는지 어떻게 알 수 있는가?)

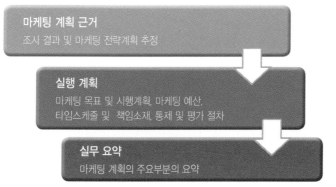

마케팅 계획 근거
조사 결과 및 마케팅 전략계획 추정

실행 계획
마케팅 목표 및 시행계획, 마케팅 예산,
타임스케줄 및 책임소재, 통제 및 평가 절차

실무 요약
마케팅 계획의 주요부분의 요약

마케팅 계획의 주요
3단계

그림 9-5

환대 및 여행 마케팅의 8P

환대 및 여행 마케팅의 8Ps는 다음과 같다.

1. 제품Product or Product/Service Mix　　개별 기업이 고객에게 제공하는 시설 및 제품의 범위와 특징을 의미한다. 전통적으로 마케터들은 사람, 패키징, 프로그래밍을 제품과 함께 취급하였으나, 환대 및 여행 기업이 제공하는 것들이 제품 및 서비스 믹스의 일부분일지라도 이 세 가지 요인들은 따로 구분할 필요가 있다. 환대 및 여행 기업의 제품 및 서비스를 어떻게 정의할 것인가? 서비스 산업에서는 서비스제공자와 고객이 항상 생산과정과 관련을 맺고 있으며, 많은 고객들이 사실보다는 감정을 기반으로 구매하기 때문에 이것은 매우 어려운 질문이다.

2. 인적 요소People or Host and Guests　　마케팅 계획과 연관된 인적 요소, 즉 직원과 관리자를 의미하며, 마케팅 계획은 이러한 인적 자원을 활용하는 내용을 포함해야 한다.

3. 패키징Packaging　　패키징은 고객들의 욕구와 필요가 무엇인지 파악하고, 이러한 욕구를 충족시키기 위해 다양한 서비스와 시설들을 결합하는 것을 의미하며, 고객 지향적인 개념이다. 마케팅 계획은 대개 2년 정도의 기간 동안 수행할 새로운 패키지를 구체적으로 명시해야 하며, 이것이 촉진활동과 가격, 수익 목표 등과 어떤 관련이 있는지에 대해서도 설명해야 하고, 이의 재정적 정당성도 살펴보아야 한다.

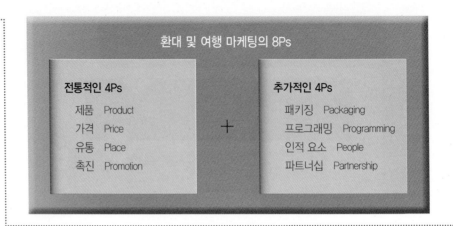

환대 및 여행 마케팅의 8Ps

전통적인 4Ps		추가적인 4Ps
제품 Product		패키징 Packaging
가격 Price	+	프로그래밍 Programming
유통 Place		인적 요소 People
촉진 Promotion		파트너십 Partnership

4. **프로그래밍**Programming   프로그래밍도 매우 고객 지향적인 개념으로, 고객들을 위한 특별한 이벤트와 같은 활동들이다. 예를 들면, 환대 및 여행 산업에서의 오락이나 축제는 프로그래밍에 속하며, 보통 고객의 소비를 늘리거나, 체류기간을 연장시키고, 패키지를 더욱 부각시키기 위해 사용된다.

5. **유통**Place or Distribution   어떻게 제품 또는 서비스를 고객에게 전달하는지, 또는 다른 기업과 유통경로 면에서 어떻게 협력하는지? 운송업자, 관광목적지, 여행중개업 등을 어떻게 이용할 것인지를 포함한다.

6. **촉진**Promotion or Promotional Mix   마케팅 계획은 촉진믹스인 광고, 인적 판매, 판매촉진, 머천다이징, PR, 홍보, 인터넷 마케팅 등을 어떻게 수행할 것인지를 구체화해야 한다. 이러한 활동들은 결국 통합적 마케팅 커뮤니케이션 차원으로 발전되어야 하고, 마케팅 계획은 각 촉진믹스 요소가 다른 요소들을 보완하도록 하여야 한다. 촉진활동은 일반적으로 마케팅 예산에서 가장 큰 비중을 차지하며, 경우에 따라서는 외부기관이나 전문가를 이용하기도 한다. 촉진활동은 세부적인 계획과 비용, 책임자, 타이밍 등을 결정하는 것이 중요하다.

7. **파트너십**Partnership or Cooperative Marketing   파트너십은 다른 기업과의 협력 광고와 공동 마케팅 프로그램을 포함하며, 이에 대한 계획과 협력에 따르는 노력, 비용, 재정적 회수 등에 관한 내용이 포함된다.

8. **가격**Pricing   가격은 마케팅 방법인 동시에 수익의 주 결정요인이기 때문에,

마케팅 계획에서 높은 우선권을 갖는다. 따라서 계획에는 가능한 모든 요금, 가격할인 등을 고려한 종합적인 가격계획을 포함하고 있어야 한다.

결론

마케팅 계획은 모든 마케팅 활동을 위한 청사진이며, 기업이 마케팅 목표에 도달하기 위해 어떻게 노력해야 하는지를 보여준다. 여기에는 앞으로 1~2년간 시행될 모든 마케팅 활동이 상세히 나열되어 있으며, 8개 마케팅 믹스 요소에 대한 계획이 통합되어 있다. 기업은 계획의 실행을 관리해야 하며, 필요하면 수정을 하기도 한다. 항공비행에서 어느 누구도 완벽한 비행 날씨를 보장하지 못하듯, 계획을 신중히 세우는 것도 중요하지만, 변화하는 상황에 맞추어 이를 효과적으로 수행하는 것도 중요하다.

학습과제

CHAPTER
ASSIGNMENTS

1. 당신은 이제 마케팅 계획을 한 번도 수립해보지 않은 비영리기업에 합류하였다. 경영진은 계획을 완수하는 데 필요한 시간과 비용에 대해 매우 회의적이다. 기업의 첫 번째 마케팅 계획을 준비하기 위해 당신의 아이디어를 어떻게 제시할 것인가? 계획을 준비하는 데 필요한 시간과 비용을 어떻게 정당화시키겠는가? 계획에는 어떠한 것들을 포함시키겠는가?

2. 당신은 지금 새로이 마케팅이사로 선임되었다. 그리고 목표 및 직무활동에 근거한 예산접근법을 이용하여 내년도 마케팅 예산을 올해보다 30% 높게 산정하였다. 당신의 회사는 지금까지 이전 연도의 마케팅 지출에 5~10%를 추가하는 과거기록에 근거한 마케팅 예산접근법을 사용했었다. 이제 당신의 입장을 어떻게 정당화시키겠는가? 과거기록에 근거한 예산접근법의 어떤 결점을 강조하겠는가?

3. 소규모 환대 및 여행 사업의 사장이 당신에게 마케팅 계획을 준비하는 데 도움을 청하였다. 계획을 준비하는 데 있어 어떤 사람과 의논할 것이며, 어떤 정보를 이용하겠는가? 계획에 관한 보다 상세한 목록표를 개발하여라. 계획기간을 어느 정도로 예상하는가? 계획의 청사진은 누구에게 제공할 것인가?

4. 환대 및 여행 기업을 하나 선정하여라. 그 기업은 환대 및 여행 마케팅의 8Ps를 어떻게 이용하였는가? 모든 믹스 요소를 똑같이 강조하였는가? 아니면 몇몇을 다른 것보다 더 강조하였는가? 다른 요소에 비하여 무시한 믹스 요소는 없었는가? 기업이 8가지 마케팅 믹스 요소를 보다 효과적으로 이용하도록 하기 위해서 어떠한 자문을 해 주겠는가?

REFERENCES   참고문헌

1. Palo Alto Software. 2008. *Marketing Plan Pro*. http://www.paloalto.com/ps/mp/features.cfm, accessed December 13, 2008.

2. PKF Consulting, *Annual Trends*, http://www.pkfc.com/store/Download_Samples.aspx, accessed December 13, 2008. 316 Planning: Marketing Strategy and Planning

3. National Restaurant Association. 2008. *Restaurant Industry Operations Report 2007/2008*, http://www.restaurant.org/research/operations/report.cfm, accessed December 13, 2008.

4. Las Vegas Convention and Visitors Authority. 2008. *Las Vegas Convention and Visitors Authority: Annual Budget Fiscal Year 2008-09*.

5. American Marketing Association. 2008. *Dictionary*, http://www.marketingpower.com/_layouts/Dictionary.aspx, accessed December 13, 2008.

MEMO

마케팅 계획 실행

- 우리는 지금 어디에 있는가?
- 우리는 어디에 있고 싶어 하는가?
- 우리는 어떻게 도달할 것인가?
- 우리는 그 곳에 도달한다고 어떻게 확신하는가?
- 우리는 그 곳에 도달했는지 어떻게 알 수 있는가?

Chapter 10

우리는 어떻게 도달할 것인가?

제품 개발과 파트너십

이 장을 읽고 난 후

» 환대 및 여행 산업의 주요 4집단을 규명할 수 있다.

» 환대 및 여행 산업의 4집단에 따른 역할을 기술할 수 있다.

» 제품/서비스 믹스에 대하여 정의할 수 있다.

» 제품/서비스 믹스의 6가지 요소를 설명할 수 있다.

» 제품개발 의사결정의 유형을 설명할 수 있다.

» 환대 및 여행 기업이 이용가능한 파트너십의 유형을 규명할 수 있다.

개요

환대 및 여행 산업은 고객에게 어떤 제품을 판매하는가? 이 장에서는 제품 대신 서비스라는 용어를 사용하기로 하자. 환대 및 여행 산업은 객실이 1,000개가 넘는 호텔에서부터 2, 3명의 직원을 거느린 여행사에 이르기까지 다양한 서비스를 제공한다. 따라서 마케팅 매니저는 환대 및 여행 산업의 구조를 이해해야 할 필요가 있다. 이 장의 서론부분에서는 환대 및 여행 기업의 자원에 대해 설명하고 최근 공급 동향을 살펴볼 것이다. 또한 제품/서비스 믹스와 각각의 요소에 대해 설명한 다음, 기업의 제품/서비스 믹스를 재설정하기 위한 의사결정방법을 제시할 것이다.

당신은 수은을 손가락으로 만져본 적이 있는가? 수은은 잡았다고 생각할 때 어느 순간 손에서 빠져나간다. 급속도로 변화하고 있는 환대 및 여행 산업을 설명하는 것도 비슷하다고 볼 수 있다. 본서에서는 이 산업과 관련된 최근 통계자료를 제시하고 있지만, 본서가 출간된 이후에도 환대 및 여행 산업에서는 많은 변화가 일어나고 있을 것이다.

제품 및 서비스, 그리고 이의 개발과 관련된 의사결정에 대해 논하기 전에, 전반적인 산업 구조에 대한 이해가 필요하다. 이는 보다 넓은 시각을 통해 다양한 유형의 기업들이 제품 및 서비스의 개발과 관련하여 어떠한 역할과 행동을 하는지 보다 잘 이해할 수 있도록 할 것이다.

환대 및 여행 기업의 유형과 역할

환대 및 여행 산업을 기능에 따라 주요 4집단으로 나누어보면 다음과 같다.

1. 공급업자suppliers
2. 운송업자carriers
3. 여행중개업자travel trade intermediaries
4. 관광목적지마케팅조직destination marketing organizations: DMOs

먼저, 공급업자로는 크루즈사, 렌터카 회사, 숙박기업, 레스토랑, 카지노, 제반 관광시설 등이 있으며, 이는 여행도매업자, 여행소매중개업자, 고객들에게 그들의 서비스를 제공한다. 운송업자에는 항공사, 기차, 버스, 선박회사 등이 속하며, 고객들에게 여행의 출발지에서 목적지까지의 교통수단을 제공한다. 여행중개업자는 공급업자와 운송업자의 서비스를 패키지화하거나 또는 각 서비스를 단독으로 여행객들에게 판매한다. 관광목적지마케팅조직DMO은 여행중개업자들과 일반 여행객들을 대상으로 그들이 속한 도시나 지역, 국가에 대한 마케팅 및 촉진활동을 수행한다. 우리 산업의 이러한 다양한 기업 및 조직들은 사실상 서로 긴밀하게 연결되어 있으며, 때문에 환대 및 여행 산업을 거시시스템macro system이라 하고, 개별 조직들을 미시시스템micro system이라 칭하기도 하며, 이는 여러 환대 및 여행 기업들이 상호 의존관계에 있다는 것을 의미한다.

공급업자 동향

이러한 환대및 여행 산업의 공급업자는 다음과 같이 6가지 범주로 구분할 수 있다.

1. **숙박기업**   이는 환대 및 여행 산업을 구성하는 중요한 부분 중 하나로, 그 유형은 매우 다양하다. 숙박기업은 일반 호텔, 리조트 호텔, 컨벤션 호텔, 소규모 호텔 또는 여관 등으로 나눌 수 있으며, 이를 다른 형태로 세분화하기 위해 5가지 기준(가격, 부대시설 유형, 위치, 고객형태, 서비스 유형)을 이용하기도 한다. 다음은 숙박기업과 관련된 동향 및 추세이다.

❶ 체인화

숙박산업은 객실 규모가 50개 이하인 소규모 시설이 대부분을 차지하지만, 마케팅 관점에서 보면, 규모가 큰 숙박기업들이 중요한 부분을 차지하고 있다. 특히, 이들 대규모 숙박시설들은 하나의 독립된 기업으로 존속하기도 하며 여러 지역에서 같은 브랜드명으로 또는 서로 연관된 다양한 브랜드명으로 여러 사업장을 운영하는 체인 형태를 띠고 있다. 대표적인 숙박체인으로는 Cendant, Bass, Marriott, Choice, Best Western, Accor, Starwood, Promus, Carlson, Wyndham 등을 들 수 있으며, 이러한 체인호텔들은 각 체인명 아래 대개 100,000개 이상의 객실을 보유하고 있다.

❷ 브랜드세분화segmentation와 브랜드확장extension의 확대expanding

호텔브랜드세분화는 꽤 오래 전부터 활용되어 온 개념으로 서로 다른 고객 특성을 겨냥한 브랜드유형이나 세분브랜드brand segment를 의미한다. 이러한 유형의 호텔세분화는 숙박기업의 유형과 범위를 확대하는 역할을 하였다. 브랜드확장segmentation은 브랜드세분화segmentation와는 다른 개념으로, 기존의 호텔브랜드명을 사용해서 새로운 상품 영역product category으로 진출하는 경우를 의미한다. 이를 좀 더 명확히 정의한다면, 브랜드확장은 어떤 한 영역에서 잘 알려진 브랜드명을 이와는 다른 영역의 새로운 상품에 그대로 사용해서 기존의 브랜드가 가지고 있는 효과leverage를 활용하는 것을 의미한다. 1990년대 Westin의 'Heavenly Bed'는 호텔체인브랜드의 대표적인 브랜드확장 사례 중 하나이다. 대표적인 숙박체인 중에는 온라인상에서 다양한 상품을 판매하는 온라인쇼핑업체를 운영하는 기업들이

있으며, W호텔에서 운영하는 'W Store'는 숙박산업에서 브랜드확장의 좋은 사례이다.

❸ 합병consolidation**과 글로벌화**globalization**의 증가**

숙박기업들은 이제 합병을 통해서 더 많은 객실을 보유하는 선도적 기업이 되어가고 있다. 기업들은 이를 위해 국경도 초월하고 있으며, 프랑스계 기업인 Accor 그룹은 북아메리카에 든든한 기반을 구축하였으며, 영국계 숙박기업인 InterContinental Hotels Group^{IHG}은 이제 대표적인 글로벌 숙박기업으로 변모하였다.

❹ 상용고객우대 프로그램 Frequent-Guest Program

1980년대 또 하나의 중요한 숙박산업 동향으로는 호텔들이 운영하는 상용고객우대 프로그램이 증가하고, 대고객 마케팅 활동에서 이에 대한 중요도가 높아졌다는 것이다. 숙박기업들은 다음과 같은 목적으로 이러한 상용고객우대 프로그램을 실시하고 있다.

- 상용고객을 규명하기 위해서
- 보다 효과적인 마케팅 활동을 위해서
- 상용고객들에게 특별한 보상서비스를 제공하기 위해서
- 체인호텔로서의 대고객 인지도를 높이기 위해서

1990년대에 들어서는 많은 숙박체인들이 상용고객우대 프로그램을 마케팅 활동에 정착시키고, 호텔에 투숙하는 고객들을 대상으로 마일리지 포인트를 제공하기 시작하였다.

❺ GDS Global Distribution System**와 제3유통기업**Third-Party Intermediaries**의 성장**

인터넷은 숙박체인기업들의 객실 예약과 판매 방식을 바꾸어 놓았다. 이제 호텔예약의 상당 부분이 Sabre, Amadeus, Galileo, Worldspan(Galileo와 Worldspan 브랜드는 이제 Travelport에 속해 있음)과 같은 글로벌유통시스템GDS : Global Distribution System과 Expedia.com, Hotels.com, Travelocity.com, Orbitz.com 등과 같은 인터넷여행사로 대표되는 제3유통기업Third-Party Intermediary에 의해 이루어지고 있다.

❻ 특화된 숙박기업specialized lodging properties**으로의 확대**expanding

숙박시장의 세분화는 특화된 숙박기업이 탄생하는 기회를 제공하였다. 민박B&Bs : Bed & Breakfasts, 부티크boutique호텔, '모든 서비스 포함all-inclusive' 리조트, 환경친화적ecotourism 호텔, 관광목장dude ranches 등은 이러한 특화된 숙박기업의 몇몇 예에 지나지 않는다.

최근 나타나고 있는 또 다른 형태의 특화된 호텔로 라이프스타일lifestyle호텔을 들 수 있다. 여기서 라이프스타일 호텔은 타운하우스town house호텔, 부티크boutique호텔, 디자인designer호텔, 주제theme호텔 등을 포함하며, 이들 호텔은 대개 고급호텔 세분시장에서 충족시키지 못하는 시장의 기회를 겨냥해서 작은 규모의 특화된 호텔로 서비스를 제공하고 있다. 이들 라이프스타일 호텔들은 작은 규모의 현대식 독립호텔로 고품질의 개인화된 맞춤서비스를 제공하며, 호텔소유주나 경영층의 개성이나 스타일이 반영된 디자인, 세심히 디자인된 건물 내·외부 인테리어 등을 특징으로 한다. 'The Malmaison Group'은 영국의 주요 도시들에 이러한 독특한 호텔들을 소유·운영하고 있다. Starwood의 W 호텔, IHG의 Indigo 호텔 등은 체인호텔이 이러한 라이프스타일 호텔에 해당하는 브랜드로 개발·운영 중인 호텔이다.

2. 레스토랑 및 외식산업　숙박산업과 마찬가지로 레스토랑 및 외식산업도 대규모 체인기업이 글로벌 시장을 지배하고 있다.　미국의 경우, 상위 10대 외식체인 중 절반 이상을 샌드위치 레스토랑들McDonald's, Burger King, Taco Bell, Wendy's, Subway, Hardee's이 차지하고 있으며, 상위 100대 레스토랑체인 총 판매액의 절반가량을 샌드위치 레스토랑체인이 차지하고 있다.

❶ 주요 레스토랑 체인 브랜드의 글로벌화globalizing

주요 레스토랑 및 외식업 체인 브랜드들도 숙박분야에서와 마찬가지로 점차 글로벌화되어가고 있다. Starbucks나 Yum! Brands Inc. 등은 이러한 경향을 잘 보여주고 있다. Starbucks는 1987년 처음으로 미국 시애틀이 아닌 다른 지역(시카고, 밴쿠버)에 각각 점포를 개장한 이래, 이제는 전 세계 50여 개국 15,000개의 서로 다른 지역에 점포를 운영하고 있다. KFC, Pizza Hut, Taco Bell, Long John Silver's, A&W 레스토랑의 모기업인 Yum! Brands

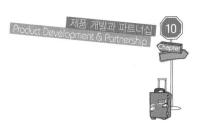

Inc.은 100개국 이상에 34,000개의 레스토랑을 운영하는 더 큰 글로벌 기업이다. 이 분야에서는 잘 알려진 대로 McDonald가 글로벌 확대expansion의 대표적 기업이며, 대략 120개국에서 레스토랑을 운영하고 있다.

❷ 레스토랑 부문sector의 지속적 성장

미국 레스토랑협회NRA: National Restarant Association에 따르면, 레스토랑 부문은 매년 지속적인 성장을 거듭하고 있는 것으로 나타났다. 현재, 미국에는 거의 1,000,000개에 가까운 레스토랑들이 영업을 하고 있으며, 미국 국민의 거의 대부분이 최근 1년 사이 한 번 이상 레스토랑을 방문하여 외식을 하고 있다.

❸ 레스토랑 메뉴 영양가에 대한 관심 증대

'패스트푸드의 나라Fast Food Nation'라는 책이 출간되고, 동명의 영화가 2006년 개봉되면서, 북미대륙의 레스토랑 및 외식산업, 특히 샌드위치와 간편서비스음식점QSR : Quick Service Restaurant에 큰 파장을 일으켰다. George Ritzer의 고전을 영화화한 'Super Size Me2003', Micheal Pollan의 'The Mc-Donalization of Society, and the Omnivore's Dilemma" 등은 전 세계에 패스트푸드와 사람들의 영양섭취에 관한 논란을 자극하였다. 이제 레스토랑을 찾아 외식하는 고객들은 영양을 고루 섭취하는 식사에 관심을 가지게 되었고, 메뉴에 더 영양가 있는 음식을 추가하도록 요구하고 있다. 이에 발맞추어 많은 레스토랑들이 메뉴에 영양가 정보를 제공하고 있으며, 자유롭게 건강식품에 대한 선택을 할 수 있도록 하고 있다.

❹ 식품안전에 대한 관심과 주의의 지속적 증대

최근 레스토랑과 크루즈에서 식품으로 인해 고객들이 병이 걸린 사례가 나타나고 있다. 이러한 사건은 사람들로 하여금 레스토랑이나 외식업소 등에서 식사를 할 때 식품안전에 대한 환기를 유발하였다. 미국레스토랑협회는 장기적인 전망보고서인 "7 Sure Things in 2015"에서 관리자와 시간제 직원들에게 식품안전에 대한 교육이 필요함을 제기한 바 있다.

❺ 음식과 식사의 다양화 욕구 증대

고객들은 그들의 식사에 있어 점점 경험이 쌓이고 세련되어 가고 있다. 그들은 점점 전국적으로 유명한 음식이나 음식점을 찾고 있으며, 레스토

랑 경영자들에게 끊임없이 새로운 개념의 새로운 메뉴를 개발할 것을 주문하고 있다. 레스토랑 기업들은 숙박기업들과 마찬가지로 성장을 위해서 새로운 브랜드를 개발·운영하는 브랜드 세분화 전략을 추구하고 있다. 'Darden Restaurants'은 이러한 의미에서 혁신적으로 새로운 개념을 개발하는 세계 주요 레스토랑 중 하나이다.

❻ 공동브랜딩

레스토랑 업계는 1990년대에 두 개 서비스 브랜드를 하나의 사업 지역에 함께 투입하는 공동브랜딩 움직임이 나타났다. 일례로, 'Tricon Global Restaurants'이 소유하고 있는 KFC, Pizza Hut, Taco Bell 브랜드를 들 수 있는데, 1999년 말에는 KFC-Taco Bell, KFC-Pizza Hut 메뉴를 결합한 지점이 약 370개에 이르게 되었다.

❼ 편리성을 추구하는 고객

고객들이 집에서나 식당, 외식업소 등에서 식사를 할 때 편리성을 찾는 경우가 늘어나고 있다. 이와 같은 편리성 추구 경향으로 배달전문점, 드라이브 쓰루 주문점drive-through restaurants, 가판주문 레스토랑restaurant kiosks, 다양한 포장용기"to-go" container 등과 같은 다양한 레스토랑 관련 용어들이 나타났고, 'Pret a Manger', 'Panera Bread', 'Delifrance', 'Starbucks' 등에서와 같이 다양한 신속한 포장구매grab-and-go가 가능한 외식업체들이 나타났다. 현대인들에게 시간은 또 다른 부담으로 작용하고 있으며, 이로 인해 외식 고객들도 좀 더 건강식을 찾는 경향과 함께 좀 더 신속하게 식사하기를 원하고 있다.

3. 크루즈 산업　크루즈는 관광교통수단의 한 형태이지만, 운송업자라기보다는 그 자체로 관광서비스를 제공하는 공급업자로도 볼 수 있다. 오늘날의 크루즈와 리조트 사이 차이점은 거의 없다고 볼 수 있고, 크루즈가 리조트 호텔화된다고 볼 수 있다.

❶ 크루즈선박 수용력의 급성장

크루즈는 지난 30년간 가장 빠르게 성장한 환대 및 여행 산업분야 중 하나이다. 1950년대 후반, 백만명 이상의 사람들이 대서양을 횡단하는 선박을 타고 유럽과 북미를 여행했으며, 2000년도에는 1970년도의 약 14배인

690만명의 승객들이 크루즈를 이용하였다. 북미의 경우, 다른 환대 및 여행 산업과는 달리 크루즈는 외국 기업들이 관리를 하고 있다. 특히, 스칸디나비아 국가들이 북미 크루즈 산업에서 차지하는 비율이 매우 높다. 이와 함께, 크루즈에 대한 수요가 급속히 증가함에 따라 크루즈선박의 수용력도 증가하게 되었다.

❷ 표적시장의 창출 및 확대

사람들은 크루즈선박을 숙박, 식사, 레크리에이션 및 오락시설과 같은 관광의 주요 서비스를 제공하는 해상리조트로 간주한다. 크루즈 산업은 넓은 범위의 패키지와 프로그램을 개발하는 데 있어 관광산업 중 매우 창조적인 분야라 할 수 있다. 전통적인 패키지 이외에 건강관리에서부터 재정관리 세미나에 이르기까지 다양한 특별 선상 패키지들을 제공하고 있다.

또한, 크루즈 회사들은 새로운 표적시장과 시장동향을 빠르게 파악하고 있다. 선상 컨벤션회의, 인센티브투어와 같은 단체고객의 규모는 상당한 수준에 이르고 있으며, 이 분야의 혁신적인 업체들은 항공과 지상 패키지를 크루즈와 연계시킨 상품을 선보이기도 하였고, 주말을 위한 단기간 크루즈도 많은 인기를 얻고 있다.

❸ 여행사에 대한 의존성

환대 및 관광 산업에서 상호 의존성을 보여주는 좋은 예로 크루즈 회사와 여행사와의 연계를 들 수 있다. 크루즈 예약을 하는 북미 고객의 95% 이상이 소매여행사를 통해 예약하기 때문에 크루즈 회사들은 여행사에 많이 의존하게 된다.

❹ 크루즈 고객의 인구통계 변화

과거에는 크루즈가 부유층의 나이 많은 사람들만이 즐기는 것이라고 여겨졌다. 그러나 최근 연구에 따르면, 북미 크루즈 승선객의 평균 연령과 수입이 1970년대초 이후부터 급격히 감소하고 있다.

❺ 호텔/리조트 기업의 크루즈사업 진출

해변 리조트호텔을 성공적으로 운영할 수 있다면 해상 리조트호텔에서도 성공할 수 있을 것이다. Raddison 체인은 크루즈선박을 이용해 해상 리

조트 호텔을 운영하였으며, Walt Disney Company 역시 카리브 해 연안에 크루즈선박을 운영하고 있다. 향후, 더 많은 환대 및 여행 기업들이 높은 성장잠재력을 가진 크루즈 사업에 진출할 것으로 예상된다.

❻ 합병

1990년대에는 크루즈 산업의 소유권에 많은 변화가 일어났다. 특히, Carnival Corporation은 매우 공격적으로 다른 크루즈 회사들을 인수하였다.

❼ 인터넷서비스

1990년대, 환대 및 관광 산업에서 인터넷서비스가 확산되면서 크루즈 및 숙박 기업들도 이러한 추세에 편승하였으며, 이 분야의 선도 공급업자들은 객실 또는 별도의 인터넷 카페 형태의 특별 시설에 e-mail 기능이나 웹서비스를 제공하기 시작하였다.

4. 렌터카 산업 렌터카 산업은 눈부신 성장을 거두었으며, 오늘날 매우 경쟁적이고 높은 수익을 창출할 수 있는 사업으로 성장하였다. Enterprise, Hertz, Avis, Alamo, Budget, National과 같은 이 분야 대기업들은 각각 14만대 이상의 차를 소유하고 있으며, 주요 렌터카 회사들은 전 세계로 사업영역을 넓혀 렌터카 사업에서 세계적인 글로벌 브랜드로 성장하기 위해 노력하고 있다.

❶ 선두 렌터카 기업의 글로벌화

주요 렌터카 기업들은 점점 글로벌 브랜드화가 되고 있으며, 그들의 독특한 로고 및 색상배합도 세계적으로 부각되고 있다.

❷ 선도업체들의 판매 주도

수천 개의 많은 렌터카 회사들이 있지만 대부분은 소규모 회사들로 몇몇 소수의 선도 회사들이 판매의 대부분을 차지하고 있다. 한 조사에 따르면 상위 6개 렌터카 회사들이 미국 렌터카 총수익의 약 80% 이상을 차지하는 것으로 나타났다.

❸ 고객서비스 제고와 확대

렌터카 분야의 경쟁은 날로 치열해지고 있으며, 주요 업체들은 지속적으로 고객서비스를 개선하는 방안을 내놓고 있다. 대표적 예로는 단골고객

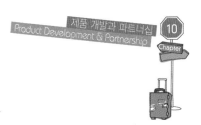

에 대한 신속예약판매서비스, 온라인을 통한 예약, 내비게이션이나 모바일, GPS 서비스, 다양한 차종 선택 등을 들 수 있다.

Hertz의 NeverLost 내비게이션시스템, Avis의 Where2™ 간편GPS시스템 등이 이러한 예에 해당한다. Hertz는 이외에도 SIRIUS 위성라디오를 제공하며, Hertz Fun Collection 프로그램을 통해 Corvettes, Hummers 등 차별화된 차종을 제공하고 있다.

❹ 상용여행객우대 프로그램의 참여

대부분의 렌터카 회사들은 항공사, 호텔들과 함께 상용여행객들에게 보상제도를 실시하고 있다. 자체적으로 상용고객우대 프로그램을 시행하는 경우도 있는데, National社의 The Emerald Club, Avis社의 Club Red 등이 이러한 프로그램에 속한다.

❺ 수입관리Revenue Management에 대한 강조

렌터카 회사들은 항공사나 호텔과 마찬가지로 어떻게 주중, 주말 구별 없이 꾸준히 판매와 이익을 유지할 수 있는지에 대한 문제를 안고 있다. 렌터카의 경우에는 예약을 하고 나타나지 않는 고객No-shows들이 많고, 기업들의 비즈니스용 구매로 주중 예약률이 높다. 이러한 문제를 해결하기 위해서는 렌터카 업체들도 항공사나 호텔과 마찬가지로 불균등한 수요 패턴하에 효과적으로 수입을 최대화할 수 있는 수입관리 또는 일드관리yield management 시스템을 도입하여야 한다.

❻ 브랜딩 및 브랜드세분화 전략의 적용

렌터카 회사들도 호텔이나 레스토랑, 외식업체들과 마찬가지로 브랜딩 전략을 통한 성장에 치중하고 있다. 많은 회사들이 중고차판매나 트럭렌트 등 새로운 브랜드영역을 추가하고 있으며, 대표적 예로는 보험대체와 지역렌터카를 전문으로 하는 Hertz Local EditionHLE을 들 수 있다. Hertz는 차종을 고급Prestige, 여흥Fun, 친환경Green 등으로 세분화하여 서비스를 제공하고 있으며, Enterprise도 트럭렌트와 자동차판매 서비스를 제공하고 있다.

❼ 유통의 다양화

숙박기업에서와 같이 렌터카 회사들도 유통채널의 다변화를 경험하고 있

다. 최근 들어 렌터카 회사들이 GDS나 온라인여행사 등을 통해 예약판매를 하는 경향이 더 늘어나고 있으며, 고객들이 온라인을 통해 직접 예약을 하는 비율이 늘어나고 있다. 많은 렌터카 회사들은 주요 대기업들과 계약을 맺고 그 회사들의 여행담당 부서를 통해 예약판매를 하고 있다. 물론, 여행사를 통해 렌터카를 예약하는 전통적인 유통방식도 아직 일정 부분의 비중을 차지하고 있다.

5. **위락 및 이벤트 산업**　위락 및 이벤트는 휴가여행객들을 여행목적지로 유인하는 데 있어 핵심적인 역할을 하는 경우가 많다. Toronto 북쪽 Paramount Canada의 Wonderland, Grand Canyon, Rokies, Niagara Falls 등과 같이 자연적이고 고정적인 위락물들이 있을 수 있고, Olympic Games, Pan American Games, World Cup과 같이 경우에 따라 위치가 변화하고 이벤트 지향적이며 비영구적인 것들도 있다. 정부, 비영리조직 또는 개인이 이러한 위락시설들을 운영하고 있으며, Walt Disney Company와 같은 대규모 시설에서부터 지역의 소규모 박물관에 이르기까지 그 유형도 다양하다.

1955년도에 개장한 Disneyland는 북미의 첫 번째 테마파크이다. Disney가 테마파크라는 새로운 개념을 도입한 이후, 다른 많은 테마파크들이 생겨났으며, 테마파크는 환대 및 여행 산업에서 가장 급속하게 성장하는 산업 중 하나가 되었다.

대부분의 테마파크가 연중 사계절 운영이 가능한 기후를 가지고 있는 지역(미국의 Florida와 California, 호주의 Gold Coast 등)에 집중되어 있지만, 지역 지향적인 소규모 테마파크들도 생겨났다. 북유럽에 위치한 Disneyland Paris는 다국적 시장을 목표로 한 대표적 모험 사례이다. 다양한 시설을 갖춘 대규모 종합 테마파크 이외에도, 물놀이 공원, 가족 레크리에이션 센터, 놀이공원 등이 있다.

6. **카지노 산업**　국제관광시장에서 카지노를 즐기는 인구가 점차 증가하고 있는 추세이다. 대부분의 카지노가 호텔과 리조트, 크루즈 선박 등에 소속되어 있지만, 전 세계적으로 독립된 카지노들이 늘어나고 있으며, 선상카지노와 미국의 인디언지역의 카지노도 꾸준히 증가하고 있다.

❶ 카지노 사업의 증가

지난 몇 십년 동안 주로 Nevada주와 New Jersey주의 Atlantic City에 위치

했었던 미국의 카지노장은 이제 거의 모든 주에서 찾아볼 수 있게 되었다. 이렇게 성장을 하게 된 요인으로는 게임에 대한 일반인들의 태도가 변하였고, 카지노 운영에 따른 수익 및 고객을 유치할 수 있는 가능성에 대한 인식이 높아졌다는 것을 들 수 있다. 미국은 낙후 지역에 대한 경제 개발의 일환으로 카지노를 개발하기도 하였으며, 유럽의 주요 도시들과 리조트 지역, 카리브 해, 아시아, 호주 등도 관광시설의 일환으로 카지노를 개발, 운영하고 있다.

❷ 카지노 위치location 및 개념concept의 영역 확대

카지노는 매우 다양한 지역에서 찾아 볼 수 있다. 여기에는 라스베이거스, 아틀랜틱시티, 마카오 등과 같은 전통적인 카지노 리조트와 함께, 강이나 바다의 선상 크루즈, 해변이나 강변의 크루즈, 미국, 캐나다의 인디언보호구역 등에서 볼 수 있는 카지노 등이 포함된다. 일례로, 미국 코넥티컷주 Foxwoods에 위치한 'Mashantucket Pequot Tribal Nation'에 의해 운영되는 카지노는 340,000스퀘어피트의 면적에 1,416명의 고객이 동시에 카지노를 할 수 있는 세계 최대 카지노이다.

운송업자 동향

항공 운송업자들은 환대 및 여행 산업에 강한 영향력을 가지고 있으며, 여행중개업자와 여행상품 공급업자들에게 상당한 영향을 미친다.

1. 항공사　항공사는 환대 및 여행 산업에서 핵심적인 역할을 한다. 본서에서는 항공사를 운송업자로 분류하였지만, 최근 들어 항공사는 사업영역을 다양한 산업 부분으로 넓혀가고 있으며, 자체적으로 여행상품을 개발하고 판매하는 등, 여행중개업자와 유사한 서비스를 제공하기도 한다.

❶ 안전과 보안에 대한 관심 증대

비극적인 미국의 9 · 11 사태는 항공기에 대한 안전과 보안에 지대한 관심을 유발한 바 있다. 이로 인해, 공항과 기내에서 추가적인 보안검사가 이루어지고 있으며, 공항 입구에서부터 서류 검사가 철저히 진행되고 있다.

❷ 저비용 항공LCC: Low Lost Carrier의 증가

최근의 세계 전 지역에 걸친 항공승객의 급증은 저비용 항공에 기인한 바
가 크다. 대표적인 저비용 항공사로는 미국의 Southwest 항공, JetBlue 항
공, 캐나다의 WestJet 항공, 영국과 유럽의 EasyJet 항공, Ryanair 항공, 아
시아 지역의 AirAsia, Air Deccan, Tiger Airways, 호주의 Virgin Blue 항공
등을 들 수 있는데, 이들 항공사는 해당 지역을 중심으로 괄목할 만한 성
장을 이루었다. 저비용 항공은 좌석을 구분하지 않고 하나의 등급만 제공
하고 있으며, 단거리 노선에 치중하고, 인터넷이나 전화로 예약을 받고 있
다. 미국의 경우, 저비용 항공을 구분하는 기준으로 특정 두 지점만 연결하
고, 직원들의 임금이 업계평균보다 낮으며, 기내식을 제공하지 않는 것을
들 수 있다.

❸ 전자티켓 및 발권의 표준화

1990년대 항공사들은 빠른 기술적 진보를 보였으며, 항공사와 여행사들
은 전자티켓을 발행하기 시작하였다. 휴대전화와 개인용 디지털기기 기
술이 발전함에 따라, 항공 여행객들은 항공좌석 조회 및 예약 시 이러한
무선 방법을 이용하기 시작하였다.

❹ 더 커지고 빨라진 항공기

2007년 3월, 현재 운항되는 상용 항공기 중 가장 큰 기종인 에어버스사의
A380기가 승객 525명을 태우고 애틀란틱 해를 건너 첫 비행을 했다. 기술
혁신은 새로운 항공기의 속도와 크기를 증대시켰다.

❺ 무인 탑승수속Self-Service Check-In 서비스의 증대

무인 탑승수속 서비스CUSS: Common-Use Self-Service는 이제 대부분의 주요 공
항에서 매우 흔한 것이 되었다. 승객은 카운터에 가지 않고도 무인서비
스키오스크self-servce kiosk를 통해 탑승수속을 밟을 수 있게 되었다. 이러한
방법은 고객들의 신속한 탑승수속과 항공사의 비용 절감을 유도하였다.

❻ 상용고객우대 프로그램Frequent Flyers Program

항공사들은 상용여행객보상 프로그램을 매우 적극적으로 운영하게 되었
다. 1980년대 초, 처음 소개된 이 프로그램을 통해 오늘날 항공사들은 수

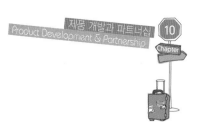

백만 명의 회원들을 보유하게 되었으며, 일부 고객들은 하나 이상의 항공사 상용여행객보상 프로그램에 가입되어 있다. 비즈니스 여행객 중 상당수가 여행 계획을 세울 때 상용고객우대 프로그램을 중요하게 고려하게 되고, 이에 따라 비즈니스 여행객들이 이러한 프로그램을 자주 이용함으로써 프로그램 운영에 따른 비용이 기업여행 담당자들에게 새로운 문제로 대두되었다. 항공사들은 여러 공급업자들과 상호 네트워크를 형성하여 최고 상용 여행객들에게 무한한 혜택을 제공하고자 하였다. 이러한 프로그램은 대개 하나 이상의 국내 · 외 항공사가 렌터카 회사와 같은 국내 운송업자들과 협력하여 시행하며, 더 나아가 신용카드 회사, 장거리 전화 회사, 크루즈 회사, 그리고 Holiday Inn, Marriott, Sheraton 등과 같은 호텔/리조트 체인과 협력하기도 한다. 이는 환대 및 여행 마케팅의 8P 중 하나인 마케팅 파트너십Marketing Partnership의 훌륭한 예가 된다.

❼ 전략적 제휴

일반적으로 두 항공사 이상이 체결한 장기적인 마케팅 관계를 전략적 제휴strategic alliance라 칭한다. 이는 특정 항공사가 다른 운송업자와 공동의 노력에 관한 협약을 체결하는 경우를 말하며, 때로는 특정한 두 운항 도시에 대한 공동운행협약을 체결하는 경우도 있다. 8장에서 논의한 대로, 1990년대 말과 2000년대 초 Star Alliance, Oneworld, Skyteam이라는 세 개 주요 글로벌 항공사 제휴가 체결된 바 있다.

2. 철도   철도는 세계적으로 국가의 핵심 지역을 연결하는 주요 운송수단이다. 특히, 여객철도 시스템이 개발된 유럽의 경우, 철도는 환대 및 여행 산업에서 더욱 중요하다.

여객철도 부분에서는 고속철도 도입과 철도시스템 민영화의 두 가지 동향이 나타났다. 고속철도는 한 시간에 125마일을 달릴 수 있으며, 대표적으로는 파리와 런던을 연결하는 Eurostar와 프랑스의 TGV, 독일의 ICE가 있다. 철도 민영화로 인해 영국에는 많은 새로운 철도 회사들이 생겨났다.

3. 페리ferry 운행   페리는 국가와 국가, 섬과 섬, 그리고 섬과 내륙 지방 사이의 중요한 이동수단이다. 서부 유럽의 경우 페리 운행은 Irish Sea, English Channel, North Sea, Baltic Sea 등을 오가거나 횡단하는 데 아주 유용한 운송수단

이다. 대표적인 페리 회사로는 P&O Ferries와 Irish Ferries가 있으며, 이러한 페리 운행은 호주, 캐나다, 미국에서도 흔히 찾아볼 수 있다. 이제 페리 산업은 점점 규모가 커지고 현대식 시설을 갖추게 되었으며, 크루즈 여행과 페리 회사 간 긴밀한 관계가 형성되어가는 추세이다.

여행중개업자 동향

환대 및 여행 산업의 유통경로는 13장에서 다시 논의하기로 하고, 이 장에서는 주요 여행중개업자와 환대 및 여행 산업 내에서 그들의 역할에 대해 간략히 살펴보고자 한다.

1. **소매여행사**Retail Travel Agents　　미국에서는 1970년에서 1996년 사이 여행대리점 수가 빠르게 증가하여 1996년 말 일반여행 대리점 수는 1970년대보다 약 5배가 많아지게 되었다. 하지만 1997년부터 많은 여행대리점들이 문을 닫기 시작했으며, 항공사로부터 받는 수수료율도 감소하였다.

전통적으로 여행사는 공급 및 운송업자나 다른 중개업자로부터의 수입(수수료)에 의존하였다. 이 양자 간 관계와 상호 의존성은 환대 및 여행 마케팅의 특징 중 하나이며, 파트너십 개념의 좋은 예가 된다. 대부분의 공급 및 운송업자들은 자사 상품을 판매하는 여행대리점을 핵심 표적시장으로 간주하고, 매년 많은 비용을 들여 촉진을 하고 있다. 또한 많은 운송업자와 공급업자들이 자사 상품의 대리점 예약점유율을 높이기 위해서 여행대리점과 호혜적인 관계를 구축해 놓고 있다. 이러한 관계에서는 공급자가 선호대리점에 보다 높은 비율의 수수료를 지불하게 된다.

2. **여행 도매업자와 운영업자**Tour Wholesalers and Operators　　환대 및 여행 산업에서 개발된 패키지 상품과 프로그램에 대해서는 12장에서 보다 자세히 살펴볼 것이다. 여행중개업자들은 패키지 상품과 프로그램을 만들고 운영하며, 도매업자와 운영자들은 공급업자 및 운송업자들과 구매단위(객실, 좌석 등), 가격을 협상한 다음 모든 관련 요소에 대한 가격을 추가적으로 고려하여 전체 가격을 결정한다. 이 과정에서 그들은 여행대리점이나 웹상에서 유통되는 관광 또는 패키지 상품에 대한 팸플릿을 준비한다.

다수의 기업들이 관광사업을 기획하지만 대개 몇몇 소수 회사로만 사업이 집중되게 되었으며, 이러한 회사들은 대부분 대규모이고 미국의 경우 Tour Operators Association에 가입되어 있다. 1982년 버스규제개정 법령으로 버스 산업에 대한 규제가 철폐되었고, American Bus Association, National Tour Association, United Motorcoach Association에 가입한 버스 회사들은 새로운 관광패키지 상품을 만들기 시작하였다. 또한, 대부분의 공급 및 운송업자들은 자체적으로 관광 및 패키지 상품을 만드는 동시에 여행 도매업자의 관광 및 패키지 기획에 참여하기도 하였다.

3. 기업여행 담당부서   기업들은 여행비용에 대해 매우 민감하여 과거에는 개별 부서나 담당자가 직접 항공좌석과 객실, 렌터카를 예약하였다. 그러나 기업규모가 커지고, 직원의 수가 늘어나면서 이러한 방법이 비효율적이라는 것을 깨달았다.

기업여행부서의 직원들은 호텔, 항공사, 렌터카 회사, 컨벤션/회의 여행목적지 등 여러 공급 및 운송업자의 표적시장이 되었으며, 이제는 많은 기업여행 담당자들이 National Business Travel Association, Association of Corporate Travel Executives 등에 소속되어 있다.

4. 인센티브투어 기획자Incentive Travel Planners   일반적으로 인센티브투어는 휴가의 특성을 지니지만, 패키지상품 구매자는 회사이다. 많은 기업들이 업무성과가 뛰어난 직원과 판매업자 등에 대한 보상 차원에서 이용하는 인센티브투어의 가치가 높아지고 있음을 인식하고 있다. 결과적으로 인센티브투어 사업은 수익을 창출하는 사업으로 성장하였으며, 많은 체인호텔, 항공사, 리조트, 크루즈 회사 등이 이러한 동향에 주목하고 내부적으로 인센티브투어 전문가를 부서에 배치하였다.

기업 내 담당자 이외에도 수많은 인센티브투어 기획회사가 있으며, 이들 중에는 Carlson과 Maritz와 같이 광범위한 인센티브투어를 전문으로 하는 종합적인 인센티브 마케팅 회사도 있다. 이들 회사 중 대부분은 SITESociety of Incentive and Travel Executives에 소속되어 있다.

인센티브투어 기획자는 기업 및 조직에게 직접적으로 서비스를 제공하는 전문 여행 도매업자로서 인센티브투어 패키지의 다양한 요소와 수준에 따라

가격을 정하고 보상을 받는다.

5. 컨벤션/회의 기획자Convention/Meeting Planners　　컨벤션/회의 기획자들은 협회나 비영리 조직, 정부기관, 교육기관, 대기업 등에서 고용하기도 하고, 컨벤션경영 전문 컨설팅회사에서 일하기도 한다. 이들 중 상당수가 Meeting Professionals International, American Society of Association Executives, Professional Convention Management Association 등과 같은 회의기획협회에 소속되어 있다.

컨벤션/회의 산업은 엄청난 수익을 창출할 수 있는 잠재력이 있는 시장으로 지속적으로 성장하고 있으며, 결과적으로 공급업자(호텔, 리조트, 크루즈 회사, 렌터카 회사, 회의 및 컨벤션 센터), 운송업자(항공사), 중개업자(여행사), 그리고 관광목적지 마케팅조직(관광사무국, 관광청)의 관심이 높아지고 있다. Meeting & Conventions, Successful Meetings, Meeting News 같은 잡지들에 실린 많은 광고들은 이러한 기획자들을 겨냥한 것이다.

컨벤션/회의 기획자들은 수십만 명이 참가하는 국제회의부터 10명 미만의 소규모 중역회의에 이르기까지 다양한 범위의 이벤트를 기획한다. 이들은 회의가 개최될 목적지와 숙박시설, 컨벤션/회의 시설, 참가자 및 동반자 관광 프로그램, 공식 항공사 등을 선정하고, 인센티브투어를 기획하기도 한다.

관광목적지 마케팅 조직 동향

환대 및 여행 산업이 성장함에 따라 여행목적지의 정부기관 및 다른 조직들이 휴가 및 비즈니스 여행객들을 자신들의 여행지로 유인하기 위한 마케팅을 실시하였다. 국가적으로 Australian Tourist Commission, British Tourist Authority, Canadian Tourism Commission과 같은 조직들은 관광 마케팅 및 개발에 수백만 달러를 투자하고 있다. 그리고 점점 더 많은 도시 및 지역들이 이런 유형의 마케팅을 수행하기 위해서 관광청을 만들고 있다.

1. 정부관련 관광마케팅 기관Federal and State Tourism Marketing Agencies　　미국 정부의 관광 마케팅에 대한 지출은 계속 증가해 왔으며, 1999~2000년 사이 50개 주와 District of Columbia, Puerto Rico가 지출한 총 비용은 6억 4,400만 달러에 이르렀으며, 이 기금의 상당부분은 개인 및 단체 여행객들을 대상으로 한 광

고에 쓰여졌다.

대부분의 국가 차원의 관광 마케팅관련 기관들은 민영화된 하와이 관광청을 제외하고는 모두 정부 부서에 속한다. 이들이 시행하는 마케팅 프로그램은 개별 여행객과 여행중개업자 모두를 표적으로 하며 종종 공급업자, 운송업자, 중개업자, 다른 관광목적지 마케팅조직과 함께 공동마케팅을 실시하기도 한다. 그리고 상당수가 그들의 개별 마케팅 프로그램을 위해 다른 관광목적지 조직에 사업지원기금을 제공하기도 한다.

2. 관광청Convention and Visitors Bureaus   지역주민 인구가 5만 명 이상 거주하는 대부분의 지역사회는 관광청CVB : Convention and Visitors Bureau을 두고 있다. 400여개의 규모가 큰 관광청들이 IACVBInternational Association of Convention & Visitor Bureau에 소속되어 있으며, 많은 관광청들이 보다 많은 컨벤션/회의, 휴가여행객들을 자신들의 지역사회에 유치하기 위해 노력하고 있다. 이들은 관광목적지의 공급자들을 대표하고, 종종 지역 숙박업소나 레스토랑이 내는 세금을 통해 기금을 조성하기도 한다. 관광청도 정부기관처럼 여행업자(특히, 컨벤션/회의 기획자, 관광 도매업자)와 개별 여행객들을 구분하여 관심을 기울이고 있다.

전체 및 산업 현황

지금까지 환대 및 여행 산업과 조직의 핵심 유형에 따른 다양한 역할에 대해 상세히 살펴보았다. 이를 통해 5가지 주요 요점을 알 수 있으며, 마케팅관리자는 이러한 5가지 동향 및 산업 현황의 맥락에서 제품개발 믹스와 관련된 의사결정을 내려야 한다.

1. 기업은 특정 분야(예 숙박 브랜드 세분화, 항공사 인수 및 합병)에서 운영범위를 확대하고 있다. 유사한 사업을 개발하거나 인수하는 이러한 움직임을 수평적 통합horizontal integration이라 한다.

2. 환대 및 여행 산업의 조직이 보다 다양해졌으며, 기업들은 이미 유통경로(항공사/호텔 합병, 관광 운영업자/여행 대리점 합병) 확장을 시작하였고, 이를 수직적 통합vertical integration이라 한다. 북미에서 대표적인 예로는 Carlson Companies Inc.를 들

수 있으며, Carlson Hospitality, Carlson Wagonlit Travel, Radisson Seven Seas Cruises, T.G.I. Friday's, Carlson Marketing Group 등이 여기에 속하는 회사들이다.

3. 환대 및 여행 산업은 보다 다양하고 새로운 서비스, 시설, 여행대안들을 꾸준히 도입해 왔다.

4. 일부 분야에서 수요가 감소하더라도 환대 및 여행 산업에서는 여전히 새로운 상품서비스, 시설, 여행서비스에 대한 많은 기회가 있다.

5. 시장 내 경쟁이 심화됨에 따라 서비스 수준을 계속적으로 증진시키고 유지할 수 있는 장기 전략이 필요하게 되었다.

제품/서비스 믹스

환대 및 여행 산업에는 많은 다양한 제품들이 존재한다. 각 기업들은 고객에게 제공할 서비스 및 제품을 분류한 자체적인 제품/서비스 믹스를 가지고 있다. 제품/서비스 믹스는 조직의 다음과 같은 시각적 요소들로 구성되어 있다.

1. 직원 행동, 외모, 유니폼
2. 건물 외관
3. 설비
4. 가구 및 비품
5. 사인
6. 고객 및 대중과의 의사소통

시설 및 장비, 인적 자원은 제품/서비스 믹스의 일부분으로 소홀히 할 수 없으며, 보이지는 않지만 고객만족에 직접적으로 공헌한다. 조직이 제공하는 모든 서비스, 시설, 패키지, 프로그램이 제품/서비스 믹스에 포함된다. 본서에서는 패키지 및 프로그램의 독특한 역할 때문에 이를 서비스 및 시설 항목과 분리시켰다.

1. 직원 행동, 외모, 유니폼   마케팅 믹스 중 사람People에 대해서는 11장에서 살펴보기로 하고, 여기에서는 마케팅 계획에서 신중히 고려되어야 하는 직원의 외모에 대해서만 언급하였다.

2. **건물 외관**   환대 및 여행 기업들은 대부분 하나 이상의 건물에서 고객들에게 서비스를 제공한다. 건물의 전체 외관과 청결함은 고객의 기업에 대한 이미지와 고객 자신의 만족에도 중요한 영향을 미칠 수 있다. 때문에, 마케팅 계획은 서비스를 제공하는 기업의 건물 외관에 대해 신중히 점검하고 필요한 사항들을 고려해야 한다.

3. **설비**   고객들은 환대 및 여행 사업 설비의 유지·관리와 청결함에 대해서도 평가한다. 일례로, 항공사, 크루즈사, 렌터카, 버스, 기차, 리무진·택시, 각종 위락시설의 유지·관리·청결성 등을 들 수 있고, 호텔과 레스토랑도 해당 업장의 설비를 깨끗하게 유지하도록 관심을 가져야 한다. 마케팅 계획은 이러한 설비의 유지·관리와 개보수 계획 등을 포함한다.

4. **가구·비품**   고객들은 환대 및 여행 사업 건물 내 가구나 비품의 품질 등에도 매우 민감하다. 몇몇 환대 및 여행 기업들은 높은 품질의 가구와 비품을 구비하여 고급스러운 이미지를 얻고자 한다. 때문에, 마케팅 계획에는 가구 및 비품의 향상 및 변화에 대한 계획도 포함되는 것이 바람직하다.

5. **사인**signage   사인은 유·무형의 제품이나 서비스를 제공하는 기업들이 종종 소홀히 하기 쉬운 제품·서비스 믹스 중 하나이다. 대부분의 기업들은 게시판, 방향표시판, 건물외부사인 등과 같은 다양한 사인들을 고려해야 하며, 마케팅 계획은 광고 지향적인 옥외간판이나 표지판뿐 아니라 고객이 이용하고 참고할 수 있는 모든 종류의 사인에 대한 계획을 포함해야 한다. 기업이 새로운 포지셔닝 접근을 시도하거나 시설·설비를 리모델링하고, 현대화할 경우에도 새로운 사인에 대한 고려를 해야 한다.

6. **고객**customer **및 대중**public**과의 의사소통**   일반적으로, 광고나 인적 판매, 판매촉진, 머천다이징merchandising, 그리고 PR 및 홍보활동 등을 고객의 구매에 영향을 미치는 주 요소로 생각하지만, 이들은 고객이 기업에 대해 가지는 이미지에 중요한 영향을 미칠 수 있다. 부정적인 홍보는 기업의 이미지를 떨어뜨릴 수 있으며, 반대로 긍정적인 홍보는 조직의 이미지를 강화할 수 있다. 촉진 경품이나 프리미엄은 기업의 품질 이미지와 일치해야 하며, 조직의 웹사이트는 의사소통의 또 다른 장이 될 수 있다.

모든 환대 및 여행 기업의 제품·서비스 믹스에 대한 한 가지 필수요건이 있다면, 그것은 믹스활동 간 서로 일관성이 있어야 한다는 것이다. 마케팅 계획은 모든 면에서 다양한 요소들이 작용할 수 있지만, 중요한 것은 이들 사이에 일관성과 연속성이 있어야 하는 것이다.

제품개발 의사결정

기업들은 대부분 다음의 두 가지 측면에서 제품개발관련 의사결정을 하게 된다.
(1) 기업 전체 측면에서
(2) 개별 시설·서비스 측면에서

1. 기업 전체 수준의 의사결정

❶ 제품·서비스 믹스의 폭width과 길이length

Disney社가 Disney Cruise Line을 설립하였을 경우, 이는 제품·서비스 믹스의 폭(product/serveice mix width : 조직이 제공하는 서로 다른 서비스의 수)을 확장한 것이

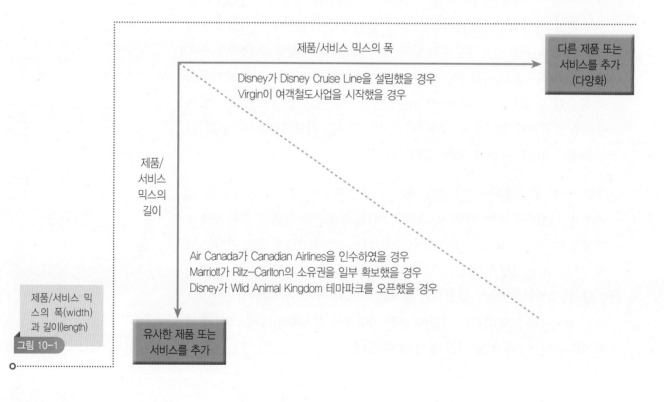

제품/서비스 믹스의 폭

다른 제품 또는 서비스를 추가 (다양화)

Disney가 Disney Cruise Line을 설립했을 경우
Virgin이 여객철도사업을 시작했을 경우

제품/서비스 믹스의 길이

Air Canada가 Canadian Airlines을 인수하였을 경우
Marriott가 Ritz-Carlton의 소유권을 일부 확보했을 경우
Disney가 Wlid Animal Kingdom 테마파크를 오픈했을 경우

유사한 제품 또는 서비스를 추가

제품/서비스 믹스의 폭(width)과 길이(length)

그림 10-1

다. 마케팅 용어로는 제품라인product line을 추가한 것이다. 반면, Disney社가 Wild Animal Kingdom을 개발했을 때, 이는 제품·서비스 믹스의 길이product/service mix length: 조직이 제공하는 유사한 서비스의 수를 늘린 것이다. [그림 10-1]은 이러한 유형의 의사결정 예를 보여준다. 일례로, Richard Branson의 Virgin항공이 영국의 여객철도 사업에 뛰어든 경우는 제품·서비스 믹스의 폭을 다각화하고 새로운 것을 추가한 것이며, Air Canada가 다른 항공사를 인수하였을 경우, 또는 Marriott가 Ritz Carlton Hotels의 소유권 일부를 확보했을 때에는 제품·서비스 믹스의 길이를 늘인 것으로 볼 수 있다.

❷ 제품·서비스 믹스의 개선 및 현대화

기업은 상황분석과 마케팅 조사를 통해 제품·서비스 믹스의 전체 또는 일부를 개선해야 하는 시점을 결정하게 된다. 항공사의 경우, 항공기 도색을 다시 하거나, 인테리어, 좌석배치, 승무원 유니폼 등을 바꿀 수 있다. 테마파크는 지속적으로 엔터테인먼트 시설을 개선하고 새로운 것을 추가하고 있으며, 크루즈 회사는 필요한 보수를 하고 선내를 개선하기 위해 일시적으로 운항을 하지 않을 수 있는데, 이는 모두 고객들의 재방문을 유도하기 위한 것이다.

❸ 브랜딩branding

환대 및 여행 산업에서 브랜딩이 상대적으로 중요하지 않았던 시기가 있었다. 하지만 이제는 많은 기업들이 제품·서비스 믹스의 폭과 길이를 확장하면서 점차 브랜딩의 중요성이 높아지게 되었다. 이러한 브랜딩이 주는 이점은 다음과 같다.

- 기업의 시장세분화를 돕는다.
- 기업에게 충성고객과 이익을 주는 고객을 유인하고 확보할 수 있는 잠재력을 부여한다.
- 브랜딩이 성공적일 경우, 회사의 이미지를 향상시킬 수 있다.
- 예약, 판매, 문제점, 불평 등을 파악하는 데 도움이 된다.

앞서 환대 및 여행 산업에서의 브랜드세분화가 증가하고 있음을 강조하였다. 이러한 현상은 숙박 및 레스토랑, 크루즈 회사와 같은 여러 분야에서 일어나고 있으며, 기업은 이를 통해 고객들의 욕구에 더 맞는 시설과

서비스를 제공하고, 특정 표적시장에 대해 보다 큰 점유율을 획득할 수 있는 기회를 얻게 된다.

이제 많은 숙박 체인들이 다중브랜드 접근법을 이용하고 있지만, 이 방법은 하나의 브랜드가 다른 브랜드를 잠식할 수 있다는 약점도 가지고 있다.

2. 개별 시설 · 서비스 측면의 의사결정   개별 호텔, 레스토랑, 여행대리점, 또는 다른 환대 및 여행 기업들도 제품 · 서비스 믹스에 대한 의사결정을 해야 한다. 이러한 의사결정은 시설, 서비스 품질과 범위, 디자인 등에 관한 것으로 이런 요소들을 변화시키기 위해서는 상황분석과 마케팅 조사를 실시해야 한다.

파트너십

최근 들어, 관계 마케팅(고객, 공급업자, 여행중개업자와의 장기적 관계를 구축, 유지, 강화하는 것)의 중요성이 부각되면서 환대 및 여행 산업에서 다양한 마케팅 파트너십이 이루어지고 있다. 파트너십이란 환대 및 여행 기업이 서로 협력하여 촉진을 하거나, 마케팅 노력을 기울이는 것을 말한다. 일회적one-shot 협력 촉진부터 두 기업 이상의 제품 또는 서비스 결합과 관련된 전략적 마케팅에 이르기까지 그 범위가 확대되고 있다. 여기서는 장기적인 마케팅 파트너십에 대해 살펴보기로 한다.

파트너 유형

환대 및 여행 산업에서는 관련 기업이 매우 다양하기 때문에 파트너십의 기회는 무제한적이다.

1. 고객   상용고객우대 프로그램은 대표적인 파트너십 프로그램의 예이다. 이것은 기업에 대한 고객의 애호도를 높이기 위해 도입한 것이지만, 지금은 한 단계 더 발전하였다. 일부 환대 및 여행 기업들은 상용여행객들 중에서 자문위원단을 선발하거나, 신규고객 창출을 위해 상용고객들을 회사의 변론인으로 고용하기도 하였다.

미국 인디애나주 남부의 Brown County 관광청이 개발한 가치고객Valued Visitor

프로그램의 경우, 소액의 등록비를 내고 프로그램에 참여하면, Valued Visitor 카드와 Valued Visitor 로고가 새겨진 가방을 제공한다. 지역의 레스토랑, 숙박업소도 이 프로그램에 참여하여 건물 내에 Valued Visitor 인쇄물을 붙이고, Valued Visitor 카드를 소지한 회원들에게는 선물을 주거나 할인을 해 준다. 관광청은 모든 회원들에게 Brown County의 소식을 알리고 계속적인 관계를 유지하기 위해 Valued Visitor 소식지를 보냈으며, 이 프로그램은 매우 성공적이었다.

2. 동일 사업조직   항공산업에서 전략적 제휴strategic alliances라는 개념에 대해 이미 들어보았을 것이다. 다른 예로, 보스턴, 코펜하겐, 에든버러, 멜버른, 밴쿠버 관광청의 BestCities.net 제휴를 들 수 있다. 이는 국제회의 고객들의 욕구를 보다 효과적으로 충족시키기 위해 특별히 체결된 것이며, 웹사이트 개발과 최상의 서비스 제공 협약을 포함한다.

일부 국가 NTO들은 프로모션뿐 아니라 그들의 시설을 공유하기 위해 제휴를 하였다. American Express의 도움으로 동남아시아 여러 국가들이 Jewels of the Mekong 마케팅 협력에 동참하였으며, 실크로드 주변 국가들도 나름대로의 공동체를 설립하였다.

이는 앞서 논의한 공동브랜딩co-branding의 또 다른 예이며, 유사한 운영형태의 두 브랜드가 함께 위치하는 것을 말한다(예 Taco Bell과 KFC).

3. 관련 기업   항공사, 숙박체인, 렌터카회사, 그리고 환대 및 여행 산업의 다른 업체들이 함께 실시하는 상용고객우대 프로그램이 대표적 예이다. 또한, MasterCard나 Visa와 같은 신용카드 회사와 함께 공동촉진을 시행하고, 환대 및 여행 조직의 이름이 새겨진 신용카드를 발행하기도 한다.

또 다른 예로 이중 브랜딩dual branding이 있다. 이는 잘 알려진 레스토랑 브랜드가 숙박체인 호텔 내에서 지점을 운영하는 경우이다. Ramada Franchise Systems과 Bennigan's의 Irish American Grill & Tavern이 1999년 말에 맺은 전략적 제휴가 여기에 속한다. Ramada는 숙박업 운영에 집중할 수 있는 반면, Bennigan's는 새로운 레스토랑 입지를 얻게 되었다.

이 외에도 레스토랑 회사와 소매업자가 제휴하여 점포 내에 레스토랑이 입점하거나 McDonald's와 주유소가 제휴를 맺고, 공항과 대학, 스포츠 개최지 등에 여러 레스토랑 브랜드가 새로이 입점하는 경우를 들 수 있다.

4. **비관련 기업**   환대 및 여행 기업이 관련성 없는 기업과 협력하는 것도 가능하다. 일례로, 미술상인 Park West Gallery와 크루즈기업들 간의 관계를 들 수 있다. 크루즈 여행객들이 선내에서 여행을 하는 동안 Park West Gallery는 여행객들에게 그들의 미술품을 경매하면서 또 다른 볼거리와 활동을 제공할 수 있다. 이로 인해 Park West Gallery는 미술품 판매가 늘었으며, 크루즈 회사는 고객들에게 더 다양한 서비스를 제공할 수 있었다.

5. **인터넷 제휴**   기업 환경에 인터넷기술이 접목되면서, 기업들 사이에는 새로운 유형의 파트너십이 나타나게 되었다. 환대 및 여행 기업의 경우, 웹사이트 간 상호 연결reciprical linking, hyper-linking을 통해 타사와 인터넷 제휴를 맺게 되었다.

파트너십의 혜택

기업은 파트너십을 통해 많은 혜택을 얻을 수 있다.

1. **새로운 시장에 접근할 수 있다.**   기업은 전략적 제휴를 통해 새로운 지역시장 또는 표적시장을 얻을 수 있다. 예를 들어, Northwest, KLM, Continental 항공 등은 전략적 제휴를 통해 전 세계 지역 시장으로 진출할 수 있었다.

2. **제품/서비스 믹스를 확장할 수 있다.**   다른 기업과 협력하여 적은 비용으로도 자사의 기존 제품/서비스 믹스를 확장할 수 있다. 일례로, Carlson Companies는 선박 소유주로서 SSC Diamond를 운영하기로 계약하고, Radisson Hotel 브랜드를 이용하여 크루즈 시장에 진출하였다.

3. **고객 욕구를 충족시키는 능력이 향상된다.**   환대 및 여행 기업들은 파트너십을 맺은 기업들 간 시설과 서비스를 공동 운영함으로써, 고객의 다양한 욕구를 만족시킬 수 있다. 예를 들어, 협력관계인 항공사 간 좌석공유code sharing를 통해 고객은 보다 편리하게 해외여행을 할 수 있게 되었다.

4. **마케팅 예산이 증가한다.**   환대 및 여행 기업 간 협력을 통해 협력주체 기업들의 마케팅 총예산이 증가하게 된다. 중남미 국가들과 멕시코의 여러 주들이 상호 협력하여 여행업자와 고객들에게 'El Mundo Maya' 지역에 대한 촉진을 실시하였으며, 이를 통해 마야 인디언 문명의 역사문화성을 촉진하기 위한 마케팅 예산을 공동으로 조성했다.

5. 시설을 공유할 수 있다.　　기업 간 협력을 통해 파트너십에 포함된 기업들은 보다 쉽고 편리하게 물리적 시설을 보유할 수 있게 된다. 일례로, 런던 British Travel Centre에서는 British Tourism Authority, Wales Tourism Board, British Rail 등 여러 업체가 비용을 함께 부담해서 사무실을 공동으로 사용하며, 스칸디나비아 국가들도 뉴욕의 Scandinavian Tourist Board에 공동으로 자금을 제공하기 위해 이와 유사한 계약을 체결하였다.

6. 이미지 또는 포지셔닝을 강화할 수 있다.　　다른 환대 및 여행 기업과의 협력을 통해 자사의 이미지를 개선하고 포지셔닝을 강화할 수도 있다. 공동마케팅Joint Marketing 협약을 통해 Walt Disney World社의 공식 항공사로 지정된 Delta社는 Florida를 방문하는 여행객들에 대해 보다 유리한 위치를 차지하게 되었다.

7. 파트너社와 고객 데이터베이스를 공유할 수 있다.　　기업경영에 있어 데이터베이스 마케팅의 중요성은 이미 부각된지 오래되었으며, 이러한 제휴의 가장 큰 장점은 파트너기업이 소유하고 있는 고객 데이터베이스를 서로 공유할 수 있다는 것이다. 예를 들어, 상용고객우대 프로그램을 운영하는 항공사, 신용카드사, 장거리 전화 회사 등은 서로간 관계구축을 통해 수백만명에 달하는 고객들의 정보를 저장하고 있는 데이터베이스에 접근할 수 있다.

8. 파트너의 전문성과 전문지식을 공유할 수 있다.　　파트너십은 대개 특정 파트너기업이 다른 파트너가 원하는 경험이나 전문지식을 가지고 있을 때 더 수월하게 형성된다. 고객들은 이러한 경험이나 전문지식을 잘 인식할 수 있을 것이다.

결론

　　환대 및 여행 산업은 관련회사, 정부기관, 비영리 조직의 복합체이다. 주요 네 집단으로는 공급업자, 운송업자, 여행사, 관광목적지마케팅조직을 들 수 있다. 이들 조직은 각 조직 나름대로의 독특한 제품/서비스 믹스를 가지고 있으며, 정기적으로 이를 개선하고 불필요한 부분은 제거해야 한다. 제품/서비스 믹스관련 의사결정은 조직 전체 수준의 의사결정과 개별 시설/서비스 측면의 의사결정으로 나누어 볼 수 있다.

학습과제

1. 당신이 기업운영에 있어 국내 및 국제적인 확장에 관심을 가진 호텔, 항공사, 위락시설, 크루즈사, 여행사 등에서 일한다고 가정하자. 기업의 성장목표를 달성하는 데 있어, 마케팅 파트너십의 장단점을 비교분석하는 프로젝트를 맡았을 경우, 회사 간부들에게 파트너십의 장점과 단점을 어떻게 제시하겠는가? 당신의 결론을 정당화할 수 있는 성공적인 마케팅 파트너십과 비성공적인 마케팅 파트너십의 실제 예를 들어보시오.

2. 환대 및 여행 산업의 특정 분야를 선정하여, 지난 10년간 해당 산업의 구조가 어떻게 변하였는지 살펴보시오. 제품/서비스 믹스가 가장 크게 변화된 기업은 어떤 기업인가? 서비스 질적 측면에서 볼 때, 선두주자는 누구인가? 높은 명성을 얻기 위해서는 어떤 방법을 택하였는가?

3. 여기서는 환대 및 여행 산업을 네 부문(공급업자, 운송업자, 여행중개업자, 관광목적지마케팅조직)으로 규명하였다. 각 부문이 서로 어떻게 연관을 맺고 있는지 제시해 보시오. 환대 및 여행 마케팅과 관련해서 이들 각 조직이 각각의 산업 분야에서 계속 발전해 나가는 것은 어떤 의미를 가지고 있는 것인지 설명해 보시오.

4. 소규모 환대 및 여행 기업의 소유주들로부터 시설/서비스 검토를 해 달라는 요청을 받았다. 그들은 기존 시설/서비스를 평가하고, 새로운 부분을 추가하는 데 관심이 있다. 해당 기업의 제품/서비스 믹스를 검토하기 위한 단계를 설명하는 제안서를 준비해 보시오. 또한, 시설/서비스 수준을 평가하는 데 있어, 이용가능한 방법에 대해 보다 구체적으로 설명해 보시오.

REFERENCES

참고문헌

1. Smith Travel Research. 2008. *Glossary*. http://www.strglobal.com/ Resources/ Glossary.aspx, accessed December 8, 2008.

2. Professional Association of Innkeepers International. 2008. *About PAII*, http:// www.paii.org/about_paii.asp, accessed December 8, 2008.

3. Hotels. 2008. *Hotels' Corporate 300 Ranking*, 40.

4. Lynn, Michael. 2007. "Brand Segmentation in the Hotel and Cruise Industries: Fact or Fiction?" *Cornell Hospitality Report*, Vol. 7 No. 4, 7.

5. Tauber, Edward M. 2004. *Understanding Brand Extension*, http://www.brandextension.org/definition.html, accessed April 21, 2007.

6. PricewaterhouseCoopers. 2005. "The secret of lifestyle hotels' popularity is simple: They are in tune with the needs of the new, complex consumer." *Hospitality Directions Europe Edition*, Issue 12, 4.

7. Nation's Restaurant News. 2008. "Top 100 Chains Ranked by U.S. Systemwide

Foodservice Sales." *Nation's Restaurant News*, 70.

8. Starbucks. 2008. *Company Fact Sheet*, http://www.starbucks.com/aboutus/, accessed December 8, 2008.

9. Yum! Brands, Inc. 2007. *Yum! Brands Fact Sheet*.

10. McDonald's Corporation. 2008. *About McDonald's*, http://www.mcdonalds.com/content/corp/about.html, accessed December 8, 2008.

11. National Restaurant Association. 2008. *National Restaurant Association 2008 Restaurant Industry Pocket Factbook*, http://www.restaurant.org/pdfs/research/2008forecast_factbook.pdf, accessed December 8, 2008.

12. National Restaurant Association. 2007. *National Restaurant Association 2008 Restaurant Industry Pocket Factbook*, http://www.restaurant.org/pdfs/research/2008forecast_factbook.pdf, accessed December 8, 2008.

13. Restaurants & Institutions. 2007. *Special Report: Consuming Passions*.

14. Schlosser, Eric. 2001. Fast Food Nation: *The Dark Side of the All-American Meal*. New York: Houghton Mifflin Company; Fast Food Nation, 2006. DVD.

15. Ritzer, George. 2004. *The McDonaldization of Society: Revised New Century Edition. Thousand Oaks*, California: Sage Publications, Inc.; Pollan, Michael. 2006. The Omnivore's Dilemma: A Natural History of Four Meals. New York: Penguin Group; Super Size Me, 2003. DVD.

16. Folkes, Gillian, and Allen Wysocki. 2001. *Current Trends in Foodservice and How They Affect the Marketing Mix of American Restaurants*. Institute of Food and Agricultural Sciences, University of Florida Extension, 2.

17. National Restaurant Association. 2006. *2007 Restaurant Industry Forecast*. Washington, DC: National Restaurant Association, 21.

18. National Restaurant Association. 2006. *2007 Restaurant Industry Forecast*. Washington, DC: National Restaurant Association, 4.

19. Enz, Cathy A. 2005. "Multi-branding Strategy: The Case of Yum! Brands." *Cornell Hotel and Restaurant Administration Quarterly*, 46, 86.

20. Keller, Kevin L. 2003. *Strategic Brand Management: Building, Measuring and Managing Brand Equity*. Upper Saddle River, New Jersey: Prentice-Hall; Muller, Christopher. 2005. "The Case for Co-branding in Restaurant Segments." Cornell Hotel and Restaurant Administration Quarterly, 46, 93.

21. Cruise Lines International Association. 2008. *2008 CLIA Cruise Market Overview*, http://www.cruising.org/press/overview2008/, accessed December 8, 2008.

22. European Cruise Council. 2008. *Press Room, ECC Presentations*, http://www.europeancruisecouncil.com, accessed December 8, 2008.

23. Institute of Shipping Economics and Logistics. 2008. *ISL Shipping Statistics and Market Review (SSMR) August 2008*, http://www.seabase.isl.org, accessed December 8, 2008.

24. Cruise Lines International Association. 2008. *2008 CLIA Cruise Market Overview*, http://www.cruising.org/press/overview2008/, accessed December 8, 2008.

25. World Cruise Network. 2007. *Artful Learning and Enriching Discoveries*, http://www.worldcruise-network.com/features/feature952/, accessed April 24, 2007.

26. Cruise Lines International Association. 2006. *Cruise Industry Trends for 2006*.

27. USA Today. 2007. *Asian nations begin push for more exposure in the cruise market*, http://www.usatoday.com/travel/destinations/2007-03-15-asia-cruises_N.htm, accessed April 24, 2007.

28. Star Cruises. 2008. *Development of Star Cruises: A Vision Fulfilled*, http://www.starcruises.com/About/index.html, accessed December 7, 2008.

29. Cruise Lines International Association. 2007. *Profile of the U.S. Cruise Industry*, http://www.cruising.org/press/sourcebook2007/profile_cruise_industry.cfm, accessed April 24, 2007.

30. Cruise Lines International Association. 2006. *The 2006 Overview*. New York: CLIA, 12.

31. Cruise Lines International Association. 2008. *2008 CLIA Cruise Market Overview*, http://www.cruising.org/press/overview2008/, accessed December 8, 2008.

32. Cruise Lines International Association. 2007. *Profile of the U.S. Cruise Industry*, http://www.cruising.org/press/sourcebook2007/profile_cruise_industry.cfm, accessed April 24, 2007.

33. Auto Rental News. 2008. *2007 U.S. Car Rental Market*, http://www.fleet-central.com/resources, accessed December 8, 2008.

34. Enterprise Rent-A-Car. 2008. *Company Fact Sheets,* http://aboutus.enterprise.com/press_room.asp, accessed December 8, 2008.

35. The Hertz Corporation. 2008. *Hertz Corporate Profile. Hertz History*, https://www.hertz.com/rentacar/abouthertz/, accessed December 8, 2008.

36. TACSnet. *Car Rental Industry "Point of View"*, http://www.tacsnet.com/scripts/car_rental.cfm, accessed April 24, 2007.

37. Geraghty, M. K., and Ernest Johnson. 1997. "Revenue Management Saves National Car Rental." *Interfaces*, 27, 1, 107-127.

38. TEA and ERA. 2008. *TEA/ERA Attraction Attendance Report*. The TEA, 6-7.

39. International Association of Amusement Parks and Attractions. 2008. *Amusement and Theme Park Industry Poised for Worldwide Growth*, http://www.iaapa.org/pressroom/pressreleases/GrowthinAsia.asp, accessed December 7, 2008.

40. Robinson, J. Clark. 2007. *Innovative Trends in the Global Amusement Industry*. Recreation Management.

41. PricewaterhouseCoopers LLP. 2006. "Global Entertainment and Media Outlook: 2006-2010." *Theme Parks and Amusement Parks*, 542.

42. American Gaming Association. 2003. *Gaming vs. Gambling*, http://www.ameri-

cangaming.org/Industry/factsheets/general_info_detail.cfv?id=9, accessed April 28, 2007.

43. PricewaterhouseCoopers LLP. 2006. "Global Entertainment and Media Outlook: 2006-2010." *Casino and Other Regulated Gaming*.

44. American Gaming Association. 2006. "State of the States." *The AGA Survey of Casino Entertainment*, 2.

45. American Gaming Association. 2008. *2008 State of the States: The AGA Survey of Casino Entertainment*, http://www.americangaming.org/, accessed December 7, 2008.

46. PricewaterhouseCoopers LLP. 2006. "Global Entertainment and Media Outlook: 2006-2010." *Casino and Other Regulated Gaming*, 582.

47. International Air Transport Association. 2008. *Fact Sheet: Industry Statistics*.

48. Shameen, Assif. 2006. "Asia takes flight on low-cost carriers." *Business Week online*.

49. Najda, Charles. 2003. *Low-cost carriers and low fares: Competition and concentration in the U.S. airline industry*, 8.

50. International Air Transport Association. 2007. *Why ET*? http://www.iata.org/stb-supportportal/et/ETBackground.htm, accessed April 28, 2007.

51. United Airlines, 2008. *United Mileage Plus*, http://www.united.com, accessed December 8, 2008.

52. Deutsche Lufthansa AG, 2007. *Star Alliance: Economic effects for the airlines*. http://konzern.lufthansa.com/en/html/allianzen/star_alliance/vorteile/index.html, accessed April 28, 2007. Product Development and Partnership 359

53. Kleymann, Birgit, and Hannu Seristo. 2004. *Managing strategic airline alliances*. London: Ashgate.

54. Cable News Network. 2007. "French train breaks speed record." *CNN.com International*, http://edition.cnn.com/2007/WORLD/europe/04/03/TGVspeedrecord.ap/index.html, accessed April 30, 2007.

55. Via Rail Canada. 2006. *Annual Report 2005*, 23-24, 29.

56. British Columbia Ferry Services Inc., 2008. *Investor Fact Sheet (November 2008)*, http://www.bcferries.com, accessed December 8, 2008.

57. Chaddick Institute of Metropolitan Study. 2008. *2008 Update on Intercity Bus Service: Summary of Annual Change*. Chicago, IL: DePaul University.

58. American Bus Association. 2008. *The Outlook for the Motorcoach Industry in 2009*, http://www.buses.org/mediacenter, accessed December 8, 2008.

59. Department of Industry, Tourism and Resources. 2008. Tourism Budget Facts 07/08; VisitBritain. 2008. *VisitBritain's role, structure, funding and performance*; Canadian Tourism Commission. 2008. *2007 Annual Report*.

60. Destination Marketing Association International. 2008. *About DMAI*. http://www.destinationmarketing.org/, accessed December 8, 2008.

인적 요소 :
서비스와
서비스 품질

이 장을 읽고 난 후

목표

» 환대 및 여행 마케팅과 관련된 인적 구성원을 규명하고, 이들이 어떻게 상호 관련되어 있는지 설명할 수 있다.

» 마케팅 믹스에서 인적 요소의 핵심 역할을 설명할 수 있다.

» TQM Total Quality Management의 핵심 원리 및 개념을 기술할 수 있다.

» 고객 코드customer code 및 보증guarantee의 혜택을 설명할 수 있다.

» 서비스 품질을 위한 직원선발, 오리엔테이션, 교육훈련 그리고 동기부여 프로그램의 중요성을 설명할 수 있다.

» 권한위임empowerment의 개념과 이것이 고객만족에 얼마나 중요한지를 기술할 수 있다.

» SERVQUAL 모델의 5가지 차원과 서비스 품질을 측정하는 데 이들이 어떻게 사용되는지 설명할 수 있다.

» 관계 마케팅이 환대 및 여행 산업에서 왜 중요한지 그리고 이것을 어떻게 성공적으로 수행할 수 있는지를 설명할 수 있다.

» 고객 믹스costomer mix를 기술하고, 왜 이것을 관리해야만 하는지 설명할 수 있다.

개요

인적 요소people는 환대 및 여행 마케팅의 8P 중의 하나이며, 이 장에서는 고객 만족을 위한 인적 요소의 핵심 역할을 강조하고 있다. 고객-직원 관계guest-host relationships는 TQM 개념에서 논의되어진다. 직원의 고객지향성customer-orientation 과 고객관리guest-relations 기술뿐만 아니라 서비스 품질 수준을 개선하기 위한 방법과 서비스품질 측정을 위한 방법도 소개하고 있다. 또한 관계 마케팅 측면에서 어떻게 고객과 장기적인 관계를 구축하고 지속할 수 있는지에 대해 기술하고 있다. 이 장에서는 고객 믹스customer mix와 기업 이미지 및 고객의 서비스 품질 경험 간의 관련성을 설명하는 것으로 끝을 맺는다.

인적 요소people의 주요 두 집단 : 고객guests과 직원hosts

환대 및 여행 산업의 어떠한 부분을 좋아하는가? 다른 분야보다 이 분야에 더 매료된 이유는 무엇인가? 혹자는 "여행할 기회"나 "멋진 곳에서 일하기 위해"라고 말할는지도 모른다. 하지만 혹시 다른 사람들과 어울려 일하기 좋아해서는 아닐까? 때때로 우리 중 다수는 다른 문화나 국가로부터 온 다양한 사람들과 만나고, 이들에게 관련 서비스를 제공하고자 하는 열망 때문에 이 분야에 매료되기도 한다. 환대 및 여행 마케팅에는 고객guests과 직원hosts이라는 서로 다른 두 가지 인적집단 또는 인적 요소가 있다. 이러한 고객-직원 간 관계를 효과적으로 관리하는 것은 환대 및 여행 산업의 핵심 기능 중 하나이다. 사실, 어떤 사람들은 이것이 가장 중요한 것이라고 말하기도 한다. 여기서는 주로 직원이 제공하는 서비스 품질에 초점을 맞추고 있지만, 장기적인 고객관계관리, 환대 및 여행 산업에서의 고객들간 상호작용(고객 믹스) 등에 대해서도 언급하고 있다.

마케팅 믹스에서 인적 요소의 핵심 역할

앞서 2장에서는 서비스와 제품 마케팅의 일반적인 차이에 대해 언급하면서, 서비스 제공자들이 가지는 서비스품질 제고와 서비스표준화의 어려움을 강조한 바 있다. 서비스는 이와 관련된 인적 요소 때문에 고객들에게 결함 없는 서비스를 경험하도록 하는 것이 매우 어려울 수 있다. 서비스는 유형제품과 같이 공장라인에서 대량 생산되는 것이 아니라 대개는 한 번에 한 명의 고객에게 전달된다. 서비스는 고객과 직원, 고객과 다른 고객 사이에서 나타나는 사람과 사람 간 상호작용을 포함한다.

인적 요소가 서비스 마케팅의 주된 차이를 만든다고 하는 것은 자명한 사실이다. 미국의 한 저명한 주식중개회사의 말을 빌리면, 서비스 마케팅을 성공적으로 이끌기 위해서는 한 번에 한 고객에게만 서비스가 제공되어야 한다는 것이다. 환대 및 여행 산업의 성공과 생존의 중요한 기반은 서비스를 이용하는 사람들과 서비스를 공급하는 사람들이다. 서비스 기업이 이 두 집단을 어떻게 선발하고 관리하느냐 하는 것은 궁극적인 마케팅 성과에 큰 영향을 주게 된다.

환대 및 여행 산업에서는 고객접점에서 서비스를 제공하는 사람들front-line people 이 핵심 역할을 한다. 이들의 행동여하에 따라 고객은 그들이 제공받은 서비스를 통해 그들만의 경험이 만들어지거나 깨져버릴 수 있다. 평소보다 극진한 대우와 관심을 받음으로써 특별한 경험이 만들어질 수도 있지만, 경우에 따라서는 우수한 환경과 시설이 무관심하고 불친절한 서비스로 인해 그 진가를 발휘하지 못하게 될 수도 있다. 서비스를 제공하는 사람들은 환대 및 여행 마케팅에서 중추적인 역할을 한다. 그 어떤 훌륭한 광고와 사람의 마음을 끄는 촉진도 평균 이하의 서비스를 보상할 수는 없다. 환대 및 여행 산업은 고객을 만족시키기 위해, 첫째, 좋은 상품(식사, 객실, 항공좌석, 여행패키지, 렌터카 등)을 제공하든지, 둘째, 좋은 서비스를 제공해야 한다. 환대 및 여행상품에 있어 인적 자원을 통제하고 표준화시키기는 어렵지만, 그렇다고 이를 무시할 수는 없으며 충분히 관심을 둘 가치가 있다.

비록 물리적 시설과 설비가 환대 및 여행 산업이 공급하는 부분 중 상당 부분을 차지한다 해도, 인적 서비스 요소가 제공된 서비스를 실패 또는 성공으로 만들 수 있다는 데 이견을 달 사람들은 그리 많지 않다. 이것이 바로 마케팅 믹스의 인적 요소이다. 전통적 관점에서는 마케팅과 인적 자원 관리를 두 가지 구분된 기능으로 분리시킨다. 하지만 환대 및 여행 산업이 속한 서비스산업에서는 이 두 가지가 매우 밀접하게 연관되어 있다. 우수한 인적 자원을 토대로 고객만족을 추구하는 추진력을 가진 기업은 일반적으로 성공할 확률이 높다. Disney, McDonald's, Singapore Airlines, The Ritz-Carlton Hotel, Emirates항공, Four Seasons Hotels & Resorts 와 같은 기업들은 기업의 궁극적인 수익이 서비스 접점에서 직원과 고객 사이의 긍정적인 관계로부터 나온다는 것을 알고 있다. 그들은 오래 전부터 오직 만족한 고객들만이 다시 방문하고, 긍정적인 구전효과가 새로운 고객을 끌어들이는 데 가장 강력한 힘을 가지고 있다는 것을 깨달았다.

만약, 서비스산업에 있어 하나의 보편적인 진리가 있다면, 그것은 어떠한 것도 형편없는 서비스를 보상해 줄 수 없다는 것이다. 아무리 훌륭한 음식과 아름답게 장식된 객실, 정확한 체크인/아웃 서비스를 제공한다 하더라도 호텔 직원의 불친절하고 부정확한 서비스를 충분히 보상할 수는 없다. Ritz-Carlton Hotel의 Horst Schulze는 "서비스는 오직 인적 요소에 의해서만 이루어질 수 있으며, 호텔은 놀랍고 아름다운 기억에 남는 음식을 제공할 수는 있지만 형편없는 직원은 그 모든 것들을 순식간에 나쁜 경험으로 만들 수도 있다."고 천명한 바 있다. 환대 및 여행

산업에 종사하는 많은 사람들이 종종 물리적 상품(호텔, 레스토랑, 비행기, 배, 버스, 메뉴 목록 등)과 서비스품질 사이의 관련성을 완전히 이해하지 못하는 경우가 있다. 고객들은 이 두 요인들을 결합해서 전체적인 평가를 내리게 된다.

서비스산업에서는 고용hiring, 적응orienting, 훈련training, 권한강화empowering 등에 높은 관심을 기울이는 사람들과 서비스 지향적인 직원들이 마케팅 활동에 있어 더 큰 이점을 가질 수 있다. 서비스 마케팅의 본질은 서비스이고, 서비스품질은 서비스 마케팅의 기반이 된다. 따라서 환대 및 여행 마케터들은 그들이 제공하는 서비스의 품질에 지속적인 관심을 가져야 하며, 고객에게 제공한 서비스의 품질을 관리하기 위해 일련의 체계적인 과정을 거쳐야 한다는 것도 명심할 필요가 있다.

- 리츠칼튼그룹, 리츠칼튼 리더십센터
  이곳은 세계적으로 저명한 품질대상인 맬콤밸드리지 품질대상Malcom Baldridge National Quality Award을 두 번이나 수상한 리츠칼튼호텔의 경영비법을 벤치마킹할 수 있는 훈련기관이다.

- 디즈니, 디즈니연구소The Disney Institute
  디즈니는 고객들에게 일관성 있는 고품질의 서비스를 제공하는 것으로 정평이 나있는 기업이다. 디즈니연구소는 디즈니의 서비스품질 접근법을 외부 기관에 알려주고, 훈련시키기 위해 설립되었다.

- 페닌슐라Peninsula 호텔, 페닌슐라의 초상Portraits of Peninsula
  저명한 사진작가인 Annie Leibovitz는 '페닌슐라의 초상'을 통해 페닌슐라 호텔의 전설적인 서비스 문화와 품질을 포착했다.

- 포시즌Four Season 호텔리조트, 우리의 목표, 우리의 신념, 우리의 원칙들
  기업의 가이드라인은 잘 문서화되어 있고, 호텔의 종업원들이 가장 큰 자산이자 성공의 핵심요인이라는 것을 보여주고 있다.

- 샹그리라Shangri-La 호텔리조트, 샹그리라의 배려
  샹그리라의 경영철학은 "고객에 대한 배려와 환대"이고, 기업의 임무mission는 "고객을 매번 언제나 기쁘게 하는 것"이다. "샹그리라의 배려"는 모든 직원들에 대한 고객서비스훈련 프로그램이다.

- 만다린오리엔탈Mandarin Oriental 호텔그룹, 우리의 지도원칙Our Guiding Principles
  세심하게 문서로 작성된 원칙으로 만다린호텔을 "고객을 기쁘게 하는 호

텔"에 치중하도록 만들었다.

- **싱가폴항공, 싱가폴여인**The Singapore Girl

  싱가폴항공의 상징적인 고객 배려 및 서비스 프로그램이다.

- **메리어트, 메리어트의 서비스정신과 나아갈 길**The Marriott Way and Spirit to Serve

  메리어트는 매우 세심하게 문서로 작성되고 이를 전 조직에 알리는 메리어트의 핵심가치와 문화가 있다. 여기에는 어떻게 메리어트가 고객과 직원, 그리고 지역사회를 위해 봉사하고 헌신하는지를 설명하는 서비스정신 Spirit to Serve이 들어 있다.

품질관리 프로그램

TQM이라고도 하는 전사적 품질관리Total Quality Management는 광범위하게 인정받고 있는 품질관리 개념이다. 이 TQM 개념의 정신적 원천은 일본의 제조기업과 품질관리 전문가인 W. Edward Deming, Joseph M. Juran, Philip Crosby로부터 기인한다. TQM 프로그램은 조직의 결함을 줄이고, 고객의 요구를 결정하며, 이를 만족시키기 위해 설계되었다. TQM을 나타내는 여러 방법이 있는데, 이 중 하나는 TQM 피라미드의 5면을 통한 방법을 들 수 있다. 여기서 5면은 (1) 경영자 헌신commitment, (2) 고객과 종업원에 치중, (3) 지속적 개선, (4) 사실에 입각, (5) 전 사원의 참여 등이다. 두 번째 TQM 방법은 Deming의 작품으로 (1) 전향적 리더십, (2) 내부 및 외부 협력, (3) 학습, (4) 관리과정, (5) 지속적 개선, (6) 종업원 성과, (7) 고객만족 등을 의미한다.

이제까지 서비스산업 내부와 외부에서 TQM이 여러 번 적용되었으며, 때로는 TQM이 변형되어 적용되기도 하였다. TQM의 중요 원칙을 서비스 기업에 맞도록 적용한 TQSTotal Quality Service 접근은 아래와 같다.

- **최고경영자의 헌신과 선견**Visionary **리더십**

  조직의 리더는 서비스 품질 개선을 위해 헌신해야 하며, 적절한 비전을 전해줄 수 있어야 한다.

- **인적 자원관리**

  기업은 인적 자원관리HRM: Human Resource Management에 초점을 맞추어야 하고,

이를 경쟁우위의 원천으로 인식해야 한다.

- 기술시스템Technical System

  기업은 고객이 아무런 무리 없이 서비스를 받을 수 있도록 서비스 전달 과정을 설계해야 한다.

- 정보 및 분석시스템Information and Analysis System

  특히 성수기에 종업원에게 직무과정과 고객에 대한 적절한 정보를 제공해야 한다. 이것은 부분적으로 내부 마케팅internal marketing을 통해 이루어진다.

- 벤치마킹Benchmarking

  조직은 고객 및 종업원 만족에 관한 자료와 동종 산업의 경쟁사들이 서비스를 전달하는 과정을 비교하기 위한 자료를 지속적으로 수집해야 한다.

- 지속적 개선

  조직은 고객에 대한 서비스품질 수준을 개선하기 위한 방안을 지속적으로 모색해야 한다.

- 고객 지향

  조직은 고객만족이 서비스품질의 궁극적 척도라는 신념을 가지고 임해야 한다.

- 직무만족

  조직은 종업원의 욕구를 지속적으로 충족시키기 위해 노력해야 한다.

- 노조 간섭

  조직은 TQM 프로그램을 적용하기 위해(필요하다면) 노조와도 협력해야 한다.

- 사회적 책임

  조직은 그들의 사회적 책임과 지역사회에 대한 책무를 다하기 위해 끊임없이 노력해야 한다.

- 서비스스케이프Servicescapes

  조직은 서비스를 위한 물리적 환경에 관심을 기울여야 한다. 이러한 물리적 환경은 종업원 개인이 서비스품질을 전달할 때 지원하는 역할을 감당해야 한다.

● 서비스 문화

조직은 효과적인 서비스 문화를 개발하고 이를 유지하기 위해 노력해야
한다.

리츠칼튼 호텔은 그들의 호텔운영에 있어 전사적 품질관리TQM 개념을 효과적
으로 적용하였다. 이 리츠칼튼의 사례는 TQM의 핵심개념과 원칙이 호텔과 여행
기업에 어떻게 사용될 수 있는지를 소개한다. 미국의 품질대상인 밸드리지국가품
질대상BNQA: The Baldridge National Quality Award은 미국표준기술위원회NIST: National Institute of
Standards and Technology에 의해 개발되었다. 리츠칼튼 호텔은 이 상을 서로 다른 시기
에 두 번이나 수상한 바 있다.

서비스품질을 관리하는 프로그램으로 이러한 TQM과는 다른 접근방식들이 있
다. 여기에는 ISO국제표준기구: International Organization for Standards 9000-9001 인증certification
이 포함된다. ISO 9000은 서비스기업의 품질관리시스템에 대한 독립적 평가와 자
격을 위한 요건과 관련 정의, 지침, 표준 등을 제시한다. 이 ISO 9000 표준은 다음
의 8가지 원칙을 토대로 하고 있다.

1. 고객 지향   기업은 그들의 고객에 집중한다. 그러므로 현재와 미래 고객
   욕구를 이해하고, 이를 만족시켜야 하며, 고객의 기대를 초월하기 위해 노력
   해야 한다.

2. 리더십   리더는 목표를 통합하고 조직의 방향을 제시한다. 리더는 조직구
   성원들이 조직의 목표를 달성하는 데 전적으로 전념할 수 있도록 내부환경
   을 조성하고 유지해야 한다.

3. 조직구성원 참여   조직의 전 구성원들은 조직의 기반이고, 그들의 헌신적
   인 참여와 역량은 조직의 목표를 위해 사용한다.

4. 과정적 접근process approach   관련 활동과 자원이 하나의 과정으로 관리될 때
   바람직한 결과가 더 효율적으로 달성된다.

5. 관리를 위한 시스템적 접근   서로 연관된 과정을 하나의 시스템으로 파악
   하고, 이해하며, 관리하는 것은 조직이 그들의 목표를 효과적이고 효율적으
   로 달성하도록 하는 데 기여한다.

6. 지속적 개선　　조직의 전반적인 성과를 지속적으로 개선하고자 하는 노력은 조직의 영구적 목표가 되어야 한다.

7. 객관적 사실에 기반한 의사결정Factual Approach to Decision Making　　효과적인 의사결정은 자료와 정보의 분석에 그 기반을 두고 있다.

8. 상호 호혜적인 대공급자 관계Mutually Beneficial Supplier Relationship　　조직과 그들의 공급업체 간에는 서로 연관이 있으며, 상호 혜택을 추구하는 관계는 양자 모두에게 가치를 창조하는 능력을 증진시켜 준다.

ISO 9001-2008은 조직의 품질관리시스템이 ISO 9000 시스템의 기준을 충족시키도록 하는 구체적인 표준과 요건을 정해 놓은 것이다.

고객코드Customer Codes 및 보증Guarantees

Ritz-Carlton 호텔의 경우, 분명한 교훈은 기업이 서비스기준을 수립하면 명확하게 문서화하는 것이 중요하다는 것이다. 환대 및 여행 기업은 이를 위해 고객코드customer code와 고객보증customer guarantee제도를 이용할 수 있고, 이것이 무엇인지, 그리고 그 가치는 어느 정도인지를 이해할 수 있는 좋은 예가 있다.

1. Delta Hotels, Canada　　Delta Hotel은 그들이 가지고 있는 'Great Meeting Guaranteed' 프로그램을 통해, 전화문의에 대한 응답시간, 회의장 준비, 시청각 기자재, 가벼운 다과를 겸한 휴식, 회의 소모품 등에 대한 명확한 기준을 구체적으로 제시하고 있다.

2. Hampton Inn, USA　　Hamptons 호텔의 '100% Satisfaction Guarantee' 프로그램은 1989년 시작된 것으로, "만약 당신이 완전히 만족하지 못했다면, 요금을 받지 않겠다."라는 파격적인 서비스보증 정책을 의미한다.

3. Southwest Airlines, USA　　Southwest 항공은 'Southwest Airlines Customer Service Commitment'를 개발하였고, 온라인상에서도 이를 인식하고 이용할 수 있도록 하였다. Southwest 항공은 이를 통해 기업의 사명기술서mission state-

ment와 항공사에 있어서 고객만족의 중요성을 분명히 보여주고 있다.

4. **스위스 관광품질인증**Swiss Tourism Quality Label, **스위스**　　스위스관광협회는 스위스 관광품질인증 프로그램을 관리한다. 소위 Q-Label로 칭하는 이 인증 프로그램은 3단계로 취득될 수 있다. 1단계는 서비스품질에 초점을 맞추고 있으며, 2단계는 관리품질, 3단계는 가장 높은 단계로 품질관리시스템QMS: Quality Management System을 적용하는 기업에 해당된다.

5. **홍콩관광청**HKTB: Hong Kong Tourism Board**의 관광서비스품질인증**Quality Tourism Services(QTS) Scheme, **홍콩**　　홍콩관광청에 의해 운영되는 이 품질인증제는 레스토랑과 숙박업체, 소매점을 대상으로 한다. HKTB에 따르면, QTS 인증을 받기 위해서는 매년 1년 단위로 매우 엄격한 심사과정을 거쳐야 하며, 해당 기업이 제품품질과 서비스에 있어 매우 높은 수준의 품질을 가지고 있음을 보여주어야 한다.

고객코드와 보증은 기업과 고객 모두에게 혜택을 가져다 줄 수 있다. 기업이 그들의 서비스 약속을 문서화하는 것은 그들이 제공하는 서비스에 대해 고객이 무엇을 기대하도록 하는지를 명확히 해 줄 수 있기 때문에, 고객과의 의사소통에 있어 매우 중요하다. 직원들이 고객에게 서비스를 제공할 때 어떻게 해야 하는지에 대한 분명한 지침을 심어주는 것이 중요하며, 이는 한편으로 직원과 고객 사이의 서비스 계약이 될 수 있다.

이러한 코드와 보증에 대해 회의적으로 생각하는 사람들이 있을 수도 있다. 왜냐하면, 어떠한 보증도 잘못될 소지는 있기 때문이다. 이 모든 약속은 사람에 의해 이행되며, 사람의 행동은 다양하게 나타날 수 있기 때문이다. 기업은 고객 지향적인 직원을 선발하여 적응과 훈련을 시키고, 적절한 동기를 부여해야 하며, 그들의 권한을 강화시켜야 한다.

직원Employees : 서비스품질을 위한 내부 고객 관리

서비스품질을 개선하고자 하는 환대 및 여행 기업은 서비스를 제공하는 직원에게 주 초점을 맞추게 되며, 이를 내부 마케팅internal marketing이라고도 한다. 이를 위

해서는 조직의 독특한 문화와 포지셔닝, 운영방식에 적합한 최상의 직원들을 선발하여 적응, 훈련시키고, 동기부여와 보상을 해주며, 권한을 강화시켜주는 체계적인 인적 자원관리 프로그램을 개발하여야 한다. 조직은 모든 직원들이 행동과 용모에 관한 규정을 철저히 준수하도록 한다.

직원선발Selection, 오리엔테이션Orientation, 훈련Training

환대 및 여행 기업의 직원은 조직의 서비스품질 제고노력에 기여해야 한다. 기업이 서비스품질을 유지하고 개선하는 것은 먼저 신입직원을 고용하는 것에서 시작한다. 성공한 서비스기업은 다음과 같은 특성을 지닌 사람들을 고용하는 것이 바람직하다.

1. 강력한 대인관계 기술
2. 행동의 융통성
3. 공감대 형성

최고의 서비스직원은 예절, 의사소통, 고객의 욕구에 대한 응답, 현명한 판단, 팀워크 등 우수한 고객접대 기술을 가지고 있어야 한다. 신입직원에게 개인 신상목록을 작성하도록 할 수도 있지만, 더 확실하게 신입직원을 평가할 수 있는 방법 중 하나는 비디오를 통해 대고객 서비스 상황에서 문제가 발생했을 때 이에 대한 대처능력을 신중히 평가하는 것이다.

어떠한 방법을 선택하든지 성공한 서비스기업은 최고의 직원들을 뽑기 위해 많은 노력을 기울인다. 일례로, Ritz-Carlton Hotel은 4년여에 걸친 준비를 통해 신입직원을 고용하기 위한 'Targeted Selection Process'를 개발한 바 있다. 이는 기업의 각 포지션별로 최고의 직원이 가지고 있는 특징을 토대로 기업 내 모든 포지션에 대한 개인프로파일을 구축하는 것이다. 일반적으로 이러한 특징들은 예의, 친절한 성격, 긍정적 태도, 일과 업무 환경에 대한 소속감 및 헌신 등의 내용을 포함하고 있다. 이러한 개발과정을 통해 서면으로 된 면접지침이 만들어지고, 직원들은 이에 따라 체계적인 면접을 보게 된다.

선천적으로 서비스 지향적인 행동을 하는 사람도 있지만, 최상의 오리엔테이션

과 훈련 프로그램을 통해 이를 연마해야 하는 경우가 많다. Disney社의 신입직원을 위한 오리엔테이션과 훈련 프로그램은 관련 업계에서도 가장 높게 평가받는 것 중 하나이다. 모든 직원들은 하루 동안 Disney University에서 열리는 'Traditions'라는 모임에 참석해야 하고, Disney社는 이 프로그램을 통해 Disney의 경영과 고객 서비스 철학을 전달한다. Ritz-Carlton Hotel의 신입직원들은 이틀 동안 회사의 철학과 서비스품질 기준에 대한 오리엔테이션을 받으며, 이러한 프로그램은 조직 내 서비스품질 문화의 구축과 이의 효과적인 커뮤니케이션에 있어 핵심 역할을 하게 된다.

훈련Training은 서비스 지향적인 직원을 만들기 위해서 선발, 오리엔테이션과 함께 중요한 것이다. 대부분의 전문가들은 며칠 또는 몇 주간에 걸쳐 OJTOn-the-Job Training를 실시하는 것이 적절하다는 데 동의한다. 하지만 이것이 신입직원을 깊은 수영장으로 던져 넣고, 가라앉거나 헤엄쳐 나오라는 식의 위험을 무릅쓴 훈련을 의미하는 것은 아니다. Ritz-Carlton Hotel에서는 각 직원이 회사의 품질기준에 관한 훈련을 적어도 120시간은 받도록 하고 있다.

직원에 대한 동기부여Motivating 및 유지Retaining

서비스 지향적인 직원들에 대한 동기부여는 기업 내 중요한 요소이며, 다음은 이러한 동기부여를 위해 사용될 수 있는 기법들이다.

1. 직원들과의 정기적인 의사소통   일례로, 대부분의 기업에는 사내지newsletter가 있다.

2. 직원들에 대한 칭찬과 보상   직원들 스스로 본인들이 중요한 존재라고 느낄 수 있도록 해야 한다. 많은 기업들이 '이 달의 직원employee-of-the-month'상을 시행하고 있다.

3. 직원을 위한 분명한 목표와 성과 기준 제시

4. 승진 기회를 명확히 알림   성공한 기업들은 직원들에게 그들이 어떻게 하면 조직에서 성공하고 성취할 수 있는지 명확하게 제시하고 있다.

5. 정직하고 개방적이며 직원들의 말에 귀를 기울이는 관리자

6. 직원들에게 전형적인 고객은 무엇을 기대하는지 명확히 알림

직원의 권한 강화

불만고객이 환대 및 여행 기업에게 어떠한 가치가 있겠는가? 아마도 아주 중요한 가치를 가질 수도 있을 것이다. 불만족한 고객들은 대개는 다시 방문하지 않으며, 자신들의 부정적인 경험을 다른 사람에게 전할 수 있다. 그러므로 잠재적으로 불만을 가진 고객들을 만족하도록 만드는 것은 환대 및 여행 기업에 있어서는 매우 중요한 도전이다. 고객을 만족시키기 위해 직원들의 권한을 강화시키는 것은 서비스기업이 할 수 있는 가장 강력한 수단 중 하나로 여겨진다. 권한 강화empowerment는 고객이 느끼는 문제점과 불만을 현장에서 바로 확인하고 해결하며, 이를 위한 업무과정을 개선할 수 있는 권한을 직원들 스스로에게 주는 것이다. 여러분은 서비스조직의 직원들로부터 '죄송하지만, 그것은 제 일이 아닙니다.', '담당자에게 전달하도록 하겠습니다.', '죄송하지만 회사 방침이 그렇습니다.' '죄송하지만, 제공되는 서비스 자체가 원래 그렇습니다.'라는 식의 대답을 몇 번이나 들어보았는가? 직원들의 권한을 효과적으로 강화한 서비스기업에서는 이러한 변명을 듣지 않아도 될 것이다. 직원의 권한 강화는 조직 내 의사결정을 효과적으로 책임 분산시키고, 고객들에게 직접 서비스를 제공하는 일선 직원이 보다 큰 힘을 갖도록 조직구도를 수평화시킨다. 권한 강화는 관리자가 부하직원들에게 보다 큰 믿음을 가지고, 그들의 판단을 존중해야 함을 의미한다. Ritz-Carlton 호텔은 직원이 불만을 가진 고객을 만족시키기 위해 $2,000까지 사용할 수 있도록 하고 있다. 직원들은 고객을 만족시키기 위해 더 큰 힘을 얻었기 때문에 고객의 문제와 불만을 자기의 해결과제로 생각할 수 있다. 이것은 만약 고객이 자신이 겪고 있는 문제를 직원에게 말할 경우, 비록 그 문제가 조직의 다른 부서에서 발생하였다 하더라도 해당 고객의 만족을 위해 그 문제를 해결하는 행동을 취하도록 한다.

직원 행동, 외모, 유니폼

Disney社와 McDonald's 같은 앞서가는 기업들의 두드러진 특징은 무엇일까? 만약, 직원의 태도, 행동, 외모, 유니폼 등에 있다고 생각한다면 정확하게 판단했다고 볼 수 있다. 그들은 직원들에게 많은 시간과 노력을 투자하기 때문에 최고의 자리를 지킨다. 심지어 Disney社는 'Disney Look'이라는 모토를 가지고 있으며,

이것은 신입직원들을 위한 특별 책자에도 나타나 있다. 다음 인용문은 Disney 테마파크에서 Disney 직원들의 중요성을 강조하고 있는 예이다.

"Disney Look은 Disneyland Park와 Walt Disney World Resort에서 중요한 부분을 차지한다. 우리 Cast Members의 테마가 있는 복장과 외모는 전 세계 사람들로부터 찬사와 인정을 받아왔다."

다음은 이 두 회사의 설립자들로부터 인용한 문구이다.

> "경쟁에서 싸우는 나의 방식은 긍정적인 접근이다. 강점을 강조하고 품질Quality, 서비스Service, 청결Cleanliness과 가치Value를 강조하라.Q.S.C.V 그러면 경쟁상대가 너에게 뒤지지 않으려 하다가 그 경쟁 자체가 아예 없어져 버릴 것이다.McDonald's의 Ray Kroc"

> "여러분들은 세상에서 가장 아름다운 곳을 꿈꾸고 창조하며 설계하고 지을 수 있다. 그러나 그 꿈을 실현시키기 위해서는 사람이 필요하다.Walt Disney"

이런 기업들은 직원들의 모습이 회사에 대해 고객이 갖는 이미지를 한껏 높일 수 있다는 것을 깨닫고 있다. 관리자와 보이지 않는 곳에서 일하는 사람들은 어떠한가? 접시 닦는 사람, 요리사, 기계공, 청소 작업원, 경리 사무원과 다른 백오피스 부서 직원들은 고객들에게 보이지 않기 때문에 상품의 일부로 볼 수 없는 것인가? 답은 관리자나 비일선직원들도 분명히 서비스품질을 위한 팀의 일부라는 것이다. 유능한 관리자는 외부와 격리된 채 자기 사무실에 앉아 대부분의 시간을 보내지는 않는다. 그들은 고객을 맞이하고 고객이 기대하고 원하는 것을 제공하는 서비스품질 팀의 일부가 되어야 할 필요성을 인식하고 있다.

마케팅 계획은 직원과 관리 프로그램보다는 촉진, 가격, 유통 활동 등에 의지하는 경향이 있다. 이러한 접근은 인적 요소가 조직의 판매와 이익에 미치는 강력한 긍정적(혹은 부정적) 영향을 간과하고 있기 때문에 심각한 실수를 초래할 수 있다. 마케팅 계획은 다음 사항들을 구체화하여야 한다.

1. 직원 유니폼의 개선 및 변화
2. 직원의 복리후생제도
3. 직원에 대한 인센티브 프로그램
4. 판매 훈련 프로그램
5. 마케팅계획 목표와 활동에 대한 오리엔테이션

6. 마케팅과정과 결과에 대한 커뮤니케이션

7. 그외 내부 마케팅 프로그램과 활동

모든 환대 및 여행 기업들은 직원의 품질에 대해 관심을 가져야 한다. 특히, 관광목적지마케팅조직Destination Marketing Organization: DMOs은 자체적으로는 제한된 수의 직원들을 고용하고, 해당 목적지 내 환대 및 여행 기업에서 일하는 직원들의 서비스에 의존하기 때문에 직원들의 품질관리에 많은 어려움을 겪는다. 다수의 DMO들은 자체 직원들과 그 지역의 환대 및 여행 기업 직원들을 위한 환대·서비스 훈련 프로그램을 개발하고 있다.

서비스품질의 측정

고객의 긍정적 경험을 유도하도록 서비스품질을 개선하기 위한 많은 기법들이 개발되어 왔지만, 서비스품질 자체의 측정은 1980년대 중반 Parasuraman, Zeithaml, Berry의 연구를 통해 서비스품질을 측정하는 SERVQUAL이라는 방법으로 소개된 바 있다. 이들은 고객들이 해당 서비스를 제공하는 동종 기업들에 대해 일반적으로 기대하는 서비스와 이를 제공하는 특정 회사의 성과를 비교한 것을 토대로, 특정 회사의 서비스 품질에 대한 고객의 지각perception을 서비스품질Service Quality로 정의하였다. SERVQUAL은 고객의 기대와 지각 측정을 위해 다음의 5가지 척도를 이용한다.

1. 유형성Tangibles   물리적 시설, 설비, 비품, 직원의 외모

2. 신뢰성Reliability   믿을 수 있도록 정확하게 서비스를 수행하는 능력

3. 반응성Responsiveness   자발적으로 고객을 돕고, 즉각적인 서비스를 제공하고자 하는 직원의 의지

4. 확신성Assurance   서비스에 대한 지식과 공손함, 고객에게 신뢰와 확신을 심어주는 능력

5. 공감성Empathy   고객들에게 제공하는 보살핌과 마음에서 우러나오는 진실된 관심 정도

원래 SERVQUAL 모형에서는 7가지 요인(능력, 접근, 예의, 의사소통, 신용, 안전, 지식)을 포함하였는데, 이 요인들이 확신성assurance과 공감성empathy에 포함되었다. 관련 연구조사에 따르면, 고객에 의한 서비스품질 기대치의 상대적 순위는 신뢰성이 가장 중요한 것으로 나타났고, 확신성, 유형성, 반응성, 공감성의 순으로 나타났다.

SERVQUAL은 이를 위해 특별히 고안된 설문지를 통해 측정하게 되는데, 보통 고객들이 직접 설문지에 기입을 한다. 질문지는 5가지 서비스 척도를 반영하는 22개 항목으로 이루어져 있다. 고객들은 '전혀 동의하지 않음strongly disagree', 매우 동의함strongly agree이라는 라벨이 붙여진 척도를 이용하여 22개 문항에 대한 그들의 기대expectation 정도와 지각perception 정도를 평가한다. 예를 들어, 유형성Tangibles 척도의 경우, 기대치 문장 중 하나는 "직원은 잘 차려입고 단정해야 한다."이다. 그리고 이와 대등한 인지도 진술문은 "ABC 기업의 직원은 잘 차려입고 단정해 보인다."이다. 이 5가지 서비스 척도 각각의 진술문 모두에 대한 점수는 인지도 평균값에서 기대치 평균값을 뺀 것으로 지각된 품질점수perceived quality score로 계산된다. 다시 말하면, 지각된 서비스품질은 특정한 환대 및 여행 기업에 의해 제공된 서비스품질과 고객이 일반적으로 받고자 기대하는 서비스품질 사이의 차이이다.

서비스품질SERVICE QUALITY = 인지도PERCEPTIONS – 기대치EXPECTATIONS

서비스품질을 측정하는 또 다른 방법은 고객과 서비스 제공자 사이의 서비스접점Service Encounter에서 발생하는 호의적인 사건과 비호의적인 사건을 규명하는 것이다. 서비스접점은 직원이 직접적으로 서비스를 통하여 고객과 만나고 상호작용하는 순간을 의미한다. 이와 관련하여 Bitner, Booms, Tetreault는 12가지 종류의 호의적, 비호의적인 사건들을 규명하기 위해, 항공사, 호텔, 레스토랑 고객들의 사건 사례를 이용하였다. 이 사건들을 서비스 실패에 대한 직원의 반응(불평이나 실망에 어떻게 반응하는지), 고객 요구와 요청에 대한 직원의 반응, 자발적인 행동으로 분류하였다. 첫째는 제공되지 않은 서비스, 늦은 서비스, 핵심 서비스의 실패에 직원이 어떻게 반응하는지를 나타낸다. 둘째는 고객의 요구, 특별한 고객들(일례로, 언어의 어려움을 가진 고객)의 요구, 고객 선호도, 고객의 실수나 혼란 야기 등에 대한 반응을 포함한다. 셋째는 고객에 대한 관심과 직원의 평범하지 않은 행동, 문화적 규범에서 본 직원의 행동 등을 포함한다.

환대 및 여행 기업은 서비스품질을 정기적으로 점검해 보아야 한다. 고객서비스평가척도Customer Service Assessment Scale는 제공된 서비스의 수준을 평가하는 데 사용될 수 있다. 이 척도는 다음과 같이 3가지 서로 다른 방법으로 적용될 수 있다.

1. 자기 평가Self-Assessment   직원들과 상사는 척도에 따라 그들 스스로를 평가한다.

2. 관리자 평가Managers' Assessment   관리자는 직원과 상사 개개인에 대한 평가를 수행한다.

3. 그룹 분석Group Analysis   관리자, 상사, 직원들로 구성된 그룹이 공동으로 평가를 수행한다.

호텔과 레스토랑에서 흔히 볼 수 있는 고객평가카드는 서비스품질에 대한 고객만족을 평가하는 데 부정확할 수 있다는 비판을 받아왔으며, 여러 기업들은 이를 보완하기 위해 고객들을 대상으로 하는 대규모 조사를 시행하고 있다. Marriott 호텔은 고객들을 무작위로 뽑아 고객에게 설문지를 보내고 있으며, Ritz-Carlton 호텔도 이와 같은 방식으로 매년 25,000여명에 대한 설문조사를 실시하고 있다.

관계 마케팅Relationship Marketing

과거에는 환대 및 여행 마케터들이 새로운 고객 창출을 가장 중요하게 생각했으나, 최근에는 현재와 과거 고객들과의 긴밀한 관계 구축에 보다 큰 관심이 모아지고 있다. 대부분의 마케터들은 새로운 고객을 유치하는 비용보다는 기존 고객을 재방문하도록 유도하는 비용이 더 적게 든다는 사실을 알고 있다. 이는 관계 마케팅relationship marketing, 혹은 고객과의 장기적 관계 구축과 유지, 강화라는 기본 개념에서 출발하며, 고객을 단순히 수적인 의미에서보다 하나 하나 개인으로 대해야 한다는 것을 의미한다. 고객생애가치Lifetime Value, LTV도 이러한 관점에서 개인 고객에게 장기간 관심을 가지면서 고객의 한 번 구매로 끝나는 것이 아니라 평생 동안 가능한 고객 구매를 기업자산화하고 이를 관리하고자 하는 것을 의미한다.

관계 마케팅의 근본적인 목적은 고객충성도 제고이며, 이는 환대 및 여행 기업의 고객들이 이용빈도와 구전word of mouth에 의해 영향을 받을 수 있다는 점을 고려할 때, 더욱 중요한 요소로 자리 잡는다. 모든 관계 마케팅 노력의 핵심 성과는 개인 고객이 해당 기업과 담당 직원을 특별하다고 느낄 수 있도록 하고, 기업이 그들에게 지대한 관심을 보인다고 믿도록 하는 것이다. 기업은 다음과 같은 절차를 통해 이러한 개별화individualization 또는 고객 맞춤화customization를 시행할 수 있다.

1. 서비스 접점service encounter 관리   고객명, 선호사항 등에 대한 사전지식을 통해 개별적으로 고객을 대하도록 한다.

2. 인센티브 제공   고객들에게 상용고객우대 프로그램frequent-guest program과 같은 인센티브를 제공한다.

3. 특별한 서비스 제공   최고경영자라운지executive floor/lounge가 있는 객실을 제공한다든지, 항공사클럽 라운지 멤버십, 개인 화물번호표 등과 같은 특별 서비스를 제공한다.

4. 장기사용고객을 위한 가격차별화   재방문 고객에게 특별 가격 혹은 할인혜택을 제공한다.(⊞ 테마파크, 박물관, 동물원 등)

5. 고객 데이터베이스 유지   개별 고객에 대한 데이터베이스를 구축, 관리한다. (⊞ 과거 구매기록, 선호도, 인구통계 특성 등)

6. 직접매체를 통한 고객과의 의사소통   고객과의 직접적인 의사소통을 위해 우편이나 사보와 같은 매체를 이용한다.

Ritz-Carlton 호텔의 경우, 수많은 재방문 고객들의 정보를 전산화하여 고객 개개인의 선호도와 상세한 정보를 기록, 저장하고, 직원들이 이러한 고객정보를 통해 개별고객 맞춤서비스를 제공할 수 있도록 한다. 고객이 다른 지역의 Ritz-Carlton 호텔을 방문할 때에도 고객 데이터베이스의 상호 연계를 통해 그 지역의 직원들은 벌써 고객들이 무엇을 좋아하고 싫어하는지를 알고 있다. 많은 카지노들도 고객의 도박 습관뿐 아니라 고객의 개별적인 선호도에 대한 데이터베이스를 가지고 고객을 대하고 있다.

고객 믹스Customer Mix

환대 및 여행 기업에서 인적 요소와 관련된 가장 중요한 의사결정 중 하나가 고객 믹스이다. 고객 믹스는 환대 및 여행 기업을 이용하거나 관심을 가지고 있는 고객들의 결합을 의미한다. 고객 믹스는 시장세분화와 관련된 개념으로, 고객들이 환대 및 여행 기업의 서비스를 이용할 때 고객들 사이에서 발생하는 상호작용을 의미한다. 환대 및 여행 기업을 이용하는 고객들은 잠재 고객들이 가지는 해당 기업의 이미지에 영향을 미칠 수 있다. 고객은 다른 고객의 행동뿐만 아니라 다른 고객들이 경험하게 되는 서비스품질에도 영향을 미치게 된다. 개인 고객들의 행동(소리를 지르거나, 무례하게 굴고, 담배를 피우고, 술에 취한 고객)은 다른 고객들에게 불편을 끼치거나 때로는 공격적일 수 있고, 전체적인 고객만족도 수준을 낮출 수도 있다. 반대로 매우 사려 깊고, 친절한 고객은 다른 고객들의 서비스 경험에 따른 만족도를 높일 수도 있다.

결론

고객guests과 직원hosts 간의 상호작용은 마케팅 성공에 큰 영향을 미칠 수 있다. 특히, 기업의 성공요소는 서비스 품질과 인적 자원관리에 있다. 환대 및 여행 기업은 업무에 적합한 교육훈련과 고객의 문제점, 불평을 해결할 수 있는 권한을 직원에게 부여해 주며, 다양한 기술들을 활용해서 지속적으로 그들의 서비스품질을 측정하여야 한다. 모든 환대 및 여행 기업에서 관계 마케팅 개념을 적용하는 것은 필수적이다. 고객이 스스로 특별하다고 느낄 수 있게 하는 맞춤화된 프로그램을 통해 장기적인 충성고객을 유도할 수 있다. 기업의 고객 믹스는 조직의 이미지와 개인 고객이 경험하는 서비스품질 모두에 영향을 미칠 수 있다. 기업의 이윤추구뿐 아니라 고객만족의 극대화를 추구하기 위해 고객 믹스의 관리는 매우 필요하다.

CHAPTER
ASSIGNMENTS

학습과제

1. 만약 당신이 그다지 좋지 않은 평판을 가진 호텔이나 레스토랑, 여행사, 항공사, 또는 다른 환대 및 여행 기업에 고용되었다고 하자. 당신은 서비스 오리엔테이션의 수준을 높이고, 슈퍼바이저와 다른 직원들의 서비스품질을 향상시키는 일을 맡고 있다. 당신은 이러한 직무목표를 달성하기 위해서 어떠한 과정을 밟을 것인가? 이와 관련하여 성공한 기업의 사례를 들어보고, 두 가지 이상의 창의적인 자신만의 생각을 제시해 보시오.

2. 기업에서 당신의 상사가 서비스품질을 측정하기 위한 프로그램을 개발하라고 한다. 어떠한 방법을 추천하겠는가? 상사에게 당신의 계획에 대한 설명과 어떻게 수행할 것인지에 대한 보고서를 작성해 보시오.

3. 특정한 환대 및 여행 기업을 선택하여, 그 기업을 위한 관계 마케팅 프로그램을 어떻게 개발할 것인지 설명해 보시오. 재방문고객들은 어떻게 유인하겠는가? 재방문고객들에게 어떤 특별 옵션이나 서비스를 제공할 것인가? 어떤 종류의 데이터베이스를 구축하고, 어떠한 방법을 통해 이들을 유지할 것인가? 과거 고객들과는 어떻게 의사소통을 할 것인가?

4. 특정 환대 및 여행 기업을 하나 정하고, 이를 대상으로 고객 믹스Customer Mix 개념의 중요성을 기술해 보시오. 고객유형이 기업이미지에 어떻게 영향을 미치는지, 그리고, 고객의 서비스경험이 어떻게 그들의 만족감을 높이거나 낮출 수 있는지에 대해 설명해 보시오. 고객 믹스를 보다 효과적으로 운영하기 위한 당신의 건설적인 의견을 제시해 보시오.

REFERENCES

참고문헌

1. Lytle, Richard S., and John E. Timmerman. 2006. "Service orientation and performance: an organizational perspective." *Journal of Services Marketing*, 20(2), 136-147.

2. Younger Jay, and Wes Trochill. 2007. *Customers at the Core. Association Management*, accessed June 25, 2007.

3. Disney. 2007. *The Disney Institute*, http://www.disneyinstitute.com/quality/quality-service-brief.cfm, accessed June 24, 2007.

4. Singapore Airlines. 2007. *Celebrating 60 years in 2007*, https://60years. singaporeair.com/global_icon.asp, accessed June 27, 2007.

5. Chan, Daniel. 2000. "The story of Singapore Airlines and the Singapore Girl." *Journal of Management Development*, 19(6), 456-472.

6. Marriott International. 2007. *Core Values*, http://www.marriott.com/corporateinfo/culture/coreValues.mi, accessed June 27, 2007.

7. Blackwell, Roger D., Paul W. Miniard, and James F. Engel. 2006. *Consumer Behavior*, 10th ed. Mason, Ohio: Thomson South-Western, 742.

8. Schneider, Benjamin, and David E. Bowen. 1999. "Understanding Customer Delight and Outrage." *MIT Sloan Management Review*, 41(1), 35-45.

9. Torres, Edwin N., and Sheryl Kline. 2006. "From satisfaction to delight: a model for the hotel industry." *International Journal of Contemporary Hospitality Management*, 18(4), 290-301.

10. Mill, Robert Christie, and Alastair M. Morrison. 2006. *The Tourism System*. Dubuque, Iowa: Kendall/Hunt Publishing Company, 30.

11. Albrecht, Karl, and Ron Zemke. 2001. 2nd ed. *Service America in the New Economy*. Columbus, Ohio: McGraw-Hill Companies.

12. Lovelock, Christopher, and Jochen Wirtz. 2007. *Services Marketing. People, Technology, Strategy*. 6th edition. Upper Saddle River, N.J.: Pearson Prentice Hall, 417.

13. American Society for Quality. 2007. *Glossary*, http://www.asq.org/glossary/index.html, accessed June 22, 2007.

14. Dahlgaard, Jens J., Kai Kristensen, and Ghopal K. Khanji. 2005. *Fundamentals of Total Quality Management*. Cheltenham, England: Nelson Thornes Ltd.

15. Tari, Juan Jose. 2005. "Components of Successful Total Quality Management." *The TQM Magazine*, 17(2), 182-194.

16. Sureshchandar, G.S., Chandrasekharan Rajendran, and R. N. Anantharaman. 2001. "A Holistic Model of Total Quality Service." *International Journal of Service Industry Management*, 12 (3/4), 378-412.

17. Andersson, Roy, Henrik Eriksson, and Hakan Torstensson. 2006. "Similarities and Differences between TQM, Six Sigma, and Lean." *The TQM Magazine*, 18(3), 282-296.

18. Lovelock, Christopher, and Jochen Wirtz. 2007. *Services Marketing. People, Technology, Strategy*. 6th edition. Upper Saddle River, N.J.: Pearson Prentice Hall, 442-444.

19. International Organization for Standardization (ISO). 2007. *Quality management principles*, http://www.iso.org/iso/en/iso9000-14000/understand/qmp.html, accessed June 17, 2007.

20. Delta Hotels & Resorts. 2007. *Meetings & Groups*, http://www.deltahotels.com/en/meetings/ourpromise.html, accessed June 24, 2007.

21. Hilton Hospitality, Inc. 2007. *About Hampton®*, http://hamptoninn.hilton.com/en/hp/brand/about.jhtml, accessed June 23, 2007.

22. Swiss Tourism Federation. 2007. *The Q-Label*, http://www.qualityour-passion. ch/index.cfm/fuseaction/show/path/1-430-646.htm, accessed June 23, 2007.

23. Koch, Karl. 2004. *Quality Offensive in Swiss Tourism*. Vilnius, Lithuania: World Tourism Organization.

24. Hong Kong Tourism Board. 2007. *Quality Tourism Services Scheme*, http://www. discoverhongkong.com/eng/mustknow/qts/index.jhtml, accessed June 23, 2007.

25. Tanke, Mary L. 2001. *Human Resources Management for the Hospitality Industry*. 2nd ed. Albany, New York: Delmar Thomson Learning, 4.

26. Nickson, D., Chris Warhurst, and Eli Dutton. 2005. "The importance of attitude and appearance in the service encounter in retail and hospitality." *Managing Service Quality*, 15(2), 195-208.

27. The Myers & Briggs Foundation. 2007. *The MBTI Instrument® for Life*, http:// www.myersbriggs.org/, accessed June 22, 2007.

28. Silva, Paula. 2006. "Effects of disposition on hospitality employee job satisfaction and commitment." *International Journal of Contemporary Hospitality Management*, 18(4), 317-328.

29. Anonymous. 2004. "Delighted, returning customers: service the Ritz-Carlton way." *Strategic Direction*, 20(11), 7-9.

30. Moretti, Denise. 2006. *Corporate Orientation Programs: Retaining Great People Begins Before Day One*, http://www.hospitalitynet.org/news/4028387.print, accessed June 22, 2007.

31. Nobles, Harry, and Cheryl Thompson Griggs. 2003. *New Employee Orientation: Necessity or Luxury*? http://www.hotel-online.com/News/PR2003_3rd/Jul03_ Orientation.html, accessed June 22, 2007.

32. The Ritz-Carlton Company. 2007. *Career FAQs*, http://corporate.ritzcarlton. com/en/Careers/FAQs.htm, accessed June 23, 2007.

33. Starbucks Coffee. 2006. *Career Center*, http://www.starbucks.com/aboutus/job-center.asp, accessed June 26, 2007.

34. Lashley, Conrad. 1995. "Towards an understanding of employee empowerment in hospitality services." *International Journal of Contemporary Hospitality Management*, 7(1), 27-32.

35. Partlow, Charles G. 1993. "How Ritz-Carlton applies TQM." *Cornell Hotel and Restaurant Administration Quarterly*, 34 (4), 23.

36. Lashley, Conrad. 1995. "Towards an understanding of employee empowerment in hospitality services." *International Journal of Contemporary Hospitality Management*, 7(1), 27-32.

37. American Marketing Association. 2007. *Dictionary of Marketing Terms*, http:// www.marketingpower.com/mg-dictionary.php, accessed June 22, 2007.

38. Drake, Susan M., Michelle J. Gulman, and Sarah M. Roberts. 2005. *Light Their Fire. Using Internal Marketing to Ignite Employee Performance and Wow Your Customers*. Chicago, Illinois: Dearborn Trade Publishing.

39. Forum for People Performance Management and Measurement. 2007. *The Six Characteristics of Highly Effective Internal Marketing Programs*, http://www.performanceforum.org/fileadmin/pdf/internal_marketing_best_practice_study.pdf, accessed June 24, 2007.

40. Lovelock, Christopher, and Jochen Wirtz. 2007. *Services Marketing. People, Technology, Strategy*. 6th edition. Upper Saddle River, N.J.: Pearson Prentice Hall, 402-422.

41. Kotler, Philip, and Kevin Lane Keller. 2006. *Marketing Management*. 12th ed. Upper Saddle River, N.J.: Pearson Prentice Hall, 382-383.

42. Lovelock, Christopher, and Jochen Wirtz. 2007. *Services Marketing. People, Technology, Strategy*. 6th edition. Upper Saddle River, N.J.: Pearson Prentice Hall, 424-425.

43. Mystery Shopping Providers Association. 2007. *Types and terminology of mystery shopping*, http://www.mysteryshop.org/searchmspa/#2, accessed June 23, 2007.

44. American Marketing Association. 2007. *Dictionary of Marketing Terms*, http://www.marketingpower.com/mg-dictionary.php, accessed June 26, 2007.

45. Yang, Amoy X. 2005. "Using lifetime value to gain long-term profitability." *Database Marketing & Customer Strategy Management*, 12(2), 142-152.

46. Lee, Jonathan, Janghyuk Lee, and Lawrence Feick. 2006. "Incorporating word-of-mouth effects in estimating customer lifetime value." *Database Marketing & Customer Strategy Management*, 14(1), 29-39.

47. Travel Weekly. 2006. *2006 Consumer Trends*, 7.

48. Travel Weekly. 2008. *2008 Consumer Trends*, 7.

12

우리는 어떻게 도달할 것인가?

패키징과 프로그래밍

이 장을 읽고 난 후

목표

» 패키징과 프로그래밍을 정의할 수 있다.
» 패키징과 프로그래밍 간의 관계를 설명할 수 있다.
» 환대 및 여행 산업에서 패키지와 프로그램의 중요도가 커지는 이유를 제시할 수 있다.
» 환대 및 여행 서비스 마케팅에서 패키징과 프로그래밍의 5가지 핵심 역할을 설명할 수 있다.
» 유통채널에서 개발된 패키지와 다른 패키지의 차이점을 설명할 수 있다.
» 패키지를 분류하는 네 가지 방법을 기술할 수 있다.
» 동적 패키징의 개념과 장점을 설명할 수 있다.
» 효과적인 패키지 개발단계를 기술할 수 있다.
» 가격 패키지에 이용되는 절차를 설명할 수 있다.

개요

환대 및 여행 상품은 다른 서비스 상품과 마찬가지로 소멸성을 지니고 있다. 패키징과 프로그래밍 방법은 비수기에 서비스 상품을 판매하는 데 핵심 역할을 한다. 패키지 여행은 구매과정이 쉽고 편리하기 때문에 고객들에게 많은 인기를 얻고 있으며, 할인된 요금으로 제공되는 장점이 있기도 한다. 패키지와 프로그램은 특정 고객의 욕구와 필요를 충족시키기 위한 맞춤 상품을 개발할 때 유용하게 사용될 수 있다.

환대 및 여행 산업의 패키징은 식료품점에서 상품들을 포장하는 것과는 다른 개념이다. 패키지는 공급업자, 운송업자 그리고 여행중개업자들의 서비스를 결합한 것이다. 이는 환대 및 여행 서비스를 판매하는 것과 관련된 여러 집단들이 협력해야 한다는 점에서 파트너십Parthnership의 대표적인 예가 된다.

식료품점에는 수천 개의 포장된 제품들이 있으며, 고객에게 선택되기 위해서 제조업체들은 고객들의 눈에 띠는 포장package을 고안하는 데 많은 비용을 지출한다. 그러나 환대 및 여행 산업의 패키징package은 이와는 다른 성격을 가지고 있다. 패키징은 물리적인 것이 아니라 여러 종류의 서비스를 잘 조화시켜 고객들에게 매력적이고 편리한 상품으로 만드는 것이다. 프로그래밍programming은 환대 및 여행 산업에서 매우 중요한 개념으로 원래의 서비스 상품에 추가적인 매력과 흡인력을 가진 특별 이벤트나 활동을 개발하는 것을 의미한다. 프로그래밍은 비수기에 고객들의 관심을 자극하고, 기존 서비스에 대한 고객의 관심을 유지시키는 데 있어서 매우 유용하다.

패키징과 프로그래밍의 정의

패키지딜package deal은 여행이나 호텔 패키지상품을 판매하는 판매업자가 패키지상품에 포함된 개별 상품가격의 총 합계보다 낮은 가격으로 패키지상품을 판매하는 것을 의미한다. 환대 및 여행 산업이 제공하는 대부분의 패키지는 패키지딜 형태이며, 이와 관련하여 패키징packaging이란 서로 연관되고 보완적인 여러 서비스들을 묶어서 단일가격 상품으로 결합하는 것을 의미한다. 프로그래밍programming은 패키징과 관련된 개념이다. 이는 고객의 지출을 늘리고, 패키지나 다른 환대 및 여행서비스의 매력을 높이기 위해 특별한 이벤트나 프로그램을 개발하는 것을 의미한다.

패키징과 프로그래밍은 대개 패키지가 프로그래밍을 포함하고 있기 때문에 서로 관련된 개념이다. 예를 들어, 대부분의 골프, 테니스 패키지는 강습을 포함하고 있다. 이 패키지에서 제공되는 강습은 주최측 리조트에서 마련한 특별 활동이다. 또 다른 예로, 리조트와 크루즈 선박에서 개최되는 컴퓨터캠프를 들 수 있으며, 여기서는 모든 참가자들에게 해당 분야 전문가가 컴퓨터에 대한 정보를 제공한다. 물론, 모든 프로그래밍이 패키지 내에서 일어나는 것은 아니다. 독립적으로 제공되는 프로그래밍의 예로는 테마파크의 퍼레이드나 휴일 축하공연을 들 수 있다.

이렇듯 패키징과 프로그래밍은 서로 연관된 개념이다. 프로그램들이 패키지

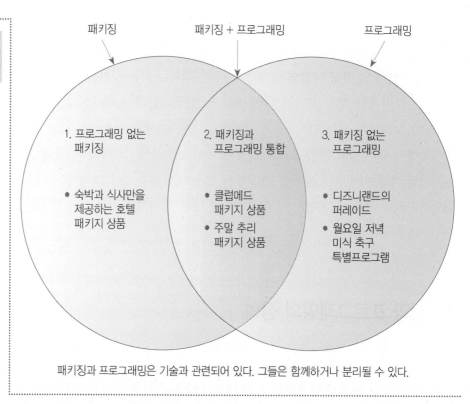

패키징과 프로그래밍은 기술과 관련되어 있다. 그들은 함께하거나 분리될 수 있다.

에 포함되어 있으며, 종종 프로그램은 패키지 여행 수요를 창출하기도 한다. 프로그래밍을 하지 않고 패키지를 만들거나 패키징을 하지 않고 프로그램을 개발하는 것도 가능하다. [그림 12-1]은 이러한 관계를 나타낸다. 하지만 패키지에 반드시 프로그래밍을 추가할 필요는 없다. 예를 들어, [그림 12-1]에서 볼 수 있듯이 간단히 숙박과 식사로 구성된 패키지를 만들 수 있다. 이러한 예로 윈드햄Wyndham 호텔리조트의 Weekender 패키지에는 2인 객실, 2인 무료조식, 하루 추가 체류시 객실료 50% 할인 등이 포함된다. 무엇이 여행수요를 자극하는 핵심소구점인가? 그것은 아무런 추가 사항 없는 단순한 가격할인이다. 할인된 가격은 간혹 패키지 판매에 충분한 요건이 될 수 있고, 이 경우에는 추가적인 프로그래밍은 필요치 않게 된다.

패키지의 낮은 가격만으로는 고객의 관심을 충분히 끌지 못할 때, 대개 프로그래밍을 수행한다. 프로그래밍은 주말 추리 패키지상품에서처럼 여행 수요를 창출하거나 패키지의 가치창출을 위해 꼭 필요한 부분이 될 수 있다. [그림 12-1]에서 주말 추리 패키지와 Club Med 상품 등 프로그램을 바탕으로 한 휴가 패키지

는 프로그래밍과 패키징이 포함된 예들이다. 경우에 따라서는 프로그래밍을 패키징과 분리하여 그 자체만으로도 수행할 수 있다. 일례로, [그림 12-1]에서 제시된 Disneyland의 퍼레이드와 미국의 많은 바와 라운지에서 제공되는 'Monday Night Football Program'을 들 수 있다.

패키지와 프로그래밍의 선호 이유

여행패키지는 오늘날의 여행산업에 큰 영향을 미친 개념 중 하나이다. 오늘날 이러한 패키지의 이용가능한 범위는 무제한적이며, 그 이유는 관련 고객과 참가자의 두 범주로 나누어 생각해 볼 수 있다[그림 12-2].

1. **고객 측면** 패키지와 프로그램은 이용자에게는 매우 편리한 개념이다. 이는 보다 편리한 휴가 계획, 경제적인 여행, 특별한 경험을 원하는 고객들의 다양한 욕구를 충족시키고자 한다. 고객이 여행패키지를 통해 얻을 수 있는 혜택은 다음과 같다.

❶ 편의성

어떤 사람들은 휴가, 회의, 인센티브여행에 포함된 모든 개별 요소들을 모두 스스로 계획하는 데 즐거움을 얻기도 하지만, 대부분의 사람들은 시간과 노력이 적게 드는 보다 편리한 패키지상품을 선호한다. 최근 들어, 시

1. 고객 측면	2. 참가자(기업) 측면
• 편의성 • 경제성 • 예상비용 예측 • 서비스품질에 대한 보증 • 특정 관심사에 대한 충족 • 부가적 매력 창출	• 비수기의 수입 창출 • 특정 표적시장에 대한 소구강화 • 새로운 표적시장의 매력 • 사업예측의 용이성 및 효율성 향상 • 보완적인 시설, 매력물, 이벤트의 이용 • 새로운 동향에 대한 적응 • 재방문 유도 • 지출 및 체재일수의 증가 • 독특한 패키지에 대한 PR 및 홍보 • 고객만족의 증가

패키징과 프로그래밍 인기가 늘어나는 이유

그림 12-2

간은 돈보다 소중한 자원이 되어 가고 있다. 시간이 절약되는 편의성에 대한 수요 특성에 대해서는 7장에서 강조한 바 있다. 맞벌이 부부가 늘어나면서 패키지상품의 인기도 높아지고 있는 추세이다.

❷ 경제성

패키지상품을 선택하면 여행계획을 보다 쉽게 수립할 수 있고, 준비에 시간이 적게 들 뿐 아니라 비용 측면에서도 더 경제적일 수 있다. 항공여행과 관련된 패키지의 경우, 총 패키지 가격이 정규 왕복 항공요금보다 적을 수도 있다. 어떻게 이런 일이 발생할 수 있는지 의문이 들 수도 있을 것이다. 운송업자나 상품공급업자가 손해를 보는 것일까? 때로는 그럴 수도 있지만 대개는 그렇지 않은 경우가 많다. 패키지는 환대 및 여행 산업에서 매우 매력적인 부분이다.

패키지상품이 경제적인 이유로 세 가지를 들 수 있다. 첫째, 여행중개업자들이 패키지상품을 만들 경우, 대량 공급을 통해 공급업자와 운송업자들로부터 할인을 받고, 이러한 할인부분을 고객에게 돌리는 것이다. 둘째, 많은 공급업자와 운송업자는 비수기 때 패키지를 제공한다. 대표적 예로 도심호텔의 주말패키지 상품을 들 수 있다. 주중에 비즈니스 여행객들로 분주한 대부분의 도심호텔들은 금요일과 토요일 밤에는 객실점유율이 급격히 떨어진다. 특별 할인된 가격의 주말패키지를 통해 빈 객실의 점유율을 확보할 수 있다. 셋째 이유는 고객이 보다 경제적인 것을 찾기 때문에 패키지를 구매한다는 사실을 기업이 알고 있다는 점이다.

❸ 예상비용의 예측

대부분의 패키지는 모든 관련 비용을 포함시켜 전체 가격을 제시하고 있으며, 이는 고객들이 여행하는 기간 동안 그들이 얼마나 지출해야 하는지를 미리 알 수 있다는 것을 의미한다. Club Med나 Sandals와 같은 리조트, 크루즈 개념이 인기를 얻은 것도 이 때문이다. Club Med는 한 가격으로 왕복 항공요금에서부터 식사시 와인 무제한 무료에 이르기까지 많은 것을 한꺼번에 제공한다. 크루즈의 인기가 급성장하는 것도 모든 비용을 포함한 휴가의 또 다른 예이다. 크루즈패키지는 일반적으로 항공요금, 숙박, 교통, 식사, 엔터테인먼트, 그리고 선상에서의 모든 활동과 시설에 대

한 비용을 모두 포함하고 있다. 이러한 패키지의 특성은 여행객들이 그들의 여행기간 동안 얼마나 많은 돈을 지출하고 무엇을 얻을 수 있는지에 대해 크게 걱정하지 않아도 된다는 것을 의미한다.

❹ 서비스품질에 대한 보증

패키지를 구매하지 않는다면 고객들은 여행과 관련된 모든 부분들을 스스로 해결해야 할 것이다. 환대 및 여행서비스 상품은 많은 경우에 있어 이를 직접 보지 않고 구매하게 되며, 이 때문에 품질과 서비스에 대한 고객들의 기대치가 충족되지 않는다면 좋지 못한 결과를 얻을 수 있다.

패키지를 만드는 여행중개업자, 공급업자, 운송업자들은 해당 분야의 경험이 풍부하고 폭넓은 지식을 기반으로 한 전문가들이며, 고객들은 대개 이러한 전문성과 상세한 지식, 경험 등에 의존할 수 있다. 대부분의 기업들은 구전에 의한 추천(긍정적, 부정적)과 재방문고객의 중요성을 인식하고 있다. 기업의 장기적 관심사는 이러한 패키지 요소에 일관성 있는 서비스 품질을 고객들에게 제공하는 것이다.

❺ 특정 관심사에 대한 충족

일반적인 패키지와 더불어 초콜릿 주말패키지에서부터 중국과 티베트의 예술관광패키지에 이르기까지 고객들의 특정 관심사를 채워줄 수 있는 많은 패키지상품들이 있다. 'Specialty Travel Index On-line^{http:/www.spectrav. com}'은 천문학에서 동물학에 이르기까지 알파벳순으로 350여 개의 특정 관심 활동을 포함하는 패키지들을 온라인으로 소개하고 있다.

이러한 특정 관심 패키지의 개발을 위해서는 상당한 사전 조사와 신중한 프로그래밍, 전문가의 조언을 필요로 한다. 궁극적으로 이러한 패키지는 고객들의 욕구를 만족시키는 맞춤 대안을 제공한다.

❻ 부가적 매력 창출

환대 및 여행서비스는 프로그래밍을 통해 새로운 영역을 추가하기도 하며, 테마파크는 이러한 프로그래밍 기술을 많이 활용하고 있는 대표적 분야이다. 본질적으로 항상 같은 것을 판매해야만 할 경우 어떻게 고객들을 계속 다시 오도록 할 수 있겠는가? 답은 끊임없이 고객의 관심을 새롭게 하고 증대시키는 새로운 엔터테인먼트, 특별 이벤트, 레크리에이션 활동

등을 제공하는 프로그래밍에 있다. Walt Disney World나 Disneyland와 같은 테마파크는 과거 고객들이 다시 방문하도록 하기 위해서 특별 퍼레이드, 생일/기념일 축하행사를 개최한다. 레스토랑들도 고객들이 자주 방문하도록 하기 위해 프로그래밍을 성공적으로 이용한다. 일례로, Medieval Times는 미국과 캐나다에 있는 레스토랑 체인인데 고객들은 이곳에서 식사를 하는 동안 기사들의 창시합과 칼싸움 등 재미있는 프로그램을 즐길 수 있다. 이는 프로그래밍을 통해 한 끼 식사를 기억에 남을 만한 경험으로 전환시킨 대표적인 예이다.

프로그래밍은 고객의 경험과 계획에 흥미를 더해 주고, 고객들에게 어필할 수 있는 새로운 영역의 서비스를 추가적으로 제공한다. 컨벤션이나 회의에서 주최하는 특별 테마 만찬이나 파티가 그 좋은 예가 된다. 환대 및 여행 산업에서 'Destination Management Companies^{DMCs}'라 불리는 전문화된 조직이 이러한 특별 테마 만찬이나 파티를 기획한다.

2. 참가자(기업) 측면

패키징과 프로그래밍의 장점은 고객과 패키지/프로그램 참가자 모두에게 혜택을 가져다 준다는 것이다. 참가자에는 여행중개업자(여행사, 인센티브투어 기획자), 공급업자(숙박, 레스토랑, 렌터카, 크루즈, 위락시설 등), 운송업자(항공사, 버스, 기차, 페리회사 등)가 포함될 수 있다. 패키지와 프로그램은 참가자들이 고객수를 늘리고 수익을 높이는 데 도움을 준다.

❶ 비수기 수입 창출

패키지나 프로그램을 개발하는 주된 이유 중 하나는 비수기 동안의 수요를 창출할 수 있다는 것이다. 도시에 위치한 숙박업소들은 주말 객실점유율이 낮다. Marriott 호텔과 Renaissance 호텔의 'Breakfast and Break-Free Weekend Rates' 패키지는 손님이 적은 주말에 30~40% 정도 할인된 가격으로 고객을 유치하는 대표적인 예이다. 항공사의 경우, 주말과 이른 아침, 또는 늦은 오후의 출퇴근 시간을 제외한 시간대 탑승률이 상대적으로 낮다. 훌륭한 패키지와 프로그램은 변화하는 수요 패턴에 맞추어 다양한 서비스를 제공함으로써 고객의 이용률을 높일 수 있다.

❷ 특정 표적시장에 대한 소구강화

패키징과 프로그램은 기업들이 선정한 표적시장에 진입하는 것을 도와준

다. 대부분의 패키지와 프로그램은 특정 고객집단의 욕구에 맞추어진 것이다. 리조트산업에는 알프스와 크로스 컨트리cross-country 고객들을 위한 스키 패키지, 골프·테니스 패키지, 스쿠버다이빙, 건강·체력에 관한 패키지 등이 있고, 컨벤션/회의와 인센티브투어를 결합한 특별 패키지도 개발된 바 있다.

패키징과 프로그래밍의 예로 Sandals의 웨딩 플래너Wedding Planner 소프트웨어 프로그램을 들 수 있는데, 이는 리조트 내에서 결혼식과 신혼여행을 기획한 상품이다. Sandals는 이러한 서비스를 제공함으로써 특정 고객 시장에 대한 욕구를 충족시킬 수 있었다.

❸ 새로운 표적시장의 매력

환대 및 여행 사업은 기존 표적시장에 대한 이미지 구축뿐 아니라 새로운 표적시장에 진입하기 위해서도 패키징과 프로그램을 이용할 수 있다. 일례로 크루즈 사업을 들 수 있다. 점점 많은 기업들이 선상 회의·컨벤션, 인센티브투어를 위해 크루즈를 이용한다. 크루즈 회사들은 이러한 고객집단들을 위한 패키지를 준비하고 촉진을 실시함으로써 새로운 표적시장을 개발하게 되었다.

❹ 사업예측의 용이성 및 효율성 향상

고객들은 실제 여행지 방문 전에 미리 패키지의 예약과 지불을 마치며, 이 때문에 환대 및 여행사업은 고객 수를 미리 예측하고 보다 효율적으로 직원, 자재 및 자원들을 배치할 수 있다. 물론, 도착일자 가까운 시점에 예약 취소가 생길 위험이 있지만, 과거 자료들을 이용한 예측을 통해 어느 정도 이에 대비할 수 있다. 이 때문에 환대 및 여행 산업은 고객들에게 사전 예약을 권장하고 있으며, 특히 항공티켓이나 여행패키지 판매에 이용되었다. 예를 들어, 'First European Cruises'는 출항 90일 전에 미리 예약을 하고 선금을 내면 원래 요금에서 1인당 100달러씩 할인을 해 주었다.

❺ 상호 보완적인 시설, 매력물, 이벤트의 이용

파트너십은 환대 및 여행서비스에서의 공동마케팅과도 연관이 있다. 고객들에게 보다 어필하는 서비스를 제공하기 위해 다양한 집단들이 패키징과 프로그램을 통해 그들의 자원을 상호 공유하고 있다.

환대 및 여행 산업에서는 패키징과 프로그래밍을 통해 여행수요를 창출할 수 있는 기회를 얻는다. 호텔과 레스토랑은 그들이 위치한 지역의 핵심 관광자원이나 이벤트와 그들의 서비스를 서로 연계시킨다. 미국에서는 해마다 'National Football League'가 개최되는 도시에 있는 많은 호텔들이 경기티켓을 포함하는 패키지를 제공한다. New York의 호텔들은 브로드웨이 쇼를 포함하는 패키지를 제공하기도 하고, 레스토랑들은 예술공연 등을 관람할 수 있는 엔터테인먼트와 식사를 동시에 경험할 수 있는 패키지를 제공하고 있다.

❻ 새로운 시장 동향에 대한 적응

많은 환대 및 여행 기업의 물리적 시설과 장비는 고정되어 있으며, 단기간에 변하지는 않는다. 패키징과 프로그래밍은 종종 이러한 기업들이 비용이 많이 드는 물리적 변화를 겪지 않고도 새로운 시장 추세에 융통성 있게 적응할 수 있도록 해 준다. 뉴욕 New Paltz의 Mohonk Mountain House가 제공한 성인교육 패키지는 그 대표적인 예이다. 1869년에 지어진 이 리조트 호텔은 무엇인가를 배우기 위해 또는 그들 자신의 지식을 강화시키기 위해 휴가를 이용하고자 하는 사람들에 초점을 맞추었다. 이 리조트 호텔은 개인건강관리, 언어집중 프로그램, 원예, 야생조류관찰 등 여러 가지 기회를 제공함으로써 고객들의 다양한 욕구를 충족시키고자 노력하고 있다.

❼ 재방문 유도

패키징과 프로그래밍은 새로운 서비스에 대한 고객의 관심을 불러일으키고 증가시킬 수 있다. 테마파크가 수많은 이벤트를 통해 그들이 제공하는 엔터테인먼트를 항상 새롭게 유지할 수 있다는 강한 신념을 가지고 있음은 이미 언급한 바 있다. 몇 몇 레스토랑은 테마가 있는 식사, 미식가 및 와인 시음회가 있는 밤 등 다양한 이벤트를 제공하여 고객들이 계속 업장을 방문하도록 유도한다. Red Lobster사는 매년 Lobster & Shrimp Festival을 개최하고 있다. 프로그래밍과 패키징을 통한 이러한 서비스의 부가적 영역은 고객과 기업 모두에게 이익을 가져다 준다.

❽ 지출 및 체재일수의 증가

패키지와 프로그램은 환대 및 여행상품을 구매하는 고객들의 평균 소비

량과 체재기간 모두를 증대시킬 수 있도록 해 준다. 많은 테마파크들이 라이브쇼, 휴일 축하공연 및 퍼레이드를 제공함으로써 고객들이 더욱 오랜 시간을 가지고 더 많은 소비를 하도록 유도한다. 호텔과 리조트는 컨벤션 참가고객들이 해당 지역의 관광시설이나 이벤트 관광을 통해 체재일수를 늘릴 수 있도록 하는 방안을 강구하고 있다.

❾ 패키지의 PR · 홍보

PR과 홍보는 환대 및 여행 기업의 장기적 가치에 영향을 미칠 수 있다. 기업은 종종 대중매체의 기사거리가 될 만한 이슈나 항목들을 발견하게 되는데, 그 중에서도 특히 독특하고 창의적인 패키지는 신문, 잡지, TV, 라디오 방송국의 관심을 끄는 경우가 있다. 대중적인 문제나 최근의 경향(예: 건강/체력 관련 패키지, 개인용 컴퓨터, 라이프스타일과 스트레스 관리, 개인재정관리)에 관한 패키지는 광범위하게 매체의 관심을 끄는 경우가 종종 있다. 패키지는 기업의 홍보를 위해서도 매우 효과적인 방법이 될 수 있다.

❿ 고객만족의 증가

패키징과 프로그래밍은 고객만족을 높이는 데 기여할 수 있다. 두 개념 모두 마케팅 개념을 반영하고 있으며, 이들은 특정 고객의 욕구에 맞추어져 있고, 여행객들이나 투숙객들에게 유용한 혜택을 많이 제공하게 된다.

패키징과 프로그래밍의 역할

환대 및 여행서비스 마케팅에서 패키징과 프로그래밍은 마케팅 믹스의 일부분이 될 수 있으며, 마케팅 계획에도 포함되어야 한다. 패키지와 프로그램은 환대 및 여행서비스 마케팅에서 다음의 5가지 역할을 수행할 수 있다.

1. **사업운영을 원활하게 한다.** 판매되지 않은 서비스 재고품은 소멸성으로 인해 영원히 판매할 수 없게 된다. 패키지와 프로그램의 주된 역할 중 하나는 서비스 판매의 흐름을 조절할 수 있다는 것이다.

2. **수익성을 향상시킨다.** 패키지와 프로그램은 사업의 흐름을 원활하게 하여

다음과 같이 수익성을 향상시킬 수 있다.

❶ 고객별 지출을 증대시킨다.

❷ 체재일수를 늘린다.

❸ 새로운 상품을 개발한다.

❹ 이용빈도를 증가시키고 재방문을 유도한다.

❺ 보다 정확한 판매예측을 통해 사업의 효율성을 높인다.

3. 마케팅 전략의 효과적 수립과 실행을 지원한다.   패키지와 프로그램은 특정 고객집단의 욕구와 기업이 제공하는 서비스가 일치하도록 하는 데 매우 유용한 방법이다.

4. 제품/서비스 믹스를 보완하는 역할을 한다.   패키지와 프로그램은 제품/서비스 믹스의 일부이다. 이것은 시설, 장비, 서비스관련 요소들을 보완해 주며, 환대 및 여행서비스가 고객들에게 더욱 매력적으로 보일 수 있도록 하는 마치 선물 패키지와도 같다. 또한, 제품/서비스 믹스의 다른 요소들을 보다 매력적이고 효과적인 것으로 전환시키기도 한다.

5. 관련 환대 및 여행 기업들을 연결하여 더 높은 부가가치를 창출할 수 있도록 한다.   시너지즘synergism은 두 개 이상의 요인들이 결합되어 각각의 효과를 더한 것보다 더 큰 효과를 창출하는 것을 의미한다. 환대 및 여행 산업의 경우, 패키지와 프로그램을 통해 개별적으로는 달성하기 어려운 결과를 만들어 내는 것을 의미하기도 한다. 여기에 참가하는 당사자들은 시너지효과를 갖기 위해 패키지를 잘 고안하고 이에 맞는 전문적인 촉진을 실시하여야 한다. 패키지는 여행사, 운송업자, 공급업자, 관광목적지마케팅조직을 서로 연결시키며, 이는 공동마케팅 또는 파트너십의 좋은 예가 될 수 있다.

패키징의 개념

환대 및 여행 산업에서 이용가능한 패키지의 두 범주는 다음과 같다.

1. 여행중개업자가 개발한 패키지   여행 도매업자나 여행사 인센티브투어 기

획자, 컨벤션/회의 기획자를 포함한 많은 여행중개업자들이 이러한 패키지를 개발한다.

2. **기타 패키지**　공급업자, 운송업자, 관광목적지마케팅조직, 다양한 클럽, 특정 이익집단이 개발한 패키지가 있을 수 있다. 이러한 패키지는 대개 서비스 공급처(⟨한⟩ 호텔 주말패키지)로부터 직접 구매할 수 있으며, 여행사를 통해서도 예약이 가능하다. 크루즈패키지와 같은 경우는 여행대리점을 통해서만 예약을 할 수 있다.

이와 같은 패키지는 대개 다음과 같이 분류할 수 있다.

1. 패키지 구성에 따른 분류

❶ 묶음가격All-Inclusive 패키지

'All-Inclusive' 패키지는 여행에 필요한 항공교통, 숙박, 지상교통수단, 식사, 레크리에이션, 엔터테인먼트, 세금, 팁 등과 같은 여행에 소요되는 거의 모든 비용요소들을 포함한 패키지이다. 크루즈회사나 Club Med와 같은 기업이 이러한 종류의 패키지를 제공한다.

❷ 가이드투어

가이드투어에서는 사전에 결정된 여행 스케줄에 따라 여행가이드들이 여행객들과 여행 내내 동반하면서 여행을 지원한다. 이 패키지는 대개 'all-inclusive'이지만, 일부 선택관광이나 스스로 해결해야 하는 식사나 활동들이 포함될 수 있다. 대부분의 motor-coach 관광패키지가 이 범주에 속하며 motor-coach는 교통수단과 숙박, 식사, 관광 및 위락시설 입장권을 포함한다.

❸ 항공–차량 패키지

항공-차량 패키지는 왕복항공요금과 여행목적지에서의 렌터카 비용까지를 포함하는 단일묶음가격의 패키지이다. 예를 들어, 'Lufthansa/Avis Fly Drive Classics'는 독일이나 오스트리아로 항공여행을 제공하며 5일 이상 자동차도 대여해 준다. 이러한 패키지는 여행목적지 내에서 스스로 여행

계획을 세우고자 하는 여행객들이 자주 이용한다.

❹ 항공–크루즈 패키지

항공-크루즈 패키지에는 왕복 항공요금과 크루즈가 포함되어 있다. 많은 크루즈 회사들은 관문 공항에서 크루즈의 출발항까지 무료나 저렴한 항공요금을 제공한다. 완전무료 항공여행보다는 할인을 받는 경우가 많고, 항공요금은 총패키지 가격에 포함되어 있는 경우가 대부분이다.

❺ 항공–철도 패키지

항공-철도 패키지는 항공과 철도여행을 결합한 상품이다. 미국 Amtrak's의 'Air-Rail Travel Plan'을 예로 들 수 있으며, 이 패키지는 'all-inclusive' 가격으로 한 구간은 기차로 여행하고 다른 구간은 United Airlines을 타고 여행할 수 있다. 1990년대 초에 소개된 이후 Amtrak의 상위판매 패키지 중 하나가 되었다.

❻ 철도–차량 패키지

철도-차량 패키지는 관광목적지에서의 자동차 대여와 기차 여행을 결합한 것이다.

❼ 숙박–식사 패키지

대부분의 리조트와 숙박업체들은 식사와 객실을 함께 판매하는 패키지를 촉진한다. 예를 들어, American Plan[AP]은 일반적으로 매일 아침, 점심, 저녁 식사를 포함하며, Modified American Plan[MAP] 패키지는 점심을 제외한 두 끼의 식사를 제공한다.

❽ 이벤트 패키지

전 세계적으로 이벤트, 페스티벌, 엔터테인먼트, 문화공연 등이 개최되고 있으며, 이러한 행사는 좋은 패키징/프로그래밍의 기회를 제공한다. Olympic, Pan American, Commonwealth 게임, World Cup, Super Bowl, World Series 외 다양한 스포츠 대회 등이 열리기도 한다. 또한, New Orleans의 Mardi Gras, Rio Carnival, Edinburgh Festival과 같은 수많은 대규모 축제와 축하기념 행사가 개최된다. 이벤트 패키지는 단순히 교통수단과 입장권만을 제공할 수도 있지만, 현지 숙박과 식사를 포함하기도 한다.

❾ 특별 관심사/취미 패키지

이 패키지의 주요 매력은 참가자들이 직접 참여할 수 있는 특별활동, 프로그램, 이벤트들이다. 여기에는 테니스, 골프, 요트, 윈드서핑, 스쿠버 다이빙, 등산 등과 같은 스포츠 강습과 미식가 요리, 와인 시음, 사진, 미술, 공예 등 다양한 취미 활동, 그리고 컴퓨터, 자산관리, 문학, 외국어, 문화사, 의학 등 여러 학습활동들이 포함될 수 있다. 보통 숙박업소가 기본적인 숙박/식사 패키지의 연장으로 이와 같은 활동들을 제공하는 것이 Special-interest 패키지이다.

❿ 지역 매력물 · 엔터테인먼트 패키지

일반적으로 숙박 부분은 포함하고 있지 않으며, 지역 고객들을 대상으로 한다. 레스토랑/극장, 테마파크/식사, 관광/식사 패키지가 여기에 속한다.

2. 표적시장에 따른 분류   이 패키지들은 특정 표적시장의 욕구를 충족시키기 위해 구체적으로 개발된 것이며, 다음과 같은 패키지들이 포함된다.

❶ 인센티브 패키지

여행중개업자(인센티브투어 전반에 걸친 서비스를 제공하는 회사, 전문 인센티브투어 기획사, 여행사, 기업여행 담당자, 컨벤션/회의 기획자), 공급업자(숙박체인, 크루즈회사, 테마파크), 항공사, 그리고 관광목적지마케팅조직(정부관광기관과 관광청) 등을 포함하는 다양한 집단이나 개별조직들이 결합하여 이러한 인센티브투어 패키지를 개발한다. all-inclusive 패키지이며, 여행하는 집단이나 개인을 위해 모든 비용이 지불되어진다. 여행관련 회사나, 협회, 관련 업체들은 대개 판매 실적, 신제품 소개, 자금 모금 등에 대한 보상으로써 이 패키지를 제공받게 된다.

❷ 컨벤션/회의 패키지

거의 모든 리조트, 호텔, 회의센터는 컨벤션/회의를 유치하기 위해 이러한 패키지를 제공한다. 일반적으로 컨벤션/회의 패키지는 숙박과 식사를 포함하고 있지만, 일부 지역관광이나 관광지 입장, 또는 특별 이벤트나 프로그램은 포함하지 않을 수도 있다. 컨벤션/회의 패키지는 특별 테마파티와 같은 프로그램을 계획할 수 있으며, 간혹 오락적 성격을 띠기도 한다.

❸ 친목도모 패키지

친목도모 패키지는 대개 비슷한 사회적, 종교적, 인종적 유대와 같이 친목
도모를 위한 것이다. 예로, 대학동창회, 교회집단, 장애인, 소수인종, 취미
클럽, 레크리에이션클럽 또는 협회를 위해 개발된 패키지를 들 수 있다.

❹ 가족휴가 패키지

가족휴가 패키지는 부모와 자녀로 이루어진 모든 가족을 위한 것으로, 종종
자녀들을 위한 특별 프로그램을 포함한다. 예를 들어, Disney社나 Carnival
을 포함한 몇몇 크루즈 회사는 아이들을 위한 특별 프로그램을 패키지 상
품으로 판매하고 있다.

❺ 특별 관심사Special-interest 집단을 위한 패키지

특별한 취미나 관심사를 가진 집단을 위해 이들이 직접 체험할 수 있는
패키지 상품을 제시한다.

3. 패키지 기간/타이밍에 따른 분류   패키지를 범주화하는 세 번째 방법은 기
간 또는 타이밍에 의해 분류하는 것인데, 다음과 같은 것들이 그 예이다.

❶ 주말/미니휴가 패키지(주말 또는 6박 이하의 기간을 위한 패키지)
❷ 휴일 패키지(공휴일 또는 Christmas, New Year's, Memorial Day, Labor Day와 같은 휴일)
❸ 계절 패키지(봄, 여름, 가을, 겨울 패키지)
❹ 컨벤션 전/후 패키지 및 투어(컨벤션 또는 회의 시작 전, 후를 위한 패키지)
❺ 外 특정기간 패키지 또는 투어(예 1주 내지 2주 패키지)
❻ 비수기 스페셜(비수기의 특별 할인 패키지)

4. 여행 수배 또는 여행목적지에 따른 분류   패키지는 어디에서 수배되는지에
따라서도 분류될 수 있다.

❶ 개인해외여행FIT: Foreign Independent Tour

여행사나 해외여행 전문업체들이 개별 여행객들의 해외여행 동안의 욕구
를 충족시키기 위해 제공하는 특별 패키지

❷ 단체투어GIT: Group Inclusive Tour

스케줄에 따라 전세 항공기를 이용하여 여행하는 하나 이상의 그룹으로

구성된 all-inclusive 패키지

❸ 전세 투어Charter Tour

여행 도매업자, 여행사, 관련업체들이 항공기나 다른 장비들을 전세내어 운영하는 여행 패키지

❹ 관광목적지 패키지

관광목적지에 따라 패키지를 분류할 수 있다. 여행사 잡지에 종종 Hawaii, Florida, California, Caribbean, Bermuda, Europe, South America, Orient 등에 대한 관광목적지 패키지와 관련된 특별 광고가 게재되기도 한다.

동적 패키징dynamic packaging

동적 패키징은 호텔·여행관련 웹사이트와 이를 지원하는 정보 데이터베이스의 개발과 함께 나타난 개념이다. 이것은 고객이나 여행중개업체들이 자신들의 욕구를 충족시키는 요소들을 온라인상에서 선택할 수 있도록 하는 상호 호환적인 형태를 띠고 있다. 아직 이 동적 패키징에 대해서 업계의 통일된 정의는 없지만, 다음의 세 가지 특징은 자주 언급되고 있다.

● 개별 고객의 탐색요청search request에 토대를 두고 있다.
● 실시간으로 여러 복합적인 여행관련 요소들(항공, 숙박, 렌터카 등)을 결합할 수 있는 기술을 포함한다.
● 5~15초 이내로 하나의 결합된 패키지 가격을 제시한다.

이러한 동적 패키징의 장점은 여행을 계획하고 패키지를 구성하는 요소들에 대한 통제를 하는 데 있어 고객들의 선택의 폭이 넓고 융통성이 있다는 것이다. 고객들은 온라인 탐색을 통해 한 번에 둘 이상의 데이터베이스에 접속할 수 있고, 특정한 기업이 제공하는 상품 영역에서 더 나아가 폭 넓은 정보를 접할 수 있다. 물론, 이러한 방법은 자신들의 컴퓨터를 통해 패키지를 조합할 수 있는 고객들에게 더욱 편리하며, 이를 통해 고객들은 더 신속하게 탐색결과를 알 수 있게 된다. 이와 관련하여, 미국여행업협회USTOA: The United States Tour Operator Association에서는 비

용절약, 대량구매, 편안한 마음 등을 여행사들이 만들어낸 여행패키지가 가지는 장점으로 제시하고 있다.

효과적인 패키지 개발 단계

지금까지 패키지가 왜 인기 있는지, 그 역할은 무엇인지, 그리고 이용가능한 패키지의 유형에는 어떤 것이 있는지 살펴보았다. 다음으로 패키지 개발방법에 대해 살펴보고자 한다. 패키지의 성공요인은 무엇인가? 답은 간단하다. 적절한 요소와 가능한 최상의 방법으로 패키지를 구성하고 준비하며, 고객만족의 제고를 위해 매력적인 방법으로 서비스를 하는 것이다. 이를 단계별로 살펴보기 전에 먼저 몇 가지 문제점과 관심사에 대해 알아보고자 한다.

패키징의 문제점 및 관심사

일부 패키지는 수익성이 없으며, 고객들의 기대에 미치지 못할 수도 있다. 주요한 두 가지 관심사는 재정적 실행가능성(수익성이 있는 패키지인가?)과 고객경험(고객들에게 일관된 서비스를 제공하는가?)에 대한 전체적인 통제력에 관한 것이다.

미리 판매 공간을 확보해 놓은 후(blocking space: 객실 또는 좌석 확보), 고객들의 예약 취소가 발생하거나 기대했던 만큼 판매를 하지 못하는 위험이 발생할 수 있으며, 이러한 경우 재판매할 시간이 충분하지 못한 경우가 많다.

다른 문제점은 패키지 고객들이 다른 표적시장과 함께 하지 못 할 수 있다는 점이다. 기독교 회의에 참석하는 사람들과 라스베이거스에 도박을 하러 가거나 Super Bowl에 가는 사람들을 한 비행기에 같이 탑승시키는 것은 좋은 아이디어가 아닐 것이다. 사냥관련 컨벤션과 Greenpeace 회의를 동시에 개최하는 것도 문제가 있을 것이다.

패키징이 기존 포지셔닝을 뒷받침하는가, 아니면 그 가치를 떨어뜨릴 것인가? 이는 고급 환대 및 여행서비스를 제공하는 회사들에게는 매우 현실적인 문제이다. 저렴한 패키지상품을 제공함으로써 높은 가격을 지불하는 기존 고객들을 놓쳐버릴 것인가? 반면, 경제성을 지향하는 회사들은 고가의 패키지를 성공적으로

판매하기 위해 그들이 가지고 있는 경제적 기업으로써의 이미지를 리포지셔닝해야 할 수도 있다.

　이러한 질문들은 논제의 요점을 알려 준다. 패키징/프로그래밍은 일관성이 있어야 하며, 선정된 마케팅전략, 표적시장, 포지셔닝, 마케팅 목표 등을 뒷받침해야한다. 물론, 고객의 욕구와 필요를 만족시켜 이익을 얻는다는 마케팅의 기본적인 목적도 충족시켜야만 한다.

성공적인 패키지 요인

　패키지는 환대 및 여행과 관련된 제반 요소를 결합시킨 것이며, 하나 이상의 참여업체에 의해 제공된다. 패키지는 마치 품질이 낮은 요소들로 인해 전체 요리의 맛과 향을 손상시킬 수 있다는 점에서 요리와 비슷하다. 성공적인 패키지 요인들의 특징은 다음과 같다.

1. **매력물이나 수요창출요인을 포함하라.**　모든 패키지에는 New York Giants 게임 입장권과 같은 하나 이상의 핵심 매력물이나 수요창출요인demand-generator을 포함하고 있어야 한다. 가장 간단히 고객의 매력을 끌 수 있는 것은 가격을 낮추는 것이며, 몇몇 호텔의 주말패키지에서 이러한 접근법을 볼 수 있다. 가이드 투어escorted tour와 같은 일부 패키지는 여러 매력물이나 관광목적지를 포함하기도 한다.

2. **고객에게 가치를 제공하라.**　고객은 자신들이 지불한 비용에 비해 더 큰 가치를 얻기 원하기 때문에 패키지를 구매한다. 패키지의 개별 구성요소 가격의 총합보다 패키지 가격이 더 낮을 때, 해당 패키지의 가치가 높아지는 경우가 많다. 그 외에 다양한 패키지 요소가 가치에 영향을 미치기도 한다. 예를 들어, 와인애호가들은 패키지가격으로 저명한 와인전문가의 강의를 듣고 무료 와인시음을 하는 데 높은 가치를 둘 수 있다.
고객들은 무료라는 단어에 현혹되며, 가능하면 비용을 지불하지 않고 어떤 것을 얻으려고 한다. 때문에 이러한 요소를 포함한 패키지의 가치를 보다 높게, 매력적으로 평가하기도 한다.

3. 일관성 있는 품질을 제공하라.　　성공적인 패키지의 경우 일관성 있는 품질을 제공한다. 앞서 고객들이 일관성을 기대하기 때문에 패키지를 구매한다는 사실을 지적한 바 있다. 만약 서비스수준이나 시설의 품질이 일관되지 못하다면 고객들은 이를 쉽게 알아차릴 것이다. 고객들은 일관성이 있는 서비스품질로 전체 패키지 경험을 판단하는 경향이 있다. 일례로, 젊은 부부가 카리브해 1주일 크루즈패키지 상품을 구매하였다. 그러나 출발항으로 가기 위해 이용한 항공사의 서비스에서 비행기가 연착되었으며, 공항에서 오랜 시간 기다린 것에 대해 항공사 직원들은 어떤 특별한 보상이나 조치를 취하기 위해 노력하지 않았다. 이로 인해 고객은 크루즈 운영자가 제공한 서비스나 서비스품질과는 관계없이 항공사의 서비스 불찰로 인해 전체적으로 불만족스러운 휴가 경험을 갖게 될 수 있다.

4. 체계적인 계획을 통해 시행한다.　　훌륭한 패키지를 만들기 위해서는 가능한 고객의 욕구에 맞도록 계획하고 시행해야 한다. 대표적인 예로, Club Med를 들 수 있다. Club Med 패키지는 휴가객들이 편안한 휴식을 취하고 단조로운 일상생활로부터 탈피할 수 있도록 계획되었다. 신문, TV, 라디오, 전화는 Club Med 빌리지에서는 찾아 보기 힘들다. 대신, 스포츠활동, 강습, 오락에 대한 계획을 세우고 GM$^{Gentle Member}$이 고객에게 최고의 즐거움을 줄 수 있도록 하기 위해 이를 프로그램화한다. GO$^{Gentle Organizer}$는 이를 실행하며, 이들은 고객들을 위해 준비한 환영식부터 시작해서 Club Med 휴양지를 찾은 여행객들이 가능한 최상의 즐거움을 경험하도록 휴가패키지를 계획하고 시행한다.

5. 차별화된 혜택을 제공하라.　　최고의 패키지는 환대 및 여행관련 요소를 개별적으로 구입했을 경우 얻을 수 없는 혜택을 고객들에게 제공한다. 일반 가격보다 낮은 가격이 언제나 고객들에게 가장 큰 매력이 될 수는 없다. 유명 연예인이나 주요 스포츠 이벤트의 입장권, 유명 작가나 역사가의 명강의, 고급상점의 상품권 등이 또 다른 매력물이 될 수 있다. 이러한 혜택은 개별 고객들이 손쉽게 이용할 수 없는 것들이라는 점에서 고객들을 사로잡을 수 있다.

6. 모든 세부적인 사항들을 주시하라.　　훌륭한 패키지를 제공하기 위해서는 관

심을 가지고 주의 깊게 세부사항까지 살펴보아야 한다. 만약, 고객이 예기치 못한 상황으로 예약을 취소한다거나, 스키휴가를 떠났는데 눈이 내리지 않는다면, 또는 당신이나 당신 동료가 여행 중 특정 관광지 한 곳을 방문하기를 원하지 않는다면, 열대 휴가 동안 매일 비가 내린다면, 패키지 기획자들은 이러한 문제점들을 미리 예측하고 대비할 수 있어야 한다.

모든 세부사항들을 주의 깊게 살피는 것은 머피의 법칙Murphy's Law이 우세할 것이라고 가정하는 것과 같다. 이러한 세부사항에 대한 관심은 고객만족과 긍정적인 구전광고 효과를 가져다 주기도 한다. 일례로, 한 노부부가 Galapagos Island와 Peru 여행의 가이드패키지 투어를 예약했다. 한데, 노부부는 의사로부터 페루 안데스산맥의 Machu Picchu 여행은 그들의 건강에 좋지 못한 영향을 줄 수도 있을 것이라는 충고를 들었다. 여행사는 이러한 가능성을 미리 예측하고, 노부부에게 Machu Picchu 여행경비를 반환해 주었다. 이 부부는 여행사의 사려 깊고 공정한 처우에 깊은 감명을 받고 주위 사람들에게 회사의 전문성과 개별고객에 대한 배려에 대해 전했다. 이 일화는 회사가 제공하는 아주 세심한 부분을 고객들이 가장 중요하게 생각한다는 것을 보여준다. 다음은 이러한 세부사항을 다루는 데 고려해야 하는 몇 가지 핵심 요인의 예이다.

❶ 계약금, 예약취소, 환불에 대한 명확한 지침
❷ 고객들이 날짜와 선택 활동을 예약하는 데 있어 최대한의 융통성을 제공함
❸ 가격, 제공되지 않는 항목, 필요한 옷이나 장비, 대체안 또는 이용가능한 선택안, 예약 절차, 그룹의 최소 인원, 싱글 룸에 대한 추가요금, 자녀를 동반한 성인요금과 관련 지침, 날씨나 그 이외의 문제가 발생한 경우에 대한 사전준비 등 모든 패키지 요소에 대한 완전한 정보 제공

7. 수익을 창출하라.　비록 패키지가 고객의 욕구와 필요를 충족시키는 좋은 방법이기는 하지만 수익성이 있어야 한다. 환대 및 여행 산업에서 제공하는 많은 패키지가 재정적 손실을 가져 오기도 한다. 대부분의 경우, 패키지는 대표적인 가격할인의 한 유형이며, 만약 변동비용보다 가격이 낮은 경우에는 일반적으로 패키지요소에 포함되어서는 안 된다. 패키지를 제공하는 가장 이상적인 시기는 비수기이거나 고수익을 창출하는 고객들이 존재하지 않을 때이다.

패키지의 가격결정

어떻게 하면 고객들에게 적절한 가치를 부여하고도 이를 제공하는 기업들이 수익을 얻을 수 있는가? 이를 위해서는 패키지 가격을 결정하기 위한 손익분기분석 break-even analysis: 고정/변동비용, 고객 수, 수익을 기반으로 하는 가격결정방법을 통해 신중하면서도 단계적인 접근을 해야 한다.

1. **고정비용을 산출한다.**   패키지를 구매하는 고객 수와 무관하게 고정비용은 같다. 특별 책자의 개발 및 운송비용, 매체광고, 특정 패키지요소(투어가이드 급여 및 여행비용, 전세 교통수단 장비 등)에 드는 비용 등이 여기에 포함된다. 호텔 주말패키지의 장점은 이미 정해져 있는 고정비용에 최소한의 비용만 더 추가하면 된다는 것이다.

2. **변동비용을 산출한다.**   변동비용은 패키지를 구매하는 고객의 수에 따라 직접적으로 변하는 비용이다. 호텔 주말패키지의 경우 이러한 비용은 주로 객실, 식사, 판촉(와인이나 샴페인, 상품권, 과일 바구니 등)에 드는 비용이다. 일부 호텔패키지의 경우 여행사에 수수료를 지불하기도 하며, 이때 수수료는 예약하는 고객 수에 따라 달라진다.

    패키지에 관광투어를 조합하는 경우, 변동비용의 범위는 더욱 광범위하다. 일반적으로 변동비용은 다음과 같은 항목을 포함하게 된다.

    ❶ 호텔 객실요금   ❷ 항공요금
    ❸ 식사   ❹ 팁, 서비스 요금
    ❺ 입장료   ❻ 관광투어 비용
    ❼ 세금

3. **1인당 총패키지비용을 계산한다.**   패키지를 판매할 때는 총고정비용과 고객의 수에 따라 직접적으로 변하는 1인당 총변동비용을 기반으로 1인당 패키지 가격을 구해야 한다. 이는 패키지를 구매할 것으로 예상되는 고객의 수를 추정하는 것을 의미한다. 위험요소가 적고 추천할 만한 방법은 최소한의 예상인원을 추정하거나 최상의 상황에서 약 25~30% 정도를 줄여 고려하는 것이다. 일단 예상 고객 수를 계산하고 총고정비용을 그 수로 나눈다.

4. **수익을 위해 마진을 추가한다.**　여러 유형의 환대 및 여행업체들이 패키지를 만들며, 이들의 공통적인 목표는 수익을 얻는다는 것이다. 그렇다면 다양한 유형의 기업들은 어떻게 수익을 올릴 수 있는가?

❶ 중개업자들이 개발한 패키지

패키지 기획자가 도매 여행사이거나 인센티브투어 회사라면 패키지 요소로 얻을 수 있는 수익은 없다. 일정량의 가격인상이 추가적으로 이루어져야 한다. 대개 항공요금은 인상할 수 없기 때문에, 지상영역의 가격을 인상하게 된다. 패키지를 만드는 여행사는 판매된 다양한 패키지 요소가 벌어들인 수수료를 통해 수익을 얻는다.

❷ 그 외의 패키지

패키지를 개발하는 공급업자와 운송업자들은 그들이 공급하는 서비스로 수익이 발생하며(◎ 객실, 식사, 항공요금, 자동차 대여, 크루즈), 수익의 일부분을 패키지에 포함된 비용으로 지불한다.

여행 도매업자와 인센티브투어 회사 패키지에서 가격인상은 대개 10~30% 수준에서 이루어진다. 그러므로 1인당 최종 패키지 가격을 결정하기 위해서는 1인당 변동비용 및 고정비용(항공요금은 제외)에 이 정도의 마진을 추가하게 된다.

5. **단일 추가비용을 계산한다.**　대부분의 패키지와 투어는 2인1실shared room or double-occupancy basis을 기본으로 판매하며 가격도 이에 맞게 결정된다. 고객들의 선택폭을 넓히기 위해 추가요금을 내고 1인1실로 패키지를 예약할 수도 있다. 여행업에서 이러한 추가요금을 1인 추가비용single supplement이라고 한다.

6. **손익분기점을 구한다.**　패키지 가격결정의 마지막 단계는 손익분기점을 계산하는 것이다. 이것은 패키지를 통해 얻은 총수익과 총비용(고정비용과 변동비용)의 합이 같아지는 지점이다. 환대 및 여행 산업에서는 일반적으로 손익분기점을 고객 또는 여행객 수로 나타낸다.

결론

환대 및 여행 산업에서 패키징은 독특하며, 이러한 패키징의 대중화는 지난 몇 십년간 중요한 산업 동향 중 하나가 되었다. 이는 고객들과 참가 기업 모두가 패키지를 통해 이익을 얻을 수 있기 때문이다. 패키지를 통해 고객의 욕구를 더욱 충족시켜줄 수 있는 서비스를 제공할 수 있고, 이와 동시에 새로운 사업을 만듦으로써 환대 및 여행 산업이 가지는 소멸성 문제를 대처하는 데에도 도움을 준다.

프로그래밍은 패키징과 관련을 맺고 있을 뿐 아니라, 환대 및 여행서비스의 매력을 더해 주기도 한다. 종종 패키지 내에서 프로그래밍을 하지만, 프로그래밍은 그 자체만으로도 실행되어질 수 있다.

1. 당신은 소규모 리조트의 마케팅 부장이다. 이 리조트는 여름과 겨울에는 잘 운영되지만, 봄과 가을에는 매출이 급격히 떨어진다. 봄과 가을의 매출을 높일 수 있는 5~6가지의 창의적인 패키지를 개발해 보시오. 이 패키지에 어떤 요소들을 포함시킬 것인가? 이 패키지의 가격을 얼마로 할 것이며, 어떻게 판매할 것인가? 표적시장은 무엇이고, 패키지의 성공은 어떻게 측정하겠는가?

2. 여행 대리점을 방문해서 5~6가지의 경쟁적 패키지(예 크루즈 휴가, 리조트 패키지, 호텔 주말패키지 등)의 카탈로그를 수집하고, 각각의 패키지 요소들을 비교해 보시오. 각 패키지의 요소들이 똑같지 않다면 어떻게 다른 것인지? 가격은 어떻게 다른지? 프로그래밍을 포함한 패키지가 있는지? 어떤 패키지가 가장 좋다고 생각되는지? 이들 패키지를 어떻게 개선할 수 있다고 생각하는지?

3. 지역사회의 레스토랑 또는 관광시설의 소유주가 당신에게 판매를 늘릴 수 있는 몇 가지 가능한 프로그램을 제안할 것을 부탁했다. 이 프로그램을 개발하기 위해 어떤 단계를 거칠 것인가? 사용될 수 있는 5~6가지의 프로그램을 제안해 보시오. 예상수익이 프로그램의 추가비용을 정당화할 수 있을 것인지 증명해 보시오. 레스토랑과 관광시설은 이 프로그램을 제공함으로써 어떻게 이익을 얻을 수 있는지 설명해 보시오.

4. 패키지는 패키지요소, 표적시장, 기간 또는 타이밍, 여행수배나 여행목적지에 따라 범주화될 수 있다. 패키지의 각 범주에 속하는 예를 최소 3가지씩 들어 보시오. 당신이 찾은 각각의 패키지 예에 대해 구체적으로 서술해 보시오.

참고문헌

1. Cruise Lines International Association. 2008. *Top Ten Reasons to Choose REFERENCES to Cruise, 2008*, http://www.cruising.org/planyourcruise/faqs/topten.cfm, accessed December 26, 2008.

2. Specialty Travel Index. 2008. *Adventure & Special Interest Travel*, http://www.specialtytravel.com/, accessed December 26, 2008.

3. Definition is from the Association of Destination Management Executives. 2009.

4. Convention Industry Council. 2004. *Project Attrition*, http://www.conventionindustry.org/projects/project_attrition.htm, accessed December 26, 2008.

5. Helsel, Caryl, and Kathleen Cullen. 2005. "Executive Summary: Dynamic Publishing." *Hotel Electronic Distribution Network Association*, 3.

6. United States Tour Operators Association. 2008. *Advantages of Tours & Packages*, http://www.ustoa.com/advantagesoftours.cfm, accessed December 26, 2008.

이 장을 읽고 난 후

목표

» 유통 믹스와 여행 중개 개념을 정의할 수 있다.
» 환대 및 여행 산업의 유통믹스와 다른 산업과의 차이점을 설명할 수 있다.
» 주요 여행중개업자 리스트 및 역할을 설명할 수 있다.
» 주요 온라인 여행 서비스의 역할 및 혜택을 파악할 수 있다.
» 여행업에 대한 마케팅 진행 단계를 설명할 수 있다.

개요

환대 및 여행서비스를 고객에게 제공할 수 있는 가장 좋은 방법은 무엇인가? 알고 있는 바와 같이, 특정 음식을 가정으로 배달해주는 것 외에는 별다른 물리적 유통시스템이 없다. 서비스는 무형성을 지니고 있으며, 기업은 고객들에게 직접 서비스를 제공하거나 하나 이상의 여행중개업자를 통해 간접적으로 서비스를 제공한다.

여행산업의 유통시스템은 고객의 선택에 영향을 미친다는 점에서 독특성을 지니며, 다양한 기업이 연관되어 있다는 점에서 복잡하다고 할 수 있다. 이 장에서는 산업의 유통 채널과 관련된 핵심 기업의 역할에 대해 상세히 살펴본다. 또한 환대 및 여행 산업의 유통을 빠르게 변화시키고 있는 인터넷을 통한 새로운 유통방법에 대해서도 논의하였다.

고속도로를 따라가다 보면 제품을 소매점이나 도매창고 또는 제조공정을 위해 다른 지역으로 이동시키는 트럭들을 볼 수 있으며, 어느 정도 규모가 되는 공항에서는 여러 대의 화물 항공기가 이착륙하는 모습을 볼 수 있다. 또 화물을 싣고 나르는 열차의 모습도 그려 볼 수 있다. 이러한 예는 회사들이 제품을 물리적으로 유통하는 과정이다. 그러나 환대 및 여행 산업의 유통시스템은 눈으로 볼 수 없으며, 이는 제품이 무형성을 지니고 있기 때문이다. 외면상 유일하게 볼 수 있는 것은 하나 이상의 여행대리점일 것이다.

그렇다 해도 환대 및 여행 산업의 유통시스템은 제조산업의 유통시스템만큼 중요한 역할을 차지하고 있는 것 또한 사실이다. 유통시스템에서 여행중개업자들은 고객과 다른 환대 및 여행 산업 요소에 많은 이익을 제공하며, 그들이 가진 지식과 전문성을 발휘해 고객들이 보다 만족스럽고 즐거운 경험을 할 수 있도록 해 준다. 또한, 소매점을 대상으로 다양한 촉진을 통해 판매를 증가시키는 한편, 운송업자와 공급업자, 여행목적지에 대한 인지도를 높이고 있다.

유통 믹스와 여행업

유통믹스는 앞에서 살펴본 마케팅 믹스, 촉진 믹스, 제품/서비스 믹스의 개념과 유사하다. 이는 환대 및 여행 기업이 고객들에게 자신들의 서비스를 인지시키고, 예약하도록 하는 데 이용하는 직·간접적인 유통채널을 결합시킨 것이다. 직접유통direct distribution은 기업이 고객들에게 촉진, 예약, 서비스를 제공하는 데 있어 전적으로 책임이 있다고 가정할 때 발생하며, 간접유통indirect distribution은 하나 이상의 다른 환대 및 여행 기업이 책임의 일부를 지는 경우를 의미한다. 유통경로는 공급업자, 운송업자, 관광목적지마케팅조직이 이용하는 특정한 직·간접 유통 절차를 의미한다.

[그림 13-1]은 이러한 직·간접 유통의 개념을 시각적으로 보여주며, 다음 6가지 주요 여행중개업자를 설명한다.

1. 소매여행사
2. 여행도매업자 및 운영업자

3. 기업여행 담당자와 대리점

4. 인센티브투어 기획자

5. 컨벤션/회의 기획자

6. 온라인 여행기업

유통 개념을 보다 정확히 이해하기 위해 먼저 중개업자들에 대해 상세히 살펴보고자 한다. [그림 13-1]에서 처럼 운송업자와 공급업자는 고객이 필요로 하는 교통수단과 관광목적지에서의 서비스를 제공하기 때문에 환대 및 여행 유통시스템의 기본이 된다. 개별 운송 및 공급업자들은 대개 유통 믹스에서 하나 이상의 유통경로와 직·간접 유통경로 모두를 이용한다. 예를 들어, 대부분의 주요 항공사들은 기업 및 단체 고객들뿐 아니라 개별 휴가 및 비즈니스 여행객들에게 직접적으로 촉진을 하며, 고객이 원한다면 직접 예약을 받고 티켓을 발매한다.

또한, 여행객들은 소매여행사에서 예약을 할 수 있으며, 대리점을 통해 항공권을 구입할 수도 있다(항공사의 간접 유통경로). 대부분의 대리점 사업은 이와 같이 이루어

환대 및 여행 유통시스템
(The Hospitality and Travel Distribution System)

그림 13-1

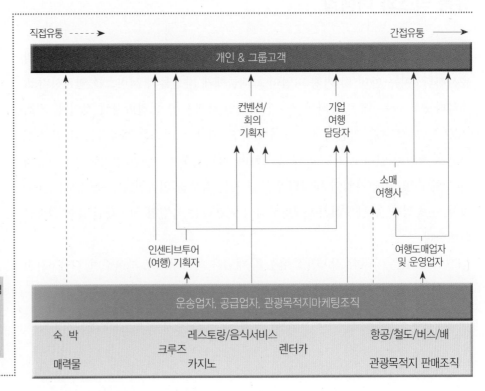

진다. 항공사는 종종 직접적으로 촉진을 하거나, 여행 도매업자 및 운영업자, 인 센티브투어 기획자, 기업여행 담당자/대리점, 컨벤션/회의 기획자들이 개발한 패 키지에 참여하기도 하는데, 이를 항공사를 위한 간접유통채널이라 한다.

체인숙박시설의 경우에는, 관광목적지에 있는 호텔에 직접 연락을 해서 예약을 할 수도 있지만, 체인의 웹사이트에 접속을 해서 예약을 하거나, 중앙예약시스템 CRS : Centralized Reservation System을 이용할 수도 있다. 여행대리점이나 항공사를 통해 간접적으로 예약을 할 수도 있으며, 여행도매업자, 인센티브투어 기획자, 기업여 행 기획자나 컨벤션·회의기획자를 통해 간접적으로 예약을 할 수도 있다. 이처 럼 공급·운송업자들이 항상 직접유통방식을 이용하지 못하는 이유는 일반적으 로 여러 가지 형태의 유통경로와 중개업자들을 이용함으로써 기업 마케팅 계획의 범위를 넓히고 그 효과를 크게 할 수 있기 때문이다. 중개업자들은 외부예약이나 판매직원과 비슷한 기능을 한다고 볼 수 있다. 다음은 이들의 구체적인 역할과 혜 택을 제시한 것이다.

1. 소매서비스 대행 　　공급업자나 운송업자, 다른 중개업자들이 수만 개의 소 매판매점을 가지고 운영되기는 쉽지 않다. 독립적인 여행대리점들은 이러한 기능을 대신 수행할 수 있으며, 산업의 연관된 조직들에게 혜택을 제공한다.

2. 유통망 확장 　　여행중개업자들을 통해 공급업자, 운송업자들의 유통경로가 다양하고 많아지게 되며, 이를 통해 해당 환대 및 여행서비스에 대한 고객의 인지도와 예약수행능력 등을 높일 수 있다.

3. 여행객들을 위한 전문적인 조언 제공 　　여행목적지, 가격, 시설, 여행일정, 숙 박서비스, 교통 등에 대한 여행사의 전문적인 조언과 추천은 고객들이 공급 업자, 운송업자를 선택하는 데 많은 영향을 미치게 된다. 환대 및 여행 산업 의 기업들은 여행대리점과 긍정적인 관계를 유지함으로써 많은 혜택을 누릴 수 있게 된다.

4. 기업여행 담당 　　기업고객들은 기업 내 여행관련 부서를 이용해서 출장, 여 행관련 업무를 이용할 수도 있지만, 이 분야의 전문성을 가지고 있는 여행사 들을 통해 업무를 대행하도록 함으로써 더 큰 혜택을 얻을 수도 있다. 이들 전문여행사들은 비즈니스 여행객을 위한 조언과 지원 역할을 할 수 있으며,

소매여행사가 휴가여행객들을 위해 하는 서비스와 유사한 기능을 수행한다.

5. **여행패키지상품 개발**　일부 여행중개업자들은 고객들의 욕구를 충족시키기 위한 맞춤형 휴가여행상품을 개발함으로써 공급업자, 운송업자들의 서비스를 보다 매력적으로 만드는 역할을 하기도 한다. 여행사는 종종 개별 또는 단체여행객들을 지원하기 위해, 해외개별여행과 단체여행패키지를 결합한 상품을 제시하기도 한다.

6. **맞춤형 인센티브투어 제공**　인센티브투어 기획자들은 잠재여행객들에게 소구appeal할 수 있는 패키지상품을 의도적으로 만들어서 기업 내 여행욕구를 충족시키기도 한다. 인센티브패키지에 참여하는 공급업자, 운송업자들은 이러한 여행중개전문가들을 통해 고객의 욕구를 더 충족시킬 수 있는 서비스를 기획할 수 있다.

7. **컨벤션·회의 기획**　컨벤션·회의 기획자들도 목적지의 컨벤션시설과 공급업자, 운송업자의 서비스를 함께 묶는 패키지를 구상할 수 있다. 휴가나 인센티브패키지를 개발하는 다른 전문업체들과 같이 이들 또한 고객의 욕구를 충족시킬 수 있는 환대 및 여행서비스 상품을 개발, 판매할 수 있다.

8. **단체여행 운영**　여행중개업자들은 단체여행객들을 인솔하고 안내하는 가이드서비스를 제공함으로써 여행객들의 여행경험을 더욱 값지게 만들기도 한다.

　여행중개업자들은 이러한 8가지 역할을 수행하는 데 주도적인 역할을 하기도 하고, 어떤 경우에는 이들 중 몇 개에 대해 역할을 수행한다. 예를 들어, 여행도매업자들은 휴가패키지를 개발하는 데 핵심적인 역할을 하고, 도매·소매여행사들은 이러한 여행패키지상품을 도매로 또는 직접 고객들에게 소매로 판매하는 역할을 한다. 회의기획자로 활동하는 기업여행 담당자들 역시 여러 가지 역할을 동시에 수행한다. 이처럼 환대 및 여행 유통시스템은 복잡하면서도 다양한 경로를 통해 상품의 개발과 판매가 이루어질 수 있다.

개별여행 중개업자

21세기 들어오면서, 환대 및 여행서비스의 유통은 이전과 다른 변모를 보이기 시작했다. 1990년대 들어 견고한 온라인 데이터베이스 프로그램과 함께 인터넷이 등장해서 유통경로를 담당하는 현상이 나타남에 따라, 기존 여행중개업자들의 역할감소disintermediation 현상이 나타나게 되었다. 21세기 초 전자상거래가 여러 방면에서 활발히 진행되면서 여행은 고객들에게 가장 인기 있는 온라인상품 중 하나가 되었다.

소매 여행사Retail Travel Agents

1990년대 후반 들어, 여행사들은 항공사의 수수료 인상과 여행상품의 온라인 판매로 새로운 경쟁환경이 나타나면서 어려운 시기를 맞이하게 되었다. 이러한 상황에도 불구하고 미국 Travel Agency Survey에 따르면 여행대리점을 통한 예약도 꾸준히 이루어지는 것으로 나타났다. 온라인을 통한 환대 및 여행상품 판매가 늘어나는 것은 여행산업의 소매시장이 다양한 형태로 성장하고 있음을 보여주는 예이다.

일부 여행대리점들은 인터넷을 통한 판매와 직접 고객들에게 판매하는 오프라인 판매를 병행하고 있으며, 전적으로 인터넷을 통해 고객들에게 판매하는 온라인 여행대리점이나 새로운 형태의 온라인 여행서비스가 나타나고 있다.

글로벌유통시스템GDS : Global Distribution System에서 운영되는 CRSComputerized Reservation System는 여행대리점의 여행상품 판매에 중요한 영향을 미치고 있으며, 여행대리점들은 이와 연결되지 않고서는 효과적으로 기능을 수행하기 어렵게 된다. 미국 Travel Agency Survey는 대리점의 95% 이상이 이 시스템에 연결되어 있다고 추정하였으며, 주요 시스템으로는 Sabre, Galileo/Apollo, World-Span, Amadeus 등이 있다. 여행대리점들은 오래 전부터 이 시스템에 연결되어 운영되고 있으며, 현재는 개별여행객이나 기업여행부서에서도 시스템에 접근하여 해당 서비스를 이용할 수 있다. 공급업자(호텔, 렌터카, 크루즈, 관광지시설 등)들은 여행대리점 또는 온라인유통시스템을 통한 예약에 대한 보답으로 판매수수료를 대리점이나 온라인유통시스템에 지불하게 되는데, 이때 특정 유통채널을 선호하는 관계가 형성되기도 한다.

소매여행사(retail travel agent)는 공급업자, 운송업자, 또는 다른 여행중개업자들로부터 여행상품 판매에 대한 수수료 형태로 수입을 창출한다. 이제까지는 고객들이 여행사 서비스에 대해서 비용을 지불하지 않는 것이 보편적이었으나, 최근 들어 항공권에 대한 커미션 상한선commission caps이 도입된 이후, 여행사들이 서비스에 대한 비용을 고객에게 부과하는 추세이다.

소매여행대리점들이 특정 공급 및 운송업자들로부터 수수료를 받기 위해서는 특정 협회나 단체에 소속되어 있어야 한다. 국내항공에 대한 수수료를 받기 위해서는 ARCAirlines Reporting Corporation, 국제항공수수료는 IATANInternational Airlines Travel Agent Network에 소속되어야 한다. 크루즈, 철도여행의 경우에는 국제크루즈협회와 AMTRAK에 소속되어 있어야 수수료를 받을 수 있다. 호텔, 렌터카나 그 외 다른 공급업자의 경우에는 수수료를 위해서 특정 협회나 단체에 소속될 필요는 없다.

대체로 여행대리점은 6~7명 이내의 직원으로 소규모 운영을 해왔지만, 수천 명의 직원을 거느린 대규모 대리점mega-agencies들도 있다.

미국의 경우, 여행사를 대표하는 여행업협회로 ASTAAmerican Society of Travel Agents, ARTAAssociation of Retail Travel Agents, ACTAAssociation of Canadian Travel Agents가 있으며, 이와 유사한 협회로 영국의 ABTAAssociation of British Travel Agents와 호주의 AFTAAustralia Federation of Travel Agents를 들 수 있다. 또한 SGTPSociety of Government Travel Professionals와 ITASNIndependent Travel Agent Support Network과 같은 소규모의 여행대리점 협회들도 있다.

소매여행대리점 중에는 인플랜트inplant의 형태로 소매여행대리점 사무실이 특정 기업의 건물 내에 위치해서 해당 기업의 여행업무를 대신하는 경우가 있다. 기업이나 관공서와 같은 정부기관은 기업전문여행사에 여행 수배와 여행상품 구성에 대한 총 책임을 맡길 수도 있다. 다른 예로, 크루즈상품의 예약, 판매만을 전문적으로 담당하는 여행사cruise-only agents도 있다.

여행도매업자 및 운영업자

여행도매업자와 여행상품운영업자들은 휴가패키지 상품의 주요 원천이다. 여행도매업자는 대개 여러 공급업자, 운송업자들의 서비스를 결합한 여행패키지를 기획하고 상품화하는 회사나 개인을 말한다. 이들은 보통 고객들에게 직접 패키

지를 판매하지는 않으나 소매여행사가 이 기능을 대신하고, 공급 및 운송업자들로부터 다량으로 상품을 사들여 소매여행사를 통해 재판매한다. 여행운영업자들은 여행도매업자 외에 여행패키지상품이나 관광상품을 판매하는 회사나 개인을 말한다. 여행운영업자와 여행도매업자를 같은 의미로 사용하기도 하지만, 일반적으로 여행도매업자들은 필요한 지상교통수단과 가이드서비스를 제공하고, 여행운영업자들보다 더 넓은 범위의 기능을 수행한다.

미국에는 수천 개의 여행도매업자와 여행운영업자들이 있지만, 100개 이하의 수입 규모가 큰 회사들에 집중되는 경향이 있으며, 이들은 대개 USTOA^United States Tour Operators Association의 회원들이다. USTOA의 일원이 되기 위해서는 적어도 3년 동안 고객 수와 여행규모면에서 구체적인 최소 기준을 충족해야 하며 소비자 보호에 100만 달러를 지원해야만 한다. 또 다른 3가지 주요 협회로는 NTA^National Tour Association, ABA^American Bus Association, UMA^United Motorcoach Association를 들 수 있다.

여행도매업자들은 대개 해당 여행상품의 첫 투어가 시작되기 최소 1년 전부터 마케팅 조사를 실시하여 투어패키지를 개발한다. 이들은 12~18개월 정도 먼저 공급 및 운송업자들과 예약, 요금 등에 대한 협상을 한 후, 투어나 패키지 가격을 결정하고 여행대리점을 통해 유통시키는 준비를 한다. 이를 위한 브로셔는 여행도매업자가 단독으로 개발할 수도 있고, 공급 및 운송업자, 다른 여행중개업자, 관광마케팅조직 등과 함께 개발할 수도 있다. 여행도매업자들은 주요 여행대리점에 요청하거나 여행전문잡지에 지면광고를 통해 촉진을 하게 된다.

기업의 여행담당자와 기업여행전문 여행사

미국의 기업여행협회^NBTA : National Business Travel Association는 "여행관리^travel management" 를 기업여행에 대한 전략적 접근방식으로 정의하고 있다. NBTA는 기업들이 지출하는 통제가능한 비용 중, 여행에 지출하는 비용이 두 번째 또는 세 번째로 큰 비중을 차지하고 있다고 지적하면서, 기업여행관리는 다음의 내용을 포함하고 있어야 한다고 주장하였다.

1. 전사적 차원에서의 여행비용 조사 분석
2. 여행정책의 수립, 전달, 지시 및 조정

3. 지불금액 조정

4. 기업여행 계약 및 할인 협상

5. 글로벌화

6. 전략적 회의관리프로그램SMMPs : Strategic Meetings Management Programs 개발

7. 온라인 예약시스템의 일상화

전통적으로 기업여행을 관리하는 방법은 기업의 각 부서나 부문, 혹은 개인 관리자가 스스로 여행을 계획하고 예약을 하는 것이다. 이러한 방법의 문제점은 여행당사자들이 가장 편리한 여행일정이나 적절한 품질의 서비스, 가장 경제적인 금액 등을 고려한다는 보장이 없다는 것이다. 기업의 입장에서는 항공사나 여행 공급업자들과의 가능한 협상이나 교섭력을 발휘할 수 있는 기회를 놓칠 수 있다. 최근의 급변하는 경제환경과 기업들의 글로벌화는 많은 기업이나 정부기관, 비영리기업들로 하여금 여행관리 프로그램을 수립하도록 요구하고 있다.

Runzheimer의 2007년도 여행관리전문조사Travel Management Professional Profile Survey 결과에 따르면 기업여행관리자들의 공통된 책임은 (1) 여행정책 개발(90%), (2) 여행자들의 관심이나 문의에 대한 지원(90%), (3) 비용절감 기회 제시 및 적용(87%), (4) 여행중계업체와의 협상(84%), (5) 정책 시행(enforcement)(81%), (6) 기업 내 모든 여행 관장(81%)들로 나타났다. 전 세계적으로 기업여행시장 규모는 거대하며, 대규모 기업들의 여행 및 엔터테인먼트 비용 규모 역시 매우 크다. 때문에 이러한 기업여행시장에 대한 항공사, 여행공급업자, 여행중계업체들의 경쟁 역시 매우 치열하다. 이러한 상황에서 기업여행관리자들은 막강한 협상력 우위를 가지게 되고, 기업에 대한 현금보상rebate은 이러한 기업의 여행시장 지배력을 잘 보여주는 예이다. 여기서, 현금보상은 여행상품 판매자가 기업에게 여행상품을 판매하고 얻는 수익의 일부를 다시 기업에 돌려주는 것을 의미한다.

기업여행을 일괄적으로 취급하고자 하는 추세는 환대 및 여행 산업 구조에도 중요한 변화를 가져왔다. 이러한 변화 중에는 초대형 여행사, 기업여행전문 여행사, 여행사컨소시엄, 프랜차이즈여행사 등의 등장이 포함된다. 이는 또한 대형 여행사나 항공사, 호텔체인, 렌터카회사 등이 기업여행에 초점을 맞춘 전국적 광고를 하도록 만들었다.

글로벌 유통시스템GDS : Global Distribution System 역시 기업여행담당 부서에 큰 영향

을 미쳤다. 대부분의 대기업들은 그들의 기업여행을 위하여 온라인상에서 이러한 GDS를 이용하고 있으며, 이는 다시 항공사나 호텔, 렌터카회사 등 주요 여행공급업자들이 이들 GDS에 그들의 상품을 연계시키고 예약가능 하도록 만드는 결과를 초래했다.

인센티브투어 기획자

인센티브투어는 두드러진 성장을 보이고 있는 비즈니스 여행의 세분시장 중 하나이다. 점차 많은 기업들이 직원들을 동기부여하는 방법으로 실적이 좋은 직원들이나 거래처들을 위한 보상의 일환으로 인센티브투어를 이용한다.

초기 인센티브투어는 높은 업무성과를 달성한 직원이나 판매업자들을 대상으로 하였지만, 점차 그 적용대상이 확대되어 생산초과달성, 고객서비스 우수직원, 신제품 출시, 신규거래 확보, 사기 함양 등을 위한 목적으로 다양하게 이용되고 있다.

인센티브투어를 위해 일부 기업들은 기업 내 여행부서나 컨벤션/회의 기획자를 활용하여 모든 업무를 스스로 해결하기도 한다. 하지만 대개는 인센티브투어 전문기획자나 여행사와 같은 외부 전문가들이 인센티브투어 패키지를 개발하는 것이 일반적이다.

인센티브투어 기획자는 전문적인 여행도매업자와 비슷하다고 볼 수 있으나, 차이점은 인센티브투어 기획자는 직접 기업고객과 거래를 한다는 것이다. 이들은 기업이 원하는 교통수단, 숙박, 식사, 테마여행, 파티, 투어 등을 포함하는 맞춤형 패키지를 만든다. 여행도매업자와는 달리 최상의 가격과 자리 확보blocks of space를 위해 공급 및 운송업자들과 협상을 하며, 이들로부터 수수료를 받는다.

컨벤션/국제회의 기획자

컨벤션과 국제회의는 비즈니스 여행의 중요한 부분을 차지한다. 'Meeting & Convention' 잡지의 조사에 따르면 회의에 지출되는 비용은 매년 증가하고 있는 것으로 나타났다. 컨벤션/국제회의 기획자는 협회, 기업, 비영리단체, 정부기관, 교육기관 등의 각종 회의를 기획하고 조정하며, 이들의 업무에는 다음과 같은 것들이 포함된다.

1. 예산 추정
2. 회의 장소 및 시설 선정
3. 숙박, 항공, 지상 교통수단을 위한 단체요금 협상
4. 회의 프로그램과 일정 계획
5. 참가자 예약
6. 회의 세부사항 결정 및 회의장소의 안전 확보
7. 관련 엔터테인먼트 제공
8. 식·음료 행사 기획
9. 인쇄물 및 시청각 보조자료 준비
10. 회의장 내 회의 주관

환대 및 여행 산업의 공급 및 운송업자, 여행중개업자, 목적지마케팅조직 등은 컨벤션/회의 기획자에 많은 관심을 가지고 있으며, 대개 회의 기획자 전문저널^예 Meeting & Conventions, Successful Meetings, Meeting News 등에 광고를 내거나, 관련 전시박람회를 이용하여 개별 기획자를 대상으로 인적 판매를 하기도 한다.

온라인 여행서비스

최근 들어, 온라인 여행서비스는 환대 및 여행 산업의 새로운 유통경로로 자리 잡게 되었으며, 온라인 여행서비스가 이용객들에게 줄 수 있는 주요 혜택으로는 다음을 들 수 있다.

1. 온라인 예약
2. 여행계획 지원
3. 환대 및 여행서비스의 가격 비교
4. 가정, 직장에서 편리하게 여행정보 접속
5. 여행예약의 즉시 확인
6. 여행정보의 즉시 획득
7. 가격할인정보 제공

온라인 여행서비스를 하는 많은 업체들이 ITSA^{Interactive Travel Services Association}로

불리는 관련 협회에 소속되어 있다. ITSA의 임무는 "급속히 성장하는 온라인 여행시대에 고객의 선택, 접근, 확신, 보호, 정보 관련 업무를 지원하는 것이다."

많은 환대 및 여행 마케터들이 이미 웹을 기반으로 한 자체적인 온라인 예약시스템을 갖추고 활용하고 있을 뿐 아니라, 온라인 사이트를 통한 배너광고banner advertising나 특별 판매 등을 시행하고 있다.

여행업 마케팅

환대 및 여행 산업의 공급 및 운송업자, 관광목적지마케팅조직의 이익을 창출하는 데 있어 여행중개업자들은 중요한 역할을 하며, 이들을 세분화된 표적시장 중 하나로 간주하는 것이 바람직하다.

일반적으로 고객들을 대상으로 한 촉진활동의 경우, 세분화된 전략을 이용하는 것이 보다 효과적일 수 있다. 하지만 여행중개업자들의 경우에는 모든 중개업자들에게 촉진활동을 수행하는 것과 선별된 일부 중개업자에게만 하는 것에 그다지 차이가 없을 수 있다. 여행사, 여행도매업자, 기업여행담당자, 인센티브투어 기획자, 컨벤션/회의 기획자 등 유형에 따라서, 그리고 이들의 지리적 위치, 판매/예약 건수, 고객 유형/수, 전문 분야, 공급업자와의 제휴 유무 등에 따라서도 그 특징이 다양하다. 때문에, 공급·운송업자, 관광목적지조직 등은 그들에게 가장 적절한 유통망을 선정하기 위해 여행업 세분시장을 신중하게 조사해야 하며, 다음의 3단계 마케팅 과정을 고려해 볼 수 있다.

❶ 여행업 세분시장의 조사 및 선정
❷ 포지셔닝 분석과 마케팅 목표의 결정
❸ 여행중개업자를 위한 촉진 믹스 결정

세분시장의 조사 및 선정

환대 및 여행 산업에서 고객의 예약·등록 기록은 여행사 마케팅을 위한 중요한 정보원천이 될 수 있다. 숙박시설의 경우, 예약된 등록자료를 통해 여행사명, 고객 거주지, 직업 등에 대한 정보를 구할 수 있다. 환대 및 여행 산업에서는 고객

등록자료를 컴퓨터에 입력해서 데이터베이스화하고, 이를 분석해서 다음 사항들을 결정할 수 있다.

1. **표적시장 지역**　　많은 고객이 거주하는 도시나 지역에 주요 중개업자들이 위치할 가능성이 높다.

2. **주요 기업여행 및 컨벤션/회의 고객**　　많은 고객을 창출하는 기업, 협회, 정부기관, 비영리조직들과의 지속적 거래를 위한 관리가 필요하다.

3. **여행도매업자 및 인센티브투어 기획자**　　환대 및 여행 산업의 공급 및 운송업체들은 전산예약시스템을 통해 중개업자들의 가치를 평가하고 그들에게 가장 적절한 대상을 선정할 수 있다. 처음 새로이 여행업을 시작하는 기업들은 의사결정의 기반이 되는 내부기록이 없고, 관련 여행산업의 경향과 예측분석을 위해서는 직접 1차 조사를 해야 하기 때문에 어려움을 겪을 수 있다. 이러한 1차 조사를 위해서는 먼저 지역과 인구통계특성을 기반으로 기업의 표적시장을 구체적으로 선정해야 한다. 그리고 이 표적시장의 향후 사업가능성을 측정하기 위해 여행사와 기업여행담당자, 컨벤션/회의 기획자 등을 대상으로 조사를 해야 한다. 이 외에도 경쟁사 분석, 관심 있는 관광목적지를 이용하고 있는 도매업자, 여행운영업자, 컨벤션/회의 단체, 인센티브투어 기획자가 누구인지도 파악해야 한다.

포지셔닝 접근법과 마케팅 목표 결정

환대 및 여행 산업의 공급 및 운송업자, 여행목적지는 서로 치열한 경쟁상황에 직면해 있다. 따라서 고객에게 그들의 뚜렷한 이미지나 포지션을 제시하는 것은 매우 중요하며, 이를 위해서는 다음의 6가지 포지셔닝 접근법을 고려해 볼 수 있다.

1. 제품의 구체적인 특징
2. 혜택, 문제해결, 욕구충족
3. 특정 이용상황

4. 사용자 범주

5. 다른 제품과의 차별성

6. 등급 구분

Holiday Inn은 여행저널에 많은 광고를 하면서, 위 첫 번째 포지셔닝 접근법인 제품의 구체적인 특징을 제시하는 방법을 이용하였다. 여행사를 대상으로 촉진한 구체적인 제품 특징은 '여행사수수료 프로그램Travel Agent Commission Program'으로, 이 프로그램은 모든 Holiday Inn 호텔에서 정확한 날짜에 여행사에 수수료를 지불한다는 것을 보장하고 있다. 편의성을 위해 각 개별 호텔이 아닌 중앙 본사에서 각 지역에 있는 해당 여행사에 수수료를 우편으로 보낸다. 이러한 구체적인 제품특징을 기반으로 한 포지셔닝 접근법은 고객들의 추천보다는 여행중개업의 사실 정보를 기반으로 의사결정을 한다고 가정하기 때문에 여행 마케팅에서 아주 유용하게 적용되고 있다.

여행업 표적시장에 대한 마케팅 목표를 미리 정하는 것은 촉진활동을 실제로 계획하고, 이러한 노력의 결과를 평가하는 데 도움이 되기 때문에 매우 중요하다. 환대 및 여행 산업의 공급 및 운송업자들은 그들이 정한 목표를 구체적인 여행업 세분시장에 적용할 수도 있다. 예를 들어, 특정 호텔이 휴가여행객 유치를 5% 상승시키는 목표를 가지고 있다면, 이 고객들 중 40%를 여행사를 통해 유치하고, 이 수익의 2%를 여행사에 배분할 수 있다.

여행중개업자를 위한 촉진 믹스의 설정

마케팅 활동에서 촉진 믹스는 광고, 판매촉진, 머천다이징, 인적 판매, PR/홍보 등을 결합한 것이다. 환대 및 여행 산업의 공급 및 운송업자, 관광목적지도 여행업을 대상으로 최적의 촉진 믹스 계획을 수립하고 실행할 수 있다.

1. **여행업 광고**Trade Advertising 여행업 광고는 공급 및 운송업자, 관광목적지 마케팅조직 등이 여행업관련 전문잡지와 저널, 신문 등에 내는 광고이다. DM 역시 여행업을 대상으로 하는 광고에 널리 이용되며, 이러한 매체 광고는 사전에 치밀하게 계획된 지침과 단계를 거쳐야 한다.

여행업 광고에서 언제 광고를 하는지timing를 결정하는 것은 매우 중요하다.

그리고 독자 또는 시청자가 여행사들이기에 이들 여행사 고객들에게 보다 정확하고 매력적인 정보를 제공할 수 있도록 남들보다 앞서는 독특한 혜택을 제시하는 것이 필요하다. 대개의 경우, 여행사와 같은 중개업자를 대상으로 한 광고는 최종 소비자를 대상으로 하는 광고보다 선행되어야 한다.

2. **주소록과 전산 데이터베이스**Directories and Computerized Databases 여행사와 중개업자들은 그들이 판매하는 모든 방대한 환대 및 여행 산업의 시설과 서비스를 다 숙지할 수는 없기 때문에 전산화된 데이터베이스와 주소록을 이용하고 있다. 이러한 여행사들이 이용하는 주소록을 통해 환대 및 여행업체들은 그들의 시설 및 서비스 리스트를 제공할 뿐 아니라 광고도 할 수 있다.

최근 들어, 환대 및 여행업체들의 시설과 서비스를 다루는 전산 및 온라인 데이터베이스 수가 증가하고 있다. 이들 데이터베이스는 대규모 항공사 예약 시스템과 연결되어 있으며, 여행사가 온라인정보에 의존하는 경향이 높기 때문에, 환대 및 여행 산업의 공급 및 운송업자, 관광목적지마케팅조직들은 이러한 예약시스템에 대한 정보와 자료를 가지고 그들의 촉진활동을 수행하는 것이 매우 중요하다.

3. **여행업 촉진**Trade Sales Promotions 여행중개업자를 대상으로 하는 판매촉진은 다음과 같은 활동들을 포함한다.

❶ 팸투어
환대 및 여행 산업의 공급 및 운송업자, 관광목적지마케팅조직이 여행사나 여행중개업자들에게 무료나 대폭 할인된 가격으로 제공하는 여행을 의미한다. 이는 중개업자들을 대상으로 하는 유용한 촉진수단이 될 수 있다.

❷ 콘테스트/경품/인센티브 프로그램
환대 및 여행 산업에서는 여행사를 통한 판매를 촉진하기 위해서 여행사를 대상으로 하는 콘테스트, 경품행사 등이 종종 이용되고 있다. 환대 및 여행 산업에서는 경품행사를 통해 참가 소비자들에게 무료여행권을 제공하거나, 여행사에게 American Express 여행자수표를 주기도 한다.

❸ 전시회 참가
여행업 협회들은 매년 환대 및 여행 산업의 공급 및 운송업자, 여행목적

지 마케팅조직, 그리고 중개업자들을 위한 전시회를 개최한다. 이러한 전시회 참가를 통해 여행사와 환대 및 여행 산업의 관련 기업들은 서로 정보를 교환하고, 촉진활동을 수행하며, 다른 기업들과의 관계를 형성하기도 한다.

4. 인적 판매Personal and Telephone Selling   환대 및 여행 산업에 있어 여행중개업자들을 대상으로 하는 가장 효과적인 촉진활동 중 하나는 인적 판매를 하는 것이다. 여행업을 대상으로 하는 판매에는 현장판매와 전화판매가 있다. 대부분의 항공사, 크루즈회사, 호텔/리조트 체인, 여행도매업자, 렌터카회사, 여객철도 등이 그들의 판매사원을 통해 기업여행담당자, 컨벤션/회의 기획자, 여행도매업자, 기타 여행중개업자들을 접촉, 방문하여 판매하도록 한다.

환대 및 여행서비스의 판매에 있어서 전자유통경로가 차지하는 비중이 점차 높아짐에 따라, 환대 및 여행업체들은 여행사들에게 무료장거리 전화번호를 제공하거나 웹사이트에 여행사가 쉽게 정보를 얻고 예약을 할 수 있도록 하는 서비스를 제공하고 있다. 숙박체인인 Holiday Inn, Radisson, Ramada 등은 여행사에 전화예약/정보제공 서비스를 제공한 선두기업이며, 주요 항공사들도 GDS를 통해 여행대리점이나 기업여행부서와 긴밀히 연결되어 있다.

5. 머천다이징과 브로셔Merchandising and Brochures   여행대리점은 환대 및 여행산업의 다양한 공급 및 운송업자, 관광목적지마케팅조직, 여행도매업자의 서비스와 시설을 판매해 주는 소매점이다. 각 대리점은 광범위한 여행 브로셔, 포스터, 그 외 광고 및 선전을 위한 다양한 전시물을 보유하고 이를 판매에 활용하고 있다.

6. PR과 홍보Public Relations and Publicity   환대 및 여행업체들은 여행사와 가능한 개방적이고 친밀한 관계를 유지하고자 하며, 이러한 긍정적 관계를 구축, 발전시키기 위한 활동은 대개 PR 계획의 일환으로 진행되고 있다. 환대 및 여행 산업에서 여행업관련 잡지에 정기적으로 기사화하고, 여행업협회가 주관하는 콘퍼런스나 세미나에 참석하거나, 매체 및 여행사를 위한 보도자료를 개발하는 것 등이 여행업대상 PR활동에 해당하는 전형적인 예이다.

7. 공동마케팅/파트너십Cooperative Marketing/Partnership   여행사대상 촉진 믹스의 또 다른 요소로는 여행중개업자들과 공동으로 수행하는 마케팅 활동을 들

수 있다. 예를 들어, 항공사, 호텔, 리조트, 관광목적지마케팅조직 등은 종종 고객들에게 배포할 브로셔 개발비용을 여행사와 공동 부담하기도 한다. 이러한 공동마케팅의 또 다른 예로는 공동스폰서활동을 들 수 있다.

8. 웹사이트 활용   환대 및 여행업체들은 자사 웹사이트의 일부분을 여행중개업자들에게 제공하기도 한다. 환대 및 여행 산업에서 전자유통의 중요성이 높아짐에 따라 여행중개업자들을 고려한 웹사이트 구축이 필요시 된다.

결론

환대 및 여행 산업의 유통시스템은 다른 산업과는 매우 다르며, 이러한 유통시스템의 중개업무를 여행업travel trade이라고 한다. 소매여행사, 여행도매 및 운영업자, 기업여행 담당자/대리점, 인센티브투어 기획자, 컨벤션/회의 기획자 등이 여기에 속한다. 여행업은 환대 및 여행 산업의 다양한 서비스와 시설에 대한 정보를 고객들에게 널리 제공하는 것을 포함한 몇 가지 핵심 역할을 수행하며, 고객들이 환대 및 여행서비스에 쉽게 접근하고 보다 큰 매력을 느낄 수 있도록 해 준다.

여행업 마케팅은 환대 및 여행 산업의 마케팅 계획에서 별도로 관심을 두고 고려해야 하는 부분이다. 본질적으로 여행중개업자들을 세분된 표적시장으로 간주하고 이에 맞는 전략과 포지셔닝 접근법, 그리고 촉진 믹스를 이용해야 한다.

학습과제

1. 환대 및 여행 산업의 주요 공급 및 운송업자, 관광목적지마케팅조직을 선택하여 이들의 유통시스템을 조사해 보시오. 직접유통과 간접유통 모두를 이용하고 있는지, 표적으로 삼는 여행중개업자는 누구인지, 어떠한 포지셔닝 접근법을 사용하고 있는지, 여행업을 위해 촉진활동은 어떻게 하고 있는지, 기존의 여행사대상 마케팅 활동을 어떻게 개선할 수 있는지 제시해 보시오.

2. 만약 당신이 호텔체인, 테마파크, 크루즈회사, 렌터카회사, 여행도매업 또는 항공사의 마케팅 담당자라면, 어떤 여행중개업자를 표적으로 삼겠는지, 이 여행중개업자는 어떻게 규명하겠는지, 이들에게 어떤 포지셔닝 접근법을 채택할 것인지, 여행업자들에게 어떻게 촉진활동을 할 것인지 제시해 보시오.

3. 소규모 지역 호텔, 리조트, 또는 관광시설로부터 여행업을 대상으로 한 마케팅에 관해 전문적인 조언을 해 달라는 요청을 받았다. 이 업체의 소유주는 과거 여행중개업자들과 거래를 하지는 않았지만, 여행중개업자들을 통해서 추가적인 수익을 올릴 수 있다고 생각하고 있다. 어떻게 어떤 단계를 거쳐 여행중개업자들을 대상으로 마케팅 활동을 할 수 있다고 추천해 주겠는지, 여행중개업자들을 통한 판매에 있어 장점과 단점은 어떻게 설명해 주겠는지, 어떤 여행중개업자를 표적시장으로 선정하라고 제시해 주겠는지, 그 이유는 무엇인지, 어떤 촉진 믹스와 활동을 추천해 주겠는지 설명해 보시오.

4. 여기서는 여행중개업자들의 8가지 역할을 제시하고 있다. 이러한 역할을 수행하고 있는 여행중개기업의 실제 예를 적어도 두 개 들고, 이 역할들에 대해 설명해 보시오. 고객들에게 서비스를 제공하는 데 있어 다른 기업과의 협력이 얼마나 중요한지, 선택한 기업이 이러한 역할을 효과적으로 수행하고 있는지 논해 보시오.

참고문헌

1. Hotel Sales Online. 2004. *How to Use Third Party Intermediaries Profitably*. http://www.hotelsalesonline.com/intermedia.htm, accessed December 27, 2008.

2. ARC. 2008. *ARC Processing Data November 2008*. Airlines Reporting Corporation.

3. ARC. 2008. *ARC Processing Data November 2008*. Airlines Reporting Corporation.

4. Travel Weekly. 2008. *2008 Travel Industry Survey*, 50.

5. Green, Cindy Estis. 2006. "Disappearing act: Are global distribution systems going away? Hardly." *Lodging*, 53.

6. Sabre. 2008. *Fact Sheet*. http://www.sabretravelnetwork.com/news/factsheet.htm, accessed December 27, 2008.

7. Travel Weekly. 2008. *2008 Travel Industry Survey*, 15.

8. Travel Weekly. 2006. *2006 Travel Industry Survey*, 12.

9. Travel Weekly. 2008. *2008 Travel Industry Survey*, 12.

10. Travel Weekly, 2006. *2006 Travel Industry Survey*, 8.

11. Travel Weekly. 2008. *Travel Weekly's 2008 Power List*, 6-10.

12. Luzadder, Dan, and Bill Poling. 2007. "Home Alone." *Travel Weekly*, 3.

13. United States Tour Operator Association. 2008. *Membership FastFacts*, http://www.ustoa.com/fastfacts.cfm, accessed December 27, 2008.

14. European Tour Operators Association. 2008. *About EOTA*, http://www.etoa.org/AboutUs.aspx, accessed December 27, 2008.

15. Mill, Robert Christie, and Alastair M. Morrison. 2006. *The Tourism System*. 5th ed. Dubuque, Iowa: Kendall/Hunt Publishing Company, 230.

16. Business Week. 2005. *NBTA's Corporate Travel Management 2005*.

17. Runzheimer International. 2007. *Runzheimer's 2007 Travel Management Professional Profile Survey*.

18. Maritz. 2005. *Is Everybody Happy?*, 1-2.

19. Meetings & Conventions Magazine. 2008. *2008 Meetings Market Report*, http://www.mcmag.com, accessed December 27, 2008.

20. Interactive Travel Services Association. 2008. *Our Mission*. http://www.interactivetravel.org/, accessed December 27, 2008.

21. eMarketer. 2008. *US Online Travel: Planning and Booking*, http://www.emarketer.com/Reports/All/Emarketer_2000502.aspx, accessed December 27, 2008.

22. Marcussen, Carl H. 2008. *Trends in European Internet Distribution of Travel and Tourism Services*, http://www.crt.dk/uk/staff/chm/trends.htm, accessed December 27, 2008.

23. HotelMarketing.com. 2006. *Sabre launches TripTailor*, http://www.hotelmarketing.com/index.php/article/060809_sabre_launches_triptailor/, accessed December 27, 2008.

24. eMarketer. 2008. *Online Travel Companies Choose Their Targets*, http://www.emarketer.com/Article.aspx?id=1006835, accessed December 27, 2008.

MEMO

14

우리는 어떻게 도달할 것인가?

커뮤니케이션
과
촉진 믹스

이 장을 읽고 난 후

목표

» 촉진 믹스를 정의할 수 있다.
» 촉진 믹스의 5가지 요소를 나열할 수 있다.
» 커뮤니케이션 과정의 9가지 요소를 설명하고 나열할 수 있다.
» 명시적 커뮤니케이션과 암시적 커뮤니케이션의 차이점을 설명할 수 있다.
» 촉진의 3가지 주요 목적을 나열할 수 있다.
» 촉진 믹스와 마케팅 믹스의 관계를 설명할 수 있다.
» 광고, 인적 판매, 판매 촉진, 머천다이징, PR과 홍보를 정의할 수 있다.
» 각각의 5가지 촉진 믹스 요소의 장단점을 나열할 수 있다.
» 촉진 믹스에 영향을 미치는 4가지 요인을 규명할 수 있다.

개요

환대 및 여행 산업은 촉진 믹스를 통하며 환대 및 여행 산업의 매력과 혜택을
고객들에게 전달한다. 이 장의 서론에서는 커뮤니케이션과 촉진의 관계를 설명
하고 촉진의 목표를 살펴본다.

그리고 5가지 촉진 믹스 요소를 정의하고, 각각의 장단점을 논의한다.

여러분은 삶의 매순간마다 TV 광고, 라디오 광고, 신문과 잡지 광고, 게시판, 쿠폰, 우편, 매장 내 광고선전용 전시물, 기타 매체를 이용한 다양한 홍보 등 수백, 수천 개의 제품/서비스 촉진물에 노출된다. 인간의 뇌는 이 모든 메시지를 전부 흡수할 수는 없으며, 사실상 대부분을 걸러내고 극히 일부만을 기억한다. 다른 모든 산업과 마찬가지로 환대 · 관광산업 또한 그들의 촉진활동에 있어 이러한 어려움에 직면해 있다. 환대 · 관광업체는 많은 촉진 대안들을 이용할 수 있지만, 어떤 대안을 선택하든 눈에 띌 가능성은 적다. 그러므로 주어진 상황에서 가장 적합한 촉진 방법을 선택하여 고객의 관심을 끌고 고객들이 이를 통해 구매하도록 하는 것이 최선의 방법이라 할 수 있다.

촉진과 커뮤니케이션

촉진활동은 마케팅 커뮤니케이션에 해당하는 부분으로 마케팅 활동을 위한 모든 조사, 분석, 그리고 의사결정의 완성이라 할 수 있다. 촉진은 고객들에게 정보와 지식을 제공하고 설득하며 이를 통하여 제품 · 서비스 판매가 원활히 이루어질 수 있도록 한다. 광고, 인적 판매, 판매촉진, 머천다이징, PR/홍보 등과 같은 촉진 수단을 하나 이상 이용하여 제품 · 서비스에 관한 지식과 정보를 고객들에게 전달하고 감성적 소구를 통하여 고객들의 마음을 움직이도록 할 수 있다. 이러한 방법들을 통칭하여 촉진 믹스(특정 기간 동안 이용하는 광고, 인적 판매, 판매촉진, 머천다이징, PR/홍보의 최적 결합)라 하고, 환대 · 관광업체들은 이러한 촉진활동을 통하여 자사 제품 · 서비스의 판매를 극대화하고자 한다.

커뮤니케이션 과정

여러분은 대화중에 상대방이 당신이 하고자 하는 말을 잘못 알아들은 경우가 몇 번인가 있을 것이다. 분명히 다른 사람은 당신이 하는 이야기를 들었지만 잘못 이해한 것이다. 이런 상황은 수신자와 발신자 사이의 쌍방향 상호작용에서 발생하고, 보통 메시지를 보내는 발신자(원천)와 이를 받아들이는 수신자 사이에 이루어지는 커뮤니케이션에서 종종 나타난다. 환대 및 여행 기업의 마케터들(원천)이 이러한 커뮤니

케이션 과정을 이해하고 효과적인 촉진 메시지를 만들어 내기 위해서는 우선 표적시장(수신자)과 커뮤니케이션 과정에 대해 올바로 파악해야 한다. 환대 및 여행 산업에서의 커뮤니케이션 과정은 다음 9가지의 핵심 요소로 이루어진다.

1. **원천**source 원천(발신자)은 고객에게 정보를 전달하는 사람 혹은 조직(⬛ 호텔체인, 항공사, 여행사, 레스토랑, 관광업체 등)을 말한다. 이러한 원천에는 상업적 원천과 사회적 원천이 있는데, 여기서 상업적 원천commercial sources이란 기업이나 그 외 조직이 고안한 광고나 촉진을 말하며, 사회적 원천social sources은 친구, 친척, 사업동료, 의견선도자opinion leader를 포함하는 대인간inter-personal 정보경로에서의 정보원천을 의미한다.

2. **기호화**encoding 원천은 커뮤니케이션 과정에서 정확히 무엇을 전달하고자 하는지 알고 있지만, 먼저 그러한 정보를 단어, 그림, 색상, 소리, 움직임, 혹은 몸짓body language 등으로 변환하거나 기호화해야 한다.

3. **메시지**message 메시지란 원천이 수신자들에게 전달하고자 하는 내용으로, 원천은 수신자들이 그 내용을 정확히 이해하기를 바라고 있다. Wendy's의 유명한 "Where's the Beef?" 광고의 경우, Wendy's는 냉동식품이 아닌 신선한 100% 쇠고기만을 이용한다는 메시지를 전달하고자 하였다. Pizza Hut은 "Pizza Hut People" 캠페인을 통해 피자를 먹는 것은 재미있는 일이고 Pizza Hut은 그 마을에서 최고의 피자를 만든다는 메시지를 전달하고자 하였다.

4. **매체**media 원천이 그들의 메시지를 수신자들에게 전달하기 위해 선택한 커뮤니케이션 경로를 매체라 한다. 상업적 원천은 주로 TV, 라디오, 신문, 잡지와 같은 대중매체를 이용하여 메시지를 전달한다. 매체는 판매원과 잠재 고객간 쌍방향 커뮤니케이션을 가능하게도 한다. 매체는 비인적 매체일 수도 있으며, 인적(여행사 직원, 호텔이나 항공사 판매원, 친구, 친척, 동료, 오피니언 리더 등) 매체일 수도 있다.

5. **해석**decoding, interpretation 촉진 메시지를 보거나 들으면 그것을 자신에게 실질적인 의미가 있는 쪽으로 해석하게 된다. 물론 원천은 기호화된 메시지를 수신자가 듣고 걸러내지 않고 원천이 의도한 대로 해석하기를 원한다.

6. **잡음**noise 　　라디오 주파수를 맞추려다가 잡음이 너무 심해서 그만둔 적이 있는가? 커뮤니케이션에서 잡음은 라디오 주파수를 맞출 때 경험하는 것처럼 물리적 혼란을 가져올 수 있고, 경우에 따라서는 심리적 혼란을 가져다 주기도 한다. 이러한 잡음이 심하게 되면 원천과 수신자가 개인 대 개인 혹은 전화 대화를 하는 경우 메시지를 서로 다르게 인식하게 될 수도 있다. 대중매체에서의 잡음은 이와 다르고, 원천의 메시지는 경쟁사의 메시지나 그외 관련 없는 서비스 및 제품의 촉진 메시지와 경쟁한다.

7. **수신자**receiver 　　원천의 메시지를 주목하거나 듣는 사람들을 수신자라 하며, 기호화된 메시지를 해석한다.

8. **반응**response 　　모든 촉진의 궁극적인 목표는 고객의 구매행동에 영향을 미치는 것이다. 이를 위해 환대·관광산업의 광고주들은 종종 직접반응direct response 광고라는 방법을 이용하며, 고객들에게 수신자무료전화를 이용하게 하거나, 작성한 쿠폰을 다시 보내 달라고 요청한다. ATC^Australian Tourist Commis-sion는 웹사이트상의 "Order a Brochure"란을 통해 브로셔 주문을 받는다. 잠재 여행객들은 온라인상에서 제시되는 양식에 필요한 내용을 기입하여 전자

잡음(noise)은 송신자(sender)가 수신자(receiver)에게 보내는 메시지를 방해한다.
그림 14-1

메일로 보내면 호주에 대한 다양한 브로셔나 팸플릿을 받아 볼 수 있다. 이런 유형의 촉진은 고객들이 행동을 취하게끔 동기를 부여할 수 있다. 이러한 촉진을 수행하는 기관ATC은 촉진의 효과를 평가할 수 있으며, 잠재 고객들의 반응에 관한 유용한 정보를 얻고 이를 데이터베이스화할 수 있다.

9. **피드백**feedback   피드백은 수신자가 원천에 역으로 전달하는 반응 메시지이다. 두 사람 사이의 직접적인 커뮤니케이션에서의 피드백은 판단하기가 상대적으로 쉽다. 이 경우, 수신자는 언어와 비언어적body language 피드백을 보낸다. 대중매체를 이용하여 커뮤니케이션을 하는 경우 이러한 피드백을 측정하기가 훨씬 더 어렵게 된다. 피드백은 궁극적으로 촉진이 판매에 영향을 미치는 것으로 표현된다. 대중매체 촉진, 특히 광고 캠페인의 효과를 판단하기 위해서는 보통 이를 위한 별도의 마케팅 조사를 수행해야 한다. 환대 및 여행 산업의 촉진활동에서 최근 직접 마케팅direct marketing으로 언급되는 직접반응 촉진을 강조하는 추세이며, 여기서는 고객들이 전화, 이메일, 우편, 혹은 개인적인 피드백을 하게 된다. 직접반응 광고direct-response advertising는 고객이 즉각적인 행동을 취하거나 광고주에게 빠른 반응을 보이도록 하는 직접 마케팅의 한 형태이다.

커뮤니케이션 과정에 영향을 미치는 사회적 요인들을 이해하는 것은 중요하다. 구전 광고word-of-mouth advertising: 고객들 간 구두로 전해지는 정보는 원천의 메시지를 더욱 널리 퍼뜨리고 해당 메시지의 내용을 강화한다는 것을 알 수 있다. 고객들이 환대 및 여행 산업에서 서비스를 구매할 때, 매체를 통한 메시지에 직접 노출되는 경우보다 이러한 개인 간 정보의 영향을 상대적으로 더 많이 받을 수 있다. 이러한 이유로 인해 환대 및 여행 산업에서는 의견선도자opinion leader 사이에서 보다 폭넓은 대중적 관심과 대화를 유도하기 위한 촉진활동에 많은 관심을 갖는다.

커뮤니케이션 단계에서 고려할 수 있는 또 다른 중요한 점은 고객이 해석decoding을 하기 전에 먼저 메시지를 주의 깊게 살펴보도록 해야 한다는 것이다. 환대 및 여행산업의 프로모터들은 고객의 관심을 끌 수 있는 자극요인들을 메시지로 기호화하는 데 이용하기도 하며, 이러한 자극요인들은 서비스 자체나 말과 그림을 통한 상징적 방법으로 표현된다. 일례로, 신기함(pop-out 광고, 거꾸로 된 광고), 특이한 유니폼을 입은 직원, 강렬함(전면 광고, 광고에서 나타나는 깊고 울리는 목소리), 대조(침묵을 이용한 TV광고,

백지 지면 광고, 움직이는 게시판 등) 효과를 이용한 기법들을 들 수 있다. 이 경우 마케터들은 마치 줄타기를 하듯 적절한 양의 자극을 이용하는 것이 중요하다. 만약, 촉진 메시지가 너무 강한 자극을 줄 경우, 내부 잡음(internal noise: 고객이 메시지를 받아들이는 것을 방해하는 심리적 상태)이 나타날 수 있다. 고객이 과도한 자극을 받을 경우 메시지의 요점을 무시하거나 잊어버릴 수 있으며, 촉진 메시지의 신뢰도가 떨어질 수도 있다.

잡음noise의 원천으로는 다음과 같은 것들을 들 수 있다.

- ❶ 경쟁적 촉진
- ❷ 과다(비경쟁) 촉진
- ❸ 촉진 메시지의 자극 수준
- ❹ 고객의 수용상태

잠재 고객이 저녁시간에 TV를 보거나 여행잡지를 읽을 때, 너무나 많은 경쟁적 광고에 노출되어 특정 호텔이나 항공사의 광고만을 보지 않고 여러 광고 속에 파묻히게 되는 경우가 종종 있다. 이와 같이 꼭 관련된 제품이나 서비스를 경쟁적으로 광고하는 상황 이외에도, 여러 다른 종류의 제품/서비스를 무질서하게 광고하는 비경쟁 촉진 상황 역시 고객이 인내심을 가지고 특정 메시지를 주목하는 것을 방해한다. 여러 이유로 인해 고객은 상업적 촉진활동에 과도하게 반응할 수 있다. 많은 사람들이 TV 광고 중 냉장고로 가거나 화장실에 가는 경우가 많으며, 직접우편광고Direct mail를 받자 마자 쓰레기통에 바로 버리기도 한다. 촉진에 노출되는 시간에 고객의 육체적 상태가 어떠한지도 또 다른 잡음이 될 수 있다. 예를 들어, 배고픈 상태의 고객들은 식사를 바로 마친 사람들보다 패스트푸드 광고나 관련 광고게시판을 더 보고자 하거나 광고에 더 예민하게 반응할 것이다. 어떤 경우에는 너무 복잡한 내용의 메시지나 너무 과도한 자극을 포함하는 메시지가 내부 잡음을 만들어 낼 수 있다. 이 경우, 중요한 핵심은 촉진 메시지의 내용을 가능한 간결하면서도 분명하게 유지하는 것이다.

명시적 커뮤니케이션과 암시적 커뮤니케이션

촉진 메시지를 고객에게 전달하는 커뮤니케이션 방법으로 명시적 방법과 암시

적 방법의 두 가지 방법을 들 수 있다. 명시적 커뮤니케이션explicit communication은 구두언어(TV, 라디오, 전화, 인적 판매) 또는 서면언어(Web, 이메일, 인쇄광고, 매장광고)를 이용하여 고객들에게 명확하게 메시지 내용을 전달하는 것을 의미한다. 이 경우, 판매자(원천)와 잠재 구매고객(수신자) 사이의 공통된 이해를 증진시키기 위해 언어적 수단을 사용한다. 명시적 커뮤니케이션을 통해 고객에게 메시지를 전달하기 위한 수단으로 촉진 믹스 요소인 광고, 인적 판매, 판매촉진, 머천다이징, PR/홍보 등을 이용한다. 암시적 커뮤니케이션은 얼굴 표정, 몸짓, 자세, 몸동작 등 비언어적 표현body language을 통해 암묵적으로 메시지를 전달하는 방법이다. 그 외에도 다음과 같은 비언어적 수단이 암시적 커뮤니케이션을 위해 사용될 수 있다.

1. 제품/서비스 믹스 고유 특성(예 시설, 서비스 질, 실내장식, 직원유니폼, 색상 등)
2. 가격
3. 유통경로
4. 촉진매체 유형
5. 촉진매체 수단(특정 잡지 혹은 TV방송국, 라디오방송국, 특정 프로그램 등)
6. 촉진(협력) 파트너
7. 패키지와 프로그램
8. 서비스 제공자

　　제품/서비스, 판매원, 가격, 유통경로 등은 암시적 커뮤니케이션을 통해 고객들에게 함축적 의미를 전달한다. 서비스업에서는 이것을 언급된 증거evidence라고도 부른다. 고객들은 종종 시설과 서비스, 가격, 이용가능한 유통경로로부터 얻은 단서를 토대로 해당 서비스에 대한 태도를 결정한다. 가격이 높으면 품질이 좋고, 그에 합당한 수준의 서비스와 시설을 갖추고 있을 것이라고 생각한다. 호텔의 호화로운 로비, 고급 카펫, 대리석 바닥, 유리나 구리와 황동으로 장식된 실내 등은 환대 및 여행 산업의 고급 호텔이나 레스토랑에서 흔히 볼 수 있다. 많은 사람들이 모이고 최신 유행이 흐르는 중심거리downtown에 위치한 호텔, 레스토랑, 여행사 등은 저소득 지역에 위치한 그것과는 다른 메시지를 창출한다. 여행사가 전문으로 하는 패키지 투어, 크루즈, 공급업자들은 모두 해당 여행사의 함축된 의미를 전달할 수 있다.

커뮤니케이션 과정에 있어, 대리단서surrogate cues는 고객들에게 직접적인 혜택내용을 전달하지는 않지만 어떤 내용이 제공되는지에 대한 메시지를 전달할 수 있는 제품/서비스의 특징을 의미한다.

규모도 또 다른 대리단서가 될 수 있다. 숙박 고객들은 객실 20개의 모텔보다는 객실 400개의 호텔에서 더 좋은 시설을 기대할 수 있다. 일반적으로 대규모 체인호텔이나 관광업체의 경우 고객들은 이들에게 더 많은 서비스를 기대할 수 있다. 예를 들어, 많은 여행객들이 대규모 호텔체인에서는 상용고객우대 프로그램을 찾고자 하지만, 소규모 지역 업체나 독립호텔에서는 이러한 것을 기대하지 않을 수 있다.

비언어적인 암시적 커뮤니케이션에는 촉진활동 이외의 마케팅 믹스 요소가 모두 포함된다. 이 경우, 모든 마케팅 믹스 요소는 가능한 일관성 있게 메시지를 전달해야 한다. 만약, 암시적 커뮤니케이션이 명시적 촉진을 지지하지 않는다면 그러한 촉진활동의 신뢰성은 떨어지게 된다. 예를 들어, 누구나 쉽게 찾을 수 있는 위치, double drive-through 개념을 통한 빠른 서비스는 'Hot'n Now' 햄버거 체인명과 광고 캠페인을 뒷받침하고 있다. 만약, 'Hot'n Now'가 준비하고 고객들에게 서비스 하는 데 몇 분이 걸리는 메뉴를 제공한다면 명시적 커뮤니케이션과 암시적 커뮤니케이션 사이에는 일관성이 결여되고, 이는 메시지를 받아들이는 고객들에게 갈등을 일으킬 것이다. 이와는 반대로, 명시적·암시적 커뮤니케이션 사이에 일관성이 유지된다면 메시지 전달효과는 그만큼 크게 나타날 것이다. 결론적으로, 광고나 그 이외 촉진활동들은 다른 마케팅 믹스 요소들을 뒷받침해야 하며, 상호간 일관성이 있어야 한다.

촉진 목적

마케팅에서 촉진의 궁극적인 목적은 커뮤니케이션을 통해 고객의 행동을 바꾸고자 하는 것이다. 이를 위해서는 다양한 구매 과정을 통해 고객들이 특정 제품/서비스를 결국 구매하거나 재구매하도록 해야 한다. 촉진의 세 가지 목적은 고객들에게 정보를 제공하고, 설득하며, 기억을 상기시킴으로써 궁극적인 마케팅 목표를 달성하는 것이다.

촉진활동에서 정보 제공은 제품수명주기의 초기단계에서 새로운 서비스나 제품을 촉진할 때, 또는 초기구매단계(문제 인식, 정보 탐색)의 고객들에게 촉진할 때 가장 효과적이다. 이러한 유형의 촉진은 서비스의 주요 특징에 대한 정보나 아이디어를 전달한다. 설득형 촉진은 고객들이 경쟁사보다 특정 회사 브랜드를 선택하고 구매하도록 하는 것을 목표로 한다. 특정 회사의 서비스를 다른 회사의 서비스와 비교하는 광고를 비롯해서 대부분의 판매촉진활동이 이 범주에 속한다. 설득형 촉진은 제품수명주기의 중간 또는 후기 단계(성장기, 성숙기)와 구매 과정 중 대안 평가 및 구매 단계에서 가장 효과적이다. 다음으로 상기형 촉진은 광고에 대한 고객들의 기억을 되살려 광고에 나타난 해당 브랜드의 재구매를 자극하기 위해서 사용된다. 이는 제품수명주기의 최종단계(성숙기와 쇠퇴기)와 구매 과정 중 구매 후 평가 및 선택 단계에서 가장 효과적이다.

촉진 믹스

마케팅 믹스(제품, 촉진, 유통, 가격, 패키징, 프로그래밍, 파트너십, 인적 요소)는 조직이 마케팅 계획을 세울 때 반드시 필요한 8가지 마케팅 요소를 포함하고 있다. 촉진 믹스는 마케팅 믹스의 요소 중 하나이면서, 마케팅 믹스의 다른 7가지 요소를 보완하는 역할을 한다. 사실상, 촉진 이외의 7가지 다른 마케팅 믹스 요소들 자체도 고객들에게 메시지를 전달하는 촉진의 역할을 수행할 수 있다. 촉진활동을 구성하는 5가지 촉진 믹스는 다음과 같다.

광고advertising

광고는 촉진 믹스의 요소 중 가장 가시적이고 널리 알려진 촉진 믹스의 요소이며, 대부분의 기업에 있어 촉진비용의 상당 부분이 여기에 사용된다.

1. 정의 광고란 "특정 대중에게 정보 제공이나 설득을 목적으로 회사, 비영리 조직, 개인 등이 다양한 매체를 통해 수행하는 상업적 비인격적인 커뮤니케이션으로 광고 메시지와 동일시되기도 한다." 여기서 핵심 단어는 상업적paid, 비인격적nonpersonal, 동일시identified가 될 수 있다. 환대 및 여행 산업에서는

돈이나 물물교환(라디오 광고에 대한 비용으로 레스토랑 무료식사권 제공) 형태로 광고에 대한 비용을 지불할 수 있다. 이에 반해, 홍보publicity는 커뮤니케이션 매체가 스스로 메시지를 전달해 주기에 비용이 들지 않는다. 광고는 광고주나 기업대표자가 물리적으로 고객들에게 메시지를 전달하지 않는 비인격적인 커뮤니케이션 방법이다. 여기서, 동일시identified라는 말은 광고비용을 지불한 기업 또는 그 기업이 제공하는 서비스가 해당 광고와 동일시된다는 것을 의미한다.

광고 메시지는 반드시 판매를 직접적인 목표로 할 필요는 없다. 때로는 기업광고나 기관광고의 경우에서와 같이, 단순히 기업의 긍정적인 면이나 좋은 이미지를 일반 대중에게 전달하는 것이 광고주의 목적이 되기도 한다.

2. 장점   광고는 다음과 같은 장점을 가지고 있다.

❶ 저렴한 비용으로 다수 고객과의 접촉이 가능하다.

광고 캠페인의 총비용은 수백만 달러에 이르더라도 접촉하는 고객 일인당 드는 비용은 다른 촉진 대안들과 비교해 볼 때 상대적으로 저렴하다. 이는 광고가 짧은 시간에 많은 시청자들에게 메시지를 내보낼 수가 있기 때문이다. 30초 동안의 TV광고를 위해 때로는 수십만 달러의 비용이 들기도 하지만, 수백만 명의 시청자들을 고려하면, 고객 1인당 드는 접촉비용은 몇 센트에 불과할 수 있는 것이다.

❷ 판매원이 물리적으로 도달할 수 없는 장소와 시간에 고객들에게 다가갈 수 있다.

판매원들은 고객들과 같이 그들의 집에 갈 수도 없으며, 저녁을 함께 보낼 수도 없고, 매일 아침 그들의 집을 방문하기도 힘들다. 그러나 광고는 고객들의 대부분의 일상생활에서 그들과 직면할 수 있다.

❸ 다양하게 각색된 창의적인 메시지 전달이 가능하다.

광고는 촉진을 수행하는 기업의 메시지를 창의적으로 각색할 수 있는 무한의 기회를 제공한다. 여행목적지의 넋을 잃을 정도의 환상적인 경치를 보여주는 화려한 잡지광고나 Hyatt호텔의 "You've got the magic touch", Jamaica의 "Come to Jamaica and feel alright"과 같은 옛 발라드, 락앤롤 풍 음악을 타고 내보내는 메시지 등이 여기에 속한다. 오늘날 우리는 너무나 많은

광고의 홍수 속에 살고 있으며, 이 때문에 광고는 항상 수많은 광고 속에서도 이를 보는 사람들 눈에 뜨일 수 있어야 한다.

❹ 판매원은 하기 힘든, 고객의 마음 속에 이미지를 창조할 수 있다.

광고는 고객들의 마음 속에 이미지를 창조할 수 있다. 일례로, 소리, 색, 움직임을 이용한 TV광고는 효과적으로 이미지를 창출할 수 있다. 호주 Qantas 항공은 시드니의 오페라하우스, 중국의 만리장성과 같은 유명 건축물을 호주의 인기곡 "I still call Australia home"과 함께 사용하여 호주에 대한 향수어린 이미지를 만들어내고자 하였다.

❺ 비강제적이다.

당신은 점포에 들어서자마자 판매원들에게 상품의 구매를 권유받아 본 적이 있는가? "어떤 물건을 찾으십니까?"라는 말은 항상 듣는 말이다. 이런 경우, 많은 이들이 부담을 느끼거나 어떤 경우에는 강요받는다는 느낌마저 받을 수 있고, 이 때문에 이런 접근에 방어하려는 자세를 취할 수도 있다. 대개 얼굴을 마주 대하는 일대일 커뮤니케이션은 우리에게 즉각적으로 답하고 결정하도록 부담을 주거나 강압적 분위기를 조장할 수도 있다. 반면, 광고는 비인적 커뮤니케이션으로, 고객들에게 답변, 평가를 요구하거나 즉각적인 결정을 강요하지 않는다. 고객들은 커뮤니케이션 과정에서 감시자가 없기 때문에 다른 촉진을 접하거나 의식적 혹은 무의식적으로 광고주의 메시지를 간과할 수 있고, 이에 대해 어떤 부담도 갖지 않을 수 있다.

❻ 같은 메시지를 여러 번 반복해서 보낼 수 있다.

어떤 경우에는 촉진 메시지를 고객들에게 여러 번 노출되도록 함으로써 촉진효과를 거둘 수 있다. 예를 들어, 어떤 여행자가 사전에 계획을 세우지 않고 관광목적지로 가는 길이라면 호텔/모텔, 레스토랑, 관광시설 등에 대한 구매결정을 할 것이며, 이 경우 도중에 광고간판에 자주 등장한 호텔이나 레스토랑을 선택할 확률이 높을 것이다.

❼ 대중매체 광고는 강한 권위와 인상을 남긴다.

광고와 광고매체는 이를 사용하는 환대 및 여행업체의 권위와 신용을 더욱 높여줄 수 있다. 새로운 신생호텔이나 새로운 환대ㆍ관광상품은 전국

적인 TV광고 캠페인을 통해 목표 시장에 효과적으로 발을 들여 놓을 수 있다. 기업이나 브랜드를 전국적으로 자주 광고할수록 이를 보는 사람들이 이 기업이나 브랜드를 더 양질의 제품이나 서비스로 인식한다는 연구결과도 보고된 바 있다.

3. 단점   광고는 메시지가 강력하고 설득적이며 그 전달범위가 넓은 특성을 가지고는 있지만, 단점이나 한계점도 가지고 있다.

❶ 판매가 어렵다.

일반적으로, 광고는 아직까지 모르던 것을 알게끔 만드는 인식과 이해를 증진시키고, 태도를 변화시키며, 구매의욕을 창출할 수 있지만, 그것만으로 고객의 구매까지 연결된다는 보장은 없다. 실제로, 광고가 판매로 직결되기는 쉽지 않은 경우가 많고, 보다 확실한 판매를 유도하기 위해서는 고객들로 하여금 예약금, 선불금, 보증금 등을 예치하도록 할 수 있다. 인적 판매가 광고보다 상대적으로 더 효과적으로 판매에 직결될 수도 있다. 대개 광고가 다른 촉진 믹스 요소의 도움 없이 고객들을 구매단계로 이끌어 가는 데에는 어려움이 따른다.

❷ 광고 경쟁이 갈수록 치열해진다.

광고의 기회는 무제한적이며, 이것은 광고의 장점이 될 수도 있고, 단점이 될 수도 있다. 수천 개의 광고들이 사람들의 관심을 얻기 위해 경쟁하지만, 그 중 소수만이 기억된다. 이는 인간의 기억력과 저장용량이 제한적이기 때문이다. 대부분의 지역에서는 상업적 광고 메시지가 난무하는 경우가 많고, 이 때문에 사람들은 보고 받아들여야 할 것들이 너무 많아 특정 메시지를 기억하기는 쉽지 않다.

❸ 고객이 광고 메시지를 무시하기가 쉽다.

광고주들이 광고를 통해 표적시장에 접근할 수 있다고 해도, 모든 사람이 그 광고를 주목하리라는 보장은 없다. 잠재 고객들은 상업적 메시지를 과도하게 흡수하였기 때문에 이러한 광고들을 의도적으로 회피하는 습관이 있을 수 있다. 또한, 어떤 이들은 광고가 광고주에게 의도적으로 유리한 쪽으로 치우친다는 사실을 알고 있기에, 광고 메시지에 관심조차 두지

않는 경우도 있다.

❹ 즉각적인 반응이나 행동을 기대하기 어렵다.

고객들은 광고를 보고 즉시 반응을 보이거나 즉각적인 행동을 취하지 않는 경우가 많다. 오히려 판매촉진이나 인적 판매 등 다른 촉진 믹스 요소들이 즉각적인 반응을 유도하는 데 더 효과적일 수 있다. 환대 및 여행업계 마케터들은 광고가 가지는 이러한 문제점을 극복하기 위하여 직접반응광고를 더욱 강조하기도 한다.

❺ 피드백에 따른 메시지 조절이 힘들다.

마케팅 조사를 신중하게 수행하지 않고 광고에 대한 고객반응을 결정하는 것은 매우 어려운 일이다. 조사정보를 수집하는 동안, 비효과적인 광고가 계속 나갈 수도 있다. 광고는 고객의 구매 초기단계에서는 큰 영향력을 미칠 수 있지만, 구매 후기단계에서는 다른 촉진 믹스 요소만큼 효과적이지 못할 수 있다. 때문에, 광고주들은 광고와 함께 직접 마케팅 기법이나 쌍방향 매체를 통해 고객들로부터 적시에 피드백을 받기도 한다. 쌍방향 매체interactive media는 고객과 광고주의 상호작용을 가능하도록 하는 전자 커뮤니케이션 장치 또는 그 결합이라고 볼 수 있다(TV, 컴퓨터, 전화선 등). 예를 들어, Web 이용과 쌍방향 TV의 인기가 높아지면서 고객들이 거실에서 여행을 예약할 수 있는 홈쇼핑이 가능하게 되었다.

❻ 광고의 효율성 측정이 어렵다.

수많은 변수들이 고객 구매에 영향을 미치기 때문에 고객 구매에 광고가 미치는 영향만을 별도로 구분하여 조사, 파악하기가 쉽지 않다. 광고가 직접적으로 고객 구매를 주도하였는지, 아니면 단순히 보조역할만 하였는지 결정하기가 쉽지 않고, 이 때문에 조직 내 갈등을 유발하는 경우도 있다.

❼ 상대적으로 낭비요인이 높다.

낭비waste란 표적시장에 포함되지 않은 사람들이 광고를 보고, 듣는 것을 의미하며, 이런 의미에서 많은 광고가 상당한 낭비를 하고 있다. 예를 들어, 신문은 수신자 범위가 매우 넓지만, 결과적으로 특정 표적시장에 호소하는 데에는 효과적이지 못할 수 있다. 최근 많은 신문들이 세션별 특

집 형태로 주제마다 별도의 공간을 할당하는 경향이 있고, 이에 따라 환대 및 여행업체들도 세분시장에 맞는 해당 지면에 메시지를 내보내는 경향이 나타나고 있다. 특정 표적시장을 목표로 메시지를 내보내는 데 가장 적절한 광고매체로는 직접우편광고Direct Mail Advertising를 들 수 있다.

인적 판매personal selling

1. 정의   인적 판매는 구두oral 대화를 수반하며 판매원과 잠재 고객들 사이에 전화 혹은 직접적인 대면 접촉을 통해 이루어진다.

2. 장점

❶ 판매를 유도할 수 있다.

인적 판매의 가장 강력한 특징은 판매에 근접할 수 있다는 것이다. 효과적인 방문판매의 핵심 중 하나는 판매원이 궁극적으로 고객에게 판매를 요청하는 것이다. 이것을 판매종료using a close, closing the sale라고 말하기도 한다. 고객들은 판매원으로부터 여러 가지 방법으로 구매결정을 내리도록 설득당한다. 다른 촉진 믹스 요소의 경우에는 고객이 판매 메시지를 무시하거나 자유로이 구매를 연기할 수 있지만, 인적 판매의 경우에는 그것이 자유롭지 못한 경우가 대부분이다.

❷ 고객의 관심을 유발할 수 있다.

고객과 직접 정면으로 대화하는 것은 고객의 관심을 살 수 있는 가장 좋은 방법이기도 하다.

❸ 즉각적인 피드백과 쌍방향 커뮤니케이션이 가능하다.

인적 판매는 판매를 성공적으로 종료하기 위해서 쌍방향 커뮤니케이션을 활용할 수 있고, 고객으로부터 즉각적인 피드백을 받을 수 있다. 이에 반해, 메시지를 전달하기 위해 비인격적 수단을 이용하는 다른 촉진 믹스 요소들은 이와 같은 쌍방향 커뮤니케이션과 고객으로부터 즉각적인 피드백을 받는 것이 매우 힘들다. 인적 판매 메시지는 고객의 반응에 따라 조정될 수 있는 데 반해, 다른 촉진 믹스의 경우 이것이 자유롭지 못하다.

❹ 고객의 개별 욕구에 맞는 판매를 할 수 있다.

인적 판매는 잠재 고객의 욕구와 필요에 맞는 판매조건을 제시함으로써 보다 효과적으로 궁극적인 판매에 이를 수 있다. 판매원은 고객들에게 질문을 하고 답변을 얻을 수 있으며, 만약 고객이 서비스나 제품에 대한 문제점, 관심사항, 이의 등을 제기하면, 판매원은 즉시 이를 처리하고 판매에 이르도록 할 수 있다.

❺ 표적고객을 정확히 공략할 수 있다.

잠재 고객을 효과적으로 선택하면, 인적 판매로 인한 낭비가 줄어들 수 있다. 사실, 유능한 판매원들은 고객과 직접 접촉하기 전에 해당 고객이 잠재 또는 가망고객인지를 판단하고 가려내어 접근할지 여부를 결정한다. 이는 적절한 고객을 미리 찾도록 함으로써 촉진으로 인한 낭비를 줄이도록 할 수 있는 데 반해, 다른 촉진 믹스 요소들은 이러한 것이 어려워 낭비수준이 상대적으로 높아지게 된다.

❻ 잠재 고객과의 관계를 발전시킬 수 있다.

판매원은 인적 판매를 통해 잠재 고객 또는 고객들과 지속적인 관계를 발전시킬 수 있으며, 이는 마케팅에서 중시되는 고객관계관리Customer Relationship Management를 이루는 첩경이 된다. 판매원은 모든 잠재 고객들과 지속적인 관계를 유지하기는 힘들며, 이는 별로 추천할 만한 방법도 아니다. 잠재 고객 중 가장 잠재력이 큰 또는 유망한 고객들을 선별하여 이 고객들에게 먼저 접근하고 이들과 좀 더 개인적인 관계를 구축하는 것을 의미한다. 광고나 그 외 다른 촉진보다 고객들의 재구매를 유도할 수 있는 강력한 자극을 메시지로 내보낼 수 있는 커뮤니케이션 방법이 바로 인적 판매이다.

❼ 즉각적인 행동반응을 얻을 수 있다.

광고는 간접적으로 판매나 구매반응을 유도하지만, 인적 판매는 항상 고객들로부터 즉각적인 행동을 얻어 낼 수 있는 잠재력을 가지고 있다.

3. 단점

❶ 수신자당 접촉비용이 높다.

인적 판매의 단점 중 하나는 다른 촉진 믹스 요소와 비교해서 수신자 1인

당 접촉비용이 상대적으로 높다는 것이다. 대부분의 촉진 믹스 요소가 1인당 접촉비용이 몇 달러에 지나지 않는다면, 인적 판매는 수신자 1인 접촉당 100달러 이상의 비용이 소요될 수도 있다. 개인적인 접촉으로 고객들에게 재구매 동기를 강하게 불어넣을 수는 있다 해도, 이를 위한 추가비용이 들 수도 있다. 사내 및 전화 판매는 현장 판매에 필요한 여행비용이 들지 않으므로, 비용면에서 상대적으로 효과적인 인적 판매의 형태로 볼 수 있다.

❷ 접근이 어려운 고객이 있을 수 있다.

일부 고객들은 판매원의 접근을 거절하기도 하며, 인적 판매방식에 대해 강한 거부감을 가지고 있는 경우도 있을 수 있다. 광고나 판매촉진, 머천다이징, PR 및 홍보와 같은 비인적 커뮤니케이션의 경우에는 상대적으로 이러한 반감이 적을 수 있다. 또한, 인적 판매는 지리적 위치와 방문일정 등의 이유로 잠재 고객에 대한 접근이 어려울 수도 있다.

판매촉진 sales promotion

1. 정의   판매촉진은 고객들이 즉각적인 구매를 하도록 고객들에게 주로 단기적인 자극을 주는 촉진방법이다. 광고와 마찬가지로 광고주가 분명하며, 커뮤니케이션 과정은 비인적이다. 할인, 쿠폰, 콘테스트, 경품, 샘플, 선물증정 등과 같은 방법들이 이러한 판매촉진에 속한다.

2. 장점

❶ 광고와 인적 판매의 장점을 결합하였다.

판매촉진은 인적 판매처럼 고객의 구매를 유발한다는 장점을 지니며, 광고에서와 같은 대량 커뮤니케이션도 가능하다. 일례로, 고객들은 우편으로 쿠폰을 받아볼 수 있고, 대중매체인 잡지나 신문에 있는 쿠폰을 사용할 수도 있다.

❷ 피드백이 빠르다.

일반적으로 판매촉진은 고객들에게 제한된 기간 또는 단기간에 이용해야 하는 추가적인 혜택 또는 인센티브를 제공한다. 대부분의 쿠폰은 특정

날짜 전에 해당 판촉물품으로 바꿔야 하고, 콘테스트, 경품행사, 프리미엄행사 등에도 마감일이 있다. 때문에, 고객들은 이러한 판촉행사에 빠르게 반응하게 되고, 기업은 빠른 피드백을 받을 수 있다.

❸ 서비스 혹은 제품에 흥미를 더한다.

재치있고 적절한 판매촉진은 환대 및 여행서비스에 흥미를 더할 수 있다.

❹ 고객과 커뮤니케이션하는 추가적 방법이다.

판매촉진은 고객에 대한 추가적인 커뮤니케이션 경로가 될 수 있다. 'Bounce-back' 쿠폰을 포장이나 용기 등에 부착할 수 있으며, 메뉴와 쿠폰을 재미있는 디자인으로 고안함으로써 고객들에게 메시지를 전달할 수 있다.

❺ 융통성 있게 제시하여 타이밍을 조절할 수 있다.

단시간 주목을 끌도록 하는 데 더해서 언제라도 판매촉진 방법을 이용할 수 있다는 것은 판매촉진의 융통성을 보여주는 또 다른 장점이다. 환대 및 여행 산업은 특히 성수기와 비수기가 매우 뚜렷한 산업으로 비수기 동안의 저조한 판매를 어떻게 극복하는지가 매우 중요한 문제이다. 만약 다른 촉진 믹스 요소들이 목표 판매량을 달성하는 데 실패하는 경우, 이를 보완하기 위해 사용되는 방법 중 하나가 판매촉진이다.

❻ 효율성이 높다.

판매촉진은 투자비용 대비 성과 측면에서 매우 효율적일 수 있다. 광고와 인적 판매는 모두 상당한 고정비용을 필요로 하는 반면, 판매촉진은 적절한 초기투자(쿠폰인쇄, 판촉상품 준비 등)만 이루어지면 바로 시작할 수 있으며, 추가비용은 이를 이용하는 고객 수에 따라 직접적으로 달라진다.

3. 단점

❶ 단기적 성과에 치중한다.

판매촉진의 장점인 투자원금의 회수가 빠르다는 점은 역설적이지만 단점이 되기도 한다. 일반적으로 판매촉진은 장기적인 판매 증가를 주도하지는 않는다. 판매촉진은 단기적인 수입을 증가시킬 수는 있지만, 촉진이

끝난 후에는 판매상황이 다시 원래대로 돌아가거나 또는 그 이하로 떨어질 수도 있다. 고객들에게 너무 많은 혜택을 제공하는 경우, 고객들이 해당 서비스를 영구적으로 낮게 평가할 위험도 있다.

❷ 기업이나 브랜드에 대한 장기 충성도를 저해한다.

판매촉진은 최상의 이익을 제공하는 기업을 따라가는 상표전환자brand switcher들에게는 크게 어필할 수 있지만, 장기적으로 기업 또는 브랜드 충성도를 구축하는 데에는 효과적이지 않다. 기업이 장기적인 고객 기반을 구축하고자 한다면, 단기 판매를 위해 원래 가격을 할인하거나 추가적인 혜택을 제공함으로써 제품의 품질이나 신뢰성에 영향을 미칠 수 있는 판매촉진은 그다지 효과적인 촉진방법이 아니다.

❸ 다른 촉진 믹스의 지원 없이 그 자체만으로는 장기적 이용이 어렵다.

판매촉진은 장기적으로 다른 촉진기법들과 긴밀하게 연관되고, 이들에 의해 뒷받침될 때 가장 효과적이다.

❹ 종종 오용될 소지가 높다.

기업들은 종종 장기적인 마케팅 문제를 안고 있음에도 이에 대한 빠른 해결책으로 판매촉진을 이용해 왔다. 전국적 레스토랑체인 중에는 판매촉진을 지속적으로 구사하여 구매 고객들이 경쟁사로부터 멀어지게끔 해온 업체가 있다. 그러나 메뉴를 개선하고 레스토랑의 디자인을 바꾸고, 서비스 혹은 음식의 질을 업그레이드 시키고, 품질 수준을 높임으로써 장기적으로 충성스러운 우수고객을 만드는 데 주력하는 것도 중요하다.

머천다이징merchandising

일반적으로 머천다이징은 촉진기법의 범주에 속하지만, 매체광고, 인적 판매, PR/홍보와 관련성이 적다. 여기서는 머천다이징이 환대 및 여행 산업에서 차지하는 독특성과 중요성 때문에 다른 촉진기법과 분리하여 설명하고자 한다.

1. 정의   머천다이징(혹은 구매시점광고)은 매장 내에서 판매를 자극하는 수단이나 도구를 말한다. 메뉴, 테이블카드tent card, 표지판, 포스터, 디스플레이, 기타

여러 구매시점 촉진물들이 여기에 속한다.

2. 장점　　머천다이징의 장점은 판매촉진의 장점과 매우 비슷하다.

❶ 광고와 인적 판매의 일부 장점들을 가지고 있다.
❷ 피드백이 빠르다.
❸ 서비스와 제품에 흥미를 더해준다.
❹ 고객들과 커뮤니케이션하는 추가적인 방법을 제공한다.
❺ 메시지 타이밍을 융통성 있게 조절할 수 있다.

혹시 최근 슈퍼마켓이나 옷가게 등 점포에 들렀다가 특별 코너에 진열되어 있다는 것 때문에 구매를 해 본 적이 있을지 모른다. 화려한 윈도우 디스플레이, 혹은 매장 내 특별한 진열 때문에 원래 계획했던 것보다 더 많은 지출을 한 적도 있을 것이다. 아니면 독특한 메뉴 때문에 특정 레스토랑에 간 적도 있을 것이다. 이처럼 머천다이징 촉진은 구매시점에 고객들의 시각을 자극하여 판매를 유발하고자 한다. 머천다이징의 장점은 다음과 같다.

❶ 충동구매와 지출 증대를 자극하고, 유도한다.
　　머천다이징은 고객들이 원래는 의도하지 않았던 것을 구매하도록 한다. 고객들이 일단 환대 및 여행업 건물에 들어서면 여러 시각적인 자극(머천다이징)을 통해 계획했던 것보다 더 많은 소비를 하도록 할 수 있다.

❷ 광고 캠페인을 지원해준다.
　　구매시점에 고객들을 시각적으로 상기시킴으로써 기존 광고 캠페인의 효과를 훨씬 크게 만들 수 있다. 패스트푸드체인은 이러한 기법을 잘 활용하며, TV광고를 통해 장난감이 들어있는 어린이용 식사패키지를 촉진하고, 어린이들이 매장을 방문하면, 매력적인 매장 내 디스플레이를 통해 어린이들에게 이러한 것들을 상기시키며, 어린이들의 관심을 끌고자 한다.

3. 단점　　머천다이징과 판매촉진의 주요 차이점은 머천다이징이 반드시 고객들에게 재정적 인센티브나 추가 혜택을 주는 것은 아니라는 것이다. 머천다이징은 장기적으로 고객구매에 영향을 줄 수도 있고, 레스토랑에서는 좋은 메뉴가 수년간 지속될 수도 있다. 매장 내 디스플레이는 포스터나 텐

트카드, 팸플릿처럼 어느 정도의 정해진 기간 동안 제시하는 것이 바람직
하다.

머천다이징이 장기적으로 고객구매에 긍정적인 영향을 줄 수도 있지만, 기업
이나 브랜드에 대한 고객의 장기적 충성도를 구축하는 데에는 그리 효과적
이지 못할 수 있다. 경우에 따라서는, 다른 촉진 믹스 요소의 도움 없이 사용
될 수도 있지만, 대개는 인적 판매나 광고를 함께 사용하는 경우에 효과가 더
크게 나타날 수 있다.

머천다이징의 또 다른 단점은 고객이 매장 내로 들어왔을 때 시각적으로 혼
잡함을 유발할 수 있다는 것이다. 일부 고객들은 레스토랑 테이블 위에 놓여진
텐트카드를 의식적으로 혹은 무의식적으로 무시해 버리는 경우가 종종 있다.

PR/홍보

1. 정의　　　PR^Public Relation은 환대 및 여행 산업이 다른 기업이나 조직, 단체, 또
는 개인들과의 관계를 호의적으로 유지하고 개선시키는 것과 관련된 모든
활동을 포함한다. 홍보^Publicity는 매체가 기업이 대중들에게 전하고자 하는 메
시지를 무료로 대신 전달해 주는 일종의 PR기법이다.

2. 장점

❶ 비용이 저렴하다.

　PR/홍보는 다른 촉진 믹스 요소에 비해 상대적으로 비용이 적게 든다. 하
지만 비용이 하나도 들지 않는다는 오해를 하는 경우가 있는데, 이는 잘
못된 생각이다. 효과적인 PR과 홍보를 위해서는 경영진과 직원들이 사전
에 신중하게 계획을 수립하고 필요한 시간과 예산을 투입해야 하는 경우
가 꽤 있을 수 있다.

❷ 상업적인 메시지로 보이지 않을 수 있다.

　광고가 이를 주관하고 수행하는 기업주 쪽으로 치우친 메시지를 전달하
는 커뮤니케이션 방식이라면, PR 메시지는 TV, 라디오와 같은 매체의 뉴
스나 잡지기사에서 다루어지므로 상업적으로 인식되지 않을 수 있다. 고
객들은 일반적인 매체광고를 대하는 것과는 달리 PR 메시지를 쉽게 무시

5가지 촉진 믹스 요소들의 장점과 단점 요약

그림 14-2

광 고

〈장점〉
- 접촉당 비용이 낮음
- 판매원이 갈 수 없는 장소와 시간에 접근 용이
- 다양하게 각색된 창의적인 메시지 전달 가능
- 판매원이 할 수 없는 이미지 창조
- 비위협적
- 메시지 반복 가능
- 강한 권위와 인상 남김

〈단점〉
- 판매가 어려움
- 경쟁이 심함
- 고객이 광고 메시지를 무시할 수 있음
- 즉각적인 반응이나 행동을 얻기가 어려움
- 빠른 피드백을 얻기가 힘들고 메시지를 조절하기 어려움
- 광고의 효율성 측정이 어려움
- 상대적으로 낭비 요인이 높음

인적 판매

〈장점〉
- 판매에 근접할 수 있음
- 고객의 관심을 살 수 있음
- 즉각적인 피드백과 쌍방향 커뮤니케이션이 가능
- 개별 욕구에 맞는 판매를 할 수 있음
- 표적고객을 정확히 공략할 수 있음
- 잠재 고객과의 관계를 발전시킬 수 있음
- 즉각적인 행동을 얻을 수 있음

〈단점〉
- 접촉비용이 높음
- 일부 고객들에 대한 접근이 어려움

판매촉진

〈장점〉
- 광고와 인적 판매의 일부 장점을 결합
- 빠른 피드백을 제공
- 서비스 혹은 제품에 흥미를 더함
- 고객과 커뮤니케이션하는 부가적인 방법
- 융통성 있게 타이밍 조절 가능
- 효율성이 높음

〈단점〉
- 이익이 단기적임
- 회사나 브랜드에 대한 장기 충성도를 구축하는 데 비효과적임
- 다른 프로모션 믹스 요소 없이 그 자체만으로는 장기적 이용 어려움
- 종종 오용될 소지가 높음

머천다이징

〈장점〉
- 피드백이 빠름
- 고객들과 커뮤니케이션하는 추가적인 방법을 제공함
- 서비스와 제품에 흥미를 더해 줌
- 융통성 있게 타이밍을 조절할 수 있음
- 충동구매와 1인당 소비율 증가를 자극함

〈단점〉
- 고객들에게 재정적 인센티브를 보장할 수 없음
- 회사나 브랜드에 대한 장기적 충성도를 구축하는 데 효과적이지 못함
- 시각적으로 혼잡성을 줄 수 있음

PR & 홍보

〈장점〉
- 비용저렴
- 상업적 메시지로 보이지 않기 때문에 효과적
- 신용과 암묵적 추천을 느낌
- 대중매체 기사는 권익을 세워주고 강한 인상을 남김
- 흥미와 각색을 더해줌

〈단점〉
- 일관성을 잃기 쉬움
- 통제가 어려움

해 버리지 않을 수 있다. 홍보는 고객들이 기업이나 브랜드에 대하여 가지고 있는 기존 인식을 전환시켜 주는 데에도 매우 효과적이다.

❸ 메시지의 신뢰성과 신용을 더할 수 있다.

여행비평가가 특정 여행지, 호텔, 레스토랑에 대해 호의적인 글을 썼다면, 고객들은 리포터의 추천을 받는다고 느껴서 광고주가 주관하는 광고 메시지보다 더 큰 신뢰를 가지고 이를 대할 수 있고, 해당 환대 및 여행업체도 이에 따른 신용을 얻을 수 있다.

❹ 대중매체의 기사는 권위를 더하고, 강한 인상을 남길 수 있다.

홍보와 광고 모두 대중매체를 이용한다. 하지만 홍보는 광고처럼 상업적인 메시지를 전하는 것이 아니고, 매체가 주관하는 기사를 통한 알림의 형식을 취하므로, 메시지의 권위를 세워주고, 수신자(대중)에게도 강한 인상을 남길 수 있다.

❺ 메시지의 각색을 통해 흥미를 더해준다.

작가의 언어 사용과 리포터의 기술방식에 따라서 환대 및 여행 산업의 독특한 특징과 장점이 극적으로 강조될 수 있다. 일례로, 호텔과 레스토랑의 개업식opening이나 크루즈, 항공편의 새로운 노선 출발 기념식 등 환대 및 여행서비스의 기념적인 이벤트에 흥미를 더해 줄 수 있다.

❻ 기업을 지속적으로 유지시켜 준다.

PR은 기업이 일반 대중public에게 지속적으로 긍정적인 인상을 심어주도록 해준다. 이러한 기업의 호의적인 이미지는 해당 기업이 시장에서 오래

지속될 수 있는 기반을 마련해 주며, 기업의 판매나 마케팅 활동에도 도움을 줄 수 있다.

3. 단점

❶ 촉진 믹스의 일관성을 유지하기 어려울 수 있다.

매체를 통해 기사화되는 것은 전적으로 매체의 자유재량에 달렸기에, 기업이 하고자 하는 촉진활동의 일관성 있는 방향과는 달리 행해질 수 있다. 촉진활동에 있어 촉진 믹스의 여러 요소들을 하나의 촉진목표가 구현될 수 있도록 일관성 있게 수행하는 것이 중요한데, PR/홍보의 경우에는 메시지 전달이 전적으로 매체 주관으로 이루어지기에 이러한 일관성을 유지하기가 매우 어려울 수 있다.

❷ 통제가 어렵다.

다른 촉진기법들과는 달리 메시지가 제시되는 타이밍을 정확하게 통제하기가 어렵고, 종종 기업(원천)이 원하는 방향과 매체를 통해 기사화된 내용이 다르게 나타날 수 있다. 매체를 통해 제시되는 메시지를 작성한 리포터들이 촉진의 핵심적 내용이나 아이디어를 빠뜨리거나 왜곡할 수도 있다.

촉진 믹스의 영향요인

표적시장

촉진 믹스의 각 요소들은 표적시장에 따라 그 효과가 다르게 나타날 수 있다. 예를 들어, 숙박시설이 그들의 연회(컨벤션/회의)시설을 촉진할 때에는 대중을 대상으로 하는 광고보다는 표적시장인 핵심 회의기획자들에게 인적 판매를 수행하는 것이 훨씬 더 효과적일 수 있다. 반면, 다수의 개별 휴가여행객들을 유치하기 위해 인적 판매를 이용하는 것은 적합하지 않을 것이다. 일반적으로, 해당 서비스의 특성이 복잡하고 그 안에 여러 요소를 포함하고 있을수록 촉진의 다른 방식보다 인적 판매가 더 중요해질 수 있다. 잠재 고객이 어디에 있고 어떻게 분포하고 있는지에 관한 공간적, 지리적 입지도 영향을 미칠 수 있다. 잠재 고객이 여러 지역에

널리 퍼져 있다면, 주어진 비용으로 이들에게 가장 효과적으로 도달할 수 있는 방법은 광고가 될 수 있다.

마케팅 목표

촉진 믹스는 촉진의 목표로부터 정해질 수 있다. 예를 들어, 일정 수준의 고객 인지도를 구축하는 것이 목표라면, 매체 광고에 주력하는 것이 바람직할 것이다. 반면, 단기간의 판매를 증진시키는 것이 목표라면, 판매촉진에 주력할 수 있을 것이다.

경쟁과 촉진실행

환대 및 여행 산업의 유형도 촉진 믹스에 영향을 미칠 수 있다. 패스트푸드 체인은 TV광고에 주력하고, 호텔과 항공사는 상용여행객보상 프로그램을 실시하며, 크루즈사는 여행사에 대한 인적 판매를 강화하는 경향이 있다. 하지만 이는 어디까지나 업종만을 고려했을 때이고, 실제 촉진목표나 목표시장, 촉진예산 등 다른 요인들이 고려되었을 때에는 달리 나타날 수 있다.

촉진 예산

촉진 예산은 촉진 믹스의 요소를 선택하는 데 직접적인 영향을 미친다. 소규모 기업들은 예산이 제한적이기 때문에 홍보와 판매촉진을 포함한 전체적인 비용이 저렴한 촉진요소에 주력해야 하는 반면, 대규모 기업들은 매체광고와 인적 판매 등 상대적으로 비용이 많이 드는 방식도 적절히 이용할 수 있는 여유가 있다.

결과

촉진은 기업과 고객 사이에 이루어지는 모든 커뮤니케이션과 관련되어 있다. 촉진은 광고, 인적 판매, 판매촉진, 머천다이징, PR/홍보의 5가지 촉진 믹스 기법

을 포함한다. 촉진 믹스는 마케팅 믹스의 8요소 중의 하나이고, 그 외 7가지 마케팅 믹스 요소들은 고객들에게 암시적으로 또는 암묵적으로 기업이나 브랜드에 대한 메시지를 전달한다.

환대 및 여행 기업이 그들이 필요한 촉진 프로그램을 적절히 선택하기 위해서는 우선적으로 매우 주의 깊게 마케팅 조사를 수행하고, 사전 계획을 면밀하게 수립해야 한다. 이를 위해서는 표적시장과 마케팅 목표를 신중히 고려하는 것은 물론, 제품수명주기, 경쟁사의 촉진활동, 촉진 예산 등 여러 요인들을 고려해야만 한다.

CHAPTER ASSIGNMENTS

학습과제

1. 다음의 4가지 환대 및 여행서비스 구매상황을 고려할 때, 관여도가 높은 구매의사결정과 관여도가 낮은 구매의사결정에 해당하는 것은 어느 것인가?

   - 테마파크에서 광대모양의 얼굴 칠(face painting)을 하는 것
   - 30분 동안의 점심식사 장소를 선택하는 것
   - 25주년 결혼기념일을 위해 레스토랑을 선택하는 것
   - 여행갈 국가나 관광지를 선택하는 것

   환대 및 여행기업이 위 4가지 구매상황에서 가장 적합하게 사용할 수 있는 촉진기법의 내용은 서로 어떻게 다를 수 있는가?

2. 당신이 가장 관심 있는 환대 및 여행 산업(예 호텔, 항공사, 레스토랑, 여행사, 테마파크, 리조트, 크루즈 등)을 하나 선정하고, 자신이 그 기업의 마케팅 부사장으로 고용되었다고 가정해 보시오. 그 기업은 기존의 촉진활동에 별로 만족하지 못해, 당신에게 보다 효과적인 촉진방법을 추천해 달라는 요청을 하였다. 당신은 5가지 촉진 믹스 요소 각각의 장점과 단점을 어떻게 언급하면서 촉진방법에 대한 조언을 하겠는가?

3. 촉진 메시지는 가능한 간결한 것이 바람직하다. 환대 및 여행 산업의 촉진을 당신이 사는 지역적 차원과 국가적 차원에서 고찰해 보시오. 간결하게 의사소통을 하는 촉진과 과도하게 복잡하다고 느끼는 촉진의 예를 각각 5가지 이상씩 들어보시오. 후자의 메시지들을 보다 효과적으로 개선하기 위해서는 어떻게 해야 하는지 제시해 보시오.

4. 커뮤니케이션은 명시적 방식과 암시적 방식에 의해 기업의 서비스에 대한 고객들의 인식에 영향을 미칠 수 있다. 당신이 살고 있는 지역에서 환대 및 여행 산업의 세 기업을 선정하거나, 혹은 전국 규모의 기업을 선정해서 이러한 두 가지 커뮤니케이션 방식이 어떻게 이용되고 있는지 분석하고 설명해 보시오. 각 경우에 있어서 명시적 커뮤니케이션과 암시적 커뮤

니케이션을 통해 제시되는 메시지가 얼마나 일치하고 일관성이 있는지, 세 기업 중 어느 기업의 메시지가 가장 일관성 있게 제시되는지, 각 기업들은 그들의 메시지를 일관성 있게 제시하기 위해 어떤 노력을 하고 있는지, 혹시 각 기업의 촉진에 있어 일관성이 부족하다면 이것이 해당 기업의 성공에 어떤 영향을 미칠 수 있는지 등에 대한 설명을 가능한 구체적으로 제시해 보시오.

참고문헌 REFERENCES

1. *Fans of Mandarin Oriental*. 2008. http://www.mandarinoriental.com/ our_fans/, December 27, 2008.

2. Travel Michigan. 2008. *Award-Winning Pure Michigan Campaign Launches Winter Campaign First Michigan winter advertising campaign in more than 15 years*, http://www.michigan.org/PressReleases/Detail. aspx?ContentId=3a2dfd55-3a2b-466e-8621-36932a557303, accessed December 27, 2008.

3. *got milk? campaign*. 2008. http://www.milkdelivers.org/gotmilk/index.cfm, accessed December 27, 2008.

4. American Marketing Association. 2008. *Dictionary*. http://www.marketingpower. com/_layouts/Dictionary.aspx, accessed December 27, 2008.

5. Kotler, Philip. 2000. *Marketing Management: Millennium Edition*. 10th ed. Upper Saddle River, N.J: Prentice-Hall, Inc.

6. Mill, Robert Christie, and Alastair M. Morrison. 2009. *The Tourism System*. 6th ed. Dubuque, Iowa: Kendall/Hunt Publishing Company.

7. American Marketing Association. 2008. *Dictionary*. http://www.marketingpower. com/_layouts/Dictionary.aspx, accessed December 27, 2008.

8. Reuters. 2008. *Super Bowl 30-second ads to cost $3 million in 2009: report*, http://www.reuters.com/article/rbssTechMediaTelecomNews/idUSN06 44484220 080506, accessed December 27, 2008.

9. eMediaWire. 2007. *Super Bowl XLI: Do the ROI numbers add up for advertisers? Analysis suggests that 75% of expenditure is wasted*. http://www.emediawire. com/releases/2007/3/emw512828.htm, accessed December 27, 2008.

10. Reuters. 2007. *Advertisers go for Super Bowl laughs*. http://www.reuters.com/ article/ousiv/idUSN0217724920070205, accessed December 27, 2008.

15

우리는 어떻게 도달할 것인가?

광 고

이 장을 읽고 난 후

목표

>> 광고 기획 단계를 기술할 수 있다.
>> 광고 목표의 세 범주를 나열할 수 있다.
>> 소비자 광고와 유통 광고trade advertising의 차이점을 설명할 수 있다.
>> 광고 메시지 전략의 세 가지 요소를 설명할 수 있으며 창의적인 대안을 제안할 수 있다.
>> 광고매체 선정 시 고려해야 할 7가지 요인을 설명할 수 있다.
>> 광고매체 대안을 나열할 수 있다.
>> 다양한 광고매체 대안의 장점과 단점을 기술할 수 있다.
>> 환대 및 여행 산업이 다른 광고매체를 어떻게 이용하는지 설명할 수 있다.
>> 광고대행사의 역할 및 장점을 기술할 수 있다.

개요

　　가장 설득력이 있고 강력한 촉진 믹스 요소는 아마도 광고일 것이다. 이 장의 서론에서는 모든 촉진 믹스 요소를 통합해야 할 필요성을 강조한 후, 광고 계획을 세우기 위한 단계별 접근법을 제시한다. 또한 다양한 대안매체를 상세히 살펴보고 환대 및 여행 산업에서 광고의 이용 정도에 대해서도 알아본다. 마지막으로 광고대행사의 역할에 대해 설명한다.

기업이 광고에 지출하는 비용은 매년 증가하고 있으며, 이는 앞으로도 지속될 것이다. 광고는 촉진 믹스 요소 중, 가장 설득력 있는 방법이다. 인터넷, TV, 광고 게시판, 버스/전철과 같은 교통수단, 심지어 건물 외벽이나 건물 위 전광판 등에서 이러한 광고를 흔히 볼 수 있다.

광고매체와 방법의 선택은 거의 무제한적이기에, 가장 효과적인 광고방법을 선택하기 위해서는 매우 체계적이면서도 복잡한 과정을 거칠 수밖에 없다. 마케팅 측면에서 볼 때 효과적인 광고를 위해서는 우선적으로 신중한 계획 수립이 필요하다. 환대 · 여행 산업의 광고지출에서 낭비가 종종 발생하는데, 이는 대부분 광고를 위한 사전 계획이 미비하고 광고 목표가 명확하지 않았기 때문이다.

광고와 촉진 믹스

광고는 촉진 믹스 요소 중 하나이며, "기업 또는 개인이 다양한 매체를 통해 비용을 지불하면서 특정 대중에게 광고 메시지를 통해 정보를 제공하고 설득하고자 하는 의사소통 방법"으로 정의될 수 있다. 사람들이 촉진을 생각할 때 가장 먼저 떠올리는 것은 광고기법이며, 그 중에는 광고보다 판매에 더 큰 영향을 미친다고 생각하는 다른 촉진 믹스의 요소들도 있을 수 있다. 그 중에서 어떤 방법을 선택할 지는 표적시장, 마케팅 목표, 고객의 구매의사결정 과정의 단계, 구매의사결정의 유형, 경쟁사의 촉진관행, 촉진 예산 등을 신중히 고려해서 결정해야 한다.

촉진 믹스를 먼저 계획하라

일단 마케팅 목표가 결정되면, 이를 구현하기 위한 촉진 믹스를 결정해야 하고, 이는 다시 각 촉진 믹스의 요소를 어떻게 결정할지 고려해야 함을 의미한다. 촉진은 5가지 촉진 믹스 요소들이 서로 다른 요소들을 보완하고 지원할 때 더욱 효과적이다. 촉진의 각 요소에 대한 세부적인 계획을 세우기 전에 촉진 믹스를 먼저 계획하는 것이 바람직하다. 광고 목표를 서면으로 작성하기 전에 전반적인 촉진 목표를 먼저 설정해야 하며, 이는 광고 예산이 수립되기 전에 촉진 예산이 세워져야 함을 의미한다. 최근 들어, 기업들은 촉진 믹스를 계획하고 조절하기 위해

광고활동 계획

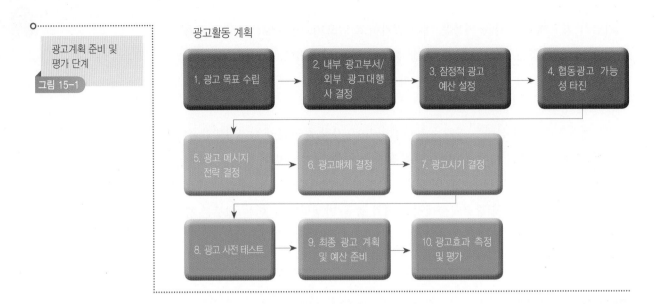

광고계획 준비 및 평가 단계

그림 15-1

통합마케팅전략을 사용하기 시작하였으며, 이는 광고만이 아닌 촉진 믹스 요소와 마케팅 믹스의 요소들을 전체적으로 통합하여 마케팅 목표를 설정하고, 이를 실현하기 위한 체계적이고 일관성 있는 계획을 수립하여야 함을 의미한다. 기업들은 이를 위하여 필요한 경우, 광고대행사, 판매촉진회사, PR컨설턴트를 포함하는 촉진관련 컨설턴트들의 자문과 협력을 받을 수 있다.

광고 계획

광고 계획 수립 및 실행을 위해서는 다음과 같은 10단계를 고려할 수 있다.

1. 광고 목표를 설정한다.
2. 사내 광고부서를 이용할지, 외부 광고대행사를 이용할지 결정한다.
3. (1차) 광고 예산을 수립한다.
4. 제휴광고(파트너십) 가능성을 고려한다.
5. 광고 메시지 전략을 수립한다.
6. 광고매체를 선정한다.
7. 광고시기를 결정한다.
8. 광고 (사전)테스트를 한다.

9. 최종적인 광고계획 및 예산을 준비한다.

10. 광고의 성과를 측정하고 평가한다.

1단계 : 광고 목표 설정

다른 모든 계획에서처럼 광고를 계획할 때에도 먼저 광고목표를 설정해야 한다. 이는 기업 마케팅 목표의 하위 목표로써 일관성 있게 설정되는 것이 바람직하다. 마케팅 목표에서와 같이 광고 목표도 계획 수립을 위한 지침이 되어야 하며, 성과를 측정하고 평가하기 위한 기준이 될 수 있어야 한다.

촉진의 세 가지 목적은 고객들에게 정보를 제공하고, 이들을 설득하며, 이들에게 전달된 메시지를 상기하도록 하는 것이다. 광고 목표도 이러한 세 가지 범주로 나누어 볼 수 있으며, 이때 목표는 가능한 양적으로 표현되는 것이 바람직하다.

소매여행사를 제외한 대부분의 환대 및 여행 산업은 대개 다음 두 가지 유형의 광고 중 하나에 참여한다.

- 소비자 광고Consumer Advertising – 촉진하는 서비스를 사실상 이용할 고객들을 대상으로 하는 광고
- 유통 광고Trade Advertising – 고객의 구매의사결정에 영향을 미치는 여행중개업자들을 대상으로 하는 광고

위 두 가지 유형의 광고를 실시하기 전에는 먼저 각각의 목표를 정의해야 한다.

2단계 : 사내광고 혹은 대행사 결정

환대 및 여행 산업 내 많은 기업들은 광고를 통한 커뮤니케이션을 수행하기 위해 외부의 전문 광고대행사에 이를 의뢰한다. 광고대행사를 선정할 때에는 해당 광고 캠페인을 성공적으로 개발하고 수행할 수 있는 광고대행사들을 찾고 이를 신중히 평가하는 것이 중요하다.

3단계 : 임시 광고 예산 수립

광고 예산 수립방법 중 가장 바람직한 방법은 목표과업objective-and-Task 접근법이다. 이 방법은 먼저 광고 목표를 설정하고 이를 세부적인 목표로 구분한 후, 각 세부목표를 달성하기 위해 필요한 업무를 규정하고, 이러한 업무들을 수행하는 데 필요한 비용을 산정하는 방식으로 예산을 결정한다. 만약 마케터가 언제나 필요한 촉진 예산을 얻을 수 있다면 이러한 방법이 이상적이기는 하지만, 실제 이러한 상황을 기대하기 힘든 경우도 많다. 기업 경영에서는 마케팅보다 우선시 되는 것들이 있을 수 있으며, 때문에 마케팅과 촉진을 위해 필요한 예산은 기업의 다른 활동들에 의해 영향을 받게 된다.

기업에서는 마케팅 부문의 예산을 통합하여 산정한 후, 이 범위 안에서 촉진 예산과 이에 따른 실제 광고 예산을 수립하게 된다. 마케팅 예산 중 촉진 믹스에 해당되는 부분은 각 촉진 믹스 요소에 할당된다. 이후 각각의 촉진 믹스에 대한 세부 활동계획이 수립되면 이에 필요한 비용이 산출되고 이 비용은 앞서 할당된 촉진 믹스 예산과 비교된다. 다음으로, 산출된 비용과 할당된 예산을 적절히 맞추기 위한 조정 작업이 필요하며, 이러한 조정 작업을 위해서는 예산에 맞춘 활동계획의 조정과 활동계획에 맞춘 예산의 조정이 모두 가능하므로, 각 기업은 이를 위해서 체계적인 다단계 결정과정을 가지고 가는 것이 효과적이다.

4단계 : 제휴광고의 고려(파트너십)

환대 및 여행 산업에서는 고객을 만족시키기 위해서 산업에 속한 기업들 간 긴밀한 협력관계가 필요할 수 있다. 이러한 협력관계를 유지하는 기업들은 고객의 욕구와 필요를 만족시키는 제휴자partner라고 할 수 있다. 환대 및 여행 산업에서는 이러한 제휴 마케팅partnership marketing의 기회가 매우 중요하며, 환대 및 여행 마케팅 믹스 요소 중 하나로 고려된다. 제휴partnership는 광고를 포함하는 모든 촉진 믹스 요소에 실행가능하며, 제휴광고에서는 두 개 이상의 기업이 해당 광고 캠페인의 비용을 분담하게 된다.

환대 및 여행 산업에서는 이러한 제휴광고의 예들이 많이 있다. 제휴광고의 핵심은 파트너들이 서로 관심을 가지고 있는 표적시장과 그에 맞는 광고 목표를 찾

는 것이다. American Express Card는 여행사와 공통의 광고 목표를 가지고 있다고 볼 수 있는데, 보다 많은 사람들이 여행하면서 여행예약과 여행비 지불을 위해 자사의 그린, 골드, 플래티넘, 블루 카드를 사용하도록 권장하는 것이다. 이러한 이유로 많은 호텔체인, 렌터카, 항공사, 크루즈 회사의 광고에 American Express Card가 나타나는 것을 볼 수 있다.

이러한 제휴광고의 장점은 다음과 같다.

1. 가능한 총 광고 예산이 증가할 수 있다. 때문에 보다 비싼 매체를 이용할 수 있으며, 광고의 규모나 횟수를 늘림으로써 광고 설득력이나 기억력 등을 더 높일 수 있다.

2. 광고주의 이미지와 포지셔닝을 강화할 수 있다. 예를 들어, American Express Card와 제휴한 호텔체인은 유명 카드사와의 제휴를 통해 사업적 이점과 여행객 유치를 할 수 있으며, 이를 통해 자사의 이미지도 증대시킬 수 있다.

3. 자사가 만족시키기 힘든 고객 욕구도 파트너가 제공하는 서비스를 통해 만족시키는 커뮤니케이션이 가능하다. 광고는 파트너의 서비스나 제휴 관광목적지 등을 편리하게 자사의 서비스와 함께 패키징할 수 있기 때문에 커뮤니케이션의 시너지 효과를 더욱 크게 할 수 있다.

제휴광고는 다음과 같은 한계점도 가지고 있다.

1. 제휴에 포함된 모든 파트너들이 만족할 수 있는 광고 기획에 상대적으로 더 많은 시간이 걸릴 수 있다.

2. 제휴에 포함된 개별 광고주는, 파트너십을 통한 공통의 목표 달성이 더 중요하기에, 광고 메시지 전략을 수립하는 데 있어 자사만의 절대적인 권리는 포기해야 한다.

3. 제휴에 포함된 개별 광고주는 자신의 서비스나 관광목적지만을 소개하고자 하는 기회는 상실하게 될 수 있다.

4. 제휴광고는 파트너사들이 함께 하는 것이기에, 개별 기업의 촉진목적과 제휴 광고의 목표에 대한 신중한 타협이 필요할 수 있다.

5단계 : 광고 메시지 전략의 결정

광고 계획 수립의 다섯 번째는 메시지 전략message strategy을 결정하는 단계이다. 메시지 전략의 핵심요소는 메시지 아이디어, 카피 플랫폼copy platform, 메시지 형식message format이다.

1. **메시지 아이디어**　　광고에서 핵심적으로 전달하고자 하는 주제, 소구점, 혹은 혜택요인을 메시지 아이디어라 한다.

2. **카피 플랫폼**　　카피 플랫폼은 광고 메시지의 아이디어를 구체적으로 완전하게 표현하는 문장으로, 광고 캠페인에 이용될 광고문안copy이나 광고내용의 기반이 된다. 이러한 카피 플랫폼은 한 페이지 이상의 문장으로 표현될 수도 있으며, 대개는 광고계획을 수립하고 실제로 광고 내용을 개발하는 광고대행사가 작성하게 된다. 카피 플랫폼에는 다음의 7가지 항목들이 포함될 수 있다.

   a. 표적시장(목표 고객 혹은 세분시장)은 무엇인가?
   b. 핵심 소구점 또는 혜택요인(메시지 아이디어)은 무엇인가?
   c. 이(광고주의 주장)를 뒷받침해 줄 객관적 자료나 정보는 무엇인가?
   d. 광고를 제시하고자 하는 기업은 경쟁사에 비해 어떻게 인식(포지셔닝)되고 있고, 또 어떻게 인식되기를 원하고 있는가?
   e. 광고의 어조Tone는 어떻게 나타낼 것인가? 즉, 핵심 소구점을 감성적/이성적 중 어떻게 표현할 것인가? 경쟁사를 언급할 것인가? 메시지 표현의 강도는 얼마나 강하게 할 것인가?
   f. 위 5가지 항목을 어떻게 잘 조합하여 광고 목표를 달성할 것인가?
   g. 광고 이외의 다른 촉진 믹스 요소들과의 관계는 어떻게 조화롭게 가지고 갈 것인가?

마케팅 포지셔닝을 위해서는 '(1) 제품의 구체적 특징, (2) 혜택, 문제해결, 욕구, (3) 이용상황, (4) 이용자 범주, (5) 경쟁 서비스와의 차별성, (6) 제품/서비스 등급' 등에 기반한 6가지 접근 대안이 있을 수 있다. 카피 플랫폼은 마케팅 포지셔닝 접근법에서 선정된 포지션position을 명료하게 표현하여 고객에게 정확히 전달하기 위한 첫 단계이다. 포지션 기술서는 선택된 간결한 포지션

을 기억에 남도록 요약한 문구 혹은 문장을 말한다.

광고의 어조tone는 메시지 아이디어를 전달하는 방법으로, 이성이나 감성 소구, 또는 메시지의 강도 등을 잘 결정해야 한다. 이성적 소구rational appeal는 사실에 근거한 혜택을 사람들의 이성에 호소하는 것을 의미하며, Maslow의 욕구 5단계에서 안전욕구와 관련이 있다. 이에 반해 감정적 소구emotional appeal는 사람들의 심리적 욕구(◎ 사회적 욕구, 자아존중 욕구, 자아실현 욕구)를 자극한다. 어떤 유형의 호소가 더 효과적인지에 대해서는 의견이 분분하지만, 대부분의 환대 및 여행서비스가 감성적 어조로 의사소통을 할 때 보다 효과적이라는 데에는 어느 정도 의견이 일치한다. 하지만 환대 및 여행 산업의 유통광고는 이성적 소구, 즉 정보제공이나 뚜렷한 혜택요인 제시 등을 이용하는 것이 더 효과적일 수 있다. 이러한 이성적 혹은 감성적 소구 중 하나를 선택하는 것은 궁극적으로 대상(소비자/유통), 제품수명주기 단계, 제공되는 서비스 특징을 포함한 기업들의 개별적 상황에 따라 달라질 수 있다. 이성적 소구는 제품수명주기의 초기 단계에서 감성적 소구는 후기 단계에 보다 효과적일 수 있다.

비교 광고comparative advertising는 광고내용에 경쟁사가 구체적으로 언급되는 경우인데, 이러한 비교 형태의 메시지 제시는 장·단점을 가지고 있다. 환대 및 여행산업의 경우, 패스트푸드, 항공사, 렌터카 회사 등이 이러한 접근법을 종종 이용하는데, 각 사가 취하는 포지셔닝 접근법에 따라 경쟁적 어조는 달라진다. 포지셔닝 접근법 중, 특정 경쟁사와의 비교를 통한 방법은 직설적이고 극단적인 어조를 취하는 경우가 많다. 대개 2위 혹은 그보다 낮은 순위의 회사가 시장 선도기업에 대항해서 이러한 경쟁 접근법을 이용하는 경우(◎ Burger King/McDonald's, Avis/Hertz, Northwest/American Air/United Air)가 많은데, 숙박산업에서는 상대적으로 이러한 접근법이 자주 이용되지는 않고 있다.

어조의 또 다른 요소는 메시지를 얼마나 강하게 강조하느냐인데, 이 경우 해당 메시지가 얼마나 단호하고 믿을 만한 것인지가 관건이다. 일반적으로는 메시지가 강할수록 사람들의 관심을 더 많이 얻고, 광고주의 주장을 설득시키기 쉽다고 생각할 수 있다. 하지만 항상 그렇다고는 볼 수 없으며, 선택한 포지셔닝 접근법에 따라 달라질 수 있다. 광고의 강조점에는 항상 이에 해당하는 신용이 더해져야 한다. 대표적인 예로 "The best surprise is no surprise."라는 주제의 Holiday Inn 지면 및 방송 캠페인을 들 수 있다. 여러

분들은 Holiday Inn에서 여러분들이 기대했던 바를 가질 수 있으며, 절대 예기치 못한 놀라운 일이 발생하지는 않을 것이라는 내용을 강하게 전달하는 메시지였다. 이 광고는 여행객들이 Holiday Inn을 이용하는 경우, 어떠한 서비스 혹은 시설의 문제점도 발견하지 못할 것이라는 의미를 함축하고 있지만, 그다지 성공한 커뮤니케이션은 아니었다. 왜냐하면, 모든 Holiday Inn 호텔들이 그들의 운영에 있어서 이러한 의미에서의 신용을 고객들에게 전달하지 못했으며, 서비스가 제대로 시행되지 못하는 경우가 있었기 때문이다. 어조는 매우 강했지만, 실제 서비스가 제대로 그 역할을 다 해주지 못했던 것이다. 강한 메시지가 보다 효과적이기 위해서는 원천이 표적 대중들에게 제공하는 서비스가 그만한 믿음을 줄 수 있어야 하며, 약속한 것을 반드시 제공할 수 있어야 한다.

3. 메시지 형식Message Format

메시지 형식은 구체적으로 메시지 내용을 전달하는 표현방식을 나타내며, 고객에게 메시지 아이디어를 전달하는 데 이용되는 창의적이며 광범위한 접근법이다. 다음은 잘 알려진 광고 메시지 형식들이다.

❶ 추천Testimonial

추천형식의 광고에서는 유명인, 권위자, 전문가, (실제 혹은 가상)고객, 캐릭터 등을 이용하여 해당 서비스 혹은 제품을 추천하도록 한다. 유명인사는 그 자체로 광고에 대한 사람들의 관심을 모을 수 있으며, 다른 경쟁적인 광고 속에서도 상대적으로 더 눈에 뜨일 수 있다. 하지만 만약 같은 유명인사가 여러 기업의 광고에 중복해서 출연하는 경우에는 각 광고의 효과는 감소하게 될 위험도 있다.

광고를 후원하는 기업의 사장과 같은 권위 있는 인사들도 종종 추천자로서의 효과를 가지고 있다. 이러한 접근법은 환대 및 여행 산업에서 종종 이용되고 있으며, 그 예로는 Wendy's의 Dave Thomas, Marriott International의 Bill Marriot, Virgin Atlantic 항공사의 Richard Branson 등을 들 수 있다.

실제 고객 혹은 고객의 역할을 하는 배우를 이용하여 추천광고의 효과를 거두기도 한다. 또한, 캐릭터를 추천자로 이용해서도 추천형식의 광고를 할 수 있는데, Qantas 항공의 코알라, McDonald's의 Ronald McDonald가 대표적 예에 해당한다.

❷ 생활의 단면Slice of Life

생활의 단면 광고는 짧은 미니드라마 형식을 통해 광고주의 서비스 혹은 제품이 일상생활에서 고객의 문제를 풀어나가는 모습을 보여준다. 생활의 단면 형식 광고는 고객이 갖는 전형적인 문제나 관심사와 연관되어 있기 때문에 보는 이들에게 많은 인기를 얻을 수 있다.

❸ 유추, 함축, 상징Analogy, Association, Symbolism

이 광고 형식은 고객들에게 서비스나 제품이 제공할 수 있는 혜택을 전달하기 위해 유추, 함축, 상징 등의 방법을 이용한다.

❹ 사진기법이나 과장Trick Photography or Exaggerated Situations

TV 및 지면 광고에서 많이 이용되는 방법 중 하나로 광고주의 메시지를 강조하거나 명확히 하기 위해서 사진기교, 특수효과, 과장된 상황 등을 이용한다.

❺ 단어구사 및 언어표현Word Plays and Made-Up Phrases

이러한 광고 형식은 주로 인쇄매체(잡지, 신문)에서 자주 이용되고 있다. 이러한 접근법은 호기심을 자극하는 재미있는 문구나 언어표현을 이용하여 광고를 보는 사람들의 관심과 흥미를 불러일으키며, 대개는 인쇄광고의 헤드라인 부분에 이러한 문구나 단어를 삽입한다.

❻ 신뢰 강조Honest Twist

이러한 광고 형식은 시장선도자 이외의 기업들이 종종 이용하는 접근법이다. 이 경우에는, 광고주가 먼저 정직하게 자사의 문제점이나 처한 상황을 전달하고,(예 Avis의 "When you are only No.2") 이후 이를 자사의 장점이나 경쟁력으로 전환시키는 메시지를 전달한다. "You try harder. Or else."

❼ 공포Fear

이 접근법은 상당히 부정적인 메시지를 통해 고객의 감정에 호소하고, 이를 통해 고객들이 구매를 하고 태도를 전환하도록 하는 방법이다. 보험이나 여행자 수표 판매, AIDS 예방, 금연, 약물과 음주운전 반대 등과 같은 사회적 운동에 이러한 형식의 광고표현이 이용되기도 한다. 이러한 광고 형식은 메시지가 너무 강할 경우, 잘못된 경우에 대한 공포를

느끼게 되고, 광고를 대하는 표적고객들이 광고를 무시해 버릴 위험도 가지고 있다.

❽ 비교comparison

이 광고 형식은 광고주와 그 경쟁사를 직접 비교하는 방법으로 고객들에게 소구하며, 필요한 경우 다른 광고 형식과 함께 사용될 수도 있다. 광고 효과를 높이기 위해서, 유머와 감정에 호소하는 방법을 함께 이용하기도 한다.

6단계 : 광고매체 선정

일반적으로 계획을 세운 후에 광고매체를 선정한다. 이용가능한 매체와 매체 수단(특정 신문, 잡지, 저널, 주소록, TV 및 라디오 방송국)이 워낙 다양하고 많기 때문에 하나의 매체를 선정하는 일은 그리 쉽지는 않다. 매체에는 지면과 방송매체의 두 가지 주요 범주가 있다. 지면매체Print Media는 신문, 잡지, DM, 옥외광고 등 메시지를 지면으로 나타내는 모든 광고를 포함하며, 방송매체Broadcast Media는 TV, 라디오, 비디오, 컴퓨터그래픽 등의 수단을 이용해서 표현되는 광고들을 지칭한다.

매체 선정 절차

광고 계획에서 가장 중요한 요소 중 하나는 최적의 광고매체를 선정하는 것이며, 이를 위해서는 다음의 7가지 사항을 고려할 수 있다.

1. 주 고객층이 보고, 듣고, 읽는 습관을 파악한다.   기업은 마케팅 조사를 통해 표적시장의 매체 습관을 정확히 파악해야 한다. 만약, 잠재 고객들이 대도시 지역에 거주한다면, 신문, 라디오, TV, 직접우편Direct Mail, 옥외광고Outdoor Advertising와 같은 매체를 선호할 수 있다. 반면, 여행중개업자(유통광고)를 표적으로 하는 경우에는, 여행잡지가 최적의 매체가 될 수 있을 것이다. 골프, 테니스, 스쿠버다이빙 같은 분야에 특별한 관심을 가진 고객들에게 접근하기 위해서는 해당 스포츠와 관련된 전문잡지special-interest magazine를 이용하는 것이 보다 효과적일 수 있다.

2. 포지셔닝과 촉진목적, 광고목표를 결정한다.　매체와 매체수단은 기업이 궁극적으로 고객과 대중에게 전달하고자 하는 이미지와 촉진목적, 광고목표를 잘 뒷받침해야 한다. 촉진목적과 관련 광고목표를 토대로 광고매체의 선택이 적절한지를 결정할 수 있다. 만약, 기업의 촉진목적이 고객들을 설득하는 것이고, 기업의 서비스에 대한 고객의 선호도를 높이는 것이 광고의 목표라면, 가장 설득력이 높은 매체인 TV를 선택하는 것이 적절할 수 있다. 촉진목적이 정보를 제공하는 것이고, 새로운 서비스의 특징을 설명하는 것이 광고목표라면 직접우편DM을 이용하는 것이 효과적인 방법이 될 수 있을 것이다.

3. 매체의 평가기준을 고려한다.　기업은 촉진목적과 광고목표를 토대로 매체 선택의 적합성을 판단하기 위해서 다음의 8가지 요인을 고려할 수 있다.

❶ 비용costs

광고에 소요되는 총비용, 구독자(시청자) 1인당 비용CPM: cost-per-thousand 등을 기준으로 측정될 수 있다.

❷ 도달범위reach

매체의 도달범위는 특정 광고에 적어도 한 번 이상 노출된 잠재 고객 수를 말한다. 신문 혹은 잡지의 발행부수(구독가구 수, 구독자 수)는 도달범위를 나타내는 측정방법이 될 수 있다. 인쇄매체의 경우, 1차·2차 독자층을 가지고 있는 경우가 종종 있다. 예를 들어, 많은 잡지들이 독자 혹은 구매자에게 읽혀진 후, 다른 사람들에게 전달되어 그 도달범위가 넓어질 수 있다.

❸ 빈도frequency

잠재 고객이 특정 광고에 노출되는 평균횟수를 의미한다. 어떤 경우에는 고객들이 주어진 시간에 특정 매체를 이용하는 횟수를 빈도라고 하기도 한다.

❹ 낭비waste

광고에 있어 낭비요인은 광고에 노출된 수신자들 중 기업의 표적시장 고객이 아닌 사람들의 수를 의미한다. 예를 들어, 수많은 사람들이 읽는 전국규모 신문의 경우, 이러한 의미에서 상당한 낭비 구독자들이 발생할 수 있다.

❺ 리드타임lead time과 융통성flexibility

광고를 고안하는 시점부터 실제로 해당 광고가 매체를 통해 제시되는 시

점 사이의 시간 공백을 리드타임lead time이라고 한다. 인쇄매체 중에는 잡지 같이 리드타임이 상당히 긴 매체가 있는 반면, 신문 같이 리드타임이 짧은 매체도 있다. 이러한 리드타임이 짧은 매체일수록, 필요한 경우 마지막 순간까지 광고 제작을 수정하는 것이 가능한데, 이를 매체의 융통성이라 한다.

❻ 혼잡clutter과 지배력dominance

혼잡은 특정 매체(신문이나 잡지, 라디오, TV프로그램 등)에 동시다발적으로 제시되는 광고 수를 말한다. 보다 포괄적인 의미에서 고객들에게 매일 노출되는 많은 수의 광고를 의미한기도 한다. 지배력은 특정 광고주가 특정 기간 동안 특정 매체를 지배할 수 있는 능력을 의미한다. 이러한 의미에서, 혼잡 정도가 높은 매체일수록 지배력이 나타나기 어렵게 된다.

❼ 메시지의 영속성

메시지의 영속성이란 같은 고객에게 반복적으로 노출되는 수명과 잠재력을 말한다. 출퇴근길에 마주치는 광고게시판은 상대적으로 수명이 긴 매체라고 볼 수 있으며, 이 경우에는 같은 통근자들이 해당 광고를 여러 번 보게 된다. 반면, 라디오, TV광고는 광고의 수명이 대개 15~60초로 매우 짧다.

❽ 설득력persuasive impact과 분위기mood

일부 매체들은 다른 매체들에 비해 광고의 설득력(광고주의 광고가 고객들에게 확신을 주는 능력)을 표현하는 것이 수월할 수 있다. 예를 들어, 고객들의 시청각을 모두 이용하여 광고를 소구하는 매체인 TV는 높은 설득력을 가지는 매체라고 볼 수 있다. 한편, 특정 매체가 광고 메시지에 더해 주는 상승효과 혹은 흥미를 분위기mood라 한다. TV는 음향, 움직임, 기타 다양한 시각적 자극을 사용하여 광고에 부가되는 흥미와 분위기를 창출한다.

4. 각 매체 대안의 상대적인 강점과 약점을 파악한다. 위 8가지 기준을 고려하여, 각 매체 대안의 상대적인 장점을 측정한다. 예를 들어, 전문잡지Golf Digest에 난 광고는 주요 일간신문New York Times에 게재된 것보다는 도달범위가 좁을 것이다.

5. 매체의 창의성을 고려한다. 광고를 창의적으로 표현하는 형식과 방법이 매체를 결정하는 데 영향을 미칠 수 있다. 예를 들어, 관광목적지 광고의 경우, 광고효과를 높이기 위해서 색상과 시각적 묘사를 중요하게 고려해야 하는데, 이를 위해서는 TV나 잡지, DM 등이 효과적일 수 있는 반면, 라디오, 신문광고는 상대적으로 표현에 제한이 있을 수 있다.

6. 경쟁사 매체를 고려한다. 자사의 마케팅 계획을 위해서는 경쟁사 마케팅 계획을 살펴보아야 한다. 광고예산이 많은 시장 선도기업이 특정 매체를 지배하려고 하는 경우, 다른 기업들은 어쩔 수 없이 이러한 매체를 일정 수준 이용할 수밖에 없다.

7. 총 광고 예산을 고려한다. 광고에 할당된 촉진 예산은 광고와 매체 결정에 영향을 미친다. 환대 및 여행 기업들은 광고 예산이 제한되어 있는 경우가 많아, 신문, 라디오와 같이 상대적으로 비용이 저렴한 매체를 이용하는 것이 유리할 수 있다. 중소 규모의 기업들이 TV광고에 뛰어드는 것은 어려운 결정이 될 수 있다.

7단계 : 광고시기 결정

광고매체를 결정했다면, 다음으로 광고를 언제, 얼마나 자주 제시할지 결정을 해야 한다. 여기에는 고객의 구매의사결정 과정과 광고주의 광고목표가 영향을 미칠 수 있다. 광고시기는 장기적 일정계획macro scheduling과 단기적 일정계획micro scheduling을 고려할 수 있는데, 여기서 전자는 계절별, 월별 광고계획을 의미하고, 후자는 주 단위 또는 일별 구체적인 시간계획을 말한다. 이러한 광고 일정계획은 다음과 같은 세 가지 접근법을 고려할 수 있다.

1. 비연속적intermittent 방법 일정기간이 지난 후마다 간헐적으로 광고를 내는 것을 말한다. 크루즈 회사는 여러 지역에 걸쳐 크루즈를 서로 다른 시기에 운행할 수 있기 때문에 이러한 비연속적 접근법이 유용하게 이용될 수 있다.

2. 집중적concentrated 방법 광고를 특정 기간에만 집중하는 것으로, 다른 시기에는 광고를 내지 않는다. 보통 특정한 시즌 동안만 개장하는 리조트나 스키

장 등이 이러한 접근법을 이용할 수 있으며, 이들은 대개 최성수기 몇 달 동안 집중적으로 광고를 낸다.

3. 연속적continuous 방법   광고 계획기간에 걸쳐 지속적으로 광고를 내는 것을 말한다. 호텔, 레스토랑과 같이 연중 계속 고객을 유치하는 환대 및 여행 기업이 이러한 접근법을 고려할 수 있다.

8단계 : 광고의 사전테스트

기업은 그들의 광고 캠페인이 광고목표를 충족시키는지 어떻게 알 수 있는가? 광고가 원래 의도했던 결과를 전달한다고 100% 확신하기는 힘들 수 있지만, 제대로 전달하지 못할 위험을 줄일 수 있는 방법은 있다. 광고 사전테스트advertising pre-testing는 광고주가 의도한 대로 광고가 고객들에게 전달되는지 분석하기 위해 마케팅 조사기법을 이용하는 것이다. 광고 사전테스트는 창의적인 광고 개발과 효과적인 매체 선정을 위해서 유용하게 사용될 수 있다.

광고 사전테스트는, 첫째, 광고를 완성하기 전 테스트를 위해서, 둘째, 매체를 통해 광고를 내보내기 전 완성된 광고를 테스트하기 위해서, 셋째, 여러 광고 캠페인을 고려할 때 각 광고를 어느 정도 자주 제시할 것인지 결정하기 위해서 사용될 수 있다. 광고 사전테스트를 위한 마케팅 조사에는 직접 순위법(고객들에게 광고 대안들을 보여주고 이들의 순위를 정해 달라고 요청한다)과 포트폴리오 테스트(고객들에게 광고주의 광고를 포함해서 여러 관련 광고를 보여주고, 이 중에서 어느 것을 기억하고 있는지 물어본다), 극장/실험실 테스트 (극장이나 이에 준하는 실험실에서 고객들에게 TV광고를 보여준 다음 기계적 장치를 이용해서 고객들의 감정표현을 측정한다) 등이 있다.

9단계 : 최종 광고 계획 및 예산 준비

광고 사전테스트를 통해 광고 계획과 예산을 최종 결정하게 된다. 광고 계획은 마케팅 계획에서와 같이 서면으로 작성되는 것이 바람직하며, 목표, 선택된 활동, 소요 예산, 소요 시간, 예상 결과, 가정 등을 명확히 보여줄 수 있어야 한다. 이 단계에서 세부적인 광고비용을 알 수 있으며, 사전에 작성된 임시 광고 예산과 비

교, 검토해 볼 수 있다. 이러한 비교분석을 통해 향후 광고 계획이나 다른 촉진 믹스 요소 계획을 수정할 수 있다.

10단계 : 광고 성공의 측정 및 평가

광고 캠페인을 하기 위해서는 상당한 비용이 들기 때문에, 광고 캠페인의 성공 여부를 신중하게 지속적으로 검토하고, 관찰, 측정해야 한다. 만약, 해당 광고가 나간 이후 판매 결과가 신통치 않다는 마케팅 조사 결과가 나오면, 계획된 광고의 종료시점 이전에 해당 광고 캠페인을 철회하기도 한다.

광고 사후테스트post-testing는 광고를 내보낸 이후 그 효과를 평가하기 위한 마케팅 조사방법을 일컫는다. 이러한 사후테스트 역시 광고목표와 해당 매체의 특성을 고려해서 결정할 수 있으며, 다음의 사항들이 포함된다.

- 노출 (얼마나 많은 잠재 고객들이 광고를 보았는가?)
- 고객반응 (고객들이 광고에 어떻게 반응하는가?)
- 전달효과 (고객들이 광고목표가 의도한 대로 반응하는가?)
- 표적고객의 행동 (표적고객이 우리가 원하는 행동을 취하였는가?)
- 판매/시장점유율 (원하는 만큼의 판매 혹은 시장점유율을 달성했는가?)
- 수익 (원하는 만큼의 수익을 달성했는가?)

이러한 6가지 기준을 측정하기 위한 마케팅 조사방법들이 많이 제시되어 있는데, 이 중 GRPGross Rating Points는 광고노출 정도를 측정하는 유용한 방법 중 하나이다. 이는 광고에 한 번이라도 노출된 고객 비율과 빈도(표적시장 고객의 평균 노출횟수)를 곱해서 나타낸 수치이다. 회상시험recall test은 고객이 해당 광고를 기억해 내는 능력을 측정하는 방법이다.

광고매체 대안

주요 광고매체로는 신문, 잡지, 라디오, TV, 옥외광고, 직접우편광고DM: Direct Mail,

쌍방향 매체interactive media 등이 있고, 전화번호책자나 주소록과 같은 매체도 이용할 수 있다.

1. 신문　신문은 구독자 수를 기준으로 볼 때, 가장 인기 있는 매체 중의 하나이다.

장점 ··

❶ 도달범위

신문은 이미 언급했듯이 많은 사람들에게 접근하는 것이 가능하다. 남·녀 모든 연령층, 소득, 직업군에서 많은 사람들이 신문을 읽는다.

❷ 지역적 집중성

신문을 이용하면 광고주가 보다 선택적으로 그들이 접근하고자 하는 지역시장에 집중할 수 있다. 대부분의 주요 도시에는 적어도 하나 이상의 일간신문이 있다. 지리적 세분시장 접근법을 이용하여 목표시장에 광고 메시지를 전달하고자 하는 기업이라면, 광고매체로 신문을 고려하는 것이 유리하다. 많은 레스토랑들이 해당 지역의 고객들을 유치하려고 신문을 이용한 광고를 선호한다.

❸ 빈도

빈도는 사람들이 광고에 노출되는 평균 횟수를 의미하며, 신문은 대개 매일 발행되므로 여러 번 반복해서 메시지를 전달하기에 적합한 매체이다.

❹ 유형성

신문은 유형적 매체이다. 구독자들은 광고나 판촉용 쿠폰을 잘라서 보관할 수 있으며, 이를 다른 사람들에게 보여주거나 줄 수도 있다. 광고주가 불특정 다수의 고객들에게 판촉용 쿠폰을 제공하고자 할 때 효과적인 매체이다.

❺ 신속한 게재

일단 광고가 완성되면 빠른 시일 내에 신문에 게재될 수 있다. 광고의 특성과 이를 신문에 게재하는 데 필요한 작업량 등에 따라 달라질 수 있겠지만, 신문은 보통 수일 내에 해당 광고를 게재하고 발행할 수 있다. 그러므로, 특별행사나 가격할인, 최신 정보 등을 신속히 고객에게 알려야 할 때 유용한 매체가 될 수 있다.

❻ 상대적으로 낮은(수신자 1인당) 비용

신문은 다른 매체 대안들과 비교해 볼 때 수신자(구독자) 1인당 비용이 상대적으로 적게 든다. 이 때문에 신문은 중소규모 업체들 사이에서도 광고매체로 인기가 높다.

❼ 상세 정보 전달

신문광고는 TV, 라디오, 광고게시판 등의 매체보다 상대적으로 더 상세한 정보를 전달할 수 있다. 광고주는 더 상세한 정보를 전달하기 위해서 신문에 별도로 삽입되는 별쇄광고FSI : Free-Standing Inserts를 이용하기도 한다.

❽ 표적시장 공략

최근 많은 신문들이 주말판에 여러 다양한 주제별로 특별섹션section을 운영하고 있으며, 광고주들은 그들의 표적시장에 가장 적합한 섹션을 선택해서 광고를 할 수 있다. 많은 신문들이 주말판에 여행섹션이나 엔터테인먼트, 식도락 란을 운영하기도 하는데, 이러한 특별 섹션들은 환대 및 여행 기업의 광고에 매우 유용하게 이용될 수 있다. 경제전문 신문의 경우, 비즈니스 여행객들을 타깃으로 하는 기업에게는 적합한 매체가 될 수 있다.

❾ 스케줄 선택

환대 및 여행 산업에서 광고를 할 때, 특정 요일이나 시기에 광고를 선택적으로 하는 것이 효과적일 경우가 있다. 신문은 매일 매일 일별로 출간이 되므로, 이러한 시기 선택에 있어 자유로운 매체이고, 광고주들은 그들이 원하는 시기를 선택해서 광고를 할 수 있다.

단점

❶ 낭비요인과 표적시장 설정의 어려움

신문은 수많은 사람들이 접하기 때문에 세분화 전략을 이용해서 특정 시장만 공략하고자 하는 기업의 경우, 특별섹션을 활용하는 경우를 제외하고는, 높은 낭비요인이 발생할 수 있다. 기업이 지리적 세분화 기준 이외의 기준(인구통계 혹은 사이코그래픽)을 이용하여 신문광고를 하고자 하는 경우, 표적시장을 정확히 설정하기 어려울 수 있다.

❷ 창의적 표현의 제한

　　TV와는 달리 신문에서는 음성, 움직임 등을 보여주기 힘들고, 이 때문에 감성적 표현이 필요한 광고의 경우, 상당히 제한을 받을 수 있고, 직접 대면하여 이야기하는 것도 힘들 수 있다.

❸ 재생 품질

　　신문은 다른 시각적 광고매체 대안들과 비교해서 상대적으로 재생품질 reproduction quality이 떨어진다. 최근 들어 신문의 인쇄기술이 발전했지만, 같은 인쇄매체인 잡지, 또는 방송매체인 TV, 그리고 광고게시판 등을 이용한 광고에서와 같은 선명함이나 다양한 색채감이 부족하다.

❹ 혼잡clutter

　　신문매체는 광고주들이 선호하는 매체이기에 광고주들은 매일 독자들의 관심을 얻기 위해 심한 경쟁을 한다. 많은 광고들이 신문에 실리지만, 그 중 가장 큰 광고만이 눈에 뜨일 수 있으며, 작은 규모의 광고들은 독자들의 관심을 얻지 못하거나 시선을 끌지 못할 수 있다.

❺ 수명 및 전달력

　　매일 배달되는 신문은 독자들에게 빨리 읽혀지는 반면, 그만큼 빨리 잊혀질 수도 있다. 그러므로 신문에 실린 광고가 독자들의 관심을 얻을 수 있는 시간은 매우 짧다. 신문은 일반적으로 잡지만큼 매체로써의 전달력이 높지도 않다.

❻ 높은 전국광고 비용

　　신문에 전국적인 광고 캠페인을 내기 위해서는 TV광고보다 더 많은 비용이 들 수 있다. 전국규모의 독자들을 갖고 있는 신문은 광고매체로써 비용이 상당히 높고, 지역신문의 경우에는 전국규모로 광고를 하기 위해서는 수많은 지역신문들에 광고를 내야 하기에 총비용은 매우 높을 수 있다.

2. 잡지　　현재, 각 분야에서 다양한 주제로 수많은 잡지가 발행되고 있으며, 이들 많은 잡지들의 발행부수를 더하면 그 수는 가히 헤아리기 힘들 정도이다. 환대 및 여행 산업의 많은 기업들은 이러한 잡지를 광고매체로 이용하고 있다. 광고매체로써 잡지가 가지는 장점은 독자층이 정해져 있으며, 광고가

구현되는 품질이 높으며, 잡지가 가지는 해당 분야의 전문성으로 인해 광고되는 메시지에 권위가 더해질 수 있기 때문이다.

잡지도 신문과 같이 인쇄매체이기 때문에 광고매체로써 신문과 유사한 장점과 단점을 갖는다. 높은 광고표현력과 표적설정 능력에 있어서는 신문을 능가하지만, 신문보다 접근도 및 빈도가 낮으며, 광고리드타임이 긴 단점이 있다.

장점 ....

❶ 유형성

신문과 같이 잡지는 유형적 매체이며 쉽게 보관할 수 있다. 광고나 쿠폰을 오려서 보관하거나, 이를 다른 사람들에게 전달할 수도 있다.

❷ 선별된 독자층

잡지는 신문보다 도달범위나 빈도가 낮긴 하지만, 선별된 독자층을 가짐으로써, 시장세분화를 통해 특정 표적시장에 메시지를 전달하고자 하는 기업에게는 낭비요인을 줄일 수 있어 매우 적절한 매체이다. 많은 잡지들이 구독자 프로필을 자료로 가지고 있으며, 광고주들은 이를 통해 그들의 표적시장에 가장 근접한 독자층을 가진 잡지를 선정할 수 있다.

잡지는 독자층의 관심분야에 따라 전문화된다. 비즈니스 여행객들에게 접근하고자 하는 기업들은 Business Week, Fortune, Forbes와 같은 비즈니스 지향 잡지들을 광고매체로 고려할 수 있다. Travel & Leisure, Travel Holiday, National Geographic Traveler, Conde Nast's Traveler 등 여행관련 잡지들은 독자들에게 여행과 휴가에 대한 다양한 정보를 제공한다. 이러한 잡지들은 구체적으로 이들 독자층과 비슷한 흥미를 가진 고객집단을 표적시장으로 하는 기업들에게 광고매체로써 인기가 많다.

❸ 뛰어난 재생 품질

잡지는 신문보다 광고재생 품질이 훨씬 뛰어나다. 많은 잡지광고는 지면이 견고하고 다양한 색감을 표현할 수 있기에 광고매체로써 매우 매력적이다. 색채는 대부분의 환대 및 여행 산업 광고주들이 광고매체를 결정할 때 매우 중요한 요인으로 작용한다.

❹ 긴 수명과 높은 전달력

사람들은 잡지를 읽을 때 신문보다는 더 여유를 가지고 읽는다. 집이나 사무실에 계속 비치해 놓아두기도 하고, 몇 분 만에 읽는 것이 아니라 여러 날 동안 조금씩 읽어 나가기도 한다. 구입가격이 상대적으로 비싸기 때문에 읽고 난 후에도 쉽게 버리지 않을 수 있으며, 신문과는 달리 친척이나 친구, 동료들에게 전해 주기도 해서 2차 구매로 이어지기도 한다. 이렇게 늘어난 독자 수는 잡지의 수명을 길게 하고, 도달범위를 더 넓게 만들 수 있다.

이로 인해 잡지광고는 사람들에게 알려지고, 읽히는 데 상대적으로 더 긴 시간이 걸릴 수 있으며, 사람들이 잡지를 다시 읽는다면 적어도 한 번 이상 광고를 접하게 될 것이다.

❺ 명성과 신용

잡지는 신문과 달리 초기 구매비용이 높고, 재생품질이 좋으며, 기사내용의 수준도 해당 잡지의 전문성으로 인해 높기 때문에 그 만큼 광고매체로써 높은 명성을 얻을 수 있다. 고객들은 TV와 같은 다른 매체보다 잡지를 통해 전달되는 광고가 더 믿을 수 있다고 생각할 수 있다. 광고를 통해 고급스러운 이미지를 만들고, 좀 더 부유한 고객들에게 소구appeal하고자 하는 광고주에게는 잡지가 효과적인 매체로써 역할을 할 수 있다. 예를 들어, National Geographic은 지금까지 오랜 기간 동안 발행되었으며, 그 내용도 상당히 신뢰할 수 있고, 그 분야에서는 매우 권위가 있는 잡지이다. 발행부수도 천만부가 넘으며, 부유한 독자층 비율이 높은 편이다. 이러한 잡지의 명성과 신용은 광고주가 National Geographic에 광고를 내고 이를 통해 메시지를 전달하고자 하는 데 중요한 영향을 미치게 된다.

❻ 상세한 정보 전달

잡지는 신문과 같이 광고를 통해 상세한 정보를 잘 전달할 수 있다. 그러므로 고객들이 광고를 통해 보다 많은 정보를 얻고자 하는 경우 잡지는 TV, 라디오, 옥외광고 같은 매체보다 더 효과적이다.

잡지가 가지는 이러한 광고매체로써의 장점들이 있기는 하지만, 잡지가 환대 및 여행 산업에서 최상의 매체라고 단정짓기는 힘들다. 잡지광고는

TV 매체만큼 메시지가 설득적이거나 전달력이 빠르지 않다. 이러한 이유로 TV의 매체로써의 설득력과 빠른 전달력을 선호하는 패스트푸드 회사들은 잡지를 매체로 이용하지 않는 경우가 종종 있다.

단점

❶ 창의적 표현의 제한

잡지가 신문보다 감성 지향적인 메시지를 더 효과적으로 전달할 수 있지만, 음성 메시지나 움직임을 표현하기에는 부족하며 이를 사용하는 창의적인 접근에도 한계가 있다.

❷ 혼잡clutter

잡지의 경우, 신문만큼 심각하지는 않지만 여러 광고가 함께 경쟁적으로 게재되는 혼잡의 문제를 안고 있다. 많은 광고가 잡지매체를 이용하기 때문에, 작은 광고들은 상대적으로 눈에 띄지 않을 수 있다.

❸ 도달범위

잡지는 신문에 비해 보다 전문화된 독자층을 가지고 있기에 도달범위가 좁다. 패스트푸드 회사와 같이 서비스나 제품을 널리 알리고자 하는 경우, 잡지가 도달할 수 있는 수신자 범위가 한정되어 있기 때문에 적합하지 않을 수 있다.

❹ 낮은 빈도

대부분의 잡지는 매일이 아닌 매주 또는 매달 발행되기 때문에, 잡지에 게재되는 광고는 TV, 라디오, 신문 광고에 비해 빈도가 낮다. 때문에 잡지는 광고 메시지를 지속적으로 반복해야 하는 경우나 고객의 의사결정과정이 짧은 경우에는 적합하지 않을 수 있다.

❺ 긴 리드타임

신문광고를 만들고 게재하는 것은 며칠 만에 할 수도 있지만, 잡지광고는 상대적으로 더 오랜 기간이 필요하다. 잡지광고는 잡지가 발행되기 상당 기간 전에 미리 완성되어 있어야 하며, 이 때문에 휴가패키지 같이 계절에 따른 구매패턴이 분명한 경우에 적합할 수 있다.

❻ 높은 상대비용

잡지광고는 신문광고보다 수신자 1인당 비용이 많이 든다. 어떤 경우에는 황금시간대 TV광고보다 1인당 비용이 더 들기도 한다.

❼ 지역적 표적수신자 설정의 어려움

잡지는 전문성 측면에서는 비슷한 독자층을 가지고 있을 수 있지만, 지역적으로는 독자들이 흩어져 있기 때문에 기업이 원하는 구체적인 지역을 표적수신자로 삼는 데 어려움이 있다. 신문의 경우에는 광고주들이 지역적 세분화를 잘 이용할 수 있다.

❽ 일별 스케줄 불가능

일부 잡지는 매주 발행되지만 대부분의 경우 한 달에 한 번 발행되기에, 신문, 라디오, TV와 같이 매일 이용할 수 있는 매체는 아니다.

3. 라디오   라디오도 TV와 같이 전국적으로 방송될 수도 있지만, 대부분의 라디오는 지역 라디오 방송망을 통해 나간다. 때문에, 광고주는 어떤 지역의 어떤 라디오 프로그램에 광고를 할지 선택하게 된다. 스폿spot 광고는 라디오 프로그램 중간에 나가는 광고를 말하며, 프로그램 광고는 특정 프로그램을 후원하는 광고를 말한다.

라디오 광고의 장점은 합리적인 비용과 프로그램 특성을 기반으로 특정 청취자들을 목표수신자로 할 수 있다는 것이다.

장점

❶ 낮은 수신자당 비용

라디오는 대기업뿐 아니라 중소규모 기업들도 쉽게 이용할 수 있는 매체이다. 여러 매체들 중에서 수신자당 비용CPM : cost-per-thousand이 가장 낮은 편에 속한다.

❷ 선별된 청취자

라디오는 프로그램 특성에 따라 광고주들에게 세분화된 청취자를 제공한다. 특히 최근 라디오 프로그램 청취자들의 대부분을 차지하는 10대와 젊은 성인들을 목표수신자로 하는 기업의 경우 효과적인 매체이다. 라디오 방송국은 특정 지역을 대상으로 방송될 수 있기 때문에 지리적 세분화

Podcast는 음향 메시지를 시장고객들에게 전달할 수 있는 새로운 방식이다.

그림 15-2

도 가능하지만, 이로 인해 TV방송보다 영향을 미치는 지역의 범위가 좁다.

❸ 높은 빈도

라디오 광고는 다른 매체들에 비해 자주 반복하기가 수월하다. 라디오 광고가 TV 광고만큼 도달범위는 넓지 않다 해도 청취자가 광고에 노출되는 빈도가 높다는 장점이 있다.

❹ 짧은 리드타임

라디오 광고는 광고완성 후 광고가 방송되기까지 요하는 리드타임이 짧다. 광고주는 라디오방송국에 광고대본이나 미리 녹음되어진 메시지를 전달하면 된다.

❺ 일별, 시간대별 스케줄 계획 가능

라디오 광고는 시간적 융통성이 높아, 광고주가 원하는 요일과 시간대를 정할 수 있다. 예를 들어, 레스토랑은 주말 판촉행사 직전에 광고를 함으로써 청취자들의 환기를 유발할 수 있고, 놀이공원의 주말특별할인행사, 렌터카회사의 주말특별요금도 적절한 시기에 맞추어 광고할 수 있다.

라디오 광고는 관여도가 낮은 의사결정과 관련된 서비스나 제품 광고에 적합하다. 이러한 유형의 광고는 라디오의 반복제시 효과를 통해 혜택을

받을 수 있다. 라디오는 상세한 정보를 제공할 목적으로 광고하거나, 시각적 소구를 필요로 하는 감성광고에 이상적인 매체는 아니다.

단점

❶ 시각적 소구 불가능

대부분의 다른 매체들은 고객들에게 시각적 단서나 정보를 제공할 수 있지만, 라디오는 이것이 불가능하고, 때문에 관광목적지를 포함한 환대 및 여행 산업의 광고에 주요 결점으로 작용한다. 라디오는 색채나 움직임과 같은 중요한 시각적 자극요소들을 이용할 수 없으며, 이로 인해 기업이 원하는 이미지를 창출하는 데 어려움이 있을 수 있다.

❷ 복잡한 메시지나 상세 정보 전달 불가능

라디오는 복잡한 메시지나 상세한 정보를 수신자들에게 전달하는 데 좋은 매체는 아니다.

❸ 짧은 수명

라디오 광고의 수명은 대개 1분 이하이고, 한 번 들었다면 쉽게 잊혀질 수 있다. 지속적으로 기억되기 위해서는 해당 라디오 광고를 계속 반복해서 내보내 주어야 한다.

❹ 혼잡clutter

상업광고의 수는 방송국과 프로그램 형식에 따라 달라지기는 하지만, 라디오 역시 신문, 잡지와 같이 여러 광고가 동시다발적으로 나가는 혼잡현상이 상당히 많은 매체에 속한다.

❺ 관심의 산만

라디오 광고의 또 다른 위험요소는 청취자들이 종종 라디오에서 흘러나오는 메시지에 집중하지 않을 수 있다는 것이다. 운전이나 공부, 요리, 운동 등 다른 활동을 하면서 라디오를 청취할 수 있기 때문에 광고주의 메시지를 쉽게 지나치는 경우가 종종 있다.

4. TV   광고에 있어 TV가 고객들에게 설득력이 가장 강한 매체라는 것은 의심할 여지가 없다. 후각을 제외한 모든 감각에 소구할 수 있으며, 광고주는

이러한 점을 활용하여 TV 광고에 가능한 모든 창의적인 표현을 이용할 수 있다. 전국적인 시장을 겨냥하는 기업들에게도 TV는 적절한 매체이며, 광고주들은 지역 또는 전국 방송국으로부터 상업광고 시간을 구매할 수 있다. 라디오의 경우에서와 같이 TV를 이용한 광고에서도 광고주들은 스폿(spot)광고나 프로그램 후원형태의 광고를 할 수 있다.

TV시청 지역은 대개 라디오가 방송되는 지역보다 넓으며, 이에 따라 지리적 표적설정targeting의 정확도도 다르게 나타날 수 있다.

장점

❶ 도달범위

이제 TV를 소유하고 있지 않은 가정을 찾기는 쉽지 않으며, 한 가정에 하나 이상의 TV를 가지고 있는 경우도 꽤 있다. 때문에 TV광고는 한 번에 수백만 이상 가구와 시청자들에게 접근할 수 있는 잠재력이 있다. 많은 사람들이 TV를 시청하는 데 많은 시간을 소비하지만, 그렇다고 해서 모두가 동시에 한 번 방영되는 스폿spot광고를 볼 가능성은 낮다. 도달범위를 극대화시키기 위해서는 시청률이 가장 높은 지역을 선정하든지, 많은 사람들이 시청하는 황금시간대에 광고를 할 수 있다. 케이블TV 광고는 1980년대 이후 급속히 성장하였으며, 현재 대다수의 가구가 케이블TV 서비스를 이용하고 있어, 케이블TV 광고도 앞으로 계속 늘어날 것으로 전망된다.

❷ 높은 설득력

TV광고는 시청자들의 관심을 얻기 위해 모든 창의적인 광고표현 형식을 이용할 수 있기 때문에 메시지의 설득력이 높다. TV는 서비스나 제품을 선전하는 데 매우 유용한 매체이다.

❸ 전국적으로 동일한 방송 가능

TV는 광고매체로써 전국적인 광고방송이 가능하기 때문에 McDonald's, Burger King, Wendy's와 같은 전국적 시장을 대상으로 하는 기업들에게 인기가 높다. TV를 이용한 상업광고는 전국적으로 동시에 동일한 내용으로 방송하는 것이 가능하다. 이는 서비스가 표준화되고 보다 많은 대중에게 어필하고자 하는 기업에게는 매우 유리한 점이다.

❹ 일별, 시간대별 스케줄

TV 광고는 라디오 광고에서와 같이 일별 또는 시간대별로 기업이 원하는 때 방송될 수 있다.

❺ 지리적, 인구통계적 선별

TV는 지역 방송국 또는 방영되는 프로그램 주제를 적절히 선택하는 경우, 지리적 또는 인구통계적 표적시장 설정이 가능하다. 하지만 방송매체의 특성상 아주 구체적이고 상세한 표적설정은 어려울 수 있다.

단점

❶ 높은 비용

TV 광고는 수신자당 비용CPM : cost-per-thousand에 있어서는 상대적으로 저렴할 수 있지만, 최소로 필요한 전체 비용이 높아 중·소규모 회사들이 이용하는 데 어려움이 있을 수 있다. TV 광고에서는 광고제작비용과 방송국으로부터 방송시간을 구매하는 비용을 고려해야 하는데, 이 두 가지 비용 모두 다른 매체에 비해 높을 수 있고, 슈퍼볼과 같은 큰 이벤트에 광고를 하는 경우에는 천문학적 비용이 들어갈 수도 있다.

❷ 짧은 수명

라디오 광고에서와 같이 TV 광고도 대개는 60초 이하로 방영되는 것이 일반적이다. 때문에 광고효과를 높이기 위해서는 여러 번 반복하는 것을 고려할 수 있는데, 이 경우 광고주가 지출해야 하는 비용은 높아지게 된다.

❸ 상세 정보 전달 불가능

TV 광고는 방영될 수 있는 시간이 짧기 때문에 잠재 고객들에게 상세한 정보를 전달하기에는 적합하지 않다.

❹ 혼잡

TV는 매 순간 여러 개 광고들이 시청자들의 관심을 얻기 위해 경쟁적으로 나가는 혼잡현상이 매우 높은 매체이다. 몇몇 TV시청자들은 광고시간에는 채널을 바꾸거나 자리에서 일어나 다른 일을 하는 경우도 있다.

❺ 높은 낭비요인

　　TV는 다수가 시청하므로 특정 세분시장을 공략하는 데 있어 상대적으로
정확성이 떨어지는 매체이고, 이에 따른 낭비요인이 높을 수 있다.

5. 옥외광고　　옥외광고는 길가나 빌딩의 포스터poster, 그림간판painted bulletin, 대
형간판spectacular, 표지판sign 등으로 분류할 수 있다. 첫째 범주에 속하는 옥외
광고는 일반적으로 광고게시판 또는 간판billboard이라 불리는 것으로, 붙이는
간판poster panel과 그림간판painted bulletin이 포함된다. 대형간판은 조명과 움직임
을 가미한 큰 규모의 전시물을 말하며, 주로 교통이 혼잡하거나 정체가 심한
지역에서 찾아볼 수 있다. 환대 및 여행 산업의 많은 업체들은 그들이 입지하
고 있는 장소를 알리기 위해서 길가나 건물, 혹은 그 근처에 표지판sign을 설
치한다. 그 외 옥외광고로는 대중교통수단(버스, 택시, 지하철, 버스 정류장 등)을 이용
한 광고transit advertising를 들 수 있다.

옥외광고는 관광객들에게 낯선 지역에 대한 정보와 위치를 알려줄 수 있기
때문에 환대 및 여행 산업에서 중요한 역할을 한다.

장점

❶ 도달범위와 빈도

　　옥외광고에 한 번 노출되는 평균시간은 매우 짧지만, 운전을 하거나 걸어
가면서 옥외광고를 보는 모든 사람들이 옥외광고에 노출되고, 해당 지역
을 자주 왕래하는 사람들은 같은 내용의 광고에 여러 번 노출될 수 있으
므로, 도달범위도 비교적 넓고, 빈도가 높은 편이다. 광고게시판은 가능
한 많은 사람들에게 여러 번 노출될 수 있도록 중심거리나 교통핵심지역
에 위치하는 것이 유리하다.

❷ 지리적 선별

　　옥외광고의 위치는 거의 광고주의 지리적 표적시장과 일치한다. 특정 지역
시장을 표적으로 한 레스토랑은 그 지역 내에 광고게시판을 세울 수 있다.

❸ 상대적으로 낮은 혼잡요인

　　TV나 라디오와 같은 다른 매체 대안들과 비교해 볼 때, 옥외광고는 혼잡
도가 그리 높지 않다. 고속도로의 경우, 여러 광고게시판, 표지판들이 세

워져 있지만, 고객들이 다른 광고로 인해 특정 광고게시판의 메시지를 받아들이는 데 방해를 받는 경우는 드물다.

❹ 긴 수명

옥외광고는 대부분의 다른 매체들에 비해 메시지 수명이 매우 길다. 많은 표지판들이 영구적이거나 적어도 여러 달 동안 메시지를 지속적으로 내보내기 위한 의도로 제작되고 설치된다. 옥외광고 중에서 포스터poster는 그림간판painted bulletin에 비해 상대적으로 더 수명이 길다.

❺ 큰 규모

잠재 고객들에게 긍정적인 영향을 줄 수 있는 시각적 자극으로 광고의 크기를 들 수 있다. 예를 들어, 신문과 잡지의 전면광고는 작은 광고보다 광고가 주는 영향력이 크다. 옥외표지판 역시 아주 클 수도 있고, 대개는 행인들의 눈에 잘 뜨일 정도의 크기가 되는 것이 바람직하다.

옥외광고의 다른 장점은 보는 사람들에게 오래 기억되는 메시지를 전달하는 능력이다. 이러한 광고는 패스트푸드 레스토랑이나 호텔 광고에도 유용하게 이용될 수 있다.

단점 ···

❶ 높은 낭비요인과 표적화의 어려움

옥외광고가 지리적 표적시장을 목표로 할 수는 있지만, 그 외 다른 형태의 세분시장을 공략하기에는 어려움이 따른다. 표적시장 고객이 아닌 다른 모든 사람들도 지나가면서 옥외광고 메시지를 볼 수 있기에, 지리적 특성 이외의 기준을 이용한 세분시장의 경우, 높은 낭비요인이 발생한다. 때문에, 옥외광고는 잡지, DM, 라디오 같은 매체에 비하여 표적수신자 설정이 용이한 매체는 아니다.

❷ 긴 리드타임

대부분의 광고게시판이나 표지판을 고안하여 인쇄하고 도색하여 내놓는 데에는 상당한 시간이 걸릴 수 있다. 광고게시판이나 그림간판 등을 특정한 곳에 설치하기 위해서는 해당 장소를 빌려야만 하는데, 경우에 따라서는 이를 위해 광고주들이 오랜 기간 기다려야만 하는 경우도 있을 수 있다.

❸ 복잡한 메시지 혹은 상세 정보 전달의 어려움

옥외광고는 수신자들이 차로 지나가면서 잠시 보게 되는 경우가 많기 때문에, 소수의 단어만을 효과적으로 사용하여 원하는 내용의 메시지를 전달할수 있어야 한다. 경우에 따라서는 단어 대신 그림이나 사진, 기호 등 상징적표현을 이용하기도 하며, 메시지는 짧고 요점만을 간단 명료하게 나타내는것이 바람직하다. 그림이나 사진과 같은 예술적 작품들도 강한 시각적 매력을 가져야 하며, 사람들의 눈을 사로잡을 수 있어야 한다. 이러한 이유로고객들이 관여도가 높은 구매를 하는 경우에는 적합한 매체가 아니다.

❹ 낮은 매체위상

광고게시판이나 간판bulletin은 매체로써 잡지나 TV만큼 명성이 높지 않다. 많은 사람들이 고속도로 인근의 광고게시판이나 간판이 자연미와 주변경관을 해친다고 느낀다. 지역에 따라 옥외광고를 규제하는 경우가 종종있으며, 심지어 일부 지역에서는 불법으로 간주되기도 한다.

❺ 창의적 표현의 제한

옥외광고에서는 음향이나 움직임 등을 표현하기 여렵기에 광고주가 광고 제작시 모든 가능한 창의적 표현을 이용하기는 힘들다. 많은 옥외광고들이 설득 목적보다는 정보를 제공하기 위한 목적으로 이용되거나 다른매체광고를 지원해 주는 역할을 한다.

❻ 일별, 시간대별 스케줄의 어려움

광고표지판을 시기별로 자주 바꾸는 경우를 제외하고는, 옥외광고를 일별 또는 시간대별로 적절한 시기를 정해서 하기는 힘들다. 이는 잡지광고가 가지는 한계점과 비슷하다.

6. 직접우편Direct Mail   직접우편광고는 직접 마케팅direct marketing 혹은 직접반응마케팅direct response marketing에 속하는 한 방법으로 볼 수 있다. 직접 마케팅에서 직접direct은 중개자를 이용하지 않는다는 것을 의미한다. 서비스 혹은 제품의 생산자가 고객들에게 직접 촉진활동을 실시하고, 주문과 예약을 받으며, 서비스와 제품을 직접 유통시킨다. 직접 마케팅의 주요 방법으로는 직접우편DM과 텔레마케팅(전화판매)이 사용되고, 케이블TV나 라디오, 인터넷을 통

해 직접 마케팅이 이루어지는 경우도 있다. 데이터베이스 마케팅database marketing 은 고객이나 시장, 공급업자, 기업 등과 관련된 자료를 정리하고 축적해서 가장 적절한 고객에게 가장 적절한 마케팅 활동을 하는 것을 의미하며, 직접 마케팅의 효과를 높이는 데에도 큰 역할을 할 수 있다. 컴퓨터 소프트웨어 기술을 활용한 데이터베이스 마케팅이 점점 정교해짐에 따라 이를 광고에 활용하는 DM광고의 장점도 강화되고 있다.

환대 및 여행 산업에서 주로 이용하는 직접 마케팅 기법으로 직접우편DM광고를 들 수 있다. 직접우편은 다른 인쇄매체인 신문, 잡지와 유사한 점을 많이 가지고 있다.

장점

❶ 표적수신자 선별

직접우편광고는 광고에서 나타나는 낭비요소를 최소화하면서 표적시장을 정확히 공략할 수 있기 때문에 모든 매체들 중에서 가장 선별적인 매체라고 할 수 있다. 이 때문에 직접우편광고는 환대 및 여행 산업에서 자주 이용되는 방법이다. 특히, 고객시장을 지리적 특징이나 다른 고객특징으로 나눌 수 있고, 이러한 특징을 가지는 고객 정보를 알 수 있을 때 매우 효과적이다. 직접우편을 보내기 위해 필요한 주소정보의 주 원천으로는 과거 고객기록이나 문의 고객과 관련된 정보를 들 수 있다. 직접우편에 필요한 주소정보는 이를 전문적으로 수집하고 판매하는 상업광고브로커나 다른 기업들의 회원주소록 등을 통해 얻을 수 있다.

❷ 높은 융통성

다른 광고매체들과는 달리 직접우편광고는 물리적 또는 시간적으로 크게 제약을 받지는 않는다. 모든 광고가 매체의 마감시간 이전에 나와야 하고, 인쇄광고와 옥외광고는 크기 제한을 받고 있으며, 방송광고는 시간 제약을 많이 받는다. 직접우편광고는 우편규제를 받기는 하지만, 광고주가 자유롭고 융통성 있게 광고를 디자인하고 이를 우편으로 보낼 수 있다.

❸ 낮은 혼잡요인

직접우편은 다른 매체 대안들과 비교했을 때 상대적으로 혼잡도가 낮은

매체이다. 각 우편은 물리적으로 분리되어 있어서 서로 고립되어 있고 다른 우편의 영향을 받지 않고 독자적으로 전달될 수 있다. 반면, 대부분의 신문과 잡지에는 많은 광고들이 한꺼번에 실려 특정 광고의 영향이 줄어들 수 있다. 하지만 직접우편광고도 고객들이 과도하게 많은 수의 직접우편을 받는다면 혼잡요인이 발생할 소지도 있다.

❹ 인적화 가능

쌍방향 매체를 제외한 다른 매체들은 비인적이며, 고객들과 일대일 기반으로 효과적인 의사소통을 하지 않는다. 그러나 광고주는 직접우편을 통해 보다 인적인 의사소통을 할 수 있는 기회를 얻게 된다. 이것이 직접우편의 효과라고 볼 수 있으며, 보낸 사람이나 기관의 이름이 들어간 인사말이나 사인 등은 직접우편에 인적화를 더하는 요소이고, 더 많은 사람들이 직접우편을 읽어보는 계기를 만들 것이다.

❺ 반응 측정

직접우편광고의 반응이나 효과를 측정하기는 그리 어렵지 않다. 보내는 사람은 얼마나 많은 수의 우편을 보냈는지(노출 수) 정확히 알고 있으며, 응답이나 회수된 쿠폰 수 등으로 반응을 확인할 수 있다.

환대 및 여행 산업에서 직접반응광고가 차지하는 비중도 증가하고 있다. 이러한 직접반응광고를 위해서는 고객 데이터베이스를 개발하고, 고객의 우편리스트를 구하는 것이 필요하다. 만약 관광목적지에 무료전화 혹은 우편으로 문의사항이 접수되면, 방문객 가이드책자, 팸플릿, 간략지도, 비디오 등과 같은 자료를 우편으로 보내주면서 고객주소를 포함한 고객 정보를 구할 수 있다.

❻ 유형성

직접우편은 고객들이 만지고, 느끼고, 보관하거나 다른 사람에게 이를 줄 수도 있는 유형적인 특징을 갖는다.

❼ 저렴한 비용

직접우편이 수신자당 비용(CPM)을 기준으로 했을 때에는 상대적으로 비싼 매체라고 볼 수 있지만, 총비용면에서는 다른 매체에 비해서 저렴하고,

광고주 예산이 부족한 경우에는 직접우편의 규모를 융통성 있게 줄일 수도 있다. 따라서 모든 규모의 회사들이 폭 넓게 이용할 수 있는 매체이지만, 특히 소규모 기업들이 유용하게 이용할 수 있는 매체이다.

❽ 짧은 리드타임
직접우편광고는 우편으로 보낸 후 며칠 안에 잠재 고객들이 이를 받아볼 수 있다. 일단 보내는 사람이 우편목록을 준비하고, 우편으로 보낼 준비가 되어 있으면 광고를 보내기까지 소요되는 리드타임은 짧다.

단점 ⋯⋯⋯⋯⋯⋯⋯⋯⋯⋯⋯⋯⋯⋯⋯⋯⋯⋯⋯⋯⋯⋯⋯⋯⋯⋯⋯⋯⋯⋯⋯⋯

❶ 정크메일 신드롬Junk Mail Syndrome과 높은 폐기율
사람들은 많은 메일을 받고 나면 짜증이 나서 열어보거나 읽어보지도 않고 쓰레기통에 이를 버리는 경우가 종종 있다. 이렇게 우편내용이 제대로 읽히지도 못하고 휴지통으로 버려지는 것을 정크메일이라 하는데, 불행하게도 많은 사람들이 직접우편광고에 대해 부정적인 인식을 가지고 있기에 이를 극복하기 위해서 보다 인적이고 독특한 내용과 디자인을 가진 우편광고를 만들 필요가 있다.

❷ 창의적 표현의 제한
직접우편이 가지는 물리적 한계는 신문이나 잡지보다 적지만 그래도 시각적 표현만이 가능한 매체이다. 소리나 움직임 등을 이용해서 감성적 혹은 유머러스한 표현을 하기에는 한계가 있다.

7. 쌍방향 매체　　쌍방향 매체는 인터넷 기반으로 제공되는 World Wide Web, e-메일, 라디오, CD, 케이블 TV 등을 의미하며, 이러한 매체들은 컴퓨터와 전화/케이블선, TV 등을 이용하여 메시지를 전달한다. 이것은 쌍방향 마케팅interactive marketing을 위해서 필요한 요소로 구매자와 판매자가 컴퓨터를 매개로 커뮤니케이션하는 전자통신과 관련이 있다.

장점 ⋯⋯⋯⋯⋯⋯⋯⋯⋯⋯⋯⋯⋯⋯⋯⋯⋯⋯⋯⋯⋯⋯⋯⋯⋯⋯⋯⋯⋯⋯⋯⋯

❶ 저렴한 비용
이 매체는 다른 광고매체들에 비해 상대적으로 비용이 저렴하다.

❷ 광범위한 도달범위

인터넷은 환대 및 여행 산업이 전 세계를 무대로 어느 지역 어떤 고객들에게도 원하는 메시지를 전달할 수 있도록 해 주었으며, 글로벌 환경에서 뻗어나갈 수 있는 기반을 마련해 주었다.

❸ 지속적 이용

World Wide Web은 하루 24시간, 일주일 내내 이용가능하다.

❹ 급속히 성장하는 시장

전 세계적으로 인터넷 사용자는 급격히 늘어나고 있다.

❺ 쌍방향 소통

고객은 인터넷을 통해 환대 및 여행 산업에 속한 기업들과 직접적으로 의사소통을 할 수 있다. 고객들은 온라인상에서 데이터베이스를 검색할 수 있으며, 필요한 정보를 요청하고, 여행 예약을 할 수도 있다.

❻ 고객에 대한 즉각적인 반응

웹페이지와 이메일의 상호 소통력은 여행객들에게 이메일이나 화면상에서의 예약 확인, 웹상에서의 정보탐색, 음성이나 동영상 정보의 편리한 연결, 여행객 프린터를 통해 웹페이지나 지도, 사진 등의 출력 등과 같은 즉각적인 반응을 얻을 수 있도록 해 준다.

❼ 세분시장 특성에 맞는 정보 제공 가능

상호작용이 가능한 매체는 시장세분화를 통해 큰 혜택을 볼 수 있다. 일례로, 웹페이지를 서로 다른 목표시장 고객들의 특성에 맞추어 제작할 수 있다.

❽ 신속한 거래

여행객들은 인터넷을 통해 신속히 예약을 할 수 있으며, 확약confirmation 또한 빨리 받아볼 수 있다. 환대 및 여행 기업들은 그들의 웹사이트 정보를 계속 갱신할 수 있다. 이것은 전통적인 인쇄매체가 새로운 정보(예 가격)를 갱신할 필요가 있을 때만 인쇄를 다시 하는 것보다는 훨씬 발전된 모습이다. 웹사이트는 객실재고관리의 자동화를 통해 모든 객실이 판매되었을 경우 예약요청을 거절할 수 있다.

❾ 간편한 수정

한번 제시된 내용에 대해서는 다시 수정이 불가능한 대부분의 광고와는 달리 쌍방향 매체는 커뮤니케이션 중 계속적인 수정이 가능하다. 광고와 관련된 메시지와 내용을 자주 바꿀 수 있으며, 시간이 흐르면서 최신의 내용으로 유지하는 것도 가능하다.

❿ 유형화 능력

서비스의 무형성은 일반 제품과 서비스 간 중요한 차이 중 하나이고, 잠재 고객들이 환대 및 여행서비스를 구매 전 경험하기는 어렵다는 것은 앞서 밝힌 바 있다. 상호 의사소통가능 매체는 환대 및 여행서비스를 좀 더 유형적으로 보이게끔 해 줌으로써 이런 문제를 어느 정도 극복할 수 있게 해 준다. 이런 것은 여러 방법으로 가능한데, 예를 들어, 음악이나 음향의 활용, 지도 제공, 가상현실을 이용한 사전 투어, 실제 장소를 생생하게 보여 주는 동영상, 온라인을 이용한 비디오나 TV광고, 경관사진, 방문경험자의 경험담 등을 이용해서 사람들로 하여금 사전에 좀 더 나은 경험을 하도록 해 줄 수 있다.

⓫ 조사 및 데이터베이스 구축능력

환대 및 여행 마케팅관리자는 이러한 상호 의사소통가능 매체를 이용해서 고객 서베이조사를 실시할 수도 있다. 중요한 데이터베이스들이 여러 방법으로 구축될 수 있는데, 예를 들어, 고객들이 브로셔나 관련 정보를 요청하면서 입력하는 정보나 온라인 뉴스레터 같은 정보를 요청하면서 입력하는 이메일 주소 등이 이에 해당된다.

⓬ 가상공간에서의 상호 협력^{virtual partnership} **구축의 용이성**

환대 및 여행 기업들은 웹사이트를 공동으로 구축함으로써 상호 협력을 비교적 수월하게 해 나갈 수 있다.

⓭ 사용자 측정

다른 매체와는 대조적으로 최근의 발달된 인터넷 기술은 마케터에게 자신들의 메시지가 얼마나 많은 고객들에게 노출되는지 정확히 알 수 있도록 해준다. 마케터는 이를 통해 웹사이트 방문자 수를 정확히 측정할 수 있고, 쿠키^{cookie} 기술을 활용하여 사이트 재방문자 정보도 알 수 있다.

단점

❶ 사생활 침해

일부 고객들은 인터넷상에서 예약이나 구매를 위해 신상정보를 입력하거나 신용카드를 이용하는 경우 그들의 사생활이 침해당할 수 있다고 생각한다. 고객들이 필요로 하지 않는 많은 광고 메시지를 보내는 이메일 마케팅은 스팸메일 발생의 주 원인이 되고 있다.

❷ 스팸

고객들이 본인들의 의사와는 관계없이 수많은 이메일 광고들을 받으면서 나타나는 스팸으로 인한 문제는 심각하게 고려되어야 한다.

❸ 부분적 시장지배

인터넷 이용이 급속히 증가하는 것은 사실이지만, 아직도 TV, 라디오, 신문 같은 일반 대중매체와 비교했을 때 시장침투력이 낮다. 국제적으로도 인터넷 사용비율은 지역 간 격차가 있다.

❹ 정보탐색상 문제

인터넷상에는 너무나 많은 정보들이 있고 시간이 갈수록 그 정보의 양도 기하급수적으로 늘어나기 때문에 고객들이 원하는 정보를 정확히 찾는 데에는 더 많은 시간이 소요될 수 있다.

❺ 통제의 어려움

쌍방향 매체에서 마케터들이 고객들을 통제하기는 쉽지 않다. 정보를 보는 시기와 장소뿐 아니라 무엇을 살펴보아야 할지에 대해서도 고객들이 결정하며, 마케터가 이를 통제하기는 매우 어렵다.

❻ 사용자의 능력과 장비 의존성

메시지가 아무리 정교하게 전달된다 해도, 이는 어디까지나 고객들이 이러한 정보를 완전히 볼 수 있는 능력과 이를 위해 필요한 컴퓨터 또는 모바일기기의 여건에 따라 달라지게 된다. 만약, 사용하는 기기 여건이 부족하든지, 이용자의 정보구현 숙련도가 떨어지면, 마케터가 전달하고자 하는 메시지가 원래 의도했던 대로 전달되지 못할 수 있다.

❼ 방대한 정보와 정보 신뢰성 파악의 어려움

우리에게는 인터넷과 모바일기기를 통해 가히 정보의 바다라 할 만큼 엄청난 양의 정보가 제공된다. 고객들은 그들이 찾고자 하는 정보를 정확히 찾기가 어렵고, 이미 찾은 정보라 할지라도 해당 정보의 신뢰성에 대해 확신하기 어렵다.

❽ 인간미의 부족

이러한 상호 의사소통가능 매체는 이를 위한 기술을 이용하는 관계로 의사소통에 있어 사람의 개입이 부족할 수 있다. 만약 어떤 고객들이 특정 문제를 해결하고자 하면, 사람의 개입 없이는 어렵게 된다.

환대 및 여행 산업 광고

지금까지 각 매체 대안들의 강점과 약점을 살펴보았으며, 이제 우리 환대 및 여행 산업에서 이러한 매체들이 어떻게 이용되는지에 대해 살펴보고자 한다. 항공사는 신문, 잡지광고나 TV광고에 비중을 두며, 패스트푸드업체는 TV광고에, 호텔은 잡지광고에 더 초점을 맞추는 경향이 있다. 하지만 같은 사업부문 내에서도 매체이용 패턴이 다른 경우도 있다.

광고 대행사의 역할

환대 및 여행 산업의 많은 업체들이 광고를 만들고 이를 매체를 통해 내보내기 위해 광고대행사를 이용한다. 광고대행사advertising agency는 다음 5가지 서비스를 제공한다.

1. **광고계획 수립**　　대부분의 광고대행사는 기업의 광고계획을 수립해 주고, 계획의 각 단계별로도 필요한 활동을 해준다. 광고주는 광고의 모든 활동을 광고대행사에 의뢰할 수 있지만, 가능한 메시지 아이디어의 기본 지침을 대행사에 전해 주고, 전체적인 광고방향을 제시해 주는 것이 바람직하다.

2. 창의적 광고 개발   창의적인 광고 개발은 과학적 방법보다는 예술의 영역에 속하며, 광고대행사는 이러한 업무를 수행하기 위해 카피플랫폼을 개발하고, 메시지 표현형식을 결정하며, 광고매체를 선정한다. 대부분 TV, 라디오, 신문, 잡지 광고를 사용하지만, 대행사는 다른 모든 형식의 광고와 판촉활동을 보완적으로 사용할 수 있다.

3. 매체 서비스   광고대행사는 매체를 선정하고 광고시간 혹은 공간을 구입한다. 광고대행사는 광고를 싣는 매체사로부터 수수료를 받으며, 대체로 매체구매가의 일정 비율을 받게 된다. 또한 광고대행사는 광고 캠페인의 진행을 모니터하고 통제한다.

4. 조사 서비스   광고대행사는 광고의 사전, 사후 테스트, 콘셉트개발 등과 관련된 조사 서비스를 제공한다. 광고대행사는 이러한 업무를 직접 수행할 수도 있고, 전문 조사회사와 계약을 맺고 이 회사를 통해 조사를 수행할 수도 있다.

5. 판매촉진 및 머천다이징 서비스   많은 광고대행사들은 판매촉진, 머천다이징과 관련된 창의적인 서비스를 제공한다. 일반적으로 특별광고 캠페인을 통해 이러한 촉진활동들을 지원할 수 있다.

환대 및 여행업체가 광고를 제작하고 내보내기 위해서는, 첫째, 사내에서 직접 이를 시행하는 방법, 둘째, 모든 광고를 광고대행사에 의뢰하는 방법, 셋째, 일부 작업은 사내에서 직접 하고 일부는 대행사에 의뢰해서 수행하는 방법, 넷째, 다른 전문가들을 이용하는 방법 등 4가지 대안이 가능하다.

환대 및 여행 산업에서 광고활동을 위해 광고대행사를 이용하는 데 있어 장점은 다음과 같은 것들이 있다.
- 광고대행사는 광고를 창의적 마인드를 가지고 개발하는 데 많은 경력과 노하우를 가지고 있으며, 대규모 고객을 대상으로 효과적으로 메시지를 전달하는 능력도 가지고 있다.
- 광고대행사는 다양한 고객과의 업무 경험이 풍부하기 때문에 고객보다 넓은

시야를 가진다. 또한 고객의 기회와 문제점에 대해 보다 독립적이고 객관적일 수 있다.

- 광고주는 광고대행사와 계약을 맺음으로써 실제적으로 비용을 절약할 수 있다. 보통 사내 광고전문가를 고용하는 데 드는 비용은 대행사의 인적 자원을 이용하는 것보다 장기적으로 비용이 더 많이 들 수 있다.
- 광고대행사는 광고주보다 매체와 매체수단에 대해 잘 파악하고 있다.

결론

광고는 가장 설득력이 높은 촉진 믹스 요소이며, 모든 유형의 기업이 이용하는 촉진활동이다. 제대로 조사하고 신중히 계획하여 창의적으로 수행한다면 매우 강력한 힘을 발휘할 수 있는 반면, 대부분의 광고매체에서는 혼잡현상이 발생하여 광고가 계획했던 목표를 제대로 이루지 못하는 경우도 많다. 때문에 고객의 관심을 얻고 고객에게 오래 기억되는 광고를 만드는 것은 모든 기업의 핵심과제라 할 수 있다.

광고는 시작단계에서 광고목표를 설정하고, 마지막 단계에서 결과를 측정하는 마케팅 시스템의 축소형이다. 효과적인 광고는 사전조사, 상황분석, 마케팅 조사, 마케팅 전략, 포지셔닝 접근법, 마케팅 목표를 기반으로 의사결정을 한다. 광고계획은 전체 마케팅 계획의 한 부분으로 중요한 구성요소이다.

CHAPTER
ASSIGNMENTS

학습과제

1. 가장 관심 있는 환대 및 여행 산업 부문을 선정하고, 여기서 5~6개의 선도기업을 선택하시오. 각 기업의 최근 광고를 보고 듣고 수집하시오. 광고를 신중히 살펴보고, 광고주가 이용한 메시지 아이디어와 창의적인 표현방식을 제시해 보시오. 각 기업의 광고 접근법이 유사한지? 그렇지 않다면 서로 어떻게 다른지? 어느 것이 가장 효과적이라고 생각하며, 그 이유는 무엇인지? 모든 기업이 같은 유형의 매체를 이용하는지 설명해 보시오.

2. 당신은 환대 및 여행 기업의 광고를 전문으로 하는 어느 광고대행사의 간부이다. 새로운 고객(호텔, 레스토랑 체인, 항공사, 테마파크, 관광목적지마케팅기구 등)이 어느 매체를 이용해야 할지에 대해 조언을 구했다. 어떤 선택기준을 제시하고, 이러한 기준에 따라 각 매체 대안을 어떻게 평가할 것인지? 구체적으로 어떤 매체를 추천하겠는지 설명해 보시오.

3. 지역의 소규모 환대 및 여행 기업 소유주가 광고계획을 개발해 달라는 요청을 했다. 이 계획을 수립하기 위해 어떤 단계를 거칠 것인지? 누가 이 계획을 준비할 것인지? 계획에 대한 세부적인 개요를 작성하고 구체적인 단계(매체 이용, 메시지 전략, 타이밍, 광고 양 등)에 따른 세부적 조언을 해 보시오.

4. 전국적, 지역 수준의 제휴광고 예를 5가지 만들어 보시오. 제휴광고를 제시하는 기업들이 제휴 프로그램에 대해 어떻게 느끼는지 알아보기 위해 제휴 프로그램 참여기업의 담당자들에게 의견을 물어보시오. 이러한 제휴광고가 가지는 이점은 무엇인지, 각 광고에 대해서 설명해 보시오. 당신이 분석한 것을 기반으로 볼 때, 우리 환대 및 여행 산업에서 보다 많은 기업이 제휴광고에 참여해야 한다고 믿는지? 그렇다면 그 이유와 그렇지 않다면 아닌 이유는 무엇인지 설명해 보시오.

참고문헌

1. Advertising Age. 2008. 100 Leading National Advertisers, http://adage.com/images/random/datacenter/2008/spendtrends08.pdf, accessed December 28, 2008.

2. Universal McCann. 2007. *Insider's Report. Robert Coen Presentation on Advertising Expenditures*, December 2007, http://www.universalmccann.com/, accessed December 28, 2008.

3. American Marketing Association. 2008. *Dictionary*. http://www.marketingpower.com/_layouts/Dictionary.aspx, accessed December 28, 2008.

4. American Marketing Association. 2008. *Dictionary*. http://www.marketingpower.com/_layouts/Dictionary.aspx, accessed December 28, 2008.

5. Tourism Australia. 2008. *Campaign Facts*. http://www.tourism.australia.com/Marketing.asp?sub=0413&al=3017, accessed December 27, 2008.

6. Mississippi Development Authority. 2008. *Domestic & Group Trade FY 2009 Marketing Plan*.

7. Visa. 2008. *The Olympic Promise*, http://sponsorships.visa.com/olympic/olympic_spirit.jsp, accessed December 28, 2008.

8. Texas Advertising & Public Relations. 2007. *Glossary*. http://advertising.utexas.edu/resources/terms/index.htm, accessed December 28, 2008.

9. Ray, Michael L. 1982. *Advertising & Communication Management*. Englewood Cliffs, N.J.: Prentice-Hall, Inc., 209-210.

10. Nylen, David W. 1993. *Advertising: Planning, Implementation, & Control*. 4th ed. Cincinnati, Ohio: South-Western Publishing Co., 459-461.

11. McGraw-Hill Irwin. 2006. *McGraw-Hill Contemporary Advertising Glossary*. http://highered.mcgraw-hill.com/sites/0072964723/student_view0/glossary.html, accessed December 28, 2008.

12. McGraw-Hill Irwin. 2006. *McGraw-Hill Contemporary Advertising Glossary*. http://highered.mcgraw-hill.com/sites/0072964723/student_view0/glossary.html, accessed December 28, 2008.

13. Evans, Joel R., and Barry Berman. 2000. *Marketing*. 7th ed. Upper Saddle River, N.J.: Prentice-Hall, Inc.

14. Evans, Joel R., and Barry Berman. 2000. *Marketing*. 7th ed. Upper Saddle River, N.J.: Prentice-Hall, Inc.

15. Evans, Joel R., and Barry Berman. 2000. *Marketing*. 7th ed. Upper Saddle River, N.J.: Prentice-Hall, Inc.

16. Ray, Michael L. 1982. *Advertising & Communication Management*. Englewood Cliffs, N.J.: Prentice-Hall, Inc., 365.

17. Kotler, Philip. 2000. *Marketing Management: Millennium Edition*. Upper Saddle River, N.J.: Prentice-Hall, Inc.

18. Kotler, Philip. 2000. *Marketing Management: Millennium Edition*. Upper Saddle River, N.J.: Prentice-Hall, Inc.

19. Belch, George E., and Michael A. Belch. 1993. *Introduction to Advertising & Promotion: An Integrated Communications Perspective*. 2nd ed. Homewood, Ill.: Irwin, 402-403.

20. Rossiter, John R., and Larry Percy. 2000. *Advertising Communications & Promotions Management*. 2nd ed. Boston: McGraw-Hill.

21. Derived from various sources including Dommermuth, William P. 1989. *Promotion: Analysis, Creativity, and Strategy*. 2nd ed. Boston: PWS-Kent Publishing Company, 537-538; Kotler, 594-597; Rossiter and Percy, 523-551; Ray, 327-331; Nylen, 629-659.

22. Rossiter, John R., and Larry Percy. 2000. *Advertising Communications & Promotions Management*. 2nd ed. Boston: McGraw-Hill.

23. American Marketing Association. 2008. *Dictionary*. http://www.marketingpower.com/_layouts/Dictionary.aspx, accessed December 28, 2008.

24. Advertising Age. 2008. *Ad spending totals by medium*, http://adage.com/datacenter/article?article_id=127791, accessed December 28, 2008.

25. Newspaper Association of America. 2007. *The Newspaper Footprint*, http://www.naa.org/docs/TrendsandNumbers/NAANewspaperFoot print.pdf, accessed December 28, 2008.

26. Newspaper Association of America. 2008. *Total Paid Circulation*, http://www.naa.org/docs/Research/Total-Paid-Circulation.xls, accessed December 28, 2008.

27. Canadian Newspaper Association. 2008. *2007 Daily Newspaper Paid Circulation Data*, http://www.cna-acj.ca/en/aboutnewspapers/circulation, accessed December 28, 2008.

28. Newspaper Association of America. 2006. *The Source: Newspapers by the Numbers*, 24.

29. Newspaper Association of America. 2008. *Newspaper web site audience increases sixteen percent in third quarter to 68.3 million visitors*, http://www.naa.org/PressCenter/SearchPressReleases/2008/NEWSPAPER-WEB-SITE-AUDIENCE-INCREASES-SIXTEEN-PERCENT-INTHIRD-QUARTER.aspx, accessed December 28, 2008.

30. Oxbridge Communications, Inc. 2008. National Directory of Magazines.

31. Magazine Publishers of America. 2008. *The Magazine Handbook: A Comprehensive Guide 2008-09*, 13.

32. Advertising Age. 2008. *Ad spending totals by medium*, http://adage.com/datacenter/article?article_id=127791, accessed December 28, 2008.

33. National Geographic. 2007. *National Geographic expands its world*, http://press.nationalgeographic.com/pressroom/index.jsp?pageID=factSheets_detail&siteID=1&cid=1058466231550, accessed December 28, 2008.

34. Travel Weekly. 2008. *Advertise with TWGroup*. http://www.travelweekly.co.uk/Articles/2008/02/18/26702/advertise-with-tw-group.html, accessed December 28, 2008.

35. Travel + Leisure. 2008. *T + L MRI Reader Profile .08*, http://www.tlmediakit.com/reader_profile.cfm, accessed December 28, 2008.

36. Travel + Leisure. 2008. *Rate Card, 2009 National Edition*, http://www.tlmediakit.com/national_rates.cfm, accessed December 28, 2008.

37. Yellow Pages Association. 2008. *Yellow Pages Basics. Who Uses the Yellow Pages?*, http://www.buyyellow.com/basics/who.html, accessed December 28, 2008.

38. Advertising Age. 2008. *Ad spending totals by medium*, http://adage.com/datacenter/article?article_id=127791, accessed December 28, 2008.

39. Radio Online. 2008. http://news.radio-online.com/cgi-bin/$rol.exe/headline_id=b11300, accessed December 28, 2008..

40. Arbitron. 2006. Radio Today. *How America Listens to Radio*. 2006 Edition, 14-79.

41. TV Advertising Bureau. 2008. *2008 Media Comparison Study: Television Advertising Has the Best Perception among adults: Most persuasive*, http://www.tvb.org/nav/build_frameset.asp, accessed December 28, 2008.

42. Nielsen Media Research, Inc. 2006. *Nielsen Station Index (NSI)*.

43. TV Advertising Bureau. 2008. *Media Trends Track. Trends in Television*, http://www.tvb.org/nav/build_frameset.asp, accessed December 28, 2008

44. Nielsen Media Research, Inc. 2008. *Average U.S. home now receives a record 118.6 TV channels*, http://www.nielsenmedia.com/nc/portal/site/Public/menuitem.55dc65b4a7d5adff3f65936147a062a0/?vgnextoid=48839bc66a961110VgnVCM100000ac0a260aRCRD, accessed December 28, 2008.

45. Cable Television Advertising Bureau. 2007. *2007 TV Facts User Guide*, http://www.onetvworld.org/main/cab/downloads/2007_Fact_Book_User_Guide2.doc, accessed April 1, 2007.

46. Advertising Age. 2008. *Ad spending totals by medium*, http://adage.com/datacenter/article?article_id=127791, accessed December 28, 2008.

47. American Association of Advertising Agencies. 2007. *AAAA Television Production Cost Survey*.

48. Outdoor Advertising Association of America. 2008. *Facts and Figures*, http://www.oaaa.org/marketingresources/factsandfigures.aspx, accessed December 28, 2008.

49. Advertising Age. 2008. *Ad spending totals by medium*, http://adage.com/datacenter/article?article_id=127791, accessed December 28, 2008.

50. Outdoor Advertising Association of America. 2008. Facts and Figures, Advertising Age. 2008. *Ad spending totals by medium*, http://adage.com/datacenter/article?article_id=127791, accessed December 28, 2008.

51. American Marketing Association. 2008. *Dictionary*. http://www.marketingpower.com/_layouts/Dictionary.aspx, accessed December 28, 2008.

52. Advertising Age. 2008. *Ad spending totals by medium*, http://adage.com/datacenter/article?article_id=127791, accessed December 28, 2008.

53. Standard Rate & Data Service, Inc. *Subscription & Product Information*, http://www.srds.com/portal/main?action=LinkHit&frameset=yes&link=ips, accessed December 28, 2008.

54. Interactive Advertising Bureau. 2008. *Glossary of Interactive Advertising Terms*. http://www.iab.net/insights_research/530422/1494, accessed December 28, 2008.

55. Advertising Age. 2008. *Ad spending totals by medium*, http://adage.com/datacenter/article?article_id=127791, accessed December 28, 2008.

56. PricewaterhouseCoopers/Interactive Advertising Bureau. 2006. *IAB Internet Advertising Revenue Report*, 3.

57. Miniwatts Marketing Group. 2008. *Internet World Stats*. http://www.internet-worldstats.com/stats.htm, accessed December 28, 2008.

58. Miniwatts Marketing Group. 2008. *Internet World Stats*. http://www.internet-worldstats.com/stats.htm, accessed December 28, 2008.

59. Interactive Advertising Bureau. 2008. *Glossary of Interactive Advertising Terms*. http://www.iab.net/insights_research/530422/1494, accessed December 28, 2008.

60. Miniwatts Marketing Group. 2008. *Internet World Stats*. http://www.internet-worldstats.com/stats.htm, accessed December 28, 2008.

61. comScore, Inc. 2008. *comScore releases November 2008 U.S. search engine rankings*. http://www.comscore.com/press/release.asp?press=2652, accessed December 28, 2008.

62. Advertising Age. 2008. *World's Top 50 Agency Companies*.

63. Advertising Age. 2008. *100 Leading National Advertisers*, http://adage.com/data-center/article?article_id=127791, accessed December 28, 2008.

64. Advertising Age. 2008. *100 Leading National Advertisers*, http://adage.com/data-center/article?article_id=127791, accessed December 28, 2008.

65. Nylen, David W. 1993. *Advertising: Planning, Implementation, & Control*. 4th ed. Cincinnati, Ohio: South-Western Publishing Co., 71-74.

판매촉진과
머천다이징

이 장을 읽고 난 후

목표

» 판매촉진과 머천다이징을 정의할 수 있다.
» 판매촉진과 머천다이징의 6가지 역할을 설명할 수 있다.
» 판매촉진과 머천다이징의 계획 · 개발 단계를 기술할 수 있다.
» 특별 의사소통special communicaton 방법과 특가 제공special-offer 촉진 차이점을 설명할 수 있다.
» 다양한 판매촉진 기법을 나열할 수 있다.
» 각 판매촉진 기법의 역할과 장점을 설명할 수 있다.

개요

　판매촉진과 머천다이징은 판매에 강력한 영향력을 가지는 두 개의 촉진 믹스 요소이다. 이 장의 서론에서는 두 용어를 정의하고 그 역할을 설명하고 있다. 또한 이 두 활동을 신중히 계획하고 통합적 마케팅 커뮤니케이션intergrated marketing communication: IMC 측면에서 그 외의 믹스 요소들과 잘 조화시켜야 한다는 것을 강조하고 있다. 다음으로 구체적인 판매촉진과 머천다이징 기법을 설명하고 그 역할과 장점을 살펴보았다.

　이 장은 촉진을 계획하고 수행하는 데 이용될 수 있는 단계별 과정을 제시하고 있다.

　대부분의 사람들은 많은 상품과 서비스의 소비자로서 판매촉진과 머천다이징에 대해 생각보다 많이 알고 있다. 또한 소비자들은 자연스럽게 쇼핑을 통하여 머천다이징을 접하고 있다. 가게 윈도우 안의 마네킹과 통로에 설치된 전시물, 현란한 포스터, 심지어 소비자의 관심을 끌기 위해 만들어진 움직이는 설치물도 있다. 신문이나 우편, 혹은 각종 웹사이트를 통해서 피자에서 의류까지 다양한 항목에 대한 특별 가격을 제공하는 많은 쿠폰들을 볼 수 있다. 또한 패스트푸드점에서는 유리제품과 접시류, 또는 어린이 장난감 등을 제공하기도 한다. 만약 당신이 좀 더 편안한 잠자리를 원한다면, 호텔 웹사이트 방문을 통해서 좋은 품질의 침대를 특별 주문할 수 있다. 이것들은 판매촉진과 머천다이징, 즉 구매를 유도하는 시각적 · 물질적 자극의 예들이다.

　어떤 국가에서든 판매촉진과 머천다이징에 얼마가 소비되는지 측정하는 것은 매우 어렵다. 왜냐하면 광고 투자에 쓰인 비용을 측정하는 방식이 각기 다르기 때문이다. 하지만 최근의 연구를 보면 기업의 광고 투자는 미디어를 활용한 방식에서 점점 인터넷을 활용하는 방식으로 변화하고 있다. 이 장에서 판매촉진과 머천다이징에 대해서 그리고 이들의 트렌드에 대해 심층적으로 알아보도록 하자.

판매촉진, 머천다이징, 촉진 믹스

정의

　판매촉진sales promotions은 고객들이 즉각적인 구매를 하도록 단기간에 자극을 주고자 하는 광고, 인적 판매 그리고 PR 이외의 접근법이다. 쿠폰, 무료 샘플, 게임 등이 여기에 포함된다. 머천다이징merchandising 또는 구매시점point-of-purchase광고는 판매를 자극하기 위해 사내에서 이용하는 자료(메뉴, 와인 목록, 텐트 카드, 사인, 포스터, 전시물 그 외 판매시점 촉진 항목들)를 말한다. 최근에는 온라인 머천다이징이나 환대산업에서 제공되는 침대, 욕실비품, 음식 등 다양한 상품에 대한 e-tailing도 포함하는 개념으로 사용된다.

　이 두 기법은 서로 밀접하게 관련이 있으며 일부 저자들은 머천다이징을 판매촉진 기법으로 간주하기도 한다. 환대 및 여행 산업에서 머천다이징이 매우 중요하기 때문에 이 책에서는 이를 두 가지 촉진 믹스 요소로 분리하고자 한다.

통합적 마케팅 커뮤니케이션 계획

기업은 광고에 대한 대안으로 판매촉진과 머천다이징에 중점을 두기보다는 다섯 가지 촉진(광고, 홍보, 판매촉진, 머천다이징, 인터넷 마케팅)을 결합하여 통합적 마케팅 커뮤니케이션intergrated marketing communication: IMC의 강력한 효과를 얻어낸다. 광고, 홍보, 인터넷 마케팅은 고객에게 인식을 심어주고 기업 안의 머천다이징은 고객의 기억을 되살리며, 판매촉진은 판매로 이어지며, 판매자는 업셀링 마케팅을 실시하고 또한 판매 상담을 맡는다. 선도적인 패스트푸드 체인은 이 여섯 가지가 결합된 접근법을 완벽하게 수행하고 있다. 고객들은 TV 방송광고를 통해 판매촉진(할인된 가격에 어린이 장난감을 함께 제공, 하나 가격에 두 개를 제공)을 실시하고, 각종 매체는 이를 상세히 보도하며, 고객들로 하여금 외부 표지판 및 내부 전시물을 인식하고 포스터를 보고 광고와 기사에 대해 기억하게 하며, 레스토랑에서 제공하는 특별 가격을 보고 구매를 하게 된다. 직원들의 사내 인적 판매는 촉진의 효과와 판매상담의 효과를 더욱 높인다.

이러한 요소들을 지속적으로 관리할 경우, 큰 시너지 효과를 거둘 수 있다. 이를 위해서는 신중한 계획 수립과 타이밍이 동반되어야 한다. 다시 말해 모든 촉진 믹스 요소들과 인터넷 마케팅을 독립적으로 계획해서는 안 되며 가능한 많이 서로 보완해야만 한다는 것을 의미한다.

판매촉진과 머천다이징의 역할

판매촉진과 머천다이징에 사용되는 예산은 미디어를 통한 광고에 비해서 증가 추세이다. 이것은 고객 패키지 상품consumer packaged goods에 대한 것뿐만 아니라, 환대산업 전반에서 일어나고 있는 현상으로 보인다. 이 현상은 경쟁의 심화, 광고료 증가, 마케터들의 판매에 대한 압박 등에 의해서 기인하였다.

단기적인 전망으로 판매촉진과 특별 할인가격을 제시하면서 장기적인 수익을 바라는 것은 매우 위험하다. 예를 들어, 기업에서는 부적합한 마케팅 전략을 수립하거나 포지셔닝 실패 혹은 잘못된 평판, 효과 없는 광고, 고객 중심적이지 않은 서비스 및 서비스 다양화 등 심각한 마케팅 실패를 경험할 수 있다. 빠르고 긍정

판매촉진과 머천다 이징의 역할

그림 16-1

적인 결과를 낸 판매촉진은 이러한 장기적인 문제들을 덮어 버릴 수 있다. 프로모션은 신속한 판단을 우선시하기 때문에, 빠르게 시장에 들어오고 매니저들은 짧은 기간 동안 긍정적인 결과를 얻

고객에게 새로운 서비스나 메뉴 아이템을 추천한다.
비수기 판매를 촉진시킨다.
큰 행사나 휴가기간, 그 외 특별 기간의 판매를 촉진시킨다.
여행중개인의 판매 서비스를 강화한다.
판매 일선의 판매자들이 잠재 고객으로부터 수익을 얻도록 돕는다.
여행사의 판매를 촉진시킨다.

었기 때문에 만족할 수 있다. 그러나 판매촉진이 너무 잦을 경우 환대산업의 고객들은 이 기업에서 항상 이러한 판매촉진을 한다는 것을 알고 특별한 가격이 주어질 경우에만 상품을 구입하게 될 것이다.

그렇다면 판매촉진과 머천다이징의 가장 적절한 역할은 무엇인가? 가장 간단하게 답하면 14장에서 언급한 판매촉진이나 머천다이징의 최대 장점 중 단기적 목표 [그림 16-1]을 달성하기 위한 방법을 이용하라고 할 수 있다. 반면에 판매촉진은 일반적으로 장기적인 회사 및 브랜드 충성도 구축과 같은 목표를 달성하기 위해 이용해서는 안 된다. 연구에 의하면 이러한 판매촉진이 시장에서 분명한 성과를 보여주지만, 장기적인 고객을 유치하는 데는 큰 영향을 줄 수 없다고 한다. 모든 판매촉진이 다 같지 않기 때문에 이 법칙에도 예외가 있다. 대개 쿠폰이나 특가 정책이 회사나 브랜드에 대한 고객의 기본적인 태도를 바꾸지는 못한다. 또한 기업의 서비스 또는 제품을 장기적으로 이용하게 하지 못한다. 그러나 무료 샘플(새로운 메뉴 시식 및 와인 시음, 신서비스의 무료 업그레이드)은 고객의 태도를 변화시키기도 하며 결과적으로 충성도가 높은 장기적 고객으로 만들 수 있다.

판매촉진과 머천다이징은 지속적이어서는 안 되며 필요할 때마다 이용해야 한다. 이러한 점에서 볼 때, 지속적이고 장기적으로 이용해야 하는 광고, 인적 판매 그리고 PR과는 다르며, 다음과 같은 단기적 목표를 달성하기 위해 정기적으로 시행되어야 한다.

1. 새로운 서비스와 메뉴를 소개하기 위해　　환대 및 여행 산업에서의 주 목적은 서비스 및 메뉴를 시장에 소개하기 위해서이다. 그 예로 Olive Garden은 2008년 10월 치킨과 새우 카르보나라를 짧은 기간 동안의 새로운 이벤트 메뉴로 선보였다. 또한 고객들은 웹사이트에 가서 무료로 이 메뉴들의 레시피를 볼 수 있었다.

2. 비수기 판매 증가를 위해　　판매촉진의 두 번째 핵심 역할로 환대 및 관광산업에서 자주 적용된다. Rail Europe Group은 봄과 여름의 비수기 동안 캐리비안 지역의 많은 지역에 가격정책을 실시하였다. 영국의 The Harrison Hot Spring Resorts & Spa는 주중(일요일부터 목요일까지)의 비수기 관광객을 위해 특별 패키지 요금을 판매하였다. 최근 많은 환대산업과 관광산업에서 이러한 비수기 특별 요금은 매우 일반화되었다.

3. 주요 이벤트, 휴가 또는 특별 행사기간 중의 판매 증가를 위해　　매년 기업들은 창의적인 판매촉진과 머천다이징을 이용하여 평균 이상의 판매를 높이는 여러 이벤트와 휴가기간이 있다. 크리스마스 시즌 혹은 아시아 지역의 음력설날Lunar New Year의 경우 상점들은 이 축제기간 동안 수익을 올리기 위해 특별히 많은 노력들을 한다. 패스트푸드 레스토랑 역시 일부 시즌과 명절, 특히 크리스마스 동안 판매촉진을 보다 강화한다. 또한 새로운 영화의 개봉에 맞추어 판매촉진을 시행하는 회사들도 점점 늘어나고 있다.
중요한 스포츠 이벤트 및 새 영화의 개봉 등이 이런 경우에 속한다. 하계 및 동계 올림픽Summer and Winter Olympics, 월드컵World Cup과 같은 대규모 이벤트가 있는 경우 판매촉진을 더욱 강화하여 시행한다. 판매촉진과 더불어서 스폰서십Sponsorships을 통해 이 이벤트를 후원하고 있음을 나타내기도 한다.

4. 서비스 판매를 위해 중개업자들이 특별한 노력을 기울이도록 격려하기 위해
유통촉진trade promotions에서 자주 목표로 삼는 것이다. 항공사, 렌터카 회사, 크루즈 회사들은 수익을 높이고 고객을 유인하는 여행사와 여행 유통사에 여분의 수수료와 무료여행 그리고 보상 등을 제공한다. Hyatt Resorts는 'Slice of Paradise' 프로그램을 통해 미국 내의 중개업자들에게 3팀의 고객당 하와이나 캐리비안에 있는 Hyatt Resort의 무료숙박권을 제공했다. 또한 우리는 이미 10장과 13장에서 여행사가 좀 더 중개료commission를 챙길 수 있다면 공

급자와 더 좋은 관계를 갖게 된다는 것을 알 수 있다.

5. 판매 담당자Sales representatives가 잠재 고객으로부터 수익을 끌어낼 수 있도록 돕기 위해   판매 담당자가 판매를 종료하는 것을 돕기 위해 특정 유형의 판매촉진을 이용할 수 있다. 종종 기업들은 잠재 고객들에게 무료 견본품을 우편으로 직접 제공한다. 이러한 것들이 특별 광고 범주에 속한다(광고주의 이름이 기재된 다양한 형태의 아이템).

6. 여행중개 판매를 용이하게 하기 위해   운반업자, 공급업자, 여행 도매업자, 그리고 관광목적지에서는 여행사가 그들의 서비스를 판매하는 것을 돕기 위한 여러 형태의 머천다이징을 제공한다. DVD, 파워포인트 자료, 팸플릿, 포스터, 모든 형태의 전시물, 판촉물specialty 등이 이에 포함된다(의류, 달력, 펜, 풍선, 가방 등).

판매촉진과 머천다이징 계획 수립

모든 촉진 믹스 요소와 같이, 판매촉진과 머천다이징 계획은 지면으로 작성되어 마케팅 계획에 포함되어야 한다. 이러한 계획을 준비하는 기본적인 절차는 15장에서 배운 광고 계획의 절차와 매우 유사하다[그림 16-2].

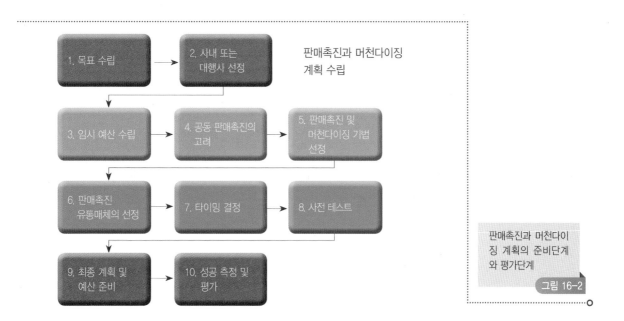

판매촉진과 머천다이징
계획 수립

1. 목표 수립 → 2. 사내 또는 대행사 선정

3. 임시 예산 수립 → 4. 공동 판매촉진의 고려 → 5. 판매촉진 및 머천다이징 기법 선정

6. 판매촉진 유통매체의 선정 → 7. 타이밍 결정 → 8. 사전 테스트

9. 최종 계획 및 예산 준비 → 10. 성공 측정 및 평가

판매촉진과 머천다이징 계획의 준비단계와 평가단계

그림 16-2

1단계 : 목표 수립

모든 판매촉진 및 머천다이징 활동은 명확한 목표를 기반으로 해야 한다. 이전에 살펴본 바와 같이, 이 목표는 대개 광고목표보다 단기적이다. 또한 판매촉진과 머천다이징은 8장에서 논의한 모든 마케팅 목표를 위한 기본적인 4가지 기준인 타깃시장의 세부화, 결과 중심적, 양적인 측면 고려, 시간 효율성을 충족해야 한다. 판매촉진 및 머천다이징 목표는 일반적으로 설득적인 커뮤니케이션을 활용한다. 많은 판매촉진은 전략적이며 짧은 기간 내 일정 판매량을 달성하기 위해 다음 사항을 고려하여 고안되었다.

- 새로운 고객들이 서비스와 시설, 방문지를 이용 또는 방문해 보도록 한다.
- 현재의 고객과 유통채널이 서비스와 시설을 보다 자주 이용하도록 권장한다.
- 여행 및 관광 중개업자들로 하여금 예약 및 판매를 늘리도록 권장한다.

환대산업과 관광산업의 마케터들은 시장에서의 고객들의 다음과 같은 행동의 반응에도 촉각을 곤두세워야 한다.

- 타 브랜드나 관광목적지로부터의 변경
- 보통 이상으로 빠른 구매를 원하는 경우
- 포인트 마일리지 프로그램
- 서비스나 제품의 견본 사용
- 구매의 증가 및 확대

종종 광고, 판매촉진, 머천다이징, PR, 인터넷 마케팅 그리고 인적 판매 목표 등은 통합적 마케팅 커뮤니케이션IMC : Integrated Marketing Communication으로 밀접하게 맞물려 있다. 다시 말해 판매촉진과 머천다이징 목표는 서로 독립적이지 않으며 상호 간의 장기적 광고, 인적 판매, PR, 인터넷 마케팅 등과 밀접한 관련을 맺고 있다.

2단계 : 사내 또는 대행사 선정

모든 환대산업의 기업과 관광산업의 조직은 판매촉진과 머천다이징의 디자인과 개발을 내부에서 할 것인지 아니면 대행사를 이용할 것인지 결정해야 한다. 대

부분의 중간 규모 및 대규모 회사들은 광고대행사, 촉진전문가, 판매홍보 전문가, 크리에이티브 디자이너creative designer, 홈페이지 제작자 등과 계약을 맺는 외부 혹은 아웃소싱 노선을 선택한다. 이 두 대안의 장점과 단점은 결정을 내리는 과정이나 인력관리에서 언급된 똑같은 장점과 단점을 가지고 있다.

3단계 : 임시 예산 수립

총 임시 촉진 예산에서 판매촉진과 머천다이징의 예산을 할당해야 한다. 이 임시 예산을 바탕으로 판매촉진 및 머천다이징 활동을 선정하고 고안하게 된다. 이러한 활동에 대한 실제 비용이 책정되면 임시 예산을 다시 할당한다.

4단계 : 공동 판매촉진의 고려

다음 단계에서는 판매촉진과 머천다이징에 대한 잠재 파트너십 접근을 고려한다. 환대 및 관광 산업에서는 광고촉진에서처럼 공동 판매촉진의 기회가 많다. 예를 들어 팸투어는 광고주나 관광목적지 서비스를 추천하고 이용하도록 여행사와 여행가이드, 여행 도매업자들에게 제공되는 무료 또는 할인된 가격의 여행을 말한다. 주로 운송업자, 공급업자, 관광목적지마케팅조직DMO이 이 여행의 비용을 분담한다.

환대 및 여행 산업의 다른 회사와 상호 판매촉진을 하기도 한다. 앞에서 언급한 McDonald's와 Disney의 공동촉진이 여기에 속한다.

5단계 : 판매촉진 및 머천다이징 기법 선정

다음으로 어떤 판매촉진 또는 머천다이징 기법이 목표를 달성하는 데 가장 효과적인지 고려해야 하는데 여기에는 여러 대안들이 있다.

대부분의 환대 및 여행 기업들은 고객 판매촉진과 유통 판매촉진 모두를 시행하고 있다. 일부 판매촉진 프로그램과 머천다이징은 직접적으로 고객을 대상으로 한 것인 반면, 그 외의 촉진들은 여행 유통 중개업자들을 목표로 한 것이다. 유통촉진을 푸시전략push strategy이라고도 하며 이는 판매를 위해 유통 중개업자들에게

촉진 노력을 기울이는 것을 말한다. 풀전략pull strategy이란 고객을 대상으로 한 촉진을 목표로 하여 고객의 요구에 의해 서비스와 제품이 유통경로를 통해 제공된다. 대부분의 환대 및 관광 산업은 주로 푸시전략을 더 선호하는데, 이는 잠재 고객보다 여행 유통 중개업자들의 수가 극히 적기 때문이다. 레스토랑과 같은 경우에는 중개업자를 통하지 않기 때문에 푸시전략은 적절하지 않다. 기업은 상황에 따라 유통(푸시) 촉진과 고객(풀) 촉진을 적절히 결합하여 시행해야 한다.

일부 환대 및 여행 산업들은 판매원들의 인적 판매를 강화하기 위해 촉진을 이용하며 이것은 영업업무 촉진sales-force promotion의 범주에 포함된다.

시험trial과 사용usage 촉진에 이용한 기법의 예는 다음과 같다. 쿠폰과 샘플은 새로운 고객이 서비스 또는 제품을 사용하도록 하는 데 매우 효과적이다. 반면에 콘테스트나 경품 추첨은 기존 고객이나 유통채널이 서비스를 보다 자주 이용할 수 있도록 하는 데 효과적이다. 다시 말해 기업은 시험과 사용 촉진을 적절히 결합하여 이용해야 할 것이다.

본장에서는 판매촉진과 머천다이징 기법을 그 고유의 특성에 따라 범주화하였다. 이러한 방식을 선택한 이유는 유통, 고객, 영업업무 촉진을 위해 같은 기법을 사용할 수 있기 때문이다.

판매촉진과 머천다이징 기법은 (1) 특별 커뮤니케이션 방식special communication methods과 (2) 특가 제공special offers[그림 16-3]이라는 두 그룹으로 나눌 수 있다. 첫 번째 그룹은 프로모터에게 잠재 고객과 여행 유통 중개업자들과 의사소통할 수 있는 선택권을 부여하는 것이다.

특가 제공은 고객, 여행 유통 중개업자 그리고 판매 담당자들에게 주는 단기간의 자극이다. 특가 제공을 이용하는 고객과 중개업자들은 일반적으로 구매를 하거나 예약을 통해 가격 할인, 선물, 무료 여행 및 식사 등을 제공받을 수 있

판매촉진과 머천다이징 기법의 종류
그림 16-3

특별 커뮤니케이션 방식	특가 제공
광고 판촉물	쿠폰
샘플	가격 할인정책
무역 및 여행 전시회	프리미엄
POP와 기타 머천다이징	콘테스트, 경품추첨, 게임
구매시점 시범판매	여행 유통 유인
교육 세미나와 트레이닝 프로그램	보상 프로그램
판매담당자를 위한 시각자료	연속성 보상 프로그램
	상품권

고, 중개업자와 판매담당자의 경우에는 추가 수수료 등의 특가 혜택을 받을 수 있다.

판매촉진과 머천다이징 기법을 선택하는 과정은 몇 가지 요소에 기반되어야 한다. 첫 번째는 세부적인 목표를 설정해야 한다는 것이며, 두 번째는 타깃을 설정할 때 인구통계학적, 사회경제적 및 지리적 개념을 포함하는 고객의 특징을 잘 파악하여야 한다는 것이다.

1. 특별 커뮤니케이션 방식

이 방식은 환대산업이나 여행 및 관광 조직의 다양한 방법의 외부적인 판촉이나 내부의 머천다이징을 포함하는 개념으로, 최근에는 온라인 머천다이징 등 인터넷을 사용한 숙박, 식음료, 관광지 등에 걸친 브랜드 확장에도 이용되고 있다. 전문가들은 이러한 개념을 부가적 가치의 판매촉진added-value promotions이라고 부르기도 한다.

❶ 광고 판촉물specialty Advertising 또는 advertising specialties

잠재 고객이나 여행 중개업자들에게 제공하는 무료 아이템을 광고 판촉물이라 한다. 광고 판촉물이 가진 다섯 가지의 장점은 다음과 같다. (1) 유형성, (2) 지속 효과, (3) 효과의 창출, (4) 호응, (5) 사용법의 다양성. 사용법이 다양하다는 것은 판촉물을 고객에게 혹은 잠재적 고객에게도 줄 수 있고 아니면 여행중개인이나 판매담당인에게 줘도 된다는 것을 의미한다. 또한 관광 박람회나 메일을 통해서 혹은 판매담당인의 영업시 등 유통 경로 또한 다양하다.

보통 광고주의 이름과 로고, 광고 메시지가 새겨져 있는 사무용품이나 독특한 선물을 말하며 펜, 연필, 컵, 유리잔, 성냥, 문구류, 열쇠고리, 토트백, 풍선, T-shirts 등이 여기에 속한다. 항공사에서 제공하는 기내용품처럼 호텔 객실에 비치된 비누, 샴푸, 치약, 바느질함, 샤워 캡 등도 모두 이 범주에 속한다. 광고 판촉물이 가장 효과적이기 위해서는 다음 단계를 거쳐야 한다.

- 특정한 세부적인 목표를 갖고 있어야 한다. 예 관광박람회에서 부스에 많은 사람이 몰리도록 하기 위해 만든 판촉물
- 구체적이고 세부적이며 그 판촉물에 대한 큰 관심을 보일 만한 타깃이 설정되어야 한다. 예 비즈니스 목적인 고객

- 물건이 독창적이고 재미있고 실용적이면서도 산업과 연관이 있어야 한다.
- 간소한 물건을 준비하되, 저렴한 물건은 피한다.
- 제품의 중간에 로고나 대표하는 색상 등을 사용한다.
- 타깃시장에 판촉물을 전달하기 위한 효과적인 유통망을 확보한다.
- 특정 메시지를 효과적으로 전달하기 위해 다른 광고나 촉진 믹스로부터 통합적인 도움을 얻을 수 있도록 설정한다.
- 먼저 고객에게 일차적으로 전달하되, 직원들에게도 몫을 나누어야 한다.

하지만 광고 판촉물을 사용한 판촉방법에는 약점도 있다. 비용이 많이 들어가고, 유통경로도 관리되어야 하며 저장할 만한 마땅한 장소도 섭외 되어야 한다.

❷ 샘플 sampling

샘플은 판매를 조장하고 사람들이 어떤 방식이든지 서비스 전체나 일부를 경험하도록 하기 위해 무료로 견본품을 나눠주는 것을 말한다. 이는 파는 물품이 유형적이며 우편으로 보내거나 손으로 전달해 줄 수 있는 제

The China International Travel Mart(CITM)는 주요 관광 연례행사이다.

그림 16-4

조업의 경우 더욱 쉽다. 2장에서 살펴본 바와 같이 대부분의 환대 및 여행서비스는 무형적이다. 그러므로 우편으로 보내거나 직접 전달할 수 없으며 견본을 제공할 수도 없다. 우리 산업의 서비스나 상품을 선보이기 위해서는 무료 또는 추가 비용을 들이지 않고 고객들이나 여행중개업자들을 초대해야만 한다.

하지만 환대산업 중 식음료 서비스나 숙박시설 등에서도 일부 예외는 있다. 레스토랑과 바, 라운지는 고객들에게 요리나 음료를 무료로 제공한다. 종종 새로운 메뉴를 소개할 때나 특정 식사 시간대 또는 특정 음식 및 음료 부분(아침, 디저트, 에피타이저, 와인, 칵테일)의 판매를 높이기 위한 노력의 일환으로 이러한 시식 및 시음회를 개최한다. 종종 무료로 샘플을 제공하는 Starbucks가 좋은 예이다. 쇼핑몰에 있는 음식점들은 때때로 지나가는 손님들에게 음식을 한입 맛 볼 수 있게 제공하기도 하며 호텔은 지역의 여행사에 무료로 숙박권을 제공하기도 한다. 다음으로 여행사와 여행 도매상, 여행기의 저자 등에게 제공되는 팸투어를 들 수 있다. 컨벤션이나 콘퍼런스의 기획자들을 위한 견학site inspection은 잠재적인 MICE 고객을 위해 관광지, 시설, 서비스를 경험하게 해주는 경험이다. 그리고 마지막 기법은 항공사, 렌터카 회사 또는 호텔에서 무료로 업그레이드를 시켜줌으로써 여행객들이 그들이 지불한 것보다 높은 서비스를 즐길 수 있도록 하는 것이다.

❸ 무역 및 여행 전시회Trade and Travel show Exhibits

여러 환대 및 여행 산업들은 무역 전시회trade show, 전시회, 또는 컨벤션 등을 통해 산업의 모든 분야(공급업자, 운송업자, 중개업자, 관광마케팅조직)가 한 자리에 모이는 기회를 갖는다.

여행 전시회에 참여하여 잠재적 목표로 설정해야 할 것들은 다음과 같다.

- 회사, 조직, 목적지에 대한 흥미를 높인다.
- 브랜드, 상품에 대한 흥미를 높인다.
- 먼저 인식하도록 한다.
- 이미지를 유지한다.
- 지속적으로 운영되고 있음을 주지시킨다.

- 새로운 상품이나 서비스를 소개한다.
- 제안요청서RFP나 계약 등을 보안유지한다.

무역 및 여행 전시회에 참여하여 얻을 수 있는 이점은 여러 가지이다. 큰 돈을 들이지 않고도 대인 판매가 가능하며 판매자와 구매자 간의 정보의 교환도 가능하면서 짧은 시간 동안에 판매가 가능하다. 이러한 직접 대면하여 할 수 있는 판매행위는 e-mail이나 우편, 전화판매로는 불가능한 것들이다. 전시회를 통하여 새로운 비즈니스 관계의 생성도 가능하다. 또한 짧은 시간 동안에 많은 정보와 고객의 응답을 취합할 수 있다.

무역 전시회에서의 전시는 소규모 촉진 믹스나 통합적 마케팅 커뮤니케이션 행동을 조합하는 것과 유사하다. 일부 참가자들은 중개업자들에게 DM(광고)을 보내어 자신들의 부스로 초대한다. 그들은 웹사이트에 전시회 참여에 관한 자료를 게재하고 작성할 수 있다(PR과 홍보활동). 부스에 전시된 전시물들은 이용가능한 서비스를 매력적으로 만들며, 최근 광고 캠페인과 밀접한 관련을 맺고 있다. 부스의 담당자들은 팸플릿과 자료물 그리고 그 외 인쇄물이나 디지털 콘텐츠들을 나눠주며 판매를 유도한다(인적 판매). 또한 광고 판촉물(판매촉진) 등을 주기도 한다. 무역 전시회가 끝나면 참가자들은 종종 e-mail이나 개인 우편(DM 광고)과 전화 또는 방문, 온라인 메신저 서비스 등을 받기도 한다. 여행 전시회에서 다양한 판매촉진과 머천다이징 기법들은 서로 결합하여 좋은 효과를 발생시킨다. 여행 전시회의 전시부스에서 판매촉진 활동 중 광고 아이템(가방 등)과 함께 브로셔를 함께 넣어 주는 것을 좋은 예로 들 수 있다.

무역 전시회는 여행비, 등록비, 전시 제작, 부스 인테리어 및 디자인 등의 비용 때문에 상대적으로 많은 돈이 든다. 그러므로 투자비용을 회수하고 성과를 내기 위해서는 행사 전의 계획작업이나 행사 후의 평가 단계도 간과해서는 안 된다. 그러나 참가자들은 보다 전문적인 표적고객들을 만날 수 있으며 수천 명의 잠재 고객들에게 직접 마케팅을 할 수 있는 효과를 거둘 수 있다.

❹ POPPoint-of-purchase와 기타 머천다이징
우리 산업에서 중요한 부분을 차지하는 머천다이징은 구매시점에서 가

장 효과적으로 이용할 수 있기 때문에 종종 구매시점광고의 줄임말로 사용되기도 한다. 수많은 다양한 아이템을 이용할 수 있으며 다양한 진열과 배치가 가능하다. 식음료 산업에서는 메뉴, 와인과 음료 리스트, 테이블 위에 식음료 광고 효과를 위해 삼각형 모양으로 세워둘 수 있는 카드 등이 핵심적인 방법이 된다. 일부 레스토랑과 바는 특별 촉진을 자주 업데이트할 수 있는 광고 현수막이나 표시판을 내건다. 그 외에 온라인을 통해 메뉴를 보여주거나 미니 메뉴를 사용하는 경우도 있으며 입구에 메뉴 전체를 부착하기도 한다. 팸플릿, 포스터 그리고 창문이나 스탠드업standup 전시물 등은 소매 여행사에서 흔히 볼 수 있는 것들이다. 호텔은 객실 주소록, 룸서비스 메뉴, 엘리베이터와 로비 전시물, 팸플릿 등과 같은 다양한 머천다이징 기법을 이용한다.

❺ 구매시점 시범판매point-of-purchase demonstration

서비스의 무형성 때문에 구매시점에서 서비스의 용도를 보여주기는 매우 어렵다. 반면, 청소기나 야채 절단기 같은 제품을 보여주며 그 용도를 설명하는게 훨씬 더 쉽다. 무형적인 것을 유형적으로 보여주기 위해 여행사들이 많이 사용하고 있는 방법은 매장 내 DVD 플레이어를 사용하여 TV 혹은 컴퓨터 모니터를 통해 여행 촉진 비디오 테이프를 보여주는 것이다. 그 외에 레스토랑과 바에서 요리와 칵테일 만드는 법을 보여주는 것도 이에 속한다.

❻ 교육 세미나와 트레이닝 프로그램

환대 및 관광 산업은 여행중개업자들에게 정보를 제공하고 교육하는 판매촉진에 많은 투자를 하고 있다. 그 예로 항공사, 크루즈 회사, 여행 도매업자와 관광마케팅 업체, DMO들은 종종 여행사를 위한 세미나와 워크숍, 리셉션, 트레이닝 프로그램 등을 계획하고 있다. 이러한 주요 목표는 보다 상세한 정보를 전달하여 여행사가 고객들에게 서비스를 판매하고 여행 도매업자가 여행상품을 기획하는 데 도움을 주기 위한 것이다. 이러한 이벤트 및 전시회는 전국적으로 시행되기 때문에 상대적으로 많은 비용이 들지만, 광고주들은 보다 영향력 있는 표적고객들을 만날 수 있다. 대표적인 예로 호주관광청의 Aussie Program이 있다. 이 프로그램을 통해

여행사의 담당직원은 다섯 가지의 부분으로 나누어진 온라인 트레이닝인 'Celebrity's 5 star academy' 과정을 받을 수 있다. 멕시코의 Cancun 지역의 Visitors and Convention Bureau는 여행사로 하여금 Cancun 지역의 상담사 공식 자격증취득 과정을 밟을 수 있게 후원하고 있다.

❼ 판매담당자를 위한 시청각 자료audio-visual aids

현장의 판매담당자는 환대 및 여행서비스의 무형성으로 인해 발생하는 문제에 직면하게 된다. 대부분의 제품 판매원과 같이 잠재 고객이 있는 장소에서 서비스를 보여줄 수가 없기 때문에 시청각 자료를 이용하여 조직이 제공하는 서비스의 질과 다양성을 잠재 고객들이 보다 잘 이해할 수 있도록 해야 한다. 시청각 자료에는 DVD, 사진과 파워포인트, 슬라이드 등이 포함된 책자와 비디오 테이프, 전시물 등이 있다.

2. 특가 제공special offers
특가 제공은 판매촉진의 두 번째 주요 범주로, 특정 방법을 통해서 구매행동을 하도록 하는 단기적 자극을 의미한다. 대개 인터넷 마케팅이나 매체 광고 캠페인과 연계되어 시행되며 종종 구매시점 머천다이징, 인적 판매, 홍보를 통해 이를 뒷받침한다. 가격정책의 일환인 쿠폰, 할인, 프리미엄 제공 등으로 구분할 수 있다.

❶ 쿠폰coupons

쿠폰은 가장 인기 있는 판매촉진 기법 중의 하나로 환대 및 관광 산업, 특히 레스토랑에서 광범위하게 사용된다. 쿠폰은 고객이나 중개업자들에게 할인된 가격으로 서비스를 이용할 수 있는 자격을 부여하는 할인권 또는 증서를 의미한다. 쿠폰은 고객들에게 직접 나누어 주거나, 신문 혹은 잡지에 삽입하는 방법hard copy, 웹사이트를 통해 다운로드받을 수 있게 하는 방법soft copy 등이 있다.

일반적으로 쿠폰 회수율(coupon redemption rates: 총 발행된 쿠폰에서 고객이 사용한 쿠폰이 차지하는 비율)은 쿠폰을 어떻게 유통시키느냐에 따라 달라진다. 환대 및 관광 산업이 사용한 쿠폰은 주로 제조업 쿠폰이다. 이는 발행되어 직접 고객들에게 유통되며 여행 유통 중개업자를 거치지 않는다. 쿠폰의 주요한 유통방법들은 다음과 같다.

- 인쇄물을 통한 유통
- 소비자들에게 전단을 통해 유통
- 직접적인 우편을 통한 유통
- 잡지나 신문을 통한 유통
- 패키지를 통한 유통

쿠폰이 이렇게 성장을 거두며 인기를 얻은 데에는 두 가지 면이 존재한다. 소비자들은 이전보다 가격과 돈의 가치에 대해 보다 많은 관심을 가지게 되었기 때문에 쿠폰을 통해 가격 절감이라는 가치를 소비자들에게 전달하게 된 것이다. 두 번째 이유는 제조업체들과 서비스 기업들 사이에 경쟁이 심화되었다는 것이다. 광고 하나만으로는 충분한 경쟁력을 가지지 못하기 때문이다.

환대산업에서는 보통 다음의 두 가지 유형으로 쿠폰을 사용하고 있다.

'Time-fused' 쿠폰은 제시된 기간 동안의 특정 날, 주 또는 달에 이용할 수 있는 여러 개별 쿠폰이 들어 있다. 쿠폰에는 사용기한이 필히 명시되어 있어야 한다. 'Bounce-back' 쿠폰은 고객이 레스토랑이나 다른 서비스를 다시 이용하게 하기 위한 것으로 고객들에게 직접 전해주거나 포장할 때 그 속에 넣어준다. 보통 대다수의 Pizza 체인점들은 이 방법을 이용한 체인으로 피자 배달박스 겉면에 'Bounce-back' 쿠폰을 붙여준다.

❷ 가격 할인정책price-off

가격 할인은 쿠폰을 이용하지 않고 단순히 광고된 가격 할인을 말한다. 보통 특정 서비스(메뉴, 항공노선, 크루즈 유람)와 표적시장(비즈니스 여행객, 노인, 어린이), 지역, 시간대에 제한이 있다. 가격 할인은 즉시 시행할 수 있기 때문에 인기가 높으며, 진정한 촉진의 한 활동이다. 가격 할인정책은 독립적으로 운영되기보다는 반드시 통합적 마케팅 커뮤니케이션의 일부로써 운용되어야 한다. 또한 짧은 기간으로 설정하는 것이 좋다.

❸ 프리미엄premiums

프리미엄은 서비스나 제품을 구매할 때 공짜로 제공되는 상품들이다. 이는 반드시 구매를 해야 하기 때문에 광고 판촉물과는 다르다.

프리미엄이 가장 성공하기 위해서는 소비자들이 여러 가지를 구매하거

나 여러 번 구매해야 한다. 다시 말해 빈도frequency 또는 지속성continuity 기법이다. 고객들은 프리미엄을 얻기 위해서는 적어도 한 번 이상 방문하거나 구매한 것을 여러 번 증명해야만 한다. 프리미엄의 또 다른 지침은 광고주의 이미지(포지션)와 표적시장이 일치해야만 한다. 이것이 2장에서 논의한 경험적인 단서에 의거한 증거evidence 개념이다. 염가 지향 기업이 최상의 프리미엄을 이용한다는 것은 잘못된 일이다.

프리미엄은 선정된 표적시장의 포지셔닝 접근법과 제휴사 간의 상호 커뮤니케이션을 위한 또 다른 방법으로 생각해야 한다. 어린이 장난감을 이용한 것은 패스트푸드 체인이 어필하고자 하는 대상과 어린이에 대한 의지가 일치함을 보여준다. 즉, 프리미엄은 내구성과 품질이 적당해야 하며 특정 고객집단에 어필할 수 있고, 높은 가치로 인식되어야 한다.

❹ 콘테스트, 경품추첨, 게임

모든 사람들은 상을 타거나 게임에서 이기고 싶어 한다. 따라서 콘테스트나 경품추첨, 또는 다른 형태의 게임에 참가로 인해 어떤 주제와 제품 또는 서비스에 대해 높은 관심을 가지게 된다. 콘테스트는 참가자들이 특정 기술을 선보여 상을 받는 판매촉진이다. 경품추첨은 참가자들이 그들의 이름과 주소를 써 내야 하는 판매촉진이다. 승자는 기술이 아닌 운으로 가려진다. 게임은 경품추첨과 유사한 판매촉진 이벤트이지만 게임 도구를 이용한다는 차이가 있다.

콘테스트, 경품추첨, 게임들은 핵심적인 이익, 특별한 판매시점 설정과 기타 정보를 얻기 위한 유용한 커뮤니케이션 방법이다. 그와 동시에 고객에게 스폰서의 이름을 알리는 좋은 도구이기도 하다. 콘테스트, 경품추첨, 게임은 고객뿐만 아니라 여행사나 여행 유통업, 중개업자에게도 직접 다가갈 수 있는 방법이다.

❺ 여행 유통 유인

여행 유통 중개업자들은 공급업자, 운송업자 그리고 관광목적지마케팅 조직에게 강력한 힘을 발휘하고 있다. 이것 때문에 많은 기업들이 중개업자들의 방침을 따르게 되고, 때로는 예약률을 높이기 위해 다양한 종류의 자극을 제공하기도 한다.

여행사, 컨벤션/회의 기획사 그리고 기업여행 매니저들은 가장 열심히 일을 수행하는 여행 유통 중개업자들이다. 특정 여행대행사로부터 더 많은 수익을 내기 위해 운송업자와 공급업자들이 선호하는 공급관계를 맺고 평균 이상의 수수료를 지불하는 방법을 많이 이용하고 있다. 컨벤션/회의 기획사와 기업여행 담당자들은 그들 사업의 안전을 위해 종종 공급업자, 운송업자 그리고 관광마케팅조직이 가격 할인과 그 외 다른 프로그램을 제공하도록 할 수 있을 만큼의 충분한 거래력을 가진다.

이러한 자극에는 광고 판촉물, 팸투어, 경품추첨, 교육 세미나 등이 있다.

❻ 보상 프로그램recognition program

보상 프로그램은 여행중개업자들과 판매담당자 또는 고객들에게 일정수준의 판매 및 수익 달성에 대한 보상으로 제공되는 것이다. 이는 현금으로 지급될 수도 그렇지 않을 수도 있다. 때때로 금전적 보상이 아닌 보상, 즉 무료여행, 트로피, 상패 또는 주요 저널에 사진을 싣는 것이 사람들이 광고주의 서비스를 보다 자주 이용하거나 목표 판매량에 도달하는데 더 유용할 경우도 있다. 고객에 대한 보상 프로그램의 대표적 예가 상용고객우대 프로그램frequent-flyer, frequent-guest award program이다. InterContinental 호텔 그룹의 상용고객 프로그램인 "Priority Club"은 고객보상 프로그램의 좋은 예로 숙박산업에서는 가장 처음으로 시행되었다. Lufthansa와 United 항공에서 운영하는 "PerksPlus" 프로그램은 중소기업들이 기업 마일리지 플랜Corporate Milage Plan이라는 프로그램을 통해 회사 직원들이 비행기를 탈 때마다 마일리지 포인트를 얻는 방식이며, 이를 유지하기 위해 회사들은 적어도 연간 2만 달러의 비행을 Lufthansa, United, United Express, Ted 항공사를 통해 해야 한다.

❼ 연속성 보상 프로그램continuity program

연속성 프로그램은 사람들이 여러 번, 장기간 동안 구매해야 하는 판매촉진이다. 상용고객우대 프로그램은 연속적인 보상 프로그램이다. 여행객들이 보상을 받기 위해서는 호텔 체인에서 여러 날 머물러야 하거나 일정 수준의 항공 마일리지를 획득해야만 한다. 보통보다 자주 구매하도록 자극하거나 회사나 브랜드에 대한 장기적인 충성도를 구축하기 위한 목적

으로 연속성 프로그램을 이용하고 있다. 이는 장기적 수익을 얻는 데 있어 최상의 판매촉진이라 할 수 있다.

연속성 프로그램은 완전히 다른 기법이 아니라 이미 설명한 판매촉진 중 어떤 것과도 함께 이용할 수 있다. 예를 들어 연속성 프리미엄continuity premium은 고객들이 한 세트의 품목을 얻기 위해서는 여러 번 구매를 해야 하는 프로그램이다(4개로 구성된 유리잔 세트, 4주 동안 매주 하나씩 모을 수 있다).

신용카드 회사는 환대 및 관광 산업의 연속적 보상 프로그램과 밀접하게 연계하고 있다. 예를 들어 American Airlines의 AAdvantage 프로그램의 회원이 특별 Citibank Visa 카드로 구매할 경우 추가 마일리지를 받는다. 회원카드affinity card 또한 좋은 예의 하나이다. 항공사에서 회원카드를 발급하기 시작하자 다른 환대 및 관광업계, DMO나 호텔체인에서도 이를 재빠르게 모방하였다.

❽ 상품권gift certificate

상품권은 광고주가 선택해서 나눠주거나 다른 사람에게 선물로 주기 위해 고객들에게 파는 증서를 말한다. 상품권은 받는 사람이 서비스를 이용해 보도록 조장하는 쿠폰과 유사한 기능을 하며 레스토랑에서 자주 이용된다.

6단계 : 판매촉진 유통매체 선정

본장은 선정된 촉진을 어떻게 유통시킬 것인지에 대해 알아보고자 한다. 선정된 유통방법은 판매촉진을 이용하는 목표시장의 비율에 영향을 미치기 때문에 매우 중요하다.

7단계 : 타이밍 결정

판매촉진과 머천다이징은 전술적이거나 단기적 성향을 띤다. 일반적으로 수익이 낮은 기간에 이를 만회하기 위한 방법으로 이용된다. 그러나 타이밍에 관한 질문에 대해 다음과 같은 이면이 존재한다. (1) 판매촉진을 이용할 최적의 때는 언제인가? (2)얼마나 자주 이용해야 하는가? 판매촉진을 과도하게 이용할 경우 오히

려 수익이 낮아질 수 있으며 기업에 대한 좋지 않은 이미지를 심어줄 수 있다. 판매촉진 이용 시 당면하는 위험은 다음과 같다.

1. 다른 마케팅 및 촉진 믹스 요소의 장기적 문제점을 간과한 채 일시적인 판매 증가만을 유도할 수 있다. 즉, 병 자체가 아닌 증상만을 치료하는 격이다.

2. 특가 제공(圆 쿠폰과 프리미엄)을 촉진하는 판매촉진은 본질적으로 가격경쟁의 형태이다. 가격경쟁에는 두 가지의 기본적인 문제점이 있다.(1) 경쟁사가 쉽게 모방할 수 있는 접근법이다. (2) 장기적으로는 영향력을 상실한다.

3. 판매촉진은 빠른 시행과 동시에 결과를 얻을 수 있다. 이러한 이유로 다른 촉진 및 마케팅 믹스 요소에 어떠한 영향을 미칠지 충분히 고려하지 않은 채 성급하게 이용된다.

판매촉진은 광고를 위한 전략적인 도구, 인적 판매를 위한 보조도구, PR 혹은 인터넷 마케팅, 통합적 마케팅 커뮤니케이션을 위한 하나의 방법으로 생각하는 것이 가장 적합하다. 그러므로 촉진의 타이밍은 광고와 인적 판매활동의 스케줄에 따라야 한다. 마케터가 판매 및 광고 목표를 달성할 가능성을 확신할 때 판매촉진을 이용해야 한다.

8단계 : 사전 테스트

판매촉진과 머천다이징은 시행하기 전에 미리 테스트 해보는 것이 중요하다. 15장에서 광고에 대해 설명한 것과 유사한 마케팅 조사기법을 이용하여 사전 테스트를 한다.

9단계 : 최종 계획 및 예산 준비

사전 테스트가 완료되면 최종 판매촉진 계획과 예산을 서면으로 작성해야 한다. 판매촉진 목표, 조사 결과, 의사결정을 내리게 된 가정, 예산, 수행 시간표 등을 판매촉진 계획에 포함한 후 임시 판매촉진 예산과 필요할 때 만든 수정안을 비교해 보아야 한다.

10단계 : 성공 측정 및 평가

판매촉진 결과가 보다 즉각적이고 단기적이기 때문에 실행을 면밀히 감독해야 한다. 판매촉진 목표가 달성되었는지를 알아보기 위해서 사후 테스트와 같은 마케팅 조사기법을 이용해야 한다.

결론

판매촉진과 머천다이징은 강력한 영향력을 가진 촉진 믹스 요소이지만 종종 잘못 이용되는 경우가 있다. 주로 비수기 동안에 단시간에 판매를 증가시키고자 할 때 유용하다. 그러나 이 판매촉진을 잘못 이용할 경우 고객 충성도가 낮아지고 수익이 줄어드는 등의 심각한 위험에 처하기도 한다.

판매촉진은 광고와 인적 판매 노력과 일치하도록 신중히 계획되고 시행되어야 한다. 다른 촉진 믹스 요소를 제대로 뒷받침해 줄 때 판매촉진은 최대 이익을 얻을 수 있다.

CHAPTER
ASSIGNMENTS

학습과제

1. 가장 관심 있는 환대 및 관광 산업의 일부를 선정해서 몇 주 또는 몇 달 동안 이 분야의 다섯 또는 여섯 선도기업의 판매촉진과 머천다이징 활동을 추적해 보아라. 쿠폰, 프리미엄, 콘테스트와 경품추첨과 같은 아이템들을 모아라. 그 기법들이 유사하게 이용되고 있는가? 그렇지 않다면 어떻게 다른가? 선정된 회사들 중 어떤 회사가 판매촉진을 과도하게 이용한다는 생각이 드는가? 판매촉진은 광고와 인적 판매와 연계되어 있는가? 누가 가장 효과적인 판매촉진 프로그램을 가지고 있으며 그 이유는?

2. 당신은 여행, 호텔, 리조트, 항공사, 크루즈 회사, 레스토랑, 또는 그 외 환대 및 여행 산업들을 위한 마케팅 프로그램의 담당자이다. 대체적으로 판매율이 저조한 시기가 다가오고 있으며 판매를 촉진시키기 위해 판매촉진이나 기타 촉진을 이용하기로 결정했다. 어떤 기법을 선택할 것이며 그 이유는? 이러한 활동을 계획하고, 수행, 평가 시 따라야 하는 단계는 무엇인가? 판매촉진이 최대의 영향력을 발휘하기 위해 광고 및 인적 판매와 어떻게 연계시킬 것인가?

3. 소규모 환대 및 여행 사업의 소유주가 쿠폰 촉진 이용을 고려 중이며 조언을 구하기 위해 찾아왔다. 그들과 논의할 쿠폰의 장단점은 무엇인가? 어떤 종류의 쿠폰을 추천하겠는가? 언제 어떻게 사용해야 하는가? 이러한 촉진의 성공을 어떻게 측정하고 평가하는가?

4. 판매촉진을 (1) 특별 커뮤니케이션 방식과 (2) 특가 제공이라는 두 가지 범주로 나눌 수 있다. 두 접근법의 장단점을 강조하는 문서를 작성하라. 이선에 한 번도 이러한 것을 이용해 보지 못한 환대 및 여행 조직에게 추천할 만한 접근법과 구체적인 기법은 무엇인가? 최대의 효과를 내는 데 이용되는 접근법과 기법들을 어떻게 제안할 것인가?

참고문헌

1. Promotion Marketing Association. 2002. *Four-year Research Study Concludes: Sales Promotion Benefit to Consumers and Businesses*, http://www.pmalink.org/press_releases/default.asp?p=pr_06112002, accessed December 28, 2008.

2. Kotler, Philip, and Kevin Lane Keller. 2006. *Marketing Management*. 12th ed. Upper Saddle River, N.J.: Pearson Prentice Hall, 544.

3. Kotler, Philip, and Kevin Lane Keller. 2006. *Marketing Management*. 12th ed. Upper Saddle River, N.J.: Pearson Prentice Hall, 545.

4. ShermansTravel.com. 2008. *Caribbean & Mexico Vacation Deals*, http://www.shermanstravel.com/deals/vacations/mexico/, accessed December 28, 2008.

5. Hyatt Corporation. 2008. *Hyatt Resorts' Slice of Paradise*, https://www.hyatt.com/hyatt/travelagents/paradise/index.jsp?icamp=HY_SliceOfParadise_BF, accessed December 28, 2008.

6. Shi, Yi-Zheng, Ka-Man Cheung, and Gerard Prendergast. 2005. "Behavioral response to sales promotion tools." A Hong Kong study. *International Journal of Advertising*, 24(4), 467-486.

7. Dommermuth, William P. 1989. *Promotion: Analysis, Creativity, and Strategy*. 2nd ed. Boston: PWS-Kent Publishing Company, 47-48.

8. Alverez, Begona Alverez, and Rodolfo Vazquez Casielles. 2005. "Consumer evaluations of sales promotion: the effect on brand choice." *European Journal of Marketing*, 39 (1/2), 54-70.

9. Kotler, Philip, and Kevin Lane Keller. 2006. *Marketing Management*. 12th ed. Upper Saddle River, N.J.: Pearson Prentice Hall, 544.

10. Nelson, Richard Alan, and Ali Kanso. 2002. "Today's Promotional Products Industry: The Rise of a Powerful Marketing Communication Medium." *Journal of Promotion Management*, 8(1), 3-24.

11. Promotional Products Association International. 2007. "PPAI: The 2007 Estimate of Promotional Products Distributor Sales." Irving, Texas: Promotional Products Association International.

12. Council of Better Business Bureaus, Inc. 2002. *Ordering Specialty Advertising Items Can Be Good for Business*, http://www.bbb.org/Alerts/article.asp?ID=383, accessed December 29, 2008.

13. Promotional Products Association International. 2008. *Seven Steps to a Successful Promotional Campaign*, http://www.ppa.org/Media/Industry%20Information/Seven%20Steps%20to%20a%20Successful%20Promotional%20Campaign/, accessed December 28, 2008.

14. Nelson, Richard Alan, and Ali Kanso. 2002. "Today's Promotional Products Industry: The Rise of a Powerful Marketing Communication Medium." *Journal of Promotion Management*, 8(1), 16-17.

15. Johannes, Amy. 2007. "KFC takes a shot at Wendy's with free chicken strips." *Promo Magazine*, January 29, 2007.

16. Tanner, Jr., John F., and Lawrence B. Chonko. 2002. "Using Trade Shows Throughout the Product Life Cycle." *Journal of Promotion Management*, 8(1), 109-125.

17. Palumbo, Fred, and Paul A. Herbig. 2002. "Trade Shows and Fairs: An Important Part of the International Promotion Mix." *Journal of Promotion Management*, 8(1), 93-108.

18. Horn, Lisa. 2002. "Making Trade Shows Pay Off: Utilizing Promotional Gifts Rather Than Giveaways." *Journal of Promotion Management*, 8(1), 127-136.

19. Kotler, Philip, and Kevin Lane Keller. 2006. *Marketing Management*. 12th ed. Upper Saddle River, N.J.: Pearson Prentice Hall, 544.

20. Promotion Marketing Association. 2005. *For the Love of the Deal: Consumers Rave about Deal Enjoyment of Using Coupons, As Well As Cost Savings*, http://www.pmalink.org/press_releases/default.asp?p=pr_09012005, accessed December 28, 2008.

21. NCH Marketing Services. 2008. *Overview of U.S. Coupon Distribution and Redemption Trends*, https://www.nchmarketing.com/Resource Center/couponknowledgestream2_ektid2941.aspx, accessed December 29, 2008.

22. NCH Marketing Services. 2008. *2008 Coupon Facts*, http://www.nchcouponfacts.com/Main/d1.aspx, accessed December 29, 2008.

23. Johannes, Amy. 2008. "Bermuda Tourism Department, JetBlue Team for Sweeps." *Promo Magazine*, April 8, 2008.

24. Starwood Hotels & Resorts Worldwide. 2008. *Introducing ProLearning*. http://www.starwoodhotels.com/pro/index.html?EM=VTY_CORP_pro, accessed December 29, 2008.

25. Jaffee, Larry. 2007. "Burger Blast." *Promo Magazine*, May 2007, 48.

26. Hyatt Corporation. 2008. *Hyatt Resorts Recommend Reward Program*, https://www.hyatt.com/hyatt/travelagents/paradise/recommend. jsp?icamp=HY_ComplimentaryAmenity_BF, accessed December 29, 2008.

27. PerksPlus. 2008. *Making business travel more fruitful*, http://www.perksplus-partners.com/, accessed December 29, 2008.

28. American Airlines. 2008. *AAdvantage Mileage Retention Policy*. http://www.aa.com/aa/i18nForward.do?p=/utility/mileageExpiration.jsp, accessed December 29, 2008.

29. Hyatt Corporation. 2008. *Create a lasting impression with Hyatt Gift Cards and Gift Certificates*. https://www.certificates.hyatt.com/ConsumerCerts.aspx?icamp=HY_GiftCards_HPGS, accessed December 29, 2008.

17

우리는 어떻게 도달할 것인가?

인적 판매와
판매관리

이 장을 읽고 난 후

목표

» 인적 판매를 정의할 수 있다.
» 인적 판매의 역할을 설명할 수 있다.
» 인적 판매의 세 범주를 나열할 수 있다.
» 5가지 주요 인적 판매 전략을 기술할 수 있다.
» 판매과정 단계를 설명할 수 있다.
» 판매종료를 위한 7가지 전략을 기술할 수 있다.
» 판매관리를 정의하고 그 기능을 설명할 수 있다.
» 성공한 판매원의 특성을 기술할 수 있다.
» 판매계획의 내용과 역할을 기술할 수 있다.
» 환대 및 여행 산업에서 인적 판매의 네 가지 특징을 설명할 수 있다.

개요

　　인적 판매는 세일즈에서 가장 강력한 촉진전략 중 하나로 인정받고 있다. 2005년 10월 환대산업의 영업과 마케팅 담당의 매니저들을 대상으로 한 Hospitality Sales and Marketing Association International^{HSMAI}와 PKF의 연구에 따르면 인적 판매가 웹사이트, PR, e-mail, 그룹/국가 광고, 지역광고 등을 모두 제치고 가장 높은 ROI$^{Return\ of\ Investment}$를 나타냈다고 한다. 하지만 인적 판매는 가장 비용이 많이 드는 판매전략이기도 하다.

당신은 상점에 가서 계획했던 것보다 더 많이 구매한 경험이 있는가? 최근에 직원의 추천으로 칼로리가 높은 디저트를 구매한 적이 있는가? 생각했던 것보다 비싼 자동차와 스테레오 또는 자동차 용품을 산 적이 있는가? 이러한 경험이 있다면 인적 판매가 얼마나 효과적인지를 알 수 있을 것이다.

광고, 판매촉진 그리고 머천다이징은 비인(人)적이며 또한 대량의 의사전달 형식이다. 이를 이용하는 회사는 아무리 열심히 노력한다 해도 고객을 한 개인으로 다루지는 못한다. 일반적으로 사람들은 광고가 나올 때 라디오나 혹은 TV 볼륨을 줄인다. 그리고 대부분이 보통 광고시간에는 냉장고에 음식물을 가지러 가거나 화장실에 가버리기 쉽다. 또한 DM에 포함된 쿠폰을 그냥 쓰레기통에 넣어버릴 수도 있으며 눈길을 끌기 위한 매장 내 머천다이징을 완전히 무시해 버리기도 한다. 하지만 대부분의 사람들은 다른 사람을 쉽게 무시하지는 못한다. 한 예로 많은 사람들이 상품을 소개하는 직원들로부터 "찾으시는 물건이라도 있으십니까?" 또는 "어떤 걸로 드릴까요?"라는 질문을 받으면 불편함을 느낄 수도 있겠지만 이를 전달하는 것이 사람이기 때문에 그 메시지를 전적으로 무시하지는 못한다. 이것이 고객을 일대일로 대면하고 개인적 관계를 구축할 수 있는 인적 판매의 진정한 힘이라 할 수 있다.

인적 판매와 촉진 믹스

정의

인적 판매는 판매원이 잠재 고객에게 전화나 일대일의 대화를 통해 판매하는 것을 말한다. 최근 등장한 온라인 메신저를 통해 다대일의 대화를 통해 판매행위를 하는 것도 포함될 수 있다. 광고와 판매촉진, 머천다이징과 달리 이 촉진 믹스 요소는 독특한 장점과 잠재적 문제점을 가진 인적 의사소통의 형태이다.

높은 수준의 인적 판매는 다른 대중적 의사소통 기법보다 고객 접촉 비용이 매우 높다. 마케터는 이 추가 비용이 정당화될 수 있는지 또는 마케팅 목표를 달성하기 위해 잠재 고객과 집단으로 의사소통을 해야 하는지를 결정해야 한다. 일부 환대 및 여행 산업들은 다른 어떠한 기법보다 인적 판매를 선호한다. 이들의 경우

추가로 소요되는 비용보다 잠재적 이익이 훨씬 더 크다. 다시 말해서, 일부 기업의 경우 다른 어떤 기업들보다 인적 판매의 힘이 더욱 중요하다. 또한 다른 조직들은 인터넷으로 눈을 돌려, 판매 인건비를 줄이는 방법을 모색하기도 한다.

통합 마케팅 커뮤니케이션 계획

인적 판매를 광고, 판매촉진, 머천다이징, PR, 인터넷 마케팅 등의 대안으로 생각하는 것은 옳지 못하다. 이들 모두 훌륭한 요리의 재료로 보아야 한다. 각 재료는 요리에 특별한 무언가를 더해주며 재료의 질을 다양하게 하여 음식의 맛과 향 그리고 색을 변화시킬 수 있다. 중요한 재료를 빠뜨리면 전체 요리를 망칠 수 있다. 촉진 믹스 요소를 선택하는 것도 이와 비슷하다. 음식을 마지막으로 장식하는 고명처럼 인적 판매도 촉진 믹스 혹은 인터넷 마케팅에 마지막으로 미치는 손길이라고 할 수 있다. 기업의 판매담당자는 매스컴을 통해 전달되었던 것을 정리하여 상기시켜준다.

16장에서 광고, 판매촉진, 인터넷 마케팅 그리고 머천다이징을 결합한 효과에 대해 언급하였다. 이 각각의 세 요소는 나머지 요소를 토대로 한다. 이러한 접근법은 판매를 하는 데 있어 인적 판매로 마무리할 경우 강력한 힘을 발휘한다. 예를 들면, 크루즈 회사들은 잠재 승객들을 위해 잡지와 TV광고, Web을 함께 이용한다. 팸플릿, 전시, 교육 세미나, 여행사 직원들을 위한 팸투어fam trip, 소매 여행대리점의 전시물 등의 다양한 형태의 판매촉진과 머천다이징이 이러한 매체를 뒷받침한다. 마지막 구성요소이자 크루즈 판매를 종결짓는 것은 바로 소매 여행사를 통한 인적 판매이다. 이러한 지식을 갖춘 사람들은 색다른 휴가로서의 크루즈의 장점을 충분히 설명할 수 있으며 고객들이 각 크루즈 회사에 대해 흥미를 가지도록 할 수 있다. 크루즈 회사들은 여행사 직원들이 많은 정보를 갖추고 일에 열중할 수 있도록 하기 위해서 전국의 여행사에 자사의 판매담당자들을 파견하고 있다. 크루즈 회사이든 와인 판매를 높이려는 개인 레스토랑이든 큰 성공을 거두기 위해서는 신중히 계획되고 조직된 인적 판매를 광고, 판매촉진, 머천다이징, 인터넷 마케팅 그리고 PR과 함께 이용해야 한다.

인적 판매의 역할

마케팅에서의 인적 판매와 촉진 믹스의 역할은 무엇인가? 환대 및 여행 산업에는 비록 그 중요도가 다르긴 해도 인적 판매가 하는 역할이 있다. 이는 우리 산업이 서비스 산업이며, 훌륭한 서비스를 효과적인 인적 판매와 분리하기는 매우 어렵기 때문이다. 데스크 직원, 점원, 예약 직원 또는 여행사 직원들이 자신들의 역할을 제대로 해내고 고객들을 기쁘게 할 때, 훌륭한 서비스와 인적 판매가 이루어진다. 이러한 서비스로 인해 고객들이 다시 찾아오게 되는 것이다.

환대 및 여행 산업에서 인적 판매의 역할 중 가장 중요한 6가지 역할은 다음과 같다.

1. **의사결정자, 의사결정과정 그리고 구매자를 규명한다.** 기업, 협회와 그 외의 집단을 목표로 하는 경우 구매자(여행서비스를 구매할 가능성이 가장 큰 사람)와 핵심 의사결정자(여행 의사결정 시 최종 발언권을 가진 사람) 그리고 의사결정과정(여행의사결정단계)을 규명하기가 매우 어렵다. 회사를 방문하는 판매담당자와 현장판매 등을 통해 이러한 중요한 정보들을 효과적으로 수집할 수 있다. 이런 방법으로 부적절한 시기에 불필요한 사람들과 의사소통을 하거나 엉뚱한 요구 및 요구사항에 대해 판매 프레젠테이션을 하는 등의 낭비를 막을 수 있다.

2. **기업, 여행업자, 그리고 다른 집단에 촉진을 실시한다.** 기업의 여행담당자, 컨벤션/회의 기획자, 여행 도매업자/운영자 그리고 소매 여행사 직원과 같은 핵심 여행 의사결정자 및 영향력을 끼치는 사람들에 대해 판매를 촉진하는데 가장 효과적인 방법은 인적 판매이다. 이들의 의사결정은 많은 개별 여행객들의 여행계획에 영향을 미친다. 이들의 구매력은 상당한 수준이나 상대적으로 적은 수이기 때문에 인적 판매의 추가비용을 높게 책정한다. 특히 환대산업 중에서도 MICE 시장Meeting, Incentive, Convention/Conference, Exhibition/Event에서의 인적 판매는 매우 중요하며 세부적으로는 호텔, DMO, 컨벤션 센터 등에서 자주 실시한다.

3. **구매시점에서의 판매를 증가시킨다.** 구매시점에서 인적 판매를 효과적으로 이용하면 고객의 구매가능성과 지출을 상당히 높일 수 있다. 환대 및 여행 산업에서의 구매시점은 어디인가? 호텔 예약(업그레이드된 객실을 판매)과 렌터카 판

매 데스크(더 비싼 자동차 모델을 판매), 레스토랑(더 비싼 메뉴나 추가 메뉴 및 음료 판매), 여행대리점 사무실(항공권과 함께 호텔 및 자동차도 예약) 등이 여기에 속한다. 또 다른 중요한 구매시점은 전화로 문의하여 예약이 이루어지는 경우이다. 서비스 및 예약 직원들에게 인적 판매기법을 적절하게 훈련시켜 판매를 높일 수 있다. 앞에서 언급한 원하지 않았던 디저트를 먹게 되는 경우가 여기에 속한다.

인터넷은 환대산업에서 날이 갈수록 중요한 실제 판매처가 되고 있다. 몇몇 선도적인 기업들은 이제 단순히 객실이나 항공권을 판매하는 것에 그치지 않고 온라인 판매를 통해 자사의 브랜드를 확장시키고 있다. 많은 호텔체인들은 온라인 스토어를 활용하여 침구류 및 침대, 담요부터 쿠키나 초콜릿 등도 판매한다.

4. 여행업자들에게 상세한 최신 정보를 제공한다.   대부분의 광고와 판매촉진은 제한된 양의 정보만을 전달할 수 있다. DM 광고와 Web이 특히 그러하다. 기업은 인적 판매를 통해 보다 상세한 정보를 전달할 수 있을 뿐만 아니라 잠재 고객의 관심과 질문에 즉시 대처할 수 있는 기회를 갖는다. 이는 사업의 일부분 또는 전부를 컨벤션 혹은 미팅 플래너들이나 여행중개업자들에게 의존하고 있는 기업의 경우 특히 중요하다. 이러한 전문가들은 고객과 효과적으로 의사소통을 하기 위해서 기업의 서비스를 충분히 이해하고 있어야 한다.

5. 핵심 고객과 개인적 관계를 유지한다.   인적 판매의 핵심어는 "판매selling"가 아닌 "인적personal"이다. 기업의 판매 및 예약 담당자를 통해 전달되는 이 촉진 믹스 요소는 대중매체나 인터넷을 통해서는 효과적으로 얻을 수 없는 인성personality을 부여한다.

대부분의 사람들은 한 집단의 사람으로서가 아니라 한 개인으로서 여겨질 때 호의를 가지고 반응하게 된다. 환대 및 여행 산업에서의 가장 큰 힘을 발휘하는 마케팅 형태는 개개인의 욕구와 요구사항에 대한 세심한 관심일 것이다. 핵심 고객들은 전문적인 판매 및 예약 담당자들의 개인적인 관심에 고마워한다. 이는 곧 판매 증가와 재방문으로 나타난다.

6. 경쟁사의 촉진에 관한 정보를 얻는다.   판매원은 경쟁사의 표적이기도 한 잠재 고객들과 지속적으로 만남을 가지며 자발적으로 경쟁사의 촉진 노력에

대한 정보를 전달한다. 그러므로 판매력은 경쟁적 정보competitive intelligence의 중요한 원천이 될 수 있다.

인적 판매의 범주

최근 환대산업 및 여행산업에서 인적 판매는 급격한 기술의 발달과 90년대 중반 등장한 인터넷의 활성화로 인하여 급속도로 변화하였다. 커뮤니케이션 기술이 발전하면서 고객들이 구매하고자 하는 상품이나 서비스에 대하여 정보를 얻는 방식이 바뀌었는데, 예를 들어 온라인을 통하여 예약을 하는 것이 일반화되었다.

환대 및 여행 산업에서의 인적 판매는 현장, 전화, 내부라는 주요 세 범주로 나뉜다. 일부 기업은 이 세 가지 모두를 이용하는 반면, 대부분은 내부 및 전화 판매를 이용한다.

1. 현장판매field sales　　현장판매는 환대 및 여행 산업들의 사업장 밖에서 잠재 고객들을 직접 대면하고 판매하는 것으로 방문판매sales calls로 불리기도 한다. 그 예로 여행대리점의 외부판매원과 기업, 컨벤션/회의 기획사 등을 방문하는 호텔 판매담당자 그리고 여행대리점을 방문하는 항공사, 크루즈 회사, 여행 도매업 그리고 렌터카 회사의 판매담당자들을 들 수 있다. 이는 판매인력을 고용하고 외근시 추가 여행 비용이 들기 때문에 가장 비싼 인적 판매형태라 할 수 있다. 또한 슬라이드 프레젠테이션, 비디오 테이프, 사진 프레젠테이션, CD/DVD 등의 판매자료를 위한 추가 비용을 투자해야 한다.

환대 및 여행 산업에서 쓰이는 또 다른 용어로 외부판매outside sales가 있다. 예를 들어, 소매 여행대리점의 외부 판매원은 대리점 사무실 외부에서 판매를 하고 대리점을 위해 일하는 사람을 말한다.

2. 전화판매telephone sales　　전화판매는 직접적 또는 간접적으로 판매에 이르게 하는 전화를 통한 의사소통이다. 전화를 통한 의사소통은 인적 판매의 여러 부문에서 중요한 역할을 하고 있다. 전화는 잠재 고객을 규명하고 그들의 가치와 그 순위를 결정하는 데 효과적인 방법이다. 방문판매 약속을 잡거나 현장방문판매 이전에 중요한 배경 정보를 수집하기 위해서, 약속된 정보를 다

시 확인하기 위해, 그리고 잠재 고객의 세부적인 요구사항들을 확인하기 위해 전화를 이용한다.

전화 예약과 문의사항을 처리하는 것 또한 전화의 또 다른 중요한 역할이다. 판매 기법만큼 잘 조직화되지는 않았지만, 메신저나 e-mail을 통한 의사소통과 함께 환대 및 여행산업들에서 큰 역할을 한다. 훈련된 직원들은 단순히 예약만 받는 것이 아니라 판매직원의 연장선으로 전화를 다루며 무료전화를 통해 보다 쉽게 정보를 제공하고 예약을 할 수 있도록 한다. 많은 수의 항공사나 숙박업체들은 콜센터를 운영하여 정보를 주거나 예약을 받을 수 있도록 하고 있다.

3. 내부판매inside sales   내부판매는 조직의 사업장 내에서 판매가능성이나 고객의 평균지출 수준을 높이기 위한 노력이다. 훌륭한 서비스와 효과적인 내부판매를 분명히 구분짓기는 매우 어렵다. 그러나 우리가 알고 있는 내부판매에는 권유판매suggestive selling 혹은 업셀링 판매up-selling가 있으며, 이는 직원이 추가적으로 또는 더 높은 가격의 품목을 추천하거나 제안하는 것이다. 구매시점에서의 모든 소매 상황에서 이러한 형태의 판매를 할 수 있는 기회가 있다.

인적 판매전략

판매담당자나 그 외 직원들은 현장판매, 전화판매, 내부판매와 관련하여 여러 판매전략들을 선택할 수 있다. 주요 전략에는 (1) 자극반응, (2) 의식상태, (3) 판매공식, (4) 욕구만족, (5) 문제해결 전략이 있다.

1. 자극반응Stimulus Response 또는 준비된 판매 프레젠테이션Canned Sales Presentation   이 접근법은 내부 및 전화 판매에서 가장 자주 이용되는 것으로 직원들은 특정 질문이나 문구를 기억하고 특정 패턴에 일관되게 행동한다. 자극반응은 잘 준비된 판매 프레젠테이션을 통해 고객들에게 사고자 하는 반응을 일으키고자 하는 것으로 특히 알맞은 내용을 알맞은 타이밍에 말하는 것에 대한 중요성을 강조한 프레젠테이션 방법이다. 녹음된 판매 프레젠테이션은 고객의 가장 좋은 반응을 일으키기 위한 요소들을 빠짐없이 채워 표현

할 수 있도록 제작된다. 자극반응에 대한 예시를 들어보면 고객들에게 자극(질문, 문구, 행동패턴)을 줌으로써 그 반응을 예측하는 것으로 레스토랑 직원들에게 "Can I interested you in one of our desserts?" 혹은 "Would you like with that? 라고 말하도록 훈련시키는 것이다. 이렇게 묻는 이유는 이러한 제안이 고객들이 추가로 주문하도록 자극할 수 있기 때문이다. 이와 같이 여행사 직원도 "렌터카와 호텔 숙박도 필요하십니까?"라고 고객들에게 질문함으로써 더 많은 수수료를 벌어들일 수 있을 것이다.

이러한 인적 판매전략은 고객의 개별적인 차이를 무시한 것이지만 여전히 우리 산업에서 유용하게 이용되고 있다. 준비된 판매 프레젠테이션 역시 모든 판매담당자들이 잠재 고객들에게 동일한 핵심 메시지를 전달하기 위해 이용하는 방법이다. 그러나 현장판매는 고객 개개인의 욕구와 요구사항에 맞출 수 있는 융통성 있는 방법을 필요로 한다.

2. **의식상태 전략**Mental States Strategy 이 접근법을 이용하는 판매담당자는 고객들이 구매하기 전 순차적인 의식상태를 거쳐야만 한다는 것을 가정하고 있다. 4장에서 제시된 구매과정단계buying process stages가 그것이다. 판매상담 및 사후관리를 구매과정 5단계(인식, 정보검색, 대안평가, 구매, 구매 후 평가)와 일치하도록 계획하고 적절한 시점에 시행해야 한다. 이 접근법은 주로 현장판매와 구매량이 많을 경우 또는 고객에게 매우 중요한 경우에 이용된다(예 높은 관여도, 광범위한 문제해결 결정). 고객의 해외여행 계획을 지원하는 여행사 직원과 주요 협회나 기업 담당자로부터 매년 열리는 컨벤션을 유치하고자 하는 호텔 판매담당자들이 모두 이 경우에 속한다.

3. **판매공식**Formula Selling 이 접근법은 의식상태 전략의 변화된 형태로 고객의 의사결정과 판매과정이 예측가능한 순차적 단계를 거친다는 것을 가정하고 있다. 판매담당자들은 이 단계를 기반으로 하여 공식(미리 계획된 판매과정)을 이용한다.

판매과정모형은 판매담당자들이 따라야만 하는 단계에 초점을 두고 있다. 보통 (1) 접근, (2) 판매 프레젠테이션, (3) 고객 질문 및 반대의견의 처리, (4) 판매종료의 4단계를 거친다. 이 모형에 대해서는 이후에 보다 상세히 논의할 것이며 이 접근법이 현장판매와 관여도가 높은 구매의사결정에 가장 적합한

접근법이라는 것을 명심해야 한다.

AIDA 공식은 판매담당자가 '(1) 잠재 고객의 주의Attention를 끈다. (2) 기업의 서비스에 대한 흥미Interest를 자극한다. (3) 서비스에 대한 욕구Desire를 일으킨다. (4) 잠재 고객이 예약을 하거나 서비스를 구매하는 등의 행동Action을 취하도록 한다.'라는 4가지를 반드시 해야만 한다.

AIDA 공식

주의 ⟶ 흥미 ⟶ 욕구 ⟶ 행동

AIDA 공식은 현장판매와 관여도가 높은 의사결정에 가장 적합한 접근법이다. 판매담당자들은 AIDA 공식을 가장 잘 이용하기 위해서는 다음 사항을 따라야 한다.

❶ 고객을 대하기 전 신중한 접근이 필요(잠재 고객에 대한 사전 준비)

❷ 관심을 자극(예 프레젠테이션을 통해)

❸ 고객의 반대의사를 처리하고 서비스를 보여줌으로써 고객의 욕구를 불러일으킴(예 잠재 고객들을 대상으로 한 무료여행)

❹ 여러 방법 중 하나를 이용하여 판매를 종료(예 잠재 고객이 행동 지향적인 의사결정을 내리도록 함)

4. **욕구 – 만족법**Need – Satisfaction Approach   앞에서 제시된 3가지 전략은 모든 잠재고객이 같지 않다는 것을 전제로 하고 있다. 욕구 – 만족 접근법은 보다 확실하며 판매자로 하여금 고객맞춤형 방식을 사용하여 고객이 원하는 욕구를 첫 번째로 고려하도록 하는 방법으로 욕구를 파악하여 이를 만족시키는 것에 초점을 두고 있다. 특히 여행사와 인센티브 여행 기획사와 같이 고객들에게 조언을 해주는 환대 및 여행 산업에 가장 적합하다. 또한 고객이 여행 전에 많은 계획이 필요한 경우에도 이 접근법이 유용하다(예 한 협회가 주요 전국적 혹은 국제적 컨벤션을 계획하는 경우). 다음은 이 접근법의 4단계이다.

❶ 토의와 질문을 통해 고객의 욕구를 파악한다. – 발견한 고객의 욕구를 요약한다.

❷ 서로가 발견한 욕구를 충족시키기 위한 맞춤형 서비스를 제시한다.

❸ 서비스가 고객의 욕구를 충족시킬 수 있다는 동의를 얻는다. – 남아 있는 문의사항을 처리한다.

❹ 판매를 종료한다. – 고객의 욕구가 충족되었는지 확인한다.

이는 마케팅 개념 자체의 소모형이라 할 수 있으며, 매우 효과적인 판매전략이기는 하지만 고객 개개인에 대한 상세한 사항에까지 관심을 기울여야 하며 상당한 시간과 노력을 필요로 한다.

5. 문제 – 해결법Problem-Solving Approach   문제 – 해결법은 욕구만족과 같이 모든 고객의 욕구가 다르다는 것을 전제로 하며, 상담판매 혹은 협력판매라고도 부른다. 상담판매는 고객의 취향과 기호에 맞추어 판매자가 달성하고자 하는 판매의 목표를 설정하는 맞춤형 판매방식이며, 설사 고객이 판매자의 상품이나 서비스로 충족할 수 없는 조건을 원하더라도 이를 파악하고 판매자가 줄 수 있는 가장 최선의 답변을 준비해야 한다. 그러나 이 접근법을 시행하기 위해서는 더 많은 시간과 노력이 필요하다. 판매담당자는 우선 잠재 고객의 문제점을 파악한다. 잠재 고객이 기업이라고 가정할 때 회사가 직원 여행이나 숙박, 항공료, 렌터카 그 외 지상 교통수단과 같은 특정 여행 요소에 불필요한 비용을 지불하는 것이 회사가 가지고 있는 문제점이 될 수 있다. 판매담당자는 잠재 고객의 지출을 전형적인 상황에 비유함으로써 이 문제를 지적할 수 있다. 배경조사를 시행하고 고객과 여러 차례 회의를 거쳐 고객의 문제를 규명하게 된다.

이 전략은 잠재 고객이 판매담당자를 접촉하기 이전에는 문제점을 인식하지 못하기 때문에 욕구만족법과 다르다. 다른 경우, 잠재 고객이 문제점을 인식하고는 있지만 그것을 내보이지는 않는다. 이 접근법은 판매담당자가 문제점을 조사하고 밝혀내야 하기 때문에 잠재고객의 협조가 많이 필요하다.

5가지 인적 판매전략 중 어느 것이 최상이냐는 개별 상황에 따라 달라진다. 모든 상황에 다 맞는 보편적인 접근법은 없기 때문에 조직과 그 조직의 판매담당자들이 어느 전략을 이용할지 결정하기 이전에 각각의 판매 기회와 잠재 고객을 신중히 평가해 보아야 한다.

판매전략 선택에 가장 큰 영향을 미치는 요인은 환대 및 여행서비스 유형과 표적시장 그리고 구매의 규모와 복잡성이다. 예를 들어, 패스트푸드 및 그 외 레스토랑은 가장 적은 비용이 들고, 견고한 자극 – 반응 접근법을 이용할 것이다. 이들이 가지고 있는 메뉴는 넓은 시장에 어필하며 상대적으로 가격이

싸고 일상적으로 구매된다. 다른 측면의 경우, 기업여행 담당자들은 종종 수천만 달러의 여행 예산을 맡게 된다. 이들이 어떤 환대 및 여행서비스를 이용할지 결정하는 것은 복잡하며 많은 돈이 든다. 따라서 비용과 시간이 많이 드는 욕구만족법이나 문제해결법이 이들에게 보다 적당하다 할 수 있다. 이와 유사하게 운송업자, 공급업자, 그리고 그 외 여행중개업자들은 보다 개별화된 이 두 전략이 여행대리점에 대한 판매에 가장 적절하다는 것을 알 것이다.

판매 과정

앞에서 인적 판매에 이용되는 구체적인 접근법들에 대해 언급하였기 때문에, 이제 현장판매와 일부 형태의 전화판매에서 거쳐야 하는 일반적 단계를 살펴보고자 한다. 기술된 단계별 판매 과정은 내부 판매에서 필요한 단계보다 정교하다. 판매 과정은 [그림 17-1]과 같은 단계로 이루어진다.

1. **잠재 고객 규명 및 자격부여**   판매 과정의 첫 번째 단계는 금을 캐는 것과 매우 비슷하다. 판매담당자는 사업의 가장 가능성 높은 자원을 찾기 위해 노력한다. 잠재 고객을 규명하는 것prospecting은 판매담당자들이 잠재 고객을 정확히 가려내기 위해 이용하는 다양한 기법들을 포함한다. 잠재 고객slaes lead라고도 한다이 되기 위해서는 다음 3가지 기준을 충족해야 한다.

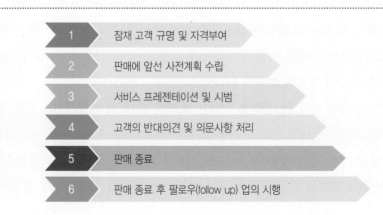

판매 과정
그림 17-1

1   잠재 고객 규명 및 자격부여
2   판매에 앞선 사전계획 수립
3   서비스 프레젠테이션 및 시범
4   고객의 반대의견 및 의문사항 처리
5   판매 종료
6   판매 종료 후 팔로우(follow up) 업의 시행

❶ 서비스에 대해 현재 또는 잠재적 욕구를 가지고 있어야 한다.
❷ 구매능력이 있어야 한다.
❸ 서비스를 구매할 권한이 있어야 한다.

휴가여행을 계획하는 잠재 고객들은 여행사를 직접 방문하는 반면, 환대 및 여행 산업들이 현장판매, 전화 또는 인터넷을 통해 잠재 고객을 규명하는 것이 보다 일반적인 현상이다. 잠재 고객을 규명하는 방법에는 여러 가지가 있다. 'online prospecting', 즉 인터넷을 사용한 방식은 최근 매우 보편화되었다. 'blind prospecting'은 전화 주소록과 그 외 발간된 리스트를 이용하여 잠재 고객을 찾아내는 방법이다. 여기서 'blind'라는 말은 판매담당자들이 그들이 가지고 있는 리스트상의 집단이나 개인들이 실제 판매로 이어지는 잠재 고객인지에 대한 사전 지식이 전혀 없다는 것을 의미한다. 지역 산업에서 수익을 창출하고자 하는 신생호텔과 지역 클럽과 조직으로부터 단체투어를 유치하고자 하는 여행사 혹은 인센티브 여행에 관심을 갖고 있는 회사를 찾고자 하는 인센티브 여행기획사들이 이 접근법을 이용할 수 있다.

관련 기법으로 'cold calling' 혹은 'canvassing'을 들 수 있다. 'cold calling'은 진정한 'blind prospecting'이라 할 수 있으며, 아주 체계적인 접근법은 아니지만 유용하게 쓰인다. 판매담당자는 그들이 방문하는 개인이나 조직이 잠재 고객이 될지에 대한 지식이 전혀 없다. 이 방법은 판매담당자들이 잠재적으로 비슷한 요구사항이나 욕구를 가진 사람들을 충분히 만나는 경우, 이중 일부는 잠재 고객이 될 것이라는 것을 기본적으로 가정하고 있다. 판매공세sales blitz는 여러 명의 판매담당자들이 같은 특정 지역을 방문하는 접근법이다. 판매공세는 보통 일회성이며 대개 반복해서 접근을 하지는 않는다.

또 다른 관련 기법으로 보통 DMO에서 멀리 떨어진 고객에게 세일즈를 하려고 할 때 사용하는 '판매사절단sales mission'이 있다. 2006년 9월, 영국의 영국관광청Visit Britain과 Virgin Atlantic Airways는 합동사절단을 UAE에 4일간 파견하여 UAE의 관광기관 및 관광중계업자들과의 관계를 강화하였다. 판매사절단 파견은 판매공세와는 다르게 미리 체결된 거래를 기반으로 하는 것이 많다는 점이다.

잠재 고객을 규명하기 위해 이 장에서 비체계적인 접근법을 추천하는 이유

는 잠재 고객을 규명하기 위한 보다 나은 방법도 존재하지만, 일부 특정 상황에서는 blind prospecting과 cold calling과 같은 접근법이 이용되는 경우도 있기 때문이다. 환대 및 여행 산업이나 서비스가 새로 시작된 경우, 즉 기업과 잠재 고객이 서로 친숙하지 못한 경우가 여기에 속한다. 또한 잠재 구매량이 기업 혹은 사업의 현재 수익과 많은 관련이 있는 경우 더욱 그러하다. 또 다른 상황은 조직이 완전히 새로운 지역이나 영역으로부터 판매를 하고자 하는 경우이다.

잠재 고객을 규명하는 가장 바람직한 방법은 처음 시작부터 리드leads를 가지는 것이다. 이를 'lead prospecting'이라고 하기도 하며, 가장 가능성이 높은 개인이나 기업과 접촉하는 방법이다. 환대산업에서 이러한 가능성을 발견하는 방법은 다양하다. 앞서 설명한 'cold calling', 'sales blitz', 'sales mission'으로도 발견할 수 있으며, 또한 온라인을 통해서, 혹은 컴퓨터 데이터베이스, 문서자료, 텔레마케팅 등 다양한 방법이 있다. 현재 고객이나 과거의 고객, 비즈니스 관계 등 평소 대인관계에 의해 leads를 판단하는 것도 마찬가지로 매우 중요하다. 덧붙여서 광고나 판촉행위는 이러한 판매 leads를 발생시키기 위해서 행해지는 것에도 목적이 있다.

모든 잠재 고객들이 가능성이 높은 구매자로 범위를 좁히는 자격부여qualifying 단계를 통과할 수는 없다. 자격부여라는 말은 가장 가능성이 높은 잠재 고객을 규명하기 위해 미리 선정한 기준을 이용하는 것을 의미한다. 다음은 잠재 고객에 자격을 부여하는 데 이용되는 일반적인 기준 및 질문사항이다.

❶ 만약 잠재 고객이 과거의 고객이었다면 수익에 어느 정도 기여했는가?
❷ 잠재 고객은 판매담당자가 가진 서비스에 충족하기 위한 욕구나 문제점을 가지고 있는가?
❸ 잠재 고객이 구매할 권한이 있는가?
❹ 잠재 고객이 구매할 재정적 능력이 있는가?
❺ 잠재 고객이 경쟁사와 장기적인 계약이나 합의에 동의하였는가?
❻ 잠재 고객이 창출할 수 있는 판매량과 그것이 얼마나 많은 수익을 낼 수 있는가?

가장 일반적인 접근법은 잠재 고객과 과거의 고객을 고객유형으로 나누는

것이다. 예를 들어, A거래고객은 가장 높은 수준의 판매나 수익을 창출하는 사람 또는 기업이 될 수 있으며, 그 외는 B거래고객에 속한다. 각 거래고객에게 부여된 자격에 따라 팔로우 업follow-up의 빈도와 현장판매 혹은 전화판매의 이용 여부가 결정된다.

이러한 자격부여qualifying를 소규모의 시장세분화라고 생각해야 한다. 판매 담당자들은 앞으로의 판매를 위한 표적시장을 규명하기 위해 지속적인 조사 프로그램을 이용한다. 여기에서 중요한 것이 고객에 의한 판매량에 대한 내부 기록이다. 과거 고객 이외의 잠재 고객의 경우, 전화나 인적 자원을 바탕으로 한 2차 리서치와 인적 질문법을 결합하여 이용한다. 기업, 협회, 비영리 조직에 관한 정보를 얻을 수 있는 유용한 자료들이 많이 발간되었다. 1차 자료, 혹은 2차 자료를 통해 얻어진 이 데이터들은 고객의 정보가 항상 변화하는 만큼 주기적으로 업데이트가 이루어져야 한다.

소프트웨어의 발달로 인하여 환대 및 여행 산업에서 고객의 정보를 다루고 추적하여 판매를 예측하는 일이 수월해졌다.

2. 판매에 앞선 사전계획 수립　　전화 또는 현장판매가 성공적으로 이루어지기 위해서는 신중한 계획과 준비가 필요하다. 피면접자가 미리 말하고자 하는 것을 생각해야 하는 점은 성공적인 취업면접과 매우 유사하다고 할 수 있다. 사전계획에는 (1) 사전접근preapproach, (2) 접근approach이라는 두 요소가 있다. 사전접근 단계에서는 판매담당자가 각 잠재 고객의 파일과 관련 정보를 신중히 살펴본다. 파일이 없으면, 전 단계에서 언급된 정보 수집 과정을 거쳐야 한다. 이는 판매상담 동안 잠재 고객과의 관계를 구축할 수 있도록 잠재 고객의 상황과 충분히 친숙해지고, 판매 프레젠테이션을 위한 기반을 마련하기 위한 것이다.

접근 단계는 판매 프레젠테이션을 위한 모든 활동을 포함한다. 잠재 고객이나 비서를 통해 약속을 잡고, 판매상담 시작 시 관계 및 신뢰를 구축하며, 판매 프레젠테이션에 앞서 임시사항들을 확인한다. 판매담당자들은 접근 단계에서 3가지 주요 목표를 가진다. 뒤의 두 목표는 앞서 언급한 AIDA 공식에서의 첫 두 단계와 같다(주의-흥미-욕구-행동).

❶ 잠재 고객과의 관계 구축

❷ 주의 환기

❸ 제품이나 서비스에 대한 흥미 유발

일부 환대 및 여행 산업의 경우 잠재 고객을 규명하고, 자격을 부여하거나 사전계획을 세울 기회가 없다. 이들이 고객과 만나는 첫 시점이 회사 문을 나서거나, 고객에게 전화가 걸려오거나, 이메일을 발송하는 그 순간이다. 대부분의 여행사들은 찾아오거나walk-in, 전화phone-in나 인터넷으로 문의하는 고객과의 문제에 직면한다. 자격부여qualifying는 고객이 정보를 얻기 위해 처음 여행사에 전화했을 때 행해져야 한다. 신중하고 세밀한 질문과 조사를 통해 문의자의 욕구와 예약가능성을 파악할 수 있다. 그 외에 환대 및 여행 사업에서의 내부판매의 경우 현장 혹은 전화판매보다 사전계획의 필요성이 낮다. 이 경우 보통 자극 – 반응법인 추천 판매전략만으로도 충분하다.

3. 서비스 프레젠테이션Sales presentation 및 시범demonstration   접근approach의 다음 단계는 판매 프레젠테이션과 시범 단계이다. 판매담당자들은 그들의 서비스가 잠재 고객의 욕구를 충족시키고 문제를 해결할 수 있다는 사실과 그 외의 정보를 제시한다. 시범demonstration 단계는 잠재 고객의 욕구나 문제점을 충족시키는 서비스의 역량을 보여준다. 환대 및 여행 산업의 무형성 때문에 서비스를 보여줄 기회가 많이 제한적이다. 시각적 자료와 팸투어, 현지조사방문 등이 이러한 무형성 문제를 극복하는 데 중요한 역할을 한다.

판매 프레젠테이션 동안 판매담당자들은 기업과 서비스에 대한 정보를 제공한다. 잠재 고객의 욕구와 문제점을 논의하고 확인한다. 판매 프레젠테이션의 목표는 고객이 서비스를 구매하거나 예약하도록 설득하고 욕구를 유발시키는 것이다AIDA 모델의 'D' 와 'A'의 단계. 다음은 판매 프레젠테이션을 성공적으로 이끌기 위한 10가지 법칙이다.

❶ 말을 하기보다는 들어라.

❷ 답변을 하기보다는 질문을 하라.

❸ 처음이 아니더라도 항상 고객과 처음 만난 것처럼 행동하라.

❹ 고객에게 친구나 가족들에게 이야기하는 것처럼 말하라.

❺ 고객이 말하지 않은 부분도 항상 주의를 기울여라.

❻ 질문을 받으면, 간단히 답변하고 바로 행동에 옮긴다.

⑦ 고객의 욕구를 정확히 판단하고 평가한 후에 고객에게 무엇을 제공할 수 있는지 언급하라.

⑧ 생산 및 제품에 관련한 세미나는 3시간 이내로 한다.

⑨ 고객이 다음 단계로 가는 데 장벽이 있을 시 항상 물어보고 진행하라.

⑩ 고객에게 당신이 일하고 행동하는 장면을 보여주라.

사전에 철저하게 준비된 판매 프레젠테이션이 가장 중요하다. 많은 환대산업의 판매 담당부서에서는 잘 준비된 프레젠테이션을 개발하기 위해 판매담당자가 가장 중요시해야 할 포인트를 시스템화하여 정리하고 있다. 이는 파워포인트의 슬라이드와 DVD를 통한 시각적인 부분, 프레젠테이션 담당자의 격양된 목소리나 호소력 등의 청각적인 부분을 동시에 포함한다. 프레젠테이션은 궁극적으로 구매행위를 이끌어낼 수 있어야 하며, 특히 고객의 만족이나 문제해결을 위한 접근방식이다.

4. 고객의 반대의견 및 의문사항 처리   판매 프레젠테이션이 끝나면 잠재 고객들은 질문을 하거나 반대의견을 내놓는다. 잠재 고객들은 모든 형식, 심지어 몸짓을 통해서도 반대의사를 표현한다. 물론 가장 좋은 방법은 판매담당자가 사전계획 단계에서 일반적으로 이루어지는 반대의견을 미리 예측하고 프레젠테이션 때 그것에 대해 미리 언급하는 것이다. 판매담당자들은 고객의 반대의견을 무시해서는 안 되며 이를 바로잡아야 한다. 잠재 고객들은 서비스의 가격, 특징, 타이밍에서부터 현재 구매에 대한 경제적 제약에 이르기까지 다양한 관심을 표명할 것이다.

반대의견을 효과적으로 다루는 데에는 여러 가지 방법이 있다. 반대의견을 다시 고쳐주고, 그것이 생각하는 만큼 중요한 문제가 아님을 인식시킨다. 또 다른 방법은 동의 및 중립화agree and neutralize 전술 혹은 "yes, but"접근법이다. 여기서 판매담당자들은 처음에는 문제에 대해 동의하지만 계속해서 반대의견이 중요하지 않거나 정확하지 않다는 것을 보여준다. 어떤 접근법을 이용하든지 반대의견이 생기기 마련이다. 그렇지 않다면 잠재 고객들은 판매원의 손을 벗어나게 된다. 여기서 고객을 경청하고 행동을 관찰하는 것 모두가 핵심 기술이 된다.

5. 판매 종료   반대의견과 질문을 효과적으로 처리하였다면, 판매담당자들은

판매를 종료하기 위해 노력해야 한다. 종료closing는 잠재 고객이 판매상담의 목표에 동의하게 되는 것으로 실제 구매를 하거나 예약하는 것을 의미하며, 다단계 프레젠테이션에서는 다음 번 방문이나 추가 논의를 약속받는다. 판매가 종료되지 않았다는 것은 분명 실패를 의미한다. 모든 판매담당자는 거래를 요청하거나 적어도 대화를 지속하기 위한 약속을 받아내야 된다. 판매 종료를 제대로 하지 못하는 것은 인적 판매에서 흔한 일이며, 판매담당자들을 긴장시키는 요인이다. 효과적인 인적 판매에서 가장 필수적인 것이 이러한 심리적 장벽을 극복하는 것이다.

판매를 언제 어떻게 종료하는지 아는 것이 성공의 핵심열쇠이다. 잠재 고객이 가지는 반대의견과 함께 잠재 고객의 말과 행동에 세밀한 관심을 가져야 한다. 판매담당자들은 잠재 고객이 마음의 결정을 거의 내렸음을 보여주는 구두verbal 및 비구두적nonverbal 종료 단서를 잘 관찰해야 한다.

❶ 구두적 종료 단서

- 질문("언제까지 지불해야 하나요?", "서면 제안서를 얼마나 빨리 받을 수 있나요?", "예약 확인은 언제쯤 할 수 있나요?")

- 인지("아주 마음에 들어요.", "이런 여행을 한 번은 꼭 해보고 싶었어요.", "제공되는 서비스가 우리한테 꼭 맞는 것 같군요.", "가격이 적당하군요.")

- 요구사항("가장 저렴한 단체요금으로 해주세요.", "재정 부서와 협의가 이루어져야 합니다.", "출발 일자가 휴가기간과 맞아야 합니다.")

❷ 비구두적 종료 단서

- 고개를 끄덕이는 것은 수락 및 동의의 표시이다.

- 자세의 변화는 서비스에 대한 지대한 관심을 나타낸다.(예 앞으로 몸을 기울이고 관심을 가지고 경청하거나 턱에 손을 갖다대는 등의 자세 변화, 다리를 꼬지 않고, 손을 벌리거나 판매 인쇄물을 샅샅이 살펴보는 등과 같은 행동은 편안한 상태를 나타내는 자세)

판매담당자들은 잠재 고객이 이러한 표시를 보이면 곧바로 7가지 종료 전략 중 하나를 이용해야 한다.

❶ 시험 종료Trial Closes

이 전략을 사용하는 판매담당자는 잠재 고객의 구매의도를 파악하거나 이들이 명확하게 의사결정을 하는 데 도움이 되는 질문을 함으로써 판매 가능성을 시험해 본다. 또한 잠재 고객이 반대의견을 표현하도록 돕기도

한다. 예를 들어, 여행사 직원이 "예약이 가능한지 확인해 드릴까요?" 또
는 호텔 담당자가 "배우자 프로그램 예약을 위해 직원을 연결해 드릴까
요?" 라는 질문을 할 수 있다.

❷ 가정 종료Assumptive Close

시험 종료와 매우 유사하다. 판매담당자는 잠재 고객이 구매할 의사가 있
다는 것을 가정한 질문을 한다. "현금, 수표 아니면 카드로 지불하시겠습
니까?", "청구서를 보내드릴까요?"와 같은 질문이 여기에 속한다.

❸ 요약 종료Summary 혹은 Summary-of-the-Benefit Close

판매담당자는 잠재 고객에게 프레젠테이션의 주 요점 혹은 주요 혜택을
요약해준다. 전체적인 내용을 정리함으로써 잠재 고객이 구매에 대한 확
신을 가지도록 한 다음 즉시 예약되는 구매를 요구한다.

❹ 혜택 종료Special Concession Close

판매담당자가 예약이나 판매가 이루어졌을 때 잠재 고객에게 혜택을 제
공한다. 혜택으로는 주로 할인권이나 시간제한이 있는 가격이나 요금 등
이 주어진다. 예를 들어 여행사 직원이 "20XX년 O월 이전에 Princess 크
루즈를 예약하시면 500달러까지 절약할 수 있습니다."라고 말할 수 있다.

❺ 하나의 반대의견 혹은 최종 근심 제거를 통한 종료 Eliminating-the-Single-Objection
or Final-Concern Close

판매담당자의 노력에도 불구하고 하나의 중요한 반대의견이 여전히 남
아 있는 경우 이를 판매 종료에 이용한다. 이 전략을 이용하는 하나의 방
법으로 "이 문제만 해결된다면 예약을 하시겠습니까?"라고 말하는 것이
다. 또 다른 방법은 오직 하나의 문제점만이 남아 있음을 지적하고, 반대
의견을 제거하기 위한 노력을 하는 것이다.

❻ 제한된 선택 종료Limited-Choice Close

판매담당자는 잠재 고객에게 많은 대안을 제시할 수도 있다. 잠재 고객이
그 중 일부에 관심을 보이면 판매담당자는 보다 제한된 수의 대안을 제시
함으로써 선택의 폭을 좁힌다. 이로 인해 잠재 고객은 의사결정을 보다
쉽게 내릴 수 있다.

❼ 직접 어필 종료Direct-Appeal Close

　　판매담당자가 솔직하게 판매나 예약에 대한 요청을 한다.

6. 판매 종료 후 팔로우 업follow up의 시행　　　판매 과정은 성공적인 종결로 끝나는 것이 아니다. 이것은 추가적인 판매로 이어지는 또 다른 순환의 시작이다. 약속된 서비스를 수행하기 위한 필요한 단계와 준비가 확실히 이루어졌을 때 판매담당자의 일은 끝이 난다.

　　판매담당자들은 4장에서 논의한 인식적 혼란을 피하기 위해 잠재 고객에게 일정 형식의 보증서를 작성해 주는 것이 좋다. 대부분의 경우 잠재 고객의 결정에 감사의 표시로 간단한 서안을 보내는 것으로도 충분하다.

　　세 번째 사후 판매활동은 잠재 고객이나 고객이 서비스를 실제 이용한 즉시 팔로우 업을 해주는 것이다. 여러 여행사들은 여행이 끝난 후 만족 정도를 파악하기 위해 전화를 통한 팔로우 업을 효과적으로 시행하고 있다. 일부 호텔들은 핵심 기업 고객들을 대상으로 매달 그들의 숙박 서비스에 만족하고 있는지에 확인한다. 이는 기존의 고객을 유지하는 것 외에 잠재 고객을 규명하는 또 다른 형식이다. 일단 광산 채굴자들이 금의 흔적을 발견하면 금으로 가득한 광산을 찾아 나서게 되는 것과 같다. 과거의 고객과 지속적으로 접촉하는 것이 이와 비슷하다. 많은 노력을 들일수록 더 많은 보상을 받게 된다.

판매계획과 판매관리

　　앞서 광고와 판매촉진 계획의 중요성을 살펴본 것과 같이 인적 판매나 판매계획sales plan을 세우는 것 또한 중요하다(15장, 16장 참고). 판매계획이란 인적 판매의 목표, 판매 예측, 판매 인력의 책임, 활동 그리고 예산을 상세히 기술해 놓은 것이다. 판매계획은 전체 마케팅 계획의 중요한 부분일 뿐만 아니라 판매관리sales management : 원하는 판매목표를 달성하기 위한 판매인력 및 인적 판매 노력의 관리의 핵심 수단이 된다.

　　보통 판매계획 준비는 판매 부서장DOS: directors of sales이나 판매 코디네이터sales coordinators라고 불리기도 하는 판매 매니저들이 담당한다. 이들이 책임을 지고 있는 판매관리의 기능에는 (1) 판매인력 선발 및 운영, (2) 판매계획 수립, (3) 판매성과 측정이 있다.

판매인력 선발 및 운영

1. 모집, 선발, 훈련   판매 부서장의 첫 번째 임무는 각 포지션의 자격을 갖춘 사람을 고용하는 것이다. 모든 산업에서는 기본적으로 세 범주의 판매 포지션이 있다.

❶ 촉진 인력 Order Getters

이 장에서 논의된 판매담당자들을 말하며, 앞서 논의한 판매과정에 대한 책임을 진다. 이들은 고객을 예측하고 자격을 부여하며 판매상담을 사전 계획하며 서비스를 제시한다. 고객의 반대의견과 질문을 처리하고, 판매 종료 및 종료 후 팔로우 업을 수행한다. 핵심 업무 중 하나는 조직의 서비스를 설득력 있게 프로모션하는 것이다. 환대 및 여행 산업에서의 판매담당자들은 전화판매와 함께 현장판매에 대부분의 시간을 보낸다.

❷ 구매 주문 인력 Order Takers

이들은 내부 판매원으로서 관광산업의 경우, 판매부서 내에서 일하지 않을 수도 있다. 레스토랑의 웨이터와 웨이트리스, 패스트푸드점의 직원들, 호텔 프론트 데스크 직원, 항공사의 티켓 발매원 그리고 여행사, 호텔, 렌터카, 크루즈 선박, 여행 도매업, 항공사의 예약부원들이 여기에 속한다. 이들은 주로 예약, 주문 혹은 문의를 받고 예약 절차를 밟거나 구매한 서비스를 제공한다.

비록 이들에게 판매담당자만큼의 설득의 책임이 있는 것은 아니지만 추천판매나 업 셀링 up-selling과 같은 내부판매 기법에 관해 훈련이 되어 있어야 한다. 또한 앞에서 언급한 대로 이들이 제공한 서비스의 질이 미래의 재판매로 이어질 수 있다는 점에서 중요성이 높다고 할 수 있다.

❸ 지원 인력 Support Staff

세 번째 범주는 일반적으로 선전판매원 missionary salespersons 혹은 영업기술직 sales engineers이라 불리는 포지션으로 판매부서가 직접 고용한다. 선전판매원의 업무는 새로운 서비스에 대한 정보를 유통하고 그 특징을 기술하는 것이다. 판매담당자들처럼 판매 프레젠테이션을 하지는 않는다. 영업기술직원은 판매상담 시 필요로 하는 특정 기술 지식을 가진 인력들이다. 환대 및 여행 산업은 고도의 기술 제품을 생산하는 제조업을 포함한 다른

산업에 비해 이러한 지원 인력들을 덜 이용하는 편이다. 우리산업에서 선전판매원과 가장 가까운 포지션은 여행사를 방문하는 판매 담당자들로서, 더 많은 고객들이 그들의 항공사. 렌터카 회사, 호텔이나 리조트, 크루즈 패키지나 투어, 관광시설 혹은 그 외 여행 서비스를 이용할 수 있도록 여행사 직원을 설득한다. 컨벤션업에서 CVB의 소속된 인원들은 컨벤션을 돕는 보조자의 또 다른 예가 될 수 있다. 판매보조자들은 종종 판매 종료를 하기는 하지만 고객과 판매를 종료하는 것은 판매담당자들의 역할이다.

그렇다면 기업은 어디에서 이러한 인력을 찾을 수 있는가? 사내 직원 그 외 관련 기업(경쟁사, 고객, 다른 공급업자, 운송업자, 여행업자, 혹은 관광목적지마케팅조직), 환대 및 여행 학교, 헤드헌팅사와 고용 대행사, 자발적 지원 등을 통해 새로운 인력들을 고용할 수 있다. 환대 및 여행 산업에서는 현장판매 담당자들이 이전의 판매 경험 없이 졸업 후 곧바로 고용되는 경우는 드물다. 판매담당자에 대한 사내 촉진의 일환으로 초보 수준의 사람이 'order taker'가 되는 것이 보다 일반적인 관행이다. 경쟁사와 관련 외부 조직으로부터 판매 인력을 고용하는 것 역시 일반적이다. 예를 들어 여행사를 방문하는 많은 판매담당자들이 이전에 여행사 직원으로 근무한 경험이 있다.

성공한 판매원의 특성은 무엇인가? 수년간 사람들은 판매 재능을 타고 나야 하며 필요한 기술을 배울 수 없다고 생각하였다. 그러나 지금은 많은 사람들이 인적 판매에서 성공을 거둘 수 있는 방법을 책으로 써냈으며, 그 중 핵심적인 특성은 다음과 같다.

- 판매 태도 – 주어진 판매업무를 수행할 수 있는 개인의 능력 정도
  i. 지적 능력(전체적인 지적수준, 의사소통 기술, 지적 추리력, 수학적 능력)
  ii. 성격(감정이입, 자아욕구, 사회성)

- 기술 수준 – 인적 의사소통에서 얻어지는 기술과 서비스 지식으로부터 얻어지는 것
  i. 판매 훈련
  ii. 이전의 판매 및 운영 경험

- 개인적 특성
  i. 교육수준을 포함한 인구통계학적 프로필
  ii. 사이코그래픽스적 특성과 라이프스타일
  iii. 신체적 외모와 특징

위 요인들이 일반적으로 인적 판매에서의 개개인의 잠재적인 성공에 대한 훌륭한 지침이 되기는 하지만 완전한 것은 아니다. 조사에 의하면 모든 상황에서 성공을 잠재할 수 있는 일련의 심리적 특성, 지적 능력 그리고 성격적 특성은 존재하지 않는다. 판매원의 성공 여부는 그들이 맡고 있는 실제 업무와 산업 환경에 더 많이 좌우된다. 예를 들어 주문접수의 책임이 있는 사람은 자신의 업무는 매우 잘 수행하더라도 현장판매 담당자로서는 성공하지 못할지도 모른다. 현장판매 담당자가 내부판매를 하는 경우도 마찬가지다. 조사를 통해 고객의 특성과 잘 맞는 특성을 가진 판매담당자를 모집하는 것이 특별히 효과적이지 않다는 것을 알 수 있다. 판매 훈련 프로그램은 인적 판매에서 성공을 지속하는 데 매우 중요하다. 다음은 신입 및 기존의 판매 인력을 위한 일반적인 프로그램 목표이다.

- 판매 인력의 이직률을 줄인다.
- 고객과 잠재 고객과의 관계를 증진시킨다.
- 사기를 높인다.
- 보다 효과적인 시간 관리 기술을 만들어낸다.
- 판매 인력의 통제를 향상시킨다.

현장판매의 비용이 높기 때문에 마지막 두 목표는 판매비용을 조절하는 데 핵심적인 역할을 한다.

신입 사원을 위한 판매 훈련 프로그램은 대개 기업에 대한 오리엔테이션, 기업의 사업 및 표적시장, 제공하는 서비스에 대한 세부적인 설명, 판매 구역 관리 등의 주제를 다룬다. 강의, 토의, 시범, 역할극, 비디오테이프, OTJon-the-job 교육, 인트라넷Intranet 사이트의 이용 혹은 이 6가지 접근법의 결합을 통해 훈련이 시행된다.

판매 포지션의 사람들이 이용할 수 있는 여러 교육과 훈련 프로그램이 있다.

2. 지도, 동기부여, 보상　　　판매 매니저도 다른 매니저와 같이 유능한 리더가 되어야 하며 판매 직원들의 존경과 신뢰를 받아야 한다. 판매 매니저들은 동기부여이론을 이해해야 하며 판매 인력의 동기부여가 최고조로 지속되도록 재정적 및 비금전적 인센티브를 제공해야 한다. 재정적 인센티브로는 봉급과 커미션이 있으며, 휴가, 보험제도, 의료제도와 같은 혜택을 부차적으로 제

공한다. 환대 및 여행 산업에서는 무료여행, 특히 여행사와 항공사 직원을 대상으로 한 것이 매우 중요하다. 비금전적 보상 및 동기화에는 상장/표창 수여 프로그램과 승진의 기회(대개 판매 코디네이터나 부서장에게 주어짐) 등이 있다.

재정적 보상에도 여러 선택이 가능하다. 고정급straight salary은 커미션 없이 정해진 봉급만 지불된다. 리서치에 따르면, 환대 및 여행 산업을 포함한 서비스 조직들이 이 접근법을 가장 선호하는 것으로 나타났다. 이는 우리 산업에서 현장판매의 상당부분이 최종 고객이 아닌 여행업자를 대상으로 하기 때문이다. 이러한 방법은 내부판매에서도 가장 적합하다. 두 번째 대안은 고정 커미션straight commission으로 개인의 판매 결과에 기반하여 지불하는 것이다. 환대 및 여행 산업에서 이러한 예는 매우 드물지만 여행사의 경우 외부 판매원을 이용하여 그들이 예약한 부분에 대한 커미션의 일부를 지급한다. 고정 커미션 계획은 판매부서를 둘 여유가 없는 소규모 회사와 선전판매가 거의 필요하지 않은 경우에 가장 유용하다.

세 번째로 가장 일반적으로 이용되는 보상방법은 혼합방식combination approach으로 기본 봉급에 커미션이나 보너스를 지급하는 방식이다. 판매원 개개인이 창출한 판매량이나 수익에 따라 커미션이 결정된다. 보너스는 미리 결정된 판매량과 수익 혹은 판매 할당량을 달성했을 때 지급된다. 이 세 번째 접근법은 최종 잠재 고객에게 판매를 하는 경우나 주로 판매담당자가 설득하여 판매가 이루어지는 경우와 같은 현장판매에 가장 적합하다.

동기를 부여하는 또 다른 방법으로 판매 인력을 대상으로 하는 판매촉진이 있다. 다양한 형태의 콘테스트는 판매담당자가 보다 많은 노력을 기울일 수 있도록 동기를 부여하는 방법으로 많이 이용된다. 기업이 (1) 신규 고객이나 여행거래업장을 확보하고자 하거나, (2) 특정 서비스의 판매를 촉진하고, (3) 판매량을 높이고, (4) 비수기 판매량 감소를 줄이고, (5) 새로운 시설이나 서비스를 소개하고자 할 때 가장 많이 이용된다.

비금전적 보상 역시 대부분의 직원들의 경우가 그렇듯 판매원의 동기를 유발하는 데도 큰 역할을 한다. 보통 판매 매니저가 공식적 판매부서회의나 컨벤션에서 상장, 상패, 우승컵 등을 수여한다.

3. 감독과 통제   판매 매니저가 판매원, 특히 현장 판매원들을 감독하고 통제하는 일은 대부분의 다른 매니저들이 하는 일보다 훨씬 더 어렵다. 사무실에

서 멀리 떨어져 있고 여행이 잦으며, 독립적이고 업무 달성에 대한 지속적인 스트레스 등으로 인해 감독의 기능을 수행하는 데 많은 어려움이 따른다. 판매 매니저는 직원들과의 정기적인 개별적 상담, 전화와 이메일을 통한 대화, 판매상담 기록과 그 외 서신, 보상계획(특히 커미션과 보너스와 관련된 보상 계획), 판매구역, 판매할당량, 지출청구서 그리고 판매관리 감사 등과 같은 방법을 통해 감독을 한다. 판매회의, 컨벤션, 혹은 대회를 통해 판매 직원들과 훈련 및 의사소통의 기회를 갖는다.

판매 인력 선발과 운영의 다음 단계로 넘어가기 전에 판매구역과 판매할당량에 대해 알아야 한다. 판매구역은 대개 각 판매담당자들이나 지점이 책임을 맡고 있는 특정 지역이다. 지리, 고객, 서비스나 제품 혹은 이 세 가지를 복합적으로 이용하여 구역이 결정된다. 지역 시장에 서비스를 제공하는 대부분의 레스토랑과 여행사와 같은 소규모 기업들은 대개 판매구역을 설정할 필요가 없다. 그러나 전국적 시장을 가진 대기업의 경우 다음과 같은 혜택을 얻을 수 있기 때문에 판매구역을 설정한다.

❶ 판매비용을 줄일 수 있다.
❷ 판매담당자의 감독, 통제, 평가를 향상시킬 수 있다.
❸ 잠재 시장을 충분히 공략할 수 있다.
❹ 개별 고객과의 관계를 증진시킬 수 있다.
❺ 판매 직원의 사기와 효율성을 높일 수 있다.
❻ 조사 및 판매 결과 분석을 강화할 수 있다.

앞에서 언급되었던 인적 판매의 이점을 생각해 보면 구역별 판매관리의 강점을 알 수 있다. 정확히 표적을 설정하고 잠재 고객과의 관계를 구축할 수 있는 두 가지 이점이 있다. 유능한 판매담당자들은 그들의 판매구역에서 충분한 시간을 보내며 고객과 여행업자들과의 강한 관계를 구축한다. 대부분의 세계적 항공사들은 이러한 방법으로 판매 사원을 구성한다. 지역 판매 매니저들은 주요 거점이나 공항 주위의 지역 본부의 판매담당자들을 감독한다.

또 다른 주요 이점은 판매원의 여행비용면에서 효율성을 달성할 수 있다는 것이다. 특정 지역에 두 사람 이상을 보내는 것보다 한 사람을 보내는 것이 비용이 적게 든다.

판매할당량은 개별 판매담당자, 지점, 혹은 지역을 위해 정기적으로 설정해 놓은 성과목표이다. 이를 통해 판매 매니저는 보다 쉽게 판매 직원에게 동기를 부여하고 이들을 감독, 통제 평가할 수 있다. 판매량과 활동, 재정적 결과, 판매율에 대한 여행지출비용 혹은 이를 적절히 종합한 것을 기반으로 판매할당량을 결정한다. 판매할당량은 인사적 관점에서의 이점 이외에 모든 판매구역이 같지 않으며 모든 판매소와 판매담당자들이 똑같은 수준의 성과를 올릴 수 없다는 사실을 반영한다.

판매계획 수립

판매 매니저가 판매 직원으로부터 얻은 정보를 가지고 정기적으로 준비한 판매 계획이 판매계획 수립의 핵심이라 할 수 있다. 판매계획에는 인적 판매의 목표와 판매활동 그리고 판매예산이 상세히 기술되어 있다. 보통 판매인력 책임, 판매구역, 판매할당량에 있어서 다른 촉진계획과 다르다. 대규모 조직일 경우 모든 광고, 판매촉진, PR 업무를 외부 대행사와 컨설턴트에게 맡긴다. 단지 사내 판매부서의 프로모션 직원만 고려하면 된다.

1. 판매 예측   인적 판매 목표는 예상 판매량이나 예상 판매 수준에서 나온 다른 재정 목표(총수익 혹은 순수익)로 정해지는 경우가 많다. 그러나 판매 예측이 인적 판매 목표의 유일한 형태는 아니다. 비재정적인 것도 똑같이 중요할 수 있다. 판매상담 중, 고객으로 전환된 새로운 잠재 고객 혹은 성공적으로 해결한 문의사항의 수와 같은 활동 수준을 목표로 정하는 경우도 있다.

판매 예측은 판매부서 외부의 사람들에게도 매우 중요하다. 사실, 이것은 전체 조직을 위한 판매계획 수립의 핵심적인 도구이다. 예상 판매 수준은 여러 다른 부서의 인사 및 재정 할당에 영향을 미친다.

2. 판매부서의 예산 책정   인적 판매의 비용은 상대적으로 높기 때문에 판매 업무를 계획하고 통제하는 데 있어 예산이 핵심적인 역할을 한다. 일반적으로 다음 요소들이 판매예산에 포함된다.

❶ 예상 판매 – 다가오는 기간 동안 잠재되는 매출액

❷ 판매지출 예산 – 급여, 부가혜택, 커미션, 보너스 등 판매 직원을 위해 특별히 계획된 여행비용

❸ 판매경영 예산 – 급여, 부가혜택, 본사 및 지역 사무소의 판매부서의 경영비용

❹ 광고 및 판매촉진 예산 – 판매인력 촉진(콘테스트, 표창, 보상 프로그램과 판매 업무를 직접적으로 지원하는 광고에 드는 비용)

3. 판매구역 및 할당량 부과　이 개념은 판매계획 수립에서 매우 중요한 기능을 한다. 판매 매니저는 보통 전체 판매 예측을 보고 재정에 기반한 할당량을 정하게 된다. 과거 판매구역의 실적과 시장 지표(시장과 관련된 두 개 이상의 요인에 기반한 퍼센트 혹은 그 외 수치요인)를 종합적으로 이용하여 각 구역에 대한 할당량을 부과한다.

판매성과 측정

판매관리의 세 번째이자 마지막 기능은 판매성과를 측정하고 평가하는 것이다. 이를 여러 단계 중 마지막 단계로 보는 대신에 기업의 인적 판매업무의 효율성을 증진시키기 위한 첫 번째 단계로 생각해야 한다.

판매관리 감사는 판매 부서의 정책, 목표, 활동, 인사, 성과를 정기적으로 분석하는 것이다. 판매 분석은 성과 측정을 위해 가장 자주 쓰이는 용어로, 구역에 따른 매출액이나 판매, 서비스나 시설 범주 혹은 고객 집단을 고려하여 행해진다. 가장 중요한 평가기반 중 하나는 판매 예측과 예산에 비해 실제 결과가 어떠한지 판단하는 것이다.

환대 및 여행 산업의 인적 판매

환대 및 여행 산업에서의 인적 판매에 대해 이 장에서 자주 언급되었다. 지금까지 논의한 최종 핵심사항을 요약하면 다음과 같다.

1. 인적 판매 중요성은 변화한다.　인적 판매가 모든 환대 및 여행 산업에서 똑같이 중요하지는 않다. 소규모의 한 지방에 집중하여 운영하는 경우 판매활

동이 내부 판매로 제한되는 경향이 있다. 관광산업의 소매업인 대부분의 레스토랑과 여행사들이 이 범주에 속한다.

촉진 믹스에서의 인적 판매의 중요성은 조직의 규모, 표적시장의 지역적 범위 그리고 사람들의 여행 행동에 영향을 미치는 여행업자와 그 외 의사결정자들에 대한 조직의 의존성과 더불어 증가한다. 현장판매 담당팀이 있을 것 같은 조직의 유형은 다음과 같다.

❶ 호텔, 모텔, 리조트, 콘퍼런스 센터 그 외 숙박회사
❷ 관광청, 컨벤션/전시장
❸ 항공사, 크루즈 회사, 여객철도 회사
❹ 인센티브여행 기획사
❺ 정부 관광 촉진기관

이 외에 여행사, 도매여행업자, 모터코치 투어 운영자들과 같은 조직들도 판매 인력을 이용한다.

2. 내부판매는 서비스 수준과 밀접한 관련이 있다.　환대 및 여행 산업에서 고객에 대한 질 높은 서비스와 내부판매를 확연히 구분하기는 매우 어렵다. 비록 추천판매가 인적 판매의 일부라는 것을 쉽게 알 수 있지만 아마도 고객을 만족시키고 재방문하도록 하는 데에는 질 높은 서비스가 훨씬 더 중요할 것이다.

3. 일반적인 판매 포지션의 자격요건이 없다.　판매는 환대 및 여행 산업에서 초보 수준의 포지션이 아니다. 보통 판매담당자가 되기 이전에 오퍼레이션이나 예약을 필수적으로 배운다. 기업의 실제적인 업무를 일정기간 경험한 후에야 상품, 고객 그리고 잠재 고객에 대해 보다 잘 알 수 있다.

관광산업의 심각한 문제 중 하나가 마케팅과 판매 사원을 고용할 때 일반적으로 받아들여지는 자격요건과 기준이 없다는 것이다. 동시에 환대 및 여행 판매와 마케팅을 전문으로 하는 교육 프로그램도 거의 없다. 산업계와 관련 협회에서 기준을 확립해야 한다.

4. 선전판매Missionary Sales 업무의 중요성이 높다.　13장에서 여행 중개업자들의 중요한 역할을 강조하였다. 일부 중개업자들은 의사결정자들인 반면, 나머지는 의사결정에 영향을 미치는 의사결정 영향력자decision influencers이다. 예를 들어 기업

여행 담당자와 컨벤션/회의 기획사들은 의사결정자들인 반면, 소매 여행사 직원, 여행 도매업자, 인센티브여행 기획자들은 의사결정 영향력자에 속한다. 이 두 범주의 중개업자들에 대한 판매 접근법은 다르다. 의사결정 영향력자들의 경우에는 선전판매 업무를 수행하면서 지속적으로 최신의 정보를 제공해주어야 하는 반면, 의사결정자의 경우 설득적 판매가 보다 적합하다. 서비스와 요금, 가격, 시설 등이 빠르게 변화하기 때문에 우리 산업에서 선전판매는 매우 중요하다.

결론

판매를 하는 데 있어 제대로 시행된 인적 판매만큼 효과적인 것은 없다. 광고나 판매촉진에서 비인적으로 전달된 메시지보다 인적 프레젠테이션을 거절하기가 훨씬 더 어렵다. 그러나 인적 판매, 특히 현장판매인 경우 상대적으로 많은 비용이 든다. 인적 판매활동(판매관리)을 주의 깊게 관리하는 것이 관건이다. 효과적인 판매 프로그램과 판매관리의 핵심은 판매계획이다.

보통 판매 과정에서 단계별 접근법을 따르는 경우 최상의 결과를 얻는다. 이를 위해서는 사전계획 수립, 효과적인 프레젠테이션 기술 및 방법 그리고 팔로우 업^{follow-up}이 필요하다.

CHAPTER
ASSIGNMENTS

학습과제

1. 당신이 가장 좋아하는 환대 및 여행 산업 분야의 현장 판매원과 하루를 함께 보낸 후 이 판매원의 업무성과를 평가해 보아라. 판매담당자는 판매 과정 단계를 따랐는가? 판매원은 얼마나 성공적으로 목표를 달성하였는가? 판매 종료를 관찰했다면 어떤 판매 종료 전략이 이용되었는가? 판매원의 접근법이 마음에 드는가? 어떤 점이 마음에 들지 않았는가? 판매원의 접근법과 기법을 어떻게 향상시킬 수 있겠는가?

2. 여행사, 호텔 또는 레스토랑에서 내부판매와 전화판매 절차를 관찰하며 하루를 보낸 후 이 두 분야에서 기업이 이용한 판매기법을 평가해 보아라. 내부판매와 전화판매에서 직원들의 잠재력을 충분히 이용할 수 있는 기회가 있었는지 혹은 이 분야에 대한 훈련이 더 필요한가? 추천판매나 업 셀링 판매가 시행되었는가? 이 두 범주의 판매를 향상시키기 위해 경영진들에게 어떤 조언을 해 줄것인가?

3. 당신은 환대 및 여행 산업들의 새로운 판매 매니저로 고용되었다. 당신의 업무는 무엇이며 어떤 책임을 맡고 있는가? (1) 판매인력 선발 및 운영, (2) 판매계획 수립, (3) 판매성과 측정을 위해 어떤 절차를 이용할 것인지 구체적으로 설명하여라.

4. 당신은 환대 및 여행 산업들의 판매 매니저이다. 현장판매 담당자들을 위한 지침을 가능한 한 구체적으로 작성하여라. 잠재 고객을 규명하고 자격을 부여하는 단계는 무엇인가? 판매담당자들을 지원하기 위해 어떤 광고와 판매촉진을 이용할 것인가?

REFERENCES

참고문헌

1. Hospitality Net. 2005. *Hotels yield best results from person-to-person sales*. http://www.hospitalitynet.org/news/154000320/4024926.search?query= hotels+yield+best+results+from+person, accessed December 29, 2008.

2. Mandelbaum, Robert. 2005. *Hotel marketing: An investment in people*. PKF Consulting Corporation.

3. Bauman, Gabi. 2006. *The bed race-hotel companies' everlasting pursuit of differentiation*. HVS International.

4. Cathcart, Jim. 2002. *The Eight Competencies of Relationship Selling. How to Reach the Top 15% in Just 15 Extra Minutes a Day*. New York: Leading Authorities Press.

5. American Marketing Association. 2007. *Dictionary of Marketing Terms*. http://www.marketingpower.com, accessed March 1, 2007.

6. Hite, Robert E., and Johnston, Wesley J. (1997). *Managing Salespeople: A Relationship Approach*. Cincinnati: South-Western College Publishing.

7. American Marketing Association. 2008. *Dictionary*. http://www.marketingpower. com/_layouts/Dictionary.aspx, accessed December 29, 2008.

8. American Marketing Association. 2008. *Dictionary*. http://www.marketingpower. com/_layouts/Dictionary.aspx, accessed December 29, 2008.

9. American Marketing Association. 2008. *Dictionary*. http://www.marketingpower. com/_layouts/Dictionary.aspx, accessed December 29, 2008.

10. Manning, Gerald L., and Barry L. Reece. 2000. *Selling Today: Building Quality Partnerships*. 8th ed. Upper Saddle River, N.J.: Prentice-Hall, Inc.

11. Evans, Joel R., and Barry Berman. 2000. *Marketing*. 7th ed. Upper Saddle River, N.J.: Prentice-Hall, Inc.

12. "CVB sales blitz targets late summer meetings." November 16, 2006. *Jacksonville Business Journal*.

13. AME Info. *British tourism delegation on a sales mission to the UAE*. http:// www.ameinfo.com/95864.htm, December 29, 2008.

14. Evans, Joel R., and Barry Berman. 2000. *Marketing*. 7th ed. Upper Saddle River, N.J.: Prentice-Hall, Inc.

15. "How to convert prospects to sales faster with pre-call planning." *2007. Hoover's White Paper Series*. Hoover's, Inc.

16. Manning, Gerald L., and Barry L. Reece. 2000. *Selling Today: Building Quality Partnerships*. 8th ed. Upper Saddle River, N.J.: Prentice-Hall, Inc.

17. Manning, Gerald L., and Barry L. Reece. 2000. *Selling Today: Building Quality Partnerships*. 8th ed. Upper Saddle River, N.J.: Prentice-Hall, Inc.

18. Foley, Len. 2005. *The 10 laws of sales success*. http://www.entrepreneur.com. Accessed March 1, 2007.

19. American Marketing Association. 2008. *Dictionary*. http://www.marketingpower.com/_layouts/Dictionary.aspx, accessed December 29, 2008.

20. Manning, Gerald L., and Barry L. Reece. 2000. *Selling Today: Building Quality Partnerships*. 8th ed. Upper Saddle River, N.J.: Prentice-Hall, Inc.

21. Manning, Gerald L., and Barry L. Reece. 2000. *Selling Today: Building Quality Partnerships*. 8th ed. Upper Saddle River, N.J.: Prentice-Hall, Inc.

22. Stanton, William J., Rosann Spiro, and Richard H. Buskirk. 1998. *Management of a Sales Force*. 10th ed. Boston: McGraw-Hill.

23. Evans, Joel R., and Barry Berman. 2000. *Marketing*. 7th ed. Upper Saddle River, N.J.: Prentice-Hall, Inc.

24. Amarante, Kristin. 2002. *New survey shows high turnover in sales and marketing. Hotel Interactive*, accessed March 1, 2007.

25. Churchill, Gilbert A., Neil M. Ford, Orville C. Walker, et al. 1999. *Sales Force Management*. 6th ed. Boston: McGraw-Hill.

26. Churchill, Gilbert A., Neil M. Ford, Orville C. Walker, et al. 1999. *Sales Force Management*. 6th ed. Boston: McGraw-Hill.

27. Stanton, William J., Rosann Spiro, and Richard H. Buskirk. 1998. *Management of a Sales Force*. 10th ed. Boston: McGraw-Hill.

28. Stanton, William J., Rosann Spiro, and Richard H. Buskirk. 1998. *Management of a Sales Force*. 10th ed. Boston: McGraw-Hill.

29. Stanton, William J., Rosann Spiro, and Richard H. Buskirk. 1998. *Management of a Sales Force*. 10th ed. Boston: McGraw-Hill.

30. Stanton, William J., Rosann Spiro, and Richard H. Buskirk. 1998. *Management of a Sales Force*. 10th ed. Boston: McGraw-Hill.

31. Churchill, Gilbert A., Neil M. Ford, Orville C. Walker, et al. 1999. *Sales Force Management*. 6th ed. Boston: McGraw-Hill.

32. Casison, Jeanie. 2008. "Incentives Get Revved Up." *Sales and Marketing Management*, December 23, 2008; Roadtrips Inc. 2008. Unforgettable Exclusive Group Experiences, http://www.roadtripsinc.com/casestudies.aspx, accessed December 29, 2008.

33. Stanton, William J., Rosann Spiro, and Richard H. Buskirk. 1998. *Management of a Sales Force*. 10th ed. Boston: McGraw-Hill.

34. Robertson, Dan H., and Danny N. Bellenger. 1980. *Sales Management*. New York: Macmillan Publishing Company, 296-299.

35. Stanton, William J., Rosann Spiro, and Richard H. Buskirk. 1998. *Management of a Sales Force*. 10th ed. Boston: McGraw-Hill.

36. Stanton, William J., Rosann Spiro, and Richard H. Buskirk. 1998. *Management of a Sales Force*. 10th ed. Boston: McGraw-Hill.

MEMO

18

우리는 어떻게 도달할 것인가?

PR과 홍보

이 장을 읽고 난 후

>> PR과 홍보를 정의할 수 있다.
>> 환대 및 여행 마케팅에서의 PR과 홍보의 역할을 설명할 수 있다.
>> 환대 및 여행 산업의 서비스를 받는 대중publics을 나열할 수 있다.
>> PR 계획의 개발 단계를 기술할 수 있다.
>> PR과 홍보를 위한 기법 및 수단을 규명하고 설명할 수 있다.
>> 매체와 좋은 관계를 형성하기 위한 단계를 설명할 수 있다.
>> PR 컨설턴트 이용의 역할과 이점을 설명할 수 있다.

개요

　환대 및 여행 산업은 다양한 집단 및 개인과 관계를 맺게 된다. 기업은 무형의 서비스를 제공하고 구전광고에 많이 의존하기 때문에 이러한 외부 사람들과 긍정적 관계를 유지하는 것이 무엇보다 중요하다. 본장의 서론에서는 PR과 홍보를 정의하고 환대 및 여행 산업에서의 중요성을 설명한다. 또한 PR과 홍보의 타깃인 대중publics을 규명하고자 한다.

　PR 계획 준비를 위한 단계별 절차와 PR 및 홍보에 이용할 수 있는 기법과 매체 수단을 설명하였다. 이 장에서는 PR과 관련하여 담당자의 역할과 기능, 그리고 그 이점에 대해 살펴보고 논의해 보도록 한다.

여러분이 잘 알지 못하는 사람이나 특별히 좋아하지 않는 사람에게 잘 대해준 적이 있다면 도대체 그 이유는 무엇인가? 이 사람들과 좋은 관계를 유지함으로써 장기적인 이점을 얻을 수 있다고 생각하는가? 아마 여러분이 미래의 언젠가 지금과 같은 순간으로 돌아오길 원한다면 배수의 진을 치는 것이 그리 좋은 생각은 아닐 것이다. 이 점을 모른다 하더라도 자신만의 PR을 이용하였을 것이다. 이러한 점에서 보면 여러분은 여러분 자신의 개인 외교관인 셈이다.

좀 더 넓은 관점에서 "단지 PR일 뿐이다.", "단지 홍보 전략이다."라는 표현을 들어 본 적이 있는가? 이는 PR과 홍보를 조정하는 사람들인 기업의 외교관organi-zational diplomats 활동에 대한 부정적 진술이다. 대부분의 비마케팅적 사람들은 PR의 역할을 잘못 이해하거나 해석하는 경우가 있다. PR과 홍보를 매체와 일반 대중을 교묘하게 속이기 위한 촉진의 일환으로 회사 비밀이나 제품과 서비스의 하급 품질을 숨기기 위한 것으로 생각하는 경우가 대부분이다.

이러한 인식이 팽배하기는 하지만 이는 마지막 촉진 믹스 요소에 대한 근시안적이고 잘못된 견해이다. PR과 홍보는 환대 및 여행서비스 기업이 장기적으로 살아남기 위한 가치 있고 중요한 활동이다.

PR, 홍보 및 촉진 믹스

정의

PRPublic Relations은 환대 및 여행 산업이 다른 조직 및 개인과의 관계를 유지하거나 개선하기 위해 이용하는 모든 활동을 말한다. 홍보Publicity는 PR의 한 기법으로 조직의 서비스에 대한 정보를 무료로 전달하는 것이다.

PR과 홍보는 기업이 촉진에 대한 총체적인 통제를 상실한다는 점에서 나머지 4개 촉진 믹스 요소와 다르다. 이러한 결점에도 불구하고 PR은 상대적으로 비용이 낮고, 모든 규모의 조직이 이용할 수 있다는 장점이 있다. 또한 PR과 홍보는 상업적 메시지라는 인식이 들지 않기 때문에 강한 설득력을 가진다.

통합적 마케팅 커뮤니케이션 계획

먼저 PR과 홍보가 광고, 판매촉진, 머천다이징, 인적 판매 혹은 인터넷 마케팅의 대안이 아니라는 것을 이해해야 한다. PR이 선택적 활동이 아니라 아무리 작은 규모의 조직이라도 반드시 착수해야만 하는 활동이라는 것이 현대적인 관점이다. 다른 네 개의 촉진 믹스 요소와 인터넷 마케팅은 PR에 영향을 미치며 PR 또한 나머지 네 요소에 영향을 미친다. 비록 처음의 이 둘의 관계가 광고와 판매촉진 믹스 사이의 관계만큼 명확하지는 않지만 제대로 된 PR은 광고, 판매촉진, 머천다이징, 인적 판매 및 인터넷 마케팅, 다시 말해 통합적 마케팅 커뮤니케이션Integrated Marketing Communication : IMC을 보다 효과적으로 만든다. PR을 잘못 관리하게 되는 경우 그 반대의 효과를 볼 수 있다. 다시 말해 모든 촉진 믹스 요소와 인터넷 마케팅은 반드시 독립적이 아니라 함께 계획해야만 한다.

PR과 홍보의 역할

마케팅과 촉진 믹스에서의 PR과 홍보의 역할은 무엇인가? 2장에서 논의한 서비스의 무형성과 감성에의 어필, 서비스의 수준 및 이미지라는 서비스와 제품 판매의 세 가지 차이점에 대해서 서술하였다. 4장에서는 환대 및 여행 산업에서 사회적 원천으로부터의 구전정보가 얼마나 중요한지에 대해 알아보았다. 이를 통해 개인적 의견이 환대 및 여행서비스를 선택하는 고객들에게 상당한 영향을 미친다는 것을 알 수 있다. 고객들은 서비스를 구매하기 전에 미리 시험해 볼 수 없다. 고객들은 친구, 친척, 사업 동료, 오피니언 리더 그리고 여행사 직원처럼 전문적 지식을 갖춘 카운셀러와 같은 사회적 전문가의 전문적인 오피니언 원천에 많

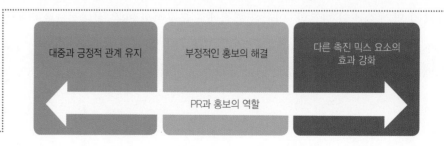

PR과 홍보의 역할
그림 18-1

대중과 긍정적 관계 유지　　부정적인 홍보의 해결　　다른 촉진 믹스 요소의 효과 강화

PR과 홍보의 역할

이 의존한다. PR 활동은 이들의 의견이 믿을 만한 것임을 확신시켜준다. 그러므로 환대 및 관광 산업에서 PR과 홍보의 가장 중요한 역할은 [그림 18-1] 및 다음과 같다.

1. 대중과 긍정적 관계 유지   PR의 가장 주요 기능은 기업이 직접적(고객, 직원, 다른 환대 및 여행 산업 등), 간접적(매체, 교육기관, 지역민 등)으로 관계를 맺는 개인 및 집단과 긍정적인 관계를 지속하도록 하는 것이다. 기업의 마케팅 성공에 영향을 미칠 수 있는 현재 혹은 미래의 모든 개인 및 집단이 여기에 포함된다.

2. 부정적인 홍보의 해결   기업이 기업 운영의 긍정적인 면을 강조한다 하더라도 한 번쯤은 부정적인 홍보가 발생하게 된다. 레스토랑에서 발생한 식중독, 호텔 화재, 비행기 추락, 자연재해, 조직의 질적 수준을 낮추는 매체 기사 등이 여기에 속한다. 서비스 기업은 구전정보 원천의 중요성 때문에 부정적인 홍보의 부작용에 매우 민감하게 반응한다. 한 PR 전문연구 컨설팅회사는 PR에는 사전대응적proactive PR과 문제대응적reactive PR이라는 두 가지 면이 있다고 하였다. 사전대응적 PR은 긍정적인 PR을 창출하기 위해 단계를 밟아가는 것인 반면, 문제대응적 PR은 부정적 PR을 해결하기 위한 것이다. 문제대응적 PR에 대한 핵심은 이러한 바람직하지 못한 상황을 다루기 위한 시스템을 가지고, 몇 몇 잠재적인 방법을 통해 이 문제를 해결하고자 하는 것이다.

3. 다른 촉진 믹스 요소의 효과 강화   17장에서는 촉진 믹스를 적절한 재료를 정확한 비율로 이용하는 훌륭한 요리법에 비유했다. 바람직한 PR 관리는 다른 촉진 믹스 요소를 더욱 맛 좋게 만든다. 효과적인 PR 관리를 통해 고객이 광고, 판매촉진, 머천다이징 그리고 인적 판매의 설득적 메시지를 보다 잘 받아들이게 한다. 또한 이러한 설득 촉진은 고객들이 부정적인 인식을 버릴 수 있는 가능성을 높여준다.

환대 및 여행 산업의 대중

PR에서 대중public은 무엇을 의미하며 만약 일반 대중을 의미한다면, PR은 다양한 집단 및 개인과의 외부적, 내부적 의사소통 및 그 외 관계를 말한다. 대중Publics은 조직이 상호작용하는 모든 대상을 지칭한다. 효과적인 PR을 위해서는 대중과

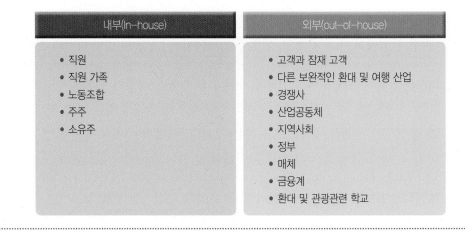

내부(In-house)	외부(out-of-house)
• 직원 • 직원 가족 • 노동조합 • 주주 • 소유주	• 고객과 잠재 고객 • 다른 보완적인 환대 및 여행 산업 • 경쟁사 • 산업공동체 • 지역사회 • 정부 • 매체 • 금융계 • 환대 및 관광관련 학교

의 관계와 의사소통을 관리하는 것이 필수적이다. 환대 및 여행 산업의 대중은 [그림 18-2] 및 다음과 같다.

내부 대중 Internal Publics

1. **직원**   기업의 모든 매니저와 직원들에게 광고를 부착했을 때 그 영향력을 한 번 상상해 보아라. 직원과 그 가족들과 좋은 관계를 유지하는 것은 마치 걸어 다니며 말하는 게시판을 얻는 것과 같다. 이들은 다른 사람들에게 기업에 대한 그들의 열정을 전달한다. 바람직한 인력 관리는 직원들의 만족감을 높일 뿐 아니라 마케팅 효과도 높인다.

2. **직원 가족**   환대산업과 관광조직이 또한 내부의 대중 Internal Public을 고려할 때 빼놓지 않아야 할 집단으로 직원 가족이 있다. 특별한 쇼나 파티 등을 주최하여 직원들의 가족을 초청하는 것은 좋은 아이디어이며, 그들은 회사가 직원과 그 가족들을 신경 쓰고 있다는 것을 인식할 것이다.

3. **노동조합**   환대 및 여행 산업의 여러 요인들은 연합을 이루게 되며, 경영진들은 이 직원 집단과 조화로운 관계를 유지하기 위한 노력을 항상 해야 한다. 노사 간의 합의점을 찾지 못하는 경우 노조에 의해 항공사의 비행기가 뜨지 않고, 호텔에서 시위가 일어나기도 한다. 이러한 경우 회사의 업무와 고객 신뢰도에 단기간의 치명적인 영향을 미칠 수 있다. 2008년 여름 이탈리아의

항공사 Alitalia는 노조의 파업으로 로마와 밀란을 잇는 주요 노선을 포함한 124건의 비행을 취소해야만 했다. 반면 경쟁사인 Italian Airline이 긴급편성을 통해 이를 수용하면서 고객과의 신뢰에 반대적인 영향을 미치게 되었다.

4. 주주   기업은 주주와 소유주들과의 관계에 대해 많은 관심을 기울여야 한다. 이 사람들은 주로 회사를 투자에 대한 수익Return of Investment: ROI으로 바라보지만 그들 역시 회사에 대한 긍지를 가져야 한다. 비영리 조직과 정부기관의 경우 상황이 약간 다르다. 협회와 재단과 같은 비영리 조직은 회원, 기부자 혹은 후원자들과 좋은 관계를 유지하는 것이 필요하다. 정부기관은 시민들과 선출된 정치인들이 그들에게 갖는 이미지에 관심을 기울여야 한다.

5. 소유주   많은 환대산업과 여행산업의 기업들, 특히 규모가 비교적 작거나 중간정도인 회사의 경우 소유주를 갖고 있다. 규모가 큰 회사의 주주와 마찬가지로 회사의 상황과 계획에 대해 상세하게 정보를 주는 것이 중요하다.

외부 대중External Publics

6. 고객 및 잠재 고객   고객 및 잠재 고객과 적절한 관계를 유지하는 것은 필수적이다.

7. 다른 보완적인 환대 및 여행 산업   13장에서 주로 공급업자, 운송업자. 그리고 여행목적지마케팅조직DMO에 대한 여행중개업자의 중요성에 대해 알아보았다. 여행업 집단은 공급업자, 운송업자 그리고 여행목적지마케팅조직과 관련한 것 이외에 대부분의 환대 및 여행 산업의 중요한 촉진 타깃이 된다. 이를 반대의 관점에서 볼 경우 여행사, 인센티브여행 기획사 그리고 여행 도매업자들과 같은 영향력 있는 중개업자 역시 공급업자, 운송업자 그리고 여행마케팅조직과 좋은 관계를 유지해야만 한다는 것을 깨달아야 한다.

8. 경쟁사   일반적으로 맨 먼저 이기고자 하는 적수가 경쟁사인 것은 틀림없지만 장기적으로 경쟁보다 제휴가 더 나은 경우도 있다. 때때로 일부 경쟁 기업은 일부 고객(여러 호텔의 객실을 필요로 하는 대도시의 대규모 컨벤션)의 욕구를 만족시키기 위해 서로 제휴해야 하는 경우가 있다. 미래의 상호 이익을 위해 경쟁사와

의 커뮤니케이션 채널은 항상 열려 있어야 한다. 몇몇 전문가들은 이를 경쟁 조직에서의 협력적 경쟁관계Co-opetition 혹은 협동이라고 규명하였다.

9. **산업공동체**   환대 및 관광 산업에는 수많은 협회가 있으며 10장에서 대부분 논의되었다. 이러한 협회는 반대 법규에 대한 로비, 전문적 기술의 개선, 산업의 중요성에 대한 정보 제공과 정기적인 컨벤션 및 전시회 유치 등과 같은 중요한 회원 서비스를 제공한다. 기업은 최소한 하나의 핵심 협회에는 가입되어야 한다. PR의 관점에서 보면 기업이 보다 활동적인 것이 훨씬 낫다. 예를 들어 매니저들은 협회 간부 혹은 세미나 및 컨벤션 연사로서의 역할을 할 것이다.

10. **지역사회**   대부분의 여행사, 레스토랑, 호텔을 포함한 여러 환대 및 여행 산업은 가까운 지역사회의 많은 고객에게 의존하고 있다. 컨벤션CVB, 관광청DMO과 같은 그 외 조직들이 성공하기 위해서는 시민들의 관심과 정치적 지지가 필요하다. 우리 산업의 대부분의 조직들은 지역사회에 적극적인 관심을 기울여야 한다.

11. **정부**   지방 및 국가기관인 정부기관의 법규와 규제에 의해서 환대 및 여행 산업에 커다란 영향이 미친다. 그러므로 관련 공무원들과 좋은 관계를 유지하며 이들이 개선된 정보를 알 수 있도록 하는 것이 중요하다.

12. **매체**(언론)   홍보의 주요 표적이 신문, TV, 라디오 방송국, 인터넷 뉴스와 같은 매체들이다. 가장 중요한 PR 기능 중의 하나가 이러한 매체와 개방적이고 솔직한 의사소통을 하는 것이다. media relations에 관해서는 이후에 보다 자세히 논의된다.

13. **금융기관**   은행, 신탁회사 그 외 대출기관들은 대부분의 기업과 여러 비영리 조직을 위한 장단기 자본의 중요한 원천이다. 현재의 이러한 금융기관들은 미래의 추가적인 재정적 도움을 줄 수 있기 때문에 긍정적인 관계를 유지하는 것이 매우 중요하다.

14. **환대 및 관광관련 학교**   북미에는 전문화된 환대 및 관광 교육 프로그램을 제공하는 500개 이상의 단과대학과, 종합대학 그리고 사설학교가 있다. CHRIEThe Council on Hotel, Restaurant and Institutional Education는 주요 교육기관협회이

다. 여행사 예약직원을 교육하는 사설학교에서부터 주요 대학의 박사학위 프로그램에 이르기까지 그 범위가 다양하다. 환대 및 여행 산업은 매년 현장에서 형식적인 훈련과 교육을 받은 사람들의 고용에 많은 중점을 둔다. 이러한 프로그램에 참여한 학생과 교수진들에게 가장 긍정적으로 비춰지는 것이 기업에게 있어서도 많은 이익이 된다.

PR 계획 수립

모든 환대 및 여행 산업은 그 규모가 얼마나 작든지간에 PR 계획을 세워야 한다. 광고, 판매촉진 그리고 판매계획과 같이 새로운 PR 계획을 적어도 1년에 한 번씩 정기적으로 세워야 한다. 그러나 광고에서처럼 자료 배치 시간이 제한적이며 PR의 책임을 맡고 있는 특정 직원이 없기 때문에 이러한 PR 계획이 정기적으로 잘 시행되지 않고 있다. 많은 기업은 실수로 PR 계획 수립에 낮은 우선권을 부여하고, 산발적으로만 PR 업무를 수행하여 종종 부정적인 홍보의 결과를 가져오기도 한다. 기업이 내부 PR 전문가를 채용하거나, 외부 컨설턴트를 이용하든 아니면 이 둘 모두를 이용하지 않든지간에 PR은 지속적인 활동이어야 한다는 것이 본 장의 주 요점 중 하나이다.

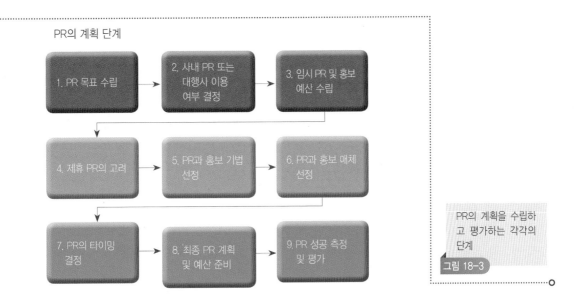

PR의 계획 단계

1. PR 목표 수립

2. 사내 PR 또는 대행사 이용 여부 결정

3. 임시 PR 및 홍보 예산 수립

4. 제휴 PR의 고려

5. PR과 홍보 기법 선정

6. PR과 홍보 매체 선정

7. PR의 타이밍 결정

8. 최종 PR 계획 및 예산 준비

9. PR 성공 측정 및 평가

PR의 계획을 수립하고 평가하는 각각의 단계

그림 18-3

1단계 : PR 목표 설정

표적시장에 따라 전체 마케팅 목표가 결정되듯이 PR의 경우도 기업은 지속적으로 대중에게 검증하기 위해 각 대중에 따라 목표를 설정하는 것이 좋다.

PR 목표는 일반적으로 정보를 제공하는 것이다. 기업에 대한 구두, 서면 혹은 시각적 정보를 하나 이상의 대중들에게 제공한다. 이는 주로 기업의 이미지를 강화시키고자 하는 'soft-sell' 형태의 촉진이다. PR 목표설정의 예로 지역사회에서 이미지를 개선하고자 하는 레스토랑을 들 수 있다. 다시 말해 PR에서는 매우 힘들겠지만 측정가능한 목표를 설정하는 것이 가장 좋으며, 이를 위해서 PR 계획을 수행하기 전후로 측정해야 한다. 레스토랑의 경우 새로운 PR 활동을 하기 전후에 레스토랑의 이미지를 평가하는 지역 설문조사를 시행하게 된다.

2단계 : 사내 PR 부서 혹은 대행사 이용 여부 결정

다음은 PR 계획 수행의 책임을 누가 질 것인지를 결정하는 단계이다. 환대 및 여행 산업에서 이용되는 여러 대안 접근법은 다음과 같다.

1. 매니저 혹은 소유주의 단독 책임
2. 다부서 위원회multi-department committee에 책임을 부과
3. 마케팅 부서 매니저나 디렉터들 중 한 명이 추가로 PR 기능의 책임을 맡음
4. 마케팅 부서에 정규 PR 디렉터나 매니저를 임명함
5. 외부 PR 컨설턴트를 고용하거나 대행사를 이용
6. 2, 3, 4와 혹은 5를 결합하여 이용

주로 기업의 규모에 따라 다른 접근법을 선택한다. 기업의 규모가 클수록 정규직의 PR 디렉터가 있으며, 외부 전문가들을 이용한다. 소규모 기업은 일반적으로 앞에서 세 가지 접근법 중 하나를 이용한다.

3단계 : 임시 PR과 홍보 예산 수립

일반적으로 PR과 홍보가 완전히 무료라고 생각하고 있다. 하지만 PR을 전담하

는 디렉터와 보조직원이 있는 경우 이러한 인력을 유지하는 데 비용이 들게 된다. 외부 PR 전문가들은 서비스를 대신해 주는 대신 컨설팅료를 받는다. 사내 위원회, 매니저 혹은 또 다른 매니저가 PR을 처리하는 경우일지라도 이들이 PR 활동에 참여한 시간만큼의 비용이 들게 된다. 또한 기업이 매체를 이용하거나 다양한 이벤트를 열고, 보도자료를 준비하는 경우에도 비용이 발생한다. 예를 들어 신규 호텔이 오픈하기 이전에 시행하는 PR의 경우 많은 비용이 든다.

다시 말해 PR과 홍보 예산을 수립하기 위해서는 2단계 과정을 이용하는 것이 가장 최선이다. 첫째 총 촉진 예산을 임시로 할당한다. 그 다음 목표를 기반으로 앞으로의 기간을 위한 모든 PR활동을 세밀히 계획한다. 일단 계획이 수립되면 각 활동에 드는 비용을 산출할 수 있으며 최종 예산이 결정된다.

4단계 : 제휴 PR의 고려

PR과 홍보를 단독으로 시행하기 전에 반드시 촉진 파트너십의 여러 기회를 고려해야 한다. 그 좋은 예로 특정 지역의 여러 공급업자들과 관광목적지마케팅조직DMO이 제휴하여 대도시에서의 매체 리셉션 혹은 'Road show' 자금을 제공한다. 또한 상호 보완적인 환대 및 여행 산업은 제휴하여 공동으로 제공하는 새로운 서비스에 대한 보도자료를 준비하기도 한다.

5단계 : PR과 홍보 기법 선정

환대 및 여행 산업이 이용할 수 있는 PR과 홍보 기법은 매우 다양하며 (1) 지속적인 활동, (2) 사전계획된 단기활동, (3) 예측할 수 없는 단기활동의 세 범주로 나눌 수 있다[그림 18-4].

1. 지속적인 PR 활동　　PR은 지속적으로 행하는 것이지 긴급 상황이나 새로운 이야깃거리가 생겼을 때 하는 것이 아니다. 환대 및 여행 산업은 각 대중들과 지속적인 관계를 유지해야 하며, 지속적으로 대중이 존재public presence해야 한다. 예를 들어 단지 훌륭한 이야깃거리가 있을 때에만 매체를 이용하는 것은 충분치 않다. 조직은 지속적으로 매체와 접촉할 수 있는 프로그램을 이용해야 한다.

PR과 홍보 기법들

그림 18-4

지속적·장기적인 PR 활동

1. 지역사회 참여
2. 산업계 참여
3. 신문, 회보, 회사잡지
4. 직원들과의 연계
5. 방송매체와의 연계
6. 회사 자료집과 사진
7. 주주 및 회사 소유자, 금융기관의 참여
8. 환대산업과 연관된 학교와의 연계
9. 관광관련 회사와 경쟁사와의 연계
10. 지방자치단체와의 연계
11. 고객의 참여
12. 광고

사전계획된 단기적인 PR 활동

1. 보도자료
2. 기자회견
3. 공식적 축하행사 및 이벤트(Ceremonies, Openings, Events)
4. 공고
5. 특집기사
6. 회견 및 여행업 세미나(Press and Travel Trade Seminars)
7. 마케팅 조사

예측할 수 없는 단기적인 PR 활동

1. 부정적 홍보의 해결
2. 매체 인터뷰

대중을 다루는 것은 저축 계좌를 이용하는 것과 비슷하다. 계좌에 돈을 넣어 두지 않으면 인출을 할 수 없다. 이와 같이 한 기업이 각 대중들과의 관계를 구축하고 이를 지속적으로 유지하지 않는다면 그 동안 대중에게 쌓아온 신뢰에 의존할 수 없을 것이다. 정기적으로 저축을 하는 경우 앞으로 필요한 경우 인출할 수도 있을 뿐 아니라 이자도 붙게 된다. 기업은 각 대중들과 신뢰를 구축하고 그들이 필요할 때 특별한 부탁을 요구할 수 있도록 지속적인 커뮤니케이션을 해야 한다. 예를 들어 호텔은 지역신문과 TV, 라디오 방송국의 모든 핵심 인물(편집자, 리포터, 발행인)들과 정기적으로 점심이나 저녁식사를 하며 친분을 쌓아야 한다. 또한 이들에게 공지사항이나 기사거리를 보내어 호텔

에 대한 최신 정보를 갖추도록 해야 한다. 이와 같이 매체관련 인물들과 개방적이고 지속적인 커뮤니케이션을 시행함으로써 호텔의 보도자료나 새로운 공지사항들이 기사화될 가능성이 더욱 커진다. 물론 각 매체를 통한 유료 광고는 무료 홍보를 시행하는 데 도움을 주기도 한다.

환대 및 여행 산업이 지속적으로 수행할 수 있는 주요 활동 유형은 다음과 같다.

❶ 지역사회 참여

모든 환대 및 여행 산업은 지역공동체 혹은 서비스를 제공하는 지역사회의 모범이 되도록 지속적인 노력을 기울여야 한다. 지역사회 참여community involvement는 가치 있는 지역 문제나 자선단체에 재정적 혹은 물품(예 무료 서비스)을 기부하거나 지역의 클럽과 협회(예 상공회의소, DMO/CVB, 로터리 클럽, 관광청, 역사 혹은 박물위원회)에 가입하여 활발하게 활동하는 것과 지역사회의 이익(예 경제 발전, 사회 혹은 환경 문제)을 대변하는 것을 의미한다.

❷ 산업계 참여

주요 산업협회에 가입하여 적극적으로 참여해야 한다. 즉각적인 수익이 발생하는 것은 아니지만 중요하다. 모든 구성 조직을 위한 산업 발전에 도움을 준다. 조직은 매년 컨벤션 참석 및 이사단이나 위원단을 접대하고, 전문적인 발전 및 교육 프로그램에 대한 참여 및 지원을 아끼지 않으며 세미나와 컨벤션에 발표를 하고 주요 산업문제에 대변인으로서 참여한다.

❸ 신문, 회보, 회사 소식지

소식지는 직원과 그 외 대중들과 지속적으로 의사소통을 하기 위한 최상의 방법이다. 여러 환대 및 여행 산업은 직원을 대상으로 하는 사내 소식지나 신문을 가지고 있다. 일부 정기적으로 발행되는 소식지나 잡지는 고객들과 다른 외부 대중들에게 제공된다. 예를 들면 후원 항공사에게 PR과 광고 수단을 제공해 주는 기내 잡지를 들 수 있다.

환대 및 관광 산업에서 이메일을 통한 소식지 전달이 인기를 얻고 있다. 아주 적합한 예로 Peninsula 호텔의 사내 잡지인 'The Peninsula'를 들 수 있다. 호텔의 웹사이트를 방문하면 이 잡지를 실제 잡지를 보는 것처럼 페이지를 넘기는 방식으로 접할 수 있다. 이러한 방법들은 전통적인 방법에 비해 비용을 절감할 수 있다.

❹ 직원들과의 연계

사내 소식지와 신문은 인사관리에서 이용되는 여러 기법 중의 하나이다. 직원보상 프로그램(예 이 달의 직원상), 생일과 기념일과 같이 중요한 날을 기념하는 카드나 선물, 인센티브 프로그램(인센티브 여행, 보너스, 그 외 특별상) 그리고 승진 등이 명확한 PR 활동에 포함된다.

❺ 방송매체와의 연계

핵심적인 매체 인력과의 지속적인 접촉은 여러 면에서 과거 고객 및 잠재 고객과 접촉하는 기업의 시스템과 비슷해야 한다. 예정된 시기마다 팔로우 업을 시행해야 하며, 이는 매체나 조직의 사업장에서 대면하여 만나기도 한다.

❻ 회사 자료집과 사진

기업이 정보나 사진들을 닥쳐서 준비하는 것보다 매체가 요청할 것을 미리 예상하고 준비하는 것이 훨씬 낫다. 이는 미리 이러한 호텔의 매체(보도)자료를 규합하는 것을 의미한다. 인터넷의 발달을 통해 이러한 작업을 예전보다 쉽게 해낼 수 있다. 보통 홈페이지의 회사 배경 혹은 'About Us' 등의 페이지에서 접할 수 있으며 한두 번의 클릭만 거치면 쉽게 볼 수 있게 되어 있다. 어떤 경우에는 기사에 딸린 사진자료들도 인터넷으로 다운로드하여 사용할 수 있게 해놓는 경우도 있다. 회사의 연표나 FAQs(Frequently Asked questions)들 또한 기자나 언론에게 중요한 정보가 된다.

❼ 주주 및 회사 소유자, 금융기관의 참여

환대 및 여행 산업은 법과 세금, 재무관리를 위해 연간보고서와 그 외 재무제표를 작성해야 한다. 이러한 자료들은 PR로서 명확한 가치가 있는 것들이다. 게다가 핵심 주주와 소유주 그리고 현재 및 잠재적인 대출기관과의 정기적인 모임도 긍정적인 관계와 개방된 커뮤니케이션 경로를 구축하는 데 매우 중요하다. 다시 말해 이러한 모든 것들을 회사의 웹사이트에서 찾을 수 있다.

❽ 환대산업과 연관된 학교와의 연계

여러 환대 및 여행 산업은 교육기관과 지속적인 관계를 맺는 것의 중요함을 인식하고 있다. 학교에 대해 긍정적인 이미지를 유지함으로써 즉각적

인 수익(신입직원 채용)과 장기적 혜택(교수 및 학생들이 조직에 대한 긍정적인 구전정보를 퍼뜨림) 모두를 누릴 수 있다. 이들의 전문성 때문에 대학원생 및 교수들은 종종 오피니언 리더가 되거나 다른 사람들이 서비스를 이용하도록 하는 데 있어 학교와 관련 없는 대부분의 사람들보다 더욱 큰 영향력을 미친다. 이러한 학교에 초청 강연을 하는 것도 그 단체나 조직을 알리는 데 좋은 방법이다.

❾ 관광관련 회사와 경쟁사와의 연계

공급업자, 운송업자 그리고 관광목적지마케팅기업들이 여행중개업자들과 좋은 관계를 유지하는 것이 필수적이다. 이를 위해 앞에서 살펴본 바와 같이 업계 지향적 판매촉진과 인적 판매를 수행하는 업계지에 광고를 낸다. 그러나 지속적이고 좋은 관계를 구축하는 데 이보다 더 나은 방법은 여행협회에 가입하여 협회 회원으로서 여행업 컨벤션에서 홍보를 하거나 각 여행업계 기업들에게 소식지를 배포 또는 여행업계의 대변인이 되는 것이다.

❿ 지방자치단체와의 연계

모든 환대 및 여행 산업은 자신들에게 영향을 미치는 법과 규제를 따라야 한다. 그러나 정부에 완전히 복종하기보다 정부와 적절한 거래관계를 유지하는 것이 보다 효과적이다. 현재 많은 정부기관들이 환대 및 여행 산업 개발 및 촉진과 관련을 맺고 있다. 미국, 캐나다, 영국, 호주의 모든 지역에는 관광 혹은 관광 마케팅 부서가 있다. 이 기관의 업무를 지원함으로써 환대 및 여행 산업에 직접적인 혜택을 가져올 수 있다.

⓫ 고객의 참여

고객은 기업생명의 근원이며 고객과의 관계를 개선시키는 방법은 기업이 장기적으로 살아남기 위해 매우 중요하다. 그러나 PR 활동과 광고, 판매촉진, 인적 판매 사이에 분명한 선을 긋는 것은 매우 어려운 일이다. 예를 들어, 판매담당자가 과거 및 잠재 고객들에게 기념일 축하카드를 보내는 것이 PR인가 아니면 인적 판매의 일부인가? "The Peninsula"와 같이 회사가 발행한 잡지는 광고인가 아니면 PR인가? 메뉴의 영양성분을 강조한 McDonald의 광고 캠페인은 순수 광고인가 아니면 PR 목적을 가지고

있는가? 간단히 대답할 수는 없지만 설득적인 촉진 단독으로는 장기적 성공을 보장할 수 없음을 의미한다. 즉각적인 수익을 얻을 수는 없지만 고객의 생일을 기억하는 것 같이 고객들을 위해 아주 사소한 일을 하는 것도 똑같이 중요하다. 또 다른 의사소통의 방법으로 최근에 각광받는 회사의 중역이나 마케팅/홍보 담당자가 운영하는 블로그Blog를 이용하는 방법이 있다. Marriott의 홈페이지에는 CEO인 Bill Marriott이 운영하는 블로그로 들어갈 수 있는 링크가 되어 있다. 이러한 접근방식은 나이든 경영자가 수많은 불특정 다수의 고객 및 잠재 고객에게 다가갈 수 있는 아주 좋은 방식이라고 할 수 있다.

⑫ 광고

매체는 유료 광고를 통해 기업이 원하는 PR 메시지를 정확히 전달할 수 있다. 2003년 여름 토론토는 SARS가 세계적으로 유행한 틈을 타 'Toronto: You belong here'라는 캠페인을 통하여 지역경제를 활성화시켰으며 이 책에서는 맥도날드의 영양과 성분에 관련된 광고를 여러 번 언급하였다. 캐나다에서는 광고를 통하여 맥도날드가 예전에 거둔 성과들을 보여주었다.

2. 사전계획된 단기활동 PR과 홍보활동은 미리 계획되어야 하지만 지속적이기보다는 단기적이다. 대표적인 예로 새 레스토랑, 호텔, 여행사의 성대한 개업을 들 수 있으며 항공사의 새 노선 취항식을 알리는 홍보활동도 여기에 포함된다. 또 다른 예는 보도자료가 있다. 비록 기업이 이러한 것들을 지속적으로 준비해야만 하지만 각 발표활동 준비는 단기적 활동이다.

❶ 보도자료

보도자료는 매체의 관심을 끌기 위해 서면으로 작성한 기업에 대한 짧은 기사이며 매체는 이 보도자료에 포함된 자료들을 기사화한다. 이것이 비용을 지불하지 않고 대중과 커뮤니케이션하는 데 이용되는 홍보 창출방법이다. 가장 인기 있고 널리 이용되는 PR 활동이 보도자료를 준비하는 것이다.

Rudyard Kipling의 시는 효과적인 보도자료의 내용을 잘 요약하였다.

I keep six honest serving-men (나에겐 6명의 정직한 하인이 있다)
They taught me all I know. (그들은 내가 아는 모든 것을 가르쳤다)
Their names are What and Why and When
And How and Where and Who (그들의 이름은 누가, 무엇을, 언제, 어디서, 왜, 어떻게 이다)

보도자료의 기사는 누가, 무엇을, 언제, 왜, 어떻게 했는지 뉴스거리의 요점만을 요약한 것이어야 한다.

그 외 보도자료의 주요 내용과 세부사항은 다음과 같다.

- 보도 가치가 있는 최신의 정보를 담고 있어야 한다.
- 날짜가 명백해야 한다.
- 담당자와 전화번호, 이메일을 나열해야 한다.
- 대개 즉각적인 보도를 요한다.
- 보통 한 행씩 띄어 쓰는 형식이다.
- 헤드라인이 있어야 한다.
- 각 보도의 서두가 일관성이 있어야 하며, 특별히 고안된 보도자료 종이에 인쇄해야 한다.
- 가능한 간략하게 일반적으로 두 장을 넘기지 않는다.
- 문법적 혹은 인쇄상의 오류가 없어야 한다.
- 매우 사실적이어야 하며, 불필요한 과장된 미사어구는 피해야 한다.
- 보도에 인용된 모든 사람들의 승인을 받아야 한다.
- 보통 인쇄지의 접지번호로 끝이 난다 -30-, ###, -0-, 혹은 END.

보도자료에 열거된 접촉하는 사람들은 매체로부터 팔로우 업 질문에 답하고 새 기사나 프로그램을 위한 인터뷰에 응할 준비가 되어 있어야 한다. 모든 신문 기사거리들 중 대부분이 보도자료를 통한 것이다.

❷ 기자회견

기자회견은 매체 사람들을 초대하여 준비된 프레젠테이션을 하는 모임이다. 이 회견은 기업이 모든 매체에 알리고자 하는 정말 중요한 사항이 있을 때만 열리게 된다[그림 18-5]. 기자회견은 PR을 미리 시행하거나 기업의 시설이나 서비스에 중요한 변화가 일어났을 때 핵심적인 역할을 한다.

기자회견은 자주 있
는 것은 아니지만 매
체의 많은 사람들에
게 정보를 알릴 수 있
는 좋은 기회이다.

그림 18-5

대표적인 예로 호텔 체인이 특정 도시에 신규호텔 건설계획을 발표하거나,
관광시설 소유주가 주요 파크 증축을 선전하고, 크루즈 회사의 새 선박
건설 계획 발표, 혹은 여행사가 지점 개설을 알리는 경우를 들 수 있다.
프레젠테이션하는 사람을 신중히 선택해야 하며 회사 사장, 시장, 그 외
주요 저명한 정치가, 관광 공무원, 스포츠나 연예스타 등과 같이 사람 자
체가 매체의 관심을 끌 수 있으면 더 좋다. 공식적인 프레젠테이션이 끝
나면 질문할 기회를 주고, 기사거리의 요약본을 매체에 나눠주어야 한다.
이는 보도자료 형식일 수도 있으며 사실자료Fact sheet일 수도 있다.
인터넷의 발달로 인한 변화는 이러한 미디어 관련 이벤트에서도 예외가
아니다. Webcasting, Teleconferencing과 같은 웹을 통한 의사소통 방식

이 최근 여러 분야에서 쓰이고 있다. Podcasts는 또 다른 신기술로, 자신의 MP3플레이어에 오디오 자료를 바로 다운로드받을 수 있는 기술이다. 맥도날드는 그들의 웹사이트를 통해 Podcast 사용자들이 RSS^{Really Simple Syndication}로 들을 수 있도록 하고 있다.

❸ 공식적 축하행사 및 이벤트^{Ceremonies, Openings, Events}

샴페인, 리본 등은 새로운 혹은 확장된 환대 및 관광 시설과 서비스를 소개하기 위한 전통적인 기념식에서 흔히 볼 수 있는 것들이다. 이러한 이벤트는 좋은 첫인상과 인식을 구축하는 데 있어 중요한 역할을 한다.

❹ 공고^{Announcement}

공고는 한 명 혹은 그 이상의 직원들에 대해 짧게 알리는 말이다. 내부 촉진, 신입직원 고용, 혹은 시상이나 경영진과 직원의 성과와 같은 활동을 알린다. 대개 공고는 관련자들의 사진을 게시하고 회사는 공고를 발행하는 인쇄매체에 비용을 지불한다. 공고는 PR에 도움을 줄 뿐만 아니라 인적 관리에도 중요한 역할을 한다.

❺ 특집기사^{feature stories}

특집기사는 독자, 시청자, 청취자들에게 즐거움과 정보를 주고, 이들을 교육하는 인간 관심사에 관한 기사들로 보도자료에 비해 내용이 길며 즉각적인 기사 가치가 낮다. 다시 말해 신문의 앞면이나 라디오나 TV뉴스 방송의 시작부분에 잘 나오지 않는 대신 신문의 부록부문에 실리거나 특집 방송 프로그램에 방송된다.

특집기사에는 스폰서 주도와 매체 주도의 두 가지 유형이 있다. 스폰서가 주도한 특집기사의 경우 후원업체가 기사거리를 만들거나 기업의 요청에 의해 매체가 만든다. 또한 회사 창업자의 일대기, 회사 연혁, 관심사 혹은 주요 고객에 대한 배경지식 등이 스폰서 주도형의 특집기사에 속하며 중요한 자선사업이나 가치 있는 쟁점 그리고 독특한 기업의 특징과 이벤트에 지속적으로 기여할 수 있는 것들이다.

❻ 회견 및 여행업 세미나^{Press and Travel Trade Seminars}

기자회견보다 시간이 많이 걸리며 후원조직이 상세한 정보를 전달하는 회견이다. 비록 여행업 세미나가 명백히 판매촉진의 한 유형이지만 PR로

서의 가치도 가진다. 회견 및 여행업 세미나에서도 마찬가지로 인터넷의 발달로 인해 자세한 정보를 주고 받을 수 있는 새로운 커뮤니케이션 통로가 생겼다.

❼ 마케팅 조사

기업은 대중의 기호를 파악하거나 PR과 홍보 목적으로 마케팅 조사를 이용한다. 캐나다 관광청이 FutureBrand에서 조사한 순위를 인용하여 자신들의 뉴스에 사용한 것이 좋은 사례를 보여준다.

3. 예측할 수 없는 단기활동   모든 PR 활동을 신중히 계획할 수 있는 것은 아니지만 모든 기업은 이를 다룰 준비가 되어 있어야 한다. 경영진들은 색다른 사건이나 매체 주도의 특집기사에 대한 매체 인터뷰를 하도록 요청받기도 한다. 게다가 기업이 아무리 노력한다 해도 바람직하지 못한 PR과 홍보의 가능성은 언제나 있다. 비록 사건의 정확한 특성은 확실히 예측할 수 없는 것이지만 기업은 미리 계획을 세우고 이러한 상황을 해결할 수 있도록 직원을 훈련시켜야 한다.

❶ 부정적 홍보의 해결

부정적인 홍보에 대한 최상의 접근법은 무엇인가? 단지 "no comment"를 연발하며 그냥 피해버릴 것인가 아니면 공격적인 태도를 취하고 책임을 부정해야 하는 것인가? 다시 말해 정치인들이 잘못된 홍보에 어떻게 대처하는지 자세히 살펴보면 그 단서를 얻을 수 있다. 일반적인 반응은 소문이나 사건을 인정하고 다음과 같은 행동을 취한다.

• 직원이 면밀히 검토 중이라고 말한다.
• 조사를 위해 특별조사단이나 대책위원회를 결성하였다고 말한다.
• 소문이나 사건의 진위 여부를 파악하기 위해 적극 협조한다.

물론 정치인들은 소문을 철저히 부정할 수 있으며 그러한 소문을 퍼뜨린 매체나 정치적 반대집단을 비판할 수 있다. 그러나 즉각적으로 공격적인 태도를 취하는 것은 최상의 방법이 아니다. 그저 은폐하는 것만이 상책은 아니다. 진실을 말하는 것이 장기적으로 이익이 된다. 만약 사실이 쉽게 드러나지 않는 경우라면 앞에서 열거한 3가지 접근법을 이용하는 것이

가장 좋다.

부정적인 홍보에 직면한 환대 및 여행 산업 역시 정치인들과 같이 침착하게 대처해야 한다. 대변인, 혹은 담당자는 항상 대답에 진실성과 명료성을 갖고 있어야 한다.

만약 이런 예기치 못한 상황에 대해 어떻게 미리 계획을 세울 것인가? 지금까지 가장 최선의 방법은 PR의 책임자가 일어날 수 있는 부정적 상황의 유형을 미리 예측하고 가능한 대처방안을 미리 마련하는 것이다. 비교적 큰 규모의 조직들은 보통 비상대책에 관련한 계획이나 법규를 마련해 이러한 사고와 비상사태에 대비하고 있다.

❷ 매체 인터뷰

일부 매체 인터뷰가 미리 계획된 PR 활동의 직접적인 결과이기도 하지만 대부분은 그렇지 않다. 방금 배운 것처럼 일부는 부정적인 홍보의 결과인 반면, 나머지는 매체 주도의 특집기사나 기업의 매니저가 전문적인 의견을 내놓은 보도기사의 결과이다.

매체 인터뷰를 하는 몇몇 사람들, 특히 TV 카메라의 밝은 조명 아래에 있는 사람들은 신경이 불안할 수 있다. 인터뷰 동안 편안하게 자신의 의견을 명료하게 표현하기 위해서는 신중한 계획 수립과 연습이 필요하다.

매체 인터뷰는 침착성과 경험을 필요로 한다.

그림 18-6

- 인터뷰 요청을 받은 경우 인터뷰 형식, 면담기자, 질문사항에 대해 가능한 많은 세부사항을 숙지하라. 생방송 또는 녹음 인터뷰인가? 어느 신문 또는 프로그램에 나오는가? 왜 인터뷰 상대로 선택되었는가?
- 인터뷰에 필요한 모든 사실들을 수집하고 인터뷰 동안 이 사실에 대해 자세히 알아야 한다.
- 예상 질문의 대답을 준비해라. 짧고 사실적으로 답하라. 본론에서 벗어나지 마라.
- 역할극 등을 통해 대답하는 연습을 하고 필요하다면 수정하라.
- 당신의 겉모습이 단정한지 확인하라.
- 인터뷰가 시작되기 전에 면담기자와의 신뢰를 구축한다.

6단계 : PR과 홍보 매체 선정

광고에서처럼 인터넷, 방송매체(라디오, 네트워크 및 케이블 TV), 신문(일간, 주간, 비즈니스), 잡지(소비자, 업계), 다양한 사내 전달수단(회사 소식지, 신문, 잡지, 영화, 슬라이드 프레젠테이션, 비디오 테이프)과 같이 대중에게 정보를 전달할 수 있는 많은 매체들이 있다. 15장에서 이 매체들의 상대적 강점과 약점에 대해 알아보았다. 다시 얘기하면 표적으로 하는 대중과 PR 목표를 기반으로 매체를 선정해야 한다. 예를 들어, 지역사회의 여러 대중에게 접근하고자 한다면 도달범위가 넓은 일간신문이 가장 적합하다. 반면에 표적이 여행중개업자들이라면 Travel Weekly와 Travel Agent와 같은 업계지를 선택해야 한다. 모든 직원들과의 의사소통을 원한다면 회사가 만든 소식지가 가장 좋다.

매체 관계

앞에서 매체와의 장기적 관계 구축의 중요성과 정직하고 사실적인 정보를 제공해야 한다는 것에 대해 이미 배웠다. 바람직한 매체 관계의 또 다른 핵심은 어떤 특정 방송국이나 신문, 또는 잡지를 편애하지 않는 것이다. 기업이 보도자료나 기사거리가 있을 때 일반적으로 모든 매체에 동시에 주어야 한다. 그리고 난 후 그 자료를 얼마나 빨리 어느 정도 기사화할 것인지는 그들의 선택이며 이는 그들만이 가지는 특권이다. 일부 상황에서는 하나의 신문, 방송국, 또는 잡지에 한정된

기사를 내기도 한다. 이는 기업이 표적으로 하는 대중에게 가장 적합한 매체를 선택했기 때문이다.

여러 다른 매체를 어떻게 접촉해야 하는가? 이 질문에 답하기 위해서는 매체 특성에 대한 이해가 더 필요하다.

1. 신문   신문과 관련한 산업은 큰 산업이다. 신문은 현재 예전의 종이에 찍힌 출판물은 물론 온라인상에서도 제공되며, 보통 신문사에서는 여러 부서가 있는데, 각 부서마다 편집자들이 있다. 예를 들면, 음식 및 연예난 편집자, 여행 편집자, 스포츠난 편집자, 비즈니스난 편집자, 여성난 편집자, 가족라이프스타일난 편집자 등이 있을 수 있다. 이러한 각 부서의 편집장들은 주요 신문에 삽입된 특별부록에 대한 책임이 있다. 게다가 각 신문사는 정기적으로 같은 주제로 특집기사를 쓰는 칼럼리스트를 두고 있다. 지역의 음식 또는 와인 비평가들이 그 좋은 예이다.

각 편집자들에 대해 알아보기 이전에 여러 편집자들의 역할을 이해하는 것이 중요하다. 지방기사 편집장은 전국 및 각 지역의 소식을 기사화하는 전반적인 책임이 있다. 만약 환대 및 여행 산업이 즉각적인 기사 가치가 있는 기사거리가 있다면 먼저 지방기사 편집장과 접촉해야 한다. 예를 들어, 중요한 국제적인 인사나 연예인이 그 기업의 서비스를 이용하고 이들이 이 정보를 기사화해도 된다고 허락한 때이다.

그러나 관광산업이 만든 대부분의 기사거리는 첫 면에 실릴 만한 것이 되지 못하며 오히려 전문여행, 음식, 연예오락, 주말 또는 라이프스타일난에 실리는 것이 더 적합하다. 이 경우 적당한 부서의 편집장과 가장 먼저 접촉해야 한다.

신문의 규모와 형태는 누구를 가장 먼저 접촉해야 할 것인지 결정하는 데 영향을 미친다. 만약 작은 마을의 신문일 경우 모든 기사에 대한 책임이 있는 총 편집장을 먼저 접촉해야 하는 반면, 대도시 일간지의 경우는 앞서 언급한 지방기사 편집장을 먼저 접촉하는 것이 올바른 절차다.

2. TV   15장에서 언급했듯이 네트워크, 지역, 그리고 케이블 TV 방송국이 있다. 뉴스 프로그램이 끝난 후 채널을 돌리기 전에 제목과 크레디트를 자세히 보면 프로듀서와 보도국장, 편집자, 작가 그리고 취재기자들의 이름이 올라

있는 것을 볼 수 있다. TV 기사로 만들기 위해 접촉해야 하는 핵심 인물은 담당 편집자들이다. 기자회견과 같은 이벤트를 TV 방송사에 내보내기 위해서는 방송사와 직접 접촉하거나 아니면 이벤트를 통신사 일지wire-service daybook에 올린다.

3. 라디오   라디오 방송사의 핵심 인물은 방송사 매니저와 보도국장이다. 라디오 뉴스 방송은 그 즉각적으로 방송할 수 있는 특성 때문에 TV나 신문에 비해 방송이 빨리 나간다.

4. 잡지   잡지의 대부분은 특징 기사로 이루어진다. 각각의 잡지는 다르게 구성되었지만 대개 이야기의 시작 페이지에서 담당자와 제목을 볼 수 있다. 대부분은 발행인과 편집부장, 편집국장 그리고 여러 부서의 편집자들로 이루어졌다. 다시 말해 첫 접촉 시 잡지 및 편집 부서의 규모에 맞춰 적절한 사람과 접촉하게 된다.

7단계 : PR의 타이밍 결정

모든 PR 활동을 정확히 계획할 수 있는 것은 아니며 일부 예기치 않은 상황이 발생하는 경우 적절히 대처해야 한다. 또한 촉진 믹스 요소에 월간 직원소식지 발행, 매체와의 접촉, 정기 협회 및 클럽 모임 참여 등과 같은 부분이 있음을 이미 살펴보았다. 보도자료, 기자회견, 공고, 특집기사와 같은 미리 계획된 단기활동은 일관될 수도, 예측하지 못할 수도 있다. 그러므로 PR 계획에는 일관되고 사전계획된 단기활동을 위한 명확한 시간계획과 예기치 못한 상황을 해결하기 위한 위기관리 계획이 포함되어 있어야 한다.

다른 중요한 점은 기업의 매체 광고 타이밍과 홍보 타이밍에 대한 통제 정도가 같지 않다는 것이다. 예를 들어, 보도자료가 인터넷에 올라오면, 즉각적인 팔로우 업이 시행되거나 표면화되기까지 몇 주일이 걸리기도 한다. 매체는 프로그램과 발행 시 뉴스와 특집기사의 타이밍과 기사량, 그리고 어디에 위치시킬 것인지에 대한 통제권을 가진다. 이것이 광고와 비교했을 때 홍보가 가지는 결점이지만 그럼에도 불구하고 기업이 이를 받아들여야만 하는 이유는 기사화하는 데 비용이 들지 않기 때문이다.

8단계 : 최종 PR 계획 및 예산 준비

PR활동과 매체수단은 PR대상을 충족시키기 위한 것이기 때문에 기업은 최종 계획과 예산을 만들 수 있다. 예산안과 전반적인 계획을 수립할 때 예측할 수 없는 상황을 해결하기 위한 특정 인력과 기금을 미리 할당해 놓는 것이 현명한 방법이다.

9단계 : PR 성공 측정 및 평가

계획의 수립이 PR 계획의 끝은 아니다. PR과 홍보활동의 계획이 얼마나 효과적인지 이해하는 것이 중요하다. 대중이 기업에 대해 가지는 이미지와 견해가 개선되었는가, 또는 그대로인가, 아니면 오히려 나빠졌는가? 우리의 보도자료와 특집기사를 얼마나 많은, 그리고 어느 신문, 잡지, 라디오 및 TV 방송사가 기사화했는가? 이 잡지와 신문의 발행률은 얼마이며 얼마나 많은 사람들이 라디오와 TV 프로그램을 시청하였는가? 이는 측정 및 평가 단계에서 요구되는 일반적인 질문들이다. PR과 홍보 프로그램 활동에 대한 근본적이면서 효과적인 평가는 알맞은 목표 설정을 기반으로 해야 한다. 그렇게 하기 위해 이번 장에서 다루어진 PR과 홍보의 순서를 다시 한 번 되새겨 볼 필요가 있다.

다음은 PR 활동을 평가하기 위한 최소한의 6가지 방법이다.

1. **책임에 따른 평가**　　PR 디렉터나 담당자의 의견과 판단에 의거하여 평가가 이루어지기도 하지만 이들은 긍정적인 평가에 더욱 관심이 있기 때문에 이것 자체만은 추천할 만한 방법이 될 수 없다. 그러나 다른 5가지 방법들 중 하나 이상과 함께 이용할 수 있다.

2. **가시성**　　기업은 홍보의 양(기사화된 보도자료, 그 외 긍정적 진술)을 측정할 수 있다. 그러나 이 방법 또한 홍보의 PR 부분에만 초점을 두고, 부정적인 홍보의 역효과를 무시하고 있기 때문에 역부족이므로 다른 평가방법과 함께 이용해야 한다.

3. **기업의 유용성**　　부정적인 홍보나 다른 위기상황이 발생하는 경우 PR 담당 직원들이 이를 어떻게 대처하는가? 기업에 있어 PR팀이 항상 위기상황을 대

처할 준비가 되어 있다는 것은 매우 중요하다. 예상하지 못한 위기상황에 대한 처리능력을 평가하는 것은 매우 좋은 방법이다.

4. **기교**   PR팀이 일반적으로 PR 전문가들이 인정하는 원칙, 절차, 관행을 잘 따랐는가? 만약 잘 준비된 보도자료가 기사화되지 못하거나, 상대적으로 더 중요한 예상하지 못했던 기사거리 때문에 기자회견에 매체의 참석률이 저조한 경우 어떻게 할 것인가? 즉, 이는 기업이 모든 적절한 단계를 다 밟았다 할지라도 통제할 수 없는 상황 때문에 의도한 만큼의 효과를 보지 못한 경우이다. 그러므로 평가 시 수행된 것과 수행되지 않은 것뿐만 아니라 PR팀이 각 활동을 어떻게 다루었는지도 고려하여 평가해야 한다.

5. **견해, 태도, 이미지, 이슈의 변화**   이 평가방법은 계획이나 계획의 각 활동을 수행하기 이전에 여론조사를 하는 것으로 대개 설문조사 형태의 마케팅조사를 이용하여 특정 문제나 견해에 대한 사람들의 변화를 살펴보는 것이다. 이는 특히 다음에 나올 방법과 병행하는 경우 더 가치 있는 측정 및 평가 방법이 된다.

6. **목표에 따른 평가**   계획이 목표를 잘 충족시켰는가? 이는 PR 계획의 성공을 측정하기 위한 최상의 방법이다. 성공을 평가하기 위해 모든 목표를 계량화하여 측정해야 한다. 기업에 대한 사람들의 견해가 어느 정도 개선되기를 원했는지에 따라서, PR 계획이 이러한 변화를 얼마만큼 달성했는지를 측정할 수 있다. PR 평가를 위한 최상의 방법은 5번과 6번 방법을 병행하는 것이다. 나머지 4가지 방법은 이 두 접근법을 보완할 때만 이용해야 한다.

The Institute for Public Relations는 "Guidelines and Standards for measuring and Evaluating PR Effectiveness"라는 제목으로 PR 평가에 대한 몇가지 획기적인 제안을 하였다. 이는 Institute의 웹 사이트 http://www.instituteforpr.com/을 통해 이용가능하다. PR의 효과를 측정하기 위한 4가지 구체적인 방법이 제시되어 있다.

❶ 매체 내용 분석 - 무엇이 기사화되고 방송되었는지에 대해 연구하고 파악한다.

❷ 사이버공간 분석 - 웹상의 채팅 집단, 포럼, 뉴스 집단이 기업에 대해

말하는 것을 분석한다.

❸ 전시 및 이벤트 평가 - 전시 및 이벤트 참여의 이익을 평가한다.

❹ 여론 조사 - 만약 표적대중이 특정 메시지, 주제, 개념에 노출된 경우
설문조사를 통해 그 효과를 측정한다.

PR 컨설턴트

PR 컨설턴트는 광고대행사와 비슷한 역할을 수행한다. PR과 홍보에 대한 기술
과 경험을 갖춘 전문가를 고용한다.

광고대행사와 같이 PR 회사도 기업의 PR 활동의 전부 또는 일부의 선정, 개발,
수행에 대한 책임을 진다. 회사의 규모, 급여 수준, 전문화 정도에 맞춰 몇몇 최고
의 PR 전문가들을 고용한다. 일부 PR 회사는 광고대행사의 한 분과이기도 하다.

이 외부 전문가들은 환대 및 여행 산업의 PR 및 홍보활동 계획을 돕는다.

1. PR 목표 설정을 돕는다.
2. PR 활동과 매체수단을 선정한다.
3. 고객의 방송 및 기사화를 위해 매체 담당자와 접촉한다.
4. 다양한 프로그램과 이벤트, 자료를 개발하기 위한 창의적인 서비스를 제공한
   다(사전오프닝 PR 프로그램, 보도자료, 기자회견, 특집기사)
5. PR 활동의 효과와 대중들 사이의 다양한 기업 이미지를 측정하고 평가하기
   위해 리서치를 수행한다.
6. 특정 대중을 다루는 데 있어 전문적인 지원을 한다(직원 소식지 준비, 매체와 연락, 정부
   기관과의 관계 처리, 주주를 위한 보고서 작성).

환대 및 여행 산업은 PR 컨설팅 회사를 고용해야만 하는가? 이 질문에 대한 대
답은 광고대행사의 경우와 똑같다. 만약 기업이 비용을 감당할 수 있다면 컨설팅
회사의 서비스를 이용하는 것이 더 낫다. 많은 대규모 기업들은 정규 PR 디렉터와
PR 부서를 두고 있지만 이들도 업무 수행을 위해 여전히 외부 전문가들을 이용한
다. 그 이유는 전문 대행사가 사내 PR 부서보다 더 객관성과 매체 접촉 가능성이
높으며 경험이 많기 때문이다.

결론

PR 활동은 다른 촉진 믹스 요소보다 그 초점의 범위가 넓다. 단지 고객과 여행 중개업자들이 아닌 모든 대중과 기업과의 관계를 포함한다. 결국 기업이 접촉한 모든 개인과 집단이 기업의 성공에 영향을 미친다는 가정이 만들어졌다.

계획은 PR 업무의 지침이 되어야 하며 일관된 활동, 사전계획된 단기활동, 예측할 수 없는 단기활동이라는 세 가지 유형의 활동을 다루어야 한다. 부정적인 홍보와 그 외 예상치 못한 상황에 대비한 위기관리 계획도 여기에 포함되어야 한다.

제대로 된 홍보를 하기 위해서는 매체와 긍정적인 관계를 구축하는 것이 가장 중요하며 외부 PR 대행사의 서비스를 이용하는 것도 좋은 매체 관계를 맺는 데 도움이 될 것이다.

CHAPTER ASSIGNMENTS

학습과제

1. 우리 지역의 환대 및 여행 산업의 소유주나 매니저와 인터뷰를 실시하고, PR과 홍보의 정의를 물어보라. 이 책에서의 정의와 어떻게 다른가? 기업은 어떤 PR 활동을 하고 있는가? 어떤 방법과 매체가 사용되었는가? 기업이 PR 계획을 가지고 있는가? PR의 책임자는 누구인가?

2. 우리 산업의 한 기업이 한 지역에서 새로운 서비스를 위해 PR 계획을 만들어 달라고 요청하였다. 어떤 요소들을 계획에 포함시킬 것이며 어떤 단계를 밟아야 하는가? 어느 대중이 포함되는가? 매체와의 관계를 어떻게 다룰 것인가? 새로운 서비스나 시설을 홍보하기 위해 어떤 특별 이벤트를 이용할 것인가? 계획의 성공을 어떻게 평가할 것인가?

3. 환대 및 여행 산업의 한 부분을 선택하여 3개의 선도기업의 PR 활동을 조사해 보아라. PR 부서가 있는지, 만약 있다면 PR 계획을 다루기 위해 어떻게 조직되어 있는가? 외부 대행사나 컨설턴트를 이용하는가? 어떤 PR 방법과 매체수단을 이용하는가? 최근에 부정적인 홍보에 직면한 기업이 있다면 어떻게 해결하였는가? 접근법이 서로 비슷한지 아니면 모두가 다른가? 어느 집단이 가장 PR을 잘 수행하였는가? 그 이유는?

4. 이 장에서는 기업이 부정적인 홍보를 해결하기 위해서는 먼저 계획을 세워야 한다고 제안하였다. 당신이 특정 여행산업 분야의 한 기업의 PR 디렉터라고 가정하자. 기업에게 잘못된 홍보를 제공할지도 모르는 다섯 가지 가능한 상황은 무엇인가? 가능한 한 구체적으로 답하여라. 각 상황에 따라 기업이 어떻게 대처해야 하는지 그 절차를 적어보아라.

참고문헌

1. Ketchum Inc. 2008. *Corporate Practice*. http://www.ketchum.com/ corporate, accessed December 29, 2008.

2. Associated Press. 2008. *Alitalia strike creates havoc*. http://www.boston.com/business/articles/2008/11/12/alitalia_strike_creates_havoc/, accessed December 29, 2008.

3. Brandenburger, Adam M. and Barry J. Nalebuff. 1997. *Co-Opetition: A Revolution Mindset That Combines Competition and Cooperation: The Game Theory Strategy That's Changing the Game of Business*. New York: Currency.

4. *City of Toronto launches campaign to encourage Torontonians to be tourists in their own town* (July 2, 2003), http://wx.toronto.ca/inter/it/newsrel.nsf/0/b9f1df9 3684894b085256df60045c911?OpenDocument, accessed December 30, 2008.

5. Improvement and Development Agency (IDeA). 2007. *Six honest serving men*. http://www.idea-knowledge.gov.uk/imp/aio/1033517, accessed December 30, 2008.

6. Travel Industry Association. 2008. Travel Industry Association forecasts stable leisure travel market despite rough economy, http://www.tia.org/pressmedia/pressrec.asp?Item=924, accessed December 29, 2008.

7. Canadian Tourism Commission. 2008. Canada jumps 10 spots to become world's No. 2 ranked country brand as CTC launches new global marketing strategy, http://mediacentre.canada.travel/content/media_ release/future_brand_release, accessed December 29, 2008.

8. Gaylord Entertainment. 2002. *Gaylord Palms Resort poised to become lodging crown jewel in Central Florida's Kissimmee-St. Cloud Resort area; new resort and convention center features 4.5-acre atrium under glass*, accessed December 30, 2008.

9. New Zealand Tourism Board. 2008. *Trade Resources: Training Tools*. http://www.newzealand.com/travel/index.cfm?19F71BB7-FECD-48E8-B13E-5977-F69D8E9D, accessed December 30, 2008.

10. London Development Agency. 2005. Crisis Management for Tourism Businesses. http://www.london.gov.uk/mayor/economy/docs/emergency-business-as-usual-jul05.pdf, accessed December 30, 2008.

11. Newspaper Association of America. 2008. *About NAA*. http://www.naa.org/AboutNAA.aspx, accessed December 30, 2008.

12. Reuters. 2008. *NYC tourists spend record $30 billion in 2008: Mayor*. http://www.reuters.com/article/domesticNews/idUSTRE4BS4UB20081229, accessed December 30, 2008.

13. Watson, Tom and Paul Noble. 2005. *Evaluating Public Relations: A Best Practice Guide to Public Relations Planning, Research & Evaluation.* London: Kogan Page, 157.

14. Crable, Richard E., and Steven L. Vibert. 1986. *Public Relations as Communication Management.* Edina, Minn.: Bellweather Press, 383-393.

김 홍 범

- 연세대학교 상경대학 응용통계학과 졸업
- 한국과학기술원(KAIST) 경영과학(Management Science) 석·박사
- University of Texas at Austin, Dept. of Marketing (Fulbright Research Fellow)

■ 주요연구실적

- "Perceptual Mapping of Attributes and Preferences: An Empirical Investigation of Hotel F&B Products in Korea," International Journal of Hospitality Management, 1996.
- "Perceived Attractiveness of Tourist Destinations in Korea," Annals of Tourism Research, 1998.
- "Entry-Barriers: A Dull-, One-, or Two-Edged Sword for Incumbents? Unraveling the Paradox from a Disaggregate Perspective," Journal of Marketing, 2001.
- "Measuring Customer-based Restaurant Brand Equity: Investigating the Relationship between Brand Equity and Firms' Performance," The Cornell Hotel and Restaurant Administration Quarterly, 2004.
- "The Relationship between Brand Equity and Firms' Performance in Luxury Hotels and Chain Restaurants," Tourism Management, 2005.
- "Modeling Roles of Subjective Norms and eTrust in Custmers' Acceptance of Airline B2C eCommerce Websites," Tourism Management, 2009.
- "Do Expectations of Future Wealth Increase Outbound Tourism? Evidence from Korea," Tourism Management, 2012.

■ 주요 경력

- STAID Project(World Bank) International Expert
- AIT(Asian Institute of Technology), Bangkok, Visiting Professor
- OECD, PATA, Hangzhou International Project 수행
- Instructor of Hotel Marketing, ALHA Educational Institute
- International Tourism Studies Association(ITSA), Washington, D.C., Regional Vice-President
- University of Southern California(USC), Marshall School of Business, Visiting Scholar
- 세종대학교 호텔·관광대학장, 관광대학원장, 관광산업연구소장 역임
- 現, 세종대학교 호텔·관광대학 교수

호텔·관광마케팅

초판1쇄 발행 2014년 9월 10일
초판2쇄 발행 2017년 2월 25일

지은이   김 홍 범
펴낸이   임 순 재

펴낸곳   **주식회사 한올출판사**
등 록   제11-403호
주 소   서울시 마포구 모래내로 83(성산동, 한올빌딩 3층)
전 화   (02)376-4298(대표)
팩 스   (02)302-8073
홈페이지 www.hanol.co.kr
e-메일   hanol@hanol.co.kr

값 30,000원   ISBN 979-11-5685-015-1